2024 최신개정판

LOGIN

TAT 2급

세무실무

김영철 지음

도서출판
어울림
www.aubook.co.kr

머리말

회계는 기업의 언어입니다. 회계를 통해서 많은 이용자들이 정보를 제공받고 있습니다.
회계는 약속이며 그리고 매우 논리적인 학문입니다.

회계를 잘하시려면
왜(WHY) 저렇게 처리할까? 계속 의문을 가지세요!!!
1. 이해하시려고 노력하세요.
   (처음 접한 회계와 세법의 용어는 매우 생소할 수 있습니다.
   생소한 단어에 대해서 네이버나 DAUM의 검색을 통해서 이해하셔야 합니다.)
2. 그리고 계속 쓰세요.(특히 분개)
3. 이해가 안되면 암기하십시오.

2,3회독 후 다시 보시면 이해가 될 것입니다.

회계를 공부하시는 수험생들 중 대다수는 이론실력이 없는 상태에서 전산프로그램 입력연습에
많은 시간을 할애합니다. 그런 수험생들을 보면 너무 안쓰럽습니다.

우연히 분개만 열심히 공부해 FAT1급에 합격하였다 하더라도, 상위과정인 TAT2급은 분개를 기
초로 회계와 세법지식을 평가하므로 이론이 바탕이 안되어 있으면 다시 재무회계를 공부해야 합니다.

기초 이론을 튼튼히 해야 응용력이 생깁니다. 또한, 난이도에 상관없이 자신감도 붙게 됩니다. 그
리고 회계에 대하여 흥미가 생깁니다.

모든 회계프로그램은 분개를 통하여 최종 산출물인 재무제표를 만들게 되어 있습니다. 따라서 회
계이론이 정립되어 있으면 회계 프로그램에 입력하는 것은 단순 반복 작업입니다.

대부분의 한국 기업들은 더존의 회계프로그램을 사용합니다. 그리고 한국공인회계사회가 주관
하는 AT자격시험도 더존의 회계프로그램을 사용합니다.

본 교재는 AT자격시험 수험목적으로 만든 교재입니다. 그리고 AT시험의 특징은 실무중심의 회
계교육을 표방하고 있습니다.

수험생 여러분!!

무엇보다도 이론에 힘을 쓰시고, 실기능력은 부속서류를 5회 정도 입력을 연습하시면 100% 합격할 것이라 확신합니다.

TAT 2급을 합격하시고, 세무전문가인 TAT1급에 도전하십시오. 그러면 이론적으로나 실무적으로 세무전문가가 되는 것입니다. 세법의 무한한 바다에서 자신의 꿈을 이루세요,

회계와 세법은 여러분 자신과의 싸움입니다. 자신을 이기십시요!!!

마지막으로 이 책 출간을 마무리해 주신 도서출판 어울림 임직원에게 감사의 말을 드립니다.

2024년 2월

김 영 철

저자가 운영하는 다음(Daum)카페 **"로그인과 함께하는 전산회계/전산세무"**에 다음의 유용한 정보를 제공합니다.

1. 오류수정표(세법개정으로 인한 추가 반영분 및 오류수정분)
2. 세법개정내용(출제자는 개정세법 문제를 자주 출제합니다. 시험 전에 개정세법을 숙지하시기 바랍니다.)
3. 실무데이터(도서출판 어울림 홈페이지에서도 다운로드가 가능합니다.)
4. Q/A게시판

로그인카페

LOGIN TAT2급을 구입하신 독자 여러분께서는 많은 이용바라며, 교재의 오류사항과 추가반영사항을 지적해주시면 고맙겠습니다.

합격수기

합격수기

DAUM카페 "로그인과 함께하는 전산회계/전산세무"에 있는 수험생들의 공부방법과 좌절과 고통을 이겨내면서 합격하신 경험담을 같이 나누고자 합니다.

전교꼴찌 TAT2급 합격수기

형민킴

안녕하세요 전교꼴찌 김형민입니다. 2018년 10월에 취득한 TAT2급 합격수기를 이제서야 작성을 하네요. 저는 7월부터 공부를 시작해서 8월에 전산회계2급을 취득하고, 곧바로 다음 **10월 시험에 전산회계1급, 세무2급, TAT2급을 취득하였습니다.** 제 인생 처음으로 공부를 시작했는데 늦었다면 늦게 시작한 나이일 수 있지만 다행이 세개의 자격증을 모두 취득을 했네요 ㅎㅎ 사실 6주 동안 세가지 자격증을 준비하는게 무모하고 불가능한 도전이라고 생각했지만 다행이 좋은 결과가 나와서 스스로에게 대견한 마음도 있습니다. 저는 TAT2급을 고득점은 아니지만 79점으로 합격했습니다.

<u>저는 일단 이전과 같이 이론위주로 공부를 하였습니다.</u>

<u>전산세무2급 시험을 보고 일주일 뒤에 TAT2급 시험이 있었는데 이론 내용이 거의 비슷해서 전산세무2급이 끝날 때까지 다른 공부를 하지 않았으며, 세무2급 시험이 끝난 후 Smart-A프로그램을 약 5일정도 연습을 하고 합격을 했습니다.</u>

제가 전달 드리고 싶은 말은 전산세무2급을 어느 정도 공부를 하시면 TAT2급을 취득하기에 큰 어려움이 없을 것이라는걸 전해드리고 싶네요~

케이랩프로그램이 아닌 더존으로 시험을 보기 때문에 프로그램 사용법만 큰 틀에서 연습하시면 케이랩과 대동소이하기 때문에 어려움을 없을 것 같다는게 저의 생각입니다. 지금부터는 제가 자격증을 취득할 때 어떻게 시간을 분배해서 공부했는지 전해드리겠습니다!!

전산세무 2급 시험 후

1일차 : Smart-A의 **기초정보관리, 일반전표입력, 매입매출전표입력, 결산에 대해서 한번 입력해보았습니다.** 케이랩 입력방법이나 서식이 거의 똑같습니다. <u>그냥 케이랩이 화면만 바뀌었다고 생각하시면 됩니다.</u>

2일차 : **부가가치세 부속서류와 소득세를 교재대로 입력해 보았습니다.**

　　　　　　이 역시 거의 동일하여 별로 힘들지는 않았습니다.

3일~ 4일차 : **매일 하루에 3~4회의 기출문제를 풀어보았습니다.**

　　　　　　처음에는 합격점수에 도달하지 않고 시간이 부족해서 90분만에 풀지
　　　　　　못했으나, 10회분이상 풀어보니 60분이면 풀 수 있다는 자신감을
　　　　　　갖게 되었습니다.

5일차 : 기출문제를 모두 풀어보니 자신감을 갖고 있었고, **시간도 남아서 이론공부로 마지막**
　　　　을 정리하였습니다. 그리고 TAT2급에서는 연금소득이 객관식문제에 자주 출제가 되
　　　　기 때문에 이 부분을 놓치면 2점은 날라 간다고 보시면 됩니다.

　　전산세무2급을 본 날은 매우 긴장을 했지만 가채점한 결과 80점될 것 같아,
　　TAT2급 시험에서의 마음 부담은 없었습니다. 어차피 최종목표는 전산세무1급이기 때문
에 한번 보자는 마음이었습니다. 시험을 보고 난 후 가채점을 하지 않고 바로 전산세무 1급 공
부를 했고, **5주만에 전산세무 1급 시험을 응시한 결과 64점으로 낙방하였습니다.** 시간도 부족하
고, 아직 이론에서 합격할 정도의 이론공부가 덜 되어 있다는 것을 알게 되었습니다. 2018년에
는 전산세무1급과 TAT1급이 목표이기 때문에 반드시 합격할 것입니다.
　　그러기 위해서 이론에 더욱 더 투자할 생각입니다.
　　저 역시 국어실력이 별로여서 세법을 이해하는데 어려웠으나, 노력으로 안되는 것이 없다는 것
을 깨달았습니다. 이러한 시험을 마무리하고 음악전공에서 회계나 세무전공으로 편입할 예정입
니다.
　　그리고 여건이 되면 세무사에도 도전하고 싶고요….지금의 희망사항이지만…
　　전교꼴찌도 해본 저도 해냈으니 여러분도 할 수 있을 것입니다.
　　항상 응원하겠습니다 화이팅!!

TAT 2급도 합격했어요! ^^

송다솜

전산세무 2급에 이어서 TAT 2급도 합격하였습니다.

무리한 도전이었을 수 있습니다. 전산세무 2급의 경우 약 한 달간 공부하였지만, TAT2급의 경우에는 일주일 정도만 공부하고 시험을 보았기 때문입니다. 그래서 더 걱정이 많았는데, 오히려 전산세무 2급보다 더 높은 점수로 합격하여서 더 기쁜 것 같습니다.

회차	등급	구분	수험번호	고사장	응시여부	점수	합격
47회	TAT 2급	개인접수	●●●●●	삼일상업고등학교	응시	91	합격 (공인)

전산세무 2급과 TAT2급의 차이점으로는 **이론 부분은 원가회계가 나오냐 안 나오냐 정도의 차이점이 있고, 실기 부분에서는 사용하는 프로그램이 다르다는 점이 있습니다.**

TAT2급의 경우에는 전산세무 2급 시험 일주일 후에 시험이 치러지기 때문에 프로그램 사용법을 빠르게 익히는 것이 중요하다고 생각해서 그 부분을 중점에 두고 공부를 하였습니다.

5년 전 FAT2급에 합격한 이후 더존 프로그램을 사용해 본 적이 없었기에 완전 기초적인 프로그램 사용법부터 익혀야 했었습니다.

[공부 방법]

- 1일 : 로그인 유튜브 채널에 올라와 있는 FAT2급, FAT1급 클립 영상들을 보았습니다. 어음 등록 방법부터 기초적인 것들을 보았습니다.
- 2일 : 주말이었기에 정말 하루 종일 기출문제를 풀어 보았습니다. 이때도 큐알 코드를 통해 유튜브 영상들의 많은 도움을 받았습니다. 프로그램이 익숙하지 않아서 그런지 저는 전산세무 2급을 공부할 때 보다 더 어렵게 느껴졌었어요.
- 3일 ~ 5일 : 2일부터 5일차 까지는 정말 실기 문제만 풀어 보았습니다. 실기 문제들만 풀어보면서 나름 작성법들을 연습장에 정리하였습니다. 그러면서 최대한 많은 문제들을 풀어 보려고 노력하였습니다.
- 6일 ~ 7일 : 이론 문제들을 풀어 보았습니다. 이때도 내용을 정리하면서 풀어 보았습니다. 전산세무 2급 이론과 차이점이라면 TAT2급 이론이 계산 문제가 더 많았다는 점이었습니다. 계산 문제들 경우 보면 규칙이 있었습니다. 그 규칙을 연습장에 정리하면서 풀면서 그 규칙을 외웠습니다.
- 8일 (시험 전날) : 이론, 실기를 공부하면서 정리하였던 내용과 책 앞부분에 정리되어있는 핵심요약 부분을 최대한 많이 보고 가기 위해 노력하였습니다.

[시험 당일]

전산세무 2급 시험일 때는 1시간 전부터 입실이 가능했던 반면, TAT2급 시험의 경우 30분 전부터 입실이 가능하였습니다. 시험 보러 가실 때 참고하세요

시험을 보고 나서 느낀 점은 기출 이론 부분도 소홀히 공부하여서는 안 되겠다는 생각이었습니다. 예전에 이론 문제로 나왔던 내용이 제가 본시험에서 실기 문제 내용으로 변형돼서 나왔더라고요.

제가 그 부분을 한번 보고 가지 않았다면 저는 그 부분을 틀렸을 거라는 생각이 많이 들었었습니다.

[이외]

- 저 같은 경우는 기본서를 구입한 것이 아니라 「로그인 TAT 2급 핵심요약 및 기출문제집」을 구입하여 공부하였습니다.
- 전산세무 2급과 비슷한 것이 많은 시험이므로 저처럼 기출문제집을 구입하여 공부하신 후에 시험을 보셔도 될 거 같아요. 전산세무 2급을 취득하셨다면 TAT2급은 프로그램 사용법만 익히시면 취득하실 수 있을 거 같습니다.
- 앞에 핵심요약 부분 의 경우는 전산세무 2급 시험을 공부할 때도 많은 도움이 되었습니다.
- **TAT2급을 공부하면서 유튜브 강의가 정말 정말 많은 도움이 되었어요!!!!** 없었으면 저 떨어졌을 거 같아요 ㅠㅠ
- 앞으로 전산세무 1급과 TAT1급 취득에 도전을 해 보려고 합니다. 이 자격증들도 로그인 책들과 함께 할 생각이고요. 꼭 합격해서 또 합격 수기 작성하러 오고 싶습니다! ^^

국가직무능력 표준(NCS)

1. 정의

국가직무능력표준(NCS, national competency standards)은 산업현장에서 직무를 수행하기 위해 요구되는 지식·기술·소양 등의 내용을 국가가 산업부문별·수준별로 체계화한 것으로 산업현장의 직무를 성공적으로 수행하기 위해 필요한 능력(지식, 기술, 태도)을 국가적 차원에서 표준화한 것을 의미

2. 훈련이수체계

수준		회계·감사	세무
6수준	전문가	사업결합회계	세무조사 대응 / 조세불복 청구 / 절세방안 수립
5수준	책임자	회계감사	법인세 신고 / 기타세무신고
4수준	중간 관리자	비영리회계	종합소득세 신고
3수준	실무자	원가계산 / 재무분석	세무정보 시스템 운용 / 원천징수 / 부가가치세 신고 / 법인세 세무조정 / 지방세 신고
2수준	초급자	전표관리 / 자금관리 / 재무제표 작성 / 회계정보 시스템 운용	전표처리 / 결산관리
–		직업기초능력	
수준＼직종		회계·감사	세무

3. 회계 · 감사직무

(1) 정의
회계 · 감사는 기업 및 조직 내 · 외부에 있는 의사결정자들이 효율적인 의사결정을 할 수 있도록 유용한 정보를 제공하며, 제공된 회계정보의 적정성을 파악하는 업무에 종사

(2) 능력단위요소

능력단위(수준)	수준	능 력 단 위 요 소	교재 내용
전표관리	3	회계상 거래 인식하기	재무회계
		전표 작성하기	
		증빙서류 관리하기	
자금관리	3	현금시재관리하기	재무회계
		예금관리하기	
		법인카드 관리하기	
		어음수표관리하기	
원가계산	4	원가요소 관리하기(3)	
		원가배부하기(3)	
		원가계산하기	
		원가정보활용하기	
결산관리	4	결산분개하기(3)	재무회계
		장부마감하기(3)	
		재무제표 작성하기	
회계정보 시스템 운용	3	회계 관련 DB마스터 관리하기	재무회계실무능력
		회계프로그램 운용하기	
		회계정보활용하기	
재무분석	5	재무비율 분석하기(4)	
		CVP 분석하기(4)	
		경영의사결정 정보 제공하기	
회계감사	5	내부감사준비하기	
		외부감사준비하기(4)	
		재무정보 공시하기(4)	
사업결합회계	6	연결재무정부 수집하기(4)	
		연결정산표 작성하기(5)	
		연결재무제표 작성하기	
		합병 · 분할회계 처리하기	
비영리회계	4	비영리대상 판단하기	
		비영리 회계 처리하기	
		비영리 회계 보고서 작성하기	

4. 세무직무

(1) 정의
기업의 활동을 위하여 주어진 세법범위 내에서 조세부담을 최소화 시키는 조세전략을 포함하고 정확한 과세소득과 과세표준 및 세액을 산출하여 과세당국에 신고·납부하는 업무에 종사

(2) 능력단위요소

능력단위(수준)	수준	능력단위요소	교재 내용
전표처리	2	회계상 거래 인식하기	재무회계
		전표 처리하기	
		증빙서류 관리하기	
결산관리	2	손익계정 마감하기	
		자산부채계정 마감하기	
		재무제표 작성하기	
세무정보 시스템 운용	3	세무관련 전표등록하기	부가가치세, 원천징수실무
		보고서 조회·출력하기	
		마스터데이터 관리하기	
원천징수	3	근로/퇴직/이자/배당/연금/사업/기타소득 원천징수하기	소득세/ 원천징수실무
		비거주자의 국내원천소득 원천징수하기	
		근로소득 연말정산하기	
		사업소득 연말정산하기	
부가가치세 신고	3	세금계산서 발급·수취하기	부가가치세/ 부가가치세 실무
		부가가치세 부속서류 작성하기	
		부가가치세 신고하기	
종합소득세 신고	4	사업소득 세무조정하기	소득세/ 원천징수실무
		종합소득세 부속서류 작성하기	
		종합소득세 신고하기	
법인세 세무조정	3	법인세신고 준비하기	
		부속서류 작성하기	
법인세 신고	5	각사업년도소득 세무조정하기	
		부속서류 작성하기	
		법인세 신고하기	
		법인세 중간예납 신고하기	
지방세 신고	3	지방소득세 신고하기	
		취득세 신고하기	
		주민세 신고하기	
기타세무 신고	5	양도소득세/상속 증여세 신고하기	
		국제조세 계산하기	
		세목별 수정신고·경정 청구하기	

2024년 AT 자격시험 일정

1. 시험일자

회차	종목 및 등급	원서접수	시험일자	합격자발표
69회	FAT1,2급 TAT1,2급	02.01~02.07	02.17(토)	02.24(토)
70회	FAT1급 TAT2급	02.29~03.06	03.16(토)	03.23(토)
71회	FAT1,2급 TAT1,2급	04.04~04.11	04.20(토)	04.27(토)
72회	FAT1급 TAT2급	05.02~05.08	05.18(토)	05.25(토)
73회	FAT1,2급 TAT1,2급	05.30~06.05	06.15(토)	06.22(토)
74회	FAT1급 TAT2급	07.04~07.10	07.20(토)	07.27(토)
75회	FAT1,2급 TAT1,2급	08.01~08.07	08.17(토)	08.24(토)
76회	FAT1,2급 TAT1,2급	10.03~10.10	10.19(토)	10.26(토)
77회	FAT1급 TAT2급	10.31~11.06	11.16(토)	11.23(토)
78회	FAT1,2급 TAT1,2급	12.05~12.11	12.21(토)	12.28(토)

2. 시험종목 및 평가범위

등급		평가범위	
TAT 2급 (90분)	이론 (30)	재무회계	
		세무회계	부가가치세, 소득세(근로소득원천징수)
	실무 (70)	거래자료 입력	• 적격증빙관리 및 어음관리 외
		부가가치세 관리	• (수정)전자세금계산서 발급 및 부가가치세 부속서류 작성
		결산	
		원천징수	근로소득의 원천징수

3. 시험방법 및 합격자 결정기준

1) 시험방법 : 실무이론(30%)은 객관식 4지 선다형으로, 실무수행(70%)은 **교육용 더존 Smart A 실무프로그램**으로 함.
2) 합격자 결정기준 : 100점 만점에 70점 이상

4. 원서접수 및 합격자 발표

1) 접수기간 : 각 회별 원서접수기간내 접수
2) 접수 및 합격자 발표 : 자격시험 홈페이지(http://at.kicpa.or.kr)

차 례

Part I 재무회계

Part Ⅲ　소득세

Chapter 03 원천징수실무 ———————————————————— 513

NCS세무 - 3 세무정보시스템 운용　**NCS세무 - 3** 원천징수　**NCS세무 - 4** 종합소득세 신고

Part Ⅴ　최신기출문제

전산회계/전산세무/FAT/TAT 자격증 취득 FLOW

→ 권장순서

	입 문	초 급	중 급	전문가
전산세무	전산회계 2급 →	전산회계 1급 →	전산세무 2급	전산세무 1급
세무회계			세무회계 3급	세무회계 2급 / 세무회계 1급
A T	FAT 2급 →	FAT 1급 →	TAT 2급 →	TAT 1급

[로그인 시리즈]

전전기	전기	당기	차기	차차기
20yo	20x0	**20x1**	20x2	20x3
2022	2023	**2024**	2025	2026

1분강의
QR코드 활용방법

본서 안에 있는 QR코드를 통해 연결되는 유튜브 동영상이 수험생 여러분들의 학습에 도움이 되기를 바랍니다.

방법 1

❶ 스마트폰에서 다음(Daum)을 실행한 후 검색창의 오른쪽 아이콘 터치

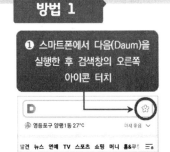

❷ '코드검색'을 터치하면 카메라 앱이 실행됨

❸ 도서의 QR코드를 촬영하면 유튜브의 해당 동영상으로 자동 연결

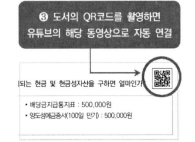

• 배당금지급통지표 : 500,000원
• 양도성예금증서(100일 만기) : 500,000원

방법 2

카메라 앱을 실행하고, QR코드를 촬영하면 해당 유튜브 영상으로 이동할 수 있습니다.

유튜브 자막설정(개정세법 반영)

1분강의 중 매년 개정된 세법에 대해서는 자막으로 표시하였습니다.

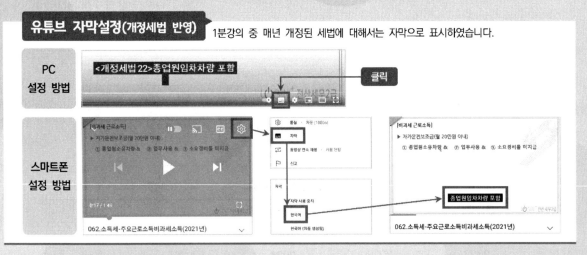

✔ 과도한 데이터 사용량이 발생할 수 있으므로, Wi-Fi가 있는 곳에서 실행하시기 바랍니다.

Part I
재무회계

Log-In
Log-In

Chapter 01

이론적 기초

전표관리

제1절 | 회계란?

1. 회계의 개념 및 목적

기업의 경영활동에서 일어나는 자산과 부채 및 자본의 증감변화를 일정한 원리에 의하여 기록·계산·정리하고 이를 이해관계자에게 제공하는 것이다.

즉, 이는 ① 재무적 성격을 갖는 거래나 사건(기업의 회계자료)을 일정한 원리에 따라 기록·분류하여 재무제표를 작성하며

② 이를 회계정보이용자들의 경제적 의사결정에 유용한 정보를 제공하는 것이다.

2. 회계의 분류 : 정보이용자에 따른 분류

재무회계는 투자자, 채권자, 정부 등 기업의 외부이해관계자들의 의사결정에 유용한 재무적 정보를 제공하는 것을 목적으로 하는 회계이고,

관리회계는 기업내부의 경영자가 합리적인 의사결정에 필요한 정보를 제공하는 것을 목적으로 하는 회계를 말한다.

〈재무회계와 관리회계의 비교〉

	재무회계	관리회계
목　　적	외부보고	내부보고
정보이용자	투자자, 채권자 등 외부정보이용자	경영자, 관리자 등 내부정보이용자
최종산출물	**재무제표**	**일정한 형식이 없는 보고서**
특　　징	**과거정보의 집계보고**	**미래와 관련된 정보 위주**
법적강제력	있음	없음

제2절　재무회계 개념체계(일반기업회계기준)

　재무회계 개념체계란 재무보고의 목적과 기초개념을 체계화함으로써 일관성 있는 기업회계기준을 제정케 하고, 재무제표의 성격 등에 관한 기본적 토대를 제공한다.

　개념체계와 일반기업회계기준이 상충될 경우에는 일반기업회계기준이 개념체계보다 우선한다.

1. 기본구조

| 재무보고의 목적 | 정보이용자들의 의사결정에 유용한 정보 제공 |

↓

| **회계정보의 질적특성** | 의사결정에 유용한 정보가 되기 위하여 회계정보가 갖추어야 할 특성 |

↓

| 재　무　제　표 | 기업실체의 외부정보이용자에게 기업실체에 관한 재무적 정보를 전달하는 핵심적 보고수단 |

↓

| 재무제표 기본 요소의 인식 및 측정 | 회계상의 거래나 사건을 화폐액으로 측정하여 재무제표에 공식적으로 보고하는 과정 |

2. 회계정보의 질적 특성

회계정보의 질적특성이란 회계정보가 유용한 정보가 되기 위해 갖추어야 할 주요 속성을 말하는데 이해가능성, 목적적합성, 신뢰성 및 비교가능성이 있다.

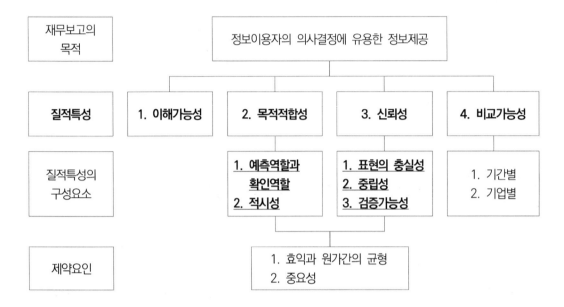

(1) 이해가능성

회계정보는 궁극적으로 회계정보이용자에게 유용한 정보가 되어야 하고, 동시에 이러한 정보는 이용자에게 이해가능한 형태로 제공되어야 한다.

(2) 주요질적특성

회계정보의 질적 특성 중 **가장 중요한 질적특성은 목적적합성과 신뢰성이다.**

① 목적적합성

목적적합한 정보란 이용자가 과거, 현재 또는 미래의 사건을 평가하거나 과거의 평가를 확인 또는 수정하도록 도와주어 <u>경제적 의사결정에 영향을 미치는 정보</u>를 말한다.

㉠ 예측역할(예측가치)과 확인역할(피드백가치)
예측역할이란 정보이용자가 기업의 미래 재무상태, 경영성과, 현금흐름 등을 예측하는 경우에 그 정보가 활용될 수 있는지 여부를 말하고, 확인역할이란 회계정보를 이용하여 예측했던 기대치(재무상태나 경영성과 등)를 확인하거나 수정함으로써 의사결정에 영향을 미칠 수 있는지의 여부를 말한다.

ⓒ 적시성

정보가 지체되면 그 정보는 목적적합성을 상실할 수 있다. 따라서 경영자는 적시성 있는 보고와 신뢰성 있는 정보 제공의 장점에 대한 상대적 균형을 고려할 필요가 있다.

② 신뢰성

회계정보가 유용하기 위해서는 신뢰할 수 있는 정보여야 한다는 속성이다.

㉠ 표현의 충실성

기업의 재무상태나 경영성과를 초래하는 사건에 대해서 충실하게 표현되어야 한다는 속성이다. 표현의 충실성을 확보하기 위해서는 회계처리되는 대상이 되는 거래나 사건의 형식보다는 그 경제적 실질에 따라 회계처리하여야 한다.

㉡ 검증가능성

다수의 독립적인 측정자가 동일한 경제적 사건이나 거래에 대하여 동일한 측정방법을 적용한다면 유사한 결론에 도달할 수 있어야 함을 의미한다.

㉢ 중립성

회계정보가 신뢰성을 갖기 위해서는 한쪽에 치우침 없이 중립적이어야 한다는 속성으로 회계정보가 특정이용자에게 치우치거나 편견을 내포해서는 안 된다는 것을 의미한다.

☞ **보수주의**
불확실한 상황에서 추정이 필요한 경우, **자산이나 수익이 과대평가되지 않고 부채나 비용이 과소평가되지 않도록** 상당한 정도의 주의를 기울이는 것을 말한다. 이러한 보수주의는 **논리적 일관성이 결여되어 있고, 이익 조작가능성이 있다.**

③ 질적특성간의 균형

목적적합성과 신뢰성간의 상충관계를 고려하여, 이러한 질적특성간에 적절한 균형을 이루는 것을 목표로 하여야 한다.

〈목적적합성과 신뢰성이 상충관계 예시〉

	목적적합성 高	신뢰성 高
자산측정	공정가치	역사적원가(원가법)
손익인식	발생주의	현금주의
수익인식	진행기준	완성기준
재무보고	중간보고서(반기,분기)	연차보고서

(3) 비교가능성

기업의 재무상태, 경영성과 등의 과거 추세분석과 기업 간의 상대적 평가를 위하여 회계정보는 **기간별 비교가능성(일관성)과 기업간 비교가능성(통일성)**을 가지고 있어야 한다는 속성이다.

기간별 비교가능성은 기업의 재무제표를 다른 기간의 재무제표와 비교할 수 있는 속성을 말하는 것이고, 기업별 비교가능성은 동종산업의 다른 기업과 유사한 정보와 비교할 수 있는 속성을 말한다.

(4) 회계정보의 제약요인

① 효익과 원가간의 균형

회계정보가 정보제공에 소요되는 비용이 효익을 초과한다면 그러한 정보제공은 정당화될 수 없다.

② 중요성

특정회계정보가 정보이용자의 의사결정에 영향을 미치는 정도를 말한다.

특정정보가 생략되거나 잘못 표시될 경우 정보이용자의 판단이나 의사결정에 영향을 미칠 수 있다면 그 정보는 중요한 것이다. 이러한 정보는 **금액의 대소로 판단하지 않고** 정보이용자의 의사결정에 영향을 미치면 중요한 정보가 되는 것이다. 예를 들어 어느 기업의 소모품비와 같은 소액의 비용을 자산으로 처리하지 않고 발생즉시 비용으로 처리하는 것은 정보이용자 관점에서 별로 중요하지 않기 때문에 당기 비용화 하는 것이다.

3. 재무제표의 기본가정

재무제표의 기본가정이란 재무제표를 작성하는데 있어서 기본 전제를 말한다.

(1) 기업실체의 가정

"기업은 주주나 경영자와는 별개로 존재하는 하나의 독립된 실체이다"라는 가정이다.

(2) 계속기업의 가능성

재무제표를 작성시 계속기업으로서의 존속가능성을 평가하여야 한다.
이러한 계속기업의 가능성은 역사적 원가주의의 근간이 된다.

(3) 기간별보고의 가정

인위적인 단위(회계기간)로 분할하여 각 기간별로 재무제표를 작성하는 것을 말한다.

제3절 재무제표

1. 재무제표의 종류

1. 재무상태표	일정 **시점**의 기업의 **재무상태**를 나타낸다.
2. 손익계산서	일정 **기간**의 기업의 **경영성과**를 나타낸다.
3. 현금흐름표	일정기간의 현금유출입 내역을 보고 → **영업활동현금흐름, 투자활동현금흐름, 재무활동현금흐름**
4. 자본변동표	자본의 크기와 그 변동에 관한 정보보고 → **소유주(주주)의 투자, 소유주에 대한 분배**
5. 주 석	주석은 일반적으로 정보이용자가 재무제표를 이해하고 다른 기업의 재무제표와 비교하는데 도움이 되는 정보 **(주기는 재무제표가 아니다.)**

☞ 정태적(일정시점)보고서 : 재무상태표

　동태적(일정기간)보고서 : 손익계산서, 현금흐름표, 자본변동표

2. 재무제표의 기본요소

(1) 재무상태표의 기본 요소

① 자산 : 경제적 자원-미래 현금의 유입.

② 부채 : 경제적 의무-미래현금의 유출.

③ 자본(소유주지분, 잔여지분) : 순자산으로서 소유주의 잔여청구권이다.

(2) 손익계산서의 기본요소

① 수익 : 재화의 판매 등에 대한 대가로 발생 하는 자산의 유입이나 부채의 감소

② 비용 : 재화의 판매 등에 따라 발생 하는 자산의 유출 또는 부채의 증가

③ 포괄손익 : **소유주와의 자본거래를 제외한 모든 거래나 사건에서 인식한 자본의 변동**

포괄손익＝당기순손익＋기타포괄손익(매도가능증권평가손익＋해외사업환산손익 등)

☞포괄손익계산서: 전통적인 손익계산서의 당기손익과 기타포괄손익으로 구성된 재무제표

(3) 현금흐름표의 기본요소

① **영업활동 현금흐름** : 제품의 생산과 판매활동 등 회사의 주된 영업활동과 관련한 현금 흐름을 말한다.

② **투자활동 현금흐름** : 주로 비유동자산의 취득과 처분, 여유자금의 운용활동과 관련한 현금흐름을 말한다.

③ **재무활동 현금흐름** : 자금조달 및 운용에 관한 현금흐름이다.

(4) 자본변동표의 기본요소

① **소유주**의 투자 : 주주들의 회사에 대한 투자를 말하는 것으로서 순자산의 증가를 가져온다.

② **소유주**에 대한 분배 : 현금배당 등을 함으로서 회사의 순자산이 감소하게 되는 것을 말한다.

3. 재무제표 요소의 측정

재무상태표와 손익계산서에 기록해야할 재무제표 기본요소의 화폐금액을 결정하는 과정이다.

[자산 평가의 측정속성]

시장＼시간	과거가격	현행가격	미래가격
유입가치 (재화 유입시장)	취득원가 (역사적원가)	현행원가 (현행유입가치)	–
유출가치 (재화 유출시장)	–	현행유출가치	현재가치

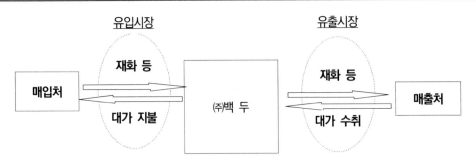

측정기준	자산	부채
1. 역사적원가	취득의 대가로 **취득당시에 지급한** 현금 등	부담하는 의무의 대가로 수취한 금액
2. 현행원가	동일하거나 또는 동등한 자산을 **현재시점에서 취득할 경우**에 그 대가	현재시점에서 그 의무를 이행하는데 필요한 현금 등
3. 실현가능가치	정상적으로 처분하는 경우 **수취할 것으로 예상되는 현금** 등	부채를 상환하기 위해 지급될 것으로 예상되는 현금 등
4. 현재가치	자산이 창출할 것으로 기대되는 미래순현금유입액의 현재할인가치로 평가	부채를 상환시 예상되는 미래순현금유출액의 현재할인가치로 평가

➡️참고 | 현재가치

'일시금의 현재가치(present value: PV)'란 미래 일시에 받을 금액에서 복리를 적용한 이자를 차감해서 현시점의 가치로 환산한 금액을 말한다. 예를 들어 5%의 이자율에서 2년 후에 받을 110,250원의 현재시점의 가치는 100,000원이 된다.

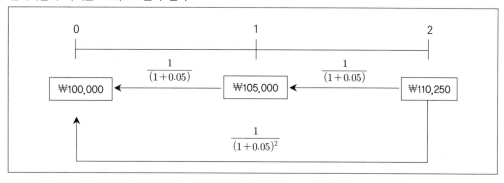

4. 재무제표 작성과 표시의 일반원칙

(1) 재무제표의 작성책임 : **경영자**

(2) 계속기업

경영자는 재무제표를 작성 시 기업의 존속가능성을 평가하고, **계속기업을 전제로 재무제표를 작성**해야 한다.

(3) 중요성과 통합표시

중요한 항목은 재무제표의 본문이나 주석에 그 내용을 가장 잘 나타낼 수 있도록 구분표시하며, **중요하지 않는 항목은 성격이나 기능이 유사한 항목과 통합하여 표시할 수 있다. 재무제표본문에는 통합하여 표시한 항목이라 할지라도 주석에는 이를 구분하여 표시할 만큼 중요한 항목인 경우 주석으로 기재한다.**

(4) 공시

① 비교정보

- 계량정보 : 기간별 비교가능성을 높이기 위해서 **전기와 비교하는 형식으로 작성**해야 한다.
- 비계량정보 : 당기 재무제표를 이해하는데 필요시 전기 재무제표의 비계량정보를 비교하여 주석에 기재한다.

② 항목의 표시와 분류의 계속성

재무제표의 항목의 표시와 분류는 원칙적으로 매기 동일하여야 한다.

③ 금액표시 : 이용자들에게 오해를 줄 염려가 없는 경우에는 금액을 천원이나 백만원 단위 등으로 표시할 수 있다.

5. 재무상태표의 작성기준

1. 구분표시의 원칙	자산·부채 및 자본을 종류별, 성격별로 적절히 분류하여 일정한 체계 하에 구분·표시한다.
2. 총액주의	**자산, 부채는 순액으로 표기하지 아니하고 총액으로 기재한다.** 다만 기업이 채권과 채무를 상계할 수 있는 법적구속력을 가지고 있는 경우에는 상계하여 표시한다. 매출채권은 총액으로 기재한 후 **대손충당금을 차감하는 형식(총액법)** 또는 매출채권에 대한 **대손충당금을 해당 자산에서 직접 차감하는 형식(순액법)으로 표시할 수 있다.**
3. 1년 기준 (유동·비유동)	자산과 부채는 결산일 **현재 1년 또는 정상적인 영업주기를 기준**으로 구분, 표시
4. 유동성배열	자산·부채는 **환금성이 빠른 순서로 배열**한다.
5. 구분과 통합표시	1. 현금 및 현금성자산 : 별도항목으로 구분표시한다. 2. 자본금 : **보통주자본금과 우선주 자본금**으로 구분표시한다. 3. 자본잉여금 : **주식발행초과금과 기타자본잉여금으로 구분표시**한다. 4. 자본조정 : **자기주식은 별도항목으로 구분하여 표시**한다.

6. 미결산항목및 비망계정(가수금·가지급금 등)은 재무제표상 표시해서는 안된다.
☞비망(memorandum)계정: 어떤 거래의 발생을 잠정적으로 기록하는 계정으로 향후 확정되면 대체된다.

6. 손익계산서의 작성기준

1. 발생기준	발생기준이란 **현금 유·출입시점에 관계없이 당해 거래나 사건이 발생한 기간에 수익·비용을 인식하는 방법**을 말한다.
2. 실현주의	수익은 **실현시기**를 기준으로 계상한다.
3. 수익비용대응의 원칙	비용은 관련수익이 인식된 기간에 인식한다.
4. 총액주의	**수익과 비용은 총액으로 기재한다.** ☞ 동일 또는 유사한 거래나 회계사건에서 발생한 차익, 차손 등은 총액으로 표시하지만 중요하지 않는 경우에는 관련 차익과 차손 등을 상계하여 표시할 수 있다.
5. 구분계산의 원칙	손익은 매출총손익, 영업손익, 법인세비용차감전순손익, 당기순손익, 주당순손익으로 구분하여 표시한다. ☞ *제조업, 판매업 및 건설업 외*의 업종에 속하는 기업은 매출총손익의 구분표시를 생략할 수 있다.

6. 환입금액표시	영업활동과 관련하여 비용이 감소함에 따라 발생하는 **퇴직급여충당부채 환입, 판매보증충당부채환입 및 대손충당금 환입 등은 판매비와 관리비의 부(−)의 금액으로 표시**한다.

7. 중간재무제표

중간재무제표란 중간기간(3개월, 6개월)을 한 회계연도로 보고 작성한 재무제표를 말한다.

(1) 종류 : 재무상태표와 손익계산서, 현금흐름표와 자본변동표 및 주석

(2) 작성기간 및 비교형식

중간기간이란 보통 3개월(분기), 6개월(반기)이 대표적이나 그 밖의 기간도 가능하다.
중간재무제표는 다음과 같이 비교하는 형식으로 작성한다.
재무상태표는 당해 중간기간말과 직전 회계연도말을 비교하는 형식으로 작성하고 손익계산서는 중간기간과 누적중간기간을 직전 회계연도의 동일 기간과 비교하는 형식으로 작성한다.

(3) 공시

연차재무제표와 동일한 양식으로 작성함을 원칙으로 하나, 다만 계정과목 등은 대폭 요약하거나 일괄 표시할 수 있다.

8. 주석

주석은 일반적으로 **정보이용자가 재무제표를 이해하고 다른 기업의 재무제표와 비교하는데 도움이 되는 정보**를 말한다. 이익잉여금처분계산서는 주석에 기재하여야 한다.
① 일반기업회계기준에 준거하여 재무제표를 작성하였다는 사실의 명기
② 재무제표 작성에 적용된 유의적인 회계정책의 요약
③ 재무제표 본문에 표시된 항목에 대한 보충정보
④ 기타 우발상황, 약정사항 등의 계량정보와 비계량정보

 연습문제

Tax Accounting Technician
세무정보처리 자격시험 2급

📖 **객관식**

01. 다음 중 회계의 정의와 목적에 대한 설명으로 옳지 않은 것은?

① 회계는 이해관계자들이 경제적 의사결정을 수행하는 데 필요로 하는 유용한 모든 정보를 제공한다.

② 재무제표는 위탁받은 자원에 대한 경영자의 수탁책임 또는 회계책임의 결과를 보여준다.

③ 재무제표는 기업의 수많은 거래를 화폐단위로 요약하여 표준화된 방식으로 기록·보고하는 회계보고서이다.

④ 회계정보의 이해관계자에는 주주, 채권자, 정부 등이 있다.

02. 재무회계의 기본가정으로 옳지 않은 것은?

① 계속기업의 가정

② 취득원가의 가정

③ 기업실체의 가정

④ 기간별 보고의 가정

03. 다음 중 재무제표의 기본가정에 대한 설명으로 옳지 않은 것은?

① 재무제표의 기본가정으로는 기업실체, 계속기업 및 기간별 보고가 있다.

② 기업실체의 가정이란 기업을 소유주와는 독립적으로 존재하는 회계단위로 간주하고 회계단위의 관점에서 그 경제활동에 대한 재무정보를 측정, 보고하는 것을 말한다.

③ 계속기업의 가정이란 기업실체의 중요한 경영활동이 축소되거나 기업실체를 청산시킬 의도나 상황이 존재한다는 가정을 말한다.

④ 기간별 보고의 가정이란 기업실체의 존속기간을 일정한 기간 단위로 분할하여 각 기간별로 재무제표를 작성하는 것을 말한다.

04. 다음 중 재무제표의 질적특성에 대한 설명으로 옳지 않은 것은?

① 목적적합성 있는 회계정보는 예측가치 또는 피드백가치를 가져야 한다.

② 적시성 있는 정보라 하여 반드시 목적적합성을 갖는 것은 아니나, 적시에 제공되지 않은 정보는 목적적합성을 상실할 수 있다.

③ 회계정보가 신뢰성을 갖기 위해서는 객관적으로 검증가능하여야 한다.

④ 회계정보의 질적특성은 서로 상충될 수 없다.

05. 회계정보의 질적 특성에 대한 설명으로 옳지 않은 것은?

① 회계정보의 질적 특성이란 회계정보가 유용하기 위해 갖추어야 할 주요 속성을 말한다.

② 회계정보가 갖추어야 할 가장 중요한 질적 특성은 목적적합성과 효율성이다.

③ 회계정보의 질적 특성은 비용과 효익, 그리고 중요성의 제약요인 하에서 고려되어야 한다.

④ 목적적합성 있는 정보는 정보이용자의 의사결정에 차이를 가져올 수 있는 정보를 말한다.

06. 재무제표의 신뢰성에 관한 설명으로 옳지 않은 것은?

① 외부 회계감사는 재무제표의 신뢰성을 높일 수 있다.

② 기업의 내부회계관리제도는 재무제표의 신뢰성을 높일 수 있다.

③ 재무제표가 신뢰성을 갖기 위해서는 회계정보가 적시에 제공되어야 한다.

④ 신뢰성은 표현충실성, 검증가능성, 중립성과 관련이 있다.

07. 회계정보의 질적특성은 서로 상충될 수 있다. (가), (나), (다), (라)에 들어갈 질적 특성으로 옳은 것은?

> • 유형자산을 역사적원가로 평가하면 일반적으로 검증가능성이 높으므로 측정의 (가) 은((는)) 높아지나 (나) 이(가) 낮아질 수 있다.
>
> • 시장성 없는 유가증권에 대해 역사적원가를 적용하면 자산가액 측정치의 (다) 은(는) 높으나 유가증권의 공정가치를 나타내지 못하여 (라) 과(와) 목적적합성이 낮아질 수 있다

	(가)	(나)	(다)	(라)
①	목적적합성	신뢰성	검증가능성	표현의 충실성
②	목적적합성	신뢰성	표현의 충실성	검증가능성
③	신뢰성	목적적합성	검증가능성	표현의 충실성
④	신뢰성	목적적합성	표현의 충실성	검증가능성

08. 다음 대화에서 (가)와 (나)에 해당하는 내용으로 옳은 것은?

> • 회계정보의 질적특성중 목적적합성은 예측가치, 피드백 가치를 가져야 하고, **(가)**이 있어야 합니다. 그럼 다른 질적특성인 신뢰성의 구성요소는 어떻게 될까요?
> • 신뢰성의 구성요소는 **(나)**, 중립성, 검증가능성입니다.

	(가)	(나)		(가)	(나)
①	비교가능성	실질의 우선	②	적시성	표현의 충실성
③	중요성	이해가능성	④	계속성	유용성

09. 자산에 대한 설명 중 옳지 않은 것은?

① 자산으로 인식하기 위해서는 당해 자산에 미래 경제적 효익이 내재되어 있어야 한다.

② 자산의 존재를 판단하기 위해서 물리적 형태가 필수적인 것은 아니다.

③ 자산의 정의를 충족하기 위해서는 반드시 법적권리를 보유하여야 인식할 수 있다.

④ 자산은 과거 사건의 결과 기업이 통제하고 있고, 미래 경제적 효익이 기업에 유입될 것으로 기대되는 자원이다.

10. 자산 또는 부채와 관련된 설명으로 옳지 않은 것은?

① 자산은 과거의 거래나 사건의 결과로서 현재 기업실체에 의해 지배되고 미래에 경제적 효익을 창출할 것으로 기대되는 자원이다.

② 물리적 형태가 없는 자원이라도 기업실체에 의하여 지배되고 그 실체에게 미래의 경제적 효익을 창출할 것으로 기대되는 경우 당해 항목은 자산의 정의를 충족할 수 있다.

③ 기업이 미래에 자산을 사용하거나 용역을 제공하는 등 경제적 자원의 희생이 예상될 경우에도 현재시점에서 지출될 금액이 확정된 것이 아니면 부채로 인식하지 않는다.

④ 부채는 과거의 거래나 사건의 결과로 현재 기업실체가 부담하고 있고 미래에 자원의 유출 또는 사용이 예상되는 의무이다.

11. 재무제표의 표시 방법에 대한 설명 중 옳지 않은 것은?

① 재무제표 본문과 주석에 적용하는 중요성에 대한 판단기준은 항상 동일하여야 한다.

② 현금흐름표를 제외하고는 발생주의 원칙에 따라 재무제표를 작성한다.

③ 손익계산서의 이익은 매출총이익, 영업이익, 법인세차감전순이익, 당기순이익의 순서로 구분표시한다.

④ 자산, 부채, 자본 중 중요하지 않은 항목은 유사한 항목에 통합하여 표시할 수 있다.

12. 다음 중 재무제표의 작성과 표시에 대한 설명으로 옳지 않은 것은?

① 중요한 항목은 재무제표의 본문이나 주석에 그 내용을 가장 잘 나타낼 수 있도록 구분하여 표시하며, 중요하지 않은 항목은 성격이나 기능이 유사한 항목과 통합하여 표시할 수 있다.

② 자산과 부채는 유동성이 큰 항목부터 배열하는 것을 원칙으로 한다.

③ 재무제표의 기간별 비교가능성을 제고하기 위하여 재무제표 항목의 표시와 분류는 일부 경우를 제외하고는 매기 동일하여야 한다.

④ 정상적인 영업주기 내에 회수되는 매출채권이라 하더라도 보고기간종료일부터 1년 이내에 실현되지 않으면 비유동자산으로 분류한다.

13. 다음 중 재무제표의 작성과 표시의 일반원칙에 관한 설명으로 옳지 <u>않은</u> 것은?

① 재무제표의 작성과 표시에 대한 책임은 경영진에게 있다.

② 재무제표의 본문이나 주석에 구분 표시하도록 정한 항목은 그 성격이나 금액이 중요하지 아니한 것이라도 유사한 항목으로 통합하여 표시할 수 없다.

③ 재무제표를 작성할 때 계속기업으로서의 존속가능성을 평가해야 한다.

④ 재무제표의 기간별 비교가능성을 제고하기 위하여 당기 재무제표를 전기와 비교하는 형식으로 표시한다.

14. 다음 중 일반기업회계기준상 재무보고의 목적으로 옳지 <u>않은</u> 것은?

① 투자 및 신용의사결정에 유용한 정보의 제공

② 미래 현금흐름 예측에 유용한 정보의 제공

③ 재무상태, 경영성과 및 변동원가 정보의 제공

④ 경영자의 수탁책임 평가에 유용한 정보의 제공

15. 다음에서 설명하는 회계의 기본 가정에 포함되지 않는 것은?

> • 기업을 소유주와는 독립적으로 존재하는 회계단위로 간주하고 이 회계단위의 관점에서 그 경제활동에 대한 재무정보를 측정, 보고하는 것을 말한다.
> • 기업실체는 그 목적과 의무를 이행하기에 충분할 정도로 장기간 존속한다고 가정하는 것을 말한다.
> • 기업실체의 존속기간을 일정한 기간 단위로 분할하여 각 기간별로 재무제표를 작성 하는 것을 말한다.

① 기업실체의 가정 ② 계속기업의 가정

③ 발생기준의 가정 ④ 기간별 보고의 가정

16. 다음 중 회계의 개념체계에 대한 설명으로 옳지 않은 것은?

① 자산은 과거 사건의 결과로 기업이 통제하고 있고 미래경제적효익이 기업에 유입될 것으로 기대되는 자원이다.

② 부채는 과거 사건에 의하여 발생하였으며 경제적효익을 갖는 자원이 기업으로부터 유출됨으로써 이행될 것으로 기대되는 현재의 의무이다.

③ 재무상태표에 표시되는 자본 총액은 자산에서 부채를 차감한 금액으로 기업의 시가총액과 동일하다.

④ 수익은 자산의 증가나 부채의 감소와 관련하여 미래경제적효익이 증가하고 이를 신뢰성있게 측정할 수 있을 때 손익계산서에 인식한다.

17. 회계정보의 질적 특성 중 목적적합성에 대한 설명으로 옳지 않은 것은?

① 회계정보가 정보이용자의 의사결정에 반영될 수 있도록 적시에 제공되어야 한다.

② 회계정보는 그 정보가 나타내고자 하는 대상을 충실히 표현하고 있어야 한다.

③ 회계정보는 정보이용자의 당초 기대치를 확인 또는 수정할 수 있게 함으로써 의사결정에 차이를 가져올 수 있다.

④ 회계정보는 정보이용자가 기업실체의 과거, 현재 또는 미래 사건의 결과에 대한 예측을 하는 데 도움이 된다.

18. 다음 중 회계정보의 질적 특성에 대한 설명으로 옳지 않은 것은?

① 회사가 회계정책을 선택하는데 판단기준을 제공한다.

② 정보이용자가 기업실체의 미래 사건의 결과를 예측하는 데 도움이 된다면 신뢰성 있는 정보이다.

③ 유형자산을 역사적원가로 평가하면 신뢰성은 높아지지만 목적적합성은 낮아질 수 있다.

④ 재무제표는 정보이용자가 이해할 수 있도록 작성해야 한다.

주관식

01. 다음의 설명에 적합한 회계정보의 질적특성은?

> 회계정보는 정보이용자가 기업실체의 과거, 현재 또는 미래 사건의 결과에 대한 예측을 하는데 도움이 되거나 또는 그 사건의 결과에 대한 기대치를 확인 수정할 수 있게 함으로써 의사결정에 차이를 가져올 수 있어야 한다. 또한 회계정보는 의사결정 시점에 이용가능하도록 적시에 제공될 때 유효하다.

02. 다음에서 설명하고 있는 회계정보의 질적 특성은 무엇인가?

> - 회계정보는 그 정보가 나타내고자 하는 대상을 충실히 표현하고 있어야 한다.
> - 객관적으로 검증가능하여야 한다.
> - 중립적이어야 한다.

03. 다음과 관련된 회계정보의 질적특성은 무엇인가?

> 금융리스의 법적 형식은 임차계약이지만 경제적 실질의 관점에서 자산과 부채의 정의를 충족하므로 리스이용자는 리스거래 관련 자산과 부채로 인식하여야 한다.

04. 다음과 관련이 있는 재무제표의 기본가정은 무엇인가?

> 지배·종속관계에 있는 회사들의 경우 지배회사와 종속회사는 단일의 법적 실체가 아니지만 단일의 경제적 실체를 형성하여 하나의 회계단위로서 연결재무제표의 작성 대상이 된다.

05. 다음 설명과 관련된 회계정보의 질적 특성은?

> - 상장법인인 (주)한공은 1분기 손익계산서를 기한 내에 공시하지 않았다. 이로 인해 기업의 투자자들은 투자의사결정 시점에 필요한 정보를 제공받지 못하였다.

연습답안

Tax Accounting Technician

세무정보처리 자격시험 2급

🔑 객관식

1	2	3	4	5	6	7	8	9	10	11	12	13	14	15
①	②	③	④	②	③	③	②	③	③	①	④	②	③	③

16	17	18
③	②	②

[풀이-객관식]

01 회계는 이해관계자들에게 의사결정에 **필요한 유용한 '모든' 정보를 제공하지는 않는다.**

02 재무회계의 기본가정: **계속기업의 가정, 기업실체의 가정, 기간별 보고의 가정**

03 계속기업의 가정이란 기업실체는 그 목적과 의무를 이행하기에 충분할 정도로 **장기간 존속한다고 가정하는 것**을 말한다.

04 **회계정보의 질적특성은 서로 상충**될 수 있다. 예를 들어, 유형자산을 역사적원가로 평가 하면 일반적으로 검증가능성이 높으므로 측정의 신뢰성은 제고되나 목적적합성은 저하될 수 있으며, 시장성 없는 유가증권에 대해 역사적원가를 적용하면 자산가액 측정치의 검증가능성은 높으나 유가증권의 실제 가치를 나타내지 못하여 표현의 충실성과 목적 적합성이 저하될 수 있다.

05 회계정보가 갖추어야 할 **가장 중요한 질적 특성은 목적적합성과 신뢰성**이다.

06 적시성은 목적적합성과 관련된 특성이다. 재무제표가 신뢰성을 갖기 위해서는 그 정보가 나타내고자 하는 대상을 충실히 표현하고 있어야 하고(표현의 충실성), 객관적으로 검증 가능하여야 하며(검증가능성), 중립적(중립성)이어야 한다.

07 **유형자산을 역사적원가로 평가**하면 일반적으로 **검증가능성이 높으므로 측정의 신뢰성은 높아지나 목적적합성은 낮아질 수** 있다. 시장성 없는 유가증권에 대해 역사적원가를 적용하면 자산가액 측정 치의 검증가능성은 높으나 유가증권의 공정가치를 나타내지 못하여 표현의 충실성과 목적적합성이 낮아질 수 있다.

08 목적적합성 있는 회계정보는 예측가치 및 피트백가치를 가져야 하며, 적시에 제공되어야 한다. 또한 회계정보의 신뢰성은 그 정보가 나타내고자 하는 대상을 충실히 표현하고, 객관적으로 검증가능하여 야 하며, 중립적이어야 확보할 수 있다.

09 **경우에 따라서는 법적권리가 없어도 자산의 정의를 충족**할 수 있다.

10 기업이 미래에 자산을 사용하거나 용역을 제공하는 등 경제적 자원의 희생이 예상될 경우에는 **현재 시점에서 지출될 금액이 확정되지 않았어도 부채로 인식할 수 있다.**

11 재무제표의 표시와 관련하여 **재무제표 본문과 주석에 적용하는 중요성에 대한 판단기준은 서로 다를 수 있다.** 예를 들어, 재무제표 본문에는 통합하여 표시한 항목이라 할지라도 주석에는 이를 구분하여 표시할 만큼 중요한 항목이 될 수 있다.

12 **정상적인 영업주기 내에 회수**되는 매출채권은 **보고기간종료일부터 1년 이내에 실현되지 않더라도 유동자산으로 분류**한다.

13 일반기업회계기준에서 재무제표의 본문이나 주석에 구분 표시하도록 정한 항목이라 할지라도 **그 성격이나 금액이 중요하지 아니한 것은 유사한 항목으로 통합하여 표시할 수 있다.**

14 재무보고의 목적은 **재무상태, 경영성과, 현금흐름 및 자본변동에 관한 정보의 제공** 등이다. 변동원가 정보의 제공은 재무보고의 목적이 아니다.

15 기업실체의 가정, 계속기업의 가정, 기간별 보고의 가정에 대한 설명이다.

16 재무상태표에 표시되는 **자본 총액은 장부금액으로서, 기업의 시가총액과 일치하는 개념이 아니다.**

17 표현의 충실성을 설명한 것으로서 신뢰성의 속성에 해당한다.

18 정보이용자가 기업실체의 **미래 사건의 결과에 대한 예측**을 하는 데 도움이 되는 정보는 **목적적합한** 정보이다.

🔑 주관식

01	목적적합성	02	신뢰성	03	신뢰성(표현의 충실성)
04	기업실체의 가정	05	적시성(목적적합성)		

[풀이-주관식]

01 예측가치, 피드백역할, 적시성은 목적적합성에 대한 설명이다.

02 회계정보가 정보이용자의 의사결정에 유용하기 위해서는 신뢰할 수 있는 정보이어야 한다. 회계정보의 신뢰성은 회계정보가 나타내고자 하는 대상을 충실히 표현하고 있어야 하고, 객관적으로 검증가능하여야 하며, 중립적이어야 한다.

03 **리스자산의 소유에 따른 위험과 보상이 리스이용자에게 귀속되면 금융리스로 분류**된다. 결국 금융리스의 본질은 리스제공자로부터 자금을 대여받아 자산을 취득한 것이므로, 리스이용자는 금융리스자산과 금융리스부채로 각각 인식한다. 금융리스는 표현의 충실성에 대한 사례이고, 표현의 충실성은 회계정보의 신뢰성을 구성한다.

05 회계정보가 정보이용자에게 유용하기 위해서는 그 정보가 의사결정에 반영될 수 있도록 적시에 제공되어야 한다.

Chapter 02

당좌자산

NCS회계 - 3   전표관리 / 자금관리   NCS세무 - 2   전표처리

자산은

① **과거의 거래나 사건의 결과로서**

② **현재 기업에 의해 지배되고(통제)**

③ **미래에 경제적 효익을 창출할 것으로 기대되는 자원**이다.

자산은 원칙적으로 1년 기준에 의하여 유동자산과 비유동자산으로 구분된다.

제1절 유동자산

유동자산은 1년 이내에 현금화되는 유동성이 높은 자산이고, 그 외의 자산은 비유동자산으로 구분된다.

그러나 **1년을 초과하더라도 정상적인 영업주기 내(원재료 구입부터 대금회수까지 기간)에 실현될 것으로 예상되는** 매출채권 등은 유동자산으로 구분할 수 있다.

1. 당좌자산

유동자산 중 회사의 주된 영업활동과 관련하여 보유하고 있는 상품, 제품 등 재고자산을 제외한 나머지를 통틀어 당좌자산이라 한다. 즉, 판매과정을 거치지 않고 재무상태표일(보고기간말)로 부터 1년 이내에 현금화되는 모든 자산을 말한다.

(1) 현금 및 현금성 자산

현금은 기업이 소유하고 있는 자산 중에서 **가장 유동성이 높고** 경영활동에 있어 기본적인 지급수단으로 사용되며, **현금 및 현금성자산이라는 계정으로 통합해서 별도항목으로 구분하여 표시**한다.

① 현금(통화대용증권)

현금 자체가 유동적이며 자산 중에서 가장 유동성이 높은 자산이다. 현금은 통화와 통화대용증권을 포함한다.

㉠ 통화

한국은행에서 발행한 지폐나 동전인 통화

㉡ 통화대용증권

통화는 아니지만 통화와 같은 효력이 있는 것으로 언제든지 통화와 교환할 수 있는 것으로서 **타인발행당좌수표, 은행발행자기앞수표, 송금수표, 가계수표, 우편환증서, 배당금지급 통지표, 만기가 도래한 공·사채 이자표 등이** 있다.

주의할 점은 우표나 수입인지, 수입증지는 현금처럼 유통될 수 없으므로 비용이나 선급비용으로 분류하고 차용증서(돈을 빌려 주고 받은 증서)는 대여금으로 분류한다.

> ☞ 수입인지 : 과세대상인 계약서를 작성시 소정의 수입인지(인지세)를 구입하여 첨부하여야 한다. 또한 행정기관의 인허가 관련에 따른 수수료 등에 대해서 수입인지를 구입하여야 한다.(중앙정부에서 발행)
> 수입증지 : 주민등록등 민원서류, 인허가 서류 제출시 수수료 등 행정처리 수수료이다.(지방자치단체에서 발행)

또한 **선일자수표는 매출채권 또는 미수금으로 분류**한다. 선일자수표란 실제 발행한 날 이후의 일자를 수표상의 발행일자로 하여 수표상의 발행일에 지급할 것을 약속하는 증서이다. 즉, 형식은 수표이지만 실질은 어음성격을 가지고 있다.

② 요구불예금

회사가 필요한 경우 언제든지 현금으로 인출할 수 있는 예금으로서 보통예금, 당좌예금 등이 있다.(**질권이 설정된 예금은 인출이 불가능하므로 현금성자산에서 제외된다.**)

> ☞질권 : 채권자가 채권의 담보로서 채무자의 물건을 수취하여 채무자가 변제할 때까지 수중에 두고, 변제하지 않은 때에는 그 물건에서 우선하여 변제를 받을 수 있는 담보물권을 말한다.

③ 현금성자산

"큰 거래 비용 없이 현금으로 전환이 용이하고, 이자율의 변동에 따라 가치변동 위험이 중요하지 않은 금융상품으로서 **취득당시 만기가 3개월 이내에 도래하는 것**"을 말한다.

ⓐ 금융시장에서 매각이 쉽고, 큰 거래비용 없이 현금으로 전환되기 쉬워야한다.

ⓑ 금융상품이 **이자율 변동에 따라 가격변동이 크지 않아야 한다.**

ⓒ **취득당시 만기가 3개월 이내에 도래**하여야 한다.

> ※ 현금성 자산에 해당하는 금융상품과 유가증권은 다음과 같다.
> - 취득 당시 만기가 3개월 이내 도래하는 채권
> - 취득당시 상환일 까지 기간이 3개월 이내인 상환우선주
> - 3개월 이내의 환매조건을 가진 환매채

<당좌차월>

수표나 어음의 발행은 은행의 당좌예금잔액의 한도 내에서 발행하여야 하나, 은행과 당좌차월계약(차입계약)을 맺으면 예금잔액을 초과하여 계약 한도액까지 수표나 어음을 발행할 수 있는 방법이다. 이때 당좌예금 잔액을 초과하여 수표나 어음을 발행한 금액을 당좌차월이라고 하는데, 기업의 장부에는 당좌예금계정 대변의 잔액이 된다. **결산시점에 단기차입금의 계정과목으로 하여 유동부채로 분류한다.**

(2) 현금과부족(過不足) - 임시계정

현금과부족계정은 임시계정으로서 외부에 공시하는 재무상태표에 표시되어서는 안된다.

그러므로 현금불일치를 발견하였을 때 현금과부족이라는 임시계정에 회계처리 하였다가, 추후 차이내역을 규명하여 해당 계정으로 회계처리 하여야 한다.

그러나 **결산 시까지 그 원인이 밝혀지지 않는 경우 부족액은 잡손실계정(영업외비용)으로 처리하고, 초과액은 잡이익계정(영업외수익)으로 대체 처리하여야 한다.**

(3) 단기투자자산

회사가 단기적인 투자 목적으로 **단기금융상품, 단기매매증권, 단기대여금 및 유동자산으로 분류되는 매도가능증권, 만기보유증권** 등을 보유하고 있는 경우 그 자산을 통합하여 단기투자자산으로 공시할 수 있다.

즉, 단기투자자산은 각 항목별 금액 등이 중요한 경우에는 각각 표시하지만 중요하지 않은 경우에는 통합하여 단기투자자산으로 통합하여 공시할 수 있다.

① 단기금융상품

금융기관이 취급하는 정기예금·정기적금 및 기타 정형화된 금융상품 등으로 기업이 단기적 자금운영목적으로 보유하거나 **보고기간말로부터 만기가 1년 이내에 도래**하여야 한다.

회계기간 중 정기예금·정기적금은 각각의 계정을 설정하여 회계처리를 하지만 발생빈도가 거의 없거나 비교적 소액일 경우 단기금융상품이라는 통합계정을 사용하기도 한다.

그리고 재무상태표를 작성하여 공시할 경우 단기금융상품으로 통합하여 표시한다.

② 단기대여금(VS 단기차입금)

금전소비대차계약에 따른 자금의 대여거래로 회수기한이 1년 내에 도래하는 채권이다.

☞ 소비대차 : 당사자 일방이 금전 기타 대체물의 소유권을 상대방에게 이전할 것을 약정하고, 상대방은 그와 동종·동질·동량의 물건을 반환할 것을 약정하는 계약

(4) 유가증권의 회계

유가증권이란 재산권 또는 재산적 이익을 받을 자격을 나타내는 증권을 말한다. 회계에서 유가증권은 주식, 사채, 국채, 공채를 말하고 어음과 수표는 제외한다. 그러나 법에서의 유가증권은 어음과 수표도 포함된다.

유가증권은 증권의 종류에 따라 지분증권(주식)과 채무증권(사채(社債), 국채, 공채)로 분류한다. 회사가 유가증권에 투자하는 이유는 회사의 여유자금을 투자하여 이익을 얻을 수 있으면서도 자금이 필요할 때는 즉시 매각하여 현금화할 수 있기 때문이다.

① 유가증권의 분류

㉠ 단기매매증권 : 단기간 내의 매매차익을 목적으로 취득한 유가증권으로서 매수와 매도가 적극적이고 빈번하게 이루어지는 것을 말한다.

㉡ 매도가능증권 : 단기매매증권 또는 만기보유증권으로 분류되지 아니한 유가증권을 말한다.

㉢ 만기보유증권 : 만기가 확정된 채무증권으로서 상환금액이 확정되거나 확정이 가능한 채무증권을 만기까지 보유할 적극적인 의도와 능력이 있는 경우를 말한다.

㉣ **지분법적용투자주식** : 주식 중 다른 회사에 **중대한(유의적인-의미가 있다) 영향력을 행사할 수 있는 주식**을 말하는데 다음의 하나에 해당하는 경우를 말한다.
- 투자회사가 피투자회사의 의결권있는 주식의 20%이상을 보유
- 피투자회사의 이사회 또는 의사결정기관에의 참여
- 피투자회사의 이익잉여금분배나 내부유보에 관한 의사결정과정에의 참여
- 피투자회사의 영업정책결정과정에 참여
- 투자회사와 피투자회사 간의 중요한 내부거래
- 경영진의 인사교류 또는 필수적인 기술정보의 교환

단기매매증권은 유동자산으로 분류하나, 만기보유증권, 매도가능증권, 지분법적용투자주식은 1년 내에 만기가 도래하거나 매도 등에 의하여 처분할 것이 확실할 때 유동자산으로 분류 한다.

② 취득원가 : **매입가액에 취득부대비용을 합한 금액**으로 한다.

다만 **단기매매증권의 경우에는 매입가액을 취득가액**으로 하고, 매입시 매입수수료등의 부대비용은 **당기비용(수수료비용-영업외비용)으로 처리**한다.

③ 보유시 과실에 대한 회계처리

	이자 또는 배당금 수취시	
㉠ 채무증권	이자수익으로 처리	
㉡ 지분증권	현금배당	배당금수익
	주식배당	**회계처리는 하지 않고 수량과 단가를 새로이 계산한다.**

④ 유가증권의 기말평가

	평가액	평가손익
① 단기매매증권	공정가액	영업외손익
ⓒ 매도가능증권	공정가액	자본(기타포괄손익누계액)
	원가법	–
ⓒ 만기보유증권	평가하지 않음 (장부가액 : 상각후원가[*1])	–
ⓔ 지분법적용투자주식	지분법으로 평가[*2]	**영업외손익**

*1. <u>만기보유증권은 상각후원가법으로 평가한다.</u> 상각후 원가법이란 취득원가와 액면가액이 다른 경우 그 차액을 상환 기간동안 취득원가에 가감하여 만기일의 장부금액을 액면가액에 일치시키는 방법이다. 이때 액면가액과의 차액은 유효이자율법을 적용하여 상환기간에 걸쳐 배분한다.⇦ 사채발행시 사채의 장부가액이 투자자 입장에서는 상각후 원가가 됩니다.

*2. 취득시점 이후에 주식의 공정가액으로 평가하지 않고 지분변동액을 당해 지분법적용투자주식에 가감하여 보고하는 방법을 말한다.

⑤ 손상차손 인식

회사는 매 회계기간말 마다 보유한 유가증권에 대하여 손상차손(회수가능가액이 취득가액보다 작은 경우) 인식할 것을 고려하여야 한다. 이러한 손상차손은 원칙적으로 개별 유가증권별로 측정하고 인식하는 것을 원칙으로 하고, 영업외비용으로 처리한다.

지분증권의 손상차손은 지분증권발행회사의 신용위험이 증가하여 공정가액의 회복이 불가능한 경우에 인식하는 것이다.

> **유가증권손상차손 = 장부가액 – 회수가능가액**

☞ <u>단기매매증권은 손상차손을 인식하지 않는다. 왜냐하면 단기매매증권은 기말마다 공정가치로 평가하고, 평가손익을 당기손익으로 반영하였기 때문이다.</u>

⑥ 유가증권의 처분

유가증권 처분시 처분가액과 처분당시 장부가액(매도가능증권의 장부가액과 기타포괄손익누계액을 가감하면 매도가능증권의 취득가액이 된다)을 비교하여 이를 당기손익에 반영한다. 또한 **처분시 발생하는 증권거래 수수료나 증권거래세 등의 부대비용은 처분가액에서 차감하여 회계처리**한다.

⑦ 유가증권의 재분류(보유목적변경)

유가증권의 보유의도와 보유능력에 변화가 있어 재분류가 필요한 경우에는 다음과 같이 처리한다.

에서		으로	비고
단기매매증권		단기매매증권	
매도가능증권		매도가능증권	**단기매매증권이 시장성상실**
만기보유증권		만기보유증권	

가능 ➡ 불가능 ┈┈▶

예제   2-1 매도가능증권과 단기매매증권

㈜한강의 다음 거래를 매도가능증권, 단기매매증권인 경우 각각 분개하시오.

1. 20×1년 10월 1일 ㈜한라의 주식 100주를 주당 8,000원과 매입수수료 10,000원을 현금지급하다. (㈜한라의 주식은 시장성이 있고, 장기적인 투자수익을 목적으로 취득하다)

2. 20×1년 12월 31일 ㈜한라의 주식의 공정가액은 주당 9,000원이다.

3. 20×2년 3월 31일 ㈜한라로부터 주당 100원의 배당금을 현금수취하다.

4. 20×2년 7월 31일 ㈜한라의 주식 50주를 주당 7,000원에 처분하고 증권거래세 등 수수료 10,000원을 차감한 금액이 당사 보통예금 계좌에 입금되다.

5. 20×2년 8월 31일 ㈜한라로부터 무상주 10주를 지급받다.

해답

	매도가능증권		단기매매증권	
1.	(차) 매도가능증권	810,000	(차) 단기매매증권 　　　수수료비용[*1](영)	800,000 10,000
	(대) 현　　　금	810,000	(대) 현　　　금	810,000
2.	(차) 매도가능증권	90,000	(차) 단기매매증권	100,000
	(대) 매도가능증권평가익[*1] 　　　(자본-기타포괄손익누계액)	90,000	(대) 단기매매증권평가익[*2] 　　　(영업외수익)	100,000
	*1. 100주× 9,000원(공정가액) – 100주×8,100원(장부가)			
	*2. 100주× 9,000원(공정가액) – 100주×8,000원(장부가)			

	매도가능증권		단기매매증권	
3.	(차) 현　　　금	10,000	좌동	
	(대) 배당금수익	10,000		
4.	(차) 보통예금	340,000	(차) 보통예금	340,000
	매도가능증권평가익[1]	45,000	단기매매증권처분손[3]	110,000
	매도가능증권처분손[2]	65,000	(영업외비용)	
	(영업외비용)			
	(대) 매도가능증권	450,000	(대) 단기매매증권	450,000
	[1]. 90,000원(매도가능증권평가익)/100주×50주			
	[2]. 처분가액 – 취득가액 = 340,000 – 50주 × 8,100원 = △65,000원			
	☞취득가액=장부가액(450,000)-평가이익(45,000)=405,000원			
	[3]. 처분가액 – 장부가액 = 340,000 – 50주 × 9,000원 = △110,000원			
5.	– 회계처리없음 –			
	단가재계산 : (기존주식수×장부단가)/(기존주식수 + 무상주식수)			
	= (50×9,000) ÷ 60 = 7,500			

〈단기매매증권과 매도가능증권〉

	단기매매증권	매도가능증권
의 의	단기간 시세차익목적	언제 매도할지 모름
취득가액	**매입가액**	**매입가액 + 취득부대비용**
기말평가	공정가액	공정가액(공정가액이 없는 경우 원가법)
	미실현보유손익 : 실현됐다고 가정 **(영업외손익 – 단기매매증권평가손익)**	**미실현보유손익** **(자본 – 기타포괄손익누계액)**
처분손익	**처분가액 – 장부가액**	**처분가액 – 취득가액**

매도가능증권의 취득가액=장부가액-평가이익+평가손실

(5) 채권·채무회계

채권이란 기업이 영업활동을 수행하는 과정에서 재화나 용역을 외상으로 판매하고 그 대가로 나중에 현금 등을 받을 권리 또는 다른 회사나 타인에게 자금을 대여하고 그 대가로 차용증서나 어음을 수취하는 경우 등을 통칭하여 채권이라 부른다.

반대로 채무는 다른 회사나 타인에게 재화 또는 용역 또는 현금을 지급해야 할 의무를 말한다.

채권자		거　　래	채무자	
매 출 채 권	외 상 매 출 금	일반적인 상거래 발생한 채권·채무	매 입 채 무	외 상 매 입 금
	받 을 어 음			지 급 어 음
미　　수　　금		일반적인 상거래 이외에서 발생한 채권·채무	미　지　급　금	
대　　여　　금		자금거래에서 발생한 채권·채무	차　　입　　금	
선　　급　　금		재화나 용역의 완료 전에 지급하는 계약금	선　　수　　금	

① 외상매출금(VS 외상매입금) : **상거래 채권**

상품매매업에 있어서 가장 빈번하게 발생하는 거래는 상품의 매출/매입거래이다. 그리고 대부분의 상품매매거래는 신용으로 거래되는 것이 대부분이다. 이때 사용하는 회계계정과목이 외상매출금과 외상매입금이다. 즉, 회사 영업의 주목적인 일반 상거래(상품이나 제품판매)에서 발생한 채권을 외상매출금, 채무를 외상매입금이라고 한다.

② 받을어음(VS 지급어음) : **상거래 채권**

어음이란 상품을 구입한 구매자가 일정기일에 대금을 판매자에게 지급하겠다고 약속하는 증서이다.

㉠ 어음의 양도

어음의 소지인은 만기일 전에 어음상의 권리를 자유로이 타인에게 양도할 수 있다. 어음을 양도할 때 어음 뒷면에 필요사항을 기입하고 서명날인하는 것을 배서라고 한다.

㉡ 어음의 추심위임배서

어음을 추심의뢰 할 때에도 어음에 배서를 하여야 하는데 이것을 추심위임배서라 하고, 은행은 일정액의 추심수수료를 지급받게 되는데, **추심수수료는 영업상의 거래에 해당하므로 수수료비용(판매비와 관리비)로 처리한다.**

㉢ 어음의 할인

기업의 자금이 부족한 경우에는 소지하고 있는 어음을 만기일 전에 금융기관에 선이자(할인료)와 수수료를 공제하고 대금을 받을 수 있는데 이를 어음의 할인이라고 한다.
어음을 할인한 경우(매각거래일 경우) 할인료와 수수료는 매출채권처분손실이라는 영업외비용으로 처리한다.

〈어음의 할인 및 추심〉

	중도매각(매각거래)	추심(만기)
	할인료	추심수수료
성 격	영업외거래	영업거래
회계처리	영업외비용	판매비와관리비

	(차) 현 금 XX
	     매출채권처분손실(영) XX
	          (대) 받을어음 XX
		(차) 현 금 XX
		     수수료비용(판) XX
		          (대) 받을어음 XX

③ 미수금(VS 미지급금)

상품의 매매 등 일반적 상거래에서 발생한 채권, 채무에 대해서는 매출채권과 매입채무라는 계정을 사용하지만 **그 이외의 거래에서 발생하는 채권, 채무**는 미수금이나 미지급금 계정을 사용한다. **비록 토지 등을 구입하거나 처분 시에 어음을 지급하거나 수취하더라도 지급어음이나 받을어음 계정을 사용해서는 안되고 미수금, 미지급금 계정을 사용하여야 한다.**

④ 대손회계

기업이 보유한 모든 채권을 100% 회수 한다는 것은 거의 불가능하다. 채권은 채무자의 부도, 파산, 사망 등의 이유로 일정 부분 회수 불가능한 위험을 가지고 있다. 이렇게 채무자의 파산, 부도, 사망 등의 사유로 회수가 불가능하게 된 경우를 "**대손**"이라고 한다. 기업회계기준에서 대손에 관한 회계처리는 충당금설정법(보충법)으로 회계처리 하도록 규정하고 있다.

구 분	회계처리

1. 대손시	★ 대손충당금 계정잔액이 충분한 경우
	    (차) 대손충당금 ××× (대) 매 출 채 권 ×××
	★ 대손충당금 계정잔액이 부족한 경우
	    (차) 대손충당금 ×××(우선상계) (대) 매 출 채 권 ×××
	        대손상각비 ×××

2. 대손처리한
  채권회수시
	★ **대손세액공제적용 채권**
	    (차) 현 금 등 ××× (대) 대손충당금 ×××
	                                부가세예수금 ×××[1]
	    *1. 회수금액 × 10/110
	★ **대손세액공제미적용 채권**
	    (차) 현 금 등 ××× (대) 대손충당금 ×××

구 분	회계처리
3. 기말설정	**기말 설정 대손상각비 = 기말매출채권잔액 × 대손추정율 − 설정전 대손충당금잔액** ★ 기말대손추산액 〉설정전 대손충당금잔액 　　(차) 대손상각비(판)　　　　　××× 　　(대) 대손충당금　　　　　××× ★ 기말대손추산액 〈 설정전 대손충당금잔액 　　(차) 대손충당금　　　　　××× 　　(대) **대손충당금환입(판관비)**　×××

4. 대손상각비의 구분		설 정	환 입
	매출채권	대손상각비(판관비)	**대손충당금환입(판)**
	기타채권	**기타의 대손상각비(영·비)**	대손충당금환입(영·수)

5. 대손충당금 표시	**총액법(매출채권과 대손충당금을 모두 표시)으로 할 수 있으며, 순액법(매출채권에서 대손충당금을 차감)으로 표시한 경우 주석에 대손충당금을 기재한다.**

 예제　　**2 - 2 대손회계**

다음은 ㈜한강의 거래내역이다. 다음의 거래를 분개하고 대손충당금 T계정을 작성하시오.
20×1년 기초 외상매출금에 대한 대손충당금은 100,000원이다.
1. 3월 15일 외상매출금 중 150,000원이 대손 확정되었다.
2. 3월 31일 전기에 대손처리(대손세액공제 적용 채권임.)한 외상매출금중 88,000원이 현금 회수되었다.
3. 4월 30일 외상매출금 중 40,000원이 대손 확정되었다.
4. 12월 31일 기말 외상매출금잔액이 20,000,000원인데 대손추정율을 2%로 추산하였다.

해답

1.	(차) 대손충당금[1]	100,000원	(대) 외상매출금	150,000원	
	대손상각비(판)	50,000원			
	[1]. 대손충당금을 우선상계하고 부족한 경우에는 대손상각비로 처리한다.				
2.	(차) 현 금	88,000원	(대) 대손충당금	80,000원	
			부가세예수금	8,000원	
3.	(차) 대손충당금	40,000원	(대) 외상매출금	40,000원	
4.	(차) 대손상각비(판)	360,000원[1]	(대) 대손충당금	360,000원	
	[1]. 기말 설정 대손상각비 = 기말외상매출금잔액(20,000,000)×대손추정율(2%) 　　　　　**− 설정전 대손충당금(40,000) = 360,000**				

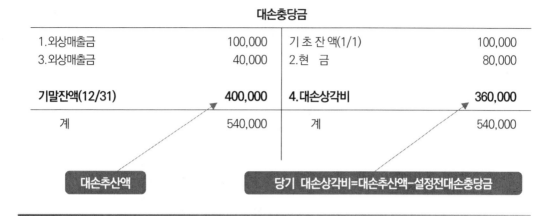

대손충당금

1.외상매출금	100,000	기 초 잔 액(1/1)	100,000
3.외상매출금	40,000	2.현 금	80,000
기말잔액(12/31)	**400,000**	**4.대손상각비**	**360,000**
계	540,000	계	540,000

대손추산액

당기 대손상각비=대손추산액-설정전대손충당금

(6) 기타의 당좌자산

① 미수수익(VS 미지급비용)

발생주의에 따라 인식한 수익의 당기 기간경과분에 대한 수익으로서 아직 현금으로 미수취한 경우에 당기에 수익을 가산하는 동시에 **미수수익(당좌자산)**으로 계상하여야 한다.

② 선급비용(VS 선수수익)

발생주의에 따라 당기에 선 지급한 비용 중 차기비용으로서 차기 이후로 이연할 금액을 말한다. 즉, 당기에 지출한 비용 중 내년도 비용은 결산일 기준으로 자산에 해당된다.

 예제 **2-3 손익의 이연/발생**

㈜한강의 거래내역을 분개하시오.

1. x1년 10월 1일 건물 중 일부를 임대(임대기간 1년)하면서 1년분 임대료 1,200,000원을 현금으로 받고 선수수익으로 회계처리하다.

2. x1년 11월 1일 창고건물을 임차(임대기간 6개월)하면서 6개월치 임차료 900,000원을 현금으로 지급하고 선급비용으로 회계처리하다.

3. x1년 12월31일 거래은행인 국민은행에 예금된 정기예금에 대하여 당기분 경과이자를 인식하다(예금금액 10,000,000원, 만기 1년, 가입일 7월 1일 연이자율 10% 월할계산할 것).

4. x1년 12월 31일 거래은행인 신한은행에서 차입한 장기차입금에 대하여 당기분 경과이자를 인식하다(차입금액 15,000,000원, 만기 3년, 차입일 10월 1일 연이자율 10% 월할계산할 것).

5. x1년 12월 31일 임대료와 임차료에 대하여 발생기준에 따라 결산수정분개를 하다.

6. x2년 7월 1일 전년도 7월1일에 가입한 정기예금이 만기가 되어 이자와 원금이 보통예금계좌에 입금되다.

7. x2년 10월 1일 전년도 10월1일에 차입한 장기차입금에 대하여 이자를 보통예금에서 계좌이체하다.

해답

1.	(차) 현 금	1,200,000원	(대) 선 수 수 익	1,200,000원
2.	(차) 선 급 비 용	900,000원	(대) 현 금	900,000원
3.	(차) 미 수 수 익	500,000원	(대) 이 자 수 익	500,000원
	☞당기 수익발생(7.1~12.31)=10,000,000원 × 10% × 6개월/12개월=500,000원			
4.	(차) 이 자 비 용	375,000원	(대) 미지급비용	375,000원
	☞당기비용발생(10.1~12.31)=15,000,000원 × 10% × 3개월/12개월=375,000원			
5.	(차) 선 수 수 익	300,000원	(대) 임대료(수입임대료)	300,000원
	☞당기수익(10.01 ~ 12.31) = 1,200,000원 × 3개월/12개월=300,000원 선수수익(차기 1.1 ~ 9.30) = 1,200,000원 × 9개월/12개월=900,000원			
	(차) 임차료(지급임차료)	300,000원	(대) 선 급 비 용	300,000원
	☞당기비용(11.01 ~ 12.31) = 900,000원 × 2개월/6개월=300,000원 선급비용(차기 1.1~ 04.30) = 900,000원 × 4개월/6개월=600,000원			
6.	(차) 보 통 예 금	11,000,000원	(대) 정 기 예 금 미 수 수 익 이 자 수 익	10,000,000원 500,000원 500,000원
	☞이자수익=10,000,000 × 10%(연이자율) × 6개월(1.1~6.30)/12개월=500,000원			
7.	(차) 미지급비용 이 자 비 용	375,000원 1,125,000원	(대) 보 통 예 금	1,500,000원
	☞이자비용=15,000,000 × 10%(연이자율) × 9개월(1.1~9.30)/12개월=1,125,000원			

〈손익의 이연 : 수취(지급)시점에 수익 또는 비용 처리시〉

(주)한강		수취(지급)시점	결산시(손익의 이연)
수익의 이연	1,200,000 (x1.10.1~x2.9.30)	(차) 현 금 1,200,000 　(대) 임대료 1,200,000	(차) 임대료 900,000 　(대) 선수수익 900,000
비용의 이연	900,000 (x1.11.1~x2.04.30)	(차) 임차료 900,000 　(대) 현 금 900,000	(차) 선급비용 600,000 　(대) 임차료 600,000

③ 선급금(VS 선수금)

일반적 상거래에 속하는 재고자산의 구입 등을 위하여 선 지급한 계약금을 말한다.

장차 재고자산 등이 납품되면 재고자산으로 대체 정리될 잠정적인 재화나 용역에 대한 청구권을 내용으로 하는 채권계정이다.

④ 선납세금

손익계산서상의 법인세비용이란 기업의 당해 연도에 부담하여야 할 법인세와 지방소득세(법인분)를 말하는데, 선납세금은 중간 예납한 법인세와 기중에 원천징수된 법인세 등이 처리되는 계정으로서 기말에 법인세비용으로 대체된다.

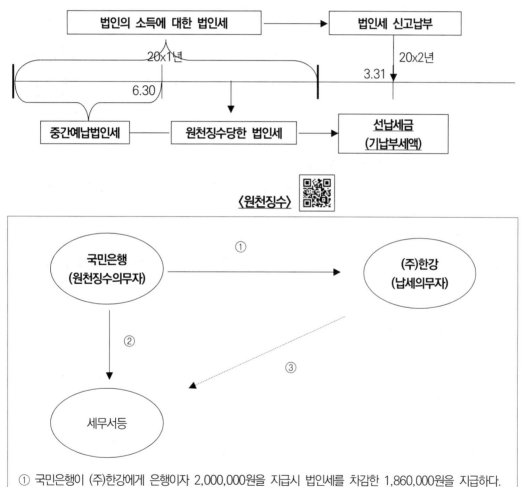

① 국민은행이 (주)한강에게 은행이자 2,000,000원을 지급시 법인세를 차감한 1,860,000원을 지급하다.
② 국민은행은 ㈜한강으로부터 예수한 법인세를 관할세무서에 납부하다.
③ 국민은행이 예수한 법인세는 실질적으로 (주)한강이 납부한 것이다.

2 - 4 법인세 및 선납세금

다음은 ㈜한강의 거래내역이다. 다음의 거래를 분개하시오.
(1) 3월 15일 정기예금 이자 1,000,000원에 대하여 원천징수세액(자산으로 처리하시오)을 제외한 860,000원이 보통예금계좌로 입금되다.
(2) 8월 31일 법인세 중간예납분 1,000,000원을 강남세무서에 현금납부하다.(자산으로 처리하시오)
(3) 12월 31일 기말 결산 시 법인세를 추산한 바 2,500,000원이다.

해답

3월 15일	(차) 보통예금 선납세금	860,000원 140,000원	(대) 이자수익	1,000,000원
8월 31일	(차) 선납세금	1,000,000원	(대) 현 금	1,000,000원
12월 31일	(차) 법인세등	2,500,000원	(대) 선 납 세 금 미지급세금	1,140,000원 1,360,000원

⑤ 부가세대급금(VS 부가세예수금)

부가가치세 과세대상 재화 등을 구입 시 거래징수 당한 부가가치세 매입세액을 말하는 것으로서 추후 부가가치세 신고 시 매입세액으로 공제된다.

⑥ 소모품

소모성 비품 구입에 관한 비용으로서 사무용품, 소모공구 구입비 등 **회사가 중요성에 따라 자산을 처리하는 것**을 말한다.

(7) 가지급금과 가수금

① 가지급금

회사에서 미리 지급한 금액 중 계정과목이나 금액이 미 확정시 그 내역을 파악할 때까지 일시적으로 처리해두는 계정이다.

② 가수금

회사에 입금된 금액 중 계정과목이나 금액이 미 확정시 그 내역을 파악할 때까지 일시적으로 처리해 두는 계정이다. 추후 입금된 내역이 확정시 해당 본 계정으로 회계처리 하여야 한다.

재무상태표 작성기준 중 이러한 임시계정은 외부에 공시되는 재무상태표에 표시되어서는 안 된다.

 분개연습

01. 제품매출처 (주)삼일에서 받아 보관 중인 전자어음(5,500,000원)을 (주)세원의 외상대금(5,500,000원) 결제를 위하여 배서양도하였다. (매각거래로 회계처리 할 것)

02. 매출처 (주)창우에서 받아 보관 중인 전자어음(발행금액 12,000,000원, 발행일 1월 20일, 만기일 6월 20일)을 4월 20일 신한은행에서 할인하고, 할인료를 제외한 잔액은 신한은행 보통예금 계좌에 입금 하였다. (단, 연이율은 10%, 월할계산, 매각거래로 처리한다.)

03. (주)일원의 외상매출금 33,000,000원 중 일부 13,000,000원이 국민은행 보통예금으로 입금되었으며, 잔액은 계약에 따라 소비대차(대여기간 6개월, 이자율 연 5%)로 전환되었다.

04. 상지상사(주)로부터 수취한 어음(발행가액 32,000,000원)에 대하여 5월 20일 금융기관으로부터 부도 확인을 받았다. 동 어음을 "받을어음"계정에서 "부도어음과수표"계정으로 재분류하시오.

05. 힘든상사의 파산으로 단기대여금 5,000,000원이 회수불능되어 전액 대손처리하였다. 대손처리일 현재 단기대여금에 대한 대손충당금 잔액 200,000원이 있다.

06. 시장성 있는 (주)한공전자의 주식을 단기매매차익 목적으로 취득하고 취득가액과 거래수수료를 우리 은행 보통예금계좌에서 이체하였다.

• 주식수 : 500주	• 주당 취득가액 : 8,500원
• 주당액면가액 : 5,000원	• 거래수수료 : 150,000원

07. 단기매매차익 목적으로 취득한 상장주식에 대한 거래보고서이다.

유가증권 매매 정산 보고서

종목명: (주)일룸전자 보통주

일자	유형	수량	단가	매매대금	거래수수료	비고
20x1.5.10.	매수	1,000주	7,000원	7,000,000원	140,000원	
20x1.6.10.	매도	500주	7,500원	3,750,000원	75,000원	

주식매각대금에서 거래수수료를 차감한 잔액은 신한은행 보통예금계좌에 입금하였다.

08. 회사가 보유하고 있는 매도가능증권(장부가액 4,000,000원)을 기말결산시점에 평가한 금액은 4,500,000원이다. 매도가능증권평가손실은 없다고 가정한다.

09. (주)한공은 20x0년 5월 7일 ㈜서울의 주식 100주를 주당 1,000원에 취득하고 매도가능증권으로 분류하였다. 20x0년 말 이 주식의 공정가치는 주당 1,200원이었으며, (주)한공은 20x1년 9월 30일 주당 1,300원에 전량 현금 매도하였다.

10. 매도가능증권(투자자산)을 다음과 같이 처분하고, 매각대금은 우리은행 보통예금계좌로 이체받았다. 직전 연도까지 매도가능증권에 대하여는 일반기업회계기준에 따라 적절하게 회계처리하였다.

취득가액 (전기 1월 31일)	기말공정가액 (전기 12월 31일)	양도가액 (1월 10일)	비 고
24,000,000원	30,000,000원	22,000,000원	시장성있음

11. 동부화재보험(주)에 관리부 업무용 승용차에 대한 자동차보험을 가입하고 보험료를 납부하였다. 결산정리분개를 하시오(월할계산).

> – 보험료: 납부일 9월 1일　　　　　– 납부보험료: 816,000원(비용으로 회계처리하였다.)
> – 보험기간: 20x1. 9. 1. ~ 20x2. 8. 31.

12. 회사는 거래처에 영업자금을 대여하고 이자는 6개월마다 회수하기로 하였다. 결산정리분개를 하시오(월할계산).

> – 대여기간 20x1. 10. 1. ~ 20x3. 9. 30.까지　　　　– 대여액 30,000,000원(이자율 연 5%)

13. 기말에 외상매출금과 받을어음 잔액에 대하여 매년 1%의 대손충당금을 보충법으로 설정한다. 합계잔액시산표를 조회하니 다음과 같다.

합계잔액시산표(수정전)

제×기 : 20×1년 12월 31일 현재

차 변		계정과목	대 변	
잔 액	합 계		합 계	잔 액
349,693,686	449,693,686	외 상 매 출 금	100,000,000	
	170,000	대 손 충 당 금	1,000,000	830,000
55,931,000	55,931,000	받 을 어 음		
	200,000	대 손 충 당 금	820,000	620,000

 객관식

01. 다음 중 유동자산으로 분류되지 않는 것은?

① 제품제조를 위해 구입한 원재료

② 단기시세차익을 목적으로 구입한 시장성이 있는 유가증권

③ 보고기간 종료일로부터 1년 이내에 만기가 도래하여 현금화가 가능한 만기보유증권

④ 기업이 고유의 영업활동과 직접적인 관련 없이 투자 목적으로 보유하고 있는 부동산

02. 도·소매업을 영위하는 (주)한공이 보유하고 있는 유가증권 회계처리로 옳은 것은?

① 단기매매증권평가손익은 영업외손익에 해당한다.

② 매도가능증권평가손익은 당기 손익에 영향을 미친다.

③ 매도가능증권처분손익은 기타포괄손익누계액에 반영한다.

④ 단기매매증권의 취득과 관련된 매입수수료는 취득원가에 가산한다.

03. 다음은 (주)한공이 20x1년 중 취득하여 보유중인 유가증권 내역이다. 20x1년말 결산시 유가증권의 평가 결과로 옳은 것은?

구분	종류	액면단가	취득단가	단위당 공정가치
단기매매증권	A주식 1,000주	5,000원	6,000원	7,000원
단기매매증권	B주식 3,000주	5,000원	8,000원	5,000원
매도가능증권	C주식 2,000주	5,000원	7,000원	9,000원

① 당기순이익이 1,000,000원 증가한다. ② 당기순이익이 4,000,000원 감소한다.

③ 당기순이익이 8,000,000원 감소한다. ④ 당기순이익이 14,000,000원 감소한다.

04. 다음은 (주)한공의 수정전시산표의 일부이다. 당기말 거래처의 파산으로 매출채권 8,000원의 회수가 불가능해졌으며, 나머지 매출채권도 5%만큼 회수불가능할 것으로 추정된다. 이를 반영한 후의 설명으로 옳은 것은?

잔액	합계	계정과목	합계	잔액
80,000원	230,000원	매출채권	150,000원	
		대손충당금	5,000원	5,000원
0원	0원	대손상각비		

① 재무상태표에 보고될 매출채권 총액은 80,000원이다.
② 재무상태표에 보고될 대손충당금 잔액은 3,600원이다.
③ 재무상태표에 보고될 매출채권 순액은 68,000원이다.
④ 손익계산서에 보고될 대손상각비는 7,000원이다.

05. (주)한공은 3년 전 매입한 매도가능증권을 당기 중 600,000원에 처분하였다. 전기 말 재무상태표상 매도가능증권 금액은 500,000원이며, 매도가능증권평가손실(기타포괄손익누계액)은 150,000원이다. 손익계산서에 계상되는 처분손익은 얼마인가?(이외 매도가능증권은 없다고 가정한다.)

① 매도가능증권처분손실   50,000원
② 매도가능증권처분이익   50,000원
③ 매도가능증권처분손실 100,000원
④ 매도가능증권처분이익 100,000원

06. (주)한공이 20x1년 3월 A주식 전부를 95,000원에 처분했을 때, 다음 설명 중 옳은 것은?

- 20x0. 8. 1. A주식을 85,000원에 취득(장기투자 목적)
- 20x0년 말 A주식 공정가치: 88,000원

① 20x0년 손익계산서에 A주식 평가와 관련하여 이익 3,000원을 기록한다.
② 20x0년 재무상태표에 A주식 평가와 관련하여 이익잉여금 3,000원이 증가한다.
③ 20x1년 손익계산서에 A주식 처분과 관련하여 이익 10,000원을 기록한다.
④ 20x1년 재무상태표에 A주식 처분과 관련하여 이익잉여금 7,000원이 증가한다.

07. 다음은 (주)한공의 20x1년 매출채권 및 대손충당금 관련 자료이다. 20x1년 결산시 대손충당금에 대한 회계처리로 옳은 것은?

> • 기초 매출채권 6,000,000원, 기초 대손충당금 60,000원
> • 전기 대손처리한 외상매출금의 당기 회수금액 140,000원
> • 회수불능 외상매출금의 당기 대손처리금액 30,000원
> • 기말 매출채권 6,800,000원, 대손추정율 1%

① (차) 대손상각비　68,000원　　(대) 대손충당금　　　68,000원
② (차) 대손상각비 132,000원　　(대) 대손충당금　　 132,000원
③ (차) 대손충당금 102,000원　　(대) 대손충당금환입 102,000원
④ (차) 대손충당금 132,000원　　(대) 대손충당금환입 132,000원

08. 다음 중 현금및현금성자산에 대한 설명으로 옳은 것은?

① 9월 1일에 취득(가입)한 6개월 만기 정기예금은 결산일 현재 만기가 2개월 남았으므로 현금성자산에 해당된다.
② A은행 당좌예금 잔액이 3,000원이고 B은행 당좌예금 잔액이 (-)2,000원이면 현금성자산은 1,000원으로 기록한다.
③ 은행이 발행한 자기앞수표는 단기금융상품으로 분류한다.
④ 현금성자산으로 분류하기 위한 금융상품은 이자율 변동에 따른 가치변동의 위험이 거의 없어야 한다.

09. (주)한공은 20x1년 결산 후에 매출거래처인 (주)서울이 20x1년 12월에 파산하여 매출채권의 회수가 불가능한 사실을 알게 되었다. 이에 대한 회계처리 누락이 20x1년 재무제표에 미치는 영향으로 옳은 것은?(단, 대손충당금 잔액은 없다.)

① 매출의 과대계상
② 당기순이익의 과소계상
③ 자산의 과대계상
④ 이익잉여금의 과소계상

주관식

01. 다음 자료로 재무상태표에 표시해야 할 현금및현금성자산을 계산하면 얼마인가?

• 통화	1,000,000원	• 만기도래국채이자표	200,000원
• 타인발행수표	500,000원	• 타인발행약속어음	300,000원
• 6개월 만기 정기예금 20,000원		• 단기매매지분증권	150,000원

02. 다음은 (주)한공의 기말 현금 계정과 보관중인 자산 내역이다. 재무상태표에 현금및현금성자산으로 반영될 금액은 얼마인가?

```
                              현    금
     1/ 1 전기이월      150,000        ⋮
         ⋮                      12/31 차기이월        180,000
                    ×××                              ×××
```

- 당좌예금 잔액   400,000원
- 보통예금 통장 잔액   170,000원
- 양도성예금증서(취득 시 만기: 4개월)   300,000원
- 거래처에서 수취한 약속어음(만기: 1개월)   100,000원
- 환매조건이 있는 채권(만기: 1개월)   500,000원

03. (주)한공은 20x0년에 장기투자 목적으로 (주)서울의 주식을 1,000,000원에 취득 하고 매도가능증권으로 분류하였다. 다음 자료에 의해 20x2년에 인식할 매도가능증권처분손익을 계산하면 얼마인가?

• 20x0년말 공정가치:	900,000원	• 20x1년말 공정가치:	1,200,000원
• 20x2년중 처분금액:	1,100,000원		

04. 다음은 (주)한공의 20x1년 매출채권과 대손에 관한 자료이다. 20x1년도 손익 계산서에 계상될 대손상각비는 얼마인가?

• 20x1년 1월 1일	현재 대손충당금 계정의 잔액은 1,000,000원이다.
• 20x1년 2월 18일	당기에 매출한 1,200,000원의 매출채권이 회수불가능한 것으로 확정되었다.
• 20x1년 5월 15일	전기에 대손 처리한 매출채권 700,000원이 회수되었다.
• 20x1년 12월 31일	현재 매출채권의 잔액은 100,000,000원이며 이 중 99%에 해당하는 금액만 회수가능할 것으로 예상된다.

05. 다음은 (주)한공의 20x1년도 매출채권 및 대손충당금 관련 자료이다. 20x1년도 기초 매출채권 금액은 얼마인가?

- 20x1년도 기말 매출채권: 1,500,000원 • 20x1년도 회수불능으로 인한 대손처리액: 20,000원
- 20x1년도 외상매출액: 4,000,000원 • 20x1년도 현금으로 회수한 매출채권: 3,480,000원

06. 다음 자료를 토대로 (주)한공의 당기 말 대손충당금 차감전 매출채권 잔액을 계산하면 얼마인가?

- 전기 말 대손충당금 잔액이 1,000,000원이고 전기에 발생한 매출채권 중 500,000원이 당기에 대손확정되었다.
- 당기 결산과정에서 인식한 대손상각비는 1,500,000원이다.
- 당기 말 매출채권의 순장부금액이 4,200,000원이다.

07. 다음은 (주)한공의 20x1년 매출채권과 대손충당금 관련 내역이다. 손익계산서에 계상될 대손상각비는 얼마인가?

- 매출채권 기초잔액은 500,000원이며 대손충당금 기초잔액은 매출채권 기초잔액의 5%로 설정하였다.
- 매출채권 중 5,000원이 기중 회수불능 처리되었다.
- 매출채권 기말잔액은 600,000원이며 대손충당금 기말잔액은 매출채권 기말잔액의 4%로 설정하였다.

08. 다음은 (주)한공의 매출채권 및 대손 관련 자료이다. 20x1년도 손익계산서에 계상될 대손상각비 합계액은 얼마인가?

- 20x0년 말 매출채권 잔액: 25,000,000원
- 20x0년 말 대손충당금 잔액: 600,000원
- 20x0년에 상각된 매출채권 중 20x1년에 회수된 금액: 500,000원
- 20x1년 중 회수불능으로 대손처리된 매출채권 금액: 800,000원
- 20x1년 말 매출채권 잔액: 35,000,000원
- 매출채권 기말잔액의 2%에 대해 대손을 추정하다.

09. 다음은 당기 중 취득한 (주)한공의 유가증권 관련 자료이다. 손익계산서에 계상될 영업외비용은 얼마인가?

종목	계정분류	주식 수	주당 취득금액	결산 시 주당 공정가치
A주식	단기매매증권	2,000주	7,000원	5,000원
B주식	매도가능증권	1,000주	10,000원	8,000원
C채권	매도가능증권	1,000좌	11,000원	12,000원

10. 다음 총계정원장 자료를 바탕으로 외상매출금 기말잔액에 대한 대손추정액을 계산하면 얼마인가?

대손충당금			
7/ 6 외상매출금	30,000	1/ 1 전기이월	130,000
12/31 차기이월	200,000	12/31 대손상각비	100,000
	230,000		230,000

11. 다음은 (주)한공의 20x1년 대손 관련 자료이다. 20x1년 손익계산서에 계상될 대손상각비는 얼마인가?

1월 1일	매출채권에 대한 대손충당금 기초잔액은 400,000원이다.
4월 20일	매출채권 300,000원이 회수불능으로 판명되어 대손처리하였다.
10월 15일	전년도에 대손처리했던 매출채권 중 100,000원을 현금으로 회수하였다.
12월 31일	기말 매출채권 잔액 100,000,000원 중 1%를 회수불확실한 금액으로 추정한다.

12. 다음은 (주)한공의 매출채권 대손과 관련된 자료이다. 이를 토대로 매출채권 기말 잔액을 계산하면 얼마인가?

- 8월 20일 거래처 파산으로 외상매출금 60,000원이 대손 확정되다.
- 12월 31일 매출채권 잔액에 대하여 1%의 대손을 추정하다.

대손충당금				
8/20	외상매출금	60,000원	1/1 전기이월	100,000원
			12/31 대손상각비	30,000원

대손상각비			
12/31	대손충당금	30,000원	

🔑 분개

1. (차) 외상매입금((주)세원)   5,500,000   (대) 받을어음((주)삼일)   5,500,000

2. (차) 보통예금(신한은행)   11,800,000   (대) 받을어음((주)창우)   12,000,000
     매출채권처분손실   200,000
   ☞ 할인료(매출채권처분손실) = 어음의 만기가액 × 이자율 × 할인월수 / 12개월
   = 12,000,000원 × 10% × 2개월(5월~6월)/12개월 = 200,000원

3. (차) 보통예금(국민은행)   13,000,000   (대) 외상매출금((주)일원)   33,000,000
     단기대여금((주)일원)   20,000,000
   ☞ 소비대차: 대여자(채권자)가 금전등의 소유권을 차입자(채무자)에게 이전할 것을 약정하고 차입자는 그것과 동질·동량·동종의 물건의 반환을 약정함으로써 성립하는 계약

4. (차) 부도어음과수표(상지상사(주))   32,000,000   (대) 받을어음(상지상사(주))   32,000,000

5. (차) 대손충당금(단기대여금)   200,000   (대) 단기대여금   5,000,000
     기타의대손상각비(영비)   4,800,000   (힘든상사)

6. (차) 단기매매증권   4,250,000   (대) 보통예금(우리은행)   4,400,000
     수수료비용(영·비)   150,000

7. (차) 보통예금(신한은행)   3,675,000   (대) 단기매매증권   3,500,000
                                                 단기매매증권처분익   175,000
   ☞ 장부가액=7,000,000원/1,000주×500주=3,500,000원
   처분가액=500주×7,500원-75,000원=3,675,000원(처분가액은 수수료를 차감)

8. (차) 매도가능증권(투자)   500,000   (대) 매도가능증권평가익   500,000

9. (차) 현금   130,000   (대) 매도가능증권(투자)   120,000
     매도가능증권평가이익   20,000   매도가능증권처분이익   30,000
   ☞ 20x0.12.31. 결산시 평가 (차) 매도가능증권 20,000 (대) 매도가능증권평가이익 20,000
   처분손익(매도가능증권)=처분가액-취득가액=(1,300-1,000)×100주=30,000(처분이익)

10. (차) 보통예금(우리은행)   22,000,000   (대) 매도가능증권(투자)   30,000,000
      매도가능증권평가익   6,000,000
      매도가능증권처분손   2,000,000

    ☞ **전년도 기말 (차) 매도가능증권 6,000,000   (대)매도가능증권평가익 6,000,000**
    매도가능증권처분손익=처분가액-취득가액=22,000,000-24,000,000=처분손 2,000,000원

11. (차) 선급비용   544,000   (대) 보험료(판)   544,000
    ☞ **선급비용 816,000원 × 8개월 / 12개월 = 544,000원**

12. (차) 미수수익   375,000   (대) 이자수익   375,000
    ☞ **미수이자 : 30,000,000 × 5% × 3/12 = 375,000원**

13. (차) 대손상각비(판)   2,666,936   (대) 대손충당금(외상)   2,666,936
      대손충당금(받을)   60,690   대손충당금환입(판)   60,690

계정과목	기말잔액(A)	대손추산액 (B=A×1%)	설정전 대손충당금(C)	당기대손상각비 (B-C)
외상매출금	349,693,686	3,496,936	830,000	2,666,936
받 을 어 음	55,931,000	559,310	620,000	-60,690

    ☞ **대손충당금 환입은 (-)금액으로 표시되어야 하므로 대변에 대손충당금환입(판)계정을 사용해야 한다.**

🔑 **객관식**

1	2	3	4	5	6	7	8	9					
④	①	③	②	①	③	③	④	③					

[풀이-객관식]

01 기업이 고유의 영업활동과 직접적인 관련 없이 **투자 목적으로 보유하고 있는 부동산을 투자부동산**이라고 한다. 투자부동산은 비유동자산인 투자자산으로 분류된다.

02 ② **매도가능증권평가손익은 기타포괄손익누계액**에 영향을 미친다.
    ③ **매도가능증권처분손익은 영업외손익**으로 인식된다.
    ④ **단기매매증권의 취득과 관련된 매입수수료는 비용으로 처리**한다.

03 A주식의 평가: 1,000주×(7,000원 - 6,000원)=단기매매증권평가이익 1,000,000원
    B주식의 평가: 3,000주×(5,000원 - 8,000원)=단기매매증권평가손실 9,000,000원
    당기순이익 8,000,000원 감소
    C주식은 매도가능증권으로 **매도가능증권평가손익은 기타포괄손익누계액(자본)에 반영**한다.

04 파산: (차) 대손충당금   5,000원   (대) 매출채권   8,000원

       (차) 대손상각비   3,000원

   ① 기말 매출채권: 80,000원 − 8,000원 = 72,000원

   ② 기말 대손충당금: (80,000원 − 8,000원) × 5% = 3,600원

   ③ 매출채권(순액) = 매출채권총액(72,000) − 대손충당금(3,600) = 68,400원

   ④ 대손상각비: 3,000원(대손) + 3,600원(기말설정) = 6,600원

05 **매도가능증권 취득가액 = 매도가능증권장부가액(500,000) + 평가손실(150,000) = 650,000원**

   처분손익 = 처분가액(600,000) − 취득가액(650,000) = △50,000원(손실)

   (차) 현금   600,000원   (대) 매도가능증권   500,000원

       매도가능증권처분손실   50,000원   매도가능증권평가손실   150,000원

06 A주식 평가(20x0년) (차) 매도가능증권 3,000원 (대) 매도가능증권평가이익   3,000원

   A주식 처분손익(20x1년) = 처분가액(95,000) − 취득가액(85,000) = +10,000원(이익)

   (차) 현금   95,000원   (대) 매도가능증권   88,000원

       매도가능증권평가이익   3,000원   매도가능증권처분이익   10,000원

07 기말대손충당금 = 기말매출채권(6,800,000) × 대손추정율(1%) = 68,000원

대손충당금

대손	30,000	기초	60,000
대손충당금환입	*102,000*	회수	140,000
기말	68,000		
계	200,000	계	200,000

08 ① 정기예금은 취득(가입) 당시 **만기일이 3개월 이내인 경우에만 현금성자산**으로 분류한다.

   ② **당좌예금이 부(−)의 금액이면 단기차입금**으로 분류한다.

   ③ **자기앞수표는 현금및현금성자산**으로 분류한다.

09 〈누락된 회계처리〉

   (차) 대손상각비(or 대손충당금)   ×××원   (대) 매출채권   ×××원

     자산이 과대계상되고 이익과 이익잉여금이 과대계상되었다.

🔑 주관식

01	1,700,000	02	1,250,000	03	처분이익 100,000
04	500,000	05	1,000,000	06	6,200,000
07	4,000	08	400,000	09	4,000,000
10	200,000	11	800,000	12	7,000,000

[풀이-주관식]

01 • 현금및현금성자산 = 통화 + 만기도래국채이자표 + 타인발행수표 = 1,700,000원
• 타인발행약속어음: 매출채권
• 6개월 만기 정기예금, 단기매매지분증권: 단기투자자산

02 현금및현금성자산 : 12/31 현금잔액 + 당좌예금 + 보통예금 + 환매조건부 채권
180,000원 + 400,000원 + 170,000원 + 500,000원 = 1,250,000원

03 매도가능증권처분손익 = 처분가액 – 취득가액 = 1,100,000 – 1,000,000 = 100,000원(처분이익)

04

<table>
<tr><td colspan="4" align="center">대손충당금</td></tr>
<tr><td>대손</td><td>1,200,000</td><td>기초</td><td>1,000,000</td></tr>
<tr><td></td><td></td><td>회수</td><td>700,000</td></tr>
<tr><td>기말</td><td>1,000,000</td><td>대손상각비(설정)</td><td>500,000</td></tr>
<tr><td>계</td><td>2,200,000</td><td>계</td><td>2,200,000</td></tr>
</table>

05

<table>
<tr><td colspan="4" align="center">매출채권</td></tr>
<tr><td>기초잔액</td><td>1,000,000</td><td>대손액</td><td>20,000</td></tr>
<tr><td></td><td></td><td>회수액</td><td>3,480,000</td></tr>
<tr><td>매출</td><td>4,000,000</td><td>기말잔액</td><td>1,500,000</td></tr>
<tr><td>계</td><td>5,000,000</td><td>계</td><td>5,000,000</td></tr>
</table>

06

<table>
<tr><td colspan="4" align="center">대손충당금</td></tr>
<tr><td>대손</td><td>500,000</td><td>기초</td><td>1,000,000</td></tr>
<tr><td>기말</td><td>2,000,000</td><td>대손상각비</td><td>1,500,000</td></tr>
<tr><td>계</td><td>2,500,000</td><td>계</td><td>2,500,000</td></tr>
</table>

당기말 매출채권 계정잔액(A) – 대손충당금(2,000,000) = 매출채권 순장부금액(4,200,000)
당기말 매출채권 계정잔액(A) = 6,200,000원

07

<table>
<tr><td colspan="4" align="center">대손충당금</td></tr>
<tr><td>대손</td><td>5,000</td><td>기초</td><td>25,000</td></tr>
<tr><td>기말</td><td>24,000</td><td>대손상각비(설정?)</td><td>4,000</td></tr>
<tr><td>계</td><td>29,000</td><td>계</td><td>29,000</td></tr>
</table>

08 기말대손충당금=35,000,000×2%=700,000

대손충당금(20x1)

대손	800,000	기초	600,000
		회수	500,000
기말	700,000	*대손상각비(설정?)*	*400,000*
계	1,500,000	계	1,500,000

09 단기매매증권평가손실은 영업외비용(손익계산서)으로 처리하지만 **매도가능증권평가손실은 기타포괄손실누계액(재무상태표)**으로 처리한다.

단기매매증권평가손실 = (7,000원 – 5,000원)×2,000주 = 4,000,000원

10 대손추정액은 12월 31일 차기이월금액(200,000)이다.

11 기말대손충당금 = 1억원×1% = 1,000,000원

대손충당금

대손	300,000	기초	400,000
		회수	100,000
기말	1,000,000	*대손상각비(설정?)*	*800,000*
계	1,300,000	계	1,300,000

12

대손충당금

대손	60,000	기초	100,000
기말	**70,000**	대손상각비	30,000
계	130,000	계	130,000

매출채권 기말 잔액 = 기말대손충당금(70,000)÷대손추정율(1%) = 7,000,000원

Chapter

03

재고자산

재고자산은 기업이 영업활동과정에서 판매 또는 제품의 생산을 위해서 보유하고 있는 자산이다.

1. 재고자산의 분류

① 상 품 : 정상적인 영업활동과정에서 판매를 목적으로 구입한 상품
② 제 품 : 판매목적으로 제조한 생산품
③ 반제품 : 자가제조한 중간제품과 부분품으로 판매가 가능한 것
④ 재공품 : 제품의 제조를 위하여 제조과정에 있는 것
⑤ 원재료 : 제품을 제조하고 가공할 목적으로 구입한 원료, 재료 등
⑥ 저장품 : 소모품, 수선용 부분품 및 기타 저장품 등
⑦ 미착(상)품 : 운송중에 있어서 아직 도착하지 않은 원재료(상품)를 말한다.

2. 재고자산의 취득원가 결정

자산의 취득원가에는 그 자산을 취득하여 사용하기까지 투입되는 모든 비용을 포함한다. 따라서 재고자산의 취득원가에는 **재고자산을 취득하여 사용하기까지 소요된 모든 지출액(매입부대비용)을 포함**한다.

> **취득원가 = 매입가액 + 매입부대비용 – 매입환출 – 매입에누리 – 매입할인 등**

① 매입부대비용

매입운임, 매입수수료, 매입 시 보험료, 하역비 그리고 만약 해외로부터 수입 시 수입관세 및 통관수수료 등 이렇게 매입부대비용을 매입시점에 비용으로 처리하지 않고 재고자산의 취득원가에 가산하는 것은 수익비용대응원칙에 따른 것이다.

② 매입환출과 매입에누리

구매한 재고자산에 하자(불량, 수량부족 등)가 발생하여 매입한 재고자산을 판매처에 반품하는 것을 매입환출이라 하고 상기 사유로 인하여 가격을 할인해 주는 경우를 매입에누리라 한다.

③ 매입할인

구매자가 외상매입금을 조기에 지급한 경우 판매자가 가격을 할인해 주는 것을 말한다.

■ 매출환입, 매출에누리, 매출할인

매출환입이란 판매한 재고자산에 하자가 발생하여 매입자로부터 반품을 받은 것을 말하고 매출에누리란 이러한 하자에 대하여 매입자에게 가격을 할인하여 주는 것을 말한다.

매출할인은 외상으로 판매한 매출채권을 매입자가 조기에 대금을 지불하는 경우 외상대금의 일부를 할인해 주는 것을 말한다.

(2/10,n/30)의 조건으로 계약을 체결했다면 거래일로부터 10일 이내에 대금을 회수하는 경우 대금의 2%를 할인해주고 30일 이내에 대금회수를 완료해야 한다는 조건이다.

구 분		판매자		구매자	
		총매출액	100	총매입액	100
하 자 발 생	반 품 시	(-) 매 출 환 입	(5)	(-) 매 입 환 출	(5)
	가 격 에 누 리	(-) 매 출 에 누 리	(10)	(-) 매 입 에 누 리	(10)
조 기 결 제 에 따 른 할 인		(-) 매 출 할 인	(10)	(-) 매 입 할 인	(10)
운 임 (운반비)		운 반 비	판관비	(+) 부대비용(운임)	5
		순매출액	75	순매입액	80

손익계산서상
매출액

재고자산
취득가액

3. 기말재고자산의 귀속여부(기말재고자산의 범위)

재무상태표의 기말재고자산에 포함될 항목에는 회사의 창고에 보관하고 있는 재고자산과 비록 창고에 없더라도 회사의 기말재고자산으로 포함될 항목(미착품, 위탁품, 시용품 등)이 있다.

① 미착상품(운송중인 상품)

미착상품이란 상품을 주문하였으나 운송 중에 있어 아직 도착하지 않는 상품을 말한다. 이 경우 **원재료라면 미착품이란 계정을 사용**한다.

㉠ 선적지인도조건

선적시점(또는 기적시점)에 소유권이 구매자에게 이전되는 조건이다. 따라서 미착상품은 매입자의 재고자산에 포함하여야 한다.

㉡ 도착지인도조건

구매자가 상품을 인수하는 시점에 소유권이 구매자에게 이전되는 조건이다. 따라서 미착상품은 판매자의 재고자산에 포함하여야 한다. 이 경우 구매자가 대금을 **선지급한 경우 계약금에 해당되므로 도착시점까지 선급금계정으로 회계처리**하여야 한다.

② 위탁품(적송품)

회사(위탁자)의 상품을 타인(수탁자)에게 위탁해서 판매할 때 수탁자에 보관되어 있는 상품을 말한다. 이 경우 위탁상품에 대한 소유권은 위탁자의 재고자산에 포함하여야 하고 **수탁자가 고객에게 판매한 시점에서 위탁자는 수익을 인식**하고 재고자산에서 제외시켜야 한다.

③ 시송품(시용품)

소비자가 일정한 기간 동안 사용해보고 구매를 결정하는 상품을 시송품이라 한다. 따라서 소비자가 매입의사를 표시하기 전까지 판매회사의 소유이므로 재고자산에 포함하고 **소비자가 매입의사를 표시한 날에 회사는 수익을 인식**한다.

④ 반품률이 높은 재고자산

㉠ **합리적 추정이 가능**한 경우 : 재고자산을 판매한 것으로 보아 판매회사의 재고자산에서 제외한다.

㉡ **합리적 추정이 불가능**한 경우 : **구매자가 인수를 수락하거나 반품기간이 종료되는 시점**까지 판매회사의 재고자산에 포함한다.

⑤ 할부판매

대금회수여부와 무관하게 **재화를 인도하는 시점에 판매한 것**으로 보아 재고자산에서 제외한다.

4. 재고수량의 결정방법

재고자산의 수량을 결정하는 방법에는 **계속기록법과 실지재고조사법**이 있다.

① 계속기록법

상품의 매입 또는 판매가 있을 때마다 내역(수량, 단가)을 기록함으로써 당기의 매출수량과 기말 재고 수량을 결정하는 방법이다.

> **기초재고수량 + 당기매입수량 − 당기매출수량 = 기말재고수량**

② 실지재고조사법

기말 창고에 실제 남아있는 상품의 수량을 카운트해서 당기 매출수량을 파악하는 방법이다.

> **기초재고수량 + 당기매입수량 − 기말재고수량 = 당기매출수량**

즉, 실지재고조사법을 사용하면 당기매출수량이 모두 판매된 것인지 정확하지가 않다. 만일 도난이나 파손으로 발생한 수량이 있다면 이러한 수량이 매출수량에 포함되는 단점이 있다.

③ 상호방법 비교

재 고 자 산

기초	1,000개	매출수량	① 9,000개	② 10,000개
구입	10,000개			
		기말재고	② 2,000개	① 1,000개
계(판매가능수량)	**11,000개**		계속기록법	실지재고조사법

계속기록법을 적용하면 매출수량이 정확하게 계산되고, 실지재고조사법을 적용하면 기말재고자산 수량이 정확하게 계산된다.

재고감모란 재고가 분실, 도난, 마모 등으로 인해 없어진 것을 재고감모라 하며 그 수량을 재고감모수량이라 한다.

> **재고감모수량 = 계속기록법하의 기말재고수량 − 실지재고조사법하의 기말재고수량**

따라서 **계속기록법과 재고조사법을 병행하여 사용하는 것이 일반적이며, 이 경우 매출수량과 감모수량을 정확하게 파악**할 수 있다.

④ 재고자산 감모손실(수량부족분)

정상적인 감모란 재고자산을 보관하는 중에 발생하는 증발, 훼손 등으로 불가피하게 발생하는 것이고, 비정상적인 감모란 사고, 도난 등에 의해 발생한 것으로 부주의가 없었다면 회피할 수 있는 것을 말한다.

정상적인 감모는 원가성이 있는 감모로 보아 매출원가에 가산하고, 비정상적인 감모손실은 원가성이 없다고 판단하여 영업외비용(재고자산감모손실)으로 처리한다.

5. 원가흐름의 가정(기말재고단가의 결정)

이론적으로 재고자산에 꼬리표(가격표)를 붙여 일일이 확인하는 방법(개별법)이 가장 정확한 방법이지만 재고자산의 종류가 다양하고 구입과 판매가 빈번한 재고자산의 특성상 개별법으로 적용하기에는 시간과 비용이 많이 든다.

그래서 재고자산의 실제물량흐름과 관계없이 일정한 가정을 통하여 매출원가와 기말재고로 배분한다.

① 개별법

재고자산이 판매되는 시점마다 판매된 재고자산의 단가를 정확히 파악하여 기록하는 방법으로 **가장 정확한 원가배분방법**이다. 이 배분방법은 재고자산이 고가이거나 거래가 빈번하지 않는 경우(보석, 골동품 등) 적용되어 왔으나, 기술의 발달로 바코드에 의한 재고자산의 관리가 가능하게 되어 대기업 등에서 적용하고 있다.

② 선입선출법(FIFO-first in, first out)

실제물량흐름과 관계없이 먼저 구입한 재고자산이 먼저 판매된 것으로 가정하는 방법이다. 대부분의 기업은 먼저 구입한 재고자산을 먼저 판매하는 것이 일반적이며, 재고자산의 진부화가 빠른 기업은 선입선출법을 적용한다.

③ 후입선출법(LIFO-last in, first out)

실제물량흐름과 관계없이 나중에 구입한 재고자산이 먼저 판매된 것으로 가정하는 방법이다. 대부분의 기업에서의 실제물량흐름과 거의 불일치되고 일부 특수업종에서 볼 수 있다. 고물상, 석탄 야적장 등을 예로 들 수 있다.

후입선출법은 IFRS(한국채택 국제회계기준)에서 인정되지 않는다.

④ 평균법

실제물량흐름과 관계없이 재고자산의 원가를 평균하여 그 평균단가를 기준으로 배분하는 방법이다. 평균법에는 재고자산의 출고시마다 단가를 계속 기록하는 방법(계속기록법)인 이동평균법과 기말에 재고단가를 일괄하여 계산하고 기록(실지재고조사법)하는 방법인 총평균법이 있다.

⑤ 소매재고법(매출가격환원법)

대형할인점의 경우 다양한 종류의 재고자산을 구매하고 판매량도 대량이다. 이런 경우에 재고자산의 취득단가를 각각 계산하는 것이 매우 어렵다. 따라서 기말재고의 매출가격에 원가율을 곱해서 기말재고를 추정하는 방법이 소매재고법이다. 일반적으로 **유통업에서만 인정하는 방법**이다.

⑥ 각방법의 비교

　1번째 구입원가가 10원, 2번째 구입원가가 20원, 3번째 구입원가가 30원이고 2개가 개당 50원에 판매되었다고 가정하고, 각 방법에 의하여 매출원가, 매출이익, 기말재고가액, 법인세를 비교하면 다음과 같다.

물가가 상승하는 경우		선입선출법		평균법		후입선출법
	매출액(2개)	100원(50×2개)		100원		100원
구입순서 1.10원 2.20원 3.30원	매출원가(2개)	30원(10+20)	〈	40원(20×2개)	〈	50원(30+20)
	매출이익 (당기순이익) (법인세)	70원	〉	60원	〉	50원
	기말재고	30원	〉	언제나 중앙	〉	10원

자산 ∞이익

〈크기 비교 : 물가상승시〉

	선입선출법	평균법(이동, 총)	후입선출법
기말재고, 이익, 법인세	〉	〉	〉
매출원가	〈	〈	〈

☞ 물가하락시 반대로 생각하시면 됩니다.

〈선입선출법과 후입선출법 비교〉

	선입선출법	후입선출법
특징	• **물량흐름과 원가흐름이 대체적으로 일치** • 기말재고자산을 현행원가로 표시 • **수익과 비용 대응이 부적절**	• **물량흐름과 원가흐름이 불일치** • 기말재고자산이 과소평가 • **수익과 비용의 적절한 대응**

6. 재고자산의 기말평가(저가법)

재고자산은 품질저하, 진부화, 유행경과 등으로 취득원가보다 하락할 수 있다. 기업회계기준에서는 기말재고자산을 공정가액으로 평가하도록 되어 있는데, 저가법에 의하여 평가를 하여야 한다. **저가법이란 취득원가와 공정가액을 비교하여 낮은 가액으로 평가하는 방법이다.**

즉, 기말에 공정가액이 취득원가보다 높은 경우에는 취득원가로 평가하고, 공정가액이 취득원가보다 낮은 경우에는 공정가액으로 평가한다.

따라서 재고자산 가격이 하락하면 즉시 손실을 인식하지만 재고자산 가격이 당초 취득원가보다 높아진 경우에는 평가하지 아니고 이를 판매 시에 이익으로 기록한다.

① 적용방법

재고자산을 평가하는 방법에는 **종목별, 조별, 총계기준**이 있다.

종목별기준은 재고자산의 개별항목별로 평가하는 것으로 기업회계기준에서 인정하는 재고자산 평가 원칙이다.

예외적으로 **재고자산들이 서로 유사하거나 관련 있는 경우에는 조별기준으로도 적용할 수 있으나 총계기준은 인정되지 않는다.**

② 재고자산의 공정가액

㉠ 원재료 : **현행대체원가(원재료의 현행원가: 현재 매입시 소요되는 금액)**

다만, <u>원재료의 경우 완성될 제품의 원가이상으로 판매될 것으로 예상</u>되는 경우에는 그 생산에 투입하기 위해 보유하는 원재료에 대해서는 저가법을 적용하지 않는다.

㉡ **상품, 제품, 재공품 등 : 순실현가능가치(추정판매가액-추정판매비)**

③ 재고자산평가 회계처리

가격하락시 : (차) 재고자산평가손실(매출원가가산) × × ×   (대) 재고자산평가충당금[*1]   × × ×

가격회복시 : (차) 재고자산평가충당금   × × ×   (대) 재고자산평가충당금환입[*2]   × × ×

(매출원가차감)

<u>*1. 재고자산의 차감적 평가계정</u>
<u>*2. 당초 평가손실 인식액까지만 환입</u>

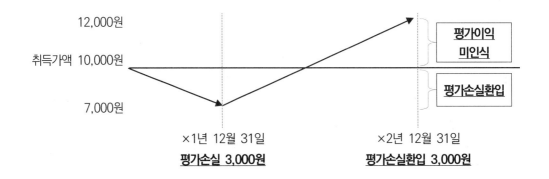

④ 재고자산감모손실과 평가손실간의 관계

사례 : 감모수량 : 20개(정상감모 : 15개, 비정상감모 : 5개)

	수량	단가
장부상	100개	1,000원
실 제	80개	800원

■ 선 감모손실 인식 후 평가손실 인식

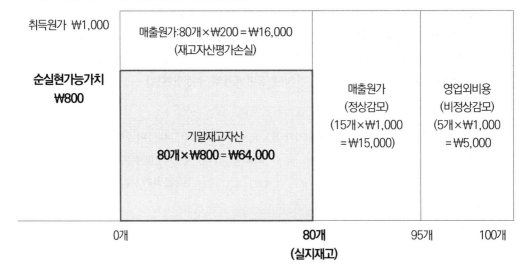

〈회계처리〉

- **비정상감모손실**
  (차) **재고자산감모손실(영 · 비)** 5,000원   (대) 재고자산(타계정대체)   5,000원

 분개연습

01. ㈜동백으로부터 원재료를 구입하고 전자세금계산서(공급가액 12,000,000원 세액 1,200,000)를 발급
받았다. 대금은 발행일로부터 3개월 만기인 전자어음(12,000,000원)을 발행하고 세액은 1,200,000원
은 국민은행 보통예금계좌에서 이체하였다.

02. 상품 수량부족 20개는 영업부직원 복리후생 목적으로 사용된 것이며, 제품 수량 부족 10개는 비정상적
으로 발생한 감모손실이다. 결산정리 분개를 하시오.

〈재고자산 실사내역〉

구 분	단위당 원가	장부상 수량	실사수량
상 품	20,000원	500개	480개
제 품	40,000원	300개	290개

03. 재고자산감모손실은 비정상적으로 발생한 감모손실이다. 결산정리 분개를 하시오.

〈재고 실사내역〉

구 분	장부상내역			실사내역		
	단위당원가	수량	금액	단위당원가	수량	금액
제 품	12,000원	100개	1,200,000원	12,000원	70개	840,000원

04. 원재료 감모수량은 모두 원가성이 없다. 감모손실에 대해서만 결산정리분개를 하시오.

구 분	장부상내역			실사내역		
	단위당원가	수량	평가액	단위당원가	수량	평가액
원재료	20,000원	500개	10,000,000원	20,000원	450개	9,000,000원
제 품	30,000원	900개	27,000,000원	30,000원	900개	27,000,000원

객관식

01. 다음 중 판매자의 기말재고자산에 포함되지 않는 것은?

① 선적지인도기준으로 판매시 기말 현재 선적이 완료되지 않은 재고
② 기말 이전에 매입자의 매입의사가 표시된 시송품
③ 기말 현재 수탁자가 판매하지 못한 위탁상품
④ 기말 현재 담보로 제공된 재고자산

02. 다음 중 재고자산에 관한 설명으로 옳지 않은 것은?

① 재고자산감모손실 중 정상적으로 발생한 감모손실은 매출원가에 가산한다.
② 물가가 지속적으로 상승하는 상황에서 선입선출법을 적용한 경우의 기말재고액은 이동평균법, 총평균법, 후입선출법을 적용한 경우의 기말재고액보다 크다.
③ 재고자산감모손실 중 비정상적으로 발생한 감모손실은 영업외비용으로 처리한다.
④ 저가법을 적용함으로써 발생한 재고자산평가손실은 영업외비용으로 처리한다

03. 다음 중 재고자산 평가에 대한 설명으로 옳지 않은 것은?

① 재고자산평가손실을 계상한 후 차기에 시가가 상승하는 경우, 최초의 장부가액을 초과하지 않는 범위에서 재고자산평가손실환입을 인식하고 매출원가에서 차감한다.
② 재고자산평가손실 회계처리에 있어서 저가법은 취득원가와 시가를 비교하여 낮은 가액으로 표시하는 방법이다.
③ 재고자산 수량의 감소는 재고자산평가손실로, 재고자산 가격의 하락은 재고자산감모손실로 회계처리한다.
④ 재고자산평가손실과 재고자산감모손실은 감액이나 감모가 발생한 기간에 비용으로 인식한다.

04. 다음 중 물가가 지속적으로 상승하고, 기초재고자산수량과 기말재고자산수량이 동일하다는 가정 하에 재고자산 단가 결정방법에 따른 영향 비교로 옳지 않은 것은?

① 기말재고액 : 선입선출법〉이동평균법〉총평균법〉후입선출법
② 매 출 원 가 : 선입선출법〈이동평균법〈총평균법〈후입선출법
③ 당기순이익 : 선입선출법〈이동평균법〈총평균법〈후입선출법
④ 법인세비용 : 선입선출법〉이동평균법〉총평균법〉후입선출법

05. 다음 중 재고자산과 관련된 설명으로 옳은 것은?

① 취득원가가 재고자산의 시가보다 낮은 경우에는 저가법을 사용하여 재고자산의 장부금액을 결정한다.

② 상품을 저가법으로 평가하는 경우 재고자산의 시가는 순실현가능가치를 말한다. 단, 원재료의 순실현가능가치는 현행대체원가이다.

③ 재고자산의 시가가 장부금액 이하로 하락하여 발생한 평가손실은 재고자산의 차감계정으로 표시하고 매출원가에서 차감한다.

④ 재고자산의 장부상 수량과 실제 수량과의 차이에서 발생하는 감모손실의 경우 정상적으로 발생한 감모손실은 영업외비용으로 처리하고 비정상적으로 발생한 감모손실은 매출원가에 가산한다.

06. 재고자산의 단가결정방법 중 총평균법에 대한 설명으로 옳은 것은?

① 기말재고는 가장 최근에 구입한 상품의 원가로 구성된다.

② 인플레이션 상황에서 재고자산을 가장 낮게 평가한다.

③ 주로 고가의 보석, 골동품 등의 정확한 단가를 파악하기 위한 방법이다.

④ 기초재고와 기중에 매입한 재고가 구별없이 판매되는 원가흐름을 가정한다.

07. 다음 중 재고자산과 관련하여 잘못 설명하고 있는 사람은 누구인가?

- ① 호영 : 컴퓨터를 판매하는 회사의 재무팀에서 사용하는 컴퓨터는 재고자산이 아니야.
- ② 준희 : 재고자산의 판매비용이 상승하면 재고자산평가손실 금액이 증가할 수 있어.
- ③ 준수 : 비정상적으로 발생한 재고감모손실은 매출원가에 영향을 미치지 않아.
- ④ 민경 : 선적지 인도조건으로 매입한 운송중인 재고는 기말재고에서 제외시켜야 해.

 주관식

01. 다음은 (주)한공의 9월 상품매입과 관련된 자료이다. 이 자료에 의해 상품의 순매입액을 계산하면 얼마인가?

- 상품 300개를 개당 10,000원에 외상으로 매입하다.
- 매입운반비 50,000원은 현금으로 별도 지급하였다.
- 외상매입 대금의 조기 지급으로 10,000원 할인 받았다.
- 매입된 상품 중 하자가 있어 20,000원을 매입처에 반품하였다.

02. 다음은 (주)한공의 20x1년 상품거래 내역이다. 매출원가를 계산하면 얼마인가?(단, 선입선출법을 적용한다)

> 1월 1일 기초상품 재고 300개의 금액은 300,000원이다.
>
> 7월 1일 400개를 단위당 1,500원에 외상 매입하였다.
>
> 10월 1일 550개를 1,375,000원에 외상 매출하였다.

03. 다음은 도매업을 영위하고 있는 (주)한공의 20x1년 5월 상품관련 자료이다. 5월 매출원가는 얼마인가?(단, 상품은 단일품목이고 선입선출법을 적용하고 있으며, 월말결산을 한다)

> - 5월초 상품 1,000개(단위당 원가 100원) · 5월 5일 매입 2,000개(단위당 원가 120원)
> - 5월 25일 매출 2,500개   · 5월말 실제상품 400개(단위당 시가 110원)
> - 수량감모는 정상감모에 해당한다.

04. 다음은 (주)한공의 1월 상품재고장이다. 총평균법을 사용할 경우 1월말 현재 재고 자산은 얼마로 기록되는가? (단, 수량감모가 없고, 저가법은 고려하지 않는다)

일자	내역	수량	매입단가
1월 1일	월초재고	100개	100원
1월 7일	매 출	(50개)	
1월 15일	매 입	500개	130원
1월 26일	매 출	(250개)	
1월 28일	매 출	(200개)	

05. 다음은 ㈜한공의 12월 중 상품 매매 자료이다. 재고자산의 평가방법으로 총평균법을 적용할 때 12월말 상품재고액은 얼마인가?

일자	구분	수량	단가
12월 1일	월초재고	1,000개	100원
12월 8일	외상매입	1,000개	110원
12월 12일	상품매출	1,500개	500원
12월 16일	외상매입	1,000개	120원

06. 5번문제를 활용하여 재고자산의 평가방법으로 이동평균법을 적용할 때 12월말 상품재고액을 구하시오.

07. 다음은 (주)한공의 20x1년 12월 31일 현재 보유중인 상품에 대한 자료이다.
20x1년 손익계산서에 인식할 재고자산평가손실은 얼마인가?

수량	장부상 단가	단위당 예상 판매가격	단위당 예상 판매비용
1,000개	100원	110원	30원

08. (주)한공의 경영진은 자재관리 담당자가 재고자산을 횡령하였다고 확신하고 있다. 다음 자료를 이용하여 자재관리 담당자의 횡령에 의한 재고자산 손실 금액을 계산하면 얼마인가? 단, 횡령 외의 원인에 의한 재고자산 손실은 없다고 가정한다.

• 기초재고액	50,000원	• 당기매출액	300,000원
• 실사에 의한 기말재고액	80,000원	• 매출총이익률	30%
• 당기매입액	300,000원		

09 다음은 (주)한공의 기말상품에 대한 자료이다. 재무상태표에 계상될 재고자산의 금액은 얼마인가?

수량	단위당		
	취득가격	추정판매가격	추정판매비용
3,000개	700원	1,000원	200원

10. 다음은 (주)한공의 상품 관련 내역이다. 20x1년도 매출원가를 계산하시오.

[상품 관련 내역]

구분	기초상품재고액	당기매입액	기말상품재고액
20x0년	1,000,000원	6,000,000원	취 득 원 가 : 2,000,000원 순실현가능가치 : 1,500,000원
20x1년	×××	7,000,000원	취 득 원 가 : 2,000,000원 순실현가능가치 : 3,000,000원

11. 다음 자료를 이용하여 회계연도말 재무상태표에 표시될 매출채권을 계산하시오.

• 당기현금매출액	50,000원	• 매출총이익	90,000원
• 기초매출채권	80,000원	• 매출채권회수액	200,000원
• 기초상품재고액	120,000원	• 당기상품매입액	200,000원
• 기말상품재고액	110,000원		

12. 다음은 (주)한공의 상품 관련 자료이다. 이를 통해 20x1년도 매출원가를 계산하면?
(재고자산 평가손실은 정상적인 것이다.)

[자료 1. 20x0년도]

기초상품재고액	당기매입액	기말상품재고액
1,000,000원	6,000,000원	취 득 원 가: 2,000,000원 순실현가능가치: 1,500,000원

[자료 2. 20x1년도]

기초상품재고액	당기매입액	기말상품재고액
×××	7,000,000원	취 득 원 가: 3,000,000원 순실현가능가치: 2,000,000원

13. 다음은 (주)한공의 재고자산 관련 자료이다. 회사는 물가가 지속적으로 상승할 경우 당기순이익이 가장 크게 계상되는 재고자산 평가방법을 채택하고 있다. 기말 재고자산의 단가는 얼마인가?

1/ 1	전기이월	100개	단가 1,000원
3/15	매 입	400개	단가 1,200원
6/30	매 출	300개	단가 2,000원
8/ 5	매 입	100개	단가 1,500원
12/10	매 출	200개	단가 2,500원

14. 다음 자료에 의해 (주)한공의 재고자산 중 자연재해로 인해 유실된 금액을 계산하면 얼마인가?

〈장부상 재고자산 자료〉

• 기초상품재고액	300,000원	• 당기상품매입액	1,200,000원
• 당기상품매출액	1,000,000원	• 매출총이익율	20%

〈재해 발생 후 재고자산 실사 결과 자료〉
• 기말상품재고 창고실사 결과 실재액 600,000원

🔑 분개연습

01. (차) 원재료   12,000,000   (대) 지급어음((주)동백)   12,000,000
       부가세대급금   1,200,000   보통예금(국민은행)   1,200,000

02. (차) 복리후생비(판)   400,000   (대) 상품(타계정대체)   400,000
       재고자산감모손실(영업외비용)   400,000   제품(타계정대체)   400,000

    ☞ **복리후생목적=20개×20,000원=400,000원**
        비정상감모손실=10개×40,000원=400,000원

03. (차) 재고자산감모손실(영·비)   360,000   (대) 제품(타계정대체)   360,000

    ☞ **감모수량=실사수량(70개)−장부수량(100개)=△30개**
        재고자산감모손실=감모수량(30)×취득원가(12,000)=360,000원

04. (차) 재고자산감모손실(영·비)   1,000,000   (대) 원재료(타계정대체)   1,000,000

    ☞ **재고자산감모손실은 원가성이 있는지 없는지에 따라 그 처리가 달라진다. 원가성이 있다면(정상감모)**
        매출원가에 산입, 원가성이 없다면(비정상감모) 영업외비용 재고자산감모손실로 처리된다.
        재고자산감모손실=(500개−450개)×20,000원=1,000,000원

🔑 객관식

1	2	3	4	5	6	7							
②	④	③	③	②	④	④							

[풀이-객관식]

01 시송품은 **사용자가 매입의사를 표시하는 경우 소유권이 이전**된다. 따라서 이 경우 기말 재고자산에 포함되지 않는다.

02 저가법을 적용함으로써 발생한 **재고자산평가손실(영업관련 비용)은 매출원가에 가산**한다.

03 재고자산 **수량의 감소**는 재고자산감모손실로, 재고자산 **가격의 하락**은 **재고자산평가손실**로 회계처리한다.

04 **자산과 이익은 비례관계**이다. 자산과 이익 그리고 법인세는 같은 방향으로 가야 하고, 비용인 매출원가는 반대방향으로 표시되어야 한다. 따라서 당기순이익은 반대 방향으로 되어 있으므로 잘못되어 있다.

05 ① 재고자산의 시가가 취득원가보다 낮은 경우에는 저가법을 사용하여 재고자산의 장부금액을 결정한다.

③ 재고자산의 시가가 장부금액 이하로 하락하여 발생한 평가손실은 재고자산의 차감계정으로 표시하고 매출원가에 가산한다.

④ 재고자산의 장부상 수량과 실제 수량과의 차이에서 발생하는 감모손실의 경우 정상적으로 발생한 감모손실은 매출원가에 가산하고 비정상적으로 발생한 감모손실은 영업외비용으로 분류한다.

06 ① 선입선출법　　　② 후입선출법　　　③ 개별법

07 선적지 인도조건으로 매입한 경우 **선적시점에 재고자산을 인식하므로 기말재고액에 포함**되어야 한다.

🔑 주관식

01	3,020,000	02	675,000	03	296,000
04	12,500	05	165,000	06	172,500
07	20,000	08	60,000	09	2,100,000
10	6,500,000	11	130,000	12	6,500,000
13	1,500	14	100,000	15	

[풀이-주관식]

01 상품의 순매입액=총매입액+매입부대비용-매입할인-매입환출

= 3,000,000원+50,000원-10,000원-20,000원 = 3,020,000원

02

상　품(선입선출법)

기초	300개	@1,000	300,000	매출원가	300개	@1,000	*300,000*
					250개	@1,500	*375,000*
순매입액	400개	@1,500	600,000	기말			225,000
계(판매가능재고)			900,000	계			900,000

03.

상　품(선입선출법)

기초	1,000개	@100	100,000	매출원가	1,000개	@100	280,000
					1,500개	@120	
				감모손실	100개	@120	12,000
순매입액	2,000개	@120	240,000	평가손실	(400개)	@10	4,000
				기말	400개		44,000
계(판매가능재고)			340,000	계			340,000

매출원가=매출원가+정상감모손실+평가손실=280,000+12,000+4,000=296,000

04 총평균법은 단가를 한번만 산정한다.

상 품(총평균법)

	100개	@100	10,000	매출원가	500개	@125	62,500
순매입액	500개	@130	65,000	*기말*	*100개*	*@125*	*12,500*
계(판매가능재고)		@125	75,000	계			75,000

05 총평균법은 기말에 단가를 1번 산정

상 품(총평균법)

12/01	1000개	@100	100,000	매출원가	1500개	@110	165,000
12/08	1000개	@110	110,000	*기말*	*1500개*	*@110*	*165,000*
12/16	1000개	@120	120,000				
계	3000개	**@110**	330,000	계			330,000

06 이동평균법은 구입시 마다 단가 산정한다.

상 품(이동평균법)

12/01	1000개	@100	100,000	매출원가(12/12)	1500개	@105	157,500
12/08	1000개	@110	110,000	*기말*	*1500개*	*@115*	*172,500*
12/16	1000개	@120	120,000				
계	3000개	@110	330,000	계			330,000

07

수량	장부상 단가 (가)	단위당 예상 판매가격 ①	단위당 예상 판매비용 ②	단위당 예상 순실현가능가치 (나) = ① − ①	단위당 평가손실 (가)−(나)
1,000개	100원	110원	30원	80원	20원

재고자산평가손실 = 1,000개 × 20원 = 20,000원

08 매출원가 = 매출액 - 매출총이익 = 300,000원 - (300,000원×30%) = 210,000원

재고자산

기초	50,000	매출원가	210,000
순매입액	300,000	**기말**	**140,000**
계	350,000	계	350,000

횡령액 = 장부상 기말재고액 - 실사기말재고액 = 140,000원 - 80,000원 = 60,000원

09 재고자산은 저가법에 의하여 취득원가와 시가를 비교하여 낮은 금액으로 표시한다.

재고수량×Min [취득 단가, 시가(개당 추정판매가격 - 개당 추정판매비용)]

→ 3,000개×700원 = 2,100,000원

10 20x1년도 기초상품재고액은 20x0년도 기말상품재고액(순실현가능가치)이다.

그리고 저가법에 따른 20x0년도 평가금액은 1,500,000원이다.

또한 20x1년말 재고금액은 저가법에 따라 2,000,000원이다.

재고자산(20x1)

기초	1,500,000	*매출원가*	*6,500,000*
순매입액	7,000,000	**기말**	**2,000,000**
계	8,500,000	계	8,500,000

11

상 품

기초상품	120,000	**매출원가**	**210,000**
순매입액	200,000	기말상품	110,000
계	320,000	계	320,000

총매출액 = 매출원가+매출이익 = 210,000원+90,000원 = 300,000원

외상매출액 = 총매출액-현금매출액= 300,000원 - 50,000원 = 250,000원

매출채권

기초잔액	80,000	회수액	200,000
매출(발생액)	**250,000**	**기말잔액(?)**	**130,000**
계	330,000	계	330,000

12 20x0년도 기말상품재고액(저가법에 의한 순실현가능가치)가 20x1년도 기초상품재고액으로 이월된다. 20x1년 기말상품 재고액은 저가법으로 순실현가능가치로 평가된다.

상 품(20x1)

기초상품	1,500,000	*매출원가*	*6,500,000*
순매입액	7,000,000	기말상품(저가법)	2,000,000
계	8,500,000	계	8,500,000

13 **물가가 지속적으로 상승시 당기순이익이 가장 크게 나타나는 재고자산 평가방법은 선입선출법**이다.

상 품(선입선출법)

기초	100개	@1,000	매출원가	500개	@1,000
순매입액	400개	@1,200			@1,200
	100개	@1,500	*기말*	*100개*	*@1,500*
계	600개		계		

14 매출원가 800,000원 = 당기상품매출액 1,000,000원 × (1 - 0.2)

재고자산

기초재고	300,000	매출원가	800,000
총매입액	1,200,000	*기말재고*	*700,000*
계	1,500,000	계	1,500,000

장부상기말상품재고액 700,000원 - 기말상품재고실제액 600,000원=*100,000원(유실)*

Chapter 04

비유동자산

비유동자산 결산일(보고기간종료일)로부터 1년 이후 외의 현금화가 되는 자산을 말한다.

1. 투자자산

기업이 정상적인 영업활동과는 관계없이 투자를 목적(시세차익)으로 보유하는 자산을 투자자산이라 한다.

① 장기금융상품 : 정기예적금 등 재무상태표일(결산일)로부터 만기가 1년 이내에 도래하지 않는 것. 장기금융상품중 **사용이 제한되어 있는 예금(예 : 당좌개설보증금)은 특정현금과예금이라는 계정과목**을 사용한다.

② 유가증권(매도가능증권, 만기보유증권) : 재무상태표일로 부터 만기가 1년 이내에 도래하는 것은 유동자산으로 분류하고, 만기가 1년 이후에 도래하는 것은 투자자산으로 분류한다.

③ **투자부동산 : 투자목적 또는 비영업용으로 소유하는 토지나 건물**을 말한다.

④ 장기대여금 : 대여금 중 만기가 1년 이내에 도래하지 않는 것

2. 유형자산

유형자산이란 재화나 용역의 생산이나 제공 또는 판매·관리 활동에 사용할 목적으로 보유하는 물리적 실체가 있는 비화폐성 자산이다.

(1) 종류

① 토지

영업활동에 사용하고 있는 대지, 임야, 전·답을 말한다.

또한 토지는 일반적으로 가치가 하락하지 않으므로 **감가상각대상자산이 아니다.**

② 건물

사옥이나 공장, 창고 등 회사의 영업목적으로 보유하고 있는 자산을 말한다.

③ 구축물

건물이외 구조물을 말하며, 교량, 갱도, 정원설비 등이 포함된다.

④ 기계장치

제조업의 경우 가장 기본적인 자산으로서 제품을 생산하기 위한 각종 기계설비 등을 말한다.

⑤ 차량운반구

영업활동을 위해 사용하는 승용차, 트럭, 버스 등을 말한다.

⑥ 건설중인 자산

유형자산을 건설하기 위하여 발생된 원가를 집계하는 임시계정으로서 유형자산이 완성되어 영업에 사용될 때 건설중인 자산의 금액을 해당 유형자산 계정과목으로 대체한다. 건설중인 자산은 미완성상태의 자산으로서 **아직 사용하지 않으므로 감가상각대상자산이 아니다.**

⑦ 비품

사무용 비품으로 책상, 의자, 복사기, 컴퓨터 등을 말한다.

(2) 유형자산의 취득원가

유형자산을 취득하여 회사가 영업목적으로 사용하기 전까지 소요되는 모든 부대비용을 포함한다. 당연히 매입 시 할인 받은 경우(매입할인)는 차감한다.

① 외부구입

구입대금에 유형자산이 본래의 기능을 수행하기까지 발생한 모든 부대비용을 포함한다. 부대비용에는 설치장소 준비를 위한 지출, 운송비, 설치비, 설계와 관련하여 전문가에게 지급하는 수수료, 시운전비, 취득세 등 유형자산의 취득과 직접 관련되는 제세공과금 등이 포함된다.
- 국공채 등을 불가피하게 매입하는 경우 채권의 매입가액과 현재가치와의 차액

② 일괄취득

여러 종류의 유형자산을 동시에 구입하고 대금을 일괄 지급한 경우를 말한다. 이 경우 자산의 취득원가는 **개별자산들의 상대적 공정가치에 비례하여 안분한 금액**으로 한다.

예를 들어 토지와 건물을 일괄 취득한 경우 토지와 건물의 상대적 공정가치에 비례하여 매입가액을 안분하여 취득원가로 계산한다.

그러나 토지만 사용할 목적으로 토지와 건물을 일괄하여 취득 후 철거한 경우 토지만을 사용할 목적으로 취득하였기 때문에 **일괄 취득가액과 철거비용은 토지의 취득원가**로 회계처리 하여야 한다.

	타인건물구입후 즉시 철거	사용중인 건물철거
목 적	토지 사용목적으로 취득	타용도 사용
회계처리	토지의 취득원가	당기비용(유형자산처분손실)
폐자재매각수입	토지 또는 유형자산처분손실에서 차감한다.	

〈철거비용〉

예제 4 - 1 철거비용

㈜한강의 다음 거래를 분개하시오. 다음의 자산은 영업목적으로 취득하였다.

1. 10월 1일 토지와 건물(취득가액 100,000원)을 현금 취득하여, 건물을 철거하고 철거비용 10,000원을 현금지급하다.
2. 10월 3일 새로운 건물을 신축하기 위하여 사용 중이던 건물(취득가액 100,000원, 감가상각누계액 50,000원)을 철거하고 철거비용 10,000원을 현금지급하다

해답

1.	(차) 토 지	110,000	(대) 현 금	110,000
2.	(차) 감가상각누계액	50,000	(대) 건 물	100,000
	유형자산처분손실	60,000	현 금	10,000

③ 자가건설

기업이 영업활동에 사용하기 위하여 유형자산을 자체적으로 제작·건설하는 경우가 있다. 이때 취득원가는 유형자산의 제작에 투입된 재료비·노무비·경비 등의 지출액을 건설중인자산으로 처리하였다가 완성시 해당 유형자산의 본계정으로 대체한다.

④ 무상취득

유형자산을 주주나 국가 등으로부터 무상으로 취득한 경우에는 취득한 자산의 공정가치를 취득원가로 하고 이를 자산수증익(영업외수익)으로 처리한다.

⑤ 현물출자

현물출자란 기업이 유형자산을 취득하면서 그 대가로 회사의 주식을 발행하여 지급하는 경우를 말한다. **유형자산의 취득원가는 취득한 자산의 공정가치**로 한다. 다만 유형자산의 공정가치를 신뢰성있게 측정할 수 없다면 발행하는 주식의 공정가치를 취득원가로 한다.

⑥ 교환취득

㉠ 동종자산간 교환(장부가액법)

교환으로 받은 자산의 취득원가는 교환시 제공한 자산의 장부가액으로 한다. 따라서 **교환손익(유형자산처분손익)이 발생하지 않는다.**

또한 동종자산의 구분기준은 물리적·기능적 유사성과 금액의 유사성을 동시에 충족해야한다. **만약 물리적으로 유사한 자산이라도 공정가치의 차이(대개 현금으로 수수)가 유의적(중요)인 경우에는 이종자산과의 교환으로 본다.**

㉡ 이종자산간 교환(공정가액법)

다른 종류의 자산과 교환하여 새로운 유형자산을 취득하는 경우 유형자산의 취득원가는 교환을 위하여 **제공한 자산의 공정가치**로 하고, 이때 **교환손익(장부가액과 공정가치의 차액)은 유형자산처분손익**으로 인식한다.

〈교환취득〉

	동종자산	이종자산
회계처리	장부가액법	공정가액법
취득원가	**제공한 자산의 장부가액**	**제공한 자산의 공정가액**[1]
교환손익	**인식하지 않음**	**인식(유형자산처분손익)**

[1]. 불확실시 교환으로 취득한 자산의 공정가치로 할 수 있다. 또한 자산의 교환에 현금수수시 현금수수액을 반영하여 취득원가를 결정한다.

이종자산 간의 교환시 신자산의 가액＝제공한 자산의 공정가액＋현금지급액－현금수취액

〈이종자산 교환거래-유형자산, 수익〉

	유형자산 취득원가	수익인식
원칙	제공한 자산의 공정가치	제공받은 재화의 공정가치
예외(원칙이 불확실시)	**취득한 자산의 공정가치**	제공한 재화의 공정가치

예제 | **4 - 2 교환취득**

㈜한강의 다음 거래를 분개하시오. 다음의 자산은 영업목적으로 취득하였다.

1. 10월 1일 사용 중이던 기계A(취득가액 100,000원, 감가상각누계액 40,000원)를 토지와 교환하였다. 교환시 기계A의 공정가치는 110,000원이다.
2. 10월 3일 사용 중이던 기계B(취득가액 200,000원, 감가상각누계액 40,000원)와 같은 종류의 C기계와 교환하였다. 교환시 기계B의 공정가치는 110,000원이다.
3. 10월 5일 사용 중이던 비품(취득가액 100,000원, 감가상각누계액 40,000원)과 차량운반구를 교환하면서 현금 20,000원을 지급하였다. 교환시 비품의 공정가치는 모르나, 차량운반구의 공정가치는 120,000원이다.

해답

1. (이종자산) (1+2)	(차) 감가상각누계액	40,000	(대) 기계장치(A)	100,000
	토　지	110,000	유형자산처분이익	50,000
	〈1.공정가치(110,000원)로 처분〉			
	(차) 감가상각누계액	40,000	(대) 기계장치(A)	100,000
	현　금	110,000	유형자산처분이익	50,000
	〈2.유형자산 취득〉			
	(차) 토　지	110,000	(대) 현　금	110,000
2. (동종자산)	(차) 감가상각누계액	40,000	(대) 기계장치(B)	200,000
	기계장치(C)	160,000		
3. (이종자산) (1+2)	(차) 감가상각누계액	40,000	(대) 비　품	100,000
	차량운반구	120,000	현　금	20,000
			유형자산처분이익	40,000
	〈1.유형자산 취득〉			
	(차) 차량운반구	120,000	(대) 현　금	120,000
	〈2.공정가치(100,000원)로 처분〉			
	(차) 감가상각누계액	40,000	(대) 비　품	100,000
	현　금	100,000	유형자산처분이익	40,000

⑦ 장기연불구입

자산의 매매에 있어서 당사자간의 개별약관에 의하여 그 대금을 2회 이상 분할하여 월부·연부 등에 따라 결제하는 조건으로 성립되는 거래형태를 말하는데, **미래현금 유출액의 현재가치를 취득원가로** 한다.

⑧ 정부보조금(국고보조금)

자산 취득시 국가로부터 보조금(상환의무가 없는 경우)을 수령한 경우 자산의 취득원가에서 차감하여 표시한다. 그리고 **그 자산의 내용년수에 걸쳐 감가상각액과 상계하며, 해당 유형자산을 처분 시에는 정부보조금잔액을 처분손익에 반영**한다.

 4 - 3 정부보조에 의한 취득

㈜한강의 다음 거래를 분개하고 부분재무상태표를 작성하시오.
1. 7월 1일 정부로부터 정부보조금(상환의무가 없고, 추후 기계장치 취득에 사용될 예정이다) 10,000원을 보통예금으로 수령하였다.
2. 7월 3일 기계장치를 100,000원에 취득하고 보통예금계좌에서 이체하였다.
3. 12월 31일 내용년수 5년, 잔존가치 없는 것으로 가정하고 감가상각비(정액법)를 계상하다.

[해답]

7월 1일	(차) 보 통 예 금	10,000	(대) 정부보조금	10,000
			(보통예금차감)	
7월 3일	(차) 기 계 장 치	100,000	(대) 보 통 예 금	100,000
	정부보조금	10,000	정부보조금	10,000
	(보통예금차감)		(기계장치차감)	
12월 31일	(차) 감가상각비	10,000*1	(대) 감가상각누계액	10,000
	정부보조금(기계장치)	1,000*2	감가상각비	1,000

*1 감가상각비 : 100,000원/5년 × 6개월/12개월 = 10,000원
*2 정부보조금 : 10,000원/5년 × 6개월/12개월 = 1,000원
결국 정부보조금은 해당 자산의 효익 제공기간(내용년수)동안 비용을 차감한다.

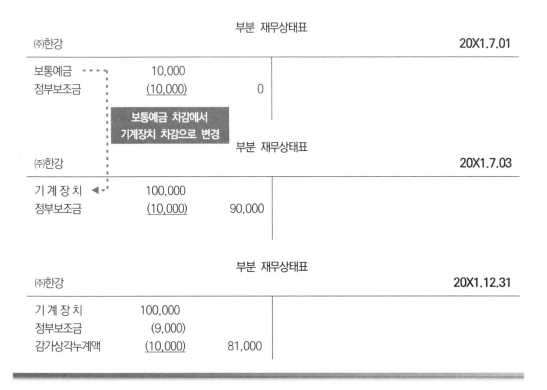

⑨ 차입원가(금융비용 자본화)

차입원가란 유형자산 등의 건설에 필요한 자금의 원천이 외부로부터의 차입금으로 이루어질 때, 차입과 관련하여 발생하는 이자 등을 말한다.

차입원가는 기간비용(이자비용)으로 처리함을 원칙으로 한다. 다만 유형자산, 무형자산 및 투자부동산과 제조·매입·건설 또는 개발이 개시된 날로부터 의도된 용도로 사용하거나 판매할 수 있는 상태가 되기까지 1년 이상이 소요되는 재고자산(이들을 적격자산이라고 함)의 취득을 위한 자금에 차입금이 포함된다면 이러한 차입금에 대한 차입원가는 취득에 소요되는 원가로 회계처리할 수 있다.

차입원가는 다음과 같은 항목을 포함한다.

- 차입금과 사채에 대한 이자
- 사채발행차금상각액 또는 환입액
- 현재가치할인차금[*1]상각액
- 외화차입에 대한 환율변동손익
- 차입과 직접적으로 관련하여 발생한 수수료 등

*1. 장기성 채권(채무)의 미래에 수취(지급)할 명목가액을 유효이자율로 할인한 현재가치와의 차액을 말한다.
현재가치할인차금=채권(채무)의 명목가액 − 채권(채무)의 현재가치

(3) 유형자산 취득 이후의 지출

	자본적지출	수익적지출
정 의	① 미래의 경제적 효익을 증가시키거나 ② 내용연수를 연장시키는 지출	자본적지출 이외
회계처리	해당 자산가액	수선비등 비용처리

(4) 유형자산의 감가상각

감가란 자산의 가치감소를 뜻하는 것이며, 유형자산의 감가상각이란 해당 유형자산의 **취득원가를 효익을 제공받은 기간(추정내용연수)동안 체계적·합리적으로 비용 배분하는 것**을 의미한다.

① 감가상각의 3요소

ㄱ **취득원가** : 유형자산의 취득원가는 매입가액과 그 부대비용을 말한다.
여기에 자본적 지출액이 있으면 포함한다.

ㄴ **잔존가액** : 유형자산의 경제적 효익이 끝나는 기간에 자산을 폐기하거나 처분
할 때 획득될 것으로 추정되는 금액을 말한다. 여기에서 (취득원가 - 잔존가
치)를 감가상각대상금액이라고 한다.
그리고 **잔존가치가 유의적인 경우 매보고기간말에 재검토한다.**

ㄷ **추정내용연수**

유형자산이 영업활동에 사용될 것으로 기대되는 기간을 의미한다.
여기서 내용연수란 유형자산의 물리적 사용연수를 의미하는 것이 아니라, 기업이 수익획득
과정에서 사용될 것으로 기대되는 기간으로 경제적 내용연수를 의미한다.

② 감가상각방법

ㄱ 정액법

> **감가상각비 = (취득가액 - 잔존가치)/내용연수**

ㄴ 정률법

정률법은 취득 초기에 감가상각비를 많이 계상하고 후기에는 감가상각비를
적게 계상함으로써 수익·비용대응원칙에 부합된 방법이다.

> **감가상각비 = 장부가액(취득가액 - 감가상각누계액) × 상각율**

ⓒ 연수합계법

정률법과 마찬가지로 상각비가 체감하는 방법이며 아래와 같이 감가상각비를 계산한다.

$$감가상각비 = (취득가액 - 잔존가치) \times 잔여내용연수/내용연수의\ 합계$$

ⓔ 이중체감법

기초장부가액에 상각율(= 2/내용년수)을 곱하여 감가상각비를 구하는 방법이다.

$$감가상각비 = (취득가액 - 기초감가상각누계액) \times 2/내용연수$$

ⓓ 생산량비례법

생산량이나 작업시간에 비례하여 감가상각비를 계산하는 방법으로 산림, 광산 등의 천연자원의 감가상각비 계산에 사용된다.

$$감가상각비 = (취득가액 - 잔존가치) \times 당기실제생산량/예상총생산량$$

〈감가상각방법〉

1. 감가상각대상금액(A) (취득가액 - 잔존가치)	정액법	A/내용연수
	연수합계법	A × 잔여내용연수/내용연수의 합계
	생산량비례법	A × 당기실제생산량/예상총생산량
2. 장부가액(B) (취득가액 - 기초감가상각누계액)	정률법	B × 상각율
	이중체감법	B × (2/내용연수)
초기 감가상각비	정률법(이중체감법)[*1] 〉 내용연수합계법 〉 정액법	
초기 장부가액	정액법 〉 내용연수합계법 〉 정률법(이중체감법)	

*1. 정률법의 상각율과 이중체감법의 2/내용연수에 따라 달라질수 있다.

③ 유형자산의 회계처리와 재무상태표 표시(간접상각법)

당기의 감가상각비를 차변에 감가상각비로 처리하고 대변에는 감가상각누계액 계정으로 처리한다. 감가상각누계액은 유형자산의 차감항목으로 나타낸다.

(5) 유형자산의 손상

유형자산의 중대한 손상으로 인하여 **본질가치가 하락한 경우**에는 유형자산의 장부금액을 감액하고 이를 **손상차손으로 즉시 인식**해야 한다.

① 손상가능성의 판단기준

- 유형자산의 **시장가치가 현저하게 하락**한 경우
- 유형자산의 **사용강도나 사용방법에 현저한 변화가 있거나**, 심각한 물리적 변형이 초래된 경우
- 해당 유형자산으로부터 영업손실이나 순현금유출이 발생하고, 이 상태가 미래에도 지속될 것이라고 판단되는 경우 등

② 손상차손의 인식기준

- 유형자산의 손상차손 = 회수가능가액 – 손상전 장부금액
- **회수가능가액 = MAX[@순매각가치, ⓑ사용가치]**
  ⓐ **순매각가치 = 예상처분가액 – 예상처분비용**
  ⓑ **사용가치 = 해당 자산의 사용으로부터 예상되는 미래 현금흐름의 현재가치**

③ 손상차손의 회계처리

(차) 유형자산손상차손(영 · 비)   ×××   (대) **손상차손누계액(해당 자산 차감)** ×××

(6) 유형자산 인식시점 이후의 측정(재평가모형)

유형자산의 인식시점 이후에는 **원가모형(기존의 방법)이나 재평가모형 중 하나를 회계정책으로 선택하여 유형자산 분류별로 동일하게 적용**한다.

재평가모형이란 공정가치를 신뢰성있게 측정할 수 있는 유형자산에 대해서 재평가일에 **공정가치에서 감가상각누계액과 손상차손누계액을 차감한 재평가금액을 장부금액으로 한다.**

[재평가모형]

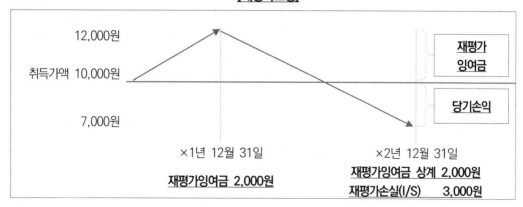

1. 재평가증	(차) 유 형 자 산 ×××	(대) 재평가손실(I/S)[1] ×××
		재평가잉여금 ×××
		(자본-기타포괄손익누계액)
	*1. 당기이전에 재평가손실액이 있는 경우 우선 상계한다.	
2. 재평가감	(차) **재평가잉여금**[2] ×××	(대) 유 형 자 산 ×××
	재평가손실(I/S) ×××	
	*2. 재평가잉여금 잔액이 있는 경우 우선 상계한다.	

(7) 유형자산의 처분

처분가액 〉 장부가액	**유형자산처분이익**
처분가액 〈 장부가액	유형자산처분손실

3. 무형자산

무형자산이란 재화의 생산이나 용역의 제공, 타인에 대한 임대 또는 관리에 사용할 목적으로 기업이 보유하고 있으며, 물리적 형체가 없지만 식별가능하고 기업이 통제하고 있으며 미래 경제적 효익이 있는 비화폐성자산을 말한다.

(1) 종류

① 영업권

영업권이란 기업의 우수한 종업원, 고도의 경영능력, 영업상 또는 제조상의 비법, 양호한 노사관계, 우수한 인재나 자원의 확보 등으로 미래에 그 기업에 경제적 이익으로 공헌하리라고 기대되는 초과 수익력이 있는 경우 그 미래의 초과수익력을 말한다.

영업권이 자산으로 인식되기 위해서는 **외부구입영업권이어야 하고, 내부창설 영업권의 자산계상은 인정하지 않는다.**

따라서 다른 기업을 취득·인수·합병할 경우에 취득한 순자산의 공정가액을 초과하는 경우 그 차액을 외부구입영업권이라 하는데 **기업회계기준에서는 외부구입영업권만 인정**한다.

② 내부적으로 창출된 무형자산(개발비)

개발비란 신제품, 신기술 등의 개발과 관련하여 발생한 비용(소프트웨어의 자체 개발과 관련된 비용을 포함)으로 개별적으로 식별가능하고 미래의 경제적 효익을 기대할 수 있는 것을 말한다.

개발비는 연구개발활동에 투입된 지출 중에서 무형자산의 인식요건에 부합하면 자산으로 계상한다는 의미이며, 법률상의 권리는 아니다. 또한 개발비와 유사한 지출로서 연구비가 있는데, 연구비란 새로운 과학적 지식을 얻고자하는 활동, 제품 등에 대한 여러 가지 대체안을 탐색하는 활동에 지출하는 비용을 말한다.

이러한 연구비는 미래 경제적 효익이 불투명하기 때문에 발생 즉시 판매비와 관리비로 당기 비용 처리한다.

기업의 내부개발프로젝트를 연구·개발단계, 생산단계로 구분하여 회계처리를 보면 다음과 같다.

〈연구·개발 및 생산단계〉

연구단계		개발단계		생산단계	
발생시점 비용처리 (판매비와 관리비)	⇒	무형자산 인식조건을 충족시 개발비로 무형자산 계상	⇒	**무형자산상각비**	
		요건을 미충족시 경상연구개발비의 과목으로 발생시점에 비용처리 (판매비와 관리비)		**제조관련**	제조경비
				제조와 미관련	판관비

③ 산업재산권

일정기간 독점적·배타적으로 이용할 수 있는 권리로서 특허권·실용신안권·상표권 등을 말한다.

☞ 특허권: 새로 발명한 것(창작물)을 일정기간 독점적으로 소유 또는 이용할 수 있는 권리
  실용신안권: 산업상 이용할 수 있는 물품 등에 대한 고안으로서 법에 따라 출원하여 부여받은 권리
  상표권: 타 상품과 식별하기 사용하는 기호등을 상표라 하는데 이를 독점적으로 사용할 수 있는 권리

④ 라이선스

특허권자가 자신의 권리를 사용하고자 하는 특허사용자와 계약하여 권리실시를 허용하는 계약을 말한다.

⑤ 소프트웨어

컴퓨터 프로그램과 그와 관련된 문서들을 총칭하며, 자산인식요건을 충족하는 소프트웨어를 구입하여 사용하는 경우의 구입대가를 말한다.

그러나 컴퓨터를 구입시 부수되는 OS는 별도의 소프트웨어라는 무형자산으로 인식하는 것이 아니라, 컴퓨터의 취득부대비용으로 인식하여 유형자산으로 회계처리 한다.

⑥ 프랜차이즈

체인점본사와 가맹점간의 계약에 의하여 특정상표, 상호의 상품이나 용역을 독점적으로 판매할 수 있는 권리를 말한다. 회사가 맥도날드나 던킨도너츠에 가입비를 지급한 경우에 프랜차이즈란 무형자산으로 계상할 수 있다.

⑦ 이외에 저작권, 광업권, 어업권, 임차권리금 등이 있다.

☞ 임차권리금: 임차인이 상가를 다른 세입자에게 매도함으로써 포기해야 하는 시설비와 영업권을 말한다.

(2) 무형자산의 취득원가

매입가액에 취득 부대비용을 가산하여 무형자산의 취득원가로 하고, 일반적으로 유형자산의 취득원가와 동일하다.

그러나 내부적으로 창출된 무형자산의 취득원가는 그 자산의 창출, 제조, 사용 준비에 직접 관련된 지출과 **합리적이고 일관성있게 배부된 간접 지출을 모두 포함**한다.
- 무형지산의 창출에 직접 종사한 인원에 대한 인건비와 직접 사용된 재료비, 용역비
- 무형자산의 창출에 직접 사용된 유형자산의 감가상각비와 무형자산의 상각비
- 법적권리를 등록하기 위한 수수료 등 무형자산을 창출하는데 직접적으로 관련있는 지출
- 무형자산의 창출에 필요하며 합리적이고 일관된 방법으로 배분할 수 있는 간접비용(연구관리 직원의 인건비, 임차료, 보험료 등)
- 차입원가 중 자본화를 선택한 비용

(3) 무형자산의 상각

① 상각대상금액

무형자산의 잔존가치는 원칙적으로 "0"으로 한다.

② 내용연수

무형자산의 내용연수(상각기간)는 **독점적·배타적인 권리를 부여하고 있는 관계법령이나 계약에 정해진 경우를 제외하고는 20년을 초과할 수 없다. 이때 법률상 유효기간과 경세적 내용연수가 모두 존재한다면 둘 중 짧은 기간 동안 상각한다.** 또한, 상각시점은 무형자산이 **사용가능한 시점**부터 상각하도록 하고 있다.

내용연수가 비한정인 무형자산(내용연수를 추정하는 시점에서 내용연수를 결정하지 못하는 무형자산)은 상각하지 아니한다.

③ **상각방법**

유형자산과 마찬가지로 정액법, 정률법, 생산량비례법 등 기업회계기준이 정하는 방법 중에서 기업이 합리적인 방법을 선택하여 상각한다.

그러나 **합리적인 상각방법을 정할 수 없는 경우에는 정액법을 사용하도록 하고 있다.**
다만, 영업권의 경우에 정액법만 허용된다.

④ 무형자산상각비

> 무형자산상각비 = [취득가액 − 0(잔존가치는 원칙적으로 "0")]/내용연수
> = 미상각잔액(장부가액)/잔여내용연수

⑤ 재무제표 표시

유형자산과 달리 상각누계액 계정을 별도로 설정하지 않고 직접 차감하는 방법(직접상각법)을 사용할 수 있다.

 4 - 4 무형자산

㈜백두의 다음 거래를 분개하시오.

1. 20×1년 10월 1일 고려대학에 의뢰한 신제품개발에 따른 용역비 10,000,000원을 보통예금에서 이체하여 지급하다. 본 용역은 자산요건을 충족한다.

2. 20×1년 12월 31일 현재 영업권 미상각잔액이 4,500,000원이 있다. 영업권은 2년간 상각하였고, 회사는 영업권 상각에 대해서 사용가능시점부터 5년간 직접 상각한다.

해답

1.	(차) 개 발 비	10,000,000원	(대) 보통예금	10,000,000원
2.	(차) 무형자산상각비	1,500,000원[*1]	(대) 영 업 권	1,500,000원
*1. 당기 상각비 = 미상각잔액/잔여내용연수 = 4,500,000/3년 = 1,500,000원					

〈유형자산 VS 무형자산〉

	유형자산	무형자산
취득가액	매입가액 + 부대비용	좌동(간접지출도 포함)
잔존가액	처분시 예상되는 순현금유입액	**원칙적으로 "0"**
내용년수	경제적 내용연수	좌동 **원칙 : 20년 초과 불가**
상각방법	정액법, 정률법, 내용연수합계법, 생산량비례법등	좌동 **다만 합리적인 상각방법이 없는 경우 "정액법"**
재무제표 표시	간접상각법	**직접상각법, 간접상각법 가능**

4. 기타비유동자산

비유동자산 중 투자자산 및 유형자산, 무형자산에 속하지 않는 자산을 의미한다.

(1) 임차보증금

타인소유의 부동산이나 동산을 사용하기 위하여 임대차계약을 체결하는 경우에 월세 등을 지급하는 조건으로 임차인이 임대인에게 지급하는 보증금을 말한다.

(2) 전세권

전세금을 지급하고 타인의 부동산을 그 용도에 따라 사용, 수익하는 권리이다.

(3) 장기매출채권

유동자산에 속하지 아니하는 일반적 상거래에서 발생한 장기의 외상매출금 및 받을어음을 말한다.

(4) 부도어음과수표

어음소지인이 어음대금 청구시 어음금액의 지급을 거절당한 경우 어음의 부도라 하고, 지급이 거절된 어음을 부도어음이라 한다. 어음이 부도되면 어음소지인은 어음발행자에게 어음금액을 청구할 수 있으며, 이때 어음소지인은 어음금액과 법정이자, 공증인에 의한 지급거절증서 작성 비용 등을 청구한다.

☞ 공증인: 당사자의 촉탁에 따라 법률행위나 그 밖의 개인적인 권리에 관한 사실에 대한 공정증서의 작성 등의 사무를 처리하는 자를 말하는데, 변호사 등 일정 자격을 가진 자 중 법무부장관이 임명한다.

회사는 관리목적상 정상적인 어음과 구분하기 위하여 부도어음과수표계정(청구비용 등 포함)을 사용하고, 추후 회수가능성을 판단하여 대손처리한다.

(5) 기타 이외에 이연법인세자산, 장기미수금 등이 있다.

연습문제

 분개연습

01. 공장 건설용 부지를 매입하고 공인중개사에게 중개수수료 500,000원을 우리은행 보통예금 계좌에서 이체하여 지급하였다.

02. (주)대륙건설과 20x2년 6월 30일 완공예정인 공장건설 공사계약을 체결하고, 계약금 30,000,000원을 보통예금계좌에서 이체하였다.

03. ㈜한공은 유형자산으로 분류된 토지에 대하여 재평가모형을 적용하고 있다. 재평가시점의 토지의 장부금액은 1,000,000원이고 공정가치는 1,300,000원이다.

04. (주)한공은 다음과 같은 건물에 대해서 20x1년 12월 31일에 재평가하였다.

- 취득원가 : 500,000원(취득일 20x1년 1월 1일, 내용연수 5년, 잔존가치 0원, 정액법 감가상각)
- 20x1년 12월 31일 건물의 공정가치 : 750,000원

㈜한공은 전액제거법으로 회계처리하였다.

☞ 전액제거법이란 총장부금액에서 기존의 감가상각누계액 전부를 제거하여 자산의 순장부금액이 재평가 금액이 되도록 수정하는 방법이다.

05. 공장용 기계설비 도입을 위하여 중소기업청에 지원금을 신청하였으며, 금일 신청금 30,000,000원이 당사 신한은행 보통예금계좌로 입금되었다.

06. (주)한공은 20x1년 1월 1일 기계장치를 취득하는 조건으로 상환의무 없는 정부보조금 500,000원을 수령하고 기계장치를 1,000,000원에 취득하였다. 20x1년 결산시 감가상각과 관련된 회계처리를 하시오.(단, 기계장치의 내용연수는 10년, 감가상각방법은 정액법이며, 잔존가치는 없다)

07. 다음은 (주)한공의 본사 건물에 대한 자료이다.

> • 구입시점: 20x0년 1월 1일   • 구입가격: 1,000,000원
> • 감가상각방법: 정액법(잔존가치는 없으며, 월할상각한다)   • 내용연수: 10년

(주)한공은 20x1년 1월 1일 600,000원이 지출된 본사건물 보강공사를 완료하였으며, 이로 인하여 내용연수가 3년 연장되었다. 결산시 감가상각비에 대한 분개를 하시오.

08. 다음 무형자산에 대하여 결산정리분개를 하시오.
① 본사 사용 소프트웨어 상각 자료

> • 코 드 명 : 1000   • 상각방법 : 정액법
> • 자 산 명 : 더존회계프로그램   • 내용연수 : 5년
> • 취 득 일 : 전기 1월 1일   • 회계처리 : 직접법
> • 취득가액 : 20,000,000원

② 계정별원장의 소프트웨어(무형자산)의 기초잔액은 16,000,000원이다.

09. ㈜로그인은 20x0년 토지의 손상징후가 있다고 판단하여 손상차손을 계상하였다.

취득원가 (2012년 취득)	20x0년말		20x1년말	
	순공정가치	사용가치	순공정가치	사용가치
1,000,000원	400,000원	500,000원	1,200,000원	500,000원

20x0년 손상차손인식분개를 하시오.

10. 9번자료를 활용하여 20x1년말 손상차손환입분개를 하시오.

객관식

01. 다음 중 유형자산인 건물의 취득원가에 포함되지 않는 것은?

　① 건물의 설계와 관련하여 전문가에게 지급하는 설계비

　② 건물의 취득과 관련하여 국·공채를 불가피하게 매입하는 경우 당해 채권의 매입가액과 일반기업
　　회계기준에 따라 평가한 현재가치와의 차액

　③ 건물에 대한 자본화 대상인 차입원가

　④ 취득한 건물에서 판매할 새로운 상품을 소개하는데 소요되는 지출

02. 도매업을 영위하는 (주)한공은 사업 확장에 따라 20x1년 상반기에 본사 건물을 리모델링(건물의 내용연
수가 연장됨)하고 소요된 비용을 수선비로 회계처리하였다. 이 회계처리가 20x1년 재무제표에 미치는
영향으로 옳지 않은 것은?

　① 본사 건물 감가상각비와 감가상각누계액이 과소 계상된다.

　② 유형자산이 과소 계상된다.

　③ 당기순이익이 과대 계상된다.

　④ 매출원가에 미치는 영향은 없다.

03. 유형자산 취득 시 회계처리를 설명한 것이다. 옳지 않은 것은?　

　① 현물출자, 증여, 기타 무상으로 취득한 자산은 공정가액을 취득원가로 한다.

　② 매입할인이 있는 경우에는 이를 차감하여 취득원가를 산출한다

　③ 유형자산의 취득 시 발생한 운임은 취득원가에 포함된다.

　④ 같은 종류의 자산과의 교환으로 취득한 유형자산의 취득원가는 교환으로 제공한 자산의 공정가액으
　　로 한다.

04. 다음 중 유형자산의 자본적 지출에 해당하는 것은?

가. 본래의 용도를 변경하기 위한 개조	나. 빌딩의 피난시설 설치
다. 기계의 소모된 부속품 또는 벨트의 대체	라. 건물 외벽의 도색

　① 가, 나　　　　　② 나, 다　　　　　③ 가, 다　　　　　④ 나, 라

05. 정부보조금과 관련된 설명 중 옳지 않은 것은?

① 상환의무가 없는 자산관련 정부보조금은 관련 자산 취득시 그 자산의 가산계정으로 회계처리한다.

② 상환의무가 없는 자산관련 정부보조금은 관련 자산의 내용연수에 걸쳐 감가상각금액과 상계한다.

③ 상환의무가 없는 수익관련 정부보조금으로 특정조건을 충족해야 하는 경우가 아니라면 정부보조금을 받을 때 손익에 반영한다.

④ 상환의무가 없는 수익관련 정부보조금이 특정 비용을 보전할 목적으로 지급되는 경우에는 특정 비용과 상계처리한다.

06. 다음 중 유형자산 재평가에 대한 설명으로 옳지 않은 것은?

① 재평가의 빈도는 재평가되는 유형자산의 공정가치 변동에 따라 달라진다.

② 재평가모형을 적용시 공정가치가 증가된 경우 및 감소된 경우를 모두 장부에 반영하여야 한다.

③ 공정가치는 합리적인 판단력과 거래의사가 있는 독립된 당사자 간에 거래될 수 있는 교환 가격을 뜻한다.

④ 유형자산 재평가로 발생하는 재평가이익과 손실은 모두 기타포괄손익으로 처리한다.

07. (주)한공은 다음과 같은 건물에 대해서 20x1년 12월 31일에 재평가하려고 한다.

> • 취득원가 : 500,000원(취득일 20x1년 1월 1일, 내용연수 5년, 잔존가치 0원, 정액법 감가상각)
> • 20x1년 12월 31일 건물의 공정가치 : 750,000원

이 건물의 감가상각 및 재평가와 관련하여 20x1년의 당기손익과 기타포괄손익에 미치는 영향으로 옳은 것은?

① 당기순이익　250,000원 증가　　　② 당기순이익　350,000원 증가

③ 기타포괄이익 250,000원 증가　　　④ 기타포괄이익 350,000원 증가

08. 다음 중 무형자산에 대한 설명으로 옳지 않은 것은?

① 연구단계에서 발생한 지출은 무형자산으로 인식하지 않는다.

② 전기에 비용으로 인식한 개발단계의 지출은 당기에 무형자산으로 인식할 수 없다.

③ 무형자산의 잔존가치는 없는 것을 원칙으로 한다.

④ 무형자산은 경제적 효익이 소비되는 행태를 반영하여 합리적인 방법으로 상각하며, 합리적인 상각방법을 정할 수 없는 경우에는 정률법으로 상각한다.

09. 무형자산의 회계처리에 대한 설명으로 옳지 않은 것은?

① 무형자산의 상각대상금액은 그 자산의 추정내용연수 동안 체계적인 방법에 의하여 비용으로 배분한다.

② 무형자산의 상각기간은 독점적·배타적인 권리를 부여하고 있는 관계 법령이나 계약에 정해진 경우를 제외하고 20년을 초과할 수 없다.

③ 원칙적으로 무형자산의 잔존가치는 취득원가의 10%로 가정하여 무형자산 상각비를 계산한다.

④ 무형자산의 상각은 무형자산이 사용가능한 때부터 시작한다.

10. 다음 중 무형자산의 취득원가에 대한 설명으로 옳지 않은 것은?

① 무형자산의 구입가격과 취득 관련 세금은 취득원가로 인식 가능하다.

② 무형자산의 취득과 관련된 매입할인은 취득원가에서 차감한다.

③ 무형자산에 대한 지출로서 과거 회계연도의 재무제표나 중간재무제표에서 비용으로 인식한 지출도 그 후의 기간에 무형자산의 취득원가로 인식할 수 있다.

④ 무형자산을 의도한 목적에 사용할 수 있도록 준비하는데 직접 관련되는 원가는 취득원가에 포함한다.

11. (주)한공은 신제품 개발에 성공하여 20x1년 3월 1일부터 신제품 생산·판매를 시작하였다. 신제품 개발에 소요된 비용은 3,000,000원이며, 자산요건을 충족하여 자산(개발비)으로 계상하려고 한다. 이에 대한 설명으로 옳지 않은 것은?

① 개발비의 20x1년 3월 1일 장부금액은 3,000,000원이다.

② 개발비의 상각은 생산·판매를 시작한 20x1년 3월 1일부터 시작한다.

③ 차후에 개발비의 공정가치가 증가한 경우 공정가치를 장부금액으로 할 수 있다.

④ 개발비 손상을 시사하는 징후가 있다면 회수가능액을 추정한다.

12. 다음 중 무형자산에 관한 설명으로 옳지 않은 것은?

① 무형자산으로 인식되기 위해서는 식별가능성, 자원에 대한 통제, 미래 경제적효익이라는 조건을 모두 충족하여야 한다.

② 무형자산의 상각방법을 합리적으로 정할 수 없는 경우에는 정률법을 사용한다.

③ 무형자산은 상각누계액을 직접 차감한 잔액으로 재무상태표에 표시한다.

④ 무형자산의 상각기간은 독점적 배타적인 권리를 부여하고 있는 관계법령이나 계약에 정해진 경우를 제외하고는 20년을 초과할 수 없다.

13. 다음 자료에 의해 (주)한공이 (주)회계를 인수시 발생한 영업권의 회계처리에 대한 설명으로 옳지 않은 것은?

- 김대표: (주)회계의 현재 재무상태는 어떤가요
- 이부장: 자산 5,000,000원, 부채 3,000,000원, 자본 2,000,000원입니다.
- 김대표: 2,500,000원을 지급하고 (주)회계를 인수하도록 하세요.

① 영업권은 정액법으로 상각하여야 한다.

② 발생한 영업권의 금액은 500,000원이다.

③ 영업권의 내용연수는 5년을 초과할 수 없다.

④ 인수시 발생한 영업권은 외부에서 창출된 영업권이므로 무형자산으로 처리한다.

14. 다음은 (주)한공의 20x0년도 말 재무상태표의 일부이다. (주)한공은 토지에 대하여 재평가모형을 적용하고 있으며 20x1년도 말 토지의 공정가치는 4,800,000원이다. 토지 재평가가 20x1년 손익계산서에 미치는 영향으로 옳은 것은?

재무상태표

㈜한공	20x0년 12월 31일 현재	(단위 :원)
과 목	금 액	
⋮	⋮	⋮
유형자산	5,500,000	⋮
토지		
⋮		
자본		⋮
⋮		
토지재평가잉여금	500,000	⋮
⋮	⋮	

① 재평가손실 200,000원

② 재평가손실 700,000원

③ 재평가이익 200,000원

④ 재평가이익 700,000원

15. 다음 중 무형자산에 대한 설명으로 옳지 **않은** 것은?

① 무형자산에 대한 지출로서 과거 회계연도의 재무제표나 중간재무제표에서 비용으로 인식한 지출은 그 후의 기간에 무형자산의 원가로 인식할 수 없다.

② 무형자산의 상각은 독점적·배타적인 권리를 부여하고 있는 법령이나 계약에 정해진 경우를 제외하고는 20년을 초과할 수 없다.

③ 무형자산의 상각은 자산이 사용가능한 때부터 시작한다.

④ 무형자산은 정액법으로 상각하는 것을 원칙으로 한다.

16. 다음 중 무형자산에 대한 설명으로 옳지 않은 것은?

① 내부적으로 창출한 영업권은 원가를 신뢰성 있게 측정할 수 있고, 미래경제적효익을 창출할 수 있다면 자산으로 인식할 수 있다.

② 무형자산의 상각기간은 독점적·배타적인 권리를 부여하고 있는 관계 법령이나 계약에 정해진 경우를 제외하고는 20년을 초과할 수 없다.

③ 다른 종류의 무형자산이나 다른 자산과의 교환으로 무형자산을 취득하는 경우에는 무형자산의 원가를 교환으로 제공한 자산의 공정가치로 측정한다.

④ 무형자산을 창출하기 위한 내부 프로젝트를 연구단계와 개발단계로 구분할 수 없는 경우에는 그 프로젝트에서 발생한 지출은 모두 연구단계에서 발생한 것으로 본다.

17. 다음은 (주)한공의 인수합병 관련 대화이다. (주)한공이 (주)회계 인수 시 발생한 영업권의 회계처리에 대한 설명으로 옳지 <u>않은</u> 것은?

> • 이대표: (주)회계의 현재 재무상태는 어떤가요?
> • 김부장: 자산 10,000,000원, 부채 3,000,000원, 자본 7,000,000원입니다.
> • 이대표: 8,000,000원을 지급하고 (주)회계를 인수하도록 하세요.

① 발생한 영업권의 금액은 1,000,000원이다.

② 영업권은 정액법 상각을 원칙으로 한다.

③ 인수시 발생한 영업권은 외부에서 창출된 영업권이므로 무형자산으로 처리한다.

④ 영업권의 내용연수는 5년을 초과할 수 없다.

18. 다음은 (주)한공의 기계장치 관련 자료이다. 이에 대한 설명으로 옳지 않은 것은?

> • 20x1년 5월 1일: 정부보조금 200,000원을 보통예금으로 수령함.
> • 20x1년 7월 1일: 기계장치를 1,000,000원(정부보조금 200,000원 포함)에 취득함.
>   (보통예금 지급)
> • 감가상각은 월할상각, 정액법을 적용함.(내용연수 5년, 잔존가치 없음)

① 20x1년 5월 1일 정부보조금 수령은 자산을 증가시키지 않는다.

② 20x1년 7월 1일 기계장치의 장부금액은 800,000원이다.

③ 20x1년 12월 31일 기계장치의 장부금액은 720,000원이다.

④ 20x1년 기계장치에 대한 감가상각비는 100,000원이다.

주관식

01. (주)한공은 20x0년 1월 1일 2,000,000원에 기계장치를 구입하였다. 기계장치의 추정내용연수는 5년이며, 잔존가치는 200,000원으로 추정된다. (주)한공은 20x1년 7월 1일에 이 기계장치를 2,000,000원에 처분하였다. (주)한공이 정액법을 사용하는 경우 인식되는 처분손익을 구하시오.

02. 1번문제의 경우 연수합계법을 사용시 처분손익을 구하시오.

03. (주)한공이 보유하고 있는 본사건물의 20x0년말 장부가액은 1,000,000원이었다. 이 건물을 20x1년 7월 1일 1,000,000원에 처분하면서 100,000원의 처분이익이 발생 하였다면 20x1년 감가상각비는 얼마인가?

04. (주)한공은 정부보조금을 수령하여 다음의 기계장치를 취득하였다. 20x1년 손익계산서에 계상될 감가상각비는 얼마인가?

• 취득원가 100,000원	• 정부보조금 40,000원
• 취득일자 20x1년 7월 1일	• 정액법 상각, 내용연수 5년, 잔존가치는 없다.

05. (주)한공은 20x1년 1월 1일 연구장비를 취득하는 조건으로 상환의무 없는 정부 보조금 500,000원을 수령하고 연구장비를 1,000,000원에 취득하였다. 20x1년 결산 후 재무상태표와 손익계산서에 계상될 감가상각누계액(ⓐ)과 감가상각비(ⓑ)는 얼마인가? (내용연수는 10년, 정액법, 월할상각, 잔존가치는 없다)

06. 다음은 (주)한공의 본사 건물에 대한 자료이다.

• 구입시점: 20x0년 1월 1일	• 구입가격: 1,000,000원
• 감가상각방법: 정액법(잔존가치는 없으며, 월할상각한다)	• 내용연수: 10년

(주)한공은 20x1년 1월 1일 600,000원이 지출된 본사건물 보강공사를 완료하였으며, 이로 인하여 내용연수가 3년 연장되었다. 이 자료로 20x1년 손익계산서에 계상될 감가상각비를 구하시오.

07. (주)한공은 사용하던 기계장치를 다음과 같이 거래처의 동종자산으로 교환하여 취득하였다. 새로운 기계장치의 취득원가는 얼마인가?

> - (주)한공이 제공한 기계장치 관련 금액
>   취득원가 3,000,000원   감가상각누계액 2,400,000원   공정가치 500,000원
> - 거래처로부터 제공받은 기계장치 관련 금액
>   취득원가 2,000,000원   감가상각누계액 1,500,000원   공정가치 300,000원

08. (주)한공은 사용 중인 기계장치 A를 (주)서울의 기계장치 B와 교환하기로 하였다.

> - 기계장치 A의 취득원가: 13,500,000원   • 기계장치 A의 감가상각누계액: 11,500,000원
> - 기계장치 A의 공정가치: 불분명함   • 기계장치 B의 공정가치: 10,000,000원
> - (주)한공의 현금지급액: 7,500,000원

교환한 기계장치가 동종자산이 아닌 경우 (주)한공이 인식해야 하는 손익은 얼마인가?

09. 다음 자료를 토대로 (주)한공이 20x1년에 손상차손환입액으로 인식할 금액은 얼마인가?

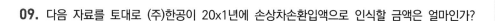

> - 20x0년 초에 취득한 토지(취득금액 60,000,000원)에 20x1년 말 손상징후가 존재
> - 20x0년 말 토지의 순공정가치와 사용가치는 각각 45,000,000원과 50,000,000원
> - 20x1년 말 토지의 회수가능액 70,000,000원

10. (주)한공은 20x0년에 본사건물을 건설할 목적으로 토지를 1,000,000원에 취득 하였으며, 매 보고기간마다 재평가모형을 적용하기로 하였다. 20x0년 말과 20x1년말 토지의 공정가치는 각각 1,200,000원과 900,000원이다. 20x1년 손익계산서에 계상될 토지 재평가손실은 얼마인가?

11. 다음 연구 및 개발활동과 관련된 지출내역 중 무형자산인 개발비로 계상할 수 있는 금액은 얼마인가?

• 새로운 지식을 얻고자 하는 활동	100,000원
• 연구결과 또는 기타 지식을 탐색, 평가, 최종선택 및 응용하는 활동	200,000원
• 생산 전의 시작품과 모형을 설계, 제작 및 시험하는 활동	300,000원
• 새로운 기술과 관련된 공구, 금형, 주형 등을 설계하는 활동	400,000원

12. 두 직원 간의 대화 중 빈칸에 들어갈 내용을 적으시오.

> • 이 차장 : 김 대리, 무형자산의 합리적인 상각방법을 정할 수 없는 경우에는 어떤 상각방법을 사용해야 하나요?
> • 김 대리 : 네, 말씀하신 경우에는 (   )을 사용하여야 합니다.

13. (주)한공은 전전기 1월 1일에 100,000원의 저작권을 구입하였으며 해당 자산의 내용연수는 10년, 잔존가치는 없는 것으로 추정하였다. 당기 1월 1일 저작권의 미래의 경제적효익을 증가시키는 자본적 지출 8,000원이 발생하였다. 당기 저작권상각액은 얼마인가?(단, 자본적 지출로 인하여 내용연수는 연장되지 않는다.)

14. (주)한공은 2년 전 매입한 상장주식을 당기 중 580,000원에 처분하였다. 전기말 장부금액은 450,000원이며, 매도가능증권평가손실 150,000원이 있다. 처분시점에 손익으로 계상되는 처분손익은 얼마인가?

15. 다음은 (주)한공의 A기계장치 관련 자료이다. 20x1년 말에 인식할 유형자산손상 차손 금액은 얼마인가?

> • 20x0년 1월 1일: A기계장치를 200,000,000원에 취득
> • 20x0년 12월 31일: A기계장치에 대한 감가상각비 계상
>   (차) 감가상각비 20,000,000원   (대) 감가상각누계액 20,000,000원
> • 20x1년 12월 31일: A기계장치에 대한 감가상각비 계상
>   (차) 감가상각비 20,000,000원   (대) 감가상각누계액 20,000,000원
> • 20x1년 말 A기계장치에 대한 손상검사를 실시한 결과, 처분 시 예상되는 순공정가치는 60,000,000원, 계속사용가치는 70,000,000원으로 판단되었다.

112

16. 다음은 (주)한공의 20x0년 7월 1일 일괄취득한 토지와 건물에 관한 자료이다. 20x1년도 기말 재무상태표에 표시될 건물의 장부금액은 얼마인가?

- 20x0년 7월 1일, 토지와 건물을 18,000,000원에 일괄취득하였다.
- 취득 당시 토지와 건물의 공정가치는 토지 12,000,000원, 건물 8,000,000원이다.
- 감가상각방법은 정액법(내용연수 10년, 잔존가치 없음, 월할상각)을 적용한다.

17. 다음은 (주)한공의 토지 재평가 관련 자료이다. 20x1년 손익계산서에 계상될 재평가손익은 얼마인가?

- (주)한공은 20x0년에 공장을 건설할 목적으로 토지를 2,000,000원에 취득하였으며, 매 보고기간마다 재평가모형을 적용하기로 하였다.
- 20x0년말과 20x1년말 토지의 공정가치는 각각 2,300,000원과 1,900,000원이다.

18. (주)한공은 20x0년 1월 1일 기계장치를 3,000,000원에 취득(내용연수 5년, 잔존가치는 0원)하였다. (주)한공은 동 기계장치를 원가모형을 적용하여 정액법으로 감가상각하였다. 매 회계연도 말 기계장치에 대한 회수가능액은 다음과 같으며 회수가능액 변동은 기계장치의 손상에 따른 것이다. 20x1년도 재무제표에 인식될 기계장치의 손상차손 금액은 얼마인가?

구분	20x0. 12. 31.	20x1. 12. 31.
회수가능액	2,400,000원	1,000,000원

🔑 **분개연습**

1. (차) 토지 500,000 (대) 보통예금(우리은행) 500,000

2. (차) 건설중인자산 30,000,000 (대) 보통예금(신한은행) 30,000,000

3. (차) 토지 300,000 (대) 재평가잉여금 300,000
(기타포괄손익누계액)

4. (차) 감가상각비 100,000 (대) 감가상각누계액(건물) 100,000
(차) 감가상각누계액(건물) 100,000 (대) 재평가잉여금 350,000
건물 250,000
☞ 12/31 감가상각비=500,000/5년 = 100,000원/년
건물 증가금액=750,000-500,000=250,000원
재평가잉여금=공정가치-건물장부금액=750,000-(500,000-100.000)=350,000

5. (차) 보통예금(신한은행) 30,000,000 (대) 정부보조금(보통예금차감) 30,000,000
☞ 정부보조금은 향후 기계장치 구입시 기계장치 차감계정과목으로 대체된다.

6. (차) 감가상각비(제) 100,000 (대) 감가상각누계액(기계) 100,000
정부보조금 50,000 감가상각비(제) 50,000
☞ 감가상각비=(1,000,000-0)/10년=100,000원
상계하여야 하는 정부보조금= 500,000/10년=50,000원

7. (차) 감가상각비 125,000 (대) 감가상각누계액(건물) 125,000
☞ 자본적 지출로 인한 잔여내용연수=(10-1)+3=12년(내용연수변경은 추정의 변경으로 전진법으로 회계처리)
20x1년 감가상각비= (1,000,000원 + 600,000원 - 100,000원) /12년 =125,000원
20x1년 감가상각누계액 = 100,000원 + 125,000원 = 225,000원

8. (차) 무형자산상각비(판) 4,000,000 (대) 소프트웨어 4,000,000
☞ 상각비=미상각잔액/잔여내용연수=16,000,000/4년=4,000,000원

9. (차) 유형자산손상차손 500,000 (대) 손상차손누계액 500,000

10. (차) 손상차손누계액 500,000 (대) 손상차손환입액 500,000

연도	회수가능가액= Max(순공정가치, 사용가치)	손상차손(환입액)
20x0년말	Max(400,000원, 500,000원)=500,000원	손상차손 = 1,000,000원-500,000원= 500,000원
20x1년말	Max(1,200,000원, 500,000원)=1,200,000원	손상차손환입액=1,000,000원*-500,000원=500,000원

* 손상차손환입으로 증가된 장부금액은 과거에 손상차손을 인식하기 전 장부금액을 초과할 수 없다.
Min(1,200,000원, 1,000,000원) = 1,000,000원

🔑 객관식

1	2	3	4	5	6	7	8	9	10	11	12	13	14	15
④	③	④	①	①	④	④	④	③	③	③	②	③	①	④

16	17	18												
①	④	④												

[풀이-객관식]

01 새로운 상품을 소개하는데 소요되는 지출은 광고선전비이므로 건물의 취득원가에 포함되지 아니한다.

02 본사 건물 리모델링으로 **내용연수가 연장되었으므로 자본적 지출**이다. 자본적 지출을 수선비로 처리한 것은 잘못된 회계처리이다. 이로 인하여 비용(판매비와관리비)은 과대 계상(수선비가 감가상각비 증가액보다 큼)되고 당기순이익은 과소 계상된다. 또한 본사 건물 취득금액과 감가상각누계액이 과소 계상된다.

03 같은 종류의 자산**(동종자산)과의 교환**으로 취득한 유형자산의 **취득원가는 교환으로 제공한 자산의 장부금액**으로 한다.

04 본래의 용도를 변경하기 위한 개조와 빌딩의 피난시설 설치는 자본적 지출이고 나머지는 수익적 지출이다.

05 상환의무가 없는 자산관련 정부보조금은 **관련 자산 취득시 자산의 차감계정으로 회계처리**한다.

06 **재평가이익은 기타포괄손익누계액, 재평가손실은 당기손익**으로 처리한다.

07 ①감가상각비(정액법) = (500,000-0) ÷ 5년 = 100,000원/년

기말장부가액 = 취득가액(500,000) - 감가상각누계액(100,000) = 400,000원

②재평가손익 = 공정가액(750,000) - 장부가액(400,000) = 350,000(재평가잉여금-기타포괄이익)

20x1년 감가상각

(차) 감 가 상 각 비	100,000원	(대) 감가상각누계액	100,000원

20x1년 재평가

(차) 감가상각누계액	100,000원	(대) 재평가잉여금	350,000원
건 물	250,000원		

08 무형자산은 경제적 효익이 소비되는 행태를 반영하여 합리적인 방법으로 상각하며, **합리적인 상각방법을 정할 수 없는 경우에는 정액법**으로 상각한다.

09 무형자산은 형태가 없으므로 잔존가치는 "0"하는 것이 원칙이다.

10 무형자산에 대한 지출로서 과거 회계연도의 재무제표나 중간재무제표에서 비용으로 인식한 지출은 그 후의 기간에 무형자산의 취득원가로 인식할 수 없다.

11 **무형자산은 재평가모형이 인정되지 않는다.**

12 무형자산의 상각방법을 **합리적으로 정할 수 없는 경우에는 정액법**을 사용한다.

13 무형자산의 상각기간은 **독점적·배타적 권리를 부여하고 있는 관계 법령이나 계약에 정해진 경우를 제외하고는 20년을 초과할 수 없다.**

14 토지의 장부금액이 **재평가로 인하여 감소한 경우에 그 감소액은 당기손익으로 인식**한다. 그러나 토지의 재평가로 인해 인식한 기타포괄손익의 잔액이 있다면 그 금액을 한도로 재평가감소액을 기타포괄손익에서 차감한다.

〈20x1년도 말 토지 재평가 회계처리〉

(차) 재평가잉여금(자본) 500,000원   (대) 토 지 700,000원
　　재평가손실(당기손익) 200,000원

15 무형자산의 상각방법에는 정액법, 체감잔액법(정률법 등), 연수합계법, 생산량비례법 등이 있다. 다만, **합리적인 상각방법을 정할 수 없는 경우에는 정액법**을 사용한다.

16 **내부적으로 창출한 영업권은 원가를 신뢰성 있게 측정할 수 없을 뿐**만 아니라 기업이 통제하고 있는 식별가능한 자원도 아니기 때문에 자산으로 인식하지 않는다.

17 **무형자산의 상각기간**은 독점적·배타적 권리를 부여하고 있는 관계 **법령이나 계약에 정해진 경우를 제외하고는 20년을 초과할 수 없다.**

18 ① 5월 1일 (차) 보통예금 200,000원   (대) 정부보조금(예금차감) 200,000원
　　7월 1일 (차) 기계장치 1,000,000원   (대) 보통예금 1,000,000원
　　　　　　정부보조금(예금) 200,000원   　　　정부보조금(기계) 200,000원

② 7월 1일 기계장치 장부금액: 취득가액(1,000,000) – 정부보조금(200,000) = 800,000원
　　12월 31일 (차) 감가상각비 80,000원   (대) 감가상각누계액 100,000원
　　　　　　정부보조금(기계) 20,000원

④ 감가상각비:[취득가액(1,000,00) – 정부보조금(200,000)]÷5년×6개월/12개월 = 80,000원
　　정부보조금 상각: 200,000원÷5년×6개월/12개월 = 20,000원(정부보조금 잔액 180,000원)

③ 12월 31일 기계장치 장부금액
　　: 취득가액(1,000,000) – 감가상각누계액(100,000) – 정부보조금잔액(180,000) = 720,000원

🔑 주관식

01	540,000 처분이익	02	840,000 처분이익	03	100,000
04	6,000	05	ⓐ 100,000 ⓑ 50,000	06	125,000
07	600,000	08	처분이익 500,000	09	10,000,000
10	100,000	11	700,000	12	정액법
13	11,000	14	처분손실 20,000	15	90,000,000
16	6,120,000	17	재평가손실 100,000	18	800,000

[풀이-주관식]

01 • 정액법 : 20x0년도 감가상각비 : (2,000,000원 - 200,000원) ÷ 5년 = 360,000원

　　　　　　 20x1년도 감가상각비 : (2,000,000원 - 200,000원) ÷ 5년 × 6/12 = 180,000원

　　 처분손익 : 2,000,000원 - (2,000,000원 - 360,000원 - 180,000원) = **540,000원 이익**

02 • 연수합계법 : 20x0년도 감가상각비 : (2,000,000원 - 200,000원) × 5/15 = 600,000원

　　　　　　　 20x1년도 감가상각비 : (2,000,000원 - 200,000원) × 4/15 × 6/12 = 240,000원

　　 처분손익 : 2,000,000원 - (2,000,000원 - 600,000원 - 240,000원) = **840,000원 이익**

03 20x1년 7월 1일 장부가액 = 1,000,000원(처분가액) - 100,000원(처분이익) = 900,000원

　　 20x1년 감가상각비 = 1,000,000원(20x0년말 장부가액) - 900,000원(20x1년 7월 1일 장부가액)

　　　　　　　　 = 100,000원

04 20x1년 감가상각비 = (100,000원 - 40,000원) × $\dfrac{1년}{5년}$ × $\dfrac{6개월}{12개월}$ = 6,000원

05 감가상각비(감가상각누계액) = 1,000,000원/10년 = 100,000원(ⓐ)

　　 정부보조금과 감가상각비 상계 = 500,000원/10년 = 50,000원(ⓑ)

06 20x0년 감가상각비 = 1,000,000원 × 1/10 = 100,000원

　　 20x1년초 장부가액 = (1,000,000 - 100,000) + 600,000(자본적지출액) = 1,500,000원

　　 자본적 지출(내용연수 증가)로 인한 잔여내용연수 = (10 - 1) + 3 = 12년

　　 20x1년 감가상각비 = 1,500,000원/12년 = 125,000원

07 동종자산의 교환으로 취득한 **유형자산의 취득원가는 교환을 위하여 제공한 자산의 장부 금액으로** 한다. (주)한공이 제공한 자산의 장부금액은 600,000원이므로 취득한 기계장치의 취득원가는 600,000원이 된다. 따라서 (주)한공의 회계처리는 다음과 같다.

　　 (차) 감가상각누계액　　　　　　　　2,400,000원　　　(대) 기계장치(구)　　　　　3,000,000원
　　　　 기계장치(신)　　　　　　　　　　 600,000원

08 **이종자산교환시 취득가액=제공한 자산의 공정가액**, 다만 제공한 자산의 공정가치가 불확실한 경우에는 취득한 자산의 공정가치를 취득원가로 할 수 있다.

　　 기계장치(A)+현금지급액(7,500,000원)=기계장치(B, 공정가치 10,000,000원)이므로 기계장치(A)의 공정가치(처분가액)는 2,500,000원으로 추정할 수 있다. 따라서

　　 처분손익 = 처분가액(2,500,000) - 장부가액(13,500,000 - 11,500,000) = ***500,000원(처분이익)***

　　 (차) 기계장치(B)　　　　　　　　10,000,000원　　　(대) 기계장치(A)　　　　　13,500,000원
　　　　 감가상각누계액　　　　　　　11,500,000원　　　　　 현　　　금　　　　　　7,500,000원
　　　　　　　　　　　　　　　　　　　　　　　　　　　　　 유형자산처분이익　　　　　 500,000원

09 전기 말 회수가능액 = Max(45,000,000원, 50,000,000원) = 50,000,000원

　　 전기 말 손상차손 = 60,000,000원(**최초 장부가액**) - 50,000,000원 = 10,000,000원

　　 당기 말 손상차손환입 = Min(70,000,000원, 60,000,000원) - 50,000,000원 = 10,000,000원

　　 ☞ **손상차손환입은 최초 장부가액을 한도로 환입한다.**

10 20x0년 말:(차) 토지   200,000   (대) 재평가이익(기타포괄손익)   200,000

    20x1년 말:(차) 재평가이익(기타포괄손익) 200,000   (대) 토 지   300,000

          재평가손실(당기손익)   **100,000**

11 생산 전 또는 사용 전의 시작품과 모형의 설계, 제작 및 시험활동(300,000원)과 새로운 기술과 관련된 공구, 금형, 주형 등을 설계하는 활동은 개발단계에 속하는 활동(400,000원)으로서 무형자산의 개발비로 계상할 수 있다.

12 무형자산의 상각방법에는 정액법, 정률법, 연수합계법, 생산량비례법 등이 있으나, **합리적인 상각방법을 정할 수 없는 경우에는 정액법을 사용**한다.

13 상각연수:2년(전전기, 전기)

    전기말 미상각액(장부가액): 100,000원×(10년 - 2년)/10년 = 80,000원

    당기 1. 1. 자본적 지출   **8,000원**

    당기 12.31. 상각액: 88,000원×1/8년(잔여내용연수) = 11,000원

14 매도가능증권의처분손익 = **처분가액(500,000) - 취득가액[450,000 + 150,000]** = - 20,000(처분손실)

    (차) 현 금   580,000원   (대) 매도가능증권   450,000원

        매도가능증권처분손실   20,000원   매도가능증권평가손실   150,000원

                                  (기타포괄손익누계액)

15 유형자산손상차손 = **장부금액 - MAX(순공정가치, 계속사용가치)**

               = [200,000,000원 - 40,000,000원] - 70,000,000원 = 90,000,000원

16 건물 취득원가: $18,000,000원 \times \dfrac{8,000,000원}{20,000,000원} = 7,200,000원$

    ☞**일괄취득시 공정가액비율로 안분계산한다.**

    감가상각비(정액법) = (7,200,000-0)÷10년 = 720,000원/년

    감가상각누계액(정액법) = 720,000×1.5년(전기 7.1~당기12.31) = 1,080,000원

    기말장부금액 = 취득가액(7,200,000) - 감가상각누계액(1,080,000) = 6,120,000원

17 재평가손실이 발생시 재평가이익(자본)을 우선상계 한다.

	취득가액	공정가액	평가이익(자본)	평가손실(비용)
전기	2,000,000	2,300,000	300,000	0
당기		1,900,000	△300,000	*100,000*
계			0	100,000

    〈전기말〉(차) 토지   300,000원   (대) 재평가이익(기타포괄손익누계액)   300,000원

    〈당기말〉(차) 재평가이익(기타포괄손익누계액) 300,000원   (대) 토지   400,000원

            재평가손실(당기손익)   100,000원

18 장부금액 = 취득가액(3,000,000) - 감가상각누계액(3,000,000÷5년×2년) = 1,800,000원

    손상차손 = 회수가능가액(1,000,000) - 장부금액(1,800,000) = △800,000원

Chapter 05

부채

NCS회계 - 3 전표관리 / 자금관리   NCS세무 - 2 전표처리

부채는

① 과거 거래나 사건의 결과로서

② 현재 기업이 부담하고

③ 그 이행에 대하여 회사의 경제적 가치의 유출이 예상되는 의무이다.

부채는 원칙적으로 1년 기준에 의하여 유동부채와 비유동부채로 구분된다.

제1절 유동부채

재무상태표일로 부터 만기가 1년 이내에 도래하는 부채를 유동부채라 하고, 그 이외는 비유동부채라 한다.

1. 매입채무(VS 매출채권)

2. 미지급금(VS 미수금)

3. 단기차입금(VS 단기대여금)

4. 미지급비용(VS 미수수익)

5. 선수수익(VS 선급비용)

6. 선수금(VS 선급금)

7. 예수금

8. 부가세예수금(VS 부가세대급금)

9. 미지급세금

10. 유동성장기부채(유동성장기차입금)

비유동부채 중 결산일 현재 1년 이내에 상환하여야 할 금액

11. 미지급배당금

잉여금처분 결의시 현금배당액의 미지급된 금액을 말한다.

12. 가수금(VS 가지급금)

현금 등을 수취하였으나 계정과목이나 금액이 미확정 되었을 경우 임시적으로 처리하는 계정과목이다.

■ 제2절 비유동부채

1. 장기차입금

실질적으로 이자를 부담하는 차입금으로서 만기가 재무상태표일 로부터 1년 이후에 도래하는 것을 말한다. 또한 장기차입금 중 만기가 재무상태표일로 부터 1년 이내에 도래시 유동성장기부채라는 계정과목으로 하여 유동성 대체를 하여야 한다.

2. 충당부채와 우발부채

확정부채는 ① 지출시기와 ② 지출금액이 확정된 것을 말하나, 충당부채나 우발부채는 **① 또는 ②가 불확실한 부채**를 말한다.

충당부채는 다음의 3가지 요건을 충족 시 충당부채로 인식하고, 미 충족 시 우발부채로 분류한다.
① 과거사건이나 거래의 결과로 인하여 현재 의무(법적의무)가 존재
② 당해 의무를 이행하기 위하여 자원이 유출될 가능성이 매우 높다.
③ 그 의무의 이행에 소요되는 금액을 신뢰성 있게 추정할 수 있어야 한다.
충당부채의 명목가액과 현재가치의 차이가 중요한 경우에는 현재가치로 평가한다.

〈충당부채와 우발부채 비교〉

가능성 \ 금액추정	신뢰성 있게 추정가능	신뢰성 있게 추정불가능
매우 높음	**충당부채로 인식**	우발부채-주석공시
어느 정도 있음	우발부채-주석공시	
거의 없음	공시하지 않음	

〈충당부채〉

1. 측정	① 충당부채로 인식하는 금액은 현재의무의 이행에 소요되는 지출에 대한 보고기간말 현재 **최선의 추정치**이어야 한다. ② 충당부채의 명목가액 과 현재가치의 차이가 중요한 경우 **현재가치로 평가**한다.
2. 변동	보고기간마다 잔액을 검토하고, 보고기간말 현재 **최선의 추정치**를 반영하여 증감조정한다.
3. 사용	최초의 인식시점에서 **의도한 목적과 용도에만 사용**하여야 한다.

3. 퇴직급여충당부채

퇴직금은 종업원이 입사 시부터 퇴직 시까지 근로를 제공한 대가로 퇴직할 때 일시에 지급받는 급여를 말한다.

근로자퇴직급여보장법에 의하면 기업은 계속 근로기간 1년에 대하여 30일분 이상의 평균임금을 퇴직금으로 지급하여야 한다.

즉 퇴직금은 평균임금 × 근속년수의 계산구조를 가진다.

또한 발생주의에 따라 퇴직금을 지급시 전액 비용으로 처리하면 안되고 근로를 제공한 각 회계연도의 비용으로 처리하여야 한다.

퇴직급여추계액이란 결산일 현재 전 임직원이 퇴사할 경우 지급하여야 할 퇴직금 예상액을 말하는데 회사는 퇴직급여추계액 전액을 부채로 인식하여야 한다.

> 당기 퇴직급여 = 퇴직급여추계액 − 설정 전 퇴직급여충당부채 잔액
> = 퇴직급여추계액 − (퇴직급여충당부채기초잔액 − 당기 퇴직금지급액)

회계처리는 대손충당금설정처럼 보고기간말 마다 퇴직급여추계액을 부채로 인식하여야 하고 부족분은 보충법으로 비용처리하면 된다.

4. 퇴직연금

퇴직연금이란 기업이 사외의 금융기관에 퇴직금의 일정액을 적립하고, 종업원은 퇴직한 뒤 연금 또는 일시금으로 수령하는 제도로서 종업원의 퇴직금을 보장해 주는 것을 말한다. 퇴직연금은 **확정급여형과 확정기여형**으로 구분된다.

운용책임	확정기여형(종업원)	확정급여형(회사)
설정	–	(차) 퇴직급여 ××× 　(대) 퇴직급여충당부채 ×××
납부시	(차) 퇴직급여 ××× 　(대) 현　금 ×××	(차) **퇴직연금운용자산**[1] ××× **(퇴직급여충당부채 차감)** 수수료비용(판/제) ××× 　(대) 현　금 ×××
운용 수익	회계처리 없음	(차) 퇴직연금운용자산 ××× 　(대) 이자수익(운용수익) ×××
퇴직시	회계처리 없음	(차) 퇴직급여충당부채 ××× 퇴직급여 ××× 　(대) 퇴직연금운용자산 ××× 　　현　금 ×××

[1]. 퇴직연금운용자산이 퇴직급여충당부채와 퇴직연금미지급금의 합계액을 초과하는 경우에는 <u>초과액을 투자자산의 과목으로 표시한다.</u>

5. 사채(VS 만기보유증권, 매도가능증권, 단기매매증권)

사채란 기업이 회사의 의무를 나타내는 유가증권을 발행해주고 일반투자자들로 부터 거액의 자금을 조달하는 방법이다.

기업이 일반인들에게 자금을 조달하는 방법에는 주식을 발행하는 방법과 사채를 발행하는 방법이 있다.

(1) 사채가격 결정요인

① 액면가액 : 만기일에 상환하기로 기재한 금액

② 액면이자율(표시이자율) : 발행회사에서 사채의 액면가액에 대해 지급하기로 약정한 이자율

③ 이자지급일 및 만기일

이러한 것이 결정되면 사채를 발행한 회사는 사채투자자에게 미래에 지급할 현금의무(상환의무)가 확정된다.

예를 들어 20×1년 액면가액 1,000,000원, 액면이자율 8%, 만기 3년, 이자지급일이 매년 12월 31일인 경우 다음과 같이 현금을 지급할 의무가 사채발행회사에게 있다.

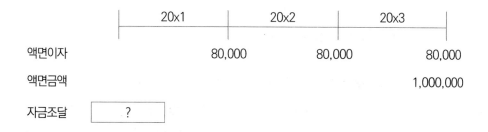

위와 같이 사채발행회사가 지급해야 할 현금의무를 나타내고 일반 대중으로부터 거액의 장기 자금을 조달하는 것이다.

사채가 시장에서 거래되는 이자율을 시장이자율(≒유효이자율)이라 하고 신용도가 높은 회사는 낮은 이자율만 부담해도 투자자들이 사채를 구입할 것이고 신용도가 낮은 회사는 높은 이자율을 부담해야만 사람들이 사채를 구입할 것이다.

> **시장이자율＝무위험이자율[1]＋신용가산이자율(risk premium)**

[1]. 위험이 전혀 내포되지 않는 순수한 투자의 기대수익율로서 국채 등의 이자율로 보시면 된다.

즉 시장이자율과 회사의 신용도는 반비례관계를 갖는다.

(2) 사채의 발행

① 액면발행

② 할인발행: 사채의 발행가액이 액면가액 보다 적은 경우를 말한다.

(차) 현   금   900,000   (대) **사   채(액면가액)**   <u>1,000,000</u>
    사채할인발행차금   100,000

그리고 이를 사채 발행시점의 재무상태표를 보면 다음과 같다.

부분재무상태표

㈜백두   20X1.1.01

사 채	1,000,000	
사채할인발행차금	(100,000)	900,000

→ 사채 장부가액

이러한 사채할인발행차금은 **유효이자율법으로 상각**하는데,

(차) 이자비용	XXX	(대) 현금(액면이자지급액)	XXX
		사채할인발행차금	XXX

사채발행기간동안 **이자비용을 증가시키는 역할**을 한다.

③ 할증발행: 사채의 발행가액이 액면가액보다 큰 경우를 말한다.

(차) 현 금	1,100,000	(대) **사 채(액면가액)**	**1,000,000**
		사채할증발행차금	100,000

그리고 이를 사채 발행시점의 재무상태표를 보면 다음과 같다.

부분재무상태표

㈜백두   20X1.1.01

사 채	1,000,000	
사채할증발행차금	100,000	1,100,000

→ 사채 장부가액

이러한 사채할증발행차금은 **유효이자율법으로 상각**하는데,

(차) 이자비용	XXX	(대) 현금(액면이자지급액)	XXX
사채할증발행차금	**XXX**		

사채발행기간동안 **이자비용을 감소시키는 역할**을 한다.

발 행	액면발행	액면가액 = 발행가액	액면이자율 = 시장이자율
	할인발행	액면가액 〉 발행가액	액면이자율 〈 시장이자율
	할증발행	액면가액 〈 발행가액	액면이자율 〉 시장이자율

회계처리	할인발행	(차) 예 금 등 ××× (대) 사 채 ××× 사채할인발행차금 ××× (선급이자성격)
	할증발행	(차) 예 금 등 ××× (대) 사 채 ××× 사채할증발행차금 ××× (선수이자성격)

(3) 사채발행비

사채발행비란 사채발행과 관련하여 직접 발생한 사채발행수수료 등(인쇄비, 제세공과금 등)을 말하는데 **사채발행가액에서 직접 차감**한다.

(4) 상각

기업회계기준에서는 **사채할인발행차금과 사채할증발행차금을 유효이자율법에 따라 상각한다.** 이러한 발행차금은 사채발행기간 동안 이자비용을 증가시키거나 감소시킨다. 그러나 **상각액은 할인발행이나 할증발행에 관계없이 사채발행기간 동안 매년 증가한다.**

[사채장부가액과 사채발행차금상각(환입)액]

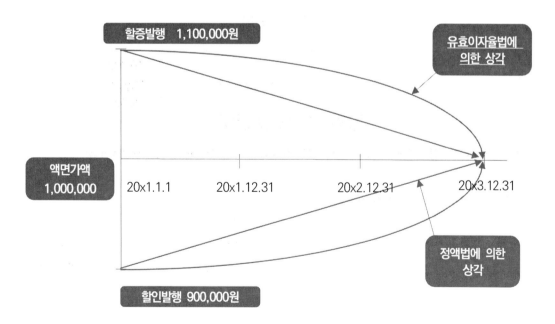

발행유형	사채장부가액[1]	사채발행차금상각	총사채이자(I/S이자비용)[2]
액면발행(1,000,000)	동일	0	액면이자
할인발행(900,000)	매년증가	**매년증가**	매년증가(액면이자+할인차금)
할증발행(1,100,000)	매년감소		매년감소(액면이자 – 할증차금)

사채할인(할증)발행차금은 <u>**유효이자율법으로 상각(환입)**</u>하고 그 금액을 사채이자에 가감한다.
이 경우 **사채할인(할증)발행차금 상각액은 할인발행이건 할증발행이건 매년 증가한다.**

    ☞ 투자자 입장에서는 1.만기보유증권의 장부가액,   *2.이자수익이 된다.

(5) 조기상환

사채의 만기이전에 유통중인 사채를 매입하여 상환하는 것을 조기상환이라 한다.
조기상환시 사채의 상환가액에서 사채의 장부가액을 차감한 후 잔여금액을 사채상환손실(이익)
으로 회계처리한다.

> **사채상환손익 = 순수사채상환가액 – 사채의 장부가액(액면가액 ± 미상각사채발행차금)**

다음 재무상태표의 사채를 조기에 40%를 현금상환(3,000원)하였다고 가정하자.

부분 재무상태표

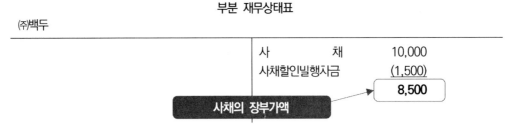

(주)백두

사 채	10,000
사채할인발행차금	(1,500)
	8,500

사채의 장부가액

상환손익(사채) = 상환가액(3,000) - 장부가액[(10,000 - 1,500)×40%] = △400원(이익)

그러면 다음과 같이 회계처리한다.

(차) 사 채 4,000원   (대) 사채할인발행차금 600원
                                      현 금 3,000원
                                        사채상환이익 400원

　사채할인(할증)발행차금을 상환비율(40%)만큼 제거하여야 하고 잔여금액을 사채상환이익(손실)로 회계처리한다.

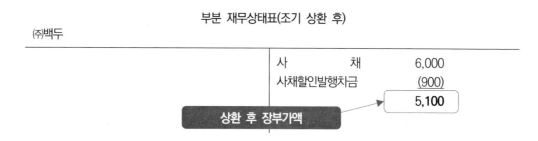

부분 재무상태표(조기 상환 후)

㈜백두

사　　　　채	6,000
사채할인발행차금	(900)
상환 후 장부가액	5,100

〈자산·부채의 차감 및 가산항목〉

	자산	부채
차감항목	대손충당금(채권) 재고자산평가충당금(재고자산) 감가상각누계액(유형자산) 현재가치할인차금[1](자산) 정부보조금(유무형자산)	사채할인발행차금(사채) 퇴직연금운용자산(퇴직급여충당부채) － 현재가치할인차금[1](부채) －
가산항목	－	사채할증발행차금(사채)

[1]. 장기성 채권(채무)의 미래에 수취(지급)할 명목가액을 유효이자율로 할인한 현재가치와의 차액을 말한다.
　　현재가치할인차금＝채권(채무)의 명목가액－채권(채무)의 현재가치

 분개연습

01. 관리부 김성훈 사원이 퇴직하여 6월분 급여와 퇴직금을 신한은행 보통예금계좌에서 이체하였다.

(6월분) 급 여 명 세 서

(단위 : 원)

구분	수당항목			급여 총액	공제항목			차인 지급액
	기본급	직책수당	식대		소득세	국민연금	고용보험	
	차량 보조금	가족수당	-		지방 소득세	건강보험	공제계	
관리부 (김성훈)	3,200,000	100,000	100,000	3,550,000	41,500	123,300	21,450	3,307,700
	100,000	50,000	-		4,150	51,900	242,300	

퇴직금 30,000,000원에서 퇴직소득세 등(834,700원)을 공제하고 29,165,300원을 지급한 금액이다. (퇴직급여충당부채 잔액은 충분하다.)

02. 다음은 전월 지급한 급여내역이다.

(주)한국식품   page : 1/1

인적사항		기 본 급 여 및 제 수 당					공 제 및 차 인 지 급 액					
사원번호	성 명	기본급	직책 수당	식대	자가운전 보조금	시간외 근로수당	국민 연금	건강 보험	고용 보험	장기요양 보험료	소득세	지방소득세
입사일	직급											공제합계
퇴사일	부서					지급합계						차인지급액
101	나회계	3,000,000		100,000	200,000		135,000	89,850	19,500	5,880	80,470	8,040
20120302	과장											338,740
	인사부					3,300,000						2,961,260
201	라보람	1,800,000		100,000	200,000		81,000	53,910	11,700	3,530	13,990	1,390
20120201	사원											165,520
	인사부					2,100,000						1,934,480
합 계		4,800,000		200,000	400,000		216,000	143,760	31,200	9,410	94,460	9,430
												504,260
						5,400,000						4,895,740

금일 국민연금 및 소득세(지방소득세 포함)가 국민은행 보통예금 통장에서 이체하였다.

03. (주)극동물산의 영업사원 직무교육에 대한 강사료 2,500,00원을 지급하고 사업소득 원천징수영수증(소득세 75,000원, 지방소득세 7,500원)을 발급하다. 강사료는 원천징수세액(지방소득세 포함)을 차감하고 우리은행 보통예금계좌에서 이체하였다.

04. 확정기여형퇴직연금(DC)제도를 설정하고 있는 ㈜승리산업은 직원의 퇴직연금 부담금 9,000,000원을 신한은행 보통예금계좌에서 퇴직연금계좌로 이체하였다.(관리부 40%, 제조부 60%)

05. 확정급여형퇴직연금(DB)제도를 설정하고 있는 ㈜대림산업은 관리부 직원의 퇴직연금 부담금(기여금) 5,000,000원을 신한은행 보통예금계좌에서 퇴직연금계좌로 이체하였다. (부담금 중 1%는 사업비로 충당된다.)

06. (주)한공은 확정기여제도에 따라 퇴직급여를 인식하고 있다. 20x1년에 지급하여야 할 기여금은 84,000,000원이며, 20x1년에 이미 지급한 기여금은 72,000,000원인 경우 20x1년 결산일 퇴직급여 관련 분개를 하시오.

07. (주)극동물산은 확정급여형퇴직연금(DB)제도를 운용하고 있으며, 1/4분기 퇴직연금에 대한 운용수익이 (주) 우리투자금융 퇴직연금계좌로 4,650,000원이 입금되었다. 퇴직연금운영수익계정으로 처리하시오.

08. 대한은행 보통예금계좌에 입금된 3,000,000원의 입금내역에 대하여 원인을 알 수 없어 임시계정으로 처리하였다. 금일 확인결과 매출처 (주)우리전자의 외상대금임을 확인하였다.

09. (주)한공은 사내적립식 퇴직일시금 제도를 운영하고 있으며, 김한공씨 퇴직전 회사의 퇴직급여충당부채 잔액은 5,000,000원이다. (주)한공은 퇴사한 종업원 김한공씨에게 퇴직금 6,000,000원을 보통예금으로 지급하였다.

10. 20x1년 12월 31일 사채이자에 대한 회계 처리를 하시오.

• 사채 발행일: 20x1년 1월 1일   • 사채 만기일: 20x3년 12월 31일
• 이자 지급일: 매년 12월 31일(연 1회, 현금 지급)

[사채할인발행차금 상각표]

(단위: 원)

날짜	유효이자	액면이자	상각액	장부금액
20x1. 1. 1.	–	–	–	×××
20x1.12.31.	×××	100,000	14,236	×××
⋮	⋮	⋮	⋮	⋮

객관식

01. 다음 중 부채에 대한 설명으로 옳지 않은 것은?

① 3년 만기 장기차입금은 비유동부채로 분류한다.

② 시장이자율이 액면이자율보다 높은 경우 사채의 발행금액은 액면금액보다 낮게 발행되며, 이러한 발행을 할인발행이라고 한다.

③ 미지급비용은 상품매입 이외의 외상거래(예: 비품 등의 구입)에서 대금을 1년 이내의 기간에 지급하기로 한 경우에 발생한다.

④ 차입약정을 위반하여 채권자가 즉시 상환을 요구할 수 있는 채무는 보고기간 종료일과 재무제표 확정일 사이에 상환을 요구하지 않기로 합의 하더라도 유동부채로 분류한다.

02. 다음 중 퇴직급여충당부채에 대한 설명으로 옳지 않은 것은?

① 퇴직급여충당부채는 미래의 예상 임금수준을 사용하여 측정하여야 한다.

② 급여규정의 개정과 급여의 인상으로 퇴직금 소요액이 증가되었을 경우에는 당기분과 전기 이전분을 일괄하여 당기비용으로 인식한다.

③ 확정급여형퇴직연금제도에서 퇴직급여와 관련된 자산과 부채를 재무상태표에 표시할 때에는 퇴직급여충당부채에서 퇴직연금운용자산을 차감하는 형식으로 표시한다.

④ 퇴직연금운용자산이 퇴직급여충당부채와 퇴직연금미지급금의 합계액을 초과하는 경우에는 그 초과액을 투자자산의 과목으로 표시한다.

03. 퇴직급여충당부채에 대한 설명으로 옳지 않은 것은?

① 퇴직급여충당부채는 보고기간 말 현재 전종업원이 일시에 퇴직할 경우 지급하여야 할 퇴직금에 상당하는 금액으로 한다.

② 확정급여형 퇴직연금제도에서 퇴직급여는 인식하나 퇴직급여충당부채를 인식하지 않는다.

③ 확정기여형 퇴직연금제도에서 퇴직연금운용자산을 인식하지 않는다.

④ 퇴직연금제도는 확정기여형과 확정급여형이 있다.

04. 사채의 회계처리에 관한 설명으로 옳은 것은?

① 사채계정에는 사채발행 시 기업에 유입된 현금에서 사채발행비용을 차감한 금액이 기록된다.

② 사채발행 시 액면이자율보다 유효이자율이 높으면 할증발행된다.

③ 사채가 할인발행되는 경우 유효이자율법을 적용하면 매기 사채의 이자비용은 증가한다.

④ 사채가 만기상환되는 경우 사채상환손익이 발생될 수 있다.

05. 다음은 (주)한공의 퇴직급여에 관한 사항이다. 올바르게 설명하고 있는 것은?

퇴직급여충당부채			
⋮		기초	5,000,000원
		⋮	

- 20x1년 전종업원이 일시에 퇴직할 경우 지급하여야 할 퇴직금은 7,000,000원이고, 이는 퇴직급여규정의 개정으로 증가된 1,500,000원이 포함되어 있다.
  (전기 이전분 1,300,000원, 당기분 200,000원)
- 당기에 지급한 퇴직급여는 1,000,000원이다.

① 재무상태표상 퇴직급여충당부채는 6,500,000원이다.
② 손익계산서상의 퇴직급여는 3,000,000원이다.
③ 퇴직급여규정의 개정으로 증가된 전기 이전분 1,300,000원은 전기이익잉여금에 반영한다.
④ (주)한공은 확정기여제도(DC형)를 적용하고 있다.

06. 다음 중 사채발행관련 회계처리로 옳지 않은 것은?

① 사채할인발행차금 및 사채할증발행차금은 이자비용에 가감하여 상각처리한다.
② 사채할인발행차금의 상각은 당기순이익을 감소시킨다.
③ 사채할증발행차금의 상각은 사채의 장부금액을 감소시킨다.
④ 사채를 할인발행하는 경우 손익계산서상 이자비용은 사채장부금액에 액면이자율을 곱한 금액이다.

07. 다음은 사채 발행과 관련된 자료이다. 이에 대한 설명으로 옳지 않은 것은?

- 발행일 : 20x1년 7월 1일
- 표시이자율 : 연 10%, 시장이자율 : 연 12%
- 발행일 회계처리
- 상환기간 : 3년
- 이자지급일 : 매년 12월 31일(연 1회)

(차) 현 금	95,196원	(대) 사 채	100,000원
사채할인발행차금	4,804원		

① 사채는 비유동부채로 분류한다.
② 사채의 발행금액은 100,000원이다.
③ 사채의 발행방법은 할인발행이다.
④ 유효이자율법 적용 시 사채할인발행차금 상각액은 매기 증가한다.

08. 다음 중 사채의 시장이자율과 액면이자율의 관계를 올바르게 설명한 것은?

① 사채할인발행차금은 시장이자율 보다 액면이자율이 낮을 경우 발생한다.

② 사채할인발행차금은 시장이자율 보다 액면이자율이 높을 경우 발생한다.

③ 사채할인발행차금은 시장이자율과 액면이자율이 같을 경우 발생한다.

④ 사채할인발행차금은 시장이자율에 의해 영향을 받지 않는다.

09. (주)한공은 사채를 할증발행 하였으며, 사채할증발행차금의 상각은 유효이자율법을 적용한다. 만기까지의 기간 중에 (주)한공의 재무상태표상 사채의 장부금액은 매년 (가)하며, 이자비용 금액은 매년 (나)한다. 가와 나에 들어갈 옳은 단어는?

(가)	(나)		(가)	(나)
① 증가	증가	②	증가	감소
③ 감소	증가	④	감소	감소

10. 다음 중 사채를 발행한 회사의 회계처리로 옳지 않은 것은?

① 사채의 기말 장부금액은 발행 시점의 유효이자율을 적용하여 평가한다.

② 사채할증발행차금은 사채 액면금액에서 차감하는 형식으로 재무상태표에 보고한다.

③ 유효이자율법을 적용하는 경우 사채할인발행차금상각액은 기간이 경과함에 따라 매년 증가한다.

④ 사채를 발행한 경우 상각후원가를 재무상태표에 표시해야 한다.

주관식

01. (주)한공은 20x1년 1월 1일에 액면가액 1,000,000원인 3년 만기 사채를 995,843원에 발행하였다. 사채 발행시 액면이자율 10%, 유효이자율은 15%이고 이자는 매년 말 1회 지급한다. 20x1년 (주)한공이 인식하여야 할 이자비용은 얼마인가?

02. 다음은 (주)한공의 사채발행 관련 자료이다. 20x1년 손익계산서에 계상될 이자 비용은 얼마인가?

- 20x1.1.1. (주)한공은 사채(액면금액 10,000,000원)를 매년 말 이자지급, 만기 3년의 조건으로 9,049,000원에 발행하였다.
- 발행일의 시장이자율은 연 10%이며, 액면이자율은 연 7%이다.

03. (주)한공은 퇴직급여 추계액에 대하여 퇴직급여충당부채를 설정하고 있다. 다음의 자료를 토대로 20x1년도 당기손익에 영향을 미치는 금액을 계산하면 얼마인가?

- 20x0년 기말 퇴직급여 추계액: 5,000,000원
- 20x1년 기말 퇴직급여 추계액: 5,500,000원
- 20x1년 상반기 퇴직금 지급액: 500,000원

04. 다음 (주)한공의 20x1년도 퇴직급여에 관한 자료이다. 이를 토대로 손익계산서에 계상할 퇴직급여 금액을 계산하면 얼마인가?

퇴직급여충당부채			
11/1 보통예금	2,500,000	1/ 1 전기이월	5,000,000
		12/31 퇴직급여	XXX

- (주)한공은 사내적립식 퇴직일시금제도를 운영하고 있으며, 20x1년말 퇴직금추계액은 8,000,000원이다.

05. 다음의 (주)한공의 퇴직급여와 관련된 자료이다. 결산 시 퇴직급여추계액은 얼마인가?

(단, 퇴직급여충당부채는 추계액의 100%를 설정한다.)

> • 1월 1일: 퇴직급여충당부채의 전기이월액은 5,000,000원이다.
> • 7월 1일: 영업부 사원의 퇴사로 인해 2,000,000원의 퇴직급여를 현금으로 지급하다.
> • 12월 31일: (차) 퇴직급여 6,000,000원　　　　　(대) 퇴직급여충당부채 6,000,000원

06. 다음은 (주)한공의 사채발행 관련 대화이다. 사채 발행 시 예상되는 사채의 장부 금액은 얼마인가?

> • 임사장 : 김과장님, 건물 신축에 필요한 자금조달 계획은 어떻게 되나요?
> • 김과장 : 네, 액면금액 60,000,000의 사채를 상환기간 5년, 액면이자율 연5% 조건으로 발행하고자 합니다.
> • 임사장 : 그렇다면 현재 시장이자율을 고려할 때 할인발행이 되겠군요?
> • 김과장 : 네, 액면금액에서 10% 할인하여 발행하고, 사채발행비 500,000원을 차감한 금액을 당좌예금 계좌로 받도록 하겠습니다.

※ 1차 저작권자의 저작권 침해 소지가 있어 삽화 삽입은 어려우니 양해바랍니다.

🔑 분개

1.	(차)	급여(판)	3,550,000	(대)	예수금		242,300
					보통예금(신한은행)		3,307,700
	(차)	퇴직급여충당부채	30,000,000	(대)	예수금		834,700
					보통예금(신한은행)		29,165,300

2.	(차)	예수금	216,000	(대)	보통예금(국민은행)		432,000
		세금과공과(판)	216,000				
	(차)	예수금	103,890	(대)	보통예금(국민은행)		103,890

☞ 국민연금 본인부담분(예수금): 216,000   회사부담분(세금과공과): 216,000
소득세+지방소득세(예수금)=94,460+9,430

3.	(차)	교육훈련비(판)	2,500,000	(대)	예수금		82,500
					보통예금(우리은행)		2,417,500

4.	(차)	퇴직급여(판)	3,600,000	(대)	보통예금(신한은행)		9,000,000
		퇴직급여(제)	5,400,000				

5.	(차)	퇴직연금운용자산	4,950,000	(대)	보통예금(신한은행)		5,000,000
		수수료비용(판)	50,000				

6.	(차)	퇴직급여	12,000,000	(대)	미지급비용		12,000,000

☞ 확정기여형은 운용책임이 종업원에게 있고, 확정급여형은 회사에게 있다.

7.	(차)	퇴직연금운용자산	4,650,000	(대)	퇴직연금운용수익		4,650,000
		((주)우리투자금융)					

8.	(차)	가수금	3,000,000	(대)	외상매출금((주)우리전자)		3,000,000

9.	(차)	퇴직급여충당부채	5,000,000	(대)	보통예금		6,000,000
		퇴직급여	1,000,000				

10.	(차) 이자비용	114,236	(대) 현금	100,000
			사채할인발행차금	14,236

☞ 이자비용은 액면이자(100,000)와 사채할인발행차금 상각액(14,236)의 합이다.

🔑 객관식

1	2	3	4	5	6	7	8	9	10			
③	①	②	③	②	④	②	①	④	②			

[풀이-객관식]

01 미지급금은 상품매입 외의 외상거래(예를 들어, 비품 등의 구입)에서 대금을 1년 이내의 기간에 지급하기로 한 경우에 발생한다.

02 퇴직급여충당부채는 **보고기간말 현재 전종업원이 일시에 퇴직할 경우 지급하여야 할 퇴직금**에 상당하는 금액으로 한다.

03 **확정급여형** 퇴직연금제도에서는 **퇴직급여와 퇴직급여충당부채를 인식**한다.

04 ① **사채계정에는 액면금액을 기록**하고 사채발행으로 유입된 현금과 액면금액과의 차액이 **사채할인 (할증)발행차금으로 기록**된다.
② 사채발행 시 **액면이자율보다 유효이자율이 높으면 할인발행**된다.
④ 사채가 만기상환되는 경우 사채상환손익이 발생하지 않는다.

05

퇴직급여충당부채

지급(퇴사)	1,000,000	기초	5,000,000
기말①	7,000,000	설정②	3,000,000
계	8,000,000	계	8,000,000

① 재무상태표상 퇴직급여충당부채는 7,000,000원이다.
③ 퇴직급여규정의 개정으로 증가된 전기 이전분 1,300,000원도 당기비용으로 처리한다.
④ (주)한공은 확정급여제도(DB형)를 적용하고 있다.

06 손익계산서상 사채의 **이자비용은 사채장부금액에 유효이자율을 곱한 금액**이다.

07 사채의 액면금액은 100,000원이고 발행금액은 95,196원이다.

08 **사채할인발행차금은 시장이자율보다 액면이자율이 낮을 경우**에 발생한다.

09 사채가 할증발행 되었을 때 유효이자율법을 적용하면, 만기까지의 기간 중에 발행기업의 재무상태표상 사채의 장부금액은 매년 감소하며, 이에 따라 장부금액에 유효이자율을 곱하는 이자비용 금액은 매년 감소한다

10 **사채할증발행차금은 사채 액면금액에 가산하는 형식으로 재무상태표에 보고**한다.

🔑 주관식

01	149,376	02	904,900	03	1,000,000
04	5,500,000	05	9,000,000	06	53,500,000

[풀이-주관식]

01

연도	유효이자(A) (BV×유효이자율)	액면이자(B) (액면가액×액면이자율)	할인차금상각 (A−B)	장부금액 (BV)
20x1. 1. 1				995,843
20x1.12.31	*149,376* *(995,843×15%)*	100,000 (1,000,000×10%)	49,376	1,045,219

02 이자비용 = 사채의 장부가액(9,049,000) × 시장이자율(10%) = 904,900원

03 퇴직급여추계액이 퇴직급여충당부채의 기말잔액이 된다.

퇴직급여충당부채

퇴사	500,000	기초잔액	5,000,000
기말잔액	5,500,000	*설정*	*1,000,000*
계	6,000,000	계	6,000,000

04

퇴직급여충당부채

지급	2,500,000	기초	5,000,000
기말(퇴직급여추계액)	8,000,000	*퇴직급여(설정)*	*5,500,000*
계	10,500,000	계	10,500,000

05

퇴직급여충당부채

대손	2,000,000	기초	5,000,000
기말	*9,000,000*	설정	6,000,000
계	11,000,000	계	11,000,000

06 사채의 장부금액은 액면금액에서 사채할인발행차금을 차감한 금액이다. **사채할인발행 차금은 액면금액과 발행금액과의 차액에 사채발행비를 합산한 금액이다.**

발행금액 = 60,000,000 − 60,000,000 × 10% − 500,000(사채발행비) = 53,500,000원

(차) 당좌예금(발행가액)	53,500,000원	(대) 사채(액면가액)	60,000,000원
사채할인발행차금	6,500,000원		

Chapter 06

자본

NCS회계 - 3 전표관리 / 자금관리   NCS세무 - 2 전표처리

제1절 자본의 분류

1. 자본금	기업이 발행한 총발행주식수에 주식 1주당 액면가액을 곱하여 계산하고, **보통주자본금과 우선주자본금은 구분표시한다.**			
2. 자본잉여금	영업활동 이외 자본거래(주주와의 자본거래)에서 발생한 잉여금으로서 **주식발행초과금과 기타자본잉여금으로 구분표시한다.**			
	주식발행초과금	**감자차익**	**자기주식처분익**	**–**
3. 사본소정	자본거래 중 자본금, 자본잉여금에 포함되지 않지만 자본항목에 가산되거나 차감되는 임시적인 항목으로서, **자기주식은 별도항목으로 구분하여 표시한다.**			
	주식할인발행차금	**감자차손**	**자기주식처분손**	**자기주식**
4. 기타포괄손익누계액	손익거래 중 손익계산서에 포함되지 않는 손익으로 **미실현손익**			
5. 이익잉여금	영업활동에 의해 발생한 순이익 중 주주에게 배당하지 않고 회사 내에 유보시킨 부분			
	(1) 기처분이익잉여금	㉠ **법정적립금**		㉡ **임의적립금**
	(2) 미처분이익잉여금			

제2절 | 자본금

주식회사의 자본금은 상법의 규정에 따라 발행주식총수에 주당액면금액을 곱한 금액으로 법정자본금이라 한다.

$$자본금 = 발행주식총수 \times 주당액면금액$$

자본금은 보통주 자본금과 우선주 자본금으로 나뉘는데 이익배당의 보장여부와 의결권의 존재여부에 따라 구분한다.

보통주란 이익 및 잔여재산분배 등에 있어서 표준이 되는 주식을 말한다.

보통주는 지분비율에 비례하는 의결권을 행사할 수 있고, 또한 이익배당을 받을 권리가 있다.

우선주는 보통주에 비하여 이익배당 등 특정사항에 대해 보통주보다 우선권이 주어지는 주식으로서 일반적으로 주주총회에서의 의결권은 없다.

2. 주식의 발행(자본금의 증가)

회사 설립 후에 사업 확장 또는 부채의 상환을 위하여 자금이 필요할 때 주식을 추가로 발행하여 자금을 조달하는데, 이것을 신주발행 또는 유상증자라 한다.

이 경우 자본금이 증가하는 동시에 자산도 증가하게 되므로 이를 실질적 증자라고 한다.

주식발행은 주식의 액면가액과 발행가액의 차이에 따라 액면발행, 할인발행, 할증발행으로 나누어진다.

여기서 **발행가액은 주식대금납입액에서 신주발행비 등을 차감한 후의 금액**으로 계산된다.

신주발행비란 주식 발행 시 각종 발행 수수료 및 제세공과금, 인쇄비 등을 말한다.

(1) 액면발행 : 발행가액과 액면가액이 일치하는 것

(2) 할증발행 : 주식발행가액이 액면가액보다 초과하여 주식을 발행하는 것을 말하고 이때 초과금액은 주식발행초과금(자본잉여금)으로 회계처리 한다.

(3) 할인발행 : 주식발행가액이 액면가액보다 미달하게 주식을 발행하는 것을 말하고, 이때 미달금액은 주식할인발행차금(자본조정)으로 회계처리 한다.

3. 무상증자

무상증자란 자본잉여금이나 이익잉여금 중 배당이 불가능한 법정적립금을 자본에 전입함에 따라 자본금을 증가시키는 것을 말한다. 이러한 무상증자는 자본잉여금 또는 이익잉여금을 자본금계정으로 대체하는 것에 불과하므로 회사의 자본구성만 변경될 뿐 기업의 순자산에는 아무런 변동이 없다. 따라서 투자자인 주주는 아무런 지분율 변동이 없고 소유주식수만 증가한다.

(∴ 주주가 무상주 수령시 아무런 회계처리를 하지 않는다.)

4. 자본금의 감소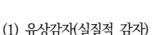

(1) 유상감자(실질적 감자)

회사의 사업규모 축소 등으로 인하여 자본금이 과잉된 때 이미 발행한 주식을 매입하고, 주식대금을 주주에게 지급함으로써 실질적으로 회사의 자산이 감소하는 것을 말한다.

(2) 무상감자(형식적 감자)

회사의 결손금이 누적되어 있고 향후 영업실적이 호전될 기미가 없는 경우 회사의 자본금을 감소시켜 누적된 결손금을 보전하는 것을 말한다.

형식적 감자의 경우 자본금만 감소할 뿐 회사의 순자산에는 아무런 변동이 없다.

〈감자〉

		주식수	자본금	순자산(자본)
실질적감자 (유상)	(차) 자본금 XX (대) 현금 등 XX	감소	감소	감소
형식적감자 (무상)	(차) 자본금 XX (대) 결손금 XX	감소	감소	변동없음

제3절 　자본잉여금

자본잉여금은 주식의 발행 등 회사의 영업활동 이외의 자본거래(주주와의 자본거래)로 인하여 발생한 잉여금을 말하고, 자본금으로의 전입(무상증자)이나 이월결손금의 보전에 사용할 수 있다.

1. 주식발행초과금

2. 감자차익

3. 자기주식처분익

자기주식이란 자기가 발행한 주식을 회사가 소유하게 되는 경우 그 해당 주식을 말한다.

상법에서는 회사의 명의와 계산으로 ①거래소에서 시세가 있는 주식의 경우에는 거래소에서 취득하는 방법, ② 주식수에 따라 균등한 조건으로 취득하는 방법으로서 배당가능익의 범위내에서 자기주식을 취득할 수 있다. 또한 상법에서는 특정목적에 의한 자기주식을 취득할 수 있다.

자기주식을 취득할 경우 그 취득원가를 자본조정항목으로 하여 분류하고, 자본에서 차감하는 형식으로 보고한다.

자기주식을 일시 보유목적으로 취득하고, 매각할 경우 매각이익이 발생하였다면 자기주식처분이익으로 하여 손익계산서에 반영하지 않고 자본잉여금으로 분류한다.

반대로 매각손실이 발생하였다면, **자기주식처분이익계정 잔액을 먼저 상계하고, 남은 금액은 자본조정항목인 자기주식처분손실로 분류**한다.

 예제 6 - 1 자기주식

㈜한강의 다음 거래를 분개하시오.

1. 3월 1일 자기주식 100주(액면가 10,000원)를 주당 12,000원에 현금매입하다.
2. 3월 15일 위의 자기주식 중 10주를 주당 15,000원에 현금처분하다.
2. 3월 31일 위의 자기주식 중 20주를 주당 8,000원에 현금처분하다.

해답

1.	(차) 자기주식(자본조정)	1,200,000	(대) 현 금	1,200,000
2.	(차) 현 금	150,000	(대) 자기주식(자본조정) 자기주식처분이익(자본잉여금)	120,000 30,000
3.	(차) 현 금 자기주식처분이익[1] 자기주식처분손실(자본조정)	160,000 30,000 50,000	(대) 자기주식	240,000
	*1. **자기주식처분이익과 처분손실은 먼저 상계하여 회계처리한다.**			

제4절   자본조정

자본조정은 자본거래에 해당하지만 자본금, 자본잉여금 이외의 항목으로서 **임시적 성격의 항목**이라고 할 수 있다.

1. 주식할인발행차금

주식할인발행차금은 주식발행초과금과 우선상계하고 잔액이 남을 경우 주식발행연도부터 3년 이내의 기간에 매기 균등액을 이익잉여금의 처분을 통하여 상각한다.

2. 감자차손

감자차손은 발생시점에 이미 계상되어 있는 감자차익과 우선 상계하고 남은 잔액은 감자차손으로 처리한다. 그리고 감자차손은 이익잉여금의 처분과정에서 미처분이익잉여금과 상계한다.

3. 자기주식, 자기주식처분손실

자기주식처분손실의 잔액이 발생하면 이익잉여금의 처분과정에서 미처분이익잉여금과 상계한다.

4. 미교부주식배당금

이익잉여금처분계산서의 주식배당액을 말하며, 주식교부시에 자본금으로 대체된다.

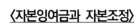

〈자본잉여금과 자본조정〉

	자본잉여금	자본조정
신주발행	주식발행초과금	주식할인발행차금
자본금감소(감자)	감자차익	감자차손
자기주식	자기주식처분익 –	자기주식처분손 자기주식

자본잉여금은 발생시점에 이미 계상되어 있는 자본조정을 우선 상계하고, 남은 잔액은 자본잉여금으로 계상한다. 또한 반대의 경우도 마찬가지로 회계처리한다. 즉 순액을 재무상태표 자본에 표시한다.

예제 **6 - 2 주식발행**

㈜한강의 다음거래를 분개하시오.

1. 3월 1일 유상증자를 실시하고(액면가액 5,000원, 발행가액 8,000원 발행주식수 5,000주) 보통예금계좌로 입금하다. 또한 신주발행비 5,000,000원은 현금지급하다.

2. 7월 1일 유상증자를 실시하고(액면가액 5,000원, 발행가액 3,000원 발행주식수 10,000주) 보통예금계좌로 입금하다. 또한 신주발행비 7,000,000원은 현금지급하다.

해답

1.	(차) 보 통 예 금	40,000,000	(대) 자 본 금		25,000,000
			현 금		5,000,000
			주식발행초과금		10,000,000
2.	(차) 보 통 예 금	30,000,000	(대) 자 본 금		50,000,000
	주식발행초과금[1]	10,000,000	현 금		7,000,000
	주식할인발행차금	17,000,000			

*1. 주식발행초과금과 주식할인발행차금은 먼저 상계하여 회계처리한다.

제5절 기타포괄손익누계액

포괄손익이란 주주와의 자본거래를 제외한 모든 거래나 사건에서 인식한 자본의 변동을 말한다.

기타포괄손익은 순자산의 증감을 가져오는 거래 가운데 **미실현손익(잠재적 손익)으로 분류**되어 **손익계산서에 계상되지 못하는 항목으로 언젠가 이익잉여금으로 흘러갈 요소**이다.

여기서 당기발생 미실현손익(기타포괄손익)은 포괄손익계산서에 반영되고 그 누계액(기타포괄손익누계액)은 재무상태표에 계상된다.

즉 기타포괄손익누계액이란 손익거래 중 손익계산서에 포함되지 않는 손익의 잔액으로서 **매도가능증권평가손익, 해외사업환산손익, 현금흐름위험회피 파생상품 평가손익, 재평가잉여금(재평가차익)** 등이 있다.

기타포괄손익누계액은 미실현손익으로서 **기타포괄손익이 실현될 때(매도가능평가손익의 경우 매도가능증권의 처분시)** 당기순손익에 포함되게 된다.

제6절 | 이익잉여금

이익잉여금은 회사의 영업활동의 결과로 벌어들인 이익 중 사외에 유출되지 않고 사내에 남아 있는 부분을 원천으로 하는 잉여금을 말한다.

이익잉여금을 증가시키는 것은 이익창출 활동결과인 당기순이익이며 이익잉여금을 감소시키는 것은 이익창출 활동결과인 당기순손실과 주주들에 배당금을 지급하는 경우이다.

1. 법정적립금

상법이나 그 외의 법률규정에 따라 이익잉여금 중에서 일정금액을 적립하는 것을 말하는 것으로 강제적 성격을 가지고 있어 법적요건을 갖추게 되면, 무조건 적립하여야 한다.

(1) 이익준비금

대표적인 법정적립금으로서 주식회사는 상법의 규정에 따라 **"회사는 자본금의 1/2에 달할 때까지 매기 결산시 금전에 의한 이익배당액의 1/10이상의 금액을 이익준비금으로 적립하여야 한다."** 라고 규정하고 있다.

이러한 이익준비금은 결손금을 보전하거나 자본금으로 전입(무상증자)할 수 있다.

> **➡참고 | 법정준비금**
>
> 상법에서는 법정준비금을 그 재원에 따라 **이익준비금과 자본준비금으로 구분하는데 자본거래에서 발생한 잉여금(기업회계기준상 자본잉여금을 의미한다.)**을 자본준비금으로 적립하여야 한다. 또한 회사는 적립된 자본준비금 및 이익준비금의 총액이 자본금의 1.5배를 초과하는 경우에는 주주총회의 결의에 따라 준비금을 배당 등의 용도로 사용할 수 있게 하였다.

(2) 기타법정적립금

상법이외 법령에 따라 이익금의 일부를 적립하여야 되는 경우가 있다.

이 적립금 역시 결손보전과 자본금으로의 전입 목적으로만 사용가능하다.

2. 임의적립금

회사의 정관이나 주주총회의 결의에 의해 임의로 적립된 금액으로서 기업이 자발적으로 적립한 적립금으로서 법정적립금과 성격은 다르지만 이 역시 **현금배당을 간접적으로 제한함으로써 기업의 재무구조를 개선하거나 미래투자자금을 확보**한다는 점은 동일하다.

임의적립금은 기업이 해당 목적을 실현한 후에 다시 주주들에게 현금배당할 수 있다. 예를 들면 사업확장적립금, 감채기금적립금 등이 있다.

3. 미처분이익잉여금(미처리결손금)

기업이 벌어들인 이익 중 배당이나 다른 잉여금으로 처분되지 않고 남아 있는 이익잉여금을 말한다. 미처분이익잉여금은 주주총회시 결의에 의해 처분이 이루어지는데 주주총회는 결산일이 지난 뒤(3개월 이내)에 열리기 때문에 이익잉여금 처분전의 잔액이 당기 재무상태표에 표시된다.

결손금이란 수익보다 비용이 많은 경우로서 당기순손실을 의미한다. 이러한 결손금은 기존의 잉여금으로 보전된다.

제7절 　이익잉여금의 처분

1. 이익잉여금 처분계산서(결손금처리계산서)

이익잉여금처분계산서는 이익잉여금의 변동내용을 보고하는 양식으로서 정기주주총회에서 이익잉여금 처분에 대하여 주주들로부터 승인을 받아야 한다.

정기주주총회는 회계연도가 끝난 뒤(3개월 이내) 다음 해 초에 개최되고, 이 때 재무제표가 확정된다.

따라서, 회계연도말 재무상태표에는 처분하기전의 이익잉여금으로 표시된다.

2. 배당금

(1) 현금배당 : 회사의 순자산은 감소하고 자본도 감소하게 된다.

(2) 주식배당 : 주식배당은 기업 자금의 외부유출을 막고 동시에 이익배당의 효과도 갖는다. 또한 **현금배당과는 반대로 회사의 자산과 자본에는 아무런 변화가 없다.**

	현금배당	주식배당
배당선언일	(차) 이월이익잉여금 ××× 　　(미처분이익잉여금) 　(대) 미지급배당금 ××× 　　(유동부채)	(차) 이월이익잉여금 ××× 　　(미처분이익잉여금) 　(대) 미교부주식배당금 ××× 　　(자본조정)
	(투자자) (차) 미 수 금 ××× 　(대) 배당금수익 ×××	(투자자) － 회계처리없음 －
배당지급일	(차) 미지급배당금 ××× 　(대) 현　　　금 ×××	(차) 미교부주식배당금 ××× 　(대) 자 본 금 ×××
재 무 상 태	－ 주식발행회사의 최종분개	
	(차) 이월이익잉여금(자본) ××× **　(대) 현　　　금(자산) ×××**	**(차) 이월이익잉여금(자본) ×××** **　(대) 자 본 금(자본) ×××**
	<u>순자산의 유출</u>	<u>재무상태에 아무런 변화가 없다</u>

[주식배당, 무상증자, 주식분할, 주식병합]

	주식배당	무상증자	주식분할	주식병합
주식수	증가	증가	증가	감소
액면금액	불변	불변	감소	증가
자본금	증가	증가	불변	불변
자 본	불변	불변	불변	불변

☞ 주식분할: 1주를 2주로 또는 2주를 3주로 나누는 것을 말한다.
　주식병합: 주식분할의 반대 개념으로 수개의 주식을 합치는 것을 말한다.

예제 **6 - 3 이익잉여금의 처분**

㈜한강(피투자회사)과 ㈜청계(투자회사)의 다음 거래를 분개하시오. ㈜한강은 ㈜청계가 100% 투자한 회사라 가정한다.

1. 3월 1일 주주총회에서 다음 내용으로 미처분이익잉여금의 이입과 처분을 결의하다.
   - 이입액 : 사업확장적립금   1,500,000원
   - 처분액 : 현금배당   1,000,000원
               주식배당   2,000,000원
               이익준비금   100,000원
2. 3월 10일 현금배당금 1,000,000원을 현금 지급하다.
3. 3월 15일 주주총회에서 결의한 주식배당에 대해서 주식을 발행하여 지급하다.

[해답]

1.	㈜한강	(차) 사업확장적립금	1,500,000	(대) 이월이익잉여금 (미처분이익잉여금)	1,500,000
		(차) 이월이익잉여금 (미처분이익잉여금)	3,100,000	(대) 이익준비금 미지급배당금 미교부주식배당금	100,000 1,000,000 2,000,000
	㈜청계	(차) 미 수 금	1,000,000	(대) 배당금수익	1,000,000
		☞ 현금배당만 회계처리하고, 주식배당은 회계처리하지 않는다.			
2.	㈜한강	(차) 미지급배당금	1,000,000	(대) 현 금	1,000,000
	㈜청계	(차) 현 금	1,000,000	(대) 미 수 금	1,000,000
3.	㈜한강	(차) 미교부주식배당금	2,000,000	(대) 자 본 금	2,000,000
	㈜청계	☞ 주식배당은 회계처리하지 않는다.			

 분개연습

01. 유상증자(주식수 2,000주, 액면가 10,000원)를 실시하여 주식발행대금(20,000,000원)은 신한은행 보통예금에 입금되었다. 주식발행과 관련된 법무사수수료 350,000원은 신한은행 보통예금에서 이체하여 지급하였다. 유상증자시 주식발행초과금은 없다고 가정한다.

02. (주)한공은 주당 10,000원에 취득한 자기주식 1,000주 중 200주를 주당 15,000원에 현금매각하였다. 자본에는 자기주식처분이익이나 손실의 잔액은 없다.

03. 6월 30일 ㈜한일전자는 이사회에서 현금 중간배당을 결의하다. 배당금 총액은 50,000,000원이다. 지급예정일은 7월 20일이다. 배당금 지급일에 원천징수세액 7,700,000원을 제외한 잔액을 우리은행 보통예금계좌에서 이체하여 지급하였다. 결의일에 회계처리를 하시오.

04. 11번문제와 관련하여 지급일(7월20일)에 회계처리를 하시오.

05. 자료는 주주총회에서 결의된 이익처분내역이다. 처분확정일의 회계처리를 하시오.

• 이익준비금	(상법규정에 의해 10% 적립)
• 현금배당금	25,000,000원
• 주식배당금	26,000,000원

06. 다음은 (주)한공의 자기주식 관련 거래 자료이다. 20x1년 6월 30일 회계 처리를 하시오.

> • 20x1년 6월 1일: 자기주식 100주(1주당 액면가액 5,000원)를 1주당 8,000원에 현금 매입하였다.
> • 20x1년 6월 15일: 위의 자기주식 중 30주를 1주당 10,000원에 현금을 받고 처분하였다.
> • 20x1년 6월 30일: 위의 자기주식 중 잔여주식 70주를 1주당 7,000원에 현금을 받고 처분하였다.

07. 다음은 (주)한공의 주식발행 관련 자료이다. 이에 대한 회계 처리를 하시오.

> • (주)한공은 주당 액면금액이 5,000원인 주식 100주를 주당 6,000원에 발행하였다.
> • 주식발행대금 중 신주발행비 50,000원을 제외한 잔액을 보통예금계좌로 송금 받았다.

08. (주)한공은 자본증자를 위해 보통주 1,000주를 주당 12,000원(액면금액 주당 10,000원)에 발행하고, 주금은 현금으로 납입받았다. 다음 주식발행에 대한 회계처리를 하시오. (자본증자일 현재 주식할인발행차금의 장부금액은 400,000원이다.)

 객관식

01. 다음 거래가 자본에 미치는 영향으로 옳지 <u>않은</u> 것은?

> • 주식배당을 결의하고 주식 20주(액면금액 10,000원)을 발행하였다.
> • 공정가치 2,000,000원의 토지를 제공받고 주식 10주를 발행하였다.

① 주식배당으로 자본총액이 200,000원 증가하였다.
② 주식배당으로 이익잉여금이 200,000원 감소하였다.
③ 상기 2건의 거래를 통해 자본금이 300,000원 증가하였다.
④ 상기 2건의 거래를 통해 자본잉여금이 1,900,000원 증가하였다.

02. 다음 중 주식배당으로 인한 영향으로 옳지 <u>않은</u> 것은?
① 미교부주식배당금만큼 부채가 증가한다.
② 순자산의 유출없이 배당효과를 얻을 수 있다.
③ 자본금은 증가하지만 이익잉여금은 감소한다.
④ 자본 총액은 변동이 없으나 주식수는 증가한다.

03. 다음 중 자본항목의 분류와 계정과목 연결이 옳은 것은?

① 이익잉여금 - 해외사업환산손익
② 자본조정 - 자기주식처분손실
③ 이익잉여금 - 주식선택권
④ 자본잉여금 - 매도가능증권평가손익

04. 다음은 (주)한공의 주식 발행에 대한 내용이다. 이에 대한 설명으로 옳지 않은 것은?

> **주식의 발행**
> (주)한공은 5월 17일 증자를 위해 주식 10,000주를 주당 6,000원(액면금액 : 주당 5,000원)에 발행하고, 주식발행비 800,000원을 현금으로 지급하였다.

① 자본금 증가액은 50,000,000원이다.
② 주식발행비용은 영업외비용으로 회계처리한다.
③ 주식 발행으로 유입된 금액은 총 59,200,000원이다.
④ 액면금액을 초과하는 금액은 주식발행초과금(자본잉여금)으로 회계처리한다.

05. 다음 중 자본에 대한 회계처리로 옳지 않은 것은?

① 유상증자시 자본금의 액면금액을 초과하는 금액은 주식발행초과금으로 회계처리한다.
② 자기주식 취득시 이익잉여금 총액의 변동은 발생하지 않지만 자기주식처분시 발생한 손익은 이익잉여금에 반영한다.
③ 주식배당은 총자본에는 영향을 주지 않지만 이익잉여금을 감소시킨다.
④ 주식배당은 발행주식의 액면금액을 배당액으로 하여 회계처리한다.

06. 다음 대화 내용대로 주식을 발행한 결과로 옳은 것만을 고른 것은?

> • 임과장 : 채무상환 자금이 부족하여 외부 자금 조달이 매우 급합니다.
> • 김대리 ; 우리 회사 주식의 가치가 동종 기업보다 높으니 주식을 발행하여 조달하는 것이 좋겠습니다.
> • 임과장 : 그럼, 주당 발행금액은 얼마까지 가능할까요?
> • 김대리 : 주당 액면금액의 2배로 발행할 수 있을 것 같습니다.

> 가. 자본금이 증가한다.   나. 자본잉여금이 증가한다.
> 다. 자본 총액이 증가한다.

① 가   ② 가, 나   ③ 나, 다   ④ 가, 나, 다

07. (주)한공은 주당 10,000원에 취득한 자기주식 1,000주 중 200주를 주당 15,000원에 매각하였다. 이 거래가 (주)한공의 재무제표에 미치는 영향으로 옳은 것은?

① 자본총계는 변동하지 않는다.

② 자본잉여금은 변동하지 않는다.

③ 자본조정이 2,000,000원 증가한다.

④ 자본금이 2,000,000원 감소한다.

08 주식배당에 대한 설명 중 옳지 않은 것은?

① 주식배당은 배당을 현금으로 지급하지 않고, 주식을 새로 발행하여 무상으로 배부하는 것이다.

② 주주의 경우 주식배당은 주식의 액면가액보다 주식의 시가가 높을 경우에 선호하는 제도이다.

③ 주식배당을 수령한 주주입장에서는 자산의 증가로 보지 않고 주식수를 조정한다.

④ 주식배당액은 주주총회에서 결정될 때 부채인 미교부주식배당금으로 계상한다.

 주관식

01. (주)한공은 당기 중 유상증자를 2차례 실시하였다. 다음 자료를 토대로 20x1년 말 재무상태표에 표시되는 주식발행초과금을 계산하면 얼마인가?(단, 전기 말 주식발행초과금과 주식할인발행차금 잔액은 없는 것으로 한다.)

> •20x1년 5월 5일 발행주식수 1,000주, 1주당 발행금액 8,000원(액면: @5,000원)
> 주식발행 수수료는 없다.
> •20x1년 10월 20일 발행주식수 500주, 1주당 발행금액 4,000원(액면: @5,000원)
> 주식발행 수수료 100,000원이 발생하였다.

02. 다음은 20x1년 1월 2일에 설립된 ㈜한공의 주식발행 내역이다. 20x1년 재무상태표에 표시되는 주식발행초과금(또는 주식할인발행차금)은 얼마인가?(단, 보통주 주당 액면가액은 5,000원이다)

> • 1월 2일   보통주 1,000주를 주당 10,000원에 발행하였다.
> • 9월 20일   보통주 2,000주를 주당 4,000원에 발행하고, 주식발행수수료 1,000,000원을 지급하였다.

03. (주)한공은 20x1년 12월 31일에 주식 1,000주를 주당 500원(액면 1,000원)에 현금 발행하였다. 주식 발행전 자본내역이 다음과 같을 때 주식발행 후 자본총계는 얼마인가?

<주식 발행전 자본내역>

자본금	4,000,000원
주식발행초과금	2,000,000원
이익잉여금	1,000,000원
자본총계	7,000,000원

04. (주)한공은 당기 중 유상증자를 2차례 실시하였다. 다음 자료를 토대로 재무상태표에 표시되는 주식발행초과금을 계산하면 얼마인가?(단, 전기 말 주식발행 초과금과 주식할인발행차금 잔액은 없는 것으로 한다.)

- 3월 5일 발행주식수 1,000주, 1주당 발행금액 10,000원(액면: @5,000원)
  주식발행 수수료는 없다.
- 9월 20일 발행주식수 1,000주, 1주당 발행금액 4,000원(액면: @5,000원)
  주식발행 수수료 100,000원이 발생하였다.

05. 다음은 (주)한공의 기초와 기말 재무상태표이다.

기초 재무상태표			
자산	3,000,000	부채	2,600,000
		자본	400,000
	3,000,000		3,000,000

기말 재무상태표			
자산	3,500,000	부채	2,800,000
		자본	700,000
	3,500,000		3,500,000

당기 중 자본거래가 다음과 같은 경우 당기순이익은 얼마인가?

- 유상증자 300,000원
- 현금배당 100,000원
- 주식배당 200,000원

분개연습

01. (차) 보통예금(신한은행)   19,650,000   (대) 자본금   20,000,000
      주식할인발행차금   350,000

02. (차) 현금   3,000,000   (대) 자기주식   2,000,000
                                       자기주식처분이익   1,000,000
   ☞ **처분가액=200주×15,000원=3,000,000원   장부가액=200주×10,000원=2,000,000원**

03. (차) 이월이익잉여금   50,000,000   (대) 미지급배당금   50,000,000

04. (차) 미지급배당금   50,000,000   (대) 예수금   7,700,000
                                         보통예금(우리은행)   42,300,000

05. (차) 이월이익잉여금   53,500,000   (대) 이익준비금   2,500,000
                                         미지급배당금   25,000,000
                                         미교부주식배당금   26,000,000
   ☞ **이익준비금은 현금배당액의 10%를 적립한다.**

06. (차) 현금   490,000   (대) 자기주식   560,000
      자기주식처분이익   60,000
      자기주식처분손실   10,000
   ☞ **6월 1일 취득시 취득가액=100주×@8,000원=800,000원**
      6월 15일 처분시 처분손익=처분가액(30주×10,000)-장부가액(30주×8,000)=60,000원(이익)
      6월 30일 처분시 처분손익=처분가액(70주×7,000)-장부가액(70주×8,000)=△70,000원(손실)→처분익과 우선상계

07. (차) 보통예금   550,000   (대) 자본금   500,000
                                         주식발행초과금   50,000
   ☞ **자본금 = 액면금액(5,000원) × 발행주식수(100주)=500,000원**
      발행가액 = 발행가액(6,000원) × 발행주식수(100주)-신주발행비(50,000)=550,000원
      발행가액(550,000)-액면가액(500,000)=+50,000원(할증발행)

08.　(차)　현금　　　　　　　　　　12,000,000　　(대)　자본금　　　　　　　　10,000,000

　　　　　　　　　　　　　　　　　　　　　　　　　　주식할인발행차금　　　　400,0000

　　　　　　　　　　　　　　　　　　　　　　　　　　주식발행초과금　　　　　1,600,000

　　☞ 발행가액(12,000,000)−액면가액(10,000,000)=+2,000,000원(할증발행)⇒주식할인발행차금과 우선 상계

●━ 객관식

1	2	3	4	5	6	7	8				
①	①	②	②	②	④	③	④				

[풀이-객관식]

01　주식배당: (차) 이익잉여금　　　　200,000원　　(대) 자본금　　　　　　200,000원

　　☞ 주식배당으로는 자본의 변동은 없다.

　　현물출자: (차) 토지　　　　　　2,000,000원　　(대) 자본금　　　　　　100,000원

　　　　　　　　　　　　　　　　　　　　　　　　　주식발행초과금　　1,900,000원

02　(차) 이익잉여금　　　　　　　　　xxx　　(대) 자본금　　　　　　　　　xxx

　　미교부주식배당금은 자본조정항목으로 자본에 해당한다.

03　① 기타포괄손익누계액 – 해외사업환산손익, ③ 자본조정 – 주식선택권

　　④ 기타포괄손익누계액 – 매도가능증권평가손익

04　**주식발행비용은 주식발행초과금에서 차감하여 회계처리**한다.

05　사기주식 처분거래를 기록하는 시점에서 이익잉여금의 변동은 발생하지 않고, 자본잉여금(자기주식
　　처분익) 또는 자본조정(자기주식처분손)이 발생한다.

06　대화 내용대로 주식을 발행하면 할증발행을 하게 된다.
　　주식의 액면금액 만큼 자본금이 증가하고, 주식발행초과금이 발생하여 자본잉여금이 증가하게 된다.
　　자본금과 자본잉여금이 증가한 만큼 총자본도 증가한다

07　(차) 현금 등　　　　　　　　3,000,000원　　(대) 자기주식(자본조정)　　2,000,000원

　　　　　　　　　　　　　　　　　　　　　　　자기주식처분이익(자본잉여금) 1,000,000원

08　주식배당액은 주주총회에서 결정될 때 **자본조정인 미교부주식배당권으로 계상**한다.

● 주관식

01	2,400,000	02	주식발행초과금 2,000,000	03	7,500,000
04	3,900,000	05	100,000		

[풀이-주관식]

01 5월 5일: 발행가액(8,000×1,000주) - 액면가액(5,000×1,000주) = +3,000,000원(할증발행)

   10월 20일: 발행가액(4,000×500주 - 100,000) - 액면가액(5,000×500주)

   = △600,000원(할인발행)

   12월 31일 기말잔액 = +3,000,000 - 600,000 = 2,400,000(주식발행초과금)

02 1월 2일(차) 현금 등   10,000,000원   (대) 자본금   5,000,000원

                                                 주식발행초과금   5,000,000원

   9월 20일(차) 현금 등   7,000,000원   (대) 자본금   10,000,000원

      주식발행초과금   3,000,000원

03 주식발행전 자본총계 + 발행가액 = 7,000,000원 + 500원×1,000주 = 7,500,000원

   (차) 현 금   500,000원   (대) 자본금   1,000,000원

      주식발행초과금   500,000원

〈주식발행 후 자본내역〉	
자본금	5,000,000원
주식발행초과금	1,500,000원
이익잉여금	1,000,000원
자본총계	**7,500,000원**

04 3월 5일 : (10,000 - 5,000)×1,000주 = 5,000,000(주식발행초과금)

   9월20일 : (4,000 - 5,000)×1,000주 - 100,000 = 1,100,000(주식할인발행차금)

   따라서 주식할인발행차금은 주식발행초과금과 상계처리하므로 주식발행초과금의 잔액은 3,900,000원이다.

05 기초자본 + 유상증자 - 현금배당 + 당기순이익 = 기말자본

   (400,000원) (300,000원) (100,000원)   (X)   (700,000원)

   단, 주식배당은 자본의 변동이 없으므로 고려하지 않는다.

Chapter 07 수익, 비용, 결산

NCS회계 - 3 전표관리 / 자금관리   NCS세무 - 2 전표처리

제1절 수익 및 비용의 의의

1. 수익의 의의

(1) 수익

회사의 주된 영업활동과 관련하여 발생하는 것으로 기업회계기준서는 매출액으로 표현하고 있다. 매출액은 회사의 업종에 따라 차이가 발생한다.

(2) 차익

회사의 주된 영업활동 이외의 부수적인 거래나 사건으로 발생한 순자산의 증가로서 기업회계기준에서는 유형자산처분이익, 단기매매증권처분이익 등이 있는데 이를 총괄하여 영업외수익으로 표현한다.

2. 비용의 의의

(1) 비용

회사의 주된 영업활동과 관련하여 발생하는 것으로 기업회계기준서는 매출원가와 판매비와 관리비가 있다.

(2) 차손

회사의 주된 영업활동 이외의 부수적인 거래나 사건으로 발생한 순자산의 감소로서 기업회계기준에서는 유형자산처분손실 등이 있는데 이를 총괄하여 영업외비용으로 표현한다.

제2절 | 수익인식기준

수익과 비용은 원칙적으로 발생기준에 따라 인식한다.

수익은 발생기준보다는 수익인식요건을 구체적으로 설정하여 아래의 요건이 충족되는 시점에 수익으로 인식하는데 이를 **실현주의**라 한다.

1. 수익의 인식시점

대부분의 기업은 **판매시점 또는 인도시점**에 수익을 인식하는 것이 일반적이다.

재화의 판매로 인한 수익은 다음 조건이 모두 충족될 때 인식한다.

> 1. 재화의 소유에 따른 <u>유의적인 위험과 보상이 구매자에게 이전</u>된다.
> 2. 판매자는 판매한 재화에 대하여 소유권이 있을 때 통상적으로 행사하는 정도의 관리나 효과적인 통제를 할 수 없다.
> 3. 수익금액을 신뢰성있게 측정할 수 있고, 경제적 효익의 유입 가능성이 매우 높다.
> 4. 거래와 관련하여 발생했거나 발생할 원가를 신뢰성있게 측정할 수 있다.
>   만약 이러한 비용을 신뢰성 있게 측정할 수 없다면 수익으로 인식하지 못하고 부채(선수금)로 인식한다.

2. 진행기준(생산기준)

수익을 용역제공기간(생산기간)중에 인식하는 것으로서 **작업진행율**[1](보통 원가 투입비율)에 따라 기간별로 수익을 나누어 인식한다.

*1. 작업진행률 = $\dfrac{\text{당해 사업연도말까지 발생한 총공사비 누적액}}{\text{총공사예정비}}$

진행기준에 따라 수익을 인식하는 경우로는 **용역의 제공 계약, 건설형 공사계약** 등이 있다.

〈거래형태별 수익인식 요약〉

위 탁 판 매	수탁자가 제 3자에게 판매한 시점
시 용 판 매	고객이 구매의사를 표시한 시점
상 품 권	**재화(용역)을 인도하고 상품권을 회수한 시점**
정 기 간 행 물	구독기간에 걸쳐 정액법으로 인식
할부판매(장·단기)	재화의 인도시점
반 품 조 건 부 판 매	**반품가능성을 신뢰성있게 추정시 수익인식가능**
설 치 용 역 수 수 료	진행기준

공연수익(입장료)		행사가 개최되는 시점
광 고 관 련 수 익		방송사 : 광고를 대중에게 전달하는 시점 광고제작사 : 진행기준
수 강 료		강의기간동안 발생기준
재화나 용역의 교환	동종	수익으로 인식하지 않는다.
	이종	판매기준(수익은 교환으로 취득한 재화나 용역의 공정가치로 측정하되, 불확실시 제공한 재화나 용역의 공정가치로 측정한다.)

제3절 비용인식기준

비용도 수익과 마찬가지로 기업의 경영활동 전 과정을 통해서 발생하므로 회사의 순자산이 감소할 때마다 인식해야 한다.

비용은 수익·비용 대응원칙에 따라 수익을 인식한 회계기간에 대응해서 인식한다.

1. 직접대응		비용이 관련 수익과 직접적인 인과관계를 파악할 수 있는 것(매출원가)
2.간접대응	① 체계적 합리적 배분	특정한 수익과 직접 관련은 없지만 일정기간 동안 수익창출과정에 사용된 자산으로 수익창출기간 동안 배분하는 것(감가상각비)
	② 기간비용	수익과 직접 관련이 없고 해당 비용이 미래 경제적 효익의 가능성이 불확실한 경우에 발생즉시 비용으로 인식하는 것(광고선전비)

제4절 매출액과 매출원가

1. 매출액

기업의 주요 영업활동과 관련하여 재화나 용역을 제공함에 따라 발생하는 대표적인 수익이다. 손익계산서에는 이러한 순매출액이 기재된다.

> **(순)매출액 = 총매출액 – 매출환입 및 에누리 – 매출할인**

2. 매출원가

상품, 제품 등의 매출액에 직접 대응되는 원가로서 일정기간 중에 판매된 상품이나 제품 등에 배분된 매입원가 또는 제조원가를 매출원가라 한다.

> 매출원가=기초상품재고액+당기상품매입액-기말상품재고액

제5절 제조경비/판매비와 관리비

판매비와 관리비란 상품, 제품과 용역의 판매활동 또는 기업의 관리와 유지활동에서 발생하는 비용으로서 매출원가에 속하지 아니하는 모든 영업비용을 말한다.

판매비와 관리비는 당해 비용을 표시하는 적절한 항목으로 구분하여 표시하거나 일괄하여 표시할 수 있다.

또한 비용이 제품 제조와 관련되어 있는 경우에는 제조경비로 처리한다.

〈접대비 명칭 변경-세법〉

☞ 2023년 세법개정시 접대비의 명칭이 기업업무추진비(2024년부터 적용)로 변경되었습니다.
그러나 세법이 변경했다고 회계도 변경된다는 보장은 없습니다.
따라서 당분간 세법은 기업업무추진비, 회계에서 접대비로 불러도 같은 계정과목으로 생각하시면 됩니다.

제6절 영업외손익

회사의 주된 영업활동 이외의 보조적 또는 부수적인 활동에서 발생하는 수익(영업외수익)과 비용(영업외비용)을 말한다.

1. 이자수익(VS 이자비용)

2. 배당금수익

3. 임대료

4. 단기매매증권평가이익(VS 단기매매증권평가손실)

5. 단기매매증권처분이익(VS 단기매매증권처분손실)

6. 외환차익(VS 외환차손) : <u>외환거래시</u> 마다 발생한다.

7. 외화환산이익(VS 외화환산손실) : <u>기말 외화자산·부채 평가시</u> 발생한다.

예제 | **7 - 1 외환차손익과 외화환산손익**

㈜한강의 다음 거래를 분개하시오.

1. 20×1년 10월 1일 미국 ABC은행으로 부터 $10,000(환율 1,100원/$,이자율 10%,만기 6개월)를 현금차입하다.

2. 20×1년 12월 31일 미국 ABC은행으로부터 차입한 $10,000에 대하여 기간 경과분 이자($250)를 계상하다. 또한 단기차입금에 대하여 기말환율(1,200원/$)로 평가하다.

3. 20×2년 3월 31일 미국 ABC은행의 차입금 $10,000와 이자 $500를 보통예금 계좌에서 송금하다 (환율 1,150원/$).

해답

1.	(차) 현 금	11,000,000	(대) 단기차입금	11,000,000
2.	(차) 이 자 비 용	300,000	(대) 미지급비용	300,000
	(차) 외화환산손실	1,000,000	(대) 단기차입금	1,000,000
3.	(차) 단기차입금	12,000,000	(대) 보 통 예 금	12,075,000[*1]
	미지급비용	300,000	외 환 차 익	512,500
	이 자 비 용	287,500[*2]		

*1 : $10,500 × 1,150/$ *2 : $250 × 1,150/$
☞외환차손익(부채)=상환가액($10,250×1,150)-장부가액($10,250×1,200)=△512,500원(이익)

---

8. 유형자산처분이익(VS 유형자산처분손실)

9. 자산수증이익

10. 채무면제이익

11. 잡이익(VS 잡손실)

12. 기타의 대손상각비(VS 대손충당금 환입)

13. 재고자산감모손실(비정상감모분)

14. 기부금

15. 재해손실(VS 보험차익)

재해손실이란 천재지변 또는 돌발적인 사건(도난 등)으로 재고자산이나 유형자산이 입은 손실액을 말하는데 회사는 이러한 재해를 대비하여 보험에 가입하기도 한다.

이 경우 화재시와 보험금 수령을 별개의 사건으로 회계처리한다. 즉 <u>**화재시 재해손실로 보험금 수령시 보험차익(보험수익)으로 회계처리한다.(총액주의)**</u>

16. 전기오류수정이익(VS 전기오류수정손실)

오류로 인하여 전기 이전의 손익이 잘못되었을 경우에 전기오류수정이익(전기오류수정손실)이라는 계정과목으로 하여 당기 영업외손익으로 처리하도록 규정하고 있다. 그러나 오류가 전기 재무제표의 신뢰성을 심각하게 손상시킬 수 있는 중대한 오류의 경우에는 오류로 인한 영향을 미처분이익잉여금에 반영하고 전기재무제표를 수정하여야 한다.

제7절 법인세비용

회사는 회계기간에 발생한 이익, 즉 법인의 소득에 대하여 세금을 납부해야 하는데 이에 대한 세금을 법인세라 한다. 법인세비용은 회사의 영업활동의 결과인 회계기간에 벌어들인 소득에 대하여 부과되는 세금이므로 동일한 회계기간에 기간비용으로 인식하여야 한다.

법인세의 회계처리는 결산일 현재 소득에 대하여 법인세 비용을 산출하고, 기 원천징수 또는 중간예납분(선납세금)을 대체하고 차액분만 미지급세금으로 회계처리하고 익년도 3월말까지 관할 세무서에 신고 납부한다.

제8절 결산의 절차

결산이란 회계연도 종료 후에 해당연도의 회계처리를 마감하여, 그 결과인 재무제표를 작성하는 일련의 절차를 말한다.

1. 예비절차	1. 수정전시산표의 작성 2. 결산수정분개 3. 수정후시산표의 작성
2. 본 절차	4. 계정의 마감
3. 결산보고서	5. 재무제표의 작성**(손익계산서, 이익잉여금처분계산서, 재무상태표순)**

제9절 결산수정분개

유 형	수 정 분 개 내 용	
1. 매출원가의 계산	재고자산실사 → 재고자산의 평가 → 매출원가의 계산 순으로 한다.	
2. 손익의 결산정리	이연	선급비용, 선수수익
	발생	미수수익, 미지급비용
3. 자산·부채의 평가	유가증권의 평가	유가증권의 장부가액을 결산일 공정가액으로 평가
	대손충당금 설정	채권에 대해서 회수가능가액으로 평가
	재고자산의 평가	감모와 재고자산의 가격하락을 반영
	퇴직급여충당부채 설정	당기 퇴직급여 비용 인식
	외화자산·부채의 평가	외화자산·부채에 대하여 기말 환율로 평가
4. 자산원가의 배분	유·무형자산의 취득원가를 합리적인 기간 동안 나누어 비용으로 인식하는 절차	
5. 유동성대체	비유동자산(비유동부채)의 만기가 1년 이내에 도래하는 경우 유동자산(유동부채)로 분류 변경하는 것	
6. 법인세비용	결산일에 당기의 법인세 비용을 정확하게 산출하여 비용으로 계상	
7. 기타	가지급금·가수금, 전도금 등의 미결산항목정리 등	

제10절 장부마감

　회계장부의 작성을 완료하기 위해서는 당해 연도에 기록된 총계정원장상의 모든 계정과목에 대해 차변금액과 대변금액을 일치시켜 장부를 마감한다.

　손익계산서의 손익계정(수익과 비용)은 최종적으로 재무상태표의 이익잉여금계정에 그 결과를 대체하고 소멸하는 임시계정이므로 회계연도가 끝나면 잔액을 "0"으로 만든다. 반면에 재무상태표 계정(자산, 부채, 자본)은 회계연도가 끝나더라도 계정잔액이 소멸하지 않고, 다음 회계기간에 이월되는 영구적 계정이다.

제11절 재무제표작성

〈제조기업의 재무제표확정순서〉

제조원가명세서 → 손익계산서 → 이익잉여금처분계산서 → 재무상태표

 분개연습

01. 제품 판매장에 대한 임차료 1,650,000원을 임대인 김미진에게 국민은행 보통예금 계좌에서 이체하여 지급하였다.

02. (재단법인)바보의나눔에 제품을 기부하였다. (원가 : 3,000,000원, 시가 : 5,000,000원) (부가가치세는 고려하지 말 것)

03. 전기 10월 20일 ABC CO.,LTD에서 차입한 외화단기차입금(USD15,000)을 20x1년 5월 26일 외환은행 보통예금계좌에서 상환하였다. (단, 회사는 외화단기차입금에 대하여 20x0년 12월 31일 적절하게 외화평가를 수행하였다)

전기 10월 20일	전기 12월 31일	20x1년 5월 26일
₩950.20 /USD	₩980.00 / USD	₩1,025.00 / USD

04. 결산일 현재 보유한 외화부채는 다음과 같다.

계정과목	금액	거래처	발생일 적용환율	결산일 적용환율
장기차입금	US$50,000	BLUE	US$1 / 1,000원	US$1 / 1,350원

05. 결산일 현재 외상매출금 중에는 Bong-AF사에 20x1년 12월 3일에 US$ 40,000로 매출한 금액이 포함되어 있고 이 금액은 20x2년 1월 3일에 회수할 예정이다. 일자별로 적용할 환율은 다음과 같다. 결산정리분개를 하시오.

- 20x1년 12월 3일 적용환율 : US $1 = 1,050원
- 20x1년 12월 31일 적용환율 : US $1 = 1,010원

06. ㈜성아전기는 확정급여형퇴직연금(DB)제도를 운용하고 있다. 다음 자료를 이용하여 퇴직급여충당부채를 설정하시오.

자료1. 퇴직급여추계액 명세서

부서	사원명	근속기간	최근3개월간 급여 총액	연 간 상여총액	기준급여	추계액
관리부	김미정	4년 7월	6,000,000	8,000,000	2,666,666	12,222,219
	최민성	2년 2월	7,500,000	10,000,000	3,333,333	7,222,221
	박영만	3년 6월	9,000,000	12,000,000	4,000,000	14,000,000
	소 계		**22,500,000**	**30,000,000**	**9,999,999**	**33,444,440**
생산부	손지철	3년 11월	8,400,000	11,200,000	3,733,333	14,622,220
	김만석	1년 11월	5,400,000	7,200,000	2,400,000	4,600,000
	한재현	4년 5월	7,800,000	10,400,000	3,466,666	15,311,108
	소 계		**21,600,000**	**28,800,000**	**9,599,999**	**34,533,328**
합 계			**44,100,000**	**58,800,000**	**19,599,998**	**67,977,768**

자료2. 퇴직급여 지급내역

부 서	퇴직급여충당부채			비고
	전기이월	기중지급액	잔액	
관리부	28,500,000원	18,300,000원	10,200,000원	
생산부	46,800,000원	22,500,000원	24,300,000원	
합 계	75,300,000원	40,800,000원	34,500,000원	

07. (주)한공의 자동차보험료와 관련한 수정전 잔액시산표의 일부이다. 자동차보험료의 보험기간이 20x1년 6월 1일부터 20x2년 5월 31일 경우 20x1년 12월 31일 결산일의 분개를 하시오.(단, 보험료는 월할계산을 가정한다.)

잔액시산표

(주)한공   20x1년 12월 31일   (단위: 원)

차변	계정과목	대변
	⋮	
2,400,000	보험료	
	⋮	
100,000,000		100,000,000

객관식

01. 중소기업이 아닌 법인의 수익인식에 대한 설명으로 옳지 않은 것은?

① 장기할부조건으로 판매한 제품은 대금회수시점에 수익을 인식한다.

② 용역의 제공으로 인한 수익은 진행기준에 따라 인식한다.

③ 적송품은 수탁자가 고객에게 판매한 시점에 수익을 인식한다.

④ 상품권은 고객에게 판매한 때 선수금으로 회계처리하고, 고객이 물건과 교환했을 때 수익으로 인식한다.

02. 다음은 누락된 결산정리분개와 관련된 설명이다. 옳지 않은 것은?

① 구입 시 비용처리한 미사용소모품에 대한 분개를 누락하면, 자산이 과대계상된다.

② 기간이 경과한 이자수익을 인식하는 분개를 누락하면, 자산이 과소계상된다.

③ 미지급보험료를 인식하는 분개를 누락하면, 부채가 과소계상된다.

④ 비용으로 계상한 보험료 지급액 중 기간 미경과 보험료를 인식하는 분개를 누락하면 자산이 과소계상된다.

03. (주)한공은 결산 시 다음과 같은 회계오류를 발견하였다. 이 중에서 회계연도 말 유동자산과 자본을 모두 과대 계상하게 되는 것은?

① 선급비용의 과소 계상

② 미지급비용의 과소 계상

③ 장기매출채권을 유동자산으로 잘못 분류함

④ 매출채권에 대한 대손충당금의 과소 계상

04. 장부마감 전 발견된 다음 오류사항 중 당기순이익에 영향을 미치는 것은?

① 주식할인발행차금의 미상각

② 매도가능증권에 대한 평가손실 미계상

③ 재고자산에 대한 평가손실 미계상

④ 재해손실을 판매비와관리비로 계상

05. (주)한공의 외화매출 거래는 다음과 같다. 기말 재무상태표에 표시되는 외화외상 매출금과 손익계산서에 인식하는 외화환산손익은 얼마인가?

> • 7월 1일 : 미국에 있는 거래처에 상품을 US$1,000에 외상으로 판매하였다.
>   판매시점 환율은 US$1 = 1,000원이다.
> • 12월 31일 : 결산시점의 마감환율은 US$1 = 1,100원이다.

	외화외상매출금	외화환산손익
①	1,000,000원	외화환산손실 100,000원
②	1,000,000원	외화환산이익 100,000원
③	1,100,000원	외화환산손실 100,000원
④	1,100,000원	외화환산이익 100,000원

06. 다음은 (주)한공의 수정전 잔액시산표와 결산 후 재무상태표이다. (가)와 (나)의 금액으로 옳은 것은?

자료 1. 수정 전 잔액시산표

㈜한공　　　　　　　　　　　20x1년 12월 31일 현재　　　　　　　　　(단위 :원)

차변	계정과목	대변
⋮	⋮	
800,000	외상매출금	
	대손충당금	5,000
200,000	받을어음	
	대손충당금	3,000
⋮	⋮	⋮

자료 2. 매출채권 잔액에 대하여 대손추정율 2%의 대손충당금을 보충법으로 설정하다.

자료 3. 재무상태표

㈜한공　　　　　　　　　　　20x1년 12월 31일 현재　　　　　　　　　(단위 :원)

과　목	제4(당)기	
⋮		⋮
매 출 채 권	(가)	
		⋮
(대손충당금)	((나))	XXX
⋮		⋮

	(가)	(나)		(가)	(나)
①	980,000원	12,000원	②	980,000원	20,000원
③	1,000,000원	12,000원	④	1,000,000원	20,000원

07. 다음은 (주)한공의 수정 전 잔액시산표의 일부이다. 결산 정리사항에 따른 변동으로 옳은 것은?

잔액시산표

20x1년 12월 31일

㈜한공 (단위 : 원)

차변	계정과목	대변
	이자수익	100,000
80,000	소모품비	
⋮	⋮	⋮

[결산 정리사항]
- 이자 미수액: 20,000원
- 소모품 미사용액: 30,000원 (구입 시 전액 비용처리됨)

① 이자수익이 100,000원 증가한다.　　　② 소모품비가 80,000원 감소한다.

③ 미수수익이 20,000원 감소한다.　　　④ 자산이 50,000원 증가한다.

08. 다음은 (주)한공의 보험료 관련 자료이다. 결산수정분개를 누락한 결과가 재무제표에 미치는 영향으로 옳은 것은? (월할계산 가정)

8월 1일	업무용 건물에 대한 1년분 화재 보험료 720,000원을 현금으로 지급하고, 전액 선급 비용(자산)으로 처리하였다.
12월 31일	결산 시 보험료에 대한 결산수정분개를 누락하였다

① 손익계산서에 보험료 420,000원이 과소계상된다.

② 손익계산서의 영업이익이 300,000원이 과대계상된다.

③ 재무상태표에 유동부채 300,000원이 과소계상된다.

④ 재무상태표에 유동자산 420,000원이 과대계상된다.

09. 다음은 (주)한공의 20x1년도 회계처리 내역이다. 이에 대한 기말 수정분개 후의 설명으로 옳지 않은 것은?

- 5월 1일 1년분 임대료 12,000원을 현금으로 받고 전액 수익 처리하였다.
- 10월 1일 2년분 보험료 24,000원을 현금으로 지급하고 전액 비용 처리하였다.

① 손익계산서에 표시되는 임대료수익은 8,000원이다.

② 재무상태표에 표시되는 선수임대료는 8,000원이다.

③ 손익계산서에 표시되는 보험료는 3,000원이다.

④ 재무상태표에 표시되는 선급보험료는 21,000원이다.

10. 다음은 (주)한공의 20x1년 12월 31일 결산조정 전 잔액시산표와 결산조정 후 비품과 이자수익 관련계정이다.

자료 1. 결산조정 전 잔액시산표 / 20x1년 12월 31일

㈜한공   (단위 :원)

차변	계정과목	대변
	⋮	
10,000	비 품	
	비품감가상각누계액	1,000
	⋮	
	이 자 수 익	2,000
	⋮	

자료 2. 결산조정 후 비품과 이자수익 관련계정

비품

1/1 기초	10,000원	12/31 차기이월	10,000원

비품감가상각누계액

12/31 차기이월	3,000원	1/1 기초	1,000원
		12/31 감가상각비	2,000원

이자수익

12/31 손익	7,000원	6/30 현금	2,000원
		12/31 미수수익	5,000원

미수수익

12/31 이자수익	5,000원	12/31 차기이월	5,000원

결산조정 후 재무제표에 대한 내용으로 잘못된 것은?(단, 제시된 자료 외에는 고려 하지 아니한다)

① 재무상태표상 비품의 장부금액(취득가액-감가상각누계액)은 8,000원이다.

② 재무상태표상 미수수익은 5,000원이다.

③ 손익계산서상 이자수익은 7,000원이다.

④ 손익계산서상 감가상각비는 2,000원이다

주관식

01. 도매업을 영위하는 ㈜한공의 다음 자료로 판매비와관리비를 계산하면 얼마인가?

• 재고자산 매입 시 운반비	20,000원
• 종업원 작업복 구입비	100,000원
• 업무용 차량에 대한 자동차세	30,000원
• 은행 차입금에 대한 이자	80,000원

02. ㈜한공의 결산 결과 당기순이익이 545,000원으로 산출되었다. 그러나 외부감사 과정에서 다음의 기말수정사항이 누락되었음이 확인되었다. 누락된 수정사항을 고려한 올바른 당기순이익은?

• 미지급급여	12,000원	• 선수임대료	22,000원
• 미수이자	15,000원	• 선급보험료	8,000원

03. 기말 수정분개 후 당기순이익은 얼마인가?

가. 수정 전 당기순이익: 500,000원
나. 기말 수정사항

• 미지급이자	30,000원	• 임대료선수분	20,000원
• 보험료선급분	5,000원	• 미수이자	50,000원

04. 도·소매업을 영위하고 있는 ㈜한공의 20x1년 결산 전 매출액이 20,000,000원일 때, 아래 결산사항을 반영한 올바른 매출액은 얼마인가?

• 아래 금액은 모두 판매금액이다.
• 20x1년 12월 10일 도착지 인도조건으로 판매한 운송중인 상품 500,000원이 매출에 계상되지 않았다.
• 20x1년 말 수탁자에게 인도한 상품 800,000원 중 500,000원이 판매되었음을 확인하였다.
• 20x1년에 판매한 상품권 2,000,000원 중 1,000,000원이 상품 판매로 인해 회수되었음을 확인하였다.

05. 다음 상황에 따라 (주)한공이 20x1년에 인식할 수익은 얼마인가?

> • (주)한공은 20x1년 초에 액면금액 10,000원의 상품권 100매를 1매당 9,000원에 할인발행하였
> 으며, 20x1년 말까지 상품권은 70매가 사용되었다.

06. (주)한공은 결산 마감 전 다음 사항을 발견하였다. 수정 전 당기순이익이 1,000,000원일 경우 수정
후 당기순이익은 얼마인가?

• 재고자산 매입거래 중복입력으로 인한 과대계상	500,000원
• 담당자 실수로 인한 감가상각비 과대계상	300,000원
• 당기분 이자비용 관련 미지급비용 회계처리 누락	200,000원

🔑 분개

1. (차) 임차료(판) 1,650,000 (대) 보통예금(국민은행) 1,650,000

2. (차) 기부금 3,000,000 (대) 제품(타계정대체) 3,000,000

3. (차) 외화단기차입금(ABC) 14,700,000 (대) 보통예금(외환은행) 15,375,000
   외환차손 675,000

   ☞ 외환단기차입금=$15,000×980원(전기 12.31), 보통예금=$15,000×1,025원(당기 5.26)

4. (차) 외화환산손실 17,500,000 (대) 장기차입금(BLUE) 17,500,000

   ☞ 손실: US$50,000 × (1,350원 – 1,000원) = 17,500,000원

5. (차) 외화환산손실 1,600,000 (대) 외상매출금(Bong-AF) 1,600,000

   ☞ 외화환산손실=$40,000×(1,010-1,050)=손실 1,600,000원

6. (차) 퇴직급여(제) 10,233,328 (대) 퇴직급여충당부채 33,477,768
   퇴직급여(판) 23,244,440

계정과목	퇴직급여추계액(A)	설정전 퇴직급여충당부채(B)	당기설정 퇴직급여(A-B)
관 리 부	33,444,440	10,200,000	23,244,440
생 산 부	34,533,328	24,300,000	10,233,328

7. (차) 선급비용 1,000,000 (대) 보험료(판) 1,000,000

   ☞ 보험료 미경과분(선급비용)= 2,400,000원 × 5개월/12개월 = 1,000,000원

🔑 객관식

1	2	3	4	5	6	7	8	9	10			
①	①	④	③	④	④	④	②	②	①			

[풀이-객관식]

01 재화의 판매로 인한 수익은 **통상적으로 위험과 보상이 이전되는 재화의 인도시점에 인식**한다.

02 구입 시 비용 처리한 미사용소모품에 대한 올바른 분개는 다음과 같으며, 해당 분개를 누락하면 자산이 과소계상된다.

(차)소모품(자산)　　　　　　　　XXX　　　(대)소모품비　　　　　　　XXX

03 ① 선급비용의 과소 계상: 유동자산의 과소 계상, 자본의 과소 계상

② 미지급비용의 과소 계상: 유동부채의 과소 계상, 자본의 과대 계상

③ 장기매출채권을 유동자산으로 잘못 분류: 유동자산의 과대 계상, 자본에 영향 없음

④ 매출채권에 대한 대손충당금의 과소 계상: 유동자산의 과대 계상, 자본의 과대 계상

04 **재고자산평가손실은 매출원가**로 당기손익에 영향을 미친다.

05 외화외상매출금은 화폐성 항목이므로 기말 마감환율로 환산하여 기말 재무상태표에 표시한다. 따라서 「US\$1,000×1,100원＝1,100,000원」이 외화외상매출금으로 표시되고, 100,000원은 외화환산이익이 된다.

06 결산일 현재 매출채권 금액＝외상매출금 금액＋받을어음 금액＝1,000,000원

매출채권에 대한 대손충당금＝매출채권 금액(1,000,000원)×대손추정율(2%)＝20,000원

07 이자수익 미수분 계상 :

(차) 미수수익　20,000(자산 증가) (대) 이자수익　　20,000(수익 증가)

소모품의 미사용분 계상 :

(차) 소모품　　30,000(자산 증가) (대) 소모품비　　30,000(비용 감소)

결산 정리에 따른 자산 증가액 : 미수수익 20,000원＋소모품 30,000원＝50,000원

08 누락된 결산수정분개: (차) 보험료　　300,000원　　(대) 선급비용　　　　　300,000원

보험료(판매비와관리비) 300,000원이 과소계상되어 영업이익이 300,000원 과대계상되고, 선급비용(유동자산) 300,000원이 과대계상된다.

09 〈임대료수익에 대한 회계처리〉

20x1. 5. 1. (차) 현금	12,000원	(대) 임대료수익	12,000원
20x1.12.31. (차) 임대료수익	4,000원	(대) 선수임대료	4,000원

〈보험료(2년분)에 대한 회계처리〉

20x1.10. 1. (차) 보험료	24,000원	(대) 현　금	24,000원
20x1.12.31. (차) 선급보험료	21,000원	(대) 보험료	21,000원

10 비품의 장부금액＝취득가액(10,000) − 감가상각누계액(3,000) ＝ 7,000원

⛶ 주관식

01	130,000	02	534,000	03	505,000
04	21,500,000	05	630,000	06	600,000

[풀이-주관식]

01. 판매비와관리비: 종업원 작업복(복리후생비) + 자동차세(세금과공과)

= 100,000원 + 30,000원 = 130,000원

재고자산 매입 운반비는 취득원가에 가산하고, 은행차입금 이자는 영업외비용

02.

1. 수정전 당기순이익	545,000					
① 급여미지급분	-12,000	(차) 급 여	xx	(대) 미지급비용	xx
② 선수임대료	-22,000	(차) 임대료	xx	(대) 선수수익	xx
③ 미수이자	15,000	(차) 미수수익	xx	(대) 이자수익	xx
④ 선급보험료	8,000	(차) 선급비용	xx	(대) 보 험 료	xx
2. 수정후 당기순이익	534,000					

03.

1. 수정전 당기순이익	500,000					
① 미지급이자	-30,000	(차) 이자비용	xx	(대) 미지급이자	xx
② 임대료 선수분	-20,000	(차) 수입임대료	xx	(대) 선수수익	xx
③ 보험료 선급분	+5,000	(차) 선급비용	xx	(대) 보험료	xx
④ 미수이자	+50,000	(차) 미수수익	xx	(대) 이자수익	xx
2. 수정후 딩기순이익	505,000					

04.

미반영사항 반영 전 매출액	20,000,000원	
도착지 인도조건 매출	-	운송중이므로 미포함
수탁자가 판매한 매출	500,000원	수탁자가 판매시 수익 인식
상품권 매출	1,000,000원	물품을 판매하고 상품권을 회수시 수익 인식
미반영사항 반영 후 매출액	21,500,000원	

05. 20x1년 수익 = 9,000원 × 70매(사용) = 630,000원

상품권 판매로 인한 수익은 **고객이 사용한 상품권 매수에 대한 순현금유입액**이다

06. 수정전 당기순이익(1,000,000원) - 재고자산 과대계상(500,000원) + 감가상각비 과대계상(300,000원)

- 미지급비용 누락(200,000원) = 600,000원(수정후 당기순이익)

Chapter 08

회계변경, 내부통제

NCS회계 - 4   결산관리

제1절   회계변경의 의의

인정된 회계기준 ⇨ 인정된 회계기준으로 변경

회계변경이란 기업의 경제적 환경변화에 따라 과거에 채택하였던 **회계정책이나 회계적 추정치를 변경**하는 것을 말한다.

이러한 회계변경으로 인하여 회계정보의 **기간별비교가능성(일관성)을 훼손**할 수 있으므로 회계변경으로 인한 영향을 정보이용자들에게 충분히 공시할 필요가 있다.

따라서 회계변경을 하는 **기업은 반드시 정당성을 입증하여야 한다.** 즉 회사에게 책임을 지운 것은 회계변경의 남용을 방지하기 위함이다.

그러나 회계기준의 변경으로 인하여 회계변경시에는 기업이 변경의 정당성을 입증할 필요가 없으나, **세법의 개정으로 세법규정을 적용하여 회계변경시에는 이를 정당한 회계변경으로 보지 않는다. 또한 이러한 회계변경과 오류수정사항은 주석에 공시하여야 한다.**

〈정당한 사유〉

	정당한 사유	입증책임
비자발적	기업회계기준의 변경 **(세법의 변경은 정당한 사유가 아니다)**	–
자발적	1. 기업환경의 중대한 변화(예 : 합병) 2. 업계의 합리적인 관행 수요	회사

제2절 회계변경의 유형

1. 회계정책의 변경

정책의 변경이란 재무보고에 적용하던 회계정책을 다른 회계정책으로 바꾸는 것을 말한다. 즉 일반적으로 **인정된 회계기준(원칙)에서 다른 인정된 회계기준(원칙)으로 변경**하는 것을 말한다.

이는 여러 대체적 방법(기업회계기준에서 인정된)이 있을 때의 문제를 말한다.

> 1. 재고자산의 평가방법의 변경(예 : 선입선출법에서 평균법으로 변경외)
> 2. 유가증권의 취득단가 산정방법(예 : 총평균법에서 이동평균법으로 변경외)
> 3. 표시통화의 변경
> 4. 유형자산의 평가모형(예 : 원가법에서 재평가모형으로 변경)

2. 회계추정의 변경

추정의 변경이란 기업환경의 변화, 새로운 정보의 획득 또는 경험의 축적에 따라 지금까지 사용해오던 **회계적 추정치의 근거와 방법을 바꾸는 것**을 말한다.

회계추정은 발생주의 회계에 필연적으로 수반되는 과제이다. 추정은 불확실하고 불완전한 정보 하에서 이루어지고 또한 주관적 판단이 개입된다.

> 1. 유형자산의 내용연수/잔존가치 변경 또는 감가상각방법 변경
> 2. 채권의 대손설정률 변경
> 3. 제품보증충당부채의 추정치 변경
> 4. 재고자산의 순실현가능가액

3. 회계변경으로 보지 않는 사례

> 1. 중요성의 판단에 따라 일반기업회계기준과 다르게 회계처리하던 항목들의 중요성이 커지게 되어 일반기업회계기준을 적용하는 경우(품질보증비용: 지출시점비용에서 충당부채설정법을 적용시)
> 2. 과거에는 발생한 경우가 없는 새로운 사건이나 거래에 대하여 회계정책을 선택/회계추정을 하는 경우

제3절 회계변경의 회계처리

회계변경을 처리하는 방법으로는 이론적으로 **소급법, 당기일괄처리법, 전진법**이 있다.

1. 소급법

소급법이란 변경연도 기초시점에서 자산과 부채에 미친 **회계변경의 누적효과**를 계산하여 기초이익잉여금을 수정하고, 이와 관련된 자산과 부채를 소급적으로 수정하는 방법을 말한다.

여기서 **회계변경의 누적효과란 관련 자산·부채에 대하여 새로운 방법(변경된 방법)을 처음부터 적용했다고 가정할 경우 변경연도의 기초시점까지 계상될 장부금액과 종전방법에 의해 실제 장부금액과의 차액**을 말한다.

정액법(취득가액 50,000원, 기초감가상각누계액 10,000원)으로 감가상각을 하던 중 정률법(취득가액 50,000원, 기초감가상각누계액 15,000원)으로 회계추정의 변경시 누적효과는 유형자산의 장부가액 차이인 5,000원을 말한다.

소급법에서는 비교재무제표를 재작성해야 하므로 기간별 비교가능성을 확보할 수 있다.

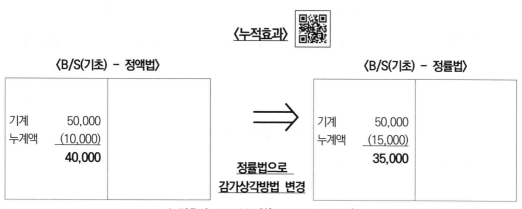

〈누적효과〉

〈B/S(기초) – 정액법〉	〈B/S(기초) – 정률법〉
기계 50,000 누계액 (10,000) **40,000**	기계 50,000 누계액 (15,000) **35,000**

정률법으로
감가상각방법 변경

누적효과: △5,000원(35,000-40,000)

누적효과=변경 후 방법에 의한 기초 이익잉여금-변경 전 방법에 의한 기초이익잉여금

---

2. 당기일괄처리법

당기일괄처리법은 변경연도의 기초시점에서 자산과 부채에 미친 누적효과를 계산하여 이를 **변경한 연도의 손익으로 보고 일괄적으로 관련 자산·부채를 수정하는 방법**이다. 이 방법은 비교재무제표를 작성할 필요가 없으므로 기간별 비교가능성을 저해한다.

3. 전진법

전진법은 **회계변경 누적효과를 계산하지 않고,** 또한 반영하지 않으며 과거연도의 재무제표도 재작성하지 않고, **회계변경 효과를 당기 및 그 후속기간에만 영향을 미치게 하는 방법**이다.

이러한 전진법은 과거 재무제표에 대한 신뢰성을 확보할 수 있으며 실무적으로 간편하다는 장점이 있다.

위의 예에서 각 방법에 의하여 회계처리를 해보면 다음과 같다.

	회계처리(누적효과에 대한 처리)			
소급법	(차) 이익잉여금 (회계변경누적효과)	5,000원	(대) 감가상각누계액	5,000원
당기일괄처리법	(차) 회계변경누적효과(영·비)	5,000원	(대) 감가상각누계액	5,000원
전진법		–		

〈회계처리방법 요약〉

처리방법	소급법	당기일괄처리법	전진법
시제	과거	현재	미래
누적효과	**계산**		**계산안함**
	이월이익잉여금	**당기손익**	
전기재무제표	재작성	작성안함(주석공시)	해당없음
강조	비교가능성	–	신뢰성

4. 기업회계기준상 회계처리

1. 정책의 변경	원칙	**소급법**	
	예외	전진법(누적효과를 계산할 수 없는 경우)	
2. 추정의 변경	**전진법**		
3. 동시발생	1. 누적효과를 구분할 수 있는 경우	정책의 변경에 대하여 소급법 적용 후 추정의 변경에 대해서 전진법 적용	
	2. 구분할 수 없는 경우	전체에 대하여 전진법 적용	

제4절 오류수정

잘못된 회계기준 ⇨ 인정된 회계기준으로 변경

---

1. 오류의 의의

오류란 경제적 사건이나 거래를 인식 또는 측정하는 과정에서 사실을 잘못 적용한 것을 말한다. 오류는 계산상의 착오, 회계기준의 잘못된 적용, 사실판단의 잘못이나 부정·과실 또는 사실의 누락 등으로 인해 발생한다.

2. 오류의 유형

(1) 당기순이익에 영향을 미치지 않는 오류

이는 계정과목 분류상의 오류로 재무상태표 또는 손익계산서에만 영향을 주는 오류로 분류할 수 있고, 이러한 오류는 수정분개를 통하여 올바른 계정으로 대체하면 된다.

(2) 당기순이익에 영향을 미치는 오류

① 자동조정오류

전기에 발생한 오류를 수정하지 않더라도, 오류의 반대작용으로 인하여 당기에 자동적으로 수정되는 오류를 말한다.

x1년 기말재고를 80,000원으로 오류로 계상한 경우 x2년 기말 재고자산을 정확하게 계상하면 매출원가는 x1년에 20,000원 과대되나, x2년에는 20,000원 과소되어 2개년에 걸쳐 오류로 인한 손익의 효과가 두 회계기간에 걸쳐 서로 상쇄되는 오류이다.

	정당		오류	
	x1년	x2년	x1년	x2년
기초재고	50,000	100,000	50,000	80,000
당기매입액	500,000	600,000	500,000	600,000
기말재고	100,000(정당)	150,000	80,000(오류)	150,000
매출원가	450,000	550,000	470,000	530,000
	1,000,000		1,000,000	

- 손익의 결산정리사항(선급비용, 선수수익, 미수수익, 미지급비용)
- 재고자산의 과대, 과소 계상
- 매출액과 매입액의 기간 구분 오류

② 비자동조정오류

비자동적오류란 2개의 회계연도가 지나도 자동적으로 조정되지 않은 오류이다. 이러한 오류는 재무상태표의 자산가액을 적정한 가액으로 수정하고 오류발견시까지의 손익의 차이를 손익계산서나 재무상태표에 반영하여야 한다.
- 자본적지출과 수익적지출의 구분 오류
- 감가상각비 과소(대) 계상

3. 오류의 회계처리

오류수정은 당기 손익계산서에 영업외손익(전기오류수정손익)으로 보고하는 데, 다만 **중대한 오류는 소급법으로 처리**한다.

여기서 중대한 오류라 함은 재무제표의 **신뢰성을 심각하게 손상할 수 있는 매우 중요한 오류**를 말한다.

	중대한 오류	중대하지 아니한 오류
회계처리	**소급법** (이월이익잉여금-전기오류수정손익)	**당기일괄처리법** (영업외손익-전기오류수정손익)
비교재무제표	재작성(주석공시)	해당없음(주석공시)

제5절 내부통제

1. 내부통제제도

1. 정의	① 재무보고의 신뢰성 ② 경영의 효과성 및 효율성 ③ 법규준수 등의 설계, 실행, 유지되고 있는 절차
2. 구성요인	① 통제환경　　③ 통제활동　　⑤ 모니터링 ② 위험평가　　④ 정보 및 의사소통
3. 경영진책임	경영진이 필요하다고 결정한 내부통제에 대해서는 경영진에게 책임존재
4. 내부통제의 한계	① 의사결정시 판단이 잘못될 가능성 및 인적오류 ② 2명이상이 공모 ③ 경영진이 내부통제를 무시

2. 내부회계관리제도

1. 범위	**재무제표의 신뢰성 확보를 목적**으로 하며 여기에 자산의 보호 및 부정방지 프로그램이 포함된다. ☞ 내부회계관리제도는 내부통제제도의 일부분으로 운영된다.
2. 운영주체	① 이사회 : 경영진이 설계·운영하는 **내부회계관리제도 전반에 대한 감독책임**을 진다. ② 감사 또는 감사위원회 : 경영진과는 **독립적으로 내부회계관리제도에 대한 평가 기능**을 수행→운영실태를 평가하고 그 결과를 이사회에 보고하여 문제점을 시정하게 한다. ③ 경영진 : **경영진(대표이사)는 내부회계관리제도의 설계 및 운영에 대한 최종 책임을 지며, 내부회계관리제도의 운영을 담당할 내부회계관리자를 지정한다.**
3. 설계 및 운영	① 통제환경 : 조직단위별로 통제에 관한 역할과 책임을 적절히 부여 ② 위험평가 : 위험을 식별하고 지속적으로 평가하는 공식적인 체계 구축필요 ③ 통제활동 ; 통제목적에 따라 유형 및 세부 운영수준을 달리하여 통제활동을 설계 ④ 정보 및 의사소통 : 임직원/외부이해관계자와의 의사소통 경로 마련 ⑤ 모니터링 : 정기적이고 독립적인 상시 모니터링체제 구축

 객관식

01. 다음 중 회계변경의 유형이 다른 것은?

① 전액 회수할 것으로 평가한 매출채권을 일부만 회수할 것으로 변경

② 감가상각방법을 정률법에서 정액법으로 변경

③ 재고자산의 원가결정방법을 선입선출법에서 총평균법으로 변경

④ 유형자산의 잔존가치를 500,000원에서 1,000,000원으로 변경

02. 다음 중 회계변경과 오류수정에 대한 설명으로 옳은 것은?

① 회계추정의 변경은 소급법으로 처리하고 회계정책의 변경은 전진법으로 처리한다.

② 감가상각 대상자산의 내용연수 변경은 회계정책의 변경이다.

③ 현금주의로 회계처리 한 것을 발생주의로 변경하는 것은 회계추정의 변경이다.

④ 회계정책의 변경효과와 회계추정의 변경효과를 구분하기 불가능한 경우에는 회계추정의 변경으로 본다.

03. 다음 중 회계변경과 오류수정에 대한 설명으로 옳지 않은 것은?

① 재고자산평가방법의 변경은 회계정책의 변경에 해당한다.

② 회계추정의 변경은 전진적으로 처리하여 그 효과를 당기와 당기 이후의 기간에 반영한다.

③ 회계정책의 변경효과와 회계추정의 변경효과로 구분하기가 불가능한 경우에는 이를 회계정책의 변경으로 본다.

④ 감가상각방법의 변경은 회계추정의 변경에 해당한다.

04. 다음 중 회계변경과 오류수정에 관한 설명으로 옳지 않은 것은?

① 회계정책의 변경은 전진적으로 처리하고 회계추정의 변경은 소급적용한다.

② 단순히 세법의 규정을 따르기 위한 회계변경은 회계변경으로 보지 않는다.

③ 회계변경은 회계정보의 비교가능성을 훼손할 수 있으므로 회계변경을 하는 기업은 회계 변경의 정당성을 입증하여야 한다.

④ 회계변경의 속성상 그 효과를 회계정책의 변경효과와 회계추정의 변경효과로 구분하기 불가능한 경우에는 이를 회계추정의 변경으로 본다.

05. 다음 중 회계추정의 변경에 해당하지 않는 것은?

① 차량운반구의 내용연수를 5년에서 7년으로 변경하였다.

② 비품의 감가상각방법을 정률법에서 정액법으로 변경하였다.

③ 기계장치의 잔존가치를 100,000원에서 200,000원으로 변경하였다.

④ 재고자산 원가흐름의 가정을 후입선출법에서 선입선출법으로 변경하였다.

06. 다음 중 회계정책의 변경에 해당하는 것은?

① 유형자산 감가상각방법을 정액법에서 정률법으로 변경

② 재고자산 평가방법을 선입선출법에서 총평균법으로 변경

③ 유형자산 내용연수를 5년에서 10년으로 변경

④ 유형자산 잔존가치를 취득원가의 10%에서 5%로 변경

07. (주)한공은 기말 결산시 다음과 같은 회계오류를 발견하였다. 회계연도 말 비유동자산과 자본을 모두 과대계상하게 되는 오류는 무엇인가?

① 건물에 대한 감가상각비 과소계상

② 매출채권에 대한 대손충당금 과대계상

③ 기말 재고자산의 과대계상

④ 미지급비용의 과소계상

08. 장부마감 전 발견된 다음 오류사항 중 당기순이익에 영향을 미치는 것은?

① 주식할인발행차금의 미상각

② 매도가능증권에 대한 평가손실 미계상

③ 재고자산에 대한 평가손실 미계상

④ 재해손실을 판매비와관리비로 계상

09. 회계정책의 변경에 관한 설명 중 옳지 <u>않은</u> 것은?

① 일반기업회계기준에서 회계정책의 변경을 요구하는 경우 회계정책을 변경할 수 있다.

② 회계정책의 변경을 반영한 재무제표가 거래, 기타 사건 또는 상황이 재무상태, 재무성과 또는 현금흐름에 미치는 영향에 대하여 신뢰성 있고 더 목적적합한 정보를 제공하는 경우 회계정책을 변경할 수 있다.

③ 비교재무제표상의 최초 회계기간 전의 회계기간에 대한 수정사항은 비교재무제표 상 최초회계기간의 자산, 부채 및 자본의 기초금액에 반영한다.

④ 회계정책의 변경에 따른 누적효과를 합리적으로 결정하기 어려운 경우에는 변경된 새로운 회계정책은 소급하여 반영하도록 한다.

10. 내부통제제도의 목적으로 옳지 <u>않은</u> 것은?

① 기업운영의 효율성 및 효과성 확보

② 재무정보의 신뢰성 확보

③ 우수한 신용등급 유지

④ 관련 법규 및 정책의 준수

11. 내부통제제도에 관한 설명으로 옳지 <u>않은</u> 것은?

① 내부통제제도는 기업운영의 효율성과 효과성을 확보하기 위해 운영한다.

② 내부통제제도는 회사의 이사회와 경영진에 의해서만 실행된다.

③ 내부통제제도는 회사가 정확하고 신뢰할 수 있는 재무정보의 작성 및 보고체계를 유지하고 있음을 확인하기 위해 운영한다.

④ 내부통제제도는 회사의 모든 활동이 관련법규, 감독규정, 내부정책 및 절차를 준수하고 있음을 확인하기 위해 운영한다.

12. 내부통제제도 및 내부회계관리제도에 관한 설명으로 옳지 <u>않은</u> 것은?

① 내부통제제도는 내부회계관리제도의 일부분으로 운영된다.

② 내부회계관리제도는 재무정보의 신뢰성 확보를 목적으로 한다.

③ 내부통제제도는 직원의 위법행위를 신속히 발견할 수 있게 한다.

④ 내부회계관리제도의 부정방지프로그램은 부정을 예방하고 적발하는 체계를 포함한다.

13. 다음 (가)와 (나)에 들어갈 내용으로 옳은 것은?

> 회사의 (**가**)는(은) 효과적인 내부회계관리제도의 설계 및 운영에 대한 최종 책임을 지며, 내부회계관리제도 운영을 담당할 (**나**)를(을) 지정한다.

	(가)	(나)		(가)	(나)
①	대표이사	외부감사인	②	내부회계관리자	내부감사
③	내부회계관리자	외부감사인	④	대표이사	내부회계관리자

14. 효과적인 내부회계관리제도에 대한 설명으로 옳지 않은 것은?

① 기업운영의 효율성 및 효과성이 확보된다.

② 재무정보의 신뢰성이 확보된다.

③ 관련 법규 및 정책이 준수된다.

④ 내부회계관리제도 운영을 외부 회계감사인에게 위탁하는 것이 효과적이다.

15. 정보시스템으로부터 산출되는 정보가 효과적으로 내부회계 관리제도를 지원하기 위해서 필요한 요건이 아닌 것은?

① 정보가 관련 의사결정 목적에 부합하여야 한다.

② 정보가 적시에 사용 가능하여야 한다.

③ 정보가 공식적이어야 한다.

④ 관련 정보에 대한 접근이 용이하여야 한다.

16. 다음 중 내부회계관리제도에 대한 설명으로 옳지 않은 것은?

① 기업은 내부고발자를 보호하는 프로그램을 갖추어야 한다.

② 외부에 공시되는 재무제표의 신뢰성 확보를 주된 목적으로 한다.

③ 회계감사를 수행하는 외부감사인이 따라야 할 감사절차를 규정하고 있다.

④ 재고자산이 보관된 창고에 대한 물리적 접근을 통제하는 것도 내부회계관리제도 범위에 포함된다.

17. 다음은 (주)한공의 회계담당자간 대화이다. 아래의 (가), (나)에 들어갈 내용으로 옳은 것은?

> • A직원 : 금년에 재고자산의 단위당 원가가 전년도에 비하여 상승한 이유가 있나요?
> • B직원 : 재고자산 평가방법을 올해부터 총평균법에서 선입선출법으로 변경하였기 때문입니다.
> • A직원 : 변경으로 인한 효과를 어떻게 처리해야 하나요?
> • B직원 : 재고자산 평가방법의 변경은 (가)에 해당하므로 그 변경효과를 (나)적용하는 것이 원칙입니다.

※ 1차 저작권자의 저작권 침해 소지가 있어 삽화 삽입은 어려우니 양해바랍니다.

	(가)	(나)		(가)	(나)
①	회계정책의 변경	전진적으로	②	회계추정의 변경	전진적으로
③	회계정책의 변경	소급하여	④	회계추정의 변경	소급하여

 주관식

01. 다음에서 설명하고 있는 기업 내 제도는 무엇인가?

> • 재고자산이 보관되어 있는 창고에 대한 물리적인 접근을 통제하고, 주기적으로 재고 실사를 수행한다.
> • 일정 금액 이상의 지출에 대하여 회계담당자와 준법감시인의 승인을 받도록 한다.
> • 내부고발제도 및 내부고발자 보호프로그램을 운영한다.

02. 다음에서 설명하고 있는 (가)는(은) 무엇인가?

> (가)는(은) 내부통제제도의 일부분으로 회사의 재무제표가 일반적으로 인정되는 회계 처리기준에 따라 작성 공시되었는지에 대한 합리적 확신을 제공하기 위해 설계 운영 되는 것이고, 회사의 이사회와 경영진을 포함한 모든 구성원들에 의해 지속적으로 실행되는 과정을 의미한다.

03. 다음에서 설명하고 있는 내부통제제도의 구성요소는 무엇인가?

> 조직 구성원이 책임을 적절하게 수행할 수 있도록 시의적절한 정보를 확인·수집할 수 있게 지원하는 절차와 체계를 의미하며, 정보의 생성·집계·보고체계, 의사소통의 체계 및 방법 등이 포함된다.

04. 다음 설명과 관련 있는 내부통제의 구성요소는 무엇인가?

> • 조직 구성원이 이사회와 경영진이 제시하는 경영방침이나 지침에 따라 업무를 수행할 수 있도록 마련된 정책 및 절차를 의미한다.
> • 업무의 분장, 문서화, 승인 · 결재체계, 자산의 보호 체계 등을 포함한다.

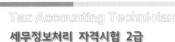

Tax Accounting Technician
세무정보처리 자격시험 2급

🗝️ 객관식

1	2	3	4	5	6	7	8	9	10	11	12	13	14	15
③	④	③	①	④	②	①	③	④	③	②	①	④	④	③

16	17
③	③

[풀이-객관식]

01 **재고자산의 원가결정방법**을 선입선출법에서 총평균법으로 변경하는 것은 **회계정책의 변경**이고, 그 이외의 것은 회계추정의 변경이다.

02 ① **회계추정의 변경은 전진법으로 처리**하고, **회계정책의 변경은 소급법**으로 처리한다.

　② 내용연수의 변경은 회계추정의 변경이다.

　③ **현금주의로 한 것을 발생주의로 변경하는 것은 오류수정**이다.

03 회계정책과 회계추정의 **변경효과를 구분하기 불가능한 경우는 회계추정의 변경**으로 본다.

04 **회계정책의 변경은 소급적용**하고 **회계추정의 변경은 전진적으로 처리**한다.

05 재고자신 원가흐름의 가정을 후입선출법에서 선입선출법으로 변경한 것은 회계정책의 변경에 해당한다.

06 재고자산 평가방법을 선입선출법에서 평균법으로 변경은 회계정책의 변경이고,

　유형자산 감가상각방법 변경, 내용연수 변경, 잔존가치 변경은 추정의 변경에 해당한다.

07 **자산과 자본은 비례관계**이다. 즉 **건물이 과대계상되면 자본이 과대계상**된다.

　건물에 대한 감가상각비 과소계상: 비유동자산(건물) 과대계상, 자본 과대계상

　매출채권에 대한 대손충당금 과대계상: 유동자산(매출채권) 과소계상, 자본 과소계상

　기말 재고자산의 과대계상: 유동자산(재고자산) 과대계상, 자본 과대계상

　미지급비용의 과소계상: 유동부채(미지급비용) 과소계상, 자본 과대계상

08 재고자산평가손실은 매출원가로 당기손익에 영향을 미친다.

09 회계정책의 변경에 따른 **누적효과를 합리적으로 결정하기 어려운 경우**에는 **회계변경을 전진적**으로 처리하여 그 **효과가 당기와 당기이후의 기간에 반영**되도록 한다.

10 내부통제제도의 세 가지 목적은 **기업운영의 효율성 및 효과성 확보(운영목적), 재무정보의 신뢰성 확보(재무보고목적), 관련 법규 및 정책의 준수(법규준수목적)**임

11 내부통제제도는 회사의 이사회, 경영진 및 기타 구성원에 의해 지속적으로 실행되는 일련의 과정이다.

12 **내부회계관리제도가 내부통제제도의 일부분으로 운영**된다.

13 회사의 (대표이사)는 효과적인 내부회계관리제도의 설계 및 운영에 대한 최종 책임을 지며, 내부회계 관리제도 운영을 담당할 (내부회계관리자)를 지정한다.

14 내부회계관리제도는 **조직 내 모든 구성원들에 의해 운영**되어야 한다.

15 정보는 회사의 규모 및 여건에 따라 공식적 또는 비공식적일 수 있다.

16 내부회계관리제도는 외부감사인이 따라야 하는 절차가 아니라, **기업 내부의 구성원들에 의하여 운영 되는 제도**이다.

17 **재고자산 평가방법의 변경은 (회계정책의 변경)에 해당하므로 그 변경효과를 (소급하여) 적용**하여야 한다.

🔑 주관식

| 01 | 내부회계관리제도 | 02 | 내부회계관리제도 | 03 | 정보 및 의사소통 |
| 04 | 통제활동 | | | | |

[풀이-주관식]

01 내부회계관리제도는 회사의 재무제표가 일반적으로 인정되는 회계처리기준에 따라 작성, 공시되었는 지에 대한 합리적 확신을 제공하기 위해 설계, 운영되는 내부통제제도의 일부분이다.

Part II
부가가치세

Log-In
Log-In

Chapter 01

기본개념, 과세거래외

NCS세무 - 3 부가가치세 신고

〈현행 부가가치세의 특징〉

구 분	내 용
일반소비세	모든 재화, 용역의 공급에 대하여 모두 과세한다.**(특정 재화는 개별소비세)** ☞개별소비세: 특정물품(주로 사치품)이나 특정장소(골프장 등)의 입장 및 특정장소에서의 영업행위에 대하여 부과하는 세금
소비형 부가가치세	소비지출에 해당하는 부가가치만을 과세대상으로 하고, 투자지출(자본재구입)에 해당하는 부가가치에 대해서는 과세하지 아니한다.
전단계 세액공제법	부가가치세법은 전단계세액공제법을 채택하고 있으므로 과세대상을 부가가치가 아니라 거래간의 매출과 매입의 차이에 과세하는 것으로 규정하고 있다.
간접세	납세의무자는 부가가치세법상 사업자 등이고 담세자는 최종소비자이다.
소비지국 과세원칙	현행 부가가치세법에서는 국가 간의 이중과세를 조정하기 위하여 소비지국과세원칙을 채택하고 있다(VS 생산지국 과세원칙).
면세제도 도입	세부담의 역진성을 완화하기 위하여 특정 재화 또는 용역의 공급에 대해서는 부가가치세 과세대상에서 제외시키는 면세제도를 두고 있다. ☞세부담 역진성: 소득이 낮은 사람이 세부담을 더 많이 지는 것을 의미한다.
다단계거래세	부가가치세는 재화와 용역의 생산과정에서 소비과정에 이르는 모든 유통단계에서 각 단계마다 과세하는 다단계거래세이다.

제1절 납세의무자

1. 납세의무자의 개요

부가가치세의 납세의무자는 사업자이고, 부가가치세의 부담은 최종소비자가 진다.

2. 사업자

(1) 사업자의 개념

부가가치세법상 납세의무는 사업자이다. 즉 사업자란 **영리목적의 유무에 불구(국가나 지방자치단체 등도 포함)**하고 사업상 독립적으로 재화 또는 용역을 공급하는 자이다.

 ㉠ **계속 반복적으로 재화나 용역을 공급**한다.
 ㉡ **사업이 독립성(인적, 물적)**이 있어야 한다.

(2) 사업자의 분류

유 형		구 분 기 준	부가가치세 계산구조	증빙발급
부가가치세법	일반 과세자	① 법인사업자	**매출세액 − 매입세액**	**세금계산서**
		② 개인사업자		
	간이 과세자	개인사업자로서 **직전 1역년의 공급대가가 8,000만원에 미달**하는 자	**공급대가×부가가치율 ×10%**	세금계산서[1] 또는 영수증
소득세법	면세 사업자	부가가치세법상 사업자가 아니고 소득세법(법인세법)상 사업자임.	납세의무 없음	계산서

[1]. 직전연도 공급대가 합계액의 4,800만원 이상의 간이과세자는 세금계산서를 발급해야 한다.

제2절 | 납세지(사업장별 과세원칙)

1. 납세지의 개념

납세지란 관할세무서를 결정하는 기준이 되는 장소를 말하며, 부가가치세법상 납세지는 사업장별로 판정한다. 사업자는 각 사업장별로 다음과 같은 납세의무의 이행을 하여야 한다.

① 사업자등록
② 세금계산서의 발급 및 수취
③ 과세표준 및 세액의 계산
④ 신고·납부·환급
⑤ 결정·경정 및 징수

☞ 결정 : 법인이 무신고시 과세관청이 납세의무를 확정하는 것
경정 : 법인이 신고한 금액에 오류가 있어 과세관청이 재확정하는 것

2. 사업장

(1) 사업장의 범위 : **업종별 특성을 이해하세요**

구 분	사 업 장
광 업	광업사무소의 소재지
제 조 업	**최종제품을 완성하는 장소**
건 설 업 · 운 수 업 과 부 동 산 매 매 업	① 법인 : **당해 법인의 등기부상 소재지**
	② 개인 : **업무를 총괄하는 장소**
부 동 산 임 대 업	**당해 부동산의 등기부상의 소재지**
수 자 원 개 발 사 업	그 사업에 관한 업무를 총괄하는 장소
무 인 자 동 판 매 기를 통 한 사 업	**그 사업에 관한 업무를 총괄하는 장소**
비 거 주 자 · 외국법인	국내사업장
기 타	사업장 외의 장소도 사업자의 신청에 의하여 사업장으로 등록할 수 있다. 다만, 무인자동판매기를 통한 사업의 경우에는 그러하지 아니하다.

(2) 특수한 경우의 사업장 여부

직 매 장	사업자가 자기의 사업과 관련하여 생산 또는 취득한 재화를 직접 판매하기 위하여 특별히 판매시설을 갖춘 장소를 직매장이라 하고, **직매장은 사업장에 해당한다.**
하 치 장	재화의 보관, 관리시설만을 갖춘 장소로서 사업자가 설치신고를 한 장소를 하치장이라 하며 **이러한 하치장은 사업장에 해당하지 않음**
임시사업장	기존사업장이 있는 사업자가 그 사업장 이외에 각종 경기대회·박람회·기타 이와 유사한 행사가 개최되는 장소에서 임시로 개설한 사업장을 말한다. **기존사업장에 포함된다.**

3. 주사업장 총괄납부 및 사업자단위과세

(1) 주사업장 **총괄납부**제도의 개념

한 사업자가 2 이상의 사업장을 가지고 있는 경우 원칙적으로 각 사업장별로 납세의무가 있다.

사업자는 주사업장 총괄납부신청에 의해 **각 사업자의 납부세액 또는 환급세액을 통산하여 주된 사업장에서 납부하거나 환급받을 수 있는데**, 이를 주사업장 총괄납부라 한다.

(2) 사업자 단위의 과세제도의 개념

2 이상의 사업장이 있는 사업자가 당해 사업자의 본점 또는 주사무소에서 **총괄하여 신고·납부할** 수 있다. 이 경우 당해 사업자의 본점 또는 주사무소는 신고·납부와 관련한 부가가치세법의 적용에 있어서 각 사업장으로 간주하므로 **납부 이외에 신고도 본점 또는 주사무소에서 총괄하여 처리할 수 있다는 점이 중요한 차이점**이다.

〈주사업장총괄납부와 사업자단위 과세의 비교〉

구 분	주사업장총괄납부	사업자단위과세
주사업장 또는 사업자단위과세사업장	– 법인 : 본점 또는 지점 – 개인 : 주사무소	– **법인 : 본점** – 개인 : 주사무소
효 력	– 총괄납부	– 총괄신고·납부 – 사업자등록, 세금계산서발급, 결정 등
	– **판매목적 타사업장 반출에 대한 공급의제 배제**	
신청 및 포기	– **계속사업자의 경우 과세기간 개시 20일전(승인사항이 아니다)**	

제3절 과세기간

1. 과세기간

부가가치세법상 과세기간은 원칙적으로 제1기(1.1~6.30), 제2기(7.1~12.31)로 나누어져 있다. 사업자는 **과세기간 종료일(폐업하는 경우에는 폐업일이 속하는 달의 말일)로부터 25일 이내에 과세기간의 과세표준과 세액을 신고·납부**를 해야 하는 데 이를 확정신고납부라고 한다.

구 분	과 세 기 간
일반사업자	(제1기) 1월 1일부터 6월 30일까지
	(제2기) 7월 1일부터 12월 31일까지
간이과세자	(제1기) 1월 1일부터 12월 31일까지
신규사업자	① 신규사업자의 경우 : 사업개시일 ~ 당해 과세기간의 종료일
	② 사업개시 전 등록의 경우 : 등록일(등록신청일) ~ 당해 과세기간의 종료일
폐 업 자	① 폐업자의 경우 : 당해 과세기간 개시일 ~ 폐업일
	② 사업개시 전에 등록한 후 사업을 미개시한 경우 : 등록일(등록신청일) ~ 사실상 그 사업을 개시하지 아니하게 되는 날

*1. 사업개시일

제조업	제조장별로 재화의 제조를 개시하는 날
광 업	사업장별로 광물의 채취·채광을 개시하는 날
기 타	재화 또는 용역의 공급을 개시하는 날

2. 예정신고기간

구 분	예정신고기간
일반사업자	(제1기) 1월 1일부터 3월 31일 까지
	(제2기) 7월 1일부터 9월 30일 까지
신규사업자	1) 신규사업자의 경우 : 사업개시일 ~ 예정신고기간 종료일
	2) 사업개시 전 등록의 경우 : 등록일(등록신청일) ~ 예정신고기간의 종료일

제4절 사업자등록

1. 사업자등록의 개념

사업자등록이란 부가가치세법상 납세의무자에 해당하는 사업자 및 그에 관련되는 사업내용을 관할세무관서의 대장에 수록하는 것을 말한다. 이는 사업자의 인적사항 등 과세자료를 파악하는데 적합한 사항을 신고하면 대장에 등재되고 사업자등록번호를 부여받게 된다.

〈사업자등록 미행시 불이익〉

1. 미등록가산세	**사업자등록신청일 전일까지의 공급가액에 대하여 1%**
2. 매입세액불공제	사업자등록 전 매입세액은 원칙적으로 공제받을 수 없다. 다만 과세기간이 끝난 후 20일 이내에 사업자 등록신청 시 해당 과세기간의 매입세액은 공제받을 수 있다. 따라서 사업자 등록 전에는 **대표자의 주민등록번호분으로 세금계산서를 발급**받아야 매입세액을 공제받을 수 있다.

☞ 사업자등록신청을 받은 세무서장은 그 신청내용을 조사한 후 **사업자등록증을 2일 이내에 신청자에게 발급**하여야 한다.

2. 사업자등록의 신청

사업자등록을 하고자 하는 자는 사업장마다 **사업개시일로부터 20일 이내**에 사업자등록신청서에 다음의 서류를 첨부하여 사업장 관할세무서장에게 등록하여야 한다.

구 분	첨부서류	예 외
법 인	법인 등기부 등본	사업개시 전 등록 : 법인설립 등기 전에 등록시 발기인의 주민등록등본
법령에 의하여 허가를 받거나 등록 또는 신고를 하여야 하는 사업의 경우	사업허가증사본 · 사업등록증사본 또는 신고필사본	사업개시 전 등록 : 사업허가신청서 사본, 사업등록신청서 사본, 사업계획서
사업장을 임차한 경우	임대차계약서사본	

3. 사업자등록의 사후관리

(1) 사업자등록증의 정정신고 및 재교부

사업자가 다음에 해당하는 경우에는 지체 없이 사업자등록정정신고서에 사업자등록증 및 임차한 상가건물의 해당 부분의 도면(임대차의 목적물 또는 그 면적의 변경이 있거나 상가건물의 일부분을 임차 갱신하는 경우에 한함)을 첨부하여 관할세무서장에게 제출하며, 사업자등록의 정정신고를 받은 세무서장은 법정기한 내에 경정내용을 확인하고 사업자등록증의 기재사항을 정정하여 등록증을 재교부한다.

사업자등록 정정사유	재교부기한
∴ 상호를 변경하는 때	당일
∴ 법인 또는 국세기본법에 의하여 법인으로 보는 단체 외의 단체 중 소득세법상 1거주자로 보는 단체의 대표자를 변경하는 때	2일 이내
∴ **상속(증여는 폐업사유임)**으로 인하여 사업자의 명의가 변경되는 때	
∴ 임대인, 임대차 목적물·그 면적, 보증금, 차임 또는 임대차기간의 변경이 있거나 새로이 상가건물을 임차한 때	
∴ 사업의 종류에 변동이 있는 때	
∴ 사업장(사업자 단위 신고·납부의 경우에 종된사업장 포함)을 이전하는 때	
∴ 공동사업자의 구성원 또는 출자지분의 변경이 있는 때	
∴ 사업자 단위 신고·납부의 승인을 얻은 자가 총괄사업장을 이전 또는 변경하는 때	

(2) 휴업·폐업 등의 신고

사업자가 휴업 또는 폐업하거나 사업개시 전에 등록한 자가 사실상 사업을 개시하지 아니하게 되는 때에는 휴업(폐업)신고서에 사업자등록증과 주무관청에 폐업신고를 한 사실을 확인할 수 있는 서류의 사본을 첨부하여 관할세무서장에게 제출한다.

제5절 | 과세거래의 개념

부가가치세법상 과세대상, 즉 과세거래는 다음과 같이 규정하고 있다.
① 재화의 공급   ② 용역의 공급   ③ 재화의 수입

제6절 | 재화의 공급

1. 재화의 개념

재화란 재산적 가치가 있는 모든 유체물과 무체물을 말한다. 다만, 유체물 중 그 자체가 소비의 대상이 되지 아니하는 수표·어음·주식·채권 등의 유가증권은 재화에 포함되지 아니한다.

구 분	구 체 적 범 위
유체물	상품, 제품, 원료, 기계, 건물과 기타 모든 유형적 물건
무체물	가스, 전기, 동력, 열, 기타 관리할 수 있는 자연력 또는 특허권, 실용신안권, 어업권 등 재산적 가치가 있는 유체물 이외의 모든 것

2. 공급의 범위

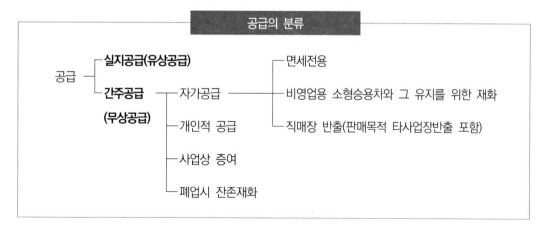

(1) 재화의 실지공급

구 분	내 용
계약상의 원인	① 매매계약 : 현금판매 · 외상판매 · 할부판매 · 장기할부판매 · 조건부 및 기한부판매 · 위탁판매 기타 매매계약에 의하여 재화를 인도 · 양도하는 것
	② **가공계약** : 자기가 주요자재의 전부 · 일부를 부담하고 상대방으로부터 인도받은 재화에 공작을 가하여 새로운 재화를 만드는 가공계약에 의하여 재화를 인도하는 것
	③ 교환계약 : 재화의 인도대가로서 다른 재화를 인도받거나 용역을 제공받는 교환계약에 의하여 재화를 인도 · 양도하는 것
	④ 현물출자 등 : 기타 계약상의 원인에 의하여 재화를 인도 · 양도하는 것
법률상의 원인	경매 · 수용 기타 법률상 원인에 의하여 재화를 인도 · 양도하는 것 * 소정법률에 따른 공매 · 경매 및 일정한 수용은 재화의 공급으로 보지 않는다.

(2) 재화의 공급으로 보지 아니하는 경우

① 담보제공

질권 · 저당권 또는 양도담보의 목적으로 동산 · 부동산 · 부동산상의 권리를 제공하는 것은 재화의 공급으로 보지 아니한다. 다만, 재화가 채무불이행 등의 사유로 사업용자산인 담보물이 인도되는 경우에는 재화의 공급으로 본다.

☞ 질권 : 채권자가 채무자 등으로부터 받은 물건(재산권)에 대하여 변제할 때 까지 수중에 두고 변제가 없는 경우
그 물건에서 우선하여 변제받을 수 있는 담보물권
저당권 : 채무자가 점유를 이전하지 않고 채무의 담보로 제공한 목적물(부동산)을 채무자가 변제가 없는 경우 그
목적물에 대하여 다른 채권자보다 우선변제를 받을 수 있는 담보물권
양도담보 : 채권담보의 목적으로 담보물의 소유권을 채권자에게 이전하고, 채무자가 변제하지 않으면 채권자가 그
목적물로부터 우선변제를 받게 되나, 채무자가 변제시 목적물을 그 소유자에게 반환하는 것을 말한다.

② 사업을 포괄적으로 양도하는 경우

③ 조세를 물납하는 경우

④ 신탁재산[1]의 소유권 이전으로 다음 어느 하나에 해당시

㉠ 위탁자로부터 수탁자에게 신탁재산을 이전시

㉡ 신탁의 종료로 인하여 수탁자로부터 위탁자에게 신탁재산을 이전시

㉢ 수탁자가 변경되어 새로운 수탁자에게 신탁재산을 이전하는 경우

*1. 수탁자가 위탁자로부터 이전 받아 신탁목적에 따라 관리하고 처분할 수 있는 재산

⑤ 공매 및 강제경매하는 경우(국세징수법 등)

☞ 강제경매 : 채권자 등이 법원에 신청하여 채무자 소유의 부동산을 압류하고 경매하여 채무변제에 충당하는 것
　 공 　 매 : 공기관에 의해 소유자의 의사에 반하여 강제적으로 압류한 재산이나 물건 따위를 일반인에게 공개하여
　　　　　　 매매하는 것

⑥ 수용시 받는 대가

도시 및 주거환경정비법, 공익사업을 위한 토지 등의 취득 및 보상에 관한 법률등에 따른 수용
절차에 있어서 수용대상인 재화의 소유자가 그 재화에 대한 대가를 받는 경우에는 재화의 공급으로
보지 아니한다.

☞ 수용 : 국가가 개인의 재산을 공공의 목적을 위하여 강제적으로 소유권을 취득하는 것

(3) 재화의 간주공급(무상공급)

간주 또는 의제란 본질이 다른 것을 일정한 법률적 취급에 있어 동일한 효과를 부여하는 것을 말
한다. '간주한다', '의제한다', '본다'는 표현은 모두 같은 의미이다.

즉 간주공급이란 본래 재화의 공급에 해당하지 않는 일정한 사건들을 재화의 공급으로 의제하고
있다.

① 자가공급

㉠ 면세사업에 전용

과세사업과 관련하여 생산 또는 취득한 재화를 면세사업을 위하여 직접사용·소비하는
경우에는 재화의 공급으로 본다. **다만 처음부터 매입세액이 공제되지 않은 것은 과세되는
재화의 공급으로 보지 않는다.**

〈과세사업자와 면세사업자〉

		과세사업자	면세사업자
납부세액	매출세액	과세표준×10%	납세의무가 없으므로 "0"
	매입세액	**매입세액공제**	**매입세액불공제**
거래증빙서류 발급		세금계산서	계산서

〈면세전용〉

(주)서울고속 = 과세사업(고속버스:우등) + 면세사업(시외버스) ➡ 겸영사업자

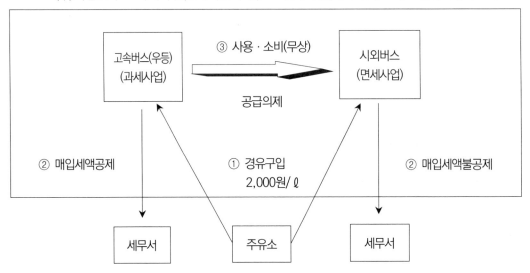

- 차량용 경유(공급가액 2,000원, 부가가치세 별도)를 매입하고 차량유지비로 비용처리 했다 가정하자.

회계처리	우등고속버스(과세사업)			시외버스(면세사업)		
	(차) 차량유지비	2,000원		(차) 차량유지비	2,200원	
	부가세대급금	**200원**				
	(대) 현 금		2,200원	(대) 현 금		2,200원

즉 과세사업에서는 매입세액을 공제받았으므로, 과세사업용으로 구입한 과세재화를 면세전용시 매입세액 공제받은 것에 대해서 부가가치세를 징수하겠다는 것이 법의 취지다.

ⓒ 비영업용 소형승용차 또는 그 유지에의 전용
　과세사업과 관련하여 생산 또는 취득한 재화를 비영업용 소형승용차로 사용하거나 그 유지를 위한 재화로 사용·소비하는 것은 재화의 공급으로 본다. **다만, 당초 매입세액이 공제되지 아니한 것은 재화의 공급으로 보지 아니한다.**

구 분	소형승용차 및 그 유지를 위한 재화·용역의 구입시
영업용(택시업) 또는 판매용(자동차대리점)	매입세액공제
비영업용(일반적인 제조업)	**매입세액불공제**

〈비영업용 소형승용자동차 또는 그 유지에의 전용〉

〈(주) 현대자동차〉

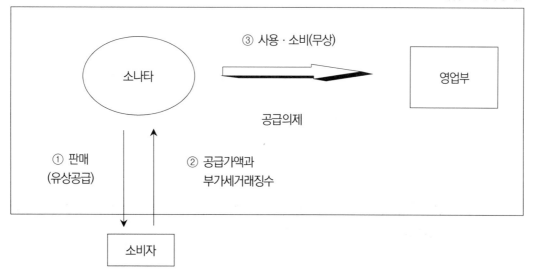

ⓒ 직매장 반출(판매목적 타 사업장에의 반출 포함)

2 이상의 사업장이 있는 사업자가 자기 사업과 관련하여 생산 또는 취득한 재화를 타인에게 직접 판매할 목적으로 자기의 다른 사업장에 반출하는 것은 재화의 공급으로 본다. **다만 주사업장총괄납부 또는 사업자단위 과세의 경우 공급의제를 배제한다.**

〈판매목적 타사업장 반출 : 사업장별과세원칙〉

〈(주)엘지전자〉

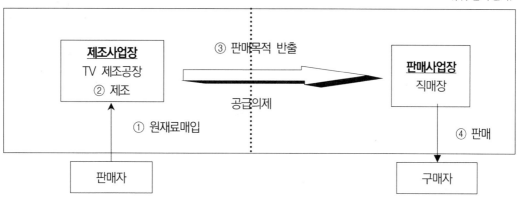

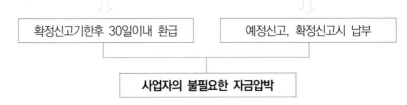

〈재화의 공급의제 배제시 : 모든 재화가 직매장에서 판매된다고 가정시〉

	TV 제조공장	직매장
매출세액	발생되지 않음	발생
매입세액	발생	발생되지 않음
납부(환급)세액	**환급세액만 발생**	**납부세액만 발생**

확정신고기한후 30일이내 환급	예정신고, 확정신고시 납부

사업자의 불필요한 자금압박

따라서 2 이상의 사업장을 가진 사업자가 판매목적으로 재화를 반출시 타사업자에게 공급하는 것처럼 재화의 공급으로 의제하라는 것이 법의 취지이다.

② 개인적 공급

사업자가 자기의 사업과 관련하여 생산하거나 취득한 재화를 사업과 직접 관련 없이 사용·소비하는 경우에는 이를 재화의 공급으로 본다.

다만 처음부터 매입세액이 공제되지 않은 것은 재화의 공급의제로 보지 않는다.

그리고 작업복, 작업모, 작업화, 직장문화비, 인당 연간 10만원이하 경조사와 인당 연간 10만원이하의 명절·기념일 등과 관련된 재화공급은 과세 제외된다.

〈개인적공급〉

〈㈜심심진자〉

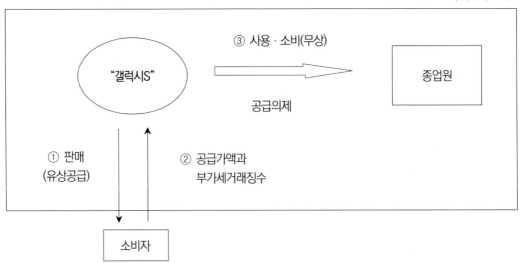

③ 사업상 증여

사업자가 자기의 사업과 관련하여 생산하거나 취득한 재화를 자기의 고객이나 불특정다수인에게 증여하는 경우에는 재화의 공급으로 본다.

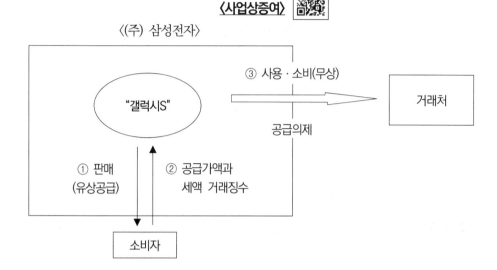

〈사업상증여〉

〈(주) 삼성전자〉

예외 : 다음에 해당하는 경우에는 사업상 증여로 보지 않는다.
① 증여하는 재화의 대가가 **주된 거래인 재화공급의 대가에 포함**되는 것(=부수재화)
② 사업을 위하여 대가를 받지 아니하고 다른 사업자에 인도 또는 양도하는 **견본품**
③ 불특정다수인에게 **광고선전물을 배포하는 것**
④ 당초 매입세액이 공제되지 않은 것
⑤ 법에 따라 **특별재난지역에 무상공급하는 물품**
⑥ 자기 적립 마일리지 등으로만 전액을 결제받고 공급하는 재화

④ 폐업시 잔존재화

사업자가 사업을 폐지하는 때에 잔존하는 재화는 자기에게 공급하는 것으로 본다. 또한, 사업개시 전에 등록한 경우로서 사실상 사업을 개시하지 아니하게 되는 때에도 동일하다. **다만, 매입시 매입세액이 공제되지 아니한 재화를 제외한다.**

〈폐업시 잔존재화〉

〈동대문 의류상〉

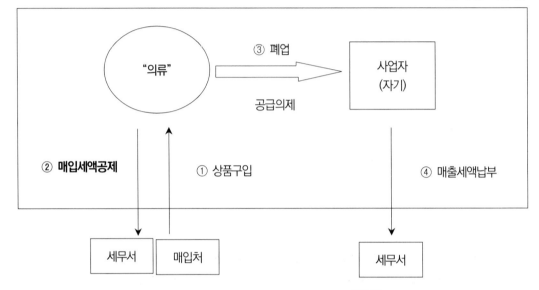

〈재화의 무상공급(간주공급)〉

구 분		공급시기	과세표준
1. 자가 공급	① 면세사업에 전용	**사용 · 소비되는 때**	**시가**
	② 비영업용승용자동차와 그 유지를 위한 재화		
	③ 판매목적 타사업장 반출	**반출하는 때**	**취득가액 (+ 가산)**
2. 개인적공급		**사용 · 소비되는 때**	**시가**
3. 사업상증여		**증여하는 때**	
4. 폐업시 잔존재화		**폐업하는 때**	

☞ *당초매입세액 불공제시 공급의제 배제(예외: 직매장반출)*

제7절   용역의 공급

1. 용역의 개념

용역이란 재화 이외의 재산적 가치가 있는 모든 역무 및 그 밖의 행위를 말한다.
즉 재화는 '물건이나 권리 등'인데 반하여 용역은 '행위'인 것이다.

2. 공급의 범위

(1) 용역의 실지공급

① 역무를 제공하는 것(인적용역의 공급, 가공계약)
② 재화·시설물을 사용하게 하는 것(부동산임대)

    [전·답, 과수원의 임대와 공익사업관련 지역권등 대여는 제외]
③ 권리를 사용하게 하는 것(권리의 대여 : 특허권의 대여)

〈가공계약〉

용역의 공급	재화의 공급
상대방으로부터 인도받은 재화에 대하여 **자기가 주요자재를 전혀 부담하지 않고** 단순히 가공만 하여 주는 것	**자기가 주요자재의 전부 또는 일부를 부담하고** 상대방으로부터 인도받은 재화에 공작을 가하여 새로운 재화를 만드는 것

☞ 예외(건설업) : 건설업자가 건설자재의 전부 또는 일부를 부담하는 경우에도 용역의 공급으로 본다.

(2) 용역의 간주공급

① 자가공급

사업자가 자기의 사업을 위하여 직접 용역을 무상공급하여 다른 동업자와의 과세형평이 침해되는 경우로서 기획재정부령이 정하는 용역에 대하여는 자기에게 용역을 공급하는 것으로 본다. 그러나 현재 기획재정부령이 별도로 규정한 사항은 없으므로 **용역의 자가공급은 현실적으로 과세되지 않는다.**

② 무상공급

대가를 받지 않고 타인에게 용역을 공급하는 것은 용역의 공급으로 보지 않는다.
다만, **특수관계자간 부동산 무상임대용역은 과세**한다.

제8절 | 재화의 수입

재화의 수입이란 다음에 해당하는 물품을 우리나라에 반입하는 것(보세구역을 거치는 것은 보세구역에서 반입하는 것)을 말한다.

① 외국으로부터 우리나라에 도착된 물품(외국의 선박에 의하여 공해에서 채집되거나 잡힌 수산물을 포함한다)으로서 수입신고가 수리되기 전의 것

② 수출신고가 수리된 물품[수출신고가 수리된 물품으로서 선적되지 아니한 물품을 보세구역에서 반입하는 경우는 제외한다]

보세구역이란 우리나라의 영토 중 관세의 부과를 유예한 일정구역을 말한다.

따라서 외국으로부터 재화가 보세구역으로 반입된 시점에서는 수입으로 보지 아니하고, 보세구역에서 반출된 시점에 수입으로 본다.

1. 외국 → 보세구역(A사업자)	**수입으로 보지 아니함.**
2. 보세구역(A사업자) → 보세구역(B사업자) 3. 보세구역외(C사업자) → 보세구역(A사업자)	재화 또는 용역의 공급
4. 보세구역(B사업자) → 보세구역외(D사업자)	**재화의 수입(관세 과세분)**

재화의 수입시 세관장이 공급가액 중 관세가 과세되는 부분에 대하여는 부가가치세를 거래징수하고 수입세금계산서를 발급해야 한다.

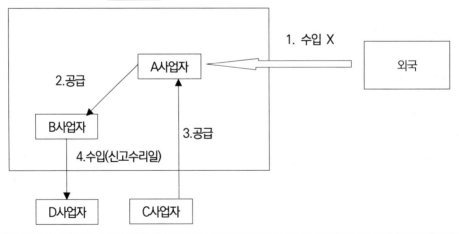

〈보세구역〉

제9절 거래시기(=공급시기)

기업회계기준의 수익인식시점과 부가가치세법상 공급시기는 거의 일치한다.

1. 재화의 공급시기

(1) 원칙

구 분	공급시기
① 재화의 이동이 필요한 경우	재화가 인도되는 때
② 재화의 이동이 필요하지 아니한 경우	재화가 이용가능하게 되는 때
③ 위의 규정을 적용할 수 없는 경우	재화의 공급이 확정되는 때

(2) 구체적 재화의 공급시기

① 일반적인 경우

구 분	재화의 공급시기
현금판매·외상판매 또는 할부판매	재화가 인도되거나 이용가능하게 되는 때
반환조건부·동의조건부·기타 조건부 판매	그 조건이 성취되어 판매가 확정되는 때

☞ 반환조건부(반품조건부) 판매 : 재화의 인도시점에서 일정기간 이내에 재화를 반품할 수 있는 조건을 붙여서 판매하는 것

기한부 판매	기한이 경과되어 판매가 확정되는 때
재화의 공급으로 보는 가공의 경우	**가공된 재화를 인도하는 때**
자가공급(면세전용,비영업용소형승용차 유지등) 개인적공급	**재화가 사용·소비되는 때**
자가공급(판매목적 타사업장 반출)	**재화를 반출하는 때**
사업상증여	재화를 증여하는 때
폐업시 잔존재화	**폐업하는 때(폐업신고일 ×)**
무인판매기에 의한 공급	**무인판매기에서 현금을 인취하는 때**
사업자가 보세구역 내에서 보세구역 외의 국내에 재화를 공급하는 경우	당해 재화가 수입재화에 해당하는 때에는 수입신고수리일

구　　분		재화의 공급시기
수출 재화	**내국물품의 국외반출·중계무역방식의 수출**	**수출재화의 선적일(또는 기적일)**
	원양어업·위탁판매수출	수출재화의 공급가액이 확정되는 때
	위탁가공무역방식의 수출·외국인도수출	외국에서 당해 재화가 인도되는 때
	☞ 중계무역방식수출: 외국으로부터 수입한 물품을 보세구역 이외의 국내에 반입하는 것을 금지 　　하고 수출하는 것(수입신고가 수리되기 전의 물품으로서 보세구역에 보관 　　하는 물품을 외국으로 반출하는 것도 포함) 　위탁판매수출: 물품을 무환(무상)수출하여 해당 물품이 판매된 범위 안에서 대금을 결제하는 　　계약에 의한 수출 　위탁가공무역(임가공무역)방식수출: 원료의 전부 또는 일부를 외국에 수출하거나 외국에서 조달하 　　여 이를 가공한 후 가공물품을 수입하거나 제 3국에 수출하 　　는 무역형태 　외국인도수출: 수출대금은 국내에서 영수하지만 국내에서 통관되지 아니한 수출물품을 외국으 　　로 인도하는 수출	

② 기타의 경우

구　분	요　　건	재화의 공급시기
장기할부판매	• 인도 후 2회 이상 분할하여 대가를 받고 • 당해 재화의 인도일의 다음날부터 최종 부불금 지급기일까지 　의 기간이 1년 이상인 것	**대가의 각 부분을 받기로 한 때**
완성도기준지급	재화의 제작기간이 장기간을 요하는 경우에 그 진행도 또는 완 성도를 확인하여 그 비율만큼 대가를 지급하는 것	
중간지급조건부	재화가 인도되기 전 또는 이용가능하게 되기 전에 **계약금 이외 의 대가를 분할하여 지급**하고, **계약금 지급일로부터 잔금지급일까 지의 기간이 6개월 이상인 경우**	
계속적 공급	전력 기타 공급단위의 구획할 수 없는 재화의 계속적 공급하는 경우	

☞ 완성도기준지급 및 중간지급조건부의 경우 재화인도일, 용역완료일 이후에 받는 대가는 재화의 인도시점, 용역
　제공의 완료시점이 공급시기이다.

2. 용역의 공급시기

(1) 원칙

용역의 공급시기는 역무가 제공되거나 재화·시설물 또는 권리가 사용되는 때로 한다.

(2) 거래형태별 용역의 공급시기

구 분		공급시기
일반적	① 통상적인 공급의 경우(할부판매 포함)	역무의 제공이 완료되는 때
	② 완성도기준지급·중간지급조건부·장기할부 또는 기타 조건부 용역공급, 공급단위를 구획할 수 없는 용역의 계속적 공급의 경우	대가의 각 부분을 받기로 한 때
	③ 위의 규정을 적용할 수 없는 경우	역무제공이 완료되고 그 공급가액이 확정되는 때
특수	① **부동산임대보증금에 대한 간주임대료**	**예정신고기간 종료일 또는 과세기간 종료일**
	② 2 과세기간 이상에 걸쳐 부동산임대용역을 공급하고 그 대가를 선불 또는 후불로 받는 경우에 월수에 따라 안분 계산한 임대료	

☞ 간주임대료(부동산임대공급가액명세서)
부동산 또는 그 부동산상의 권리 등을 대여하고 보증금 등의 금액을 받은 경우에 일정한 이율(정기예금이자율) 곱하여 계산한 금액을 말하는데, 월정임대료만을 수령시 부가가치세가 과세되는데 보증금만 수령하는 자는 부가가치세가 과세되지 않는 것을 감안하여 보증금에 대해서 부가가치세를 과세하여 세부담을 공평하게 하고자 하는 제도이다.

구 분	A안	B안
보증금	1억	0
월세	0	500,000/월
공급가액(년)	0	6,000,000원/년
부가가치세	0	600,000원/년

은행에 정기예금을 했다고 가정한다. ➡ 1년 공급가액 = 보증금 × 정기예금이자율
= 100,000,000 × 2.5% = 2,500,000원/년

3. 공급시기의 특례

구 분	공 급 시 기
폐업시	폐업 전에 공급한 재화 또는 용역의 공급시기가 폐업일 이후에 도래하는 경우에는 그 **폐업일**을 공급시기로 한다.
세금계산서 선발급시	**재화 또는 용역의 공급시기가 되기 전**에 재화 또는 용역에 대한 **대가의 전부 또는 일부**를 받고, 그 받은 대가에 대하여 세금계산서 또는 영수증을 발급하면 그 세금계산서 등을 **발급하는 때**를 각각 그 재화 또는 용역의 공급시기로 본다.
	공급시기가 도래하기 전에 대가를 받지 않고 세금계산서 또는 영수증을 발급하는 경우에도 그 발급하는 때를 재화 또는 용역의 공급시기로 본다. ① 장기할부판매 ② 전력 기타 공급단위를 구획할 수 없는 재화 또는 용역을 계속적으로 공급하는 경우

제10절 **거래 장소(재화 또는 용역의 공급장소)**

거래장소는 우리나라의 과세권이 미치는 거래인가의 여부에 관한 판정기준이다.
따라서 국외거래에 대해서는 원칙적으로 우리나라의 과세권이 미치지 않는다.

구 분		공급장소
재화의 공급장소	① 재화의 이동이 필요한 경우	재화의 이동이 개시되는 장소
	② 재화의 이동이 필요하지 아니한 경우	재화의 공급시기에 재화가 소재하는 장소
용역의 공급장소	① 원칙	역무가 제공되거나 재화·시설물 또는 권리가 사용되는 장소
	② 국내외에 걸쳐 용역이 제공되는 국제운송의 경우에 사업자가 비거주자 또는 외국법인일 때	여객이 탑승하거나 화물이 적재되는 장소
	③ 전자적 용역[1]	용역을 공급받는 자의 사업장 소재지·주소지·거소지

*1. 이동통신단말장치 또는 컴퓨터 등에 저장되어 구동되거나, 저장되지 아니하고 실시간으로 사용할 수 있는 것(게임, 동영상파일, 소프트웨어 등 저작물 등으로 전자적 방식으로 처리하여 음향 및 영상 등의 형태로 제작된 것)

제11절 | 영세율

1. 영세율의 개념

(1) 이중과세의 방지(소비지국과세원칙)

(2) 외화획득 장려

2. 영세율의 적용대상자

(1) 과세사업자

부가가치세법상 과세사업자(**간이과세자 포함**)에 한하여 영세율을 적용한다.

(2) 상호면세주의

외국에서 대한민국의 거주자 또는 내국법인에게 동일한 면세를 하는 경우에 한하여 비거주자 또는 외국법인인 사업자에게 영의 세율을 적용한다.

3. 영세율의 적용대상

(1) 수출하는 재화

직수출, 내국신용장·구매확인서에 의한 공급, 한국국제협력단[1]에 공급하는 재화, 법정요건에 의하여 공급하는 수탁가공재화

[1]. 외교부 산하기관으로 정부차원의 대외무상협력사업을 전담하는 준정부기관

① 직수출의 재화 범위

　　내국물품 외국 반출 : 수출업자가 자기 명의와 계산으로 내국물품을 외국으로 반출

② **내국신용장(Local L/C)·구매확인서 등에 의한 공급(간접수출 또는 국내수출)**

　　국내거래이기 때문에 영세율세금계산서를 발행한다.

➡참고 **내국신용장 및 구매확인서**

1. 신용장
   은행이 신용장개설의뢰인(보통 수입상)의 신용을 보증하는 증서로서 신용장 개설은행 앞으로 환어음을 인수·지급할 것을 약정하는 서류이다.

2. 내국신용장
   내국신용장이란 수출업자가 수출이행에 필요한 완제품·원자재 또는 임가공용역을 국내에서 조달 또는 공급받기 위하여 물품구입대금 등의 사전지급대신 해외로부터 받은 원신용장(Master L/C)을 담보로 국내은행(수입업자로부터 원신용장개설의 통지를 받은 은행)이 수출업자의 신청에 의해 국내의 원자재 등 공급업자를 수혜자로 하여 개설하는 신용장을 말한다.

3. 구매확인서
   구매확인서란 외국환은행의 장이 내국신용장에 준하여 발급하는 확인서로서 수출용재화 또는 용역에 관한 수출신용장 근거서류 및 그 번호, 선적기일 등이 기재된 것을 말한다.

4. 기타
   ① 개설,발급기간
      해당 사업자가 재화를 공급한 **과세기간이 지난 후 25일 이내에 개설된 내국신용장(구매확인서)**에 한하여 영세율을 적용한다.
   ② 내국신용장에 의하여 공급하는 재화는 공급된 이후 해당 재화를 **수출용도에 사용하였는지 여부에 불구하고 영세율을 적용한다.**

➡참고 **대행(위탁)수출**

수출생산업자가 수출업자와 다음과 같이 수출내행계약을 체결하여 수출업사 녕의로 수출하는 경우에 수출품 생산업자가 외국으로 반출하는 재화는 영세율을 적용한다.
① 수출품 생산업자가 직접 수출신용장을 받아 수출업자에게 양도하고 수출대행계약을 체결한 경우
② 수출업자가 수출신용장을 받고 수출품 생산업자와 수출대행계약을 체결한 경우
   이 경우 수출품 생산업자가 실제로 수출하였는지는 거래의 실질내용에 따라 판단하며, 수출을 대행하는 수출업자가 받는 **수출대행수수료는 국내에서 제공한 용역으로 보아 부가가치세를 과세한다.**

(2) 국외에서 제공하는 용역

국외에서 제공하는 용역이란 용역의 제공장소가 국외인 용역을 말한다(예 : 해외건설용역). 이 경우 영세율 적용과 관련하여 거래상대방, 대금결제 방법에 불구하고 영세율을 적용한다.

(3) 선박·항공기의 외국항행용역

국내에서 국외로, 국외에서 국내로 또는 국외에서 국외로 수송하는 것

(4) 기타 외화를 획득하는 재화 또는 용역:국내거래이지만 외화획득이 되는 거래

(5) 조세특례제한법상 영세율 적용대상 재화 또는 용역

4. 영세율 증명서류 및 영세율 매출명세서 제출

영세율이 적용되는 경우에는 부가가치세 예정신고서 또는 확정신고서에 영세율 적용대상임을 증명하는 서류와 영세율 매출명세서를 첨부하여 제출하여야 한다.

구 분	첨부서류
1. 수출하는 재화	수출실적명세서, 외화입금증명서, 내국신용장 사본 등
2. 국외에서 제공하는 용역	외화입금증명서 또는 국외에서 제공하는 용역에 관한 계약서
3. 선박, 항공기 외국항행용역	외화입금증명서

영세율증명서류를 제출하지 않는 경우에도 영세율 적용대상임이 확인되는 경우에는 영세율을 적용한다. 그러나 **영세율과세표준신고불성실가산세가 적용**된다.

제12절 면세

1. 면세의 개념

면세란 일정한 재화·용역의 공급에 대하여 부가가치세를 면제하는 제도를 말한다.

여기서 면세의 의미는 영세율과는 달리 부가가치세법상 과세대상거래가 아니며 당해 면세가 적용된 단계에서 부가가치에 대해 부가가치세가 없을 뿐 그 **이전 단계에서 부담한 부가가치세는 환급받지 못하므로 불완전면세제도**라고 한다.

2. 면세대상

(1) 면세대상의 범위

구 분	면 세 대 상
기초생활 필수품	㉠ 미가공 식료품 등(식용에 공하는 농산물·축산물·수산물·임산물 포함)국내외 불문 ㉡ 국내 생산된 식용에 공하지 아니하는 미가공 농·축·수·임산물 표 ㉢ 수돗물(생수는 과세) ㉣ 연탄과 무연탄(유연탄, 갈탄, 착화탄은 과세) ㉤ 여성용 생리처리 위생용품, 영유아용 기저귀·분유(액상형분유 포함) ㉥ 여객운송용역[시내버스, 시외버스, 지하철, 마을버스, 고속버스(우등제외) 등] (전세버스, 고속철도, 택시는 과세) ㉦ 주택과 이에 부수되는 토지의 임대용역(겸용주택은 주택분 면적이 클 때)
국민후생 용역	㉠ 의료보건용역과 혈액(약사가 판매하는 일반의약품은 과세, 미용목적 성형수술 과세, 산후조리원은 면세) ㉡ 수의사가 제공하는 동물진료 용역(가축 등에 대한 진료용역, 기초생활수급자가 기르는 동 물에 대한 진료용역, 기타 질병예방 목적의 동물 진료용역으로 농식품부 장관이 고시하 는 용역) ㉢ 교육용역(허가분)⇒ 운전면허학원은 과세 ☞ 미술관, 박물관 및 과학관에서 제공하는 교육용역도 면세
문화관련 재화용역	㉠ 도서[도서대여 및 실내 도서 열람용역 포함]·신문(인터넷신문 구독료 포함)·잡지·관 보·뉴스통신(광고는 과세) ㉡ 예술창작품·예술행사·문화행사·비직업운동경기 ㉢ 도서관·과학관·박물관·미술관·동물원·식물원에의 입장
부가가치 구성요소	㉠ 금융·보험용역 ㉡ 토지의 공급(토지의 임대는 과세) ㉢ 인적용역(변호사·공인회계사·세무사·관세사 등의 인적용역은 제외)
기타	㉠ 우표·인지·증지·복권·공중전화(수집용 우표는 과세) ㉡ 종교·자선·학술 등 기타 공익을 목적으로 하는 단체가 공급하는 재화·용역 ㉢ 국가·지방자치단체·지방자치단체조합이 공급하는 재화·용역 (제외 : 국가등이 운영하는 주차장 운영용역) ㉣ 국가·지방자치단체·지방자치단체조합 또는 공익단체에 무상공급하는 재화·용역

위 표(㉡항목) 내부:

	국내생산	해외수입
식용	면세	면세
비식용		과세

〈부동산의 공급과 임대〉

부동산의 공급(재화의 공급)	부동산의 임대(용역의 제공)
1. 토지의 공급 : 면세 2. 건물의 공급 : ① 원칙 : 과세 　　　　　　　② 예외 : 국민주택규모 이하의 　　　　　　　　　　　　주택은 면세	1. 원칙 : 과세 2. 예외 : **주택 및 주택의 부수토지 　　　　임대는 면세**

☞ 국민주택 : 국민주택기금으로부터 자금을 지원받아 건설되는 주거전용면적이 85㎡(약 25.7평) 이하인 주택

3. 면세포기

(1) 면세포기 대상

① **영세율 적용대상이 되는 재화·용역**

② **학술연구단체 또는 기술연구단체가 실비 또는 무상으로 공급하는 재화용역**

(2) 면세포기 절차

　면세를 포기하고자 하는 사업자는 면세포기신고서에 의하여 관할세무서장에게 신고하고 지체없이 사업자등록을 하여야 한다. **면세포기에는 시기의 제한이 없으며 언제든지 가능하다(즉 과세관청의 승인을 필요로 하지 않는다).** 신규사업자는 신규사업등록시 **면세포기신고서를 사업자등록신청서와 함께 제출할 수 있다.**

(3) 면세포기의 효력

① 효력발생시기

면세를 포기하면 과세사업자로 전환된다. 즉 사업자등록 이후의 공급분부터 적용된다.

② 면세의 재적용

면세포기를 한 사업자는 신고한 날로부터 3년간 부가가치세 면세를 적용받지 못한다. 3년이 경과한 후 다시 부가가치세의 면세를 적용받고자 하는 때에는 면세적용신고서와 함께 발급받은 사업자등록증을 제출하여야 한다.

4. 면세와 영세율의 차이점

구 분	내 용	
	면 세	영 세 율
기본원리	면세거래에 납세의무 면제 ① 매출세액 : 징수 없음(결국 "0") ② **매입세액 : 환급되지 않음**	일정 과세거래에 0%세율 적용 ① 매출세액 : 0 ② **매입세액 : 전액환급**
면세정도	**부분면세(불완전면세)**	**완전면세**
대상	기초생활필수품 등	수출 등 외화획득재화·용역의 공급
부가가치세법상 의무	부가가치세법상 각종 의무를 이행할 필요가 없으나 다음의 협력의무는 있다. – 매입처별세금계산서합계표 제출 등	영세율 사업자는 부가가치세법상 사업자 이므로 부가가치세법상 제반의무를 이행하 여야 한다.

[세금계산서 합계표제출의무]

	과세사업자(영세율)	면세사업자(면세)
매출	○	×(계산서를 발행)
매입	○	○

구 분	면 세	영 세 율
사업자여부	**부가가치세법상 사업자가 아님**	**부가가치세법상 사업자임**
취지	**세부담의 역진성 완화**	**국제적 이중과세의 방지 수출산업의 지원**

연습문제

세무정보처리 자격시험 2급

 객관식

01. 다음 중 우리나라 부가가치세법에 대한 설명으로 옳지 않은 것은?

① 부가가치가 클수록 더 높은 세율을 적용하는 단계별 부가가치세율을 적용하고 있다.

② 최종소비자에게 세부담이 전가될 수 있는 간접세의 형식을 취하고 있다.

③ 재화가 국가 간에 이동하는 경우 소비하는 국가에서 과세한다.

④ 납세의무자는 재화 또는 용역을 공급하는 사업자이지만 담세자는 최종소비자이다.

02. 부가가치세법의 납세지 및 사업자등록과 관련된 설명으로 옳지 않은 것은?

① 사업자는 사업개시일부터 20일 이내에 사업자등록을 신청하여야 한다.

② 상호 변경으로 사업자등록사항 변경신고를 하면 신청일 당일에 사업자등록증을 재발급 한다.

③ 기존사업장이 있는 사업자가 경기대회나 박람회 등 행사가 개최되는 장소에 개설한 임시사업장은 별도의 사업장으로 본다.

④ 주사업장 총괄납부 사업자는 세액의 납부(환급)만 총괄하므로 신고는 사업장별로 하여야 한다.

03. 다음 중 부가가치세법상 과세기간과 납세지에 대한 설명으로 옳지 않은 것은?

① 폐업하는 경우 과세기간은 폐업일이 속하는 과세기간의 개시일부터 폐업일까지로 한다.

② 제조업의 경우 따로 제품의 포장만을 하는 장소도 사업장으로 본다.

③ 재화를 수입하는 자의 납세지는 관세법에 따라 수입을 신고하는 세관의 소재지로 한다.

④ 사업자단위과세사업자는 각 사업장을 대신하여 그 사업자의 본점 또는 주사무소의 소재지를 납세지로 한다.

04. 다음 중 부가가치세법상 주사업장 총괄납부와 사업자단위과세에 대해 바르게 설명한 것은?

① 사업자단위과세제도는 사업자단위 과세적용사업장에서 납부 뿐만 아니라 신고도 총괄하여 할 수 있어.

② 주사업장 총괄납부를 하는 경우에 세금계산서는 주사업장에서 총괄하여 발급해야 해.

③ 주사업장 총괄납부 사업자가 주사업장 총괄납부를 포기할 때에는 납부하려는 과세기간 종료 20일 전에 포기신고서를 제출하여야 해.

④ 법인이 주사업장 총괄납부를 하려는 경우 지점을 주된 사업장으로 할 수 없어.

05. 다음 중 부가가치세 과세대상에 해당하는 것은?

① 무상으로 제공하는 견본품

② 저당권 설정을 목적으로 부동산을 제공하는 경우

③ 매입세액 공제된 판매장려물품을 고객에게 제공하는 경우

④ 조세의 물납을 목적으로 재화를 제공하는 경우

06. 다음 중 부가가치세 과세거래에 대한 설명으로 옳은 것은?

① 광업권의 양도는 재화의 공급에 해당하지 않는다.

② 화재로 인하여 재화가 멸실된 경우에는 재화의 공급에 해당한다.

③ 지체상금의 수령은 과세거래에 해당하지 않는다.

④ 현물출자에 의하여 재화를 인도하는 것은 과세거래에 해당하지 않는다.

07. 다음 중 부가가치세법상 과세대상 재화의 공급에 해당하는 것은?

① 자기가 주요자재의 일부를 부담하는 가공계약에 따라 재화를 인도하는 경우

② 매입시 세금계산서를 발급받지 못한 상품을 거래처에 증정한 경우

③ 사업자가 아닌 개인이 사용하던 승용차를 중고차 매매상에게 판매한 경우

④ 사업을 위하여 대가를 받지 아니하고 다른 사업자에게 견본품을 인도하는 경우

08. 사업자가 매입세액공제를 받은 재화를 다음과 같은 용도로 사용하는 경우 부가가치세 과세거래에 해당하는 것은?

① 견본품을 무상으로 제공하는 경우

② 면세사업을 위하여 사용하는 경우

③ 작업복·작업모·작업화로 사용하는 경우

④ 자기사업상의 기술개발을 위하여 시험용으로 사용하는 경우

220

09. 다음 중 부가가치세 과세대상 용역의 공급이 아닌 것은?

① 의료보건용역을 제공하는 경우

② 특수관계인에게 사업용 부동산을 무상으로 임대하는 경우

③ 산업재산권을 대여하는 경우

④ 건설업자가 건설용역을 제공하면서 건설자재의 일부를 부담하는 경우

10. 다음 중 부가가치세법상 용역의 공급에 해당하지 않는 것은?

① 건설업의 경우 건설업자가 건설자재의 전부 또는 일부를 부담하는 것

② 자기가 주요자재를 전혀 부담하지 아니하고 상대방으로부터 인도받은 재화를 단순히 가공만 해 주는 것

③ 산업상·상업상 또는 과학상의 지식·경험 또는 숙련에 관한 정보를 제공하는 것

④ 자기가 주요자재의 전부 또는 일부를 부담하고 상대방으로부터 인도받은 재화를 가공하여 새로운 재화를 만드는 가공계약에 따라 재화를 인도하는 것

11. 다음 중 부가가치세법상 용역의 공급에 해당하는 것은?

① 산업상 상업상 또는 과학상의 지식 경험에 관한 정보를 제공하는 경우

② 자기가 주요자재의 전부를 부담하고 상대방으로부터 인도받은 재화를 가공하여 이를 인도하는 경우

③ 부동산 매매를 사업목적으로 하여 부동산을 판매하는 경우

④ 특허권을 양도하고 대가를 수령하는 경우

12. 다음 중 부가가치세법상 사업자가 무상으로 용역을 공급하는 경우 과세거래에 해당하는 것은?

① 종업원에게 음식용역을 무상제공하는 경우

② 직계존속에게 미용용역을 무상제공하는 경우

③ 직계존속에게 사업용 부동산을 무상임대하는 경우

④ 직계비속에게 숙박용역을 무상제공하는 경우

13. 다음 중 부가가치세법상 재화의 수입에 대한 설명으로 옳은 것은?

① 사업자가 아닌 자가 수입하는 재화는 부가가치세 과세대상 거래가 아니다.

② 미가공식료품을 수입하는 경우 부가가치세가 과세된다.

③ 수출신고가 수리된 물품으로서 선적되지 아니한 물품을 보세구역에서 반입하는 경우 재화의 수입으로 본다.

④ 재화의 수입 시 납세의무자는 재화를 수입하는 자이다.

14. 다음 중 재화의 수입과 관련된 설명으로 옳지 않은 것은?

① 수출신고가 수리된 물품으로서 선적되지 아니한 물품을 보세구역에서 반입하는 경우는 재화의 수입에 해당하지 아니한다.

② 동일한 보세구역 내에서 재화·용역을 공급하는 것은 재화·용역의 공급으로 본다.

③ 외국에서 보세구역으로 재화를 반입하는 것은 재화의 수입에 해당한다.

④ 사업자가 보세구역 안에서 보세구역 밖의 국내에 재화를 공급하는 경우가 재화의 수입에 해당할 때에는 수입신고수리일을 재화의 공급시기로 본다.

15. 다음 중 부가가치세법상 재화의 수입에 대한 설명으로 옳은 것은?

① 재화의 수입시기는 관세법에 따른 수입신고가 수리된 때로 한다.

② 수출신고가 수리된 물품으로서 선적되지 아니한 물품을 보세구역에서 반입하는 경우도 재화의 수입에 해당한다.

③ 재화를 수입하는 자에 대한 부가가치세는 납세지를 관할하는 세무서장이 과세한다.

④ 사업자가 보세구역 안에서 보세구역 밖의 국내에 재화를 공급하는 경우가 재화의 수입에 해당할 때에는 해당 재화를 인도하는 때를 재화의 공급시기로 본다.

16. 다음 중 부가가치세법상 영세율에 대한 설명으로 옳지 않은 것은?

① 영세율의 주된 목적은 소비지국과세원칙의 구현이다.

② 영세율을 적용받는 경우 과세표준은 있으나 매출세액은 0이 된다.

③ 영세율을 적용받는 사업자는 부가가치세법상 납세의무자에 해당한다.

④ 영세율은 부분면세제도에 해당한다.

17. 다음 중 부가가치세법상 영세율 적용대상이 아닌 것은?

① 사업자가 내국신용장 또는 구매확인서에 의하여 공급하는 재화

② 수출업자와의 직접 도급계약에 의한 수출재화임가공용역

③ 국외에서 공급하는 용역

④ 수출업자가 대행위탁수출을 하고 받은 수출대행수수료

18. 다음 중 부가가치세법상 영세율이 적용되지 않는 것은?

① 사업자가 한국국제협력단에 공급하는 재화

② 수출업자와 직접 도급계약에 의하여 수출재화를 임가공하고 그 대가를 원화로 받은 것

③ 공급일의 과세표준신고기한 이내에 개설된 내국신용장에 의하여 공급하는 재화

④ 수출업자의 수출대행 수수료

19. 다음 중 부가가치세법상 면세와 관련한 설명으로 옳지 않은 것은?

① 면세사업자는 부가가치세법상 사업자가 아니다.

② 면세는 수출산업을 지원하기 위한 목적으로 도입되었다.

③ 면세사업자는 면세포기를 하여야만 영세율을 적용받을 수 있다.

④ 국가에 무상으로 공급하는 재화 또는 용역에 대해서는 면세가 적용된다.

20. 다음 중 부가가치세법상 면세와 관련한 설명으로 옳지 않은 것은?

① 면세사업자는 부가가치세법에 따른 사업자등록의무가 없다.

② 면세사업자가 면세재화를 수출하는 경우에는 별다른 절차 없이 영세율이 적용된다.

③ 약사가 제공하는 의약품의 조제용역은 면세대상이다.

④ 국가에 무상으로 공급하는 재화 또는 용역은 면세대상이다.

21. 부가가치세 과세사업자가 다음과 같이 재화와 용역을 공급한 경우 부가가치세 면세대상인 것은?

① 국가에 판매한 컴퓨터

② 주차장용 토지의 임대

③ 자동차운전학원의 교육용역

④ 주차장으로 사용하던 토지의 양도

22. 다음 중 부가가치세법상 영세율과 면세에 대한 설명으로 옳은 것은?

    ① 면세사업자는 매입 시 부담한 부가가치세액을 공제받을 수 있다.

    ② 영세율 적용대상자는 과세사업자로서 부가가치세법의 제반의무를 이행해야 한다.

    ③ 면세는 소비지국 과세원칙을 구현하기 위한 제도이다.

    ④ 사업자가 비거주자 또는 외국법인인 경우에도 거주자와 내국법인과 같이 모두 영세율을 적용한다.

23. 다음 중 부가가치세법상 영세율에 대한 설명으로 옳은 것은?

    ① 영세율 적용대상자는 부가가치세법상 제반 의무를 이행하지 않는다.

    ② 과세표준에는 영(0)의 세율이 적용되지만 관련된 매입세액은 공제받을 수 있다.

    ③ 면세사업자는 면세를 포기하지 않아도 영세율을 적용받을 수 있다.

    ④ 영세율은 부가가치세의 역진성을 완화하기 위한 제도이다.

24. 다음 중 부가가치세법상 면세에 대하여 잘못 설명하고 있는 것은?

    ① 부가가치세의 부담이 완전히 제거되므로 완전면세에 해당 해.

    ② 매입 시 부담한 매입세액을 공제받을 수 없어.

    ③ 영세율 적용대상이 되는 경우 면세를 포기할 수 있어.

    ④ 우리나라에서 생산되어 식용으로 제공되지 않는 미가공 농산물은 면세되는 재화에 해당해.

 주관식

01. 과세사업자인 (주)한공의 다음 거래 중 부가가치세 과세거래를 고르시오?

> 가. 담보목적으로 부동산을 제공하는 경우
> 나. 매입세액공제를 받지 못한 재화를 거래처에 증정하는 경우
> 다. 특수관계인에게 사업용 부동산을 무상으로 임대하는 경우
> 라. 건물을 교환하는 경우

02. 다음 중 부가가치세 면세에 해당하는 것을 모두 고르시오.

> 가. 토지의 공급   나. 국민주택의 공급
> 다. 수돗물의 공급   라. 착화탄의 공급

03. 다음 중 부가가치세 면세에 해당하는 금액을 산출하면 얼마인가?

가. 중국산 콩	100,000원
나. 고속철도 운송용역	130,000원
다. 수집용 우표	50,000원
라. 도서대여용역	70,000원

04. 다음 부가가치세법상 면세되는 재화 또는 용역의 공급을 모두 고르면?

가. 예술창작품
나. 도서대여용역
다. 저술가·작곡가 등이 제공하는 인적용역
라. 신문사 광고
마. 우등고속버스 여객운송용역

연습답안

Tax Accounting Technician
세무정보처리 자격시험 2급

🔑 **객관식**

1	2	3	4	5	6	7	8	9	10	11	12	13	14	15
①	③	②	①	③	③	①	②	①	④	①	③	④	③	①

16	17	18	19	20	21	22	23	24						
④	④	④	②	②	④	②	②	①						

[풀이-객관식]

01 단일세율로 10%, 0%의 동일한 세율을 적용한다.

02 **임시사업장은 기존사업장에 포함**되는 것으로 본다.

03 제조업에 있어서 따로 **제품의 포장만을 하거나 용기에 충전만을 하는 장소는 사업장으로 보지 아니한다.**

04 ② 주사업장 총괄납부를 하는 경우에도 **세금계산서는 각 사업장별로 작성·발급**해야 한다.

　③ 주사업장 총괄납부 사업자가 주사업장 총괄납부를 포기할 때에는 납부하려는 **과세기간 개시 20일 전에 포기신고서를 제출**하여야 한다.

　④ 법인이 주사업장 총괄납부를 하려는 경우 **지점을 주된 사업장**으로 할 수 있다.

05 **매입세액 공제된 판매장려물품**을 고객에게 제공하는 경우에는 **사업상 증여에 따른 재화의 공급**에 해당한다.

06 ① **광업권의 양도는 재화의 공급에 해당**한다.

　② 화재로 인하여 재화가 멸실된 경우에는 재화의 공급에 해당하지 않는다.

　④ 현물출자에 의하여 재화를 인도하는 것은 과세거래에 해당한다.

07 ② **매입세액공제를 받지 않았으므로** 거래처에 무상제공하는 경우에도 재화 공급의 특례에 해당하지 아니한다.

　③ **재화를 공급하는 자가 사업자인 경우에 한하여** 부가가치세 과세대상이 된다.

　④ 사업을 위하여 대가를 받지 아니하고 다른 사업자에게 인도하거나 양도하는 **견본품은 재화의 공급으로 보지 아니한다.**

08 ②는 간주공급에 해당하나, 그 밖의 것은 재화의 공급으로 보지 아니한다.

09 **의료보건 용역의 제공은 면세대상 용역의 공급**에 해당한다.

226

10 가공계약

용역의 공급	재화의 공급
상대방으로부터 인도받은 재화에 대하여 **자기가 주요자재를 전혀 부담하지 않고** 단순히 가공만 하여 주는 것	**자기가 주요자재의 전부 또는 일부를 부담하고** 상대방으로부터 인도받은 재화에 공작을 가하여 새로운 재화를 만드는 것

11 ② 자기가 주요자재의 전부를 부담하고 상대방으로부터 인도받은 재화를 가공하여 새로운 재화를 만들어 인도하는 경우는 재화의 공급에 해당한다.

　　③ **부동산 매매를 사업목적**으로 하여 **부동산을 판매하는 경우는 재화의 공급**에 해당한다.

　　④ 특허권을 양도하고 대가를 수령하는 경우는 재화의 공급에 해당한다.

12 사업자가 타인에게 무상으로 용역을 공급하는 경우 과세거래로 보지 아니하나, **특수관계인에게 사업용 부동산을 무상임대하는 경우에는 과세거래**로 본다.

13 ① 사업자가 아닌 자가 수입하는 재화도 부가가치세 과세대상 거래이다.

　　② 부가가치세법상 **면세 재화를 수입하는 경우 부가가치세가 과세되지 않는다.**

　　③ 수출신고가 수리된 물품으로서 **선적되지 아니한 물품을 보세구역에서 반입**하는 경우는 재화의 수입에서 제외한다.

14 외국에서 보세구역에 재화를 반입하는 것은 재화의 수입에 해당하지 아니한다.

15 ② 수출신고가 수리된 물품으로서 선적되지 아니한 물품을 보세구역에서 반입하는 경우는 재화의 수입에 해당하지 않는다.

　　③ 납세의무자가 재화의 수입에 대하여 관세법에 따라 관세를 세관장에게 신고하고 납부하는 경우에는 재화의 수입에 대한 부가가치세를 함께 신고하고 납부하여야 한다.

　　④ 사업자가 보세구역 안에서 보세구역 밖의 국내에 재화를 공급하는 경우가 재화의 수입에 해당할 때에는 수입신고수리일을 재화의 공급시기로 본다.

16 영세율은 완전면세제도에 해당한다.

17 **수출대행수수료는 국내사업자 간의 용역거래**이므로 영세율이 적용되지 않는다.

18 **수출업자의 수출대행수수료는 국내에서의 용역공급**에 해당하므로 영세율을 적용하지 않는다.

19 면세는 부가가치세의 역진성을 완화하기 위한 목적으로 도입되었다.

20 면세사업자가 영세율을 적용받기 위하여는 면세를 포기하여야 한다

21 국가에 판매한 컴퓨터, 주차장용 토지의 임대, 자동차운전학원의 교육용역은 과세대상이나, 토지의 공급은 면세대상이다.

22 ① 면세사업자는 매입시 부담한 부가가치세액을 공제받을 수 없다.

　　③ 영세율은 소비지국 과세원칙을 구현하기 위한 제도이다.

　　④ 사업자가 **비거주자 또는 외국법인인 경우에 상호(면세) 주의**에 따른다.

23 ① 영세율 적용대상자는 부가가치세법상 사업자로서 제반 의무를 이행한다.

　　③ 면세사업자는 **면세포기를 하여야만 영세율을 적용**받을 수 있다.

　　④ 부가가치세의 역진성을 완화하기 위한 제도는 면세이다

24 부가가치세의 부담이 완전히 제거되지는 않으므로 **부분면세에 해당**한다.

🔑 주관식

01		다, 라	02		가, 나, 다	03		170,000원
04		가, 나, 다						

[풀이-주관식]

01. 가. 담보목적으로 부동산을 제공하는 경우 : 공급이 아님
    나. **매입세액공제를 받지 못한 재화를 거래처에 증정**하는 경우 : 공급이 아님
    다. 특수관계인에게 부동산을 무상으로 임대하는 경우: 과세거래
    라. 건물을 교환한 경우 : 과세거래
02. 토지, 국민주택, 수돗물의 공급은 면세이나, **착화탄의 공급은 과세**이다.
03. 100,000원(중국산 콩)＋70,000원(도서대여용역)＝170,000원
    중국산 콩(식용)과 도서대여용역은 면세이나, 고속철도 운송용역과 수집용 우표는 과세이다.
04 일반버스 여객운송용역은 면세이나 **우등고속버스 여객운송용역은 과세**이다.
    도서, 신문 등은 면세이나 **광고는 과세**이다

Chapter 02

과세표준, 세금계산서

NCS세무 - 3   부가가치세 신고

제1절   과세표준

과세표준이란 납세의무자가 납부해야할 세액산출의 기초가 되는 과세대상의 수량 또는 가액을 말하는데, 부가가치세법상 과세사업자의 과세표준은 재화 또는 용역의 공급에 대한 공급가액으로 한다. **기업회계기준상의 매출액과 거의 일치한다.**

1. 공급유형별 과세표준

(1) 기본원칙

부가가치세의 과세표준은 공급가액이라 하는데, 사업자는 여기에 10%의 세율을 적용하여 계산된 매출세액을 공급받는 자로부터 거래징수하여 정부에 납부하여야 한다.

대원칙(과세표준) : 시가	
① 금전으로 대가를 받는 경우	그 대가
② 금전 외의 대가를 받는 경우	**자기가 공급한 재화 또는 용역의 시가**
③ 부당하게 낮은 대가를 받는 경우 (특수관계자에게 재화·용역을 공급하는 경우)	**자기가 공급한 재화 또는 용역의 시가**

☞ 특수관계자: 일정주주를 포함해서 회사에 영향력을 행사할 수 있는 자(예: 친족관계, 회사와 임직원)

(2) 과세표준계산에 포함되지 않는 항목/포함하는 항목

구 분	내 용
과세표준에 포함되지 않는 항목	① **매출에누리와 환입액, 매출할인** ② 구매자에게 도달하기 전에 파손·훼손·멸실된 재화의 가액 ③ 재화 또는 용역의 공급과 직접 관련되지 않는 국고보조금과 공공보조금 ④ **반환조건부 용기대금·포장비용** ⑤ 용기·포장의 회수를 보장하기 위하여 받는 보증금 등 ⑥ 대가와 구분하여 기재한 경우로서 당해 종업원에 지급한 사실이 확인되는 봉사료 ⑦ 계약 등에 의하여 확정된 대가의 지연지급으로 인해 지급받는 연체이자
과세표준에 포함하는 항목	① 할부판매의 이자상당액 ② 대가의 일부분으로 받는 운송비, 포장비, 하역비, 운송보험료, 산재보험료 등
과세표준에서 공제하지 않는 것	① **대손금(대손세액공제사항)** ② **판매장려금(단, 현물지급시 간주공급에 해당됨)** ③ 하자보증금

2. 거래형태별 과세표준

구 분	과 세 표 준
외상판매 및 할부판매의 경우	공급한 재화의 총가액
장기할부판매 완성도기준지급·중간지급조건부로 재화·용역을 공급하거나 계속적인 재화·용역을 공급하는 경우	**계약에 따라 받기로 한 대가의 각 부분**

3. 대가를 외국통화 기타 외국환으로 받은 경우의 과세표준(수출실적명세서)

구 분		과세표준
공급시기 도래 전에 외화수령	환가	**그 환가한 금액**
	미환가	**공급시기(선적일)**의 외국환거래법에 의한 **기준환율 또는 재정환율**에 의하여 계산한 금액
공급시기 이후에 외국통화로 지급받은 경우		

☞ 기준환율: 외국환은행이 고객과 원화와 미달러화를 매매할 때 기준이 되는 환율을 말하며 시장평균환율이라고도 한다.
　재정환율: 기준환율을 이용하여 제 3국의 환율을 간접적으로 계산한 환율

예제 | 2-1 수출재화의 과세표준

㈜한강의 거래내역을 분개하시오.

1. 4월 01일 미국기업인 애플사에 제품($10,000) 수출계약을 체결하고 계약금으로 $1,000을 보통예금으로 수취하다.(환율 : 1,200원/$)
2. 4월 30일 애플사에 제품을 선적을 완료하고 나머지 잔금은 선적 후 15일이내 받기로 하다.(선적일 기준환율 : 1,300원/$, 수출신고일 기준환율 : 1,270원/$)

    4월 1일 선수금을 원화로 환가한 경우와 환가하지 않는 경우 **각각 부가가치세법상 과세표준으로 회계처리**하시오.

해답

1.	(차) 보 통 예 금	1,200,000원	(대) 선 수 금	1,200,000원
2.환가	(차) 선 수 금 외상매출금	1,200,000원 11,700,000원	(대) 제 품 매 출	12,900,000원[*1]

*1. 과세표준 : $1,000×1,200원(환가환율)+$9,000×1,300원=12,900,000원

〈기업회계 기준으로 회계처리시〉
인도시점에 환율로 아래처럼 수익인식하고 부가가치세법상 과세표준은 12,900,000원임.

	(차) 선 수 금 외상매출금 외환차손	1,200,000원 11,700,000원 100,000원	(대) 제 품 매 출	13,000,000원[*1]

*1. 제품매출 : $10,000×1,300원(선적일 환율)=13,000,000원
*2. 외상매출금 : $9,000×1,300원(선적일 환율)=11,700,000원

3.미환가	(차) 선 수 금 외상매출금 외 환 차 손	1,200,000원 11,700,000원 100,000원[*2]	(대) 제 품 매 출	13,000,000원[*1]

*1. 과세표준 : $10,000×1,300원(선적일 환율)=13,000,000원
*2. 외환차손 : $1,000×(1,300원-1,200원)=100,000원

---

4. 재화의 수입에 대한 과세표준

세관장이 수입업자에게 수입세금계산서 발급시 과세표준은 다음과 같다.

수입재화의 경우	관세의 과세가격+관세+개별소비세, 주세, 교통·에너지·환경세+교육세, 농어촌특별세

☞ 관세의 과세가격: 관세를 부과하기 위한 수입물품의 과세표준이 되는 가격을 말하는데, 수입자가 실제로 지불한 가격에 가산요소를 조정한 것을 말한다.

 예제 **2-2 수입재화의 과세표준**

다음의 거래를 분개하시오. 미국의 GM사로부터 승용차(4,000CC) 수입시 울산세관장으로부터 수입전자세금계산서(공급가액 50,000,000원 부가가치세 5,000,000원)를 발급받고 통관수수료 300,000원과 부가가치세는 현금납부하다.

해답

(차) 차량운반구	5,300,000원	(대) 현　　금	5,300,000원

☞ 세관장이 발행하는 수입세금계산서의 과세표준(공급가액)은 수입재화의 부가가치세를 징수하기 위한 가공의 숫자에 불과하다. 즉 차량구입가격이 아니라는 점을 유의하세요.

5. 과세표준 계산특례

(1) 간주공급

원　　칙	당해 재화의 시가
감가상각자산	간주시가 = 취득가액 × (1 - 체감률 × 경과된 과세기간의 수) ☞ 체감률 : 건물, 구축물인 경우 5%, 기타 25% 　　취득가액 : 매입세액을 공제받은 해당 재화의 가액
판매목적 타사업장 반출	취득가액을 과세표준으로 하되, 당해 취득가액에 일정액을 가산하여 공급하는 경우에는 당해 공급가액으로 한다.

(2) 부동산임대용역의 과세표준[☞**부동산임대공급가액명세서**]

과세표준＝임대료＋간주임대료＋관리비

간주임대료＝해당 기간의 임대보증금 × 정기예금 이자율 × 임대일수/365일(366일)

6. 수입금액 [☞**신고서상의 과세표준명세**]

수입금액에 포함되는 것	수입금액에 포함되지 않는 것
소득세법상 수입금액으로 상품·제품매출액 등 **사업상증여, 개인적공급은 수입금액에 포함**	**고정자산매각, 직매장공급** 등 소득세 수입금액에서 제외되는 금액

 예제   2 - 3 과세표준

다음 자료에 의하여 부가가치세 **과세표준과 수입금액**을 계산하시오. 사업자는 주사업장총괄납부/사업자단위과세제도를 적용받지 않는다.

1. 제품공급가액 : 10,000,000원(매출할인,에누리금액 50,000원이 차감 후 금액임.)

2. 대손금(공급가액) : 6,000,000원(1.제품공급가액에 포함되어 있지 않다.)

3. 장려물품제공액 : 원가 3,000,000원(시가 3,500,000원)

4. 현금 지급 판매장려금 : 3,000,000원

5. 제품 중 대표자 개인적 사용분 : 원가 3,000,000원(시가 5,000,000원)

6. 특수관계자에 대한 매출액 : 10,000,000원(시가 15,000,000원)

7. 판매목적 타사업장 반출 : 5,000,000원

8. 기술개발을 위하여 원재료 사용 : 1,000,000원(시가 1,500,000원)

9. 대가를 받지 않고 거래처에 증여한 견본품 : 500,000원

10. 제품을 이재민구호품으로 서울시에 무상 기탁 : 5,000,000원(시가 10,000,000원)

11. 건물 처분가액: 13,000,000원(취득가액 50,000,000원, 감가상각누계액 30,000,00원)

해답

	과세표준	수입금액	비 고
1. 제품 공급가액	10,000,000	10,000,000	**매출할인, 매출에누리, 매출환입은 과세표준에 포함되지 않는다.**
2. 대손금	6,000,000	6,000,000	**대손금은 과세표준에서 공제하지 않고 대손세액공제로 공제함**
3. 장려물품	3,500,000	3,500,000	장려물품은 **시가**가 과세표준임
4. 판매장려금	–	–	현금지급 판매장려금은 과세표준 미공제
5. 개인직공급	5,000,000	5,000,000	개인직 공급의 과세표준은 **시가**임
6. 특수관계자매출	15,000,000	15,000,000	특수관계자에 대한 매출은 **시가**임
7. 직매장반출	5,000,000	–	간주공급
8. 타계정대체	–	–	**기술개발을 위한 원재료사용은 간주공급이 아님**
9. 견본품	–	–	**견본품은 간주공급에서 제외됨.**
10. 기부금	–	–	**국가 등에 무상으로 공급하는 재화·용역은 면세임**
11. 건물처분가액	**13,000,000**	–	
과세표준 계	**57,500,000**	**39,500,000**	**고정자산매각, 직매장반출은 수입금액에서 제외된다.**

☞ 주사업장총괄납부 또는 사업자단위과세 사업자는 직매장반출에 대해서는 간주공급으로 보지 않는다.

제2절 세금계산서

1. 세금계산서 및 영수증의 종류

구 분		발급하는 자
세금계산서	세금계산서/전자세금계산서	사업자가 공급받는 자에게 발급
	수입세금계산서	**세관장이 수입자에게 발급**
영수증	신용카드매출전표(직불카드, 선불카드포함)	사업자가 주로 일반 소비자에게 발급
	현금영수증	
	(일반적인)영수증	**간이과세자(직전공급대가 합계액이 48백만원 미만 등) 등이 발급**

■ 계산서 : **면세사업자**가 소득세법 또는 법인세법에 의해 면세 재화와 역무를 제공하고 상호간에 거래내역을 명확히 하기 위해 작성하는 서면을 말하는데, **공급가액만 있고 부가가치세액은 없다.**

(1) 세금계산서

세금계산서는 공급하는 사업자가 2매(공급자 보관용, 공급받는자 보관용)를 발행하여 1매는 공급받는 자에게 발급하고 5년간 보관하여야 한다.

필 요 적 기재사항	① 공급하는 사업자의 등록번호와 성명 또는 명칭 ③ 공급가액과 부가가치세액	② 공급받는 자의 등록번호 ④ 작성연월일

세금계산서를 발급시 필요적 기재사항이 누락되었거나 사실과 다른 경우에는 세금계산서로서의 효력이 인정되지 않는다.

(2) 전자세금계산서

① 발급의무자 : 법인사업자(무조건 발급) 및 개인사업자(일정규모이상)

〈전자세금계산서 발급의무 개인사업자〉

공급가액(과세+면세) 기준년도	기준금액	발급의무기간
20x0년	8천만원	20x1. 7. 1~20x2. 6.30

☞ 개인사업자가 사업장별 재화 등의 공급가액이 일정규모 이상인 해의 **다음해 제 2기 과세기간과 그 다음해 제1기 과세기간은 전자세금계산서 의무발급기간**이다.

② **발급기한 : 다음달 10일까지 가능**

③ 전 송

해당 전자세금계산서 **발급일의 다음날**까지 세금계산서 발급명세를 국세청장에게 전송하여야 한다. 전자세금계산서 **발급명세를 전송한 경우에는 매출·매입처별세금계산서합계표를 제출하지 않아도 되며, 5년간 세금계산서 보존의무가 면제**된다. 또한 직전연도 사업장별 공급가액 3억원 미만인 개인사업자에 대하여 전자세금계산서 발급세액공제(발급건당 200원, 연간한도 100만원)가 적용된다.

■ 매입자발행세금계산서

사업자가 재화 또는 용역을 공급하고 거래시기에 세금계산서를 발급하지 않는 경우**[거래건당 공급대가가 5만원이상인 거래]** 그 재화 또는 용역을 공급받은 자는 관할세무서장의 확인을 받아 세금계산서를 발행할 수 있다. **과세기간의 종료일부터 1년(개정세법 24) 이내 발급 신청**할 수 있다.

(3) 영수증

세금계산서의 필요적 기재사항 중 공급받는 자의 등록번호와 부가가치세를 기재하지 않은 증빙서류를 영수증이라 한다. 이러한 영수증을 발급받더라도 매입세액공제를 받을 수 없으나 **예외적으로 신용카드 영수증, 현금영수증에 대해서는 매입세액공제가 허용된다.**

➡◀참고 │ **전자계산서**

전자계산서는 소득세법 및 법인세법 상 규정이다.
〈발급의무자〉
　㉠ 법인사업자
　㉡ 일정규모의 개인사업자

2. 세금계산서의 발급시기

(1) 일반적인 발급시기

원 칙	**재화 또는 용역의 공급시기에 발급**하여야 한다. 다만, 일반적인 공급시기가 도래하기 전에 대가의 전부 또는 일부를 받고서 이에 대한 세금계산서를 발급한 때에도 인정된다.
특 례	공급시기 전 발급	① 재화 또는 용역의 공급시기 전에 세금계산서를 발급하고, 발급일로부터 **7일 이내에 대가를 지급받은 경우에도 인정**된다. ② 위 ①의 규정에도 불구하고 대가를 지급하는 사업자가 일정 요건을 모두 충족하는 경우에는 세금계산서를 발급받은 후 7일 경과 후 대가를 지급하더라도 그 발급받은 때를 세금계산서의 발급시기로 본다.

특례	공급시기 후 발급	**월합계세금계산서**는 예외적으로 재화 또는 용역의 공급일이 속하는 달의 **다음달 10일까지 세금계산서를 발급**할 수 있다. ☞ **기한 말일이 토요일, 공휴일인 경우에는 그 다음날까지 발급할 수 있다.** ① 거래처별로 1역월의 공급가액을 합계하여 당해 월의 말일자를 발행일자로 하여 세금계산서를 발급하는 경우산서를 발급하는 경우 당해 거래일자로 하여 세금계산서를 발급하는 경우 ② 거래처별로 1역월 이내에서 사업자가 임의로 정한 기간의 공급가액을 합계하여 그 기간의 종료일자를 발행일자로 하여 세금계산서를 발급하는 경우 ③ 관계 증빙서류 등에 의하여 실제거래사실이 확인되는 경우로서 당해 거래일자로 하여 세금계산서를 발급하는 경우

☞ **월합계세금계산서 발급예**

	공급시기	발행일자(작성연월일)	발급기한
	1.1~1.31	1.31	2.10
1월	1.1~1.10	1.10	2.10
	1.11~1.20	1.20	2.10
	1.21~1.31	1.31	2.10
	1.11~2.10	1역월내(달력상 1달)에서만 가능하다.	

(2) 발급특례(위탁판매)

수탁자가 재화를 인도하는 때에 수탁자가 **위탁자를 공급자로 하여 세금계산서를 발급하며, 위탁자가 재화를 직접 인도하는 경우에는 수탁자의 사업자등록번호를 부기**하여 위탁자가 세금계산서를 발급할 수 있다.

(3) 세금계산서의 수정

① 당초 공급한 재화가 환입된 경우

환입된 날을 작성일자로 하여 비고란에 당초 세금계산서 작성일자로 부기한 후 (-)표시를 하여 발급한다.

② 착오시

세금계산서를 발급한 후 그 기재사항에 관하여 착오 또는 정정사유가 발생한 경우에는 부가가치세의 과세표준과 세액을 경정하여 통지하기 전까지 세금계산서를 수정하여 발행할 수 있다.

③ 공급가액의 증감시

당초의 공급가액에 추가되는 금액 또는 차감되는 금액이 발생한 경우에는 그 **증감사유가 발생한 날에 세금계산서를 수정**하여 발행할 수 있다.

④ 계약해제시 수정세금계산서는 **계약해제일을 공급일자로 하여 수정발급**한다.

⑤ 세율적용이 잘못되거나 면세거래를 과세로 잘못 적용한 경우

⑥ 착오여부에 관계없이 잘못 적힌 경우 확정신고기한 다음날부터 1년까지 수정발급이 허용된다.

 예제 **2 - 4 수정세금계산서**

㈜한강과 ㈜청계의 거래내역을 분개하시오.

3월 15일 ㈜청계에 외상으로 판매한 제품중 파손된 제품 5개(단가 200,000원, 부가세별도)를 반품받고, 반품에 대한 전자세금계산서를 발급하였으며, 대금은 외상대금과 상계하였다. ㈜청계는 상품에 해당한다.

해답

공급자 ㈜한강	(차) 외상매출금	△1,100,000원	(대) 제품매출 부가세예수금	△1,000,000원 △100,000원	
	다음과 같이 매출환입계정을 사용해도 된다. (차) 매출환입 　　부가세예수금	1,000,000원 100,000원	(대) 외상매출금	1,100,000원	
공급받는자 ㈜청계	(차) 상　　　품 　　부가세대급금	△1,000,000원 △100,000원	(대) 외상매입금	△1,100,000원	

3. 세금계산서 발급의무 면제

(1) 택시운송사업자, 노점, 행상, 무인판매기를 이용하여 재화·용역을 공급하는 자

(2) 전력(또는 도시가스)을 실지로 소비하는 자(사업자가 아닌 자에 한함)를 위하여 전기사업자 (또는 도시가스사업자)로부터 전력(도시가스)을 공급받는 명의자가 공급하는 재화·용역

(3) 도로 및 관련 시설 운용 용역을 공급하는 자 → 공급받는 자가 요구하는 경우에 발급

(4) 소매업을 영위하는 자가 제공하는 재화·용역 → 공급받는 자가 요구하는 경우에 발급

(5) **목욕, 이발, 미용업을 영위하는 자가 공급**

(6) **간주공급에 해당하는 재화의 공급(직매장반출은 발급)**

(7) **부동산임대용역 중 간주임대료**

(8) 영세율 적용대상 재화·용역

　　다만 내국신용장(구매확인서)에 의한 공급하는 재화는 영세율세금계산서를 발급하여야 한다.

(9) 기타국내사업장이 없는 비거주자 또는 외국법인에게 공급하는 재화·용역

〈영수증발급대상 사업의 세금계산서 발급의무〉

영수증발급대상사업	세금계산서 발급 요구시
1. 목욕, 이발, 미용업 **2. 여객운송업(전세버스운송사업은 제외)** **3. 입장권을 발행하여 영위하는 사업**	**세금계산서 발급금지** **(다만 감가상각자산의 경우는 예외)**
4. 소매업 등 영수증 발급대상사업	세금계산서를 발급하여야 함.

4. 세금계산서합계표 등의 제출

(1) 세금계산합계표의 제출

전자세금계산서를 적법발급하고 다음날 전송시 제출의무가 면제된다.

(2) 현금매출명세서의 제출

사업서비스업 중 변호사, 공인회계사, 세무사, 건축사 등의 사업을 영위하는 사업자는 현금매출명세서를 예정신고 또는 확정신고와 함께 제출하여야 한다.

(3) 부동산임대공급가액명세서의 제출

5. 신용카드 매출전표(직불카드, 기명식 선불카드, 현금영수증 포함)

(1) 신용카드 매출전표 등 발행세액공제[☞신용카드매출전표등 발행금액집계표]

직전연도 공급가액 10억원이하 개인사업자만 해당된다.

> 공제액 = MIN[①신용카드매출전표발행 금액 등의 1.3%, ② 연간 1,000만원]

(2) 매입세액의 공제허용[☞신용카드매출전표수령명세서(갑)]

> 신용카드매출전표등 수령명세서를 제출하고, 확정신고를 한 날로부터 5년간 보관할 것

 분개연습

<매입매출전표 유형선택 : *증빙을 보시고 판단하세요!!!!*>

매출유형	증 빙		매입유형
11.과세	(전자)세금계산서	공제	51.과세
12.영세	(전자)영세율세금계산서	불공제	52.영세
13.면세	계산서		53.면세
14.건별	증빙없음/일반영수증	불공제	54.불공
16.수출	직수출	수입전자세금계산서	55.수입
17.카과	신용카드영수증(과세)		57.카과
18.카면	신용카드영수증(면세)		58.카면
22.현과	현금영수증(과세)		61.현과
23.현면	현금영수증(면세)		62.현면

01. 공장에서 사용하던 기계장치(취득원가 50,000,000원, 감가상각누계액 25,000,000원)를 매각하고 전자세금계산서(공급가액 20,000,000원 부가세 별도)를 거래일에 발급·전송하였다.(대금은 전액 6월 30일에 보통예금계좌로 이체받기로 하였다.)

[유 형]   [공급가액]   [세 액]
[분 개]

02. 8월 3일 (주)한공산업에 제품을 외상공급하고 전자세금계산서(공급가액 18,000,000원, 부가세 별도)를 거래일에 발급·전송하였다. 8월 13일 당초의 결제조건에 의하여 2% 할인된 금액만큼 차감한 수정세금계산서(공급가액 -360,000원, 부가가치세 -36,000원)를 발급하였다. 수정세금계산서에 대해서만 회계처리하시오.

[유 형]   [공급가액]   [세 액]
[분 개]

03. (주)산돌식품에 제품(통조림)을 공급하고 거래일에 전자세금계산서(공급가액 800,000원, 부가가치세 80,000원)를 발급·전송하였다. 대금결제는 거래일에 카드로 결제 받았다.

[유 형]   [공급가액]   [세 액]
[분 개]

04. (주)한일전자는 삼한빌딩에 대한 부동산임대 계약(임대보증금 2억원, 임대차기간: 20x1.9.1~20x3.8.31)을 체결하였고, 간주임대료에 대한 부가가치세는 임차인이 부담하기로 하였다. 9월 30일 우리은행 보통예금계좌로 간주임대료(적용이자율 2.5%)에 대한 부가가치세액이 입금되었다. 1년은 365일이라 가정한다.

[유 형]   [공급가액]   [세 액]
[분 개]

05. ㈜성아전기의 수출 내역이다.

품 목	SCX-7500DC (제품)	거 래 처	HANS Co.,Ltd
거 래 구 분	직수출	가 격 조 건	FOB
결 제 조 건	T/T후불(결제기일 : 적재일로부터 35일 후)		
환 율	6월 14일 기준환율 ₩920.00/USD 6월 15일 기준환율 ₩900.00/USD		
수 출 신 고 일	6월 14일	선 적 일	6월 15일(선하증권)
결 제 금 액	$50,000		

[유 형]   [공급가액]   [세 액]
[분 개]

06. 기숙사로 사용할 건물을 구입하고 관련 정부지원금 30,000,000원을 포함한 대금 전액을 신한은행 보통예금계좌에서 이체하여 지급하고 전자세금계산서(공급가액 80,000,000원 부가가치세 8,000,000)를 발급받았다. 당사는 4월 1일에 중소기업청에서 정부보조금 30,000,000원을 신한은행 보통예금으로 수취하였으며 일반전표에 반영되어 있다.

[유 형]   [공급가액]   [세 액]
[분 개-세금계산서]

[분 개-정부보조금]

07. 6월 3일 (주)한국산업에 제품을 외상 공급하고 전자세금계산서(공급가액 15,000,000원 부가가치세 1,500,000원)를 발급하였다. 본 건에 대하여 다음과 같이 구매확인서를 발급받아 영세율을 적용하려고 한다.

> • 구매확인서 발급일자: 20x1년 7월 15일
> • 개설은행: 신한은행 강남지점
> 구매확인서 사후개설에 따른 수정전자세금계산서 2장을 발급하였다.

① 당초 발급한 과세세금계산서의 (-)세금계산서 발급분

[유 형]   [공급가액]   [세 액]
[분 개]

② 수정분 세금계산서 발급분

[유 형]   [공급가액]   [세 액]
[분 개]

08. 4월 15일에 발급된 전자세금계산서는 4월 30일 납품건에 대한 계약금 10% 수령한 후 발급한 전자세금계산서(공급가액 5,000,000원, 부가세 10%)이다. 납품일정이 지연되어 4월 25일 (주)동아식품과 계약을 해제한 후 수정전자세금계산서를 발급하였다. 수령한 계약금은 해제일에 국민은행 보통예금계좌에서 이체하여 지급하였다. 계약해제시 공급시기는 계약해제일이 된다.

[유 형]   [공급가액]   [세 액]
[분 개]

09. 강민채에게 제품(꽁치통조림-과세)을 현금으로 매출하고 현금영수증(공급가액 150,000원, 부가세 15,000원)을 발급하여 주었다.

[유 형]   [공급가액]   [세 액]
[분 개]

10. (주)현대캐피탈과 운용리스계약을 맺고 공장용 포장기계를 사용하고 있다. 리스료는 매월 25일에 지급하기로 약정하고 전자계산서(공급가액 4,850,000원)를 수취하고 현금으로 지급하다.

[유 형]   [공급가액]   [세 액]
[분 개]

11. 관리부에서 사용할 복사용지 및 사무용품을 미래문구에서 구입하고 현금영수증(지출증빙용: 공급가액 100,000원 부가세 10,000원)을 수취하였다.(소모품비로 처리)

[유 형]   [공급가액]   [세 액]
[분 개]

12. 황태자 한정식에 제품(포장고등어-면세)을 510,000원에 판매하고 신용카드 매출전표(국민카드)를 발급하였다.

[유 형]   [공급가액]   [세 액]
[분 개]

13. 수산물을 구입하여 통조림을 제조하는 (주)한국식품의 원재료 매입내역이다. 꽁치 20상자를 현금으로 구입하고 현금영수증(공급가액 900,000원) 수취하다. 단, (주)한국식품은 중소기업에 해당한다. 구입시 회계처리와 의제매입세액공제액(공제세액은 "부가세대급금")에 대해서 회계처리하시오.

① 구입시 회계처리

[유 형]   [공급가액]   [세 액]
[분 개]

② 의제매입세액 회계처리
[분 개]

14. 대표이사(김대박)의 개인용도로 강우마트로 부터 선물셋트 8호를 외상구입하고 전자세금계산서(공급가액 900,000원, 부가세 90,000원)를 수취하였다. ("가지급금" 계정으로 처리할 것)

[유 형]   [공급가액]   [세 액]
[분 개]

15. ㈜ 한국자동차로부터 회사업무용으로 사용하기 위해 승용차(K6-2,000CC)를 외상구입하고 전자세금계산서(공급가액 40,000,000원 부가세 10%)를 수취하였다.

[유 형]   [공급가액]   [세 액]
[분 개]

16. 다음 자료를 이용하여 매입세액 불공제금액을 구하고, 불공제 매입세액에 대하여 9월 30일자로 회계처리하시오.

자료 1. 과세기간의 제품매출(공급가액) 내역

구분	20x1.7.1. ~ 20x1.9.30.
과세매출(전자세금계산서)	600,000,000원
면세매출(계산서)	200,000,000원
합계	800,000,000원

자료 2. 공통매입내역

일자	품목	공급가액	세액	거래처	유형
8월 14일	원재료	60,000,000원	6,000,000원	(주)케이상사	과세매입
9월 25일	조립기(기계장치)	40,000,000원	4,000,000원	(주)미래기계	과세매입

[분 개]

객관식

01. 다음 중 부가가치세 과세표준에 포함되는 것은?
① 공급받는 자에게 도달하기 전에 파손·훼손되거나 멸실한 재화의 가액
② 재화·용역의 공급과 직접 관련되지 않는 국고보조금과 공공보조금
③ 공급에 대한 대가의 지급이 지체되었음을 이유로 받는 연체이자
④ 할부판매의 이자상당액

02. 다음 중 부가가치세 과세표준에 대하여 잘못 설명하고 있는 사람은?
① 매출환입과 매출할인은 과세표준에서 제외되지 않지만 매출에누리는 과세표준에서 제외돼.
② 공급대가의 지급이 지연되어 받는 연체이자 상당액은 과세표준에서 제외돼.
③ 장기할부판매의 경우 이자상당액은 과세표준에 포함 돼.
④ 재화를 공급받는 자에게 지급하는 장려금은 과세표준에서 공제하지 않아야 해.

03. 다음 중 부가가치세법상 과세표준에 포함되는 것은?

① 공급에 대한 대가의 지급이 지체되었음을 이유로 받는 연체이자

② 재화 또는 용역의 공급과 직접 관련되지 아니하는 국고보조금과 공공보조금

③ 공급에 대한 대가를 약정기일 전에 받았다는 이유로 사업자가 당초의 공급가액에서 할인해 준 금액

④ 재화를 공급하고 대가의 일부로 받는 운송비와 포장비

04. 다음은 김한공 씨가 슈퍼마켓에서 구입한 영수증의 일부이다. 빈칸에 들어갈 금액은 각각 얼마인가?

```
            <<한공슈퍼마켓>>
          사업자번호: 129-81-00482
        주소: 서울특별시 서대문구 충정로2가
    대표:  이회계              전화번호: 02-318-0000

    품명          단가        수량        금액
    사과          990원        2        1,980원
    휴지         1,100원       3        3,300원
    딸기우유       880원        3        2,640원
    초콜렛       2,200원       2        4,400원
    사이다       3,300원       1        3,300원
    산낙지       9,900원       1        9,900원
    합계                              25,520원

    면세물품 공급가액 합계              Ⓐ

    과세물품 공급가액 합계              Ⓑ

    부가가치세                         Ⓒ

    합계                              25,520원
```

① A: 0원   B: 23,200원   C: 2,320원

② A: 4,620원   B: 19,000원   C: 1,900원

③ A: 11,880원   B: 12,400원   C: 1,240원

④ A: 14,520원   B: 10,000원   C: 1,000원

05. 다음 중 부가가치세법상 세금계산서와 관련하여 잘못 설명한 것은?

① 법인, 개인일반과세사업자는 모두 전자세금계산서를 의무발급해야 해.

② 재화를 직접 수출하는 경우는 세금계산서 발급의무가 면제 돼.

③ 간이과세자는 원칙적으로 세금계산서를 발급해야 하고, 일정규모 미만의 간이과세자는 영수증을 발급해야 해.

④ 면세사업자는 세금계산서를 발급할 수 없어.

06. 다음 중 부가가치세법상 세금계산서 및 전자세금계산서에 대한 설명으로 옳은 것은?

① 공급받는 자가 발급을 요구하더라도 소매업자는 세금계산서를 발급할 수 없다.

② 내국신용장에 의한 수출은 세금계산서를 발급하여야 한다.

③ 공급시기 전에 세금계산서를 발급하고 그 발급일이 속하는 확정신고기한까지 대가를 받으면 해당 세금계산서를 발급한 때를 재화 또는 용역의 공급시기로 본다.

④ 법인사업자는 사업장별 공급가액의 합계액이 2억 이하인 경우 전자세금계산서를 발급의무가 면제된다.

07. 다음 중 부가가치세법상 전자세금계산서에 대한 설명으로 옳은 것은?

① 전자세금계산서 발급명세는 발급일까지 국세청장에 전송해야 한다.

② 공급받는자의 성명은 필요적 기재사항에 해당한다.

③ 전자세금계산서를 발급 전송한 경우 세금계산서 보관의무는 면제된다.

④ 모든 개인사업자는 전자세금계산서를 의무발급 하여야 한다.

08. 다음 중 부가가치세법상 세금계산서에 대한 설명으로 옳지 않은 것은?

① 간이과세자는 세금계산서를 발급할 수 없다.

② 택시운송 사업자는 세금계산서 발급의무가 면제된다.

③ 세금계산서는 공급시기에 발급하는 것이 원칙이다.

④ 전자세금계산서 발급명세는 전자세금계산서 발급 후 10일 이내에 국세청장에게 전송하여야 한다.

09. 다음 중 부가가치세법상 전자세금계산서에 대한 설명으로 옳은 것은?

① 전자세금계산서 발급명세는 발급일까지 국세청장에 전송해야 한다.

② 공급받는자의 성명은 필요적 기재사항에 해당한다.

③ 전자세금계산서를 발급 전송한 경우 세금계산서 보관의무는 면제된다.

④ 모든 개인사업자는 전자세금계산서를 의무발급 하여야 한다.

10. 세금계산서(또는 전자세금계산서)에 대한 설명으로 옳지 않은 것은?

① 계약의 해제로 재화 또는 용역이 공급되지 아니한 경우 수정전자세금계산서의 작성일은 계약의 해제일로 한다.

② 택시운송 사업자는 세금계산서 발급의무가 면제되지 아니한다.

③ 공급받는 자의 등록번호는 세금계산서의 필요적 기재사항이다.

④ 필요적 기재사항 등이 착오 외의 사유로 잘못 적힌 경우는 재화나 용역의 공급일이 속하는 과세기간에 대한 확정신고기간까지 수정세금계산서를 발급할 수 있다.

11. 다음은 부가가치세 과세사업자인 (주)한공의 세금계산서 발급내역이다. 이 중 세금계산서를 잘못 발급한 것은?

① (주)한공은 4월 5일 계약금 10만원(매매대금의 10%)을 받고 그와 동시에 10만원에 대한 세금계산서를 발급하였다. 주문한 상품은 6월 5일에 인도할 예정이다.

② (주)한공은 4월 27일 상품을 인도하고 대금은 2개월 후에 받기로 하였다. (주)한공은 6월 27일에 대금을 받으면서 그와 동시에 세금계산서를 발급하였다.

③ (주)한공은 4월 6일과 4월 25일에 두 번 상품을 공급하고 5월 10일에 월합계세금계산서(작성연월일 : 4.30.)를 발급하였다.

④ (주)한공은 5월 2일에 상품을 공급하고 세금계산서의 작성연월일을 5월 2일로 기재하여 6월 10일에 세금계산서를 발급하였다.

12. 세금계산서(또는 전자세금계산서)에 대한 설명으로 옳지 않은 것은?

① 법인사업자는 모두 전자세금계산서 의무발급대상이나, 개인사업자는 일정한 요건에 해당하는 경우에만 전자세금계산서 의무발급대상이다.

② 전자세금계산서 발급명세는 전자세금계산서 발급 후 10일 이내에 국세청장에게 전송하여야 한다.

③ 공급받는 자의 등록번호는 세금계산서의 필요적 기재사항이다.

④ 필요적 기재사항 등이 착오 외의 사유로 잘못 적힌 경우는 재화나 용역의 공급일이 속하는 과세기간에 대한 확정신고기간까지 수정세금계산서를 발급할 수 있다.

주관식

01. 다음은 (주)한공의 20x1년 제2기 확정신고기간의 자료이다. 이를 토대로 부가가치세 과세표준을 계산하면 얼마인가?(단, 주어진 자료의 금액은 부가가치세가 포함되어 있지 않은 금액이며, 세금계산서 등 필요한 증빙서류는 적법하게 발급하였거나 수령하였다.)

가. 외상판매액(수출액 3,000,000원 포함)	13,000,000원
나. 비영업용 소형승용차의 매각액	5,000,000원
다. 토지매각액	6,000,000원
라. 재화 공급과 직접 관련되지 않는 국고보조금 수령액	2,500,000원

02. 다음 자료를 이용하여 (주)한공의 20x1년 제2기 부가가치세 확정신고 시 과세표준을 계산하면 얼마인가?(단, 주어진 자료에는 부가가치세가 포함되지 아니하였다.)

가. 제품 매출액: 40,000,000원
나. 거래처에 자금을 대여하고 받은 6개월분 이자수령액: 2,000,000원
다. 제품 제작과정에서 발생한 부산물 매각액: 1,000,000원
라. 화재로 인하여 소실된 제품의 원가: 4,500,000원(시가: 6,000,000원)

03. 다음 자료를 토대로 (주)한공(휴대폰 제조업)의 20x1년 제1기 확정신고 시 부가가치세 과세표준을 계산하면 얼마인가?(단, 아래의 금액에는 부가가치세가 포함되지 아니하였다.)

가. 제품의 판매금액(매출에누리 500,000원이 차감되지 아니하였음): 12,000,000원
나. 사무용비품 매각금액: 3,000,000원
다. 자산수증이익(기증받은 사무용 비품의 시가): 5,000,000원
라. 대표이사가 개인적 용도로 사용한 제품(매입세액공제를 받았음)의 원가: 4,500,000원(시가: 6,000,000원)

04. (주)한공은 제품을 영찬산업에 공급하고 그 대가로 비품을 받았다. 다음 자료를 참고하여 ㈜한공(ⓐ)과 영찬산업(ⓑ)의 부가가치세법상 공급가액을 구하면 얼마인가? 단, 두 회사는 모두 부가가치세 과세사업 자이다.

구 분	㈜한공의 제품	영찬산업의 비품
장부금액	500만원	600만원
시 가	700만원	690만원

05. 다음 자료로 과세사업자인 (주)한공의 20x1년 제1기 예정신고기간의 부가가치세 과세표준을 계산하면 얼마 인가? 단, 아래의 금액에는 부가가치세가 포함되지 아니하였다.

> 가. 제품 국내매출액(매출할인 2,000,000원이 차감되지 아니하였음): 6,000,000원
> 나. 제품 수출액: 2,500,000원
> 다. 자산수증이익(기증받은 업무용 차량의 시가): 1,000,000원

06. 다음의 공급가액 자료를 토대로 (주)한공(의류 도매업)의 20x1년 제1기 예정신고 기간 부가가치세 과세표준을 계산하면 얼마인가?

> 가. 광고선전용으로 무상 제공한 견본품: 2,000,000원(시가)
> 나. 공급받는 자에게 도달하기 전에 파손된 재화 가액: 5,000,000원
> 다. 상품국내매출액: 4,000,000원 (매출할인 1,000,000원 차감 전)
> 라. 상품수출액: 2,000,000원

07. 제조업을 영위하는 일반과세사업자인 (주)한공의 20x1년 제1기 예정신고기간의 부가가치세 과세표준을 계산하면 얼마인가? 단, 제시된 재화·용역과 관련된 매입 세액은 적법하게 공제하였고, 아래의 금액에는 부가가치세가 포함되지 아니하였다.

공급 내역(20x1년 1월 ~ 3월)	판매금액	시가
특수관계인에게 판매한 제품	100,000원	200,000원
특수관계인에게 무상공급한 음식용역	–	120,000원
거래처(특수관계인 아님)에 증정한 회사의 제품(원가 100,000원)	–	130,000원

08. 다음의 자료를 토대로 (주)한공의 20x1년 제2기 확정신고기간 부가가치세 과세표준을 계산한 금액으로 옳은 것은?(단, 주어진 자료에는 부가가치세가 포함되지 아니하였다.)

- 제품판매액: 60,000,000원
- 견본품의 시가: 3,000,000원
- 사업에 사용한 토지의 공급액: 10,000,000원
- 매입세액 공제 받은 제품의 대표자 개인적 사용분: 4,000,000원(시가 5,000,000원)

09. 다음 내역을 보고 부가가치세법상 과세표준을 구하시오.

▶ 12월 15일 MAC Co., Ltd.에 제품 $10,000를 수출하기로 계약하였고,
12월 20일 계약금 $1,000를 받아 환전하여 보통예금통장(하나은행)에 입금하였다.

■ 환율내역

12월 15일(계약일)	12월 20일(선수금)	12월 25일(선적일)
950원/USD	900원/USD	1,000원/USD
매입환율	매입환율	기준환율

10. 9번자료를 활용하여 기업회계기준상 매출액을 구하시오.

11. 다음 자료를 토대로 (주)한공의 20x1년 제2기 부가가치세 예정신고 시 과세표준을 계산하면 얼마인가? (단, 주어진 자료에는 부가가치세가 포함되지 아니하였다.)

• 제품 매출액	50,000,000원
• 국가에 무상으로 기증한 제품	20,000,000원(시가)
• 화재로 인하여 소실된 제품	5,000,000원(시가)
• 중고 기계장치 처분액	10,000,000원

🔑 분개연습

1.

유형	11.과세	공급가액	20,000,000	세액	2,000,000
(차)	감가상각누계액(기계)	25,000,000	(대) 기계장치		50,000,000
	미수금	22,000,000	부가세예수금		2,000,000
	유형자산처분손실	5,000,000			

2.

유형	11.과세	공급가액	−360,000	세액	−36,000
(차)	외상매출금	−396,000	(대) 제품매출		−360,000
			부가세예수금		−36,000

3.

유형	11.과세	공급가액	800,000	세액	80,000
(차)	외상매출금	880,000	(대) 제품매출		800,000
	(비씨카드)		부가세예수금		80,000

4.

유형	14.건별	공급가액	410,958	세액	41,095
(차)	보통예금(우리은행)	41,095	(대) 부가세예수금		41,095
☞ 간주임대료 = 2억 × 2.5% × 30일(9.1~9.30)/365일 = 410,958					

5.

유형	16.수출	공급가액	45,000,000	세액	−
(차)	외상매출금	45,000,000	(대) 제품매출		45,000,000
☞ 공급가액 = 결제금액 × 선(기)적일의 기준환율(외상) = $50,000 × 900원 = 45,000,000원					

6.

유형	51.과세	공급가액	80,000,000	세액	8,000,000
(차)	건물	80,000,000	(대) 보통예금(신한은행)		88,000,000
	부가세대급금	8,000,000			
[정부보조금]					
(차)	정부보조금	30,000,000	(대) 정부보조금(건물차감)		30,000,000
	(예금차감)				

7.	1. 당초 발급한 과세세금계산서의 (−)세금계산서 발급분					
	유형	11.과세	공급가액	−15,000,000	세액	−1,500,000
	(차) 외상매출금	−16,500,000	(대) 제품매출			−15,000,000
			부가세예수금			−1,500,000
	2. 수정분 영세율세금계산서 발급분					
	유형	12.영세	공급가액	15,000,000	세액	
	(차) 외상매출금	15,000,000	(대) 제품매출			15,000,000

8.	유형	11.과세	공급가액	−5,000,000	세액	−500,000
	(차) 선수금	5,000,000	(대) 부가세예수금			−500,000
			보통예금(국민은행)			5,500,000

9.	유형	22.현과	공급가액	150,000	세액	15,000
	(차) 현금	165,000	(대) 제품매출			150,000
			부가세예수금			15,000

10.	유형	53.면세	공급가액	4,850,000	세액	−
	(차) 임차료(제)	4,850,000	(대) 현금			4,850,000

11.	유형	61.현과	공급가액	100,000	세액	10,000
	(차) 소모품비(판)	100,000	(대) 현금			110,000
	부가세대급금	10,000				

12.	유형	18.카면	공급가액	510,000	세액	
	(차) 외상매출금(국민카드)	510,000	(대) 제품매출			510,000

13.	1.원재료 구입시					
	유형	62.현면	공급가액	900,000	세액	
	(차) 원재료	900,000	(대) 현금			900,000
	2. 의제매입세액: 900,000× 4/104=34,615					
	(차) 부가세대급금	34,615	(대) 원재료(타계정대체)			34,615

14.	유형	54.불공	공급가액	900,000	세액	90,000
	(차) 가지급금(김대박)	990,000	(대) 미지급금(강우마트)			990,000

15.	유형	54.불공	공급가액	40,000,000	세액	4,000,000
	(차) 차량운반구	44,000,000	(대) 미지급금			44,000,000

16.	(차) 원재료	1,500,000	(대) 부가세대급금			1,500,000
	기계장치	1,000,000	부가세대급금			1,000,000
	☞ 불공제매입세액(원재료) =6,000,000 × 2억/8억=1,500,000원					
	불공제매입세액(기계장치)=4,000,000 × 2억/8억=1,000,000원					

◉━ 객관식

1	2	3	4	5	6	7	8	9	10	11	12			
④	①	④	③	①	②	③	④	③	②	②	②			

[풀이-객관식]

01 **할부판매의 이자상당액은 과세표준에 포함**된다.

02 **매출환입과 매출할인은 과세표준에서 제외**한다.

03 **대가의 일부로 받는 운송비와 포장비는 과세표준에 포함**된다.

04 **사과와 산낙지는 면세**이므로 면세물품의 합계는 1,980원 + 9,900원 = 11,880원

과세물품의 공급가액: (3,300원 + 2,640원 + 4,400원 + 3,300원) × 100/110 = 12,400원

부가가치세는 12,400원 × 10% = 1,240원

05 법인사업자와 직전 연도의 사업장별 재화 및 용역의 공급가액의 합계액이 **일정규모 이상인 개인사업자에 한해서 전자세금계산서를 의무발급**하여야 한다.

06 ① **소매업**을 경영하는 자는 공급을 받는 자가 **세금계산서의 발급을 요구하는 경우에는 세금계산서를 발급해야 한다.**

③ 사업자가 재화 또는 용역의 공급시기가 되기 전에 세금계산서를 발급하고 그 **세금계산서 발급일부터 7일 이내에 대가를 받으면** 해당 세금계산서를 발급한 때를 재화 또는 용역의 공급시기로 본다.

④ **법인사업자**는 사업장별 공급가액의 합계액과 관계없이 **전자세금계산서를 발급**해야 한다.

07 ① 전자세금계산서 발급명세는 **발급일의 다음날까지 국세청장에 전송**해야 한다.

② **공급받는자의 성명은 임의적 기재사항**에 해당한다.

④ 직전연도의 사업장별 공급가액(과세 + 면세)의 합이 일정규모 이상인 개인사업자는 전자세금계산서를 의무발급 하여야 한다.

08 전자세금계산서 발급명세는 전자세금계산서 **발급일의 다음날까지 국세청장에게 전송**하여야 한다.

09 ① 전자세금계산서 발급명세는 발급일의 다음날까지 국세청장에 전송해야 한다.

② 공급받는자의 성명은 임의적 기재사항에 해당한다.

④ **직전연도의 사업장별 공급가액(과세 + 면세)의 합이 0.8억원 이상인 개인사업자**는 전자세금계산서를 의무발급 하여야 한다.

10 **택시운송 사업자**가 공급하는 재화 또는 용역에 대해서는 **세금계산서의 발급의무가 면제**된다.

11 4월 27일에 상품을 외상으로 판매한 경우 인도일을 공급시기로 하므로 대금을 받는 날에 세금계산서를 발급할 수 없다.

12 전자세금계산서 발급명세는 전자세금계산서 **발급일의 다음날까지 국세청장에게 전송**하여야 한다.

🔑 주관식

01	18,000,000	**02**	41,000,000	**03**	20,500,000
04	ⓐ 700만원 ⓑ 690만원	**05**	6,500,000	**06**	5,000,000
07	330,000	**08**	65,000,000	**09**	9,900,000
10	10,000,000	**11**	60,000,000		

[풀이-주관식]

01 외상판매액(13,000,000)+비영업용 소형승용차의 매각액(5,000,000)=18,000,000원

토지매각은 면세에 해당되고, *재화 공급과 직접 관련되지 않는 국고보조금 수령액은 과세표준에 포함하지 않는다.*

02 부가가치세 과세표준=제품 매출액(40,000,000)+부산물 매각액(1,000,000)=41,000,000원

거래처 이자 수령액, 화재로 인하여 소실된 제품의 원가는 과세표준에 포함하지 않는다.

03 (12,000,000원-500,000원)+3,000,000원+6,000,000원=20,500,000원

자산수증이익은 과세표준에 포함하지 않고, 개인적 공급은 시가를 과세표준에 포함한다.

04 (주)한공과 영찬산업 **모두 자기가 공급한 재화의 시가를 공급가액**으로 하므로 (주)한공은 700만원, 영찬산업은 690만원이 공급가액이다.

05 (6,000,000원-2,000,000원)+2,500,000원=6,500,000원

자산수증이익은 부가가치세 과세표준에 포함하지 않는다.

06 4,000,000원-1,000,000원+2,000,000원=5,000,000원

견본품과 파손된 재화는 과세표준에 포함하지 아니한다. 매출할인은 과세표준 계산시 총매출액에서 차감한다.

07 200,000원+130,000원=330,000원

특수관계인에게 시가보다 저가로 판매한 경우에는 부당행위계산의 부인에 따라 **시가를 공급가액으로 한다.** 또한 **무상공급용역(특수관계인에게 제공한 부동산임대용역은 제외)은 과세대상에서 제외**된다.

08 부가가치세 과세표준=60,000,000원+5,000,000원=65,000,000원

견본품은 과세표준에 포함하지 않고, 토지의 공급은 면세거래에 해당한다.

09 과세표준(환가한 경우): ($1,000×900원)+($9,000×1,000원)=9,900,000원

10 제품매출액: ($10,000×1,000원)=10,000,000원(기업회계기준은 인도시점에 수익인식)

11 부가가치세 과세표준=매출액(50,000,000)+기계장치(10,000,000)=60,000,000원

국가 무상 기증은 면세 대상에 해당하며, 화재로 인한 손실은 재화의 공급이 아니다.

Chapter 03

납부세액의 계산

NCS세무 - 3 부가가치세 신고

제1절 납부세액의 계산

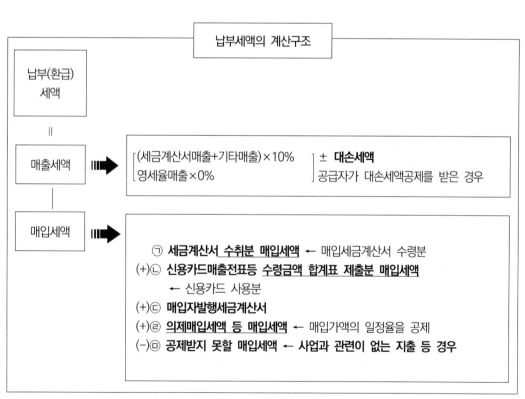

- 매출세액 〉 매입세액 → 납부세액
- 매출세액 〈 매입세액 → 환급세액

제2절 매출세액의 계산

1. 매출세액의 계산구조

구 분		금 액	세 율	세 액
과 세 (10%)	세 금 계 산 서 발 급 분		10/100	
	매 입 자 발 행 세 금 계 산 서		10/100	
	신 용 카 드 · 현 금 영 수 증		10/100	
	기 타(정규영수증외매출분)		10/100	
영 세 율 (0%)	세 금 계 산 서 발 급 분		0/100	
	기 타		0/100	
예 정 신 고 누 락 분				
대 손 세 액 가 감				
합 계				

2. 대손세액공제 [☞실무 : 대손세액공제신고서]

사업자가 과세재화·용역을 공급한 후 공급받는 자의 파산 등으로 인하여 부가가치세를 거래징수하지 못하는 경우에는 그 대손세액을 매출세액에서 차감할 수 있고, 이 경우 공급받은 자는 그 세액을 매입세액에서 차감한다.

만약 외상매출금 등이 대손처리되는 경우 공급자는 거래징수하지 못한 부가가치세를 납부하는 불합리한 결과를 방지하기 위함이다.

(1) 대손세액공제액

$$대손세액공제액 = 대손금액(부가가치세 포함) \times \frac{10}{110}$$

(2) 대손사유

① 민법 등에 따라 **소멸시효가 완성된 채권**

☞ 소멸시효: 권리를 행사할 수 있음에도 불구하고 권리를 행사하지 않는 상태가 일정기간 계속함으로써 권리 소멸의 효과를 생기게 하는 제도.

② 소정법에 따른 회생계획인가의 결정 또는 법원의 면책결정에 따라 회수불능으로 확정된 채권

☞ 회생계획: 기업회생절차에 따라 기업을 되살리기 위하여 채무의 일부를 탕감하는 등 재기할 수 있도록 기회를 부여하는 제도.

③ 민사집행법의 규정에 따라 채무자의 재산에 대한 경매가 취소된 압류채권

☞ 압류: 채권자등의 신청에 의하여 채무자의 특정한 재산이나 권리를 처분하지 못하게 국가가 개입하는 행위

④ 『서민의 금융생활지원에 관한 법률』에 따른 채무의 조정을 받아 신용회복지원협약에 따라 면책으로 확정된 채권

⑤ <u>부도발생일로부터 6개월 이상 지난 어음·수표</u> 및 외상매출금(중소기업의 외상매출금으로서 부도발생일 이전의 것에 한함)

⑥ <u>중소기업의 외상매출금 및 미수금으로서 회수기일로부터 2년이 경과한 외상매출금 등</u> (특수관계인과의 거래는 제외)

⑦ 채무자의 파산·강제집행·사업폐지·사망 등으로 인하여 회수할 수 없는 채권

☞ 강제집행: 사법상의 의무를 이행하지 않는 자에 대하여 국가 권력으로 의무를 이행케하는 절차

⑧ 회수기일이 6개월 이상 지난 채권 중 <u>채권가액이 30만원 이하</u>(채무자별 채권가액의 합계액)인 채권

⑨ 회생계획인가결정에 따라 채권을 출자전환하는 경우

(3) 대손세액공제의 범위 및 시기

재화 또는 용역의 공급일로부터 <u>10년이 지난 날이 속하는 과세기간에 대한 확정신고기한까지</u> 대손세액공제대상이 되는 사유로 인하여 확정되는 대손세액이어야 한다.

(4) 공제신청

대손세액공제는 사업자가 **확정신고시 대손세액공제**와 대손이 발생한 사실을 증명하는 서류를 제출(국세정보통신망에 의한 제출 포함)하는 경우에 한하여 적용한다.

(5) 대손세액의 처리방법(공급자 VS 공급받는자)

구 분	공급자	공급받는자
1. 대손확정	**대손세액(-)**	**대손처분받은세액(-)**
	매출세액에 차감	매입세액에 차감
2. 대손금 회수 또는 변제한 경우	**대손세액(+)**	**변제대손세액(+)**
	매출세액에 가산	매입세액에 가산

예제 3 - 1 대손세액관련

다음은 과세사업자인 ㈜한강의 매출채권에 관련된 자료이다. 이를 토대로 요구사항에 답하시오.

1. 20×1년 5월 5일에 ㈜금강에게 제품 1,000,000원(부가가치세 별도)을 외상으로 판매하고 전자세금계산서를 발급하였다.

2. 20×1년 6월 2일에 (주)천왕의 어음(2,200,000원)이 부도처리된 것을 국민은행으로 통보 받았다.

3. 20×1년 12월 15일에 (주)금강의 파산으로 인하여 외상매출금 1,100,000원이 부가가치세법상 대손으로 확정되었다.(대손충당금은 충분하고 대손세액공제를 받을 예정이다.)

4. 20×1년 12월 18일(부도확인일 20×1년 6월 2일)에 (수)천왕의 어음(2,200,000원)에 대하여 대손처리하다.(대손충당금은 충분하고 대손세액공제를 받을 예정이다.)

5. 20×2년 3월 15일에 (주)금강으로부터 대손처리한 외상매출금 중 일부인 440,000원(부가가치세포함)을 현금회수하였다.

(1) ㈜한강의 회계처리를 하고, 대손세액공제여부를 판단하시오.

(2) ㈜한강의 대손세액공제신고서(20×1년2기, 20×2년 1기)를 작성하시오.

2. 대손세액 계산신고 내용

대손확정 연월일	대손 금액	공제율 (10/110)	대손 세액	공급받는 자			대손 사유
				상호	성명	등록번호	

(3) ㈜한강의 부가가치세 확정신고서(20×1년 2기, 20×2년 1기)에 반영하시오.

구 분	금 액	세 율	세 액
대 손 세 액 가 감			
합 계			

해답

1. 회계처리

1.	(차) 외상매출금	1,100,000	(대) 제 품 매 출	1,000,000
			부가세예수금	100,000
2.	(차) 부도어음과수표	2,200,000	(대) 받 을 어 음	2,200,000

☞ 부도가 발생하였다고 대손처리하면 안된다. 추후 회수가능성을 확인하고 대손처리하고, 부도 발생시 기타비유동자산으로 처리한다.
<u>부도어음과 수표는 부도발생일로부터 6월이 경과해야 대손세액공제대상이다.</u>

3.	(차) 대손충당금	1,000,000	(대) 외상매출금	1,100,000
	부가세예수금	100,000		

☞ 20×2년 1월 25일 부가세신고시 100,000원을 대손세액공제를 받게 된다.
부도어음과 수표는 부도발생일로부터 6월이 경과했으므로 대손세액공제대상이다.

4.	(차) 대손충당금	2,000,000	(대) 부도어음과수표	2,200,000
	부가세예수금	200,000		

5.	(차) 현　　금	440,000	(대) 대손충당금	400,000
			부가세예수금	40,000

☞ 회수한 대손세액 40,000원을 매출세액에서 가산하여 납부한다.

2. 대손세액공제신고서

2. 대손세액 계산신고 내용

대손확정 연월일	대손 금액	공제율 (10/110)	대손 세액	공급받는 자			대손 사유
				상호	성명	등록번호	
(20x1년 2기)							
x1/12/15	1,100,000	10/110	100,000	㈜금강	-	-	파산
x1/12/03	2,200,000	10/110	200,000	㈜천왕	-	-	부도(6개월경과)
계			**300,000**				
(20x2년 1기)							
x1/12/15	**-440,000**	10/110	**-40,000**	㈜금강	-	-	대손회수(파산)

3. ㈜한강의 부가가치세 확정신고서(20×1년 2기, 20×2년 1기)에 반영하시오.

구　　분	금　액	세　율	세　액
(20x1년 2기)			
대　손　세　액　가　감	매출세액에 차감 →		△300,000
(20x2년 1기)			
대　손　세　액　가　감	매출세액에 가산 →		40,000

예제 3-2 과세표준및 매출세액

다음은 제조업을 영위하는 ㈜한강의 20×1년 제2기 확정신고를 위한 자료이다.

1. 20×1. 10. 1부터 12. 31까지의 매출거래

과세	국내판매 (과세)	전자세금계산서 발행 매출액 (VAT 미포함)	50,000,000원
		신용카드매출전표 발행분 (VAT 포함)	33,000,000원
		일반영수증 발행 (VAT 포함)	22,000,000원
	수 출 분 (영세)	내국신용장에 의한 공급분	40,000,000원
		직수출분	60,000,000원
	기 타	거래처에 제품 무상 증정(원가 1,200,000 시가 1,800,000)	
면 세		면세재화를 공급하고 계산서 발급 매출액	15,000,000원

2. 간주임대료(전세보증금 : 100,000,000원, 당해연도 총일수는 365일, 정기예금이자율은 3%로 가정한다.)
   를 반영하고 간주임대료 계산시 소숫점 첫째자리 이하는 절사하시오.
3. 20×1년 2기 예정신고 누락분 매출내역 : 국내매출(세금계산서 발급분, VAT 미포함) 20,000,000원
4. 대손발생내역
   20×1.10.3 거래처 파산으로 인하여 발생한 대손금액 7,700,000원(부가가치세 포함, 20×0년 매출분)

부가가치세 신고서와 과세표준명세를 작성하시오.

구 분		금 액	세 율	세 액
과 세	세 금 계 산 서 발 급 분	#1	10/100	
	매 입 자 발 행 세 금 계 산 서		10/100	
	신 용 카 드 · 현 금 영 수 증	#2	10/100	
	기 타(정규영수증외매출분)	#3	10/100	
영 세 율	세 금 계 산 서 발 급 분	#4	0/100	
	기 타	#5	0/100	
예 정 신 고 누 락 분		#6		
대 손 세 액 가 감				#7
합 계				

과세표준 명세				
업 태	종 목		코드	금 액
제 조 업	전 자 제 품		xxxxx	#8
수 입 금 액 제 외	전 자 제 품		xxxxx	#9
합 계				
면세수입금액				
업 태	종 목		코드	금 액
제 조 업	X X 업		xxxxx	#10
수 입 금 액 제 외				
합 계				
계 산 서 발 급 및	계산서 발급금액			#11
수 취 내 역	계산서 수취금액			

해답

(1) 국내판매(세금계산서) 매출액 : 　　50,000,000원　　　　→ #1

(2) 국내판매(신용카드) 매출액 : 　　30,000,000원　　　　→ #2

(3) 국내판매(영수증) 매출액 : 　　20,000,000원　　　　→ #3

(4) 수출(내국신용장) 매출액 : 　　40,000,000원　　　　→ #4

(5) 직수출 매출액 : 　　60,000,000원　　　　→ #5

(6) 간주공급(시가) : 　　1,800,000원　　　　→ #3

(7) 면세재화 : 　　15,000,000원　　　　→ #10, #11

(8) 간주임대료 : 　　100,000,000원 × 92일(10월~12월) ÷ 365일 × 3% = 756,164원 → #3, #9

(9) 예정신고 누락분 매출내역 : 　　20,000,000원　　　　→ #6

(10) 대손세액 : △7,7000,000원 × 10/110 = △700,000원 → #7

[신고서]

구 분		금 액	세 율	세 액
과 세	세 금 계 산 서 발 급 분	50,000,000	10/100	5,000,000
	매 입 자 발 행 세 금 계 산 서		10/100	
	신 용 카 드 · 현 금 영 수 증	30,000,000	10/100	3,000,000
	기 타	22,556,164	10/100	2,255,616
영 세 율	세 금 계 산 서 교 부 분	40,000,000	0/100	
	기 타	60,000,000	0/100	
예 정 신 고 누 락 분		20,000,000		2,000,000
대 손 세 액 가 감				△700,000
합 계 (과 세 표 준)		222,556,164		11,555,616

[과세표준명세]

과세표준 명세			
업 태	종 목	코 드	금 액
제 조 업	전 자 제 품	xxxxxx	221,800,000
수 입 금 액 제 외	전 자 제 품	xxxxxx	756,164
합 계			**222,556,164**
면세수입금액			
업 태	종 목	코 드	금 액
제 조 업	X X 업	xxxxxx	15,000,000 ← 간주임대료*1
수 입 금 액 제 외			
합 계			15,000,000
계 산 서 발 급 및 수 취 내 역	계산서발급금액		15,000,000
	계산서 수취금액		

신고서상의 과세표준의 금액과 일치

*1. 간주임대료는 일반적으로 소득세법상 총수입금액에 포함되지 않는다.

제3절 | 매입세액의 계산

1. 매입세액의 계산구조

구 분		금 액	세 율	세 액
① 세금계산서 수 취 분	일 반 매 입			
	수출기업수입분납부유예			
	고 정 자 산 매 입 *1			
예 정 신 고 누 락 분				
매 입 자 발 행 세 금 계 산 서				
그 밖 의 공 제 매 입 세 액				
합 계				
② **공 제 받 지 못 할 매 입 세 액** *2				
차 감 계				

*1. 유형, 무형자산 중 감가상각자산
*2. 불공제매입세액은 ① 세금계산서 수취분과 ② 공제받지 못할 매입세액에 동시 입력한다.

> **매입세액공제 = 세금계산서 등에 의해 입증되는 총매입세액 – 불공제 매입세액**

2. 세금계산서 수취분 매입세액

(1) 공제되는 매입세액

공제대상매입세액은 **자기의 사업을 위하여 사용되었거나 사용될** 재화·용역의 공급 또는 재화의 수입에 대한 세액이다.

(2) 매입자발행세금계산서에 의한 매입세액공제 특례

(3) 매입세액 불공제[☞실무:공제받지못할매입세액명세서]

사 유		상 세 내 역
협력의무 불이행	① 세금계산서 미수취·불명분 매입세액	발급받은 세금계산서의 필요적 기재사항의 전부 혹은 일부가 누락된 경우

사 유		상 세 내 역
협력의무 불이행	② 매입처별세금계산합계표 미제출 · 불명분매입세액	미제출 및 필요적 기재사항이 사실과 다르게 기재된 경우 ☞ 단 공급가액이 사실과 다른 경우 실제가액 과의 차액
	③ 사업자등록 전 매입세액	**공급시기가 속하는 과세기간이 끝난 후 20일 이내에 등록을 신청한 경우 등록신청일부터 공급시기가 속하 는 과세기간 개시일(1.1 또는 7.1)까지 역산한 기간 내의 것은 제외한다**
부가가치 미창출	④ **사업과 직접 관련 없는 지출**	업무무관자산 취득 관련세액
	⑤ **비영업용소형승용차 구입·유지 ·임차**	8인승 이하, 배기량 1,000cc 초과(1,000cc 이하 경 차는 제외), 지프형승용차, 캠핑용자동차, 이륜자동차 (125cc초과) 관련 세액
	⑥ **기업업무추진비(접대비) 및 이와 유사한 비용의 지출에 대한 매입세액**	
	⑦ **면세사업과 관련된 매입세액**	
	⑧ **토지관련 매입세액**	토지의 취득 및 조성 등에 관련 매입세액

3. 예정신고누락분

공제받을 수 있는 매입세액을 부가가치세 예정신고시 누락하여 공제를 받지 못한 경우에는 부가
가치세 확정신고시 공제를 받을 수 있다.

예제 3-3 매입세액

다음은 제조업을 영위하는 ㈜한강의 20×1년 제2기 확정신고를 위한 자료이다.

1. 20×1. 10. 1부터 12. 31까지의 매입거래

원재료매입	전자세금계산서 수취분 (VAT 미포함)	50,000,000원
	신용카드매출전표 발행분 (VAT 포함)	33,000,000원
	일반영수증 수취분 (VAT 포함)	22,000,000원
	영세율전자세금계산서	10,000,000원
접 대 비	전자세금계산서 수취분(VAT 미포함)	5,000,000원
기계구입	전자세금계산서 수취분(VAT 미포함)	40,000,000원

다음 부가가치세 신고서를 작성하시오.

구 분		금 액	세 율	세 액
세 금 계 산 서 수 취 분	일 반 매 입	#1		#5
	고 정 자 산 매 입	#2		#6
예 정 신 고 누 락 분				
매 입 자 발 행 세 금 계 산 서				
그 밖 의 공 제 매 입 세 액		#3		#7
합 계				
공 제 받 지 못 할 매 입 세 액		#4		#8
차 감 계				

[해답]

(1) 원재료(세금계산서) 매입분 : 50,000,0000원 → #1   5,000,000원 → #5

(2) 원재료(신용카드) 매입분   : 30,000,0000원 → #3   3,000,000원 → #7

(3) 영수증수취분은 매입세액공제를 받을 수 없음

(4) 원재료(영세율세금계산서)매입분 : 10,000,0000원 → #1

(5) 기업업무추진비(접대비)(세금계산서) 수취분 : 5,000,000원 → #1, #4   500,000원 → #5, #8

   ☞ 불공제매입세액은 ① 세금계산서 수취분과 ② 공제받지 못할 매입세액에 동시 입력한다.

(6) 기계구입(세금계산서) : 40,000,000원 → #2   4,000,000원 → #6

구 분		금 액	세 율	세 액
세금계산서 수취분	일 반 매 입	65,000,000		5,500,000
	고 정 자 산 매 입	40,000,000		4,000,000
예 정 신 고 누 락 분				
매 입 자 발 행 세 금 계 산 서				
그 밖 의 공 제 매 입 세 액		30,000,000		3,000,000
합 계		135,000,000		12,500,000
공 제 받 지 못 할 매 입 세 액		5,000,000		500,000
차 감 계		130,000,000		12,000,000

4. 신용카드매출전표등수령명세서 제출분 매입세액
[실무:신용카드매출전표등 수령명세서(갑)]

　신용카드매출전표 등을 발행하고 수령하면 세금계산서와 동일한 과세포착효과를 가져오므로 부가가치세법에서는 예외적으로 법정요건을 갖춘 분에 대해서는 매입세액공제를 받을 수 있도록 규정하고 있다. 다음은 <u>신용카드매출전표(현금영수증 포함) 등을 수취하더라도 매입세액공제 대상이 되지 않는다.</u>

---

1. 세금계산서 발급불가 사업자 : 면세사업자
2. 간이과세자 중 영수증 발급대상자 : 직전 공급대가 합계액이 4,800만원 미만 등
3. <u>세금계산서 발급 불가업종</u>
    ① 목욕, 이발, 미용업
    ② 여객운송업(전세버스운송사업자 제외)
    ③ 입장권을 발행하여 영위하는 사업
4. <u>공제받지 못할 매입세액</u>

3-4 신용카드등 매입세액공제

다음은 10월부터 12월까지 공급가액과 부가가치세를 구분 기재한 신용카드매출전표 및 현금영수증을 교부받은 내용이다. 신용카드매출전표 등 수령명세서에 입력할 공제되는 매입세액을 구하시오. 별도언급이 없는 한 세금계산서를 수취하지 않았다.

구 분	거래처명	거래 일자	발행금액 (VAT포함)	공급자 업종	거 래 내 용	비 고
현대카드 (법인카드)	향초	10.10	220,000원	소매업 (일반과세자)	거래처 선물구입비용	
	초원	11.03	440,000원	음식점업 (일반과세자)	직원 회식대 (복리후생비)	
	박진헤어샵	11.15	110,000원	서비스업 (일반과세자)	회사모델의 미용비	
신한카드 (종업원명의 일반카드)	장수탕	11.25	110,000원	목욕업 (일반과세자)	직원의 야근목욕비용	
	KG마트	11.30	880,000원	소매업 (일반과세자)	컴퓨터 구입	
	허욱영 변호사	12.05	770,000원	변호사 (일반과세자)	법률 자문료	세금계산서 수취
현금영수증	알파문구	12.15	165,000원	소매업 (간이과세자[1])	사무용품구입	
	(주)동양고속	12.15	55,000원	운송업 (일반과세자)	우등고속버스 출장비	

[1]. 직전연도 공급대가 합계액이 **4,800만원미만** 간이과세자로서 영수증 발급대상자

해답

거래처	대상여부	매입세액 공제
향초	공제받지못할매입세액(기업업무추진(접대)관련매입세액)	×
초원	사업관련매입세액	40,000원
박진헤어샵	세금계산서 발급불가 업종(미용업)	×
장수탕	세금계산서 발급불가 업종(목욕업)	×
KG마트	사업관련매입세액	80,000원
허욱영변호사	세금계산서 수취	×
알파문구	간이과세자 중 영수증 발급 대상자	×
(주)동양고속	세금계산서 발급불가 업종(여객운송업)	×
매입세액 공제 계		120,000원

5. 의제매입세액공제 [☞실무:의제매입세액공제신고서]

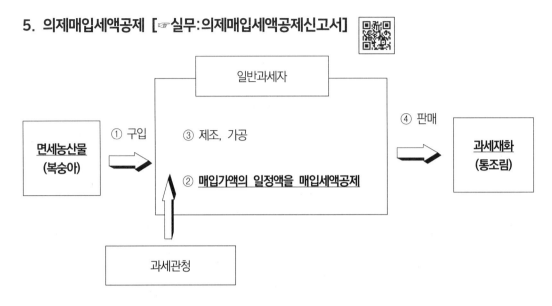

(1) 의제매입세액제도 의의

사업자가 면세농산물 등을 원재료로 하여 제조·가공한 재화 또는 창출한 용역의 공급이 과세되는 경우에는 그 면세농산물 등의 가액의 2/102 등에 상당하는 금액을 매입세액으로 공제할 수 있다.

(2) 의제매입세액의 공제요건

① 적용대상자 : **일반과세사업자**에 대해서만 적용된다.

　☞ 간이과세자는 의제매입세액규정이 적용되지 않는다.

② **면세농산물 등을 과세재화·용역의 원재료로 사용**

면세농산물 등을 원재료로 하여 제조·가공한 재화 또는 창출한 용역의 공급에 대하여 과세되는 경우(면세포기에 따라 영세율이 적용되는 경우는 제외)이어야 한다. 여기서 '면세농산물 등'이란 면세로 공급받은 농산물·축산물·수산물·임산물(1차 가공된 것, 미가공 식료품 및 소금 포함)을 말한다.

③ 증빙서류의 제출

의제매입세액공제신고서와 매입처별계산서합계표, 신용카드매출전표등수령명세서를 관할 세무서장에게 제출하여야 한다. 다만, **제조업을 영위하는 사업자가 농·어민으로부터 면세농산물 등을 직접 공급받는 경우에는 의제매입세액공제신고서만을 제출한다(즉, 농어민에게는 영수증을 수취해도 무방하다는 표현이다).**

(3) 의제매입세액의 계산

면세농산물 등의 매입가액(구입시점) × 공제율			

업 종			공제율
음식점업	과세유흥장소		2/102
	위 외 음식점업자	법인	6/106
		개인사업자	8/108[*1]
제조업	일반		2/102
	중소기업 및 개인사업자		4/104[*2]
위 외의 사업			2/102

*1. 과세표준 2억원 이하인 경우는 9/109
*2. 개인사업자 중 과자점업, 도정업, 제분업 등은 6/106

의제매입세액은 면세농산물 등을 공급받은 날(= 구입시점)이 속하는 과세기간의 예정 신고시 또는 확정신고시 공제한다.

여기서 **면세농산물 등의 매입가액은 운임·보험료 등의 부대비용을 제외한 가액**을 말하며, 수입 **농산물등의 경우에는 관세의 과세가격**을 말한다.

(4) 한도=과세표준(면세농산물관련)×한도비율×의제매입세액공제율

		한도비율			
법인사업자		**50%**			
개인	과세표준이 1억원 이하	이외	65%	음식점업	75%
	과세표준이 2억원 이하				70%
	과세표준이 2억원 초과		55%		60%

한도 계산은 확정신고시에만 적용한다.

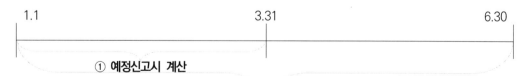

예제 **3 - 5 의제매입세액**

다음 거래를 보고 20×1년 1기 확정과세기간에 대한 의제매입세액을 계산하고 의제매입세액에 대한 회계처리 (6월 30일)를 하시오. 단, (주)한강은 과세사업과 면세사업을 겸영하는 중소제조업자이며, 면세재화는 과세사업에 사용된다고 가정한다.

1. 1기 의제매입세액과 관련한 매출내역

예정신고	확정신고	계
25,000,000	35,000,000	60,000,000

2. 1기 예정신고시 의제매입세액 신고내역
   ① 의제매입세액 공제대상 면세매입금액: 7,000,000원
   ② 의제매입세액공제액: 269,230원

3. 1기 확정(4~6월)시 면세재화 구입내역

구 분	구입 일자	상 호 (성명)	품 명	매입가액 (원)	증 빙	비 고
사업자 매입분	4.01	한세축산	축산물	3,000,000	계산서	
	4.03	영일축산	축산물	2,200,000	영수증	
	5.12	해일수산	해산물	1,800,000	신용카드	
	5.21	우일수산	해산물	2,500,000	계산서	100,000원은 재고 자산으로 보유
	6.30	상수도	수돗물	5,000,000	계산서	
농,어민 매입분	4.12	김한세	견과류	2,700,000	영수증	운임 100,000원이 포함되어 있다.
	5.05	이세무	견과류	4,000,000	영수증	

위의 매입한 품목들은 "원재료"계정으로 처리하였고, 법인 한도율은 50%라 가정한다.

해답

(1) 대상여부 판단

구 분	상 호 (성명)	품 명	매입가액 (원)	증 빙	대 상 여 부
사업자 매입분	한세축산	축산물	3,000,000	**계산서**	
	영일축산	축산물	×	영수증	**사업자 매입분은 계산서 등을 수취 하여야 한다.**
	해일수산	해산물	1,800,000	**신용카드**	
	우일수산	해산물	2,500,000	계산서	**구입시점에서 공제**
	상수도	수돗물	×	계산서	**면세농산물등이 대상임.**
농,어민 매입분	김한세	견과류	2,600,000	**영수증**	매입가액은 순수매입가액을 의미한다.
	이세무	견과류	4,000,000	**영수증**	**제조업의 경우 농어민 매입분은 영 수증도 가능**
합 계			13,900,000		

(2) 의제매입세액계산

	예정 (1~3월)	확정 (4~6월)	계
① 공급가액(면세매입관련)	25,000,000	35,000,000	60,000,000
② 면세매입금액	7,000,000	**13,900,000**	20,900,000
③ 한도(①×50%)	–		30,000,000
④ Min[②,③]	–		**20,900,000**
공제율	4/104(중소제조업)		
⑤ 당기 의제매입세액공제액(1~6월)	④×공제율		803,846
⑥ 예정신고시 의제매입세액공제			269,230
⑦ **확정신고시 의제매입세액공제**	**(⑤-⑥)**		**534,616**

(3) 회계처리(6월 30일)

(차) 부가세대급금   534,616원   (대) 원재료(타계정대체)   534,616원

6. 겸영사업자의 공통매입세액 안분계산[☞실무:공제받지못할매입세액명세서]

(주)서울잡지 = 과세사업(광고사업) + 면세사업(잡지판매사업) ➡ 겸영사업자

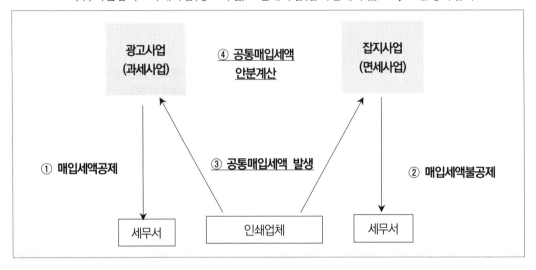

(1) 공통매입세액의 의의

겸영사업자의 매입세액 중 과세사업과 면세사업 중 어느 사업에 대한 매입세액인지의 구분이 불분명한 경우가 있는데 이를 공통매입세액이라 한다.

이러한 공통매입세액은 안분계산을 통하여 면세사업분은 매입세액불공제분으로 한다.

또한 과세·비과세사업 겸영사업자도 공통매입세액을 안분한다.

(2) 안분계산 계산방법

① 원칙

$$\text{매입세액불공제분} = \text{공통매입세액} \times \text{해당 과세기간의 } \frac{\text{면세공급가액}}{\text{총공급가액}} \; (= \text{면세비율})$$

1. 예정신고시 안분계산 → 2. 확정신고시 정산

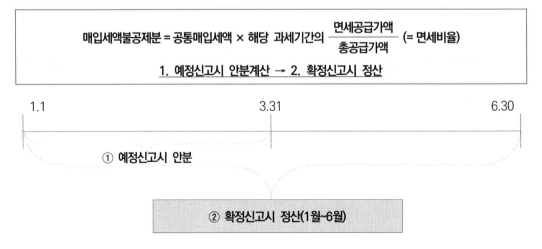

② 공통사용재화를 동일과세기간에 매입하고 공급시

$$\text{매입세액불공제분} = \text{공통매입세액} \times \textbf{직전 과세기간의} \; \frac{\text{면세공급가액}}{\text{총공급가액}} \; (= \text{면세공급가액비율})$$

③ 공급가액이 없는 경우

당해 과세기간중에 과세사업과 면세사업의 공급가액이 없거나 어느 한 사업의 공급가액이 없는 경우에 공통매입세액 안분계산은 다음 순서에 의한다.

㉠ 매입가액 비율 → ㉡ 예정공급가액비율 → ㉢ 예정사용면적비율

(단, 건물의 경우 ㉢, ㉠, ㉡ 순으로 안분계산한다.)

(3) 안분계산의 배제

다음의 경우에는 안분계산을 하지 않고 공통매입세액 전액을 공제받는 매입세액으로 한다.

1. 해당 과세기간의 총공급가액 중 **면세공급가액이 5% 미만인 경우의 공통매입세액**(다만, 공통매입세액이 5백만원 이상인 경우는 제외한다.)
2. 해당 과세기간의 **공통매입세액이 5만원 미만**인 경우의 매입세액
3. 재화를 공급하는 날이 속하는 과세기간에 신규로 사업을 개시하여 직전 과세기간이 없는 경우 해당 공통사용재화에 대한 매입세액

 3-6 공통매입세액의 안분과 정산

다음 자료를 보고 당사(과세 및 면세 겸영사업자)의 1기 예정 부가가치세 신고시 공통매입세액을 안분계산하고, 1기 확정신고시 정산하시오. 단, 아래의 매출과 매입은 모두 관련 세금계산서 또는 계산서를 적정하게 수수한 것이며, 과세분 매출과 면세분 매출은 모두 공통매입분과 관련된 것이다.

(1) 1.1~3.31 매입매출내역

구 분		공급가액	세 액	합계액
매출내역	과세분	40,000,000	4,000,000	44,000,000
	면세분	60,000,000	–	60,000,000
	합 계	100,000,000	4,000,000	104,000,000
매입내역	공통분	50,000,000	5,000,000	55,000,000

(2) 4.1~6.30 매입매출내역

구 분		공급가액	세 액	합계액
매출내역	과세분	50,000,000	5,000,000	55,000,000
	면세분	50,000,000	–	50,000,000
	합 계	100,000,000	5,000,000	105,000,000
매입내역	공통분	30,000,000	3,000,000	33,000,000

그리고 아래의 공통매입세액관련된 서식을 작성하시오.

3. 공통매입세액 안분계산 내역 ← 예정신고시 작성

일련번호	과세 · 면세사업 공통매입		⑫총공급가액 등	⑬면세공급가액 등	⑭불공제매입세액 [⑪×(⑬÷⑫)]
	⑩공급가액	⑪세액			
1					
2					
합계					

4. 공통매입세액의 정산 내역 ← 확정신고시 작성

일련번호	⑮총공통 매입세액	⑯면세사업 확정비율	⑰불공제 매입 세액 총액(⑮×⑯)	⑱기 불공제 매입세액	⑲가산 또는 공제되는 매입세액 (⑰ – ⑱)
1					
2					
합계					

해답

(1) 공통매입세액의 안분계산(예정신고)

공통매입세액(1월~3월) × 해당 과세기간(1월~3월)의 $\dfrac{\text{면세공급가액}}{\text{총공급가액}}$

$= 5,000,000 \times \dfrac{60,000,000}{100,000,000} = 3,000,000$(예정신고시불공제매입세액)

(2) 공통매입세액의 정산(확정신고)

총공통매입세액(1월~6월) × 해당 과세기간(1월~6월)의 $\dfrac{\text{면세공급가액}}{\text{총공급가액}}$ **– 예정신고시 불공제매입세액**

$= 8,000,000 \times \dfrac{110,000,000}{200,000,000}$ **– 3,000,000**(1월~3월신고시 불공제매입세액)

$= 1,400,000$(확정신고시 불공제매입세액)

274

3. 공통매입세액 안분계산 내역 ◄── 예정신고시 작성

| 일련 번호 | 과세·면세사업 공통매입 | | ⑫ 총공급가액 등 | ⑬ 면세공급가액 등 | ⑭불공제 매입세액 [⑪×(⑬÷⑫)] |
	⑩공급가액	⑪세액			
1	50,000,000	5,000,000	100,000,000	60,000,000	**3,000,000**
2					
합계					

4. 공통매입세액의 정산 내역 ◄── 확정신고시 작성

일련 번호	⑮총공통 매입세액	⑯면세사업 확정비율	⑰불공제 매입 세액 총액(⑮×⑯)	⑱기 불공제 매입세액	⑲가산 또는 공제되는 매입세액(⑰-⑱)
1	8,000,000	**55%**	4,400,000	**3,000,000**	**1,400,000**
2					
합계					

〈1.1~6.30 매입매출 및 불공제매입세액 내역〉

구 분		과세분 (A)	면세분 (B)	면세공급 가액비율 (B/[A+B])	계
매출내역	예정	40,000,000	60,000,000	**60%**	100,000,000
	확정	50,000,000	50,000,000	50%	100,000,000
	계	**90,000,000**	**110,000,000**	**55%**	200,000,000
공 통 매입세액	예정	5,000,000		▶ 면세공급가액비율	
	확정	3,000,000		= 110,000,000/200,000,000	
	계	8,000,000		= 55%	
불 공 제 매입세액	예정	3,000,000		▶ **1기 전체 불공제매입세액**	
	확정	1,400,000		= 8,000,000 × 55%	
	계	**4,400,000**		= 4,400,000	

7. 겸영사업자의 납부·환급세액의 재계산[☞실무:공제받지못할매입세액명세서]

(1) 개념

공통매입세액 안분계산에 따라 매입세액을 공제한 후 면세사업의 비중이 증가 또는 감소하는 경우에는 당초 매입세액공제가 과대 또는 과소해지는 결과가 된다. 따라서 이에 대한 조정이 필요한 바이를 납부세액 또는 환급세액의 재계산이라고 한다.

(2) 재계산요건

① 공통으로 사용되는 자산으로서 **감가상각자산에 한정**한다.
② 당초 **매입세액공제 또는 안분계산의 대상이 되었던 매입세액에 한정**한다.
③ **면세비율의 증가 또는 감소**
해당 과세기간의 면세비율과 해당 감가상각자산의 취득일이 속하는 과세기간(그 후의 과세기간에 재계산한 때에는 그 재계산한 과세기간)의 **면세비율간의 차이가 5% 이상**이어야 한다.

(3) 재계산방법

다음 산식에 의한 금액을 납부세액에 가산 또는 공제하거나 환급세액에 가산 또는 공제한다.

공통매입세액 × (1 − 감가율 × 경과된 과세기간의 수) × 증감된 면세비율

---

① **감가율 : 건물, 구축물의 경우에는 5%, 기타의 감가상각자산의 경우에는 25%**로 한다.
② 경과된 과세기간의 수 : 과세기간의 개시일 후에 감가상각자산을 취득하거나 재계산대상에 해당하게 된 경우에는 그 과세기간의 개시일에 해당 재화를 취득하거나 재계산대상에 해당하게 된 것으로 보고 계산한다.**(초기산입 말기불산입)**
③ 증감된 면세비율

당초 적용된 비율	재계산시 적용되는 비율
면세공급가액비율	면세공급가액비율
면세사용면적비율	면세사용면적비율

해당 과세기간의 면세비율과 해당 감가상각자산의 취득일이 속하는 과세기간(그 후의 과세기간에 재계산한 때에는 그 재계산한 과세기간)의 면세비율간의 차이가 5% 이상이어야 한다.

(4) 재계산시점

부가가치세 **확정신고시에만 적용**한다.

예제 **3-7 납부·환급세액의 재계산**

다음의 내용을 토대로 20×1년 1기의 공통매입세액 불공제분과 차기 이후 각 과세기간의 납부세액에 가산 또는 차감될 세액을 계산하고 공제받지못할매입세액명세서(20×1년 2기 납부세액 또는 환급세액 재계산 내역)을 작성하시오.

1. 20×1년 과세사업과 면세사업에 공통으로 사용되는 자산의 구입내역

계정과목	취득일자	공급가액	부가가치세	비고
기계장치	X1. 4. 1.	10,000,000원	1,000,000원	
공장건물	X1. 6. 10.	100,000,000원	10,000,000원	
상 품	X1. 6. 20.	1,000,000원	100,000원	

2. 공급가액 내역

구 분	20X1년 제1기	20X1년 제2기	20X2년 제1기	20X2년 제2기
과세사업(A)	100,000,000	80,000,000	90,000,000	100,000,000
면세사업(B)	100,000,000	120,000,000	120,000,000	100,000,000
면세공급가액비율 [B/(A+B)]	50%	60%	57.1%	50%

3. 불공제매입세액(20×1년 2기)

5. 납부세액 또는 환급세액 재계산 내역

일련 번호	⑳해당 재화의 매입세액	㉑경감률[1-(5/100 또는 25/100× 경과된 과세기간의 수)]	㉒증가 또는 감소된 면세공급가액(사용 면적) 비율	㉓가산 또는 공제되는 매입세액 (⑳×㉑×㉒)
1				
2				
합계				

해답

1. 면세공급가액 비율 검토

	20x1년		20x2년	
	1기	2기	1기	2기
면세공급가액비율	50%	60%	57.1%	50%
전기대비 증가비율	–	10%	–2.9%	–10%*
재계산여부	–	O	×	O

10% 증가   5% 미만   10% 감소

* 20x2년 1기에 재계산을 하지 않았으므로 20x1년 2기와 비교하여 계산한다.

2. 재계산내역

과세기간	면세공급가액 비율 증가	매입세액 불공제 및 재계산내용
X1년 1기	–	11,100,000원 × 50%= 5,550,000원(매입세액불공제)*상품포함 계산
X1년 2기	10%	**감가상각자산에 한정하므로 상품은 계산대상에서 제외한다.** 기계장치 : 1,000,000원 × (1 – 25% × 1) × (60% – 50%) = 75,000원 건　물 : 10,000,000원 ×(1 – 5% × 1) × (60% – 50%) = 950,000원 → **납부세액에 가산**
X2년 1기	–2.9%	면세공급가액 증가비율이 5%미만이므로 재계산 생략
X2년 2기	–10%	기계장치 : 1,000,000원 × (1 – 25% × 3) × (50% – 60%) = – 25,000원 건　물 : 10,000,000원 ×(1 – 5% × 3) × (50% – 60%) = – 850,000원 → **납부세액에 차감(환급세액)**

3. 불공제매입세액(20×1년 2기)

5. 납부세액 또는 환급세액 재계산 내역

일련 번호	⑳해당 재화의 매입세액	㉑경감률[1–(5/100 또는 25/100×경과된 과세기간의 수)]	㉒증가 또는 감소된 면세공급가액(사용 면적) 비율	㉓가산 또는 공제되는 매입세액 (⑳×㉑×㉒)
1	1,000,000	75%	10%	75,000
2	10,000,000	95%	10%	950,000
합계	11,000,000			**1,025,000**

체감율:건물(5%),기계장치(25%)
경과된 과세기간 수: 1

불공제매입세액

제4절 자진납부세액의 계산

1. 자진납부세액의 계산 구조

구 분		금 액	세 율	세 액
납부(환급)세액(매출세액 – 매입세액)				
경감 · 공제세액	그 밖의 경감 · 공제세액			
	신용카드매출전표발행공제등			
	합 계			
예 정 신 고 미 환 급 세 액				
예 정 고 지 세 액				
가 산 세 액 계				
차 가 감 납 부 (환 급) 세 액				

2. 공제세액

(1) 전자신고에 대한 세액공제

납세자가 직접 전자신고방법에 따라 **부가가치세 확정신고**를 하는 경우에는 해당납부세액에 **1만원**을 공제하거나 환급세액에 가산한다.

(2) 신용카드매출전표 발행공제 등

-**직전년도 공급가액 10억원 이하 개인사업자만 해당됨**

> **공제액＝MIN[① 신용카드매출전표발행 금액 등의 1.3%, ② 연간 1,000만원]**

(3) 예정신고미환급세액

부가가치세법에서는 각 과세기간의 환급세액을 확정신고기한 경과 후 30일 이내에 환급하도록 규정하고 있다. 즉 예정신고시 환급세액이 발생하더라도 환급하여 주지 아니하고 확정신고시 공제세액의 "예정신고미환급세액"으로 하여 납부할 세액에서 공제한다.

(4) 예정고지세액

개인사업자와 <u>영세법인사업자(직전 과세기간 과세표준 1.5억원 미만)</u>에 대하여는 관할세무서장이 각 예정신고기간마다 직전 과세기간에 대한 납부세액의 50%에 상당하는 금액을 결정하여 예정신고기한내에 징수하도록 규정하고 있다. 따라서 예정신고기간에 납부한 세액은 확정신고시 공제세액의 "예정고지세액"으로 하여 납부할 세액에서 공제한다.

 객관식

01. 다음 중 부가가치세법상 대손금 및 대손세액공제와 관련된 설명으로 옳지 않은 것은?

① 대손금은 과세표준에서 공제하지 아니한다.

② 공급받은 자의 파산 및 강제집행이나 그 밖의 사유로 대손이 확정되어 회수할 수 없는 경우 대손세액공제를 적용받을 수 있다.

③ 대손세액공제는 공급일부터 10년이 경과한 날이 속하는 과세기간에 대한 확정신고기한까지 적용받을 수 있다.

④ 예정신고 기간에도 대손세액공제가 가능하다.

02. 다음 중 부가가치세법상 대손세액공제에 대한 설명으로 옳은 것은?

① 대손이 확정된 날이 속하는 예정신고기간 또는 확정신고기간의 매출세액에서 대손세액을 공제한다.

② 대손세액은 대손금액(부가가치세 포함)의 100분의 10으로 한다.

③ 대손세액공제를 받은 사업자가 대손세액을 회수한 경우 회수한 날이 속하는 과세기간의 매출세액에서 대손세액을 공제한다.

④ 공급일부터 10년이 지난 날이 속하는 과세기간에 대한 확정신고기한까지 대손사유가 확정되어야 대손세액을 공제할 수 있다.

03. (주)한공이 20x1년 제1기 부가가치세 확정신고를 하는 경우 매입세액공제(의제매입세액공제 포함)를 받을 수 없는 것은?

① 과세재화의 원재료인 면세농산물을 구입한 경우

② 사업자로부터 부재료를 구입하였으나 세금계산서를 발급받지 못하여 매입자발행세금계산서를 발급한 경우

③ 환경미화 용도로 사용하기 위하여 면세임산물을 구입한 경우

④ 일반과세자로부터 비품을 구입하고 부가가치세가 별도로 구분 가능한 신용카드매출전표를 발급받은 경우

04. 다음 중 부가가치세 매출세액에서 공제받을 수 있는 매입세액에 해당하는 것은?
(단, 세금계산서는 적법하게 수령하였다.)

① 거래처 체육대회 시 증정한 물품의 매입세액
② 주차장 조성을 위한 정지비 관련 매입세액
③ 당해 과세기간에 매입하였으나 과세기간 말 현재 사용하지 않은 원재료의 매입세액
④ 업무용 승용차(3,000cc) 관련 수선비 매입세액

05. 다음 중 부가가치세 신고 시 공제받을 수 있는 매입세액이 아닌 것은?

① 거래처 선물 목적으로 시계를 구입하면서 발생한 매입세액
② 직원회식비와 관련된 매입세액
③ 제품운반용 소형트럭 구입과 관련된 매입세액
④ 사무용소모품 구입 관련 매입세액

 주관식

01. 페인트 제조 및 판매업을 영위하는 ㈜한공의 다음 자료로 부가가치세 매출세액을 계산하면 얼마인가?
단, 제시된 금액에는 부가가치세가 포함되지 아니하였다.

> 가. 상품의 외상판매액: 2,500,000원
> 니. 내국신용장에 의한 공급액: 2,000,000원
> 다. 과세사업용 부동산 처분액: 6,000,000원(토지 1,500,000원, 건물 4,500,000원)

02. 다음은 일반과세자인 (주)한공의 20x1년 제1기 부가가치세 확정신고와 관련된 자료이다. 다음 자료로 매출세액을 구하면 얼마인가?

> 가. 상품공급액(부가가치세 포함) 55,000,000원
> 나. 매출채권의 회수지연에 따라 받은 연체이자 1,100,000원
> 다. 전기 과세표준에 포함된 매출채권 5,500,000원(부가가치세 포함)이 거래처의 파산으로 당기에 대손확정되었다.

03. 신발제조업을 영위하는 (주)한공의 20x1년 2기 부가가치세 예정신고기간(20x1.7.1. ~ 20x1.9.30.)의 공급가액에 대한 자료이다. 매출세액은 얼마인가?

• 국내 매출액	4,400,000원
• 수출액	2,000,000원
• 수출대행수수료 수입액	600,000원
• 토지매각액	3,000,000원
• 거래처에 제공한 판매장려품	400,000원 (시가: 500,000원)

04. 다음 자료로 부가가치세 매출세액을 계산하면 얼마인가? 단, 제시된 금액에는 부가가치세가 포함되지 아니하였다.

가. 상품의 외상판매액 : 150,000원
나. 공급받는 자에게 도달하기 전에 파손된 재화의 가액 : 100,000원
다. 상가 임대용역에 대한 간주임대료 110,000원

05. 다음은 컴퓨터 판매업을 영위하는 (주)한공의 20x1년 제2기 예정신고기간의 거래내역이다. 부가가치세 매출세액은 얼마인가? 단, 아래의 금액에는 부가가치세가 포함되어 있지 않다.

가. 취득원가 1,500,000원(시가 2,000,000원)인 컴퓨터(매입세액 공제분)를 특수관계인에게 무상으로 제공하였다.
나. 창고건설을 목적으로 보유하던 토지를 500,000원에 판매하였다.
다. 노트북을 1,000,000원에 판매하였다.
라. 상품배달에 사용하던 트럭을 800,000원에 판매하였다.

06. 다음은 개인사업자인 한공기업(페인트 제조업)의 거래내용이다. 20x1년 제1기 부가가치세 신고시 매출 세액에서 공제받을 수 없는 매입세액은 모두 얼마인가? 단, 필요한 세금계산서는 적법하게 수취하였다.

일 자	거래내용	매입세액
1월 18일	기계장치 매입	20,000,000원
3월 26일	기업업무추진비(접대비) 지출	2,000,000원
5월 19일	공장부지의 조성관련 지출	50,000,000원
7월 27일	종업원 식대	1,000,000원

07. 다음 중 부가가치세법상 일반사업자가 제2기 과세기간(7.1. ~ 12.31.)의 매출 세액에서 공제받을 수 있는 매입세액은 얼마인가? 단, 세금계산서는 적법하게 수취하였다.

• 제1기 과세기간에 신고누락된 원재료 관련 매입세액	2,000,000원
• 제2기 과세기간에 구입한 원재료 관련 매입세액(기말 현재 보유중임)	500,000원
• 직장체육대회 관련 매입세액	800,000원
• 공장부지 조성 관련 매입세액	1,500,000원

08. 다음은 (주)한공의 20x1년 제2기 예정신고기간(20x1.7.1. ~ 20x1.9.30.)의 매입세액이다. 부가가치세법상 매출세액에서 공제할 수 없는 매입세액은 얼마인가? 단, 세금계산서는 모두 적법하게 수취하였다.

가. 과세사업에 사용하는 건물에 대한 자본적 지출 관련 매입세액	10,000,000원
나. 거래처에 증정한 선물 관련 매입세액	3,000,000원
다. 직장체육대회에 사용할 물품 관련 매입세액	5,000,000원
라. 공장건설용 토지조성 관련 매입세액	20,000,000원

09. 다음 중 부가가치세법상 매출세액에서 공제 가능한 매입세액은 얼마인가?

가. 법인세법상 업무무관비용 관련 매입세액100,000원	
나. 기업업무추진비(접대비) 관련 매입세액	500,000원
다. 건물(과세사업에 사용)의 자본적 지출 관련 매입세액	200,000원
라. 과세사업 및 면세사업의 원재료 매입 관련 공통매입세액	400,000원
(실지귀속이 불분명한 공통매입세액이며 해당 과세기간의 과세사업 및 면세사업의 공급가액은 각각 2,000,000원과 3,000,000원이다)	

10. 다음 자료를 참고로 하여 제1기 부가가치세 확정신고시 간주임대료를 계산하시오.
(적용이자율은 2%, 일수는 365일로 가정한다.)

〈대전상사와 임대계약서 내역〉

구분	계약기간	임대보증금	월임대료	소재지	면적	비고
사무실 임대	20x1년 6월 1일부터 24개월로 함.	60,000,000	4,000,000	대청로 133 1층	200㎡	월세금액은 매월 말일에 지불키로 하되 만약 기일 내에 지불치 못할 시에는 보증 금액에서 공제하기로 함.
주택 임대		40,000,000	2,000,000	대청로 133 2층	100㎡	

11. 다음 자료를 참고로 하여 1기 확정 부가가치세 신고시 대손세액을 계산하시오.

〈매출(제품)전자세금계산서 발급 목록〉

번호	작성일자	상호	공급가액	세액
1	20x01130	㈜영천스포츠	1,000,000	100,000
2	20x01230	㈜세종상사	2,000,000	200,000
3	20x01206	마산기공	3,000,000	300,000
4	20x01103	신당물산	4,000,000	400,000

〈자료설명〉

① (주)영천스포츠와의 거래내역으로, 20x0년 12월 29일 어음에 대한 부도 확인을 받았다.

② (주)세종상사와의 거래내역으로, 20x1년 3월 20일 어음에 대한 부도 확인을 받았다.

③ 20x1년 4월 30일 마산기공의 파산으로 인하여 채권 전액이 대손으로 확정되었다.

④ 20x1년 5월 31일 신당물산이 채무자 회생 및 파산에 관한 법률에 의한 회생 계획인가 결정을 받음에 따라 위의 거래로 인하여 발생한 매출채권의 대손이 확정되었다.

12. 다음 자료를 참고로 하여 <u>2기 확정 부가가치세 신고시 신고서에 반영되는 불공제 매입세액</u>을 계산하시오.

〈매입 목록〉

번호	종류	작성일자	상호	공급가액	세액
①	세금계산서	20x10727	㈜정호모터스	1,000,000	100,000
②	세금계산서	20x10828	㈜신화유통	2,000,000	200,000
③	신용카드영수증	20x10930	미림각	3,000,000	300,000
④	세금계산서	20x11005	리베가구	4,000,000	400,000
⑤	세금계산서	20x11007	㈜현대산업	5,000,000	500,000

〈자료설명〉

① 영업부의 업무용으로 승용차(5인승, 1,500CC)를 구입한 것이다.

② 매출거래처에 증정할 선물을 구입한 내역이다.

③ 매출거래처 식사기업업무추진비(접대비)를 결제하고 발급받은 신용카드매출전표이다.

④ 대표이사(박종철)의 개인적 사용(가지급금으로 회계처리)한 내역이다.

⑤ 자재창고 신축을 위하여 취득한 건물의 철거비용에 대한 내역이다.

13. 다음 자료를 참고로 하여 1기 확정신고시 불공제 매입세액(공통매입세액정산)을 계산하시오.

〈매입 목록-공통매입자료〉

번호	종류	작성일자	상호	공급가액	세액
1	세금계산서	20x10527	㈜천안기계	10,000,000	1,000,000

〈공급가액(제품) 내역〉

구분	20x1.1.1.~20x1.3.31.	20x1.4.1.~20x1.6.30	계
과세분 (전자세금계산서)	98,000,000원	142,000,000원	240,000,000원
면세분 (전자계산서)	42,000,000원	118,000,000원	160,000,000원
합 계	140,000,000원	260,000,000원	400,000,000원

〈1기 예정신고기간의 공통매입세액 안분계산내역〉

불공제세액	1,500,000원× 42,000,000원/140,000,000원=450,000원

14. 다음 자료를 참고로 하여 2기 확정신고시 불공제 매입세액(납부환급세액 재계산)을 계산하시오.

〈공통매입내역〉

취득일자	계정과목	공급가액	부가가치세
20x0.10.13.	건 물	100,000,000원	10,000,000원
20x0. 4. 2.	기계장치	50,000,000원	5,000,000원
20x0.10.10.	원재료	10,000,000원	1,000,000원

〈제품매출(공급가액) 내역〉

일자	과세사업	면세사업	총공급가액	면세비율
20x1년 제1기	140,000,000원	60,000,000원	200,000,000원	30%
20x2년 제2기	120,000,000원	80,000,000원	200,000,000원	40%

15. 다음 자료를 참고로 하여 1기 확정신고시 신용카드매출전표등 수령금액합계표에 기재될 매입세액을 계산하시오.

〈매입 목록〉

번호	종류	작성일자	상호	공급가액	세액
①	신용카드영수증	20x10401	㈜경인주유소	100,000	10,000
②	신용카드영수증	20x10405	진영화환	200,000	20,000
③	현금영수증	20x10430	㈜사계절사무기	300,000	30,000
④	신용카드영수증	20x10501	오정주유소	400,000	40,000
⑤	신용카드영수증	20x10505	고기천국	500,000	50,000

〈자료설명〉
① 영업부 업무용 승용차(배기량 999cc)에 주유하고 결제한 법인 구매 전용카드 영수증이다.
② 매출거래처 창립기념일 행사에 보내기 위한 화환(면세)을 구입하고 결제한 법인 구매 전용카드 영수증이다.
③ 관리부에서 사용할 복사기를 구입하고 수취한 현금영수증이다.
④ 원재료 운반용 화물차에 주유를 하고 법인카드로 결제하였다.
⑤ 고기천국(**영수증 발급 대상 간이과세자**)에서 영업부 회식을 하고 법인카드로 결제하였다.

16. 다음 자료를 참고로 하여 2기 예정신고시 의제매입세액을 계산하시오. 회사는 중소제조기업으로 다음 원재료를 구입하여 과세재화를 공급한다.

〈매입 목록-수산물〉

번호	종류	작성일자	상호	품명	수량	공급가액
1	영수증	20x10901	㈜이모상회	전복	5박스	100,000
2	전자계산서	20x10905	목포수협	전복	10박스	200,000
3	영수증	20x10910	김도원	전복	15박스	300,000
4	현금영수증	20x10915	도원마트	오징어	5박스	400,000

〈자료설명〉
① 수산물(전복) 5box를 현금으로 구입하고 수취한 영수증이다.
② 수산물(전복) 10box를 구입하고 수취한 전자계산서이며, 대금은 전액 자기앞수표로 지급하였다.
③ 수산물(전복) 15box를 어민으로부터 직접 구입하고 받은 계약서이며 당사 기업은행 보통예금계좌에서 이체하였다.(단, 회사는 중소제조기업에 해당한다.)
④ 수산물(오징어) 5box를 구입하고 받은 현금영수증이다.

17. 다음은 컴퓨터 제조업을 영위하는 (주)한공의 20x1년 1기 부가가치세 확정신고 기간(20x1.4.1.~20x1.6.30.)의 자료이다. 이를 토대로 부가가치세 납부세액을 계산하면 얼마인가?(단, 모든 거래금액은 부가가치세가 포함되어 있지 않고 필요한 세금계산서는 적법하게 수취하였다.)

- 국내 매출액 : 30,000,000원
- 직수출액 : 12,000,000원
- 컴퓨터 부품 매입액 : 11,000,000원
- 배달용 1톤 트럭 구입액 : 15,000,000원
- 거래처 증정용 선물구입액 : 3,000,000원

연습답안

Tax Accounting Technician
세무정보처리 자격시험 2급

🔑 객관식

1	2	3	4	5									
④	④	③	③	①									

[풀이-객관식]

01 확정신고시에만 대손세액공제가 가능하다.

02 ① **예정신고시에는 대손세액공제를 적용**하지 아니한다.

　② 대손세액은 대손금액(부가가치세 포함)의 110분의 10으로 한다.

　③ 대손세액공제를 받은 사업자가 대손세액을 **회수한 경우 회수한 날이 속하는 과세기간의 매출세액에 더한다.**

03 ①은 의제매입세액공제, ②와 ④은 매입세액공제를 받을 수 있다. 그러나 ③은 환경미화 용도로 사용하기 위하여 면세임산물을 구입한 경우이므로 의제매입세액 공제를 받을 수 없다.

04 ①②④는 공제하지 아니하는 매입세액이다. **매입세액은 구입시점에 공제**한다.

05 거래처 선물 목적으로 시계를 구입하면서 발생한 매입세액은 기업업무추진비(접대비)관련 매입세액이므로 공제받을 수 없다.

🔑 주관식

01	700,000	02	4,500,000	03	550,000
04	26,000	05	380,000	06	52,000,000
07	1,300,000	08	23,000,000	09	360,000
10	98,630	11	800,000	12	1,200,000
13	550,000	14	1,025,000	15	80,000
16	34,614	17	400,000		

[풀이-주관식]

01 (2,500,000원+4,500,000원)×10%=700,000원

　　상품 외상판매액과 건물 처분액은 10%의 세율을 적용한다.

　　내국신용장에 의한 공급은 영세율을 적용한다.

02 (55,000,000원 × 10/110)－(5,500,000원 × 10/110)=4,500,000원

03 수출액은 영세율과세대상으로 매출세액이 없으며, 토지매각액은 면세대상임

　　4,400,000원×10%+600,000원×10%+500,000원×10%=550,000원

04 (150,000원+110,000원)×10%=26,000원

　　외상판매액과 상가 임대용역의 간주임대료는 과세표준에 포함된다.

05 (2,000,000원+1,000,000원+800,000원)×10%=380,000원

　　특수관계인에게 무상으로 공급한 재화는 **시가를 공급가액으로** 보며, 토지는 부가가치세 면세대상
이다.

06 2,000,000원(기업업무추진비(접대비) 지출)+50,000,000원(공장부지의 조성관련 지출)
　　=52,000,000원

07 **제1기 과세기간에 누락한 매입세액**은 1기에 공제가 가능하고 **2기에는 공제가 되지 않는다.** 제2기
과세기간에 구입한 원재료 관련 매입세액 500,000원은 구입시점에 공제가능하다. 또한, 직장체육대
회 관련 매입세액 800,000원은 공제가능하다.

08 3,000,000원(기업업무추진(접대))+20,000,000원(토지조성)=23,000,000원

09 건물의 자본적 지출 관련 매입세액과 원재료 매입 관련 공통매입세액 중 과세사업분 매입세액은 매
출세액에서 공제가능하다.

　　※ 200,000원+400,000원×2,000,000원/5,000,000원=360,000원

10 **주택임대는 면세이므로 간주임대료 계산 대상**이 아니다.

　　간주임대료=60,000,000×2%×30일/365일=98,630원

　　〈참고사항－부동산임대공급가액명세서〉

11 (주)세종상사에 대한 대손금액은 **부도발생일 이후 6개월이 지나지 않아 대손세액공제 신청**을 할 수 없다.

〈참고사항-대손세액공제신고서〉

	대손사유	대손기준일	대손 확정일	대손금액	대손세액	코드	거래상대방 상호	사업자등록번호	주민등록번호	성명
1	부도[6월 되는날]	20X0-12-29	20X1-06-30	1,000,000	100,000		(주)영천스포츠			
2	파산	20X0-12-06	20X1-04-30	2,000,000	200,000		마산가공			
3	회사정리 인가	20X0-11-03	20X1-05-31	4,400,000	400,000		신당물산			

12 신용카드영수증에 대한 불공제매입세액은 부가가치세 신고서에 입력할 필요가 없다(신고서 미반영). 따라서 문제에서 주어지면 일반전표에 입력해야 한다.

〈참고사항 - 매입세액불공제내역〉

	공제받지 못할 매입세액 내역			
불공제 사유		세금계산서		
	매수	공급가액	매입세액	
①필요한 기재사항 누락				
②사업과 직접 관련 없는 지출	1	4,000,000	400,000	
③비영업용 소형 승용 자동차구입 및 유지	1	1,000,000	100,000	
④접대비 및 이와 유사한 비용 관련	1	2,000,000	200,000	
⑤면세사업 관련				
⑥토지의 자본적 지출 관련	1	5,000,000	500,000	
⑦사업자등록 전 매입세액				
⑧금.구리 스크랩 거래계좌 미사용 관련 매입세액				
⑨ 합 계	4	12,000,000	1,200,000	

13 공통매입세액 정산(1기 확정신고서 불공제매입세액)
= (1,000,000 + 1,500,000) × 40% - 450,000(예정신고시 불공제매입세액) = 550,000원

구 분		과세분 (A)	면세분 (B)	면세공급 가액비율 (B/[A+B])	계
매출내역	예정	98,000,000	42,000,000	**30%**	140,000,000
	확정	142,000,000	118,000,000	45.3%	260,000,000
	계	**240,000,000**	**160,000,000**	40%	400,000,000
공 통 매입세액	예정	1,500,000		▶ 1기 면세공급가액비율 : 40%	
	확정	1,000,000		▶ **1기 전체 불공제매입세액**	
	계	2,500,000		= 2,500,000 × 40%	
불 공 제 매입세액	예정	450,000		= 1,000,000	
	확정	*550,000*			
	계	**1,000,000**			

〈참고사항 - 매입세액불공제내역, 공통매입세액의 정산내역〉

2.공제받지 못할 매입세액 내역		3.공통매입세액 안분계산 내역		4.공통매입세액의 정산내역		5.납부세액 또는 환급세액 재계산 내역			
계산식	구분	(15)총공통 매입세액	(16)면세 사업 확정비율(%)			(17)불공제매입세액 총액 ((15)×(16))	(18)기 불공제 매입세액	(19)가산또는공제되는 매입세액((17)-(18))	
			면세공급가액 (면세사용면적)	총공급가액 (총사용면적)	면세비율(%)				
1	1.면세공급가액기준		2,500,000	160,000,000	400,000,000	40.000000	1,000,000	450,000	550,000

14 납부·환급세액 재계산(2기 확정신고서 불공제매입세액)

계정과목	①재화의 매입세액	②경과된 과세기간 수	③경감률 [1-(체감율×②)]	④증감된 면세공급 가액율	⑤가산 또는 공제되는 매입세액 (①×③×④)
건물	10,000,000	2	90%	+10%	900,000
기계장치	5,000,000	3	25%	+10%	+125,000
합계	15,000,000				**+1,025,000**

〈참고사항 - 매입세액불공제내역, 납부세액 또는 환급세액 재계산〉

		2.공제받지 못할 매입세액 내역	3.공통매입세액 안분계산 내역	4.공통매입세액의 정산내역	5.납부세액 또는 환급세액 재계산 내역				
	계산식	구분	(20)해당재화의 매입세액	(21)경감률(%) (1- 체감률 x 과세기간수)			(22)증가또는감소된면세 공급가액(사용면적)비율(%)	(23)가산또는공제되는 매입세액(20 x 21 x 22)
				체감률	경과된 과세기간수	경감률		
1	1.건축.구축물	건물	10,000,000	5/100	2	90	10	900,000
2	2.기타 감가상각	기계장치	5,000,000	25/100	3	25	10	125,000

15 **화환(면세)과 고기천국(영수증 발급 대상 간이과세자) 회식비는 매입세액공제가 되지 않는다.**

〈참고사항-신용카드매출전표등 수령금액 합계표〉

	유형	거래내역				가맹점 (공급자)			회원 인적사항	
		거래일자	공급가액	세액	건수	상 호	사업자등록번호	성명 (법인명)	카드회원번호	승인번호
1	사업용	-04-01	100,000	10,000	1	(주)경인주유소				
2	현금	-04-30	300,000	30,000	1	(주)사계절사무기				
3	사업용	-05-01	400,000	40,000	1	오정주유소				

16 의제매입세액은 적격증빙을 수취하여야 하나 제조업의 경우 농어민으로부터 직접 구입하는 경우에만 의제매입세액공제대상이다. 따라서 **㈜이모상회로부터 구입한 전복은 영수증을 수취했으로 의제매입세액공제대상에서 제외한다.**

[200,000+300,000+400,000]×4/104(중소제조업) = 34,614원(또는 34,615원)

〈참고사항 - 의제매입세액공제신고서〉

① 목포수협

취득일자	구분	물품명	수량	매입가액	공제율	의제매입세액	건수	전표
-09-05	사업자(계산서)	전복	10	200,000	4/104	7,692	1	입력

② 김도원

취득일자	구분	물품명	수량	매입가액	공제율	의제매입세액	건수	전표
-09-10	농.어민으로부	전복	15	300,000	4/104	11,538	1	입력

③ 도원마트

취득일자	구분	물품명	수량	매입가액	공제율	의제매입세액	건수	전표
-09-15	사업자(신용카	오징어	5	400,000	4/104	15,384	1	입력

17 매출세액 : 30,000,000 × 10%+12,000,000 × 0% = 3,000,000원

매입세액 : 11,000,000 × 10%+15,000,000 × 10% = 2,600,000원

납부세액 : 3,000,000 - 2,600,000 = 400,000원

Chapter 04
신고와 납부/간이과세자

NCS세무 - 3 부가가치세 신고

제1절 예정신고와 납부

1. 예정신고 · 납부

(1) 규정

사업자는 각 예정신고기간에 대한 과세표준과 납부세액(또는 환급세액)을 당해 예정신고기간 종료 후 25일 이내에 사업장 관할세무서장에게 신고 · 납부하여야 한다.

(2) 유의할 사항

① **예정신고시 가산세는 적용하지 않지만 신용카드매출전표 발행세액공제(개인사업자)는 적용받을 수 있다.**

② 사업자가 신청에 의해 조기환급 받은 경우 이미 신고한 부분은 예정신고대상에서 제외한다.

2. 개인사업자 등의 예정신고의무 면제

(1) 원칙 : 고지에 의한 징수

개인사업자와 **영세법인사업자(직전과세기간 과세표준 1.5억 미만)**에 대해서는 예정신고의무를 면제하고 예정신고기간의 납부세액을 사업장 관할세무서장이 결정 · 고지하여 징수한다.

다만, **징수세액이 50만원 미만인 경우에는 이를 징수하지 아니한다.**

또한 다음에 해당하는 자는 각 예정신고기간에 대한 과세표준과 납부세액(또는 환급세액)을 신고할 수 있다.

① 휴업 또는 사업부진으로 인하여 각 예정신고기간의 공급가액 또는 납부세액이 직전 과세기간 공급가액 또는 납부세액의 1/3에 미달하는 자

② 각 예정신고기간분에 대하여 조기환급을 받고자 하는 자

(2) 고지세액의 징수

사업장 관할 세무서장은 각 예정신고기간마다 다음 산식에 의한 금액(1천원 미만의 단수가 있을 때에는 그 단수금액은 버림)을 결정하여 납부고지서(납세고지서)를 발부하고 해당 예정신고기한내에 징수한다.

> **직전 과세기간에 대한 납부세액의 50%**

제2절 확정신고와 납부

1. 확정신고와 납부기한

사업자는 각 과세기간에 대한 과세표준과 납부세액(또는 환급세액)을 그 과세기간 종료 후 25일이내에 사업장 관할세무서장에게 신고·납부(환급세액의 경우에는 신고만 하면 됨)하여야 한다.

2. 유의사항

① 부가가치세 확정신고대상은 각 과세기간에 대한 과세표준과 납부세액 또는 환급세액으로 한다. 다만, 예정신고 및 조기환급 신고시 이미 신고한 부분은 확정신고대상에서 제외한다.

② 확정신고시는 가산세와 공제세액(신용카드매출전표 발행세액공제, 예정신고 미환급세액, 예정고지세액)이 모두 신고대상에 포함된다.

제3절 환급

1. 일반환급

환급세액 발생시 관할 세무서장은 **각 과세기간별**로 해당 과세기간에 대한 환급세액을 그 확정신고기한 경과 후 **30일 이내에 사업자에게 환급**하여야 한다.

다만, 결정·경정에 의하여 추가로 발생한 환급세액은 지체없이 사업자에게 환급하여야 한다.

2. 조기환급

(1) 조기환급대상

① **영세율 대상이 적용되는 때**
② **사업설비(감가상각자산)를 신설, 취득, 확장 또는 증축하는 때**
③ **재무구조개선계획*을 이행중인 사업자**

  * 법원의 인가결정을 받은 회생계획, 기업개선계획의 이행을 위한 약정

(2) 조기환급기간

예정신고기간 또는 과세기간 최종 3월 중 매월 또는 매 2월을 말한다.

조기환급기간		가능여부	신고기한	비 고
매월	1.1~1.31	O	2.25	
	2.1~2.28		3.25	
	3.1~3.31		4.25	
매2월	1.1~2.28	O	3.25	
	2.1~3.31	O	4.25	
	3.1~4.30	×	–	**예정신고기간과 과세기간 최종3월 (확정신고)기간이 겹쳐서는 안된다.**
예정신고기간	1.1~3.31	O	4.25	
확정신고기간	4.1~6.30	O	7.25	

(3) 조기환급신고와 환급

조기환급기간 종료일부터 25일 이내에 조기환급기간에 대한 과세표준과 환급세액을 신고하여야 하고, 관할 세무서장은 **조기환급신고 기한 경과 후 15일 이내에 사업자에게 환급**하여야 한다.

(4) 조기환급신고의 간주

조기환급을 적용받는 사업자가 조기환급기간 이외의 기간에 대한 예정신고서 또는 확정신고서를 제출한 경우에는 조기환급에 관하여 신고한 것으로 본다. 다만, 사업설비를 신설 · 취득 · 확장 또는 증축한 경우에는 건물등감가상각자산취득명세서를 첨부하여 하고, 이 경우 관할세무서장은 신고기한 경과 후 15일 이내에 사업자에게 환급하여야 한다.

(5) 유의사항

조기환급세액은 **영세율이 적용되는 공급분에 관련된 매입세액/ 시설투자에 관련된 매입세액을 구분하지 아니하고** 사업장별로 전체 매출세액에서 매입세액을 공제하여 계산한다.

제4절 | 간이과세자

1. 개요

부가가치세법에서는 연간거래금액이 일정 규모(8,000만원)에 미달하는 개인사업자에 대해서는 세부담을 경감시키고 납세편의를 도모할 수 있는 제도를 두고 있는 데 이를 간이과세라 한다.

2. 범위

(1) 일반적인 기준

간이과세자는 직전 1역년의 공급대가의 합계액이 8,000만원(각 사업장 매출액합계액으로 판정)에 미달하는 개인사업자로 한다. 다만, 간이과세가 적용되지 아니하는 다른 사업장을 보유하고 있는 사업자는 그러하지 아니하다.

직전연도 공급대가 합계액이 4,800만원 이상인 과세유흥장소 및 부동산임대사업자는 간이과세자에서 배제한다.

또한 **법인사업자의 경우에는 어떠한 경우에도 간이과세적용을 받을 수 없다.**

(2) 간이과세 적용배제업종

간이과세 기준금액에 해당하는 경우에도 사업자가 간이과세가 적용되지 않는 다른 사업장을 보유하고 있거나 사업자가 다음의 사업을 영위하면 간이과세를 적용받지 못한다.

① 광업

② 제조업

③ 도매업(소매업을 겸영하는 경우를 포함) 및 상품중개업

④ 부동산매매업

⑤ 일정한 기준에 해당하는 부동산임대업 및 과세유흥장소 영위사업

⑥ 건설업

⑦ 전문·과학·기술서비스업, 사업시설관리·사업지원 및 임대 서비스업

⑧ 전문직 사업서비스업(변호사업, 공증인업, 세무사업, 공인회계사업, 건축사업, 의료업, 손해사정인업 등)

⑨ 소득세법상 복식부기의무자

⑩ 일반과세자로부터 양수한 사업

이외에도 부가가치세법에서는 간이과세배제업종을 나열하고 있다.

(3) 신규사업개시자

신규로 사업을 시작하는 개인사업자는 사업을 시작한 날이 속하는 연도의 공급대가의 합계액이 8,000만원에 미달될 것으로 예상되는 때에는 사업자등록신청시 간이과세 적용신고서를 사업장 관할세무서장에게 제출하여야 한다.

3. 세금계산서 발급의무

(1) 원칙 : 세금계산서 발급

(2) 예외 : 영수증 발급

① 간이과세자중 신규사업자 및 직전연도 공급대가합계액이 4,800만원 미만인 경우

② 주로 사업자가 아닌자에게 재화 등을 공급하는 경우(소매업, 음식점업, 숙박업, 미용 및 욕탕 등)

　　다만 소매업, 음식점업, 숙박업 등은 공급받는 자가 요구하는 경우 세금계산서 발급의무

(3) 통지 : **발급 적용기간 개시 20일 전까지** 영수증 발급대상자인지 여부를 해당 사업자에게 통지(발급적용기간 개시당일까지 사업자등록증에 세금계산서 발급대상 여부를 정정하여 발급)

4. 신고 및 납부

(1) **과세기간 : 1.1 ~ 12.31(1년)**

(2) 예정부과제도

① 예정부과기간 : 1.1~6.30
② 고지징수 : 직전납부세액의 1/2을 고지징수(7/25), **50만원 미만은 소액부징수**

다만, 세금계산서를 발급한 간이과세자는 예정부과기간에 대하여 신고 및 납부(7/25)해야
한다.
③ 예외 : 사업부진(직전예정부과기간의 3분1에 미달하는 간이과세자등)시 신고·납부할 수 있다.

5. 간이과세자의 세액계산

공 급 대 가	공급가액 + 부가가치세
(×)부 가 가 치 율	해당 업종의 부가가치율(15~40%)
(×)세 율	10%
납 부 세 액	
(−)공 제 세 액	세금계산서 등을 발급받은 매입액(공급대가)×0.5% 신용카드매출전표발행세액공제, 전자세금계산서 발급세액공제 등
(+)가 산 세	세금계산서 발급 및 미수취가산세 적용
자진납부세액	**환급세액이 없다**

6. 일반과세자와 간이과세자의 비교

구　분	일반과세자	간이과세자
적용대상자	– 개인, 법인 불문	**– 개인사업자에 한함** **– 공급대가 8,000만원 미만**
납부세액	매출세액 – 매입세액	공급대가 × 부가가치율 × 10%
신고기간	1, 2기	**1기 : 1.1~12.31**
세금계산서	세금계산서 또는 영수증발급	원칙 : 세금계산서 발급 예외 : 영수증 발급
대손세액공제	적용됨	규정없음
매입세액	매입세액으로 공제	**공급대가×0.5%(=매입세액×5.5%)**
의제매입세액	업종제한없음	**배제**
신용카드매출전표 발행세액공제	발행금액의 1.3% (개인사업자만 해당)	발행금액의 1.3%
납부의무면제	없음	**공급대가 4,800만원 미만**
포기제도	없음	간이과세를 포기하고 일반과세자가 될 수 있고, <u>다시 포기신고의 철회가 가능</u>*[1](개정세법 24) *1. 24.7.1이후 신고하는 분부터 적용
기장의무	장부비치기장의무가 있음	발급받은 세금계산서와 발급한 영수증을 보관한 때에는 장부비치기장의무를 이행한 것으로 봄
가산세	– 미등록가산세 : 공급가액의 1%	– 미등록가산세:공급대가의 0.5%

☞ 간이과세를 포기하고 일반과세자 사업자로 신고한 자는 간이과세자를 <u>포기한 날부터 3년이 되는 날이 속하는 과세기간까지는 간이과세자에 대한 규정을 적용받지 못하나, 2024.7.1.이후 신고하는 분부터 포기신고의 철회가 가능하다.(개정세법 24)</u>

 객관식

01. 다음 중 부가가치세법상 신고와 납부에 대한 설명으로 옳지 <u>않은</u> 것은?

① 법인사업자는 예정신고기간이 끝난 후 25일 이내에 각 예정신고기간에 대한 과세표준과 납부세액 또는 환급세액을 납세지 관할 세무서장에게 신고하여야 한다.

② 예정신고를 한 사업자는 예정신고 시 이미 신고한 과세표준을 확정신고 시 신고하지 아니한다.

③ 재화를 수입하는 자가 재화의 수입에 대하여 관세법에 따라 관세를 세관장에게 신고하고 납부하는 경우에는 재화의 수입에 대한 부가가치세를 함께 신고하고 납부하여야 한다.

④ 주사업장총괄납부사업자는 주된 사업장에서 총괄하여 부가가치세를 신고 및 납부할 수 있다.

02. 다음 중 부가가치세법상 신고 · 납부에 대한 설명으로 옳지 <u>않은</u> 것은?

① 법인사업자는 예정신고기간의 과세표준과 납부세액을 예정신고기간 종료일부터 25일 이내 신고 · 납부하는 것이 원칙이다.

② 조기환급신고를 할 때 이미 신고한 과세표준은 확정신고 시 포함하지 않는다.

③ 개인사업자의 부가가치세 예정고지세액이 50만원 미만인 경우 이를 징수하지 아니한다.

④ 개인사업자는 조기환급을 신청할 수 없다.

03. 다음 중 부가가치세 신고 · 납부 및 환급에 대한 설명으로 옳은 것은?

① 폐업하는 경우 폐업일이 속한 과세기간이 끝난 후 25일 이내에 신고 납부하여야 한다.

② 총괄납부사업자의 경우 주된 사업장에서 종된 사업장의 부가가치세를 합산하여 신고 납부하여야 한다.

③ 일반환급의 경우 각 과세기간별로 확정신고기한 후 25일 이내에 환급하여야 한다.

④ 예정신고를 한 사업자는 이미 예정신고한 과세표준을 확정신고 시 포함하지 아니한다.

04. 다음 중 부가가치세의 신고·납부에 관한 설명으로 옳지 않은 것은?

① 납부할 세액이 1천만원 초과하는 경우에는 납부기한 경과 후에 분납할 수 있다.

② 주사업장 총괄납부 사업자의 경우 세금계산서는 각 사업장별로 발급하여야 한다.

③ 납세자가 직접 전자신고방법에 의해 부가가치세를 확정신고 하는 경우 납부세액에서 1만 원을 공제한다.

④ 사업부진으로 인하여 각 예정신고기간의 공급가액이 직전과세기간의 공급가액의 1/3에 미달하는 개인사업자는 예정신고를 할 수 있다.

05. 다음 중 부가가치세 신고와 납부에 관한 설명으로 옳지 않은 것은?

① 법인사업자는 예정신고기간이 끝난 후 25일 이내에 예정신고기간에 대한 과세표준과 납부세액 또는 환급세액을 신고·납부한다.

② 개인사업자의 경우 관할 세무서장이 각 예정신고기간마다 직전 과세기간에 대한 납부 세액의 1/2에 해당하는 금액을 결정하여 징수한다.

③ 개인사업자는 휴업 또는 사업부진 등으로 인하여 각 예정신고기간의 공급가액 또는 납부 세액이 직전 과세기간의 공급가액 또는 납부세액의 1/4에 미달하는 경우 예정신고·납부를 할 수 있다.

④ 폐업의 경우 폐업일이 속한 달의 다음 달 25일 이내에 신고·납부하여야 한다.

06. 다음 중 부가가치세 환급에 대한 설명으로 옳지 않은 것은?

① 일반환급의 경우 예정신고시 환급세액은 예정신고기간이 지난 후 30일 이내에 환급한다.

② 영세율을 적용받는 경우에는 조기환급 대상이 된다.

③ 조기환급 신고를 한 경우의 조기환급세액은 조기환급 신고기한이 지난 후 15일 이내에 사업자에게 환급한다.

④ 경정에 의한 환급세액이 있는 경우 관할세무서장은 지체없이 환급해야 한다.

07. 다음 중 부가가치세법상 간이과세제도에 대한 설명으로 옳지 않은 것은?

① 간이과세자의 과세기간은 원칙적으로 1년이다.

② 간이과세를 포기하고 일반과세자가 되면 간이과세를 포기한 날부터 5년이 되는 날까지는 간이과세자에 대한 규정을 적용받지 못한다.

③ 직전연도 공급대가가 8,000만원에 미달하는 개인사업자는 간이과세자가 될 수 있다.

④ 해당 과세기간에 대한 공급대가 합계액이 4,800만원에 미달하면 납부의무를 면제한다.

08. 다음 중 간이과세자에 대해 잘못 설명한 것은?

① 법인사업자는 간이과세자가 될 수 없어.

② 해당 과세기간의 공급가액 합계액이 과세표준이야.

③ 간이과세자에 대한 규정의 적용을 포기하고 일반과세자가 될 수 있어.

④ 직전연도의 공급대가 합계액이 간이과세 기준액인 8,000만원에 미달해야 해.

09. 다음 중 부가가치세법상 간이과세자에 대한 설명으로 옳은 것은?

① 직전연도 공급대가가 8,000만원 미만인 개인사업자와 법인사업자가 적용대상이다.

② 간이과세자는 영수증 또는 세금계산서를 선택하여 발급할 수 있다.

③ 둘 이상의 사업장이 있는 사업자가 경영하는 사업으로서 그 둘 이상의 사업장 공급대가 합계액이 8,000만원 이상인 경우 간이과세 적용을 배제한다.

④ 음식점업을 운영하는 간이과세자의 경우 의제매입세액공제를 적용받을 수 있다.

10. 다음 중 부가가치세법상 간이과세자에 대한 설명으로 옳은 것은?

① 직전 연도의 공급대가의 합계액이 8,000만원에 미달하는 개인사업자만 적용받을 수 있다.

② 부동산매매업을 영위하는 사업자도 간이과세자가 될 수 있다.

③ 간이과세자의 과세기간은 1기 1.1~6.30, 2기 7.1~12.31로 구성된다.

④ 간이과세자의 납부의무 면제 기준은 3,000만원 미만이다.

연습답안

Tax Accounting Technician
세무정보처리 자격시험 2급

객관식

1	2	3	4	5	6	7	8	9	10				
④	④	④	①	③	①	②	②	③	①				

[풀이-객관식]

01 주사업장총괄납부사업자는 납부할 세액을 주된 사업장에서 총괄하여 납부할 수 있으며, **신고는 각 사업장별로 하여야 한다.**

02 **개인사업자도 영세율 적용, 사업설비 신설 등의 사유에 의해 조기환급**을 신청할 수 있다.

03 ① 폐업하는 경우 **폐업일이 속한 달의 다음 달 25일 이내에 신고·납부**하여야 한다.

　② 총괄납부사업자의 경우 신고는 각 사업장별로 하되, 주된 사업장에서 종된 사업장분을 합산하여 납부한다.

　③ 일반환급의 경우 각 과세기간별로 **확정신고기한 후 30일 이내에 환급**한다.

04 부가가치세는 분납제도가 없다.

05 개인사업자는 휴업 또는 사업부진 등으로 인하여 각 예정신고기간의 공급가액 또는 납부세액이 **직전 과세기간의 공급가액 또는 납부세액의 1/3에 미달하는 경우 예정신고 납부**를 할 수 있다.

06 일반환급의 경우 **예정신고시 환급세액은 환급하지 아니하고** 확정신고시 납부세액에서 차감한다.

07 간이과세를 포기하고 일반과세자 사업자로 신고한 자는 간이과세자를 포기한 날부터 **3년이 되는 날이 속하는 과세기간까지는 간이과세자에 대한 규정을 적용받지 못한다.**

08 간이과세자는 해당 과세기간의 **공급대가의 합계액을 과세표준**으로 한다.

09 ① 직전연도 공급대가가 8,000만원 미만인 개인사업자가 적용대상이고, **법인사업자는 간이과세자가 될 수 없다.**

　② 간이과세자는 원칙적으로 세금계산서를 발급하여야 하며, 예외적으로 영수증을 발급할 수 있다.

　④ **모든 간이과세자는 의제매입세액공제를 적용받을 수 없다.**

10 ② **부동산매매업은 간이과세배제업종**이다.

　③ 간이과세자는 1.1~12.31 1기로 구성된다.

　④ 간이과세자의 **납부의무 면제 기준은 공급대가가 4,800만원미만**이다.

Part III
소득세

Log-In
Log-In

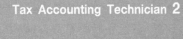

Chapter 01

기본개념

NCS세무 - 3 원천징수

제1절 소득세의 의의

1. 소득세의 특징

소득세는 개인의 소득을 과세대상으로 하여 부과하는 조세이다.

(1) 부담 능력에 따른 과세(응능과세제도 ⇒ VS 응익과세제도)

(2) 납세자와 담세자가 동일한 직접세(VS 부가세는 간접세)

(3) 열거주의 과세방법(이자·배당·사업소득은 유형별 포괄주의)

소득이란 개인이 일정기간에 얻은 경제적 이익을 말하며, 소득세법상 소득이란 소득세법상 열거된 소득을 의미한다. 즉, 소득세법은 열거주의에 의해 과세대상소득을 규정하고 있으므로 열거되지 아니한 소득은 비록 담세력이 있더라도 과세되지 않는다.

다만, 예외적으로 **금융소득(이자·배당소득)과 사업소득은 열거되지 않은 소득이라도 유사한 소득을 포함하는 유형별 포괄주의**를 채택하고 있다.

(4) 개인단위과세제도 및 인적공제

개인별 소득을 기준으로 과세하는 개인단위 과세제도를 원칙으로 하고,
개인(납세의무자)의 담세능력에 따라 세부담능력도 다르다는 것을 고려하여 인적공제를 두고 있다.

(5) 소득세의 과세방법(종합과세, 분리과세 또는 분류과세)

① **종합과세** : 소득의 원천에 불문하고 모든 종류의 소득을 합산하여 과세하는 것(이자, 배당, 사업, 근로, 연금 및 기타소득)

② **분리과세** : **일정금액 이하(20백만원)인 금융소득, 일용근로소득, 복권당첨소득**_ 등에 대하여 원천징수로써 납세의무를 종결하는 것

③ **분류과세** : 간헐적으로 발생되는 퇴직소득, 양도소득을 종합소득과 구별하기 위하여 과세하는 제도

(6) 누진과세

소득세는 단계별 초과누진세율을 적용하여 소득이 많은 개인에게 상대적으로 많은 세금을 납부하게 하여 소득 재분배를 하고 있다.

(7) 원천징수

소득세의 납세의무자는 사업자가 아닌 자가 상당히 많은 비중을 차지하고 있다. 이러한 조건에서 세원의 탈루를 최소화하고 납세편의를 도모하기 위하여 소득세법은 원천징수 제도를 시행하고 있다.

2. 납세의무자

소득세의 납세의무자는 원칙적으로 자연인인 개인(거주자 및 비거주자)에 한정된다.

1. 거주자 (무제한 납세의무자)	국내에 주소를 두거나 **1과세기간 중 183일 이상** 거소를 둔 개인	**국내+국외 원천소득**
2. 비거주자 (제한납세의무자)	거주자가 아닌 개인	**국내원천소득**

여기서 거소란 주소지 외의 장소 중 상당기간에 걸쳐 거주하는 장소로서 주소와 같이 밀접한 일반적 생활관계가 형성되지 않는 장소를 말한다.

3. 과세기간

소득세법상 과세기간은 1역년주의(1.1-12.31)이고 예외적으로 납세의무자의 사망 또는 출국 시 예외적인 과세기간을 두고 있다.

구 분	과 세 기 간	확정신고기한
원 칙	**1.1~12.31**	익년도 5.1~5.31
사망시	1.1~사망한 날	상속개시일이 속하는 달의 말일부터 6개월이 되는 날
출국시	1.1~출국한 날	출국일 전일

신규사업자 또는 폐업자는 일반 거주자와 마찬가지로 1월 1일부터 12월 31일까지의 기간을 1과세기간으로 하고 있는데, 이는 신규사업 전 또는 폐업 이후에도 과세대상이 되는 다른 소득이 있을 수 있기 때문이다.

4. 납세지

거 주 자	**주소지**로 한다. 다만, 주소지가 없는 경우에는 그 거소지로 한다. 사업소득이 있는 거주자가 사업장소재지를 납세지로 신청한 때에는 "그 사업장소재지"를 납세지로 지정할 수 있다.
비거주자	주된 국내사업장의 소재지(국내사업장이 없는 경우에는 국내원천소득이 발생하는 장소)

5. 과세대상소득

*1. 수입금액이 2천만원이하의 주택임대소득만 대상

Tax Accounting Technician

세무정보처리 자격시험 2급

 객관식

01. 다음 중 소득세에 대한 설명으로 옳지 않은 것은?

① 퇴직소득과 양도소득은 다른 소득과 합산하지 아니하고 분류과세한다.

② 비거주자는 국내원천소득에 대하여만 소득세 납세의무를 진다.

③ 소득세는 부과과세제도를 채택하고 있으므로 정부의 결정으로 납세의무가 확정된다.

④ 분리과세소득은 원천징수로써 소득세의 과세가 종결된다.

02. 다음 중 소득세와 관련된 설명으로 옳지 않은 것은?

① 확정신고기간은 다음연도 5월 1일부터 5월 31일(성실신고확인대상사업자는 6월 30일)까지 이다.

② 거주자가 사망한 경우의 소득세 과세기간은 1월 1일부터 사망한 날까지로 한다.

③ 원천징수에는 예납적 원천징수와 완납적 원천징수가 있다.

④ 비거주자는 국내외 모든 소득에 대해 소득세 납세의무가 있다.

03. 다음 중 소득세법에 대한 설명으로 옳은 것은?

① 비거주자는 국내원천소득에 대해 소득세를 납부할 의무가 없다.

② 소득재분배기능을 위해 누진세율제도를 채택하고 있다.

③ 순자산을 증가시킨 모든 소득에 대해 과세하는 포괄주의 과세방식을 채택하고 있다.

④ 퇴직소득은 종합과세 대상소득으로 다른 소득과 합산하여 종합과세한다.

04. 소득세법에 대한 내용으로 옳지 않은 것은?

① 소득세는 신고납세주의를 채택하고 있으며, 납세자가 과세표준 확정신고를 함으로써 소득세의 납세의무가 확정된다.

② 거주자는 국내외 원천소득에 대한 납세의무가 있으나, 비거주자는 국내원천소득에 대한 납세의무만 있다.

③ 소득세의 과세기간은 1월 1일부터 12월 31일까지이나, 1년 이내의 기간을 한도로 과세기간을 변경할 수 있다.

④ 계속하여 183일 이상 국내에 거주할 것을 통상 필요로 하는 직업을 가진 자는 국내에 주소가 있는 것으로 본다.

05. 다음 중 소득세법상 납세의무자에 대한 설명으로 옳지 않은 것은?

① 소득세법상 거주자는 국내에 주소를 두거나 183일 이상의 거소를 둔 개인을 말한다.

② 거소는 주소지 외의 장소 중 상당기간에 걸쳐 거주하는 장소로서 주소와 같이 밀접한 일반적 생활관계가 형성되지 아니한 장소를 말한다.

③ 국내에 거소를 둔 기간이 1과세기간 동안 183일 이상인 경우에는 거주자로 본다.

④ 국내에 거소를 둔 기간은 입국한 날부터 출국한 날까지로 한다.

06. 다음 중 우리나라 소득세에 대한 설명으로 옳지 않은 것은?

① 거주자란 국내에 주소를 두거나 1년 이상의 거소를 둔 개인을 말한다.

② 공동사업에 관한 소득금액을 계산하는 경우에는 해당 공동사업자별로 납세의무를 진다.

③ 거주자가 사망한 경우의 과세기간은 1월 1일부터 사망한 날까지로 한다.

④ 거주자의 소득세 납세지는 그 주소지로 하고 주소지가 없는 경우에는 그 거소지로 한다.

07. 다음 중 소득세에 대한 설명으로 옳지 않은 것은?

① 소득세의 과세기간은 1월 1일부터 12월 31일을 원칙으로 하며, 거주자가 출국하여 비거주자가 되는 경우에는 1월 1일부터 출국일까지로 한다.

② 해당 과세기간의 신규사업개시자는 중간예납의무를 지지 않는다.

③ 퇴직소득과 양도소득은 종합소득과 합산과세 하지 않는다.

④ 부부가 공동사업을 영위하는 경우에는 부부단위로 합산하여 과세하는 것이 원칙이다.

08. 다음 중 소득세 납세의무에 대한 설명으로 옳은 것은?

① 거주자는 국내원천소득에 대해서만 납세의무가 있다.

② 과세기간 중 폐업하는 경우 소득세 과세기간은 1월 1일부터 폐업일까지이다.

③ 거주자가 사망한 경우 1월 1일부터 사망일까지의 소득에 대하여 납세의무가 있다.

④ 공동사업합산과세가 아닌 경우에도 공동사업자는 연대납세의무가 있다.

연습답안

Tax Accounting Technician
세무정보처리 자격시험 2급

🔑 객관식

1	2	3	4	5	6	7	8						
③	④	②	③	④	①	④	③						

[풀이-객관식]

01 **소득세는 신고납세제도**를 채택하고 있으므로 납세의무자의 확정신고에 의하여 납세의무가 확정된다.

02 비거주자는 국내원천소득에 대해 소득세 납세의무가 있다.

03 ① 비거주자도 국내원천소득에 대해 소득세를 납부할 의무가 있다.

　③ 소득세법은 열거주의 과세방식(**일부 소득에 대해서는 유형별 포괄주의**)을 적용하고 있다.

　④ 퇴직소득은 분류과세 대상소득으로 다른 소득과 합산하지 않고 별도로 과세한다.

04 소득세의 과세기간은 소득세법에 획일적으로 규정되어 있고, 변경이 불가능하다

05 국내에 거소를 둔 기간은 **입국한 날의 다음 날부터 출국한 날까지**로 한다.

06 거주자란 **국내에 주소를 두거나 183일 이상의 거소를 둔 개인**을 말한다.

07 우리나라의 경우에는 **원칙적으로 개인단위과세를 채택하고 있으므로 부부나 가족의 소득을 합산하여 과세하지 않는다.**

08 ① 거주자는 국내원천소득 뿐만 아니라 **국외원천소득에 대해서도 납세의무**가 있다.

　② 과세기간 중 폐업하는 경우에도 **소득세 과세기간은 1월 1일부터 12월 31일까지**이다.

　④ 현행 소득세법은 개인별 과세이기 때문에 공동사업의 경우에도 **공동사업자가 각각 납세 의무를 부담하며 연대납세의무를 지지 않는다.**

　☞ 공동사업합산과세 : 거주자 1인과 그와 **특수관계에 있는 자**가 공동사업자에 포함되어 있는 경우로서 손익분배비율을 **거짓으로 정하는 등의 사유**가 있는 경우에는 손익분배비율에 따른 소득분배규정에 불구하고 그 **특수관계자의 소득금액은 주된 공동사업자(손익분배비율이 큰 공동사업자)의 소득금액으로 본다.**

Chapter 02

종합소득

제1절 금융소득(이자 · 배당소득)

1. 이자소득

(1) 이자소득의 범위

소득세법에서는 이자소득을 열거하고 있는데 대표적인 예를 들면 다음과 같다.

① 예금이자

② 채권 또는 증권의 이자와 할인액

③ 채권 또는 증권의 환매조건부 매매차익

   ☞ 환매조건부채권: 금융기관이 고객에게 일정기간 후에 금리를 더해 되사는 조건으로 발행하는 채권.

④ 보험기간이 10년 미만인 저축성보험의 보험차익(2003. 12. 31. 이전 계약 체결분 7년)

   ☞ 보장성보험에 대한 보험금은 비열거소득에 해당한다.

⑤ 비영업대금의 이익

비영업대금이라 함은 자금대여를 영업으로 하지 아니하고 일시적 · 우발적으로 금전을 대여하는 것을 말한다. 다만 사업성이 있는 경우에는 사업소득으로 과세한다.

	자금대여	성 격	소득 구분
금융업	영업대금의 대여	사업적	사업소득
금융업이외	비영업대금의 대여	일시우발적	이자소득

⑥ 직장공제회 초과반환금(1999년 1월 1일 이후 가입자에 한함)

   ☞ 직장공제회: 법률에 의하여 설립된 공제회 · 공제조합(이와 유사한 단체를 포함)으로서 동일직장이나 직종에 종사하는 근로자들의 생활안정, 복리증진 또는 상호부조 등을 목적으로 구성된 단체를 말한다.

⑦ 위와 유사한 소득으로서 **금전사용에 따른 대가로서의 성격이 있는 것**

⑧ 이자부복합금융거래[1]에서 발생한 이익

*1. 이자소득을 발생시키는 거래와 파생상품이 결합된 경우 해당 파생상품의 거래 · 행위로부터 이익

(2) 이자소득이 아닌 것

① 사업관련 소득

물품을 매입할 때 대금의 결제방법에 따라 에누리되는 금액, 매입채무 등을 약정기일 전에 지급함으로써 받는 할인액, 외상매출금이나 미수금의 지급기일을 연장하여 주고 추가로 지급받는 금액 **(소비대차전환분 제외)** 등은 이자소득으로 보지 아니한다.

☞ 소비대차 : 당사자 일방이 금전 기타 대체물의 소유권을 상대방에게 이전할 것을 약정하고, 상대방은 그와 동종 · 동질 · 동량의 물건을 반환할 것을 약정하는 계약

② 손해배상금에 대한 법정이자

	손해배상금	법정이자
법원의 판결 또는 화해에 의하여 지급받을 경우 **(육체적 · 정신적 · 물리적 피해)**	**과세제외**	**과세제외**
계약의 위약 · 해약	**기타소득**	**기타소득**

(3) 비과세이자소득 : 공익신탁의 이익 등이 있다.

☞ 공익신탁 : 재산을 공익목적(종교, 자선, 학술등)에 사용하기 위하여 신탁하는 것

(4) 이자소득의 수입시기 : 권리의무확정주의

구 분		수 입 시 기
① 채권 등의 이자와 할인액	무기명	그 지급을 받는 날
	기 명	약정에 의한 지급일 ☞ 기명채권: 채권에 투자자의 성명을 기재하는 채권으로 양도가 가능하나 채권의 양도란에 배서하고 등록부에 양도절차를 기재해야 한다.
② 예금의 이자	보통예금 · 정기예금 · 적금 또는 부금의 이자	원칙 : 실제로 이자를 지급받는 날 1. 원본에 전입하는 뜻의 특약이 있는 이자는 그 특약에 의하여 "원본에 전입된 날" 2. 해약으로 인하여 지급되는 이자는 그 "해약일" 3. 계약기간을 연장하는 경우에는 그 "연장하는 날"

구　　　분	수　입　시　기
③ 통지예금의 이자	인출일

☞ 통지예금: 현금을 인출할 때에 사전 통지가 요구되는 예금을 말한다. 일정일 전에 예고하고 인출하기 때문에 정기예금 다음 가는 이자율을 적용하고 있다.

④ 채권 또는 증권의 환매조건부 매매차익	약정에 따른 당해 채권 또는 증권의 환매수일 또는 환매도일. 다만, 기일 전에 환매수 또는 환매도하는 경우에는 그 환매수 또는 환매도일
⑤ 저축성보험의 보험차익	보험금 또는 환급금의 지급일. 다만, 기일 전에 해지하는 경우에는 그 해지일
⑥ 직장공제회의 초과반환금	약정에 따른 공제회 반환금의 지급일
⑦ 비영업대금의 이익	약정에 따른 이자지급일. 다만, 이자지급일의 약정이 없거나 약정에 따른 이자지급일 전에 이자를 지급하는 경우에는 그 이자지급일
⑧ 유형별 포괄주의에 따른 이자소득	약정에 의한 상환일로 함. 다만, 기일 전에 상환하는 때에는 그 상환일

2. 배당소득

(1) 배당소득의 범위

① 일반적인 이익배당

② 의제배당

③ 법인세법에 의하여 배당으로 처분된 금액(인정배당)

④ 집합투자기구의 이익

　　☞ 집합투자기구(펀드) : 2인 이상의 투자자로부터 금전 등을 모아 일상적인 운용지시를 받지 아니하면서 재산적 가치가 있는 투자 대상자산을 운용하고 그 결과를 투자자에게 배분하여 귀속시키는 것을 의미한다.

⑤ 공동사업에서 발생하는 소득금액 중 손익분배비율에 상당하는 금액

공동사업 이익배분	공동사업자(경영참가시)	사업소득	
	출자공동사업자(경영미참가시)	배당소득	

⑥ 위와 유사한 소득으로서 수익분배의 성격이 있는 것

⑦ 배당부복합금융거래[1]에서 발생한 이익

*1. 배당소득을 발생시키는 거래와 파생상품이 결합된 경우 해당 파생상품의 거래·행위로부터 이익

(2) 비과세 배당소득

우리사주조합원이 지급받는 배당등이 있다.(조세특례제한법)

(3) 배당소득의 수입시기

일반배당	• 무기명주식의 이익배당 : 실제지급일 • 기명주식의 이익배당 : 잉여금처분결의일 ☞ 기명주식 : 주주의 이름이 주주명부와 주권에 기재된 주식
인정배당	당해 사업연도의 결산확정일
기타 유사한 소득	그 지급을 받은 날

3. 금융소득의 과세방법

과세방법	범 위	원천징수세율
1. 무조건 분리과세	– 비실명 이자·배당소득 – 직장공제회 초과반환금 – 법원보관금의 이자소득	45% 기본세율 14%
2. 무조건종합과세	– 국외에서 받은 이자·배당소득 – **출자공동사업자의 배당소득**	– 25%
3. 조건부종합과세	– 일반적인 이자소득·배당소득 – 비영업대금이익	14% 25%

> ① **2천만원(출자공동사업자의 배당소득제외)을 초과하는 경우 … 종합과세**
> ② **2천만원 이하인 경우 … 분리과세(조건부 종합과세에 대해서)**

제2절   사업소득

1. 사업소득의 범위

사업소득은 개인이 사업을 함에 따라 발생하는 소득을 말한다.

"사업"이라 함은 **자기의 계산과 위험 아래 영리 목적이나 대가를 받을 목적으로 독립적으로 경영하는 업무로서 계속적이고 반복적으로 행사하는 것**을 말한다.

소득세법은 열거주의에 따라 다음의 사업만을 과세대상으로 한다.

① 농업(**작물재배업 중 곡물 및 기타 식량작물 재배업 제외**)·수렵업·임업·어업·광업·제조업·전기가스 및 수도사업·도매업·소매업·소비자용품수리업·숙박업·음식점업·운수업·창고업·통신업·금융업·보험업

② 건설업(주택신축판매업 포함)

③ 부동산업, 임대업 및 사업서비스업

　　　　▶ **부동산임대업소득의 범위**◀

ⓐ **부동산 또는 부동산상의 권리(전세권, 부동산임차권 및 지역권과 지상권의 설정·대여)의 대여**로 인하여 발생하는 소득

　☞ 전세권: 타인의 부동산을 일정기간 그 용도에 따라 사용, 수익한 후 그 부동산을 반환시 전세금의 반환을 받는 권리

　　지상권: 타인의 토지에 건물, 공작물 등을 소유하기 위하여 그 토지를 사용할 수 있는 권리

　　지역권: 자기의 토지의 이용가치를 증가시키기 위하여 타인의 토지를 일정한 방법(통행 또는 수로)으로 이용하는 권리

ⓑ 공장재단 또는 광업재단의 대여로 인하여 발생하는 소득

　☞ 공장재단: 공장에 있는 토지, 기계 등의 일부 또는 전부로써 이루어진 기업재산으로서 소유권과 저당권의 목적이 되는 것을 말한다. 기업의 담보능력이 커진다.

　　광업재단: 광업권과 광업권에 기하여 광물을 채굴·취득하기 위한 각종 설비 및 이에 부속하는 사업의 설비로 구성되는 일단의 기업재산으로서 법에 따라 소유권과 저당권의 목적이 되는 것을 말한다.

ⓒ 광업권자·조광권자·덕대가 채굴에 관한 권리를 대여함으로 인하여 발생하는 소득

　☞ 광업권: 광구에서 등록을 받은 광물 등을 채굴할 수 있는 권리

　　조광권: 설정행위에 의하여 타인의 광구에서 광물을 채굴할 수 있는 권리(덕대와 같은 개념이다.)

④ 부동산매매업

⑤ 교육서비스업

⑥ 보건 및 사회복지사업

⑦ 사회 및 개인서비스업, 가사서비스업 등

⑧ 가구내 고용활동에서 발생하는 소득

⑨ **복식부기의무자가 차량 및 운반구 등 사업용 유형자산(감가상각자산)을 양도함으로써 발생하는 소득**

⑩ 위 소득과 유사한 소득으로서 **영리를 목적으로 자기의 계산과 책임 하에 계속적·반복적으로 행하는 활동**을 통하여 얻는 소득(유형별 포괄주의)

2. 비과세사업소득

(1) 농지대여소득

다만, 농지(전답)를 주차장 등으로 사용하게 함으로 발생하는 소득은 사업소득에 해당된다.

(2) 1개의 주택을 소유하는 자의 주택임대소득(고가주택의 임대소득은 제외)

☞ 고가주택 : 기준시가 12억원를 초과하는 주택

(3) 농어가부업소득

① 시행령에서 정한 농어가부업규모의 축산에서 발생하는 소득은 전액 비과세
② ① 외의 소득으로서 **연간 3,000만원 이하의 소득**
③ 어업소득(어로어업·양식어업 소득) : 5천만원 이하(개정세법 24)

(4) 전통주의 제조소득(수도권지역 외의 읍·면지역): 연 1,200만원 이하의 소득

(5) 조림기간이 5년 이상인 임목의 벌채 또는 양도로 발생하는 소득

조림기간 5년 이상인 임지의 임목의 벌채 또는 양도로 발생하는 소득으로서 필요경비를 차감한 후 연 600만원 이하의 소득금액은 비과세한다.

(6) 작물재배업에서 발생하는 소득(10억원 이하의 작물재배)

☞ 곡물 및 기타 식량작물재배업은 사업소득에서 과세제외

3. 사업소득의 과세방법

사업소득은 모두 종합소득에 합산하여 과세하는 것이 원칙이나, 예외적으로 **주택임대소득의 수입금액이 2천만원이하일 경우 종합소득 확정신고시 세액계산을 종합과세방법과 분리과세방법 중 선택이 가능하다.**

그리고 대부분의 사업소득에 대하여는 원천징수를 하지 않지만, 예외적으로 원천징수되는 사업소득이 있다.

(1) 원천징수

1) 특정사업소득에 대한 원천징수

① 특정사업소득 : **수입금액의 3%를 원천징수**

㉠ 의료보건용역(수의사의 용역을 포함)

㉡ 저술가·작곡가 등이 제공하는 인적용역

② 원천징수

국내에서 거주자나 비거주자에게 특정사업소득을 지급하는 자는 원천징수하여 그 징수일이 속하는 달의 다음달 10일까지 납부하여야 한다

2) 봉사료수입금액에 대한 원천징수

부가가치세가 면제되는 접대부·댄서와 이와 유사한 용역을 제공하는 자에게 지급하는 **특정봉사료수입금액(봉사료금액이 공급가액의 20%를 초과)에 대해서는 5%를 원천징수**한다.

(2) 사업소득에 대한 연말정산

간편장부대상자인 보험모집인 또는 방문방매원등(신청한 경우에 한함)에게 모집수당 또는 판매수당 등의 사업소득을 지급하는 원천징수의무자는 해당 사업소득에 대한 소득세의 연말정산을 하여야 한다.

원천징수의무자는 다음연도 2월분 사업소득을 지급하는 때(미지급시 2월말까지) 또는 해당 사업자와 거래계약을 해지하는 달의 사업소득을 지급하는 때에 연말정산을 하여야 한다.

이처럼 연말정산된 사업소득 외의 다른 소득이 없는 경우에는 해당 소득자는 해당 과세기간에 대한 과세표준 확정신고를 하지 않아도 된다.

4. 사업소득금액의 계산

사업소득금액은 해당 과세기간의 총수입금액에서 이에 소요된 필요경비를 공제하여 계산하며 전년도에 사업소득에서 발생한 이월결손금이 있는 경우에는 이를 공제한다.

〈기업회계기준과 세법의 차이 조정〉

세법과 기업회계기준에서의 수익과 비용에 대해서 98% 이상 동일하나, 2% 미만이 차이가 난다. 이러한 차이를 조정하는 것을 세무조정이라고 한다.

	기업회계기준		세 법
수 익(≒총 수입금액)	실현주의	권리확정	**"권리의무확정주의"**
비 용(≒ 필요경비)	수익·비용대응의 원칙	의무확정	

기업회계	세무조정		소득세법
수익	(+)총수입금액산입	(−)총수입금액불산입	**총수입금액**
−			−
비용	(+)필요경비 산입	(−)필요경비 불산입	**필요경비**
=	**+가산 : 총수입금액산입 + 필요경비 불산입**		=
당기순이익	**−차감 : 총수입금액불산입 + 필요경비산입**		**사업소득금액**

(1) 총수입금액

해당 과세기간에 수입하였거나 수입할 금액의 합계액으로 한다.

총수입금액산입	총수입금액불산입
ⓐ 사업수입금액(매출에누리와 환입, 매출할인 제외)	
ⓑ 거래상대방으로부터 받은 장려금 기타 이와 유사한 성질의 급여	
ⓒ 사업과 관련된 자산수증이익·채무면제이익	ⓐ 소득세 등의 환급액
ⓓ **사업과 관련하여 생긴 보험차익(퇴직연금운용자산)**	ⓑ 부가가치세 매출세액
ⓔ 가사용으로 소비된 재고자산	ⓒ **재고자산 이외(고정자산)의 자산의 처분이익 (복식부기의무자 제외)**
ⓕ 사업용 유형자산(부동산 제외)양도가액(복식부기의무자)	ⓓ 국세환급가산금[1]
ⓖ 기타 사업과 관련된 수입금액으로서 당해 사업자에게 귀속되었거나 귀속될 금액	

*1. 국세환급금에 가산되는 법정이자 상당액

(2) 필요경비

해당 과세기간의 총수입금액에 대응하는 비용을 말한다.

필요경비산입	필요경비불산입
ⓐ 판매한 상품 등에 대한 원료의 매입가액과 그 부대비용(매입에누리, 매입할인금액 차감) ⓑ 종업원의 급여 ⓒ 사업용자산에 대한 비용 및 감가상각비 ⓓ 사업과 관련 있는 제세공과금 ⓔ 복식부기의무자의 사업용 유형자산양도시 장부가액 ⓕ 거래수량 또는 거래금액에 따라 상대편에게 지급하는 장려금 기타 이와 유사한 성질의 금액	ⓐ **소득세와 지방소득세** ⓑ **벌금 · 과료와 과태료와 강제징수비** ⓒ **감가상각비 중 상각범위액을 초과하는 금액** ⓓ **대표자의 급여와 퇴직급여** ⓔ **재고자산 이외(고정자산)의 자산의 처분손실** (복식부기의무자 제외) ⓕ 가사(집안일)관련경비와 초과인출금[*2]에 대한 지급이자 ⓖ 한도 초과 업무용 승용차 관련비용등 (복식부기의무자)

*1 강제징수비 : 납세자가 국세를 체납시 강제징수에 관한 규정에 의한 재산의 압류와 압류한 재산의 보관과 운반 및 공매에 소요된 비용이 강제징수비이다.

*2. 초과인출금 : 부채(충당금과 준비금은 제외)의 합계액이 사업용자산의 합계액을 초과하는 것을 말한다.

연습문제

Tax Accounting Technician
세무정보처리 자격시험 2급

 객관식

01. 다음 중 소득세법상 이자소득에 해당하지 않는 것은?

① 손해배상금에 대한 법정이자
② 국내에서 지급받는 은행 예금의 이자
③ 내국법인이 발행한 채권 또는 증권의 이자
④ 비영업대금의 이익

02. 다음 중 무조건 종합과세대상 금융소득인 것은?

① 직장공제회 초과반환금   ② 비실명 이자소득
③ 출자공동사업자의 배당소득   ④ 비영업대금의 이익

03. 다음의 금융소득 중 과세방법이 다른 것은?

① 직장공제회 초과반환금
② 비실명 금융소득
③ 민사집행법에 따라 법원에 납부한 보증금에서 발생한 이자소득
④ 출자공동사업자의 배당소득

04. 다음 중 소득별 수입시기로 옳지 않은 것은?

① 보통예금의 이자 : 지급받은 날
② 무기명주식의 배당 : 주주총회의 처분 결의일
③ 법인세법에 따라 처분된 기타소득 : 법인의 해당 사업연도 결산확정일
④ 잉여금처분에 의한 상여 : 주주총회의 처분 결의일

322

05. 다음 중 이자소득의 수입시기에 대한 설명으로 잘못 연결된 것은?

① 통지예금의 이자 – 인출일

② 저축성 보험의 보험차익 – 보험금 또는 환급금의 지급일 또는 중도해지일

③ 무기명 채권의 이자와 할인액 – 약정에 따른 지급일

④ 환매조건부 채권 또는 증권의 매매차익 – 약정에 의한 환매수일(또는 환매도일)과 실제 환매수일 (또는 환매도일) 중 빠른 날

06. 다음 중 금융소득에 대한 설명으로 옳은 것은?

① 통지예금의 이자는 약정에 따른 이자지급 개시일을 수입시기로 한다.

② 출자공동사업자의 배당소득은 조건부 종합과세 배당소득에 해당한다.

③ 실지명의가 확인되지 아니하는 금융소득은 무조건 종합과세 대상이다.

④ 법인세법에 의하여 처분된 배당은 해당 법인의 사업연도 결산확정일을 수입시기로 한다.

07. 다음 중 금융소득의 과세방법에 대하여 바르게 설명하고 있는 내용은?

① 부부의 금융소득합계 금액이 2,000만원을 초과하면 종합과세 대상이다.

② 원천징수되지 않은 이자소득은 조건부종합과세대상이디.

③ 비실명금융소득은 무조건 분리과세 된다.

④ 금융소득의 필요경비는 인정받을 수 있다.

08. 소득세법상 금융소득에 대한 설명으로 옳지 않은 것은?

① 비영업대금의 이익은 분리과세하지 않으며, 원천징수하더라도 종합과세 대상으로 보아 과세한다.

② 국내에서 거주자에게 이자소득과 배당소득을 지급하는 자는 그 거주자에 대한 소득세를 원천징수 하여야 한다.

③ 비실명 이자소득과 배당소득은 분리과세 대상 금융소득으로 종합과세하지 아니한다.

④ 공동사업에서 발생한 사업소득금액 중 출자공동사업자의 손익분배비율에 해당하는 금액은 종합 과세 대상이다.

09. 다음 중 금융소득에 대한 설명으로 옳은 것은?

① 비영업대금의 이익은 원칙적으로 그 지급을 받은 날을 수입시기로 한다.

② 출자공동사업자의 배당소득은 무조건 종합과세 배당소득에 해당한다.

③ 실지명의가 확인되지 아니하는 금융소득은 조건부 종합과세 대상이다.

④ 무기명채권의 이자는 약정에 의한 이자지급일을 수입시기로 한다.

10. 다음 중 소득세법상 금융소득에 대한 설명으로 옳은 것은?

① 국내은행의 정기예금 이자가 2천만원 있고 다른 금융소득이 없는 경우 종합과세대상이다.

② 외국법인으로부터 받은 원천징수 대상이 아닌 현금배당은 조건부 종합과세 대상이다.

③ 배당소득은 필요경비가 인정되지 않으므로 종합과세 대상 배당액과 배당소득금액은 항상 일치한다.

④ 원천징수되지 않은 비영업대금의 이익은 무조건 종합과세 대상이다.

11. 다음 중 소득세법상 금융소득에 대한 설명으로 옳지 않은 것은?

① 비영업대금의 이익은 25%의 세율로 원천징수 된다.

② 과세소득의 범위를 유형별 포괄주의에 따라 규정하고 있다.

③ 금융기관에서 받은 정기예금 이자가 2,000만원을 초과하는 경우 종합과세 된다.

④ 국내 또는 국외에서 받는 집합투자기구로부터의 이익은 소득세법상 이자소득에 해당한다.

12. 다음 중 소득세법상 금융소득에 대한 설명으로 옳지 않은 것은?

① 직장공제회 초과반환금은 무조건 분리과세 대상이다.

② 이자소득과 배당소득은 필요경비가 인정되지 않는다.

③ 외국법인으로부터 받은 원천징수 대상이 아닌 현금배당은 조건부 종합과세 대상이다.

④ 은행 정기적금 이자 수령액이 연간 2천만원을 초과하는 경우 종합과세 대상이다.

13. 다음 중 소득세법상 사업소득에 대한 설명으로 옳지 않은 것은?

① 논·밭을 작물생산에 이용하게 함으로써 발생하는 소득은 비과세 사업소득이다.

② 사업소득 중 연말정산대상 사업소득은 분리과세 대상이다.

③ 부동산임대업은 사업소득에 해당하고 지역권 또는 지상권을 설정·대여함으로써 발생하는 소득도 사업소득에 해당한다.

④ 사업소득 중 원천징수대상인 의료보건용역의 소득세 원천징수세율은 수입금액의 3%이다.

14. 다음 중 소득세법상 사업소득에 대한 설명으로 옳은 것은?

① 대표자 본인에 대한 급여는 필요경비로 인정된다.

② 논밭을 작물생산에 이용하게 함으로써 발생하는 소득은 비과세된다.

③ 상품 등의 위탁판매는 위탁자가 수탁자에게 그 위탁품을 인도하는 날을 수입시기로 한다.

④ 원천징수대상 사업소득은 분리과세되어 원천징수로써 납세의무가 종결된다.

15. 다음 중 소득세법상 사업소득의 수입시기에 대한 설명으로 옳은 것은?

① 시용판매는 구매자에게 상품을 인도한 날이 수입시기이다.

② 금융보험업에서 발생하는 이자는 실제로 수입한 날이 수입시기이다.

③ 인적용역제공은 용역대가를 실제로 지급받은 날이 수입시기이다.

④ 자산의 임대소득은 계약에 의하여 지급일이 정해진 경우 실제 지급을 받은 날이 수입시기이다.

주관식

01. 다음은 국내 거주자 한공회 씨의 20x1년 귀속 이자소득과 배당소득 내역이다. 한공회 씨의 종합과세대상 이자소득과 배당소득은 얼마인가? (단 외국법인으로부터 받은 현금배당금을 제외하고는 모두 소득세법에 따라 적법하게 원천징수되었다.)

가. 내국법인으로부터 받은 현금배당금		4,000,000원
나. 직장공제회 초과반환금		9,000,000원
다. 외국법인으로부터 받은 현금배당금		3,000,000원
라. 비영업대금의 이익		12,000,000원

02. 다음은 국내 거주자 김한공씨의 금융소득 내역이다. 김한공씨의 20x1년 귀속 종합과세대상 금융소득은 얼마인가?

가. 국내은행으로부터 받은 이자	4,000,000원
나. 내국법인으로부터 받은 현금배당금	3,000,000원
다. 직장공제회 초과반환금	8,000,000원
라. 외국법인으로부터 받은 현금배당금(원천징수되지 아니함)	2,000,000원
마. 비영업대금의 이익	10,000,000원

03. 다음은 복식부기의무자인 개인사업자 김한공 씨의 20x1년 수익과 비용 내역이다. 20x1년 사업소득금액은 얼마인가?

가. 매출액	100,000,000원
나. 매출원가	50,000,000원
다. 거래처에 지급한 판매장려금	30,000,000원
라. 김한공 씨의 주택자금 대출이자	10,000,000원

04. 다음은 거주자 김한공 씨의 20x1년 귀속 금융소득 내역이다. 김한공 씨의 종합과세대상 금융소득을 계산하면 얼마인가? (별도의 언급이 없는 한 아래의 소득은 적법하게 원천징수되었음)

가. 법인세법에 따라 배당으로 처분된 금액	5,000,000원
나. 직장공제회 초과반환금	8,000,000원
다. 외국법인으로부터 받은 현금배당금(원천징수되지 아니함)	4,000,000원
라. 비영업대금의 이익	10,000,000원

05. 제조업을 영위하는 개인사업자 김한공 씨의 20x1년도 사업소득금액을 계산하면?

가. 손익계산서상 당기순이익	100,000,000원
나. 손익계산서에 포함된 수익 항목	
• 예금 이자수입	2,000,000원
• 거래상대방으로부터 받은 장려금	3,000,000원
다. 손익계산서에 포함된 비용 항목	
• 소득세 비용	5,000,000원
• 김한공 씨의 배우자(경리부서에 근무함)에 대한 급여	4,000,000원

06. 제조업을 영위하는 개인사업자 김한공 씨의 20x1년도 사업소득금액을 계산하면?

가. 소득세 차감 전 순이익	100,000,000원
나. 손익계산서에 포함된 수익 항목	
• 예금 이자수입	2,000,000원
• 사업과 관련된 자산수증이익(이월결손금 보전에 충당하지 아니함)	3,000,000원
다. 손익계산서에 포함된 비용 항목	
• 교통사고벌과금	5,000,000원
• 김한공 씨의 배우자(영업부서에 근무)에 대한 급여	4,000,000원

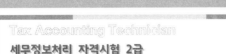

🔑 객관식

1	2	3	4	5	6	7	8	9	10	11	12	13	14	15
①	③	④	②	③	④	③	①	②	④	④	③	②	②	②

[풀이-객관식]

01 계약의 위약, 해약을 원인으로 한 손해배상금에 대한 법정이자는 기타소득, 기타의 원인으로 인한 **손해배상금에 대한 법정이자는 과세 제외**한다.

02 **직장공제회초과반환금, 비실명이자소득은 무조건 분리과세**, 비영업대금이익은 조건부 종합과세 이자소득이다.

03 **출자공동사업자의 배당소득은 무조건 종합과세대상**이고, 나머지는 무조건 분리과세대상 소득이다.

04 **무기명주식의 배당**은 그 **지급을 받은 날을 수입시기**로 한다.

05 무기명 채권의 이자와 할인액: 실제 지급을 받은 날

06 ① **통지예금의 이자는 인출일**을 수입시기로 한다.

　② **출자공동사업자의 배당소득은 무조건 종합과세 배당소득**에 해당한다.

　③ 실지명의가 확인되지 아니하는 금융소득은 무조건 분리과세 대상이다.

07 ① 금융소득종합과세는 인별 과세이다.

　② **원천징수되지 않은 이자소득은 무조건 종합과세**이다

　④ 금융소득은 필요경비는 인정 받을 수 없다.

08 **비영업대금의 이익은 조건부 종합과세 대상 이자소득**으로, 금융소득 합계액이 2천만원을 초과하면 종합과세하고, 2천만원 이하이면 분리과세 한다.

09 ① 비영업대금의 이익은 원칙적으로 **약정에 의한 이자지급일을 수입시기**로 한다.

　③ **실지명의가 확인되지 아니하는 금융소득은 무조건 분리과세 대상**이다.

　④ **무기명채권의 이자는 그 지급을 받은 날을 수입시기**로 한다.

10 ① 금융소득이 2천만원을 초과하는 경우 종합과세 대상이므로 2천만원까지는 분리과세된다.

　② **외국법인으로부터 받은 원천징수 대상이 아닌 현금배당은 무조건 종합과세 대상**이다.

　③ 배당소득은 필요경비가 인정되지 않지만 **귀속법인세(gross-up)가 가산되는 경우 배당소득금액은 배당액보다 크다.**

11 국내 또는 국외에서 받는 **집합투자기구로부터의 이익은 소득세법상 배당소득**에 해당한다.

12 **외국법인으로부터 받은 원천징수 대상이 아닌 현금배당은 무조건 종합과세 대상**이다.

13 보험모집수당 등 연말정산대상 사업소득도 종합소득에 합산되므로 분리과세대상이라는 설명은 옳지 않다.

14 ① 대표자 본인에 대한 급여는 필요경비로 인정되지 않는다.

③ 상품 등의 위탁판매는 수탁자가 그 **위탁품을 판매하는 날을 수입시기**로 한다.

④ 원천징수사업소득 중 분리과세되는 사업소득은 없다.

15 ① 시용판매는 구매자가 구입의사를 표시한 날이 수입시기이다.

③ 인적용역제공은 **용역대가를 지급받기로 한 날 또는 용역의 제공을 완료한 날 중 빠른 날**이 수입시기이다.

④ 자산의 임대소득은 계약에 의하여 지급일이 정해진 경우에는 그 정해진 날이 수입시기이다.

🔑 주관식

| 01 | 3,000,000 | 02 | 2,000,000 | 03 | 20,000,000 |
| 04 | 4,000,000 | 05 | 103,000,000 | 06 | 103,000,000 |

[풀이-주관식]

01 직장공제회 초과반환금은 무조건 분리과세대상이며, 이를 제외한 이자·배당소득의 합계액이 1,900만원으로 2,000만원을 초과하지 않으므로 종합과세되지 아니한다. 그러므로 **무조건 종합과세대상인 외국법인으로부터 받은 현금배당금**에 대해서만 종합과세한다.

02 금융소득 과세방법

가. 국내은행 이자	조건부종합과세	4,000,000
나. 내국법인 현금배당금	조건부종합과세	3,000,000
다. 직장공제회초과반환금	**무조건분리과세**	**8,000,000**
라. 외국법인 현금배당금(원천징수되지 아니함)	**무조건종합과세**	**2,000,000**
마. 비영업대금이익	조건부종합과세	10,000,000

∴ 조건부(17,000,000)+무조건 종합과세(2,000,000)≤2,000만원이므로 무조건 무조건 종합과세만 종합과세한다.

03 사업소득금액 : 100,000,000원 - 50,000,000원 - 30,000,000원 = 20,000,000원
주택자금 대출이자는 필요경비불산입이다.

04 금융소득 과세방법

가. 법인세법 인정배당	조건부종합과세	5,000,000
나. 직장공제회 초과반환금	무조건분리과세	8,000,000
다. 외국법인으로부터 받은 배당금(원천징수 X)	**무조건종합과세**	**4,000,000**
라. 비영업대금이익	조건부종합과세	10,000,000

∴ 조건부(15,000,000)+무조건 종합과세(4,000,000)≦2,000만원이므로 **무조건 종합과세(외국법 인 배당)만 종합과세**한다.

05 사업소득금액=당기순이익(100,000,000) - 이자수입(총추입금액불산입 2,000,000)+소득세 비용 (필요경비불산입 5,000,000)=103,000,000원

06 사업소득금액=소득세 차감전 순이익(100,000,000) - 예금이자(2,000,000)+벌과금(5,000,000) =103,000,000원

이자수익은 이자소득으로 과세된다.

이월결손금 보전에 충당하지 않은 자산수증이익은 총수입금액 산입이므로 별도 계산할 필요가 없다.

제3절 근로소득

1. 근로소득의 개념

근로소득이란 근로자가 육체적·정신적 노동을 하여 보수로 얻는 소득·봉급·급료·임금·연금·상여금 따위가 있는데 이는 명칭여하를 불문한다.

> ① 근로의 제공으로 인하여 받는 봉급·급료·상여·수당 등의 급여
> ② 법인의 주주총회·사원총회 등 의결기관의 결의에 의하여 상여로 받는 소득
> ③ 법인세법에 의하여 상여로 처분된 금액(인정상여)
> ④ 퇴직함으로써 받는 소득으로서 퇴직소득에 속하지 아니하는 소득
> ⑤ 종업원등 또는 대학의 교직원이 지급받는 직무발명보상금(고용관계 종료 전 지급되는 보상금에 한정)
> ☞ **퇴직 후 지급받으면 기타소득으로 과세**

(1) 근로소득에 포함되는 항목

① 기밀비 · 교제비 · 여비

㉠ 기밀비(판공비 포함)·교제비 등의 명목으로 받는 것으로서 업무를 위하여 사용된 것이 분명하지 아니한 급여

㉡ 여비의 명목으로 정기적으로 받는 연액 또는 월액의 급여

② 공로금 · 위로금 · 학자금

종업원이 받는 공로금·위로금·학자금·장학금(종업원의 자녀가 사용자로부터 받는 학자금·장학금 포함) 등 이와 유사한 성질의 급여

③ 각종 수당

㉠ 근로수당·가족수당·출납수당·직무수당·시간외근무수당 등

㉡ 보험회사·증권회사 등 금융기관의 내근사원이 받는 집금수당과 보험가입자의 모집·증권매매의 권유·저축의 권장으로 인한 대가·기타 이와 유사한 성질의 급여

㉢ 기술수당·보건수당·연구수당 등

④ 회사로부터 받는 경제적 이익

㉠ 출자임원이 주택을 제공받음으로써 얻는 이익. 다만, 비출자임원(소액주주임원 포함)과 종업원이 사택을 제공받음으로써 얻는 이익은 비과세근로소득으로 본다.

㉡ 모든 임직원이 주택자금을 저리 또는 무상으로 대여 받음으로서 얻는 이익
다만 <u>중소기업 종업원의 주택구입·임차자금 대여이익은 비과세 근로소득으로 본다.</u>

〈사택제공 및 주택자금대여〉

	사택제공이익	주택자금대여이익
출자임원	근로소득	근로소득 **(중소기업 종업원은 비과세)**
소액주주(1% 미만)임원, 비출자임원	**비과세** 근로소득	
종업원		

ⓒ 종업원이 보험계약자이거나 종업원 또는 그 배우자·가족을 보험수익자로 하는 보험과 관련하여 사용자가 부담하는 보험료

ⓔ 임원 또는 사용인이 회사로부터 주식매수선택권을 부여받아 이를 행사함으로써 얻은 이익

☞ 주식매수선택권(stock option): 법인의 경영·기술혁신 등에 기여하였거나 기여할 능력을 갖춘 임직원등에게 낮은 가격으로 당해 법인의 신주를 매입할 수 있도록 부여한 권리

(2) 근로소득으로 보지 아니하는 것

① **경조금** : 사업자가 사용인에게 지급한 경조금 중 사회통념상 타당하다고 인정되는 금액

② 퇴직급여로 지급되기 위하여 적립되는 급여

☞ 대가의 명칭여하에 관계없이 퇴직을 원인으로 지급받는 공로금·위로금은 원칙적으로 퇴직소득으로 본다.

2. 비과세 근로소득

(1) 실비변상적 성질의 급여

① 일직료·숙직료 또는 여비로서 실비변상정도의 금액

② **자가운전보조금(월 20만원 이내)**
종업원이 소유차량(종업원 명의 임차차량 포함)을 종업원이 직접 운전하여 사용자의 업무수행에 이용하고 시내 출장 등에 소요된 실제여비를 지급받는 대신에 그 소요경비를 해당 사업체의 규칙 등에 의하여 정하여진 지급기준에 따라 받는 금액

③ 선원이 받는 승선수당, 경찰공무원이 받는 함정근무수당·항공수당, 소방공무원이 받는 함정근무수당·항공수당·화재진화수당(월 20만원 이내)

④ 초·중등교육법에 의한 교육기관의 교원이 받는 연구보조비(월 20만원 이내)

⑤ 방송·통신·신문사 등의 기자가 받는 취재수당(월 20만원 이내)

(2) 생산직근로자의 연장근로수당 등

① 비과세요건

㉠ **공장 또는 광산에서 근로를 제공하는 생산 및 관련 종사자**, 어업을 영위하는 자에게 고용되어 근로를 제공하는 자

㉡ **직전년도 총급여액이 3,000만원 이하로서 월정액급여*가 210만원 이하인 자**

   * 월정액급여＝급여총액－상여 등 부정기적 급여－실비변상적 성질의 급여(자가운전보조금 등)
       －연장·야간·휴일근로수당 등－복리후생성질의 급여

㉢ 통상임금에 가산하여 받는 연장근로·휴일근로·야간근로수당일 것

② 비과세금액

㉠ 광산근로자·일용근로자 : 전액 비과세

㉡ **'㉠' 외의 생산직근로자 : 연 240만원 비과세**

(3) 식사와 식사대

① **사내급식 등을 통하여 근로자가 제공받는 식사 기타 음식물 : 전액 인정**

② **식사·음식물을 제공받지 아니하는 근로자가 받는 식사대* : 월 20만원**

   * 만일 식사 기타 음식물을 제공받으면서 식사대를 지급받으면, 식사대는 전액 과세된다.

(4) 복리후생적 성질의 급여

① 사택제공이익 : 비출자임원, 소액주주임원, 종업원에게 제공

② 중소기업 종업원의 주택자금 대출로 인한 이익

③ 단체순수보장성 보험 및 단체환급부보장성 보험 중 70만원 이하의 보험료

(5) 기타의 비과세 근로소득

① 각종 법률에 의하여 받는 금액

㉠ 산업재해보상보험법에 의하여 지급받는 요양급여·휴업급여·장해급여·유족급여 및 장의비 또는 근로의 제공으로 인한 부상·질병 또는 사망과 관련하여 근로자나 그 유족이 지급받는 배상·보상 또는 위자의 성질이 있는 급여

㉡ 고용보험법에 의하여 받는 실업급여 및 육아휴직급여와 산전후 휴가급여 등

② 본인 학자금

교육·훈련기간이 6월 이상인 경우에는 당해 교육기간을 초과하여 근무하지 않는 경우에 지급받은 금액을 반납할 것을 조건으로 한다.

③ 출산 · 보육 관련 급여

㉠ 근로자 또는 그 배우자의 출산이나 6세 이하의 자녀보육관련 급여로서 월 20만원(개정세법 24)이내의 금액

㉡ 육아기 근로시간 단축급여에 대하여 비과세

㉢ 배우자 출산휴가 급여

④ 국외근로시 받은 급여

㉠ 일반근로자 : **국외 등에서 근로를 제공하고 받는 보수 중 월 100만원**(외항선원, 원양어업선원 및 해외건설 근로자는 500만원-개정세법 24) 이내의 금액

㉡ 공무원 등 : 국외 등에서 근무하고 받는 수당 중 당해 근로자가 국내에서 근무할 경우에 지급받을 금액 상당액을 초과하여 받는 금액

⑤ 건강보험료 등의 사용자부담금

국민건강보험법 · 고용보험법 · 국민연금법 · 근로자퇴직급여보장법 등에 의하여 국가 · 지방자치단체 또는 사용자가 부담하는 부담금

⑥ 「발명진흥법」상 지급받는 **직무발명보상금(고용관계 종료전 지급)으로서 7백만원(개정세법 24) 이하의 보상금**

3. 근로소득의 과세방법

(1) 근로소득자(종합과세소득)

매월분의 급여 또는 상여지급시 **근로소득 간이세액표에 의하여 소득세를 원천징수**하고 다음연도 **2월분 급여지급시 연말정산을** 한다.

☞ 간이세액표 : 월급여수준과 공제대상부양가족수별로 매월 원천징수해야 하는 세액을 정한 표

[연말정산]

	1월	2~11월	12월	계	비 고
급 여	5,000,000	....	5,000,000	60,000,000	간이세액표에 의하여 원천징수
원천징수 소득세등	300,000	....	300,000	3,600,000	

익년도 2월분 급여 지급시 실제 부담할 세액을 정산합니다.

총급여액	60,000,000				
(-)소득공제	***	근로소득공제, 인적공제, 물적공제			
=과세표준	***	산출세액 = 과세표준 × 세율			
=산출세액	***	원천징수세액(A)(기납부세액)	3,600,000	2,400,000	
(-) 세액공제		결정세액(B)	3,000,000	3,000,000	
=결정세액	3,000,000	환급/추가납부(B-A)	△600,000 (환급세액)	600,000 (추가납부)	

(2) 일용근로자-분리과세소득

일용근로자란 근로를 제공한 날 또는 시간에 따라 급여를 계산하거나 근로를 제공한 날 또는 시간의 근로성과에 따라 급여를 계산하여 받는 자로서 근로계약에 따라 일정한 고용주에게 **3개월 이상(건설공사: 1년 이상) 계속 고용되어 있지 않는 업무종사자**를 말한다.

원천징수세액 = [일급여액 – 150,000원] × 6%– 근로소득세액공제(산출세액 × 55%)
= [(일급여액 – 150,000원) × 6%] × (1 – 55%)

4. 근로소득금액의 계산

(1) 계산구조

근로소득금액 = 근로소득 총수입금액* – 근로소득공제(공제한도 2천만원)

* 근로소득 총수입금액=근로소득－비과세소득－분리과세소득

(2) 근로소득공제

근로소득공제는 근로기간이 1년 미만인 경우에도 월할 공제하지 아니하고 전액 공제한다. 다만, 당해 연도의 총급여액이 공제액에 미달하는 경우에는 당해 연도 총급여액을 공제액으로 한다.

구 분	공제액 한도
500만원 이하	**총급여액[1]×70%**
500만원 초과 1,500만원 이하	350만원+(총급여액 – 500만원) × 40%
1,500만원 초과 4,500만원 이하	750만원+(총급여액 – 1,500만원) × 15%
4,500만원 초과 1억원 이하	1,200만원+(총급여액 – 4,500만원) × 5%
1억원초과	1,475만원+(총급여액 – 1억원) × 2%

*1. 총급여액=근로소득－비과세 근로소득

5. 근로소득의 수입시기

급 여	근로를 제공한 날
잉여금처분에 의한 상여	잉여금처분결의일
인정상여	해당 사업연도 중 근로를 제공한 날
주식매수선택권	행사한 날

예제 2 - 1 근로소득금액

다음 자료에 의하여 생산직 근로자인 김길동씨의 근로소득금액을 계산하시오.
직전년도 총급여액이 4천만원이고, 배우자와 6세이하 자녀가 있다.

〈연간 급여 명세〉

항 목	금액
1. 기본급(월 2,000,000원 × 12월)	24,000,000원
2. 상여금	10,000,000원
3. 직책수당(월 50,000원 × 12월)	600,000원
4. 식대보조금(월 300,000원 × 12월) - **별도 식사를 제공하지 않고 있음**	3,600,000원
5. 시간외근무수당	1,000,000원
6. 경조금(결혼축하금)	300,000원
7. 자가운전보조금(월 300,000원 × 12월)	3,600,000원
* 본인차량으로 회사업무에 사용하고 있으며, 별도 교통비를 청구하지 않음.	
8. 자녀양육비(월 200,000원 × 12월)	2,400,000원
9. 연월차수당	1,000,000원
합 계	46,500,000원

해답

1. 총급여액 계산

항 목	근로소득해당액	비과세	총급여액
1. 기본급	24,000,000원	–	24,000,000원
2. 상여금	10,000,000원	–	10,000,000원
3. 직책수당	600,000원	–	600,000원
4. 식대보조금	3,600,000원	2,400,000원	1,200,000원
5. 시간외근무수당*	1,000,000원	–	1,000,000원
6. 경조금	–	–	–
7. 자가운전보조금	3,600,000원	2,400,000원	1,200,000원
8. 자녀양육비	2,400,000원	2,400,000원	–
9. 연월차수당	1,000,000원	–	1,000,000원
합 계	46,200,000원	7,200,000원	39,000,000원

* 월정액급여가 210만원초과이거나, 직전년도 총급여액이 3천만원 초과이므로 전액 과세한다.

2. 근로소득공제: 7,500,000원 + (39,000,000원 − 15,000,000원) × 15% = 11,100,000원

3. 근로소득금액: 39,000,000원 − 11,100,000원 = 27,900,000원

 객관식

01. 다음 중 소득세 과세대상 근로소득에 해당하지 않는 것은?

① 사용인이 사택을 제공받음으로써 얻는 이익

② 연 또는 월단위로 받는 여비

③ 법인세법에 따라 상여로 처분된 금액

④ 근로제공의 대가로 받은 주식매수선택권을 근로 중 행사하여 얻은 이익

02. 다음 중 근로소득에 해당하지 않는 것은?

① 법인의 주주총회 결의에 의하여 상여로 받는 소득

② 여비의 명목으로 받는 월액의 급여

③ 법인세법에 따라 상여로 처분된 금액

④ 근로제공의 대가로 받은 주식매수선택권을 퇴직 후 행사하여 얻은 이익

03. 다음 중 소득세법상 근로소득에 대한 설명으로 옳지 않은 것은?

① 종업원이 받는 직무수당 중 사회통념상 타당하다고 인정되는 범위 내의 금액은 근로소득으로 보지 않는다.

② 법인의 임원이 부여받은 주식매수선택권을 근무하는 기간 중 행사함으로써 얻은 이익은 근로소득에 해당한다.

③ 일직료·숙직료 또는 여비로서 실비변상정도의 금액은 비과세 근로소득이다.

④ 연말정산한 근로소득은 다른 종합소득이 없으면 과세표준확정신고를 하지 않아도 된다.

04. 다음 중 소득세법상 근로소득의 범위에 포함되지 않는 것은?

① 종업원의 자녀가 사용자로부터 받는 학자금

② 법인세법에 따라 상여로 처분된 금액

③ 임원이 주택의 구입·임차에 소요되는 자금을 저리 또는 무상으로 대여 받음으로써 얻는 이익

④ 사업자가 그 종업원에게 지급한 경조금 중 사회통념상 타당하다고 인정되는 범위 내의 금액

05. 다음 중 근로소득에 대한 설명으로 옳지 않은 것은?

① 주주총회 결의에 따라 상여로 받는 소득은 근로소득에 포함된다.

② 법인세법에 따라 상여로 처분된 금액은 근로소득에 포함된다.

③ 출자임원이 사택을 제공받음으로써 얻는 이익은 근로소득에 포함된다.

④ 외국기관으로부터 받는 근로소득의 경우 근로소득공제가 적용되지 아니한다.

06. 다음 중 소득세법상 근로소득에 대한 설명으로 옳지 <u>않은</u> 것은?

① 중소기업의 임원이 주택의 구입에 소요되는 자금을 무상으로 대여 받음으로써 얻는 이익은 근로소득에 해당하지 않는다.

② 법인의 임원이 부여받은 주식매수선택권을 근무하는 기간 중 행사함으로써 얻은 이익은 근로소득에 해당한다.

③ 일직료·숙직료 또는 여비로서 실비변상정도의 금액은 비과세 근로소득에 해당한다.

④ 연말정산한 근로소득은 다른 종합소득이 없으면 과세표준확정신고를 하지 않아도 된다.

07. 다음 중 일용근로소득에 대한 설명으로 옳지 않은 것은?

① 동일한 고용주에게 계속하여 1년 이상 고용된 건설공사 종사자는 일용근로자에 해당하지 아니한다.

② 일용근로자의 근로소득에 대해서도 근로소득세액공제가 적용된다.

③ 일용근로자의 근로소득공제액은 1일 10만원이다.

④ 일용근로자는 원천징수로써 납세의무가 종결된다.

08. 다음 중 일용근로소득과 관련된 설명으로 옳은 것은?

① 일용근로자의 근로소득공제액은 1일 13만원이다.

② 일용근로자에게도 신용카드 등 사용금액에 대한 소득공제가 적용된다.

③ 일용근로자의 근로소득에 대해서는 근로소득세액공제가 적용되지 않는다.

④ 일용근로소득은 원천징수로써 납세의무가 종결된다.

09. 다음 중 소득세법상 일용근로자의 소득에 대한 설명으로 옳지 않은 것은?

① 일용근로자의 근로소득이 1일 15만원 이하인 경우 부담할 소득세는 없다.

② 일용근로자의 산출세액은 근로소득과세표준에 기본세율을 적용한다.

③ 일용근로자의 근로소득세액공제는 산출세액의 55%를 적용한다.

④ 일용근로자의 근로소득은 항상 분리과세한다.

10. 다음 중 소득세법상 일용근로소득에 대한 설명으로 옳은 것은?

① 근로소득공제가 적용되지 않는다.

② 원천징수로써 과세를 종결한다.

③ 선택적으로 종합과세를 적용할 수 있다.

④ 연말정산을 통하여 세액을 확정한다.

11. 다음 중 과세대상 근로소득에 해당하는 것은?

① 사내근로복지기금으로부터 근로자의 자녀가 지급받는 학자금

② 월 20만원씩 받는 기자의 취재수당

③ 국외에서 근로를 제공하고 받는 급여 중 월 100만원

④ 퇴직시 받는 금액 중 퇴직소득에 속하지 않는 퇴직위로금

 주관식

01. (주)한공의 영업과장으로 근무하고 있는 김한국 씨가 20x1년에 회사에서 지급 (또는 제공)받은 금액 및 이익은 다음과 같다. 다음 중 소득세 과세대상 근로 소득에 해당하는 것을 모두 고르시오.

> 가. 사택을 제공받음으로써 얻은 이익
> 나. 사내에서 신입사원들에게 직무교육을 하고 받은 수당
> 다. 김한국씨의 자녀에 대한 학자금 수령액
> 라. 월 20만원씩 받은 자가운전보조금(김한국씨는 차량을 소유하고 있지 않음)

02. 다음 자료를 토대로 (주)한공에 근무하는 김한공 씨의 20x1년도 총급여액을 계산하면 얼마인가?

> 가. 기본급: 24,000,000원(주휴수당 포함)
> 나. 직책수당: 3,600,000원
> 다. 식대보조금: 1,800,000원(월 15만원. 별도의 식사를 제공받았음)
> 라. 자가운전보조금: 2,400,000원(월 20만원, 실제 여비를 받지 않았음)

03. 다음은 거주자 김한공 씨(영업부장)가 (주)한공으로부터 수령한 소득자료이다. 이를 이용하여 20x1년 김한공 씨의 총급여액을 계산하면 얼마인가?

> 가. 기본급: 36,000,000원(월 3,000,000원)
> 나. 상여금: 3,000,000원
> 다. 식 대: 2,400,000원(월 200,000원, 식사는 제공받지 않음.)
> 라. 업무수행에 이용하고 회사의 지급기준에 따라 받는 자가운전보조금 : 3,600,000원
>   (월 300,000원)

04. 다음은 거주자 김한공 씨(경리부장)가 (주)한공으로부터 수령한 근로소득 자료이다. 이 자료를 이용하여 20x1년 김한공 씨의 총급여액을 계산하면 얼마인가?

> 가. 기본급: 48,000,000원(월 4,000,000원)
> 나. 상여금: 16,000,000원(분기별 4,000,000원)
> 다. 식 대: 2,400,000원(월 20만원 , 현물식사는 제공받지 않음)
> 라. 사규에 의해 지급받은 자녀학자금: 4,000,000원

05. 다음 자료를 이용하여 (주)한공의 영업팀에서 근무하는 김한공 씨의 20x1년도 과세대상 근로소득을 계산하면 얼마인가?

> 가. 기본급: 24,000,000원
> 나. 야근수당: 2,000,000원
> 다. 식대: 1,200,000원(월 10만원이며, 별도의 식사를 제공받지 않음.)
> 라. 자가운전보조금: 2,400,000원(월 20만원이며, 실제로 발생한 시내 출장 여비를 지급받고 있음.)

06. 다음은 (주)한공(건설업)이 20x1년 7월 11일 일용근로자에게 지급한 일당의 내역이다. 원천징수해야 할 소득세액은 얼마인가?

성명	지급금액
김서울	200,000원
이종로	150,000원
박강남	250,000원

07. 다음은 거주자 김회계 씨(과장)가 (주)한공으로부터 수령한 소득자료이다. 이를 이용하여 20x1년 김회계 씨의 총급여액을 계산하면 얼마인가?

가. 기본급: 36,000,000원(월 3,000,000원)
나. 상여금: 3,000,000원
다. 식   대: 2,400,000원(월 200,000원, 식사는 제공받지 않음.)
라. 자녀보육수당: 2,400,000원(월 200,000원, 김회계씨의 6세 이하 자녀는 2명임.)

🔑 객관식

1	2	3	4	5	6	7	8	9	10	11				
①	④	①	④	④	①	③	④	②	②	④				

[풀이-객관식]

01 사용인이 사택을 제공받음으로써 얻는 이익은 비과세 근로소득이다.

02 근로제공의 대가로 받은 **주식매수선택권을 퇴직 후 행사하여 얻은 이익**은 **기타소득**에 해당한다.

03 종업원이 받는 직무수당은 금액에 관계없이 근로소득으로 본다

04 사업자가 그 종업원에게 지급한 **경조금 중 사회통념상 타당하다고 인정되는 범위** 내의 금액은 이를 지급받은 자의 근로소득으로 보지 아니한다.

05 외국기관으로부터 받는 근로소득도 **근로소득공제가 적용**된다.

06 **중소기업의 종업원이 주택의 구입에 소요되는 자금을 무상으로 대여 받음으로써 얻는 이익은 근로소득에 해당하지 않는다.** 임원은 근로소득에 해당한다.

07 **일용근로자의 근로소득공제액은 1일 15만원**이다.

08 ① 일용근로자의 근로소득공제액은 1일 15만원이다.

② 일용근로자에게는 신용카드 등 사용금액에 대한 소득공제가 적용되지 않는다.

③ 일용근로자의 근로소득에 대해서도 **근로소득세액공제(산출세액의 55%)**가 적용된다.

09 6% 단일세율을 적용하며, 일공제액은 150,000원으로 한다.

10 ① **1일 15만원의 근로소득공제**가 적용된다.

③ 일용근로자의 근로소득은 종합소득에 합산하지 않는다.

④ 일용근로자의 경우 **완납적 원천징수로 과세가 종결**된다.

11 퇴직시 받는 금액 중 **퇴직소득에 속하지 않는 퇴직위로금은 근로소득**이다.

○━ 주관식

01	나, 다, 라	02	29,400,000	03	40,200,000
04	68,000,000	05	28,400,000	06	4,050
07	39,000,000				

[풀이-주관식]

01 사택을 제공받음으로써 얻은 이익은 비과세 근로소득이다. 김한국씨는 **차량을 소유하고 있지 않으므로 자가운전보조금이 과세대상**이다.

02 24,000,000원+3,600,000원+1,800,000원=29,400,000원

식대보조금은 별도의 식사를 제공받았으므로 전액 과세임. 자가운전보조금(한도 월 20만원)은 전액 비과세임.

03 **식대(월 200,000원)와 자가운전보조금(월 200,000원)**은 비과세소득이다.

총급여액=36,000,000원+3,000,000원+(300,000원-200,000원)×12=40,200,000원

04 48,000,000원(기본급)+16,000,000원(상여금)+4,000,000원(학자금)=68,000,000원

☞ **식대의 비과세는 월 20만원이다.**

05 24,000,000원(기본급)+2,000,000원(야근수당)+2,400,000원(자가운전보조금)

=28,400,000원

생산직 근로자가 아닌 경우 야근수당은 전액 과세된다.

별도의 식사를 제공받지 않은 경우 월 20만원 이하의 식대는 비과세된다.

실제로 발생한 시내 출장 여비를 지급받는 경우 자가운전보조금은 과세된다.

06 김서울=(200,000-150,000)×6%×45%=1,350원

이종로는 150,000원 이하이므로 비과세임

박강남=(250,000-150,000)×6%×45%=2,700원

원천징수세액=김서울(1,350)+박강남(2,700)=4,050원

07 총급여액=기본급(36,000,000)+상여금(3,000,000)=39,000,000원

자녀보육수당은 자녀수와 관계 없이 **월 20만원(개정세법 24)까지만 비과세**를 적용한다.

제4절 연금소득

1. 연금소득의 범위

(1) 공적연금

① 국민연금 : 국민연금법에 의하여 지급받는 각종 연금
② 특수직 연금 등 : 공무원연금법·군인연금법·사립학교교직원연금법 등에 의하여 지급받는 각 종 연금

〈국민연금과 공무원연금의 과세체계〉

구 분		~2001년 까지	2002년~
1. 연금납입시		소득공제불인정 또는 50%소득공제	**전액소득공제**
2. 수령시	① 연금수령	**과세제외**	연금소득으로 과세
	② 일시금수령		퇴직소득으로 과세

(2) 연금계좌(사적연금)

① 퇴직연금

㉠ 퇴직보험의 보험금을 연금형태로 지급받는 경우 당해 연금 또는 이와 유사한 것으로서 퇴직 자가 지급받는 연금
㉡ 근로자퇴직급여보장법에 따라 지급받은 연금

② 개인연금

연금저축에 가입하고 연금형태로 지급받는 소득 등

③ 기타연금

위 '①' 내지 '②'와 유사하고 연금형태로 지급받는 것으로서 세법이 정하는 것

참고 **연금계좌의 운용**

2. 비과세 연금소득

① 국민연금법에 의하여 지급받는 장애연금

② 공무원연금법·군인연금법 등에 의하여 지급받는 장해연금·상이연금

③ 산업재해보상보험법에 의하여 지급받는 각종 연금

④ 국군포로대우등에 관한 법률에 따른 국군포로가 지급받는 연금

3. 연금소득의 과세방법

(1) 공적연금 : 종합과세

원천징수의무자가 매월 공적연금소득을 지급하는 때에는 연금소득 간이세액표에 의하여 소득세를 원천징수한다. 연말정산은 다음연도 1월분 지급시 한다.

(2) 연금계좌에서 연금수령시(사적연금)

① 1,500만원(개정세법 24) 이하 : 저율·분리과세(5%~3%)

② 1,500만원(개정세법 24) 초과 : (세액계산시) 종합과세하거나 **15% 분리과세를 선택**할 수 있다.

4. 연금소득금액의 계산

연금소득금액 = 연금소득 총수입금액 – 연금소득공제

① 연금소득 총수입금액 = 연금소득 – 비과세소득 – 분리과세소득

② 연금소득공제 : **연금소득공제의 한도는 900만원으로 한다.**

5. 연금소득의 수입시기

① 공적연금소득 : 연금을 지급받기로 한 날

② 연금계좌에서 받는 연금소득 : 연금을 수령한 날

③ 그 밖의 연금소득 : 해당 연금을 지급받은 날

제5절 | 기타소득

1. 기타소득의 범위

기타소득은 이자소득, 배당소득, 사업소득, 근로소득, 연금소득, 퇴직소득, 양도소득 이외의 소득
으로서 다음에 열거된 소득으로 한다(열거주의).

(1) 80% 추정필요경비가 적용되는 기타소득

기타소득의 범위	필요경비
① 공익법인이 주무관청의 승인을 받아 시상하는 상금 및 부상과 다수가 순위 경쟁하는 대회에서 입상자가 받는 상금 및 부상	MAX [①수입금액의 80%, ②실제 소요경비]
② **계약의 위약 또는 해약으로 인하여 받는 위약금과 배상금중 주택입주지체상금**	
③ 서화·골동품의 양도로 발생하는 소득[*1](개당 양도가액 6천만원 이상인 것) ☞ 사업장등 물적시설을 갖춘 경우와 서화·골동품을 거래하기 위한 목적으로 사업자등록을 한 경우에는 사업소득으로 과세	

*1. 양도가액이 1억원 이하 또는 보유기간이 10년 이상 경우 **90% 필요경비**

(2) 60% 추정필요경비가 적용되는 기타소득

기타소득의 범위	필요경비
① **인적용역을 일시적으로 제공하고 지급받는 대가** ㉠ 고용관계 없이 다수인에게 강연을 하고 강연료 등의 대가 용역 ㉡ 라디오·텔레비전방송 등을 통하여 해설·계몽 또는 연기의 심사 등을 하 고 받는 보수 또는 이와 유사한 성질의 대가는 받는 용역 ㉢ 변호사·공인회계사·세무사·건축사·측량사·변리사 기타 전문적 지식 또 는 특별한 기능을 가진 자가 당해 지식 또는 기능을 활용하여 보수 또는 기타 대가를 받고 제공하는 용역 ㉣ '㉠ 내지 ㉢' 외의 용역으로서 고용관계 없이 수당 또는 이와 유사한 성질 의 대가를 받고 제공하는 용역	MAX [①수입금액의 60%, ②실제 소요경비]
② **일시적인 문예창작소득**(문예, 학술, 미술, 음악, 사진에 속하는 창작품) ㉠ 원고료 ㉡ 저작권사용료인 인세 ㉢ 미술·음악 또는 사진에 속하는 창작품에 대하여 받는 대가	
③ **광업권, 어업권, 산업재산권, 산업정보, 산업상 비밀, 영업권(점포임차권 포함)**, 토사석의 채취허가에 따른 권리, 지하수의 개발·이용권 기타 이와 유사한 자 산이나 권리를 양도 또는 대여하고 그 대가로 발생하는 소득	
④ 공익사업과 관련된 지상권·지역권의 설정·대여소득	
⑤ 통신판매중개를 통하여 물품 또는 장소를 대여(연 500만원 이하)	

(2) 실제발생경비만 필요경비가 인정되는 소득

기타소득의 범위	필요경비
① 상금, 현상금, 포상금, 보로금 또는 이에 준하는 금품	실제발생경비
② **저작자 또는 실연자 · 음반제작자 · 방송사업자 외**의 자가 저작권 또는 저작인접권의 양도 또는 사용의 대가로 받는 금품 ☞ 저작자등에게 귀속되면 사업소득임	
③ 영화필름 · 라디오 · 텔레비전방송용 테이프 또는 필름, 기타 이와 유사한 자산이나 권리의 양도 · 대여 또는 사용의 대가로 받는 금품	
④ **물품 또는 장소를 일시적으로 대여하고 사용료로서 받는 금품**	
⑤ 계약의 위약 또는 해약으로 인하여 받는 위약금과 배상금, 부당이득 반환시 지급받는 이자	
⑥ 유실물의 습득 또는 매장물의 발견으로 인하여 보상금을 받거나 새로 소유권을 취득하는 경우 그 보상금 또는 자산	
⑦ 무주물의 점유로 소유권을 취득하는 자산	
⑧ 거주자 · 비거주자 또는 법인과 특수관계가 있는 자가 그 특수관계로 인하여 당해 거주자 등으로부터 받는 경제적 이익으로 급여 · 배당 또는 증여로 보지 아니하는 금품	
⑨ **재산권에 관한 알선수수료 · 사례금**	
⑩ 법인세법에 의하여 처분된 기타소득	
⑪ 연금저축의 해지일시금 (불입계약기간 만료 후 연금 외의 형태로 지급받는 금액 포함)	
⑫ 퇴직전에 부여받은 주식매수선택권을 퇴직 후에 행사하거나 고용관계 없이 주식매수선택권을 부여받아 이를 행사함으로써 얻는 이익 종업원등 또는 대학의 교직원이 퇴직한 후에 지급받는 직무발명보상금	
⑬ **뇌물 및 알선수재 및 배임수재에 의하여 받는 금품** ☞ 알선수재 : 금품을 받고 다른 사람의 직무에 관해 잘 처리해주도록 알선한 죄 　배임수재 : 다른 사람의 일을 처리하는 사람이 그 임무에 관하여 부정한 청탁을 받고 재산상의 이익을 취함.	
⑭ 승마투표권 및 경륜 · 경정법에 의한 승자투표권의 환급금	단위투표금액 합계액
⑮ 슬롯머신(비디오게임 포함) 및 투전기 기타 이와 유사한 기구를 이용하는 행위에 참가하여 받는 당첨금품 등	당첨 당시 슬롯머신 등에 투입한 금액

기타소득의 범위	필요경비
⑯ 복권·경품권 기타 추첨권에 의하여 받는 당첨금품	실제발생경비
⑰ 사행행위등 규제 및 처벌특례법에 규정하는 행위에 참가하여 얻은 재산상의 이익	
⑱ 종교인소득 ☞ 근로소득 신고시 인정	의제필요경비

2. 비과세 기타소득

① 국가유공자등예우및지원에관한법률에 의하여 받는 보훈급여금·학습보조비 및 귀순북한동포 보호법에 의하여 받는 정착금·보로금 및 기타금품
② 국가보안법 등에 의하여 받는 상금과 보로금 등
③ **종업원 또는 대학의 교직원이 퇴직한 후에 지급받거나 대학의 학생이 받는 직무발명보상금으로서 700만원(개정세법 24) 이하의 금액**
④ 상훈법에 의한 훈장과 관련하여 받는 상금과 부상 등
⑤ 국군포로의 송환 및 대우 등에 관한 법률에 따라 받는 정착금 등
⑥ 문화재보호법에 따라 국가지정문화재로 지정된 서화·골동품의 양도로 발생하는 소득
⑦ 서화·골동품을 박물관 또는 미술관에 양도함으로써 발생하는 소득

3. 기타소득의 과세방법

(1) 무조건 분리과세

① **각종 복권당첨소득, 승마투표권·승자투표권의 환급금, 슬롯머신의 당첨금품은 20%(당첨금품 등이 3억원을 초과하는 경우 당해 초과분에 대하여는 30%)** 세율로 소득세를 원천징수당함으로써 납세의무가 종결된다.
② 서화·골동품의 양도소득 : 20%
③ 연금계좌 납입시 세액공제분과 운용수익 부분 연금외 수령시 : 15%

(2) 무조건 종합과세 : **뇌물 및 알선수재 및 배임수재에 의하여 받는 금품**

(3) 선택적 분리과세

연 300만원 이하의 기타소득금액은 분리과세 또는 종합과세를 선택에 의할 수 있다.

(4) 과세최저한

1. 원칙	기타소득금액이 건별로 **5만원 이하**인 경우 ☞ 연금계좌에서 발생하는 기타소득은 과세최저한 적용제외
2. 예외	1. 승마투표권 등의 환급금으로서 건별로 해당 권면에 표시된 금액의 합계액이 10만원 이하이고 　가. 적중한 개별 투표당 환급금이 10만원이하인 경우 　나. 단위 투표금액당 환급금이 단위 투표금액의 100배이하이면서 적중한 개별 투표당 환급금이 200만원 이하인 경우 2. 복권당첨금, 슬롯머신 등의 당첨금품 등이 **건별로 200만원 이하**인 경우

4. 기타소득금액의 계산

기타소득금액 = 기타소득 총수입금액* − 필요경비

* 기타소득 총수입금액 = 기타소득금액 − 비과세소득 − 분리과세소득

5. 기타소득의 수입시기

(1) 원칙 : 지급을 받은 날로 한다(<u>현금주의</u>).

(2) 예외

① 법인세법에 의하여 처분된 기타소득에 대하여는 당해 법인의 당해 사업연도의 결산확정일로 한다.

② 광업권·어업권·산업재산권 등의 자산이나 권리를 양도하거나 대여하고 받은 기타소득은 인도일·사용수익일 중 빠른 날로 한다. 다만, 대금청산 전에 자산을 인도 또는 사용·수익하였으나 대금이 확정되지 아니한 경우 대금지급일

〈개별 소득의 특징〉

사업소득	근로소득	기타소득
계속·반복적(사업적)	**고용계약**	**일시·우발적**
[강　사　료]		
학원강사(사업자)	대학교 시간강사	정치인 특강

 객관식

01. 다음 중 소득세법상의 소득구분이 옳은 것은?

① 연금저축에 가입하고 연금형태로 지급받는 소득 : 이자소득
② 곡물재배업으로부터 발생하는 소득 : 사업소득
③ 직장공제회 초과반환금 : 근로소득
④ 지역권 및 지상권을 설정하거나 대여하고 받는 금품 : 사업소득

02. 다음 중 소득세법상 연금소득에 대한 설명으로 옳지 않은 것은?

① 공적연금을 연금이 아닌 일시금으로 수령하는 경우에도 연금소득으로 과세한다.
② 공적연금소득의 수입시기는 공적연금 관련법에 따라 연금을 지급받기로 한 날이다.
③ 국민연금법에 따라 받는 유족연금은 비과세한다.
④ 공적연금액을 제외한 사적연금에 대해서 분리과세를 선택할 수 있다.

03. 다음 중 비과세 연금소득인 것은?

① 이연퇴직소득을 연금수령하는 경우의 연금소득
② 의료목적으로 인출하는 경우의 연금소득
③ 공적연금 관련법에 따라 받는 유족연금
④ 천재지변이나 그 밖의 부득이한 사유로 인출하는 경우의 연금소득

04. 다음 중 연금소득에 대한 설명으로 옳지 않은 것은?

① 소득세법에 따라 연말정산한 공적연금소득만이 있는 자가 다른 종합소득이 없는 경우에는 과세표준확정신고를 하지 않아도 된다.
② 산업재해보상보험법에 따라 받는 각종 연금은 비과세 연금소득에 해당한다.
③ 연금소득공제액이 900만원을 초과하는 경우에는 900만원을 공제한다.
④ 연금계좌에서 연금수령하는 경우의 연금소득은 연금을 지급받기로 한 날이 수입시기가 된다.

05. 다음 중 소득세법상 연금소득과 관련한 내용을 잘못 설명하고 있는 것은?

① 산업재해보상보험법에 따라 받는 각종 연금은 소득세를 과세하지 않는다.

② 무조건 분리과세 연금소득을 제외하고 사적연금소득금액은 분리과세를 선택할 수 있다.

③ 연금소득은 실제 필요경비를 공제하지 아니하고 연금소득공제를 통해 일정한 금액을 공제한다.

④ 연금소득공제 한도액은 연 600만원이다.

06. 다음 중 소득세법상 연금소득에 대한 설명으로 옳지 않은 것은?

① 공적연금소득은 공적연금 관련법에 따라 연금을 지급받기로 한 날을 수입시기로 한다.

② 공적연금소득만 있는 자는 다른 종합소득이 없는 경우 과세표준확정신고를 하지 않아도 된다.

③ 산업재해보상보험법에 따라 받는 각종 연금은 비과세소득이다.

④ 공적연금소득은 해당 과세기간의 다음 연도 2월분 공적연금소득을 지급할 때 연말정산을 해야 한다.

07. 다음 중 연금소득에 대한 설명으로 옳지 않은 것은?

① 공적연금소득은 연금을 지급받기로 한 날이 연금소득의 수입시기가 된다.

② 연금소득공제액이 900만원을 초과하는 경우에는 900만원을 공제한다.

③ 공적연금소득만 있는 자는 해당 공적연금소득을 확정신고 하여야 한다.

④ 산업재해보상보험법에 따라 받는 연금은 비과세 연금소득에 해당한다.

08. 다음 중 소득세법상 기타소득에 해당하지 않는 것은?

① 계약의 위약 또는 해약에 따라 부당이득을 반환받고 그에 따라 지급받은 이자

② 복권에 당첨되어 받는 금품

③ 저축성보험의 보험차익

④ 공익사업과 관련하여 지역권·지상권을 설정하거나 대여하고 받는 금품

09. 다음 중 소득세법상 기타소득에 해당되지 않는 것은?

① 물품 또는 장소를 일시적으로 대여하고 사용료로서 받는 금품

② 공익사업과 관련하여 지역권을 설정 또는 대여하고 받는 금품

③ 저작자가 자신의 저작권의 양도 또는 사용의 대가로 받는 금품

④ 계약의 위약 또는 해약으로 인하여 받은 위약금

10. 다음의 기타소득 중 최소한 총수입금액의 80%를 필요경비로 인정하는 것은?

① 뇌물
② 복권에 의하여 받는 당첨금품
③ 위약금과 배상금 중 주택입주 지체상금
④ 재산권에 관한 알선수수료

11. 다음 중 무조건 종합과세되는 기타소득으로 옳은 것은?

① 사적연금불입액과 운용수익을 연금외 수령한 소득
② 서화·골동품의 양도로 발생하는 소득
③ 인적용역을 일시적으로 제공하고 받는 소득
④ 알선수재 및 배임수재에 따라 받은 금품

12. 다음 중 소득세법상 기타소득에 대한 설명으로 옳은 것은?

① 복권 당첨소득 중 3억원 초과분은 20%의 세율로 원천징수한다.
② 연금계좌에서 연금 외 수령한 기타소득은 무조건 종합과세 대상 기타소득에 해당한다.
③ 법인세법에 의하여 처분된 기타소득의 수입시기는 그 법인의 해당 사업연도 결산확정일이다.
④ 뇌물, 알선수재 및 배임수재에 따라 받은 금품의 기타소득금액의 합계액이 300만원 이하인 경우 분리과세를 선택할 수 있다.

13. 다음 중 소득세법상 기타소득에 대한 설명으로 옳은 것은?

① 위약금과 배상금 중 주택입주지체상금에 대한 필요경비는 받은 금액의 60%와 실제 발생경비 중 큰 금액으로 한다.
② 산업재산권 대여에 대한 필요경비는 받은 금액의 80%와 실제 발생경비 중 큰 금액으로 한다.
③ 복권당첨금, 승마투표권의 환급금은 선택적 종합과세로 과세한다.
④ 법인세법에 의한 소득처분에 따른 기타소득의 수입시기는 그 법인의 해당 사업연도의 결산확정일이다.

14. 다음 중 소득세법상 소득금액계산시 필요경비로 인정받을 수 있는 경우는?

① 이자소득금액을 계산하는 경우 차입금에 대한 지급이자
② 연금소득금액을 계산하는 경우 은행에 지급한 수수료
③ 근로소득금액을 계산하는 경우 업무상 출장비용
④ 사업소득금액을 계산하는 경우 사업자 본인의 건강보험료

15. 다음 중 소득세법상 종합소득에 대한 설명으로 옳은 것은?

① 사업소득은 원천징수 여부에 관계없이 종합과세한다.

② 2,000만원 이하의 출자공동사업자 배당소득은 원천징수로 과세가 종결된다.

③ 일용근로소득은 종합과세 대상 소득이다.

④ 기타소득 중 복권당첨소득은 종합과세 대상 소득이다.

16. 다음 중 소득세법상 종합소득금액에 대하여 바르게 설명한 것은?

① 기준시가 12억원인 1개의 주택을 소유하는 경우 주택임대소득은 비과세사업소득에 해당한다.

② 상가임대소득에서 발생한 결손금에 대해서는 다른 종합소득금액에서 공제할 수 있다.

③ 이자소득, 배당소득, 사업소득, 근로소득, 연금소득, 기타소득,퇴직소득, 양도소득은 모두 합산하여 종합소득금액으로 신고해야 한다.

④ 아버지와 아들이 공동으로 사업을 하는 경우에는 합산하여 소득금액을 계산하는 것이 원칙이다.

17. 다음 중 소득세법상 종합소득에 대한 설명으로 옳지 않은 것은?

① 근로소득과 공적연금소득만 있는 자는 종합소득 확정신고를 하지 않아도 된다.

② 출자공동사업자의 배당소득은 연 2,000만원 이하인 경우에도 종합과세된다.

③ 분리과세를 제외한 1,500만원 초과 사적연금소득의 금액은 선택적 분리과세를 선택할 수 있다.

④ 기타소득 중 골동품의 양도로 발생한 소득은 원천징수로써 과세가 종결된다.

주관식

01. 다음 자료는 거주자 김한공 씨의 20x1년 귀속 소득내역이다. 김한공 씨의 종합과세되는 기타소득금액은 얼마인가?(단, 실제 소요된 필요경비는 확인되지 않는 것으로 가정한다.)

가. 위약금으로 받은 주택입주 지체상금	4,000,000원
나. 상훈법에 따른 상금	3,000,000원
다. 고용관계 없이 다수인에게 강연을 하고 받은 대가로 받은 강연료	8,000,000원
라. 골동품을 박물관에 양도하고 받은 대가	2,000,000원

02. 다음은 김한공 씨의 수입 내역이다. 원천징수대상 기타소득금액은 얼마인가?

(단, 실제 소요된 필요경비는 없는 것으로 가정한다.)

가. 위약금으로 대체된 계약금	10,000,000원
나. 상표권 대여소득	20,000,000원
다. 정신적 피해로 인한 손해배상금	15,000,000원

03. 다음은 성실해 씨의 기타소득 관련 수입 내역이다. 원천징수대상 기타소득금액은 얼마인가?(단, 실제 소요된 필요경비는 없는 것으로 가정한다.)

가. 유실물의 습득으로 인한 보상금	3,000,000원
나. 주택입주 지체상금	2,000,000원
다. 원작자가 받는 원고료	500,000원

04. 다음 자료를 이용하여 거주자 김한공 씨의 20x1년도 종합소득금액을 계산하면 얼마인가?

• 국내예금이자	2,000,000원
• 골동품의 양도소득(필요경비 확인 안됨)	70,000,000원
• 비상장주식 양도소득	10,000,000원
• 소매업에서 발생한 사업소득금액	4,000,000원

05. 다음은 거주자인 김한공 씨의 20x1년 귀속 소득 내역이다. 원천징수대상 소득은 소득세법에 따라 적법하게 원천징수 되었다. 김한공 씨의 종합소득금액을 구하면 얼마인가?

가. 근로소득금액	50,000,000원
나. 은행 이자소득	6,500,000원
다. 직장공제회 초과반환금	2,000,000원
라. 상장법인 배당소득	9,500,000원
마. 사업소득금액	12,000,000원

06. 다음 자료는 거주자 김한공 씨의 20x1년도 소득내역이다. 김한공 씨의 종합소득금액은 얼마인가? 단, 모든 소득은 국내에서 발생한 것으로 세법에 따라 적법하게 원천징수 되었으며 필요경비는 확인되지 않는다.

가. 비영업대금의 이익	7,000,000원
나. 콘도미니엄 회원권 매각대금	12,000,000원
다. 국민연금법에 따라 받는 유족연금	6,000,000원
라. 골동품을 박물관에 양도하고 받은 대금	10,000,000원

07. 다음 자료를 이용하여 거주자 김한공 씨의 20x1년도 귀속 종합소득금액을 계산하면 얼마인가?(단, 세법에서 규정된 원천징수는 적법하게 이루어졌으며, 필요경비는 확인되지 않는다.)

가. 근로소득금액:	30,000,000원
나. 국내은행 예금이자:	5,000,000원
다. 산업재산권의 양도가액:	20,000,000원
라. 비상장주식의 양도가액:	10,000,000원

08. 다음은 거주자 김한공 씨의 20x1년 소득 내역이다. 이를 토대로 김한공 씨의 종합소득 과세대상 소득금액을 계산하면 얼마인가?

- 논·밭을 작물 생산에 이용하게 함으로써 발생하는 총수입금액: 10,000,000원 (필요경비: 6,000,000원)
- 고가주택을 임대하고 임대료로 받은 소득: 24,000,000원(필요경비 14,000,000원)
- 「복권 및 복권기금법」에 따른 복권 당첨금: 20,000,000원(필요경비는 확인되지 아니함.)
- 일시적인 문예창작의 대가: 15,000,000원(필요경비는 확인되지 아니함.)

연습
답안

Tax Accounting Technician
세무정보처리 자격시험 2급

🔑 객관식

1	2	3	4	5	6	7	8	9	10	11	12	13	14	15
④	①	③	①	④	④	③	③	③	③	④	③	④	④	①

16	17													
①	①													

[풀이-객관식]

01 ① 연금저축에 가입하고 연금형태로 지급받는 소득 : 연금소득

② **곡물재배업으로부터 발생하는 소득 : 과세 제외**

③ 직장공제회 초과반환금 : 이자소득

02 공적연금을 **일시금으로 수령**하는 경우에는 **퇴직소득으로 과세**한다

03 공적연금 관련법에 따라 받는 유족연금은 비과세되나, 그 밖의 연금소득은 비과세대상이 아니다.

04 연금계좌에서 연금수령하는 경우의 연금소득은 연금수령한 날이 수입시기가 된다.

05 **연금소득공제의 한도액은 900만원**이다.

06 공적연금소득은 해당 과세기간의 **다음 연도 1월분 공적연금소득을 지급할 때 연말정산**을 해야 한다.

07 **공적연금소득만 있는 자는 연말정산으로 과세가 종결**된다.

08 저축성보험의 보험차익은 이자소득에 해당한다.

09 저작자 이외의 자에게 귀속되는 소득은 기타소득이지만, 저작자 자신에게 귀속되는 소득은 사업소득에 해당한다.

10 위약금과 배상금 중 **주택입주 지체상금**은 최소한 **총수입금액의 80%를 필요경비로 인정**하나, 나머지는 실제 발생된 필요경비만 인정된다.

11 사적연금불입액과 운용수익을 연금외 수령한 소득, 서화·골동품의 양도로 발생하는 소득은 무조건 분리과세하며, **일시적으로 제공한 인적용역 소득은 연 300만원 이하인 경우 분리과세 또는 종합과세를 선택**할 수 있다. 그러나 알선수재 및 배임수재에 따라 받은 금품은 무조건 종합과세 한다.

12 ① 복권 당첨 소득 중 **3억원 초과분은 30%의 세율로 원천징수**한다.

② 연금계좌에서 연금 외 수령한 기타소득은 무조건 분리과세 대상 기타소득에 해당한다.

④ **뇌물, 알선수재 및 배임수재에 따라 받은 금품**은 **무조건 종합과세** 대상 기타소득에 해당한다.

356

13 ① <u>위약금과 배상금 중 주택입주지체상금에 대한 필요경비는 받은 금액의 80%</u>와 실제 발생경비 중 큰 금액으로 한다.

② <u>산업재산권 대여에 대한 필요경비는 받은 금액의 60%</u>와 실제 발생경비 중 큰 금액으로 한다.

③ <u>복권당첨금, 승마투표권의 환급금은 무조건 분리과세</u>로 과세 종결한다.

14 <u>이자소득에는 필요경비가 없으며,</u> 연금소득과 근로소득은 근로소득공제 및 연금소득 공제를 일률적으로 공제 받는다. 사업소득의 경우 장부를 작성하여 신고하면 사업자 본인의 건강보험료를 필요경비로 인정받을 수 있다.

15 ② 출자공동사업자 배당소득은 무조건 종합과세 대상 소득이다.

③ 일용근로소득은 원천징수로 과세가 종결된다.

④ 기타소득 중 복권당첨소득은 원천징수로 과세가 종결된다.

16 ② <u>상가 임대소득에서 발생한 결손금</u>은 <u>타소득과 통산하지 않는다.</u>

③ 퇴직소득과 양도소득은 분류과세에 해당한다.

④ 공동사업의 경우에는 원칙적으로 소득금액을 각각 계산한다.

17 근로소득과 공적연금소득은 모두 종합소득이므로 연말정산에도 불구하고 확정신고를 하여야 한다.

☞ 주관식

01	4,000,000	02	8,000,000	03	3,600,000
04	4,000,000	05	62,000,000	06	0
07	38,000,000	08	16,000,000		

[풀이-주관식]

01 위약금으로 받은 **주택입주 지체상금**: $4,000,000원 \times (1 - 80\%) = 800,000원$

고용관계 없이 다수인에게 강연을 하고 받은 대가로 받은 강연료

: $8,000,000원 \times (1 - 60\%) = 3,200,000원$ 합계: $4,000,000원$

☞ <u>상훈법에 따른 상금과 골동품을 박물관에 양도하고 받은 대가는 비과세이다.</u>

02 **상표권 대여소득은 원천징수대상 기타소득**이나, <u>위약금으로 대체된 계약금</u>은 기타소득이지만 **원천징수대상이 아니며,** 정신적 피해로 인한 손해배상금은 소득세 과세대상이 아니다. 상표권 대여소득은 실제필요경비와 법정필요경비(총수입금액의 60%) 중 큰 금액을 필요경비로 한다.

원천징수대상 기타소득금액 = $20,000,000원 - (20,000,000원 \times 60\%) = 8,000,000원$

03 유실물의 습득으로 인한 보상금은 실제 소요된 필요경비가 없으며, **주택입주 지체상금은 80%, 원작자가 받는 원고료는 60%의 필요경비가 인정**된다.

$3,000,000원 + 2,000,000원 \times (100\% - 80\%) + 500,000원 \times (100\% - 60\%) = 3,600,000원$

04 2,000만원 이하의 금융소득 및 **골동품 양도로 인한 기타소득은 분리과세**된다.

    비상장주식 양도소득은 양도소득으로 분류과세된다.

05 근로소득금액과 사업소득금액은 종합과세대상이나, 2,000만원 이하의 금융소득

    (이자소득, 배당소득)과 **직장공제회초과반환금은 무조건 분리과세대상**이다.

    50,000,000원 + 12,000,000원 = 62,000,000원

06 가. **금융소득이 2,000만원 이하이므로 분리과세**한다.

    나. 양도소득은 종합과세하지 아니하고 분류과세한다.

    다. 국민연금법에 따라 받는 **유족연금은 비과세 연금소득**이다.

    라. **골동품을 박물관에 양도**함으로써 발생하는 소득은 **비과세 기타소득**이다.

07 산업재산권양도(기타소득) = 20,000,000원 × (1 - 60%) = 8,000,000원(종합과세)

    종합소득금액 = 근로소득금액(30,000,000) + 기타소득금액(8,000,000) = 38,000,000원

    국내은행 예금이자는 2천만원 이하이므로 분리과세된다.

    비상장주식의 양도가액은 양도소득으로 분류과세된다.

08 고가주택을 임대하고 받은 소득(사업소득): 24,000,000원 - 14,000,000원 = 10,000,000원

    일시적인 문예창작의 대가(기타소득): 15,000,000원 - 15,000,000원 × 60% = 6,000,000원

    합계: 16,000,000원

    ※ **논·밭을 작물 생산에 이용하게 함으로써 발생하는 소득은 비과세소득**이고, 「복권 및 복권기금법」에 따른 복권 당첨금은 분리과세 기타소득에 해당한다.

Chapter 03
과세표준 및 세액계산

NCS세무 - 3 원천징수   NCS세무 - 4 종합소득세 신고

제1절 | 종합소득 과세표준의 계산구조

　　종합소득금액
(−) 종합소득공제　소득세법과 조세특례제한법에 의한 공제
　　종합소득과세표준

이러한 종합소득공제는 다음과 같이 분류한다.

구 분	종 류	근거법령
1. 인적공제	1. 기본공제 2. 추가공제	소득세법
2. 물적공제	1. 공적연금 보험료공제 2. **특별소득공제(사회보험료, 주택자금)**	소득세법
	3. 신용카드소득공제 4. 기타 소득공제(개인연금저축, 주택마련저축)	조세특례제한법

　　인적공제란 거주자의 최저생계비 보장 및 부양가족의 상황에 따라 세부담에 차별을 두어 부담능력에 따른 과세를 실현하기 위한 제도이다.

　　이에 반해 물적공제란 납세의무자가 지출한 일정한 비용(보험료 등)을 과세표준계산상 공제하는 제도로서 사회보장제도를 세제측면에서 지원하기 위함이다.

제2절 | 종합소득 인적공제

1. 기본공제(인당 150만원)

	공제대상자	요 건		비 고
		연 령	연간소득금액	
1. 본인공제	해당 거주자	-	-	
2. 배우자공제	거주자의 배우자	-	100만원 이하 (종합+퇴직+ 양도소득금액의 합계액) 다만 근로소득만 있는 경우 총급여 5백만원 이하	장애인은 연령제 한을 받지 않는다. 그러나 소득금액 의 제한을 받는다.
3. 부양가족공제	직계존속*1 (계부계모 포함*3)	60세 이상		
	직계비속*2(의붓자녀)과 입양자	20세 이하		
	형제자매	20세 이하/ 60세 이상		
	국민기초생활보호대상자	-		
	위탁아동(6개월 이상)	18세 미만*4		

*1. 직계존속 : 할아버지에서 손자로 이어지는 직계혈족에서 나를 기준으로 위의 혈족인 부, 모, 조모·조부, 외조부, 외조모등을 말한다.
*2. 직계비속 : 나를 기준으로 아래의 혈족인 자녀, 손자녀 등을 말한다.
*3. 직계존속이 재혼한 배우자를 직계존속 사후에도 부양하는 경우 포함
*4. 보호기간이 연장된 위탁아동 포함(20세 이하인 경우)
☞ 직계비속(또는 입양자)과 그 직계비속의 그 배우자가 모두 장애인에 해당하는 경우에는 그 배우자도 기본공제 대상자에 포함된다.
☞ **XX소득금액과 XX소득과 다른 표현이다. XX소득금액이란 필요경비(또는 소득공제)를 공제 후 금액을 말한다.**

2. 추가공제

기본공제 대상자를 전제로 하고 **추가공제는 중복하여 적용가능**하다.

1. 경로우대공제	기본공제 대상자가 **70세 이상**인 경우	**100만원/인**
2. 장애인공제	기본공제대상자가 **장애인*1**인 경우	**200만원/인**
3. 부녀자공제	해당 과세기간의 종합소득금액이 3천만원 이하인 거주자로서 1. 배우자가 없는 여성으로서 기본공제대상인 부양가족이 있는 세대주인 경우 or 2. 배우자가 있는 여성인 경우	**50만원**

4. 한부모소득공제	배우자가 없는 자로서 **기본공제대상자인 직계비속 또는 입양자가 있는 경우** ☞ **부녀자공제와 중복적용배제**	100만원

1* 국가유공자 등 예우 및 지원에 관한 법률에 의한 상이자, 항시 치료를 요하는 중증환자 등

3 인적공제 관련사항

(1) 공제대상가족인 생계를 같이하는 자의 범위

해당 과세기간 종료일 현재 주민등록표상의 동거가족으로서 당해 거주자의 주소 또는 거소에서 현실적으로 생계를 같이하는 자이어야 한다. 다만 **다음의 경우는 동거하지 않아도 생계를 같이하는 것으로 본다.**

① 배우자 및 직계비속, 입양자(항상 생계를 같이하는 것으로 본다)
② 이외의 동거가족의 경우에는 취학, 질병의 요양, 근무상·사업상 형편 등으로 본래의 주소에서 일시 퇴거한 경우
③ 주거의 형편에 따라 별거하고 있는 직계존속(국외는 제외)

(2) 공제대상자의 판정시기

공제대상자에 해당하는지의 여부에 대한 판정은 **해당 연도의 과세기간 종료일 현재의 상황**에 따른다.

다만, **과세기간 종료일 전에 사망 또는 장애가 치유된 자는 사망일 전일 또는 치유일 전일의 상황**에 따른다.

또한 **연령기준이 정해진 공제의 경우 해당 과세기간 중에 기준연령에 해당하는 날이 하루라도 있는 경우 공제대상자**가 된다.

세법상연령 = 연말정산연도 – 출생연도

즉 1964년생인 경우 당해연도(2024년)기준으로 60살이 되므로 직계존속인 경우 연령요건이 충족된다.

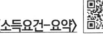

〈소득요건-요약〉

종합+퇴직+양도소득금액의 합계액으로 판단			소득요건 충족여부
1. 근로소득	상용근로자	**총급여액 5,000,000원 이하자**	충족
		총급여액 5,000,000원 (근로소득금액 1,500,000원) 초과자	**미충족**
	일용근로자	**무조건 분리과세**	**충족**
2. 금융소득	국내예금이자 등 (무조건+조건부)	2천만원 이하(분리과세)	충족
		2천만원 초과(종합과세)	미충족
3. 기타소득	**복권 등**	**무조건 분리과세**	**충족**
	뇌물 등	**무조건 종합과세(1백만원 초과)**	**미충족**
	기타소득금액	**1백만원 이하**	**충족**
		1백만원 초과~3백만원 이하	**선택적 분리과세**
		3백만원 초과자	미충족

 예제 3-1 소득요건

다음 생계를 같이하는 부양가족소득에 대하여 소득요건을 충족하는지 판단하시오.

명　　　　　　세	충족여부
1. 근로소득금액 1,200,000원이 있는 배우자	
2. 근로소득 총급여 4,800,000원이 있는 장인	
3. 퇴직소득금액 800,000원과 양도소득금액 750,000원이 있는 장모	
4. 복권당첨소득 200,000,000원이 있는 아버지	
5. 국내정기예금이자소득이 22,000,000원이 있는 장남	
6. 기타소득금액(일시적인 강연료) 3,200,000원이 있는 차남	
7. 일용근로소득 12,000,000원이 있는 경우	
8. 사업소득 총수입금액 35,000,000원과 필요경비 33,500,000원이 있는 형제	

해답

충 족 이 유	충족여부
1. 근로소득 금액 = 총급여 – 근로소득공제(5,000,000원 이하일 경우 70%) 따라서 총급여 = 1,200,000/30% = 4,000,000원 총급여액 5백만원 이하자	○
2. 총급여액이 5,000,000원 이하인 경우 소득요건을 충족한다.	○
3. 소득요건은 종합소득금액+퇴직소득금액+양도소득금액 합계액으로 판단한다.	×
4. 복권당첨소득은 무조건 분리과세소득에 해당한다.	○
5. 정기예금이자소득은 조건부종합과세소득으로서 20백만원초과인 경우 종합과세되고, 20백만원 이하인 경우 분리과세된다.	×
6. 기타소득금액이 3백만원 초과인 경우 무조건 종합과세한다.	×
7. 일용근로소득은 무조건 분리과세소득에 해당한다.	○
8. 사업소득금액 = 총수입금액 – 필요경비 = 1,500,000원이므로 종합소득금액이 1백만원 초과자에 해당한다.	×

예제 **3-2 인적공제**

다음은 관리직 직원 김은영(여성근로자, 총급여액 3천만원)씨 부양가족내용이다. 기본공제 및 추가공제, 자녀세액공제, 출산·입양세액공제 대상여부를 판단하시오.

☞ 자녀세액공제는 8세 이상의 기본공제대상 자녀가 대상이 된다.

가족	이름	연령	소득현황	비 고
배우자	김길동	48세	총급여액 3,000,000원	
부친	김무식	75세	이자소득금액 18,000,000원	정기예금대한 이자금액임
모친	박정금	71세	사업소득금액 7,000,000원	
시모	이미영	63세	복권당첨소득 3억원	–
딸	김은정	22세	대학생	장애인
아들	김두민	0세		올해 출산함
자매	이두리	19세	양도소득금액 3,000,000원	장애인

해답

- 인적공제 판단

가족	요 건		기본 공제	추가공제 (자녀)	판 단
	연령	소득			
본인	-	-	○	부녀자	
배우자	-	○	○	-	**총급여액이 5백만원 이하자**
부친(75)	○	○	○	경로우대	**예금이자가 20백만원 이하인 경우에는 분리과세소득임.**
모친(71)	○	×	부	-	종합소득금액 1백만원 초과자로서 추가공제는 기본공제대상자에 한함
시모(63)	○	○	○	-	**복권은 무조건 분리과세소득임.**
딸(22)	×	○	○	장애인, 자녀	**장애인은 연령요건을 따지지 않음**
아들(0)	○	○	○	출산(둘째)	자녀세액 공제는 8세이상 대상
자매(19)	○	×	부	-	소득금액 1백만원 초과자

➡️⬅️참고 **인적공제 및 자녀세액공제**

1.인적공제

	대상자	세법상 공제액	인적공제액
1. 기본공제	본인, 배우자, 부친, 시모, 딸, 아들	1,500,000원/인	9,000,000원
2. 추가공제			
① 부녀자	본인	500,000원	500,000원
② 장애인	딸	2,000,000원/인	2,000,000원
③ 경로	부친	1,000,000원/인	1,000,000원
합 계			12,500,000원

2.자녀세액공제

① 자녀세액공제	1명(김은정)×15만원	150,000원
② 출산·입양세액공제	둘째 50만원	500,000원
합 계		650,000원

제3절 소득공제(물적공제)

1. 연금보험료공제

  종합소득이 있는 거주자가 공적연금 관련법에 따른 기여금 또는 개인부담금(이하 "연금보험료"라 한다)을 납입한 경우에는 해당 과세기간의 종합소득금액에서 그 과세기간에 납입한 연금보험료를 공제한다.

> ① 국민연금법에 따라 부담하는 연금보험료
> ② 공적연금(공무원연금 등)에 의한 기여금 또는 부담금

2. 주택담보노후연금 이자비용공제

  ① 공제대상자: **연금소득이 있는 거주자**가 주택담보노후연금을 받은 경우
  ② 공제한도: 200만원(연금소득금액을 초과하는 경우 초과금액은 없는 것으로 한다.)

3. 특별소득공제

(1) (사회)보험료공제

  근로소득이 있는 거주자(일용근로자는 제외한다)가 해당 과세기간에 「국민건강보험법」, 「고용보험법」 또는 「노인장기요양보험법」에 따라 근로자가 부담하는 보험료를 지급한 경우 그 금액을 해당 과세기간의 근로소득금액에서 공제한다.

국민건강보험료, 고용보험료, 노인장기요양보험료	전액

(2) 주택자금공제

① 대상자

특별소득공제신청을 한 **근로소득자로서 세대주인 자**가 해당 주택자금공제를 적용받을 수 있다.

② 공제대상과 금액

구 분	대 상	공제액
무주택 세대주(세대구성원도 요건 충족시 가능)로서 근로소득이 있는 거주자가 국민주택(주거용 오피스텔도 추가) 규모이하		
1. 주택임차자금	국민주택규모의 주택을 임차하기 위하여 차입한 차입금의 원리금(원금과 이자)을 상환하는 경우	상환액의 40%
2. 장기주택저당 차입금	무주택자인 세대주가 **기준시가 6억원 이하(개정세법 24)**인 **주택**을 취득하기 위하여 차입한 장기주택저당차입금의 이자를 지급하는 경우(한도 600~2,000만원, 개정세법 24)	이자상환액 전액

4. 주택마련저축소득공제 : 청약저축, 주택청약종합저축, 근로자 주택마련저축

대 상	공제액
과세연도 중 주택을 소유하지 않은 세대의 세대주가 해당 과세연도에 법에 따른 청약저축·주택청약저축에 납입한 금액이 있는 경우	불입액의 40%

5. 신용카드 등 사용금액에 대한 소득공제

(1) 공제대상자

① 본인, 배우자, 직계존비속 등**(소득요건이 적용되나, 연령요건은 적용되지 않는다.)**
② **형제자매는 대상자에서 제외된다.**

(2) 신용카드 범위

신용카드, 현금영수증, 직불카드, 기명식선불카드, 기명식 선불전자지급수단 또는 전자화폐 등

(3) 사용금액제외 : **해외사용분 제외**

① **사업소득과 관련된 비용 또는 법인의 비용**
② 보험료, 리스료
③ 교육비(학원비는 공제 대상임)
④ 제세공과금(국세, 지방세, 아파트관리비, 고속도로 통행료 등)
⑤ 상품권 등 유가증권구입비
⑥ 취득세 등이 부과되는 재산의 구입비용**(중고자동차의 경우 구입금액의 10% 공제)**

⑦ 전기료, 수도료, 가스료, 전화료 등

⑧ 기부금, 소득세법에 따라 세액공제를 적용받는 월세액

⑨ 국가, 지방자치단체, 지방자치단체조합에 지급하는 사용료, 수수료 등의 대가

☞ 다만 우체국 택배, 부동산임대업, 기타 운동시설 운영, 보건소에 지급하는 비용은 신용카드 등 사용액에 포함됨.

⑩ **면세점(시내ㆍ출국장 면세점, 기내면세점 등) 사용금액**

(4) 공제율

전통시장ㆍ대중교통	도서ㆍ공연ㆍ박물관 등	직불카드, 현금영수증	신용카드
40%	30%	30%	15%

☞ 총급여액의 25%를 초과 사용해야 공제금액이 계산된다.

(5) 특별세액공제와 중복가능

① **의료비특별세액공제**
② **교육비특별세액공제(취학전 아동의 학원비 및 체육시설수강료, 중ㆍ고등학생 교복구입비용)**

(6) 공제한도 : 300만원

(7) 추가공제

① 전통시장사용분
② 대중교통비
③ 총급여 7천만원 이하자의 도서ㆍ**신문(종이신문만 대상)**ㆍ공연비, 박물관ㆍ미술관ㆍ영화관람료 등

예제 | **3 - 3 신용카드등 공제**

다음 신용카드 사용금액에 공제대상여부를 판단하시오.(모두 생계를 같이하는 부양가족에 해당한다).

명 세	공제여부
1. 본인의 자동차 보험료	
2. 모(50세, 소득없음)의 생활용품 구입	
3. 처(정기예금 이자소득금액 1천만원–분리과세)의 유흥비용	
4. 처(소득없음)의 성형수술비용	
5. 본인의 대학원 수업료	
6. 본인의 현금서비스	
7. 본인의 물품구입비(법인사용경비)	
8. 자녀(만 6세)의 미술학원비를 본인카드로 결제	
9. 본인의 중고자동차 구입비 20,000,000원	
10. 처제명의의 카드로 생활용품구입비	
11. 사회복지공동모금회에 신용카드로 결제하여 기부	
12. 본인 해외여행으로부터 입국시 기내 면세점 사용분	
13. 본인 생활용품을 구입하고 직불카드로 결제	
14. 본인(총급여액 7천만원 이하자)의 영화관람료	

해답 〈연령요건 ×, 소득요건 ○〉

명 세	공제여부
1. 자동차 보험료는 공제대상에서 제외된다.	X
2. 신용카드 공제는 소득요건만 충족되면 된다.	○
3. **정기예금은 20백만원까지 분리과세소득**이다. 따라서 소득요건을 충족한다.	○
4. 성형수술비용은 의료비세액공제대상에서 제외되나, 신용카드공제는 대상이다.	○
5. 본인의 대학원 수업료는 교육비세액공제대상이나, 신용카드공제는 제외된다.	X
6. 현금서비스는 신용카드공제대상에서 제외된다.	X
7. 법인사용경비와 사업소득의 경비는 신용카드공제대상에서 제외된다.	X
8. 취학전 자녀의 학원비는 **교육비세액공제와 신용카드공제가 중복적용된다.**	○
9. **중고자동차구입 구입가액의 10%는 신용카드공제대상이다.**	○
10. **형제자매**의 신용카드사용은 공제대상에서 제외된다.	X
11. 사회복지공동모금회(특례기부금)에 결제한 금액은 **신용카드공제대상에서 제외**된다.	X
12. 면세점에서 사용금액은 대상에서 제외	×
13. 직불카드 사용금액도 공제대상임	○
14. 총급여액 7천만원 이하자의 영화관람료도 추가 공제대상임.	○

6. 개인연금저축소득공제

대　　상(거주자 본인 명의)	공 제 액
2000.12.31 이전 가입 분	불입액의 40%와 72만원 중 적은 금액

7. 소득공제 종합한도

(1) 공제한도 : 2,500만원

(2) 공제한도 소득공제

① 소득세법상 특별소득공제(건강보험료, 고용보험료 등은 제외)
② 조세특례제한법상 청약저축, 신용카드 등 사용금액, 우리사주조합출자자에 대한 소득공제(한도 4백만원) 등

 객관식

01. 다음 중 소득세법상 인적공제에 대한 설명으로 옳지 않은 것은?

① 연간 총급여액 500만원 이하의 근로소득만 있는 공제대상 부양가족에 대하여는 소득금액의 요건을 충족한 것으로 본다.

② 거주자의 공제대상 배우자가 다른 거주자의 공제대상 부양가족에 해당하는 경우에는 공제대상 배우자로 한다.

③ 국내 은행이자만 연간 1,800만원이 있는 생계를 같이 하는 63세의 모친에 대하여는 기본공제를 적용받을 수 없다.

④ 부녀자공제와 한부모 소득공제에 모두 해당되는 경우에는 한부모 소득공제를 적용

02. 다음 중 소득세법상 인적공제에 대한 설명으로 옳지 않은 것은?

① 기본공제 대상자 1인당 150만원을 소득공제 한다.

② 과세기간 종료일 전에 사망한 경우 해당연도에는 인적공제 적용 대상에서 제외한다.

③ 인적공제 대상자 판정 시 장애인은 나이의 적용을 받지 않는다.

④ 직계비속은 항상 생계를 같이하는 부양가족으로 본다.

03. 다음 중 근로소득자의 연말정산에 대한 설명으로 옳지 않은 것은?

① 해당 과세기간 중에 이혼한 배우자는 기본공제를 적용받을 수 없다.

② 인적공제 적용 시 장애인은 나이의 제한을 받지 않는다.

③ 인적공제 합계액이 종합소득금액을 초과하는 경우 그 초과하는 금액은 없는 것으로 한다.

④ 부녀자공제와 한부모공제는 동시에 적용받을 수 있다.

04. 종합소득공제에 대한 설명으로 옳은 것은?

① 기본공제대상자가 부녀자공제와 한부모공제에 모두 해당되는 경우 둘 다 적용한다.

② 계부·계모는 직계존속이 아니므로 실제 부양하는 경우에도 기본공제대상이 아니다.

③ 장애인은 나이와 소득에 관계없이 기본공제대상이다.

④ 해당 과세기간에 사망한 자도 기본공제대상이 될 수 있다.

05. 다음 중 종합소득공제에 대한 설명으로 옳지 않은 것은?

① 종합소득공제액 중 미공제액은 퇴직소득과 양도소득에서 공제할 수 있다.

② 인적공제 합계액이 종합소득금액을 초과하는 경우 그 초과하는 금액은 없는 것으로 한다.

③ 인적공제 적용 시 장애인은 나이의 제한을 받지 아니한다.

④ 해당 과세기간 중에 이혼한 배우자는 기본공제를 적용받을 수 없다.

06. 소득세법상 종합소득공제 중 인적공제에 대한 설명으로 옳은 것은?

① 기본공제대상자가 아닌 경우에도 추가공제대상자가 될 수 있다.

② 배우자가 양도소득금액만 200만원이 있는 경우 기본공제대상자가 될 수 있다.

③ 해당 과세기간 중 20세가 된 직계비속은 기본공제대상자가 될 수 있다.

④ 기본공제대상자가 장애인인 경우 100만원을 추가로 공제한다.

07. 다음 중 소득세법상 종합소득공제에 관한 설명으로 옳지 않은 것은?

① 과세기간 종료일 전에 장애가 치유된 경우 장애인공제를 적용받을 수 없다.

② 거주자의 배우자가 양도소득금액만 200만원이 있는 경우 거주자는 배우자공제를 받을 수 없다.

③ 거주자의 직계존속이 주거 형편에 따라 별거하고 있는 경우에는 거주자와 생계를 같이 하는 사람으로 보아 부양가족공제를 한다.

④ 거주자의 공제대상가족이 동시에 다른 거주자의 공제대상에 해당되는 경우에는 과세표준확정신고서 등에 기재된 바에 따라 그 중 1인의 공제대상가족으로 한다.

08. 다음 중 종합소득공제에 대한 설명으로 옳은 것은?

① 기본공제대상자인 직계존속이 70세 이상인 경우 1인당 200만원의 경로우대 공제가 적용 된다.

② 소득이 없는 직계비속이 해당 과세기간 중 20세가 된 경우에는 기본공제대상자에 해당 하지 아니한다.

③ 우리사주조합원이 우리사주를 취득하기 위하여 우리사주조합에 출연한 금액은 연 400만원을 한도로 공제한다.

④ 주택담보노후연금 이자비용은 한도 없이 전액 공제가 가능하다.

09. 다음 중 소득세법상 종합소득공제에 대한 설명으로 옳지 않은 것은?

① 장애인은 기본공제 적용 시 나이제한을 받지 않는다.

② 입양자와 그 배우자 모두 장애인이면 그 배우자도 기본공제 적용 대상 부양가족이 될 수 있다.

③ 사업소득금액 50만원과 근로소득금액(일용직이 아님) 60만원이 있는 배우자에 대해서는 배우자공제를 받을 수 있다.

④ 공제대상 부양가족이 있고 종합소득금액이 연간 3,000만원 이하인 배우자가 없는 여성 세대주는 부녀자공제를 받을 수 있다.

10. 다음 중 소득세법상 종합소득공제에 대한 설명으로 옳은 것은?

① 기본공제 대상자에 대하여는 부양기간이 1년 미만이어도 월할계산하지 아니하고 연150만원을 공제한다.

② 거주자의 배우자가 양도소득금액만 200만원이 있는 경우 배우자공제를 받을 수 있다.

③ 종합소득금액에서 공제받지 못한 종합소득공제는 퇴직소득금액과 양도소득금액에서 공제받을 수 있다.

④ 기본공제 대상자 판단시 장애인에 해당하는 경우에는 나이 및 소득금액의 제한을 받지 아니한다.

11. 다음의 신용카드 사용액 중에서 신용카드 등 사용금액에 대한 소득공제대상인 것은?

① 법인의 손금 또는 개인사업의 필요경비인 것

② 취득세 과세대상 재산의 구입액(제외: 중고자동차 구입)

③ 국민건강보험료 지출액

④ 미용을 위한 성형수술 비용

12. 신용카드 등 사용금액에 대한 소득공제와 관련된 설명으로 옳지 않은 것은?

① 근로소득이 있는 거주자(일용근로자 제외)를 대상으로 한다.

② 상품권 구입비는 소득공제 대상인 신용카드 등 사용금액에 포함하지 아니한다.

③ 현금영수증 사용분은 신용카드 등 사용금액의 범위에 포함한다.

④ 신용카드로 결제한 의료비에 대하여 의료비세액공제를 받은 경우에는 신용카드 등 사용 금액에 대한 소득공제를 받을 수 없다.

13. 신용카드를 사용하여 결제한 경우에 신용카드 등 사용금액에 대한 소득공제를 적용받을 수 있는 것은?

① 지방세법에 의하여 취득세가 부과되는 재산의 구입비(단, 중고자동차구입은 제외)

② 해외에서 지출한 여행경비

③ 의료비 세액공제를 적용 받은 의약품 구입비

④ 상품권 등 유가증권 구입비

14. 근로소득자가 다음과 같은 용도로 신용카드를 사용한 경우에 신용카드 등 사용금액에 대한 소득공제를 받을 수 있는 것은?

① 신규자동차 구입   ② 보장성 보험료 지급

③ 병원비 지급   ④ 대학교 입학금 지급

15. 다음 중 소득세법상 소득공제 대상 신용카드 사용금액에 해당하는 것은?

① 취학전 아동의 학원 수강료

② 정부에 납부하는 국세

③ 월세 세액공제를 받은 월세액

④ 상품권 등 유가증권 구입비

16. 다음 중 종합소득공제 적용 시 소득공제가 적용되는 신용카드 등 사용금액에 해당하는 것은?

① 해외여행에서의 사용액   ② 월세 세액공제를 적용받은 월세액

③ 신차 구입금액   ④ 고등학생 자녀의 교복구입비용

17. 다음 중 신용카드 등 사용금액에 대한 소득공제 적용 대상에 해당하는 것은?

① 정치자금법에 따라 정당 등에 기부하는 정치자금 신용카드 사용금액

② 소득세법에 따라 월세 세액공제를 적용받은 월세액 신용카드 사용금액

③ 리스료 신용카드 사용금액

④ 학원의 수강료 신용카드 사용금액

18. 다음 중 신용카드 등 사용금액에 대한 소득공제에 대한 설명으로 옳지 않은 것은?

① 고등학생의 교복을 신용카드로 구입한 경우 신용카드 등 사용금액에 대한 소득공제는 교육비세액 공제와 중복적용이 가능하다.

② 소득세법에 따라 세액공제를 적용받는 월세액은 신용카드 등 사용금액에 포함하지 아니한다.

③ 해외에서 사용한 금액은 신용카드 등 사용금액에 포함하지 아니한다.

④ 신용카드로 지급한 의료비에 대하여 의료비세액공제를 받은 경우에는 신용카드 등 사용금액에 대한 소득공제를 받을 수 없다.

 주관식

01. 다음 자료에 의하여 거주자 김한공 씨의 20x1년 종합소득 과세표준을 계산하면 얼마인가? 단, 제시된 금융소득은 적법하게 원천징수 되었다.

가. 직장공제회초과반환금: 5,000,000원	다. 근로소득금액: 15,000,000원
나. 국가보안법에 의한 상금: 3,000,000원	라. 종합소득공제액: 6,000,000원

02. 사업소득자인 왕건이 씨가 20x1년 12월 31일 현재 부양하고 있는 가족은 다음과 같다. 이 중에서 왕건이 씨의 20x1년 귀속 소득세 신고 시 소득세법상 기본공제대상이 될 수 있는 사람을 모두 고르시오. 단, 부양가족은 모두 소득이 없다.

가. 20x1년 10월 31일에 이혼한 배우자	나. 주거의 형편상 별거하고 있는 75세 모친
다. 20x1년 1월 2일에 사망한 76세인 아버지	라. 미국에 유학 중인 19세인 자녀

03. 다음은 (주)한공에 근무하는 거주자 한공회 씨의 20x1년도 근로소득에 대한 연말 정산과 관련된 자료이다. 종합소득공제 중 인적공제액은 얼마인가?

> 가. 한공회(남성, 49세)의 총급여액 : 60,000,000원
> 나. 부양가족 현황
> - 배우자(47세, 총급여액 1,000,000원)
> - 딸(20세, 사업소득금액 3,000,000원, 장애인)
> - 아들(18세, 소득 없음)
> - 모친(78세, 소득 없음)

04. 다음은 (주)한공에 근무하는 거주자 김한공 씨의 부양가족 현황이다. 20x1년 연말정산 시 김한공 씨가 적용받을 수 있는 기본공제와 추가공제의 합계는 얼마인가?

> 가. 김한공(남성, 45세) 씨의 근로소득금액: 40,000,000원
> 나. 부양가족 현황
> - 배우자(40세, 소득 없음)
> - 부친(75세, 사업소득금액 3,000,000원)
> - 아들(15세, 소득 없음, 장애인)
> - 모친(73세, 소득 없음)

05. 다음 자료에 의하여 거주자 한공회씨의 20x1년도 귀속 종합소득과세표준 계산시 공제해야 할 소득세법 상 인적공제액의 합계액은 얼마인가?

> - 한공회씨(남, 50세)의 총급여액   60,000,000원
> - 부양가족 현황: 배우자(46세), 아들(22세, 장애인), 딸(20세), 장인(71세), 장모(69세)
> - 부양가족은 생계를 같이 한다.
> - 배우자는 총급여액 500만원 이하의 근로소득만 있으며, 다른 부양가족은 소득이 없다.

06. 다음은 (주)한공에 근무하는 거주자 김한공 씨의 부양가족 현황이다. 20x1년 연말정산 시 김한공 씨가 적용받을 수 있는 기본공제와 추가공제의 합계는 얼마인가?

> 가. 김한공(남성, 45세) 씨의 근로소득금액: 40,000,000원
> 나. 부양가족 현황
> • 배우자(40세, 소득 없음)
> • 아들(15세, 소득 없음, 장애인)
> • 부친(75세, 사업소득금액 3,000,000원)
> • 모친(73세, 소득 없음)

07. 다음은 (주)한공에 근무하는 김한공씨의 신용카드 사용내역이다. 신용카드 등 소득공제 대상 사용금액은 얼마인가?

• 아파트 관리비	2,500,000원
• 중학생인 자녀 영어학원비	4,000,000원
• 맹장 수술비용	2,000,000원
• 해외에서 사용한 신용카드 사용액	1,300,000원
• KTX 승차권 구입비용	600,000원

🔑 객관식

1	2	3	4	5	6	7	8	9	10	11	12	13	14	15
③	②	④	④	①	③	①	③	③	①	④	④	③	③	①

16	17	18												
④	④	④												

[풀이-객관식]

01 국내 은행이자만 연간 1,800만원(2천만원이하의 금융소득)이 있는 생계를 같이 하는 모친(63세)의 소득은 전액 분리과세되므로 기본공제를 적용받을 수 있다.

02 **과세기간 종료일 전에 사망한 경우 사망일 전일의 상황에 따라 공제 여부를 판정**한다.

03 **한부모공제와 부녀자 공제는 중복적용이 불가능하다.**

04 ① 기본공제대상자가 **부녀자공제와 한부모공제에 모두 해당**되는 경우 **한부모공제를 적용**한다.

② 계부·계모는 직계존속과 동일하게 보아 기본공제대상인지 판정한다.

③ 장애인은 나이의 제한이 없으나, 소득금액의 제한은 있다.

④ 해당 과세기간에 사망한 자는 **사망일 전 날의 상황에 따라 기본공제여부를 판단**하므로 기본공제 대상이 될 수 있다.

05 종합소득공제액 중 미공제액은 퇴직소득과 양도소득에서 공제할 수 없다.

06 ① **기본공제대상자가 아닌 경우 추가공제대상자가 될 수 없다.**

② 소득금액 1백만원 초과자는 기본공제대상자가 될 수 없다.

④ 기본공제대상자가 **장애인인 경우 200만원을 추가로 공제**한다.

07 과세기간 종료일 전에 장애가 치유된 자에 대하여는 **치유일 전일의 상황에 따라 공제여부를 판정**한다.

08 ① **경로우대공제는 1인당 100만원**이다.

② 소득이 없는 직계비속이 해당 과세기간 중 20세가 된 경우에도 기본공제대상자에 해당한다.

④ 주택담보노후연금 이자비용은 연 200만원을 한도로 연금소득금액에서 공제한다.

09 종합소득금액(50만원+60만원) 1백만원 초과시 인적공제를 받을 수 없다.

10 ② 종합소득공제 요건 중 해당 과세기간의 소득금액 합계액이란 **종합소득·퇴직소득·양도소득금액 의 합계액**을 말한다.

③ 종합소득금액에서 공제받지 못한 종합소득공제는 퇴직소득금액과 양도소득금액에서 공제되지 않 고 소멸한다.

④ 장애인에 해당하는 경우에는 나이 제한은 없으나 소득금액의 제한은 받는다.

11 **미용을 위한 성형수술 비용은 신용카드 등 사용금액에 대한 소득공제대상**이나, 그 밖의 것은 신용카드 등 사용금액에 대한 소득공제대상이 아니다.

12 신용카드로 결제한 의료비에 대하여 의료비세액공제를 받은 경우에도 신용카드 등 사용금액에 대한 소득공제를 받을 수 있다.

13 의료비 세액공제를 적용 받은 의약품 구입비는 신용카드 등 사용금액에 해당한다.
의료비세액공제와 신용카드소득공제는 중복적용이 가능하다.

14 신규자동차 구입, 보장성 보험료 지급, 대학교 입학금 지급은 신용카드 등 사용금액에 대한 소득공제대상이 아니다. 그러나 병원비 지급은 신용카드 등 사용금액에 대한 소득공제대상이다.

15 취학전 아동의 학원 수강료는 신용카드 등 사용금액에 포함한다.

16 **교복구입비 신용카드 결제액은 교육비 세액공제와 신용카드 등 사용액 소득 공제가 중복적용**된다.

17 **학원의 수강료는 신용카드 등 사용금액에 대한 소득공제 적용 대상**에 포함된다.

18 **신용카드로 지급한 의료비에 대하여 의료비세액공제는 중복적용이 가능하다.**

🔑 주관식

01	9,000,000	02	나,다,라	03	7,000,000
04	9,000,000	05	12,000,000	06	9,000,000
07	6,600,000				

[풀이-주관식]

01 근로소득금액 – 종합소득공제 = 15,000,000원 – 6,000,000원 = 9,000,000원
직장공제회초과반환금은 분리과세이고, 국가보안법에 의한 상금은 비과세이다.

02 과세기간 중에 이혼한 배우자는 기본공제대상이 아니나, 제시된 그 밖의 사람은 기본공제 대상이다.

03

| 관계 | 요 건 | | 기본 공제 | 추가 | 판   단 |
	연령	소득			
본 인	–	–	○		
배우자	–	○	○		총급여액 5백만원이하자
아들(18)	○	○	○		
딸(20)	○	×	부		사업소득금액 1백만원 초과자
모친(78)	○	○	○	경로	

기본공제 : 1,500,000원×4명=6,000,000원   추가공제 : 경로 1,000,000원

04

관계	요 건		기본공제	추가	판 단
	연령	소득			
본 인	–	–	○		
배우자	–	○	○		
아들(15)	○	○	○	장애	
부친(75)	○	×	부		종합소득 1백만원 초과자
모친(73)	○	○	○	경로	

- 기본공제: 150만원×4명＝600만원(본인, 배우자, 아들, 모친)
- 추가공제: 300만원(경로우대공제 100만원＋장애인공제 200만원)

05.

관계	요 건		기본공제	추가공제	판 단
	연령	소득			
본인	–	–	○		
배우자	–	○	○		총급여액 5백만원 이하자
아들(22)	×	○	○	장애	연령요건을 따지지 않는다.
딸(20)	○	○	○		
장인(71)	○	○	○	경로	
장모(69)	○	○	○		

- 기본공제(6명)＝1,500,000×5＝9,000,000원 • 장애인공제(1명)＝2,000,000원
- 경로우대공제(1명)＝1,000,000원

06.

관계	요 건		기본공제	추가	판 단
	연령	소득			
본인	–	–	○		
배우자	–	○	○		
아들(15)	○	○	○	장애	
부친(75)	○	×	부		종합소득 1백만원초과자
모친(73)	○	○	○	경로	

기본공제: 150만원×4명＝600만원(본인, 배우자, 아들, 모친)

추가공제: 300만원(경로우대공제 100만원＋장애인공제 200만원)

07. **아파트관리비와 해외에서 사용한 신용카드 사용액은 공제대상에서 제외**된다.

제4절 | 종합소득세액의 계산

1. 종합소득세액의 계산구조

```
          종 합 소 득 과 세 표 준
  (×) 세              율
          종 합 소 득 산 출 세 액
  (−) 세 액 공 제 · 감 면    배당세액공제, 외국납부세액공제, 근로소득세액공제, 특별세액공제 등
          종 합 소 득 결 정 세 액
  (+) 가          산      세
  (−) 기 납 부 세 액    중간예납세액, 원천징수세액, 수시부과세액
          차 감 납 부 할 세 액
```

2. 기본세율

과세표준	세 율
1,400만원 이하	**6%**
1,400만원 초과 5,000만원 이하	84만원[*1] + 1,400만원을 초과하는 금액의 15%
5,000만원 초과 8,800만원 이하	624만원[*2] + 5,000만원을 초과하는 금액의 24%
8,800만원 초과 1.5억 이하	1,536만원 + 8,800만원을 초과하는 금액의 35%
1.5억 초과 3억 이하	3,706만원 + 1.5억원 초과하는 금액의 38%
3억 초과 5억 이하	9,406만원 + 3억원 초과하는 금액의 40%
5억 초과 10억 이하	1억7천406만원 + 5억원 초과하는 금액의 **42%**
10억 초과	3억8천406만원 + 10억초과하는 금액의 **45%**

*1. 14,000,000×6%=840,000
*2. 840,000+(50,000,000−14,000,000)×15%=6,240,000
  아래 금액도 같은 구조로 계산된다.

3. 세액공제

(1) 소득세법상 세액공제

구 분	공제요건	세액공제
1. 배당세액공제	배당소득에 배당가산액을 합산한 경우	**배당가산액(가산율 10%, 개정세법 24)**
2. 기장세액공제	간편장부대상자가 복식부기에 따라 장부를 기장한 경우	– 기장된 사업소득에 대한 **산출세액의 20%** – **한도액 : 1,000,000원**
3. 외국납부세액공제	외국납부세액이 있는 경우	– 외국납부세액 – 한도액 : 국외원천소득분
4. 재해손실세액공제	재해상실비율이 자산총액의 20% 이상인 경우	– 산출세액(사업소득) × 재해상실비율 – 한도액 : 재해상실자산가액
5. 근로소득세액공제	근로소득이 있는 경우	– 산출세액(근로)의 55%, 30% – 한도액 : 급여구간별 한도 (일용근로자는 55%이고, 한도는 없다.)
6. 자녀세액공제	종합소득이 있는 거주자	8세 이상 기본공제대상 자녀
7. 연금계좌납입	종합소득이 있는 거주자	
8. 특별세액공제	근로소득이 있는 거주자(일용근로자 제외)	

(2) 조세특례제한법상 세액공제

구 분	공제요건	세액공제
월세 세액공제 (개정세법 24)	– **해당과세기간 총급여액이 8천만원 이하인 (종합소득금액이 7천만원 이하)인 근로자와 기본공제 대상자** – **준주택 중 다중생활시설(예 : 고시원)도 대상**	– 월세액의 15%, 17% (공제대상 월세액 한도 1,000만원) ☞ **국민주택(전용면적 85㎡) 규모 이하 또는 기준시가 4억원 이하 주택 임차**
전자신고 세액공제	– 납세자가 직접 전자신고 – 세무대리인이 대리 전자신고	– 2만원 – 2만원/신고건수(한도 : 3백만원)
기부정치자금 세액공제	– 본인이 정치자금을 기부시	– **10만원 이하 : 100/110 공제** – 10만원 초과 : 15% 공제
고향사랑 기부금	– **주민등록상 거주지를 제외한 지방자치단체에 기부한 경우**	– **10만원 이하 : 100/110 공제** – 10만원 초과~5백만원 이하 : 15% 공제
성실사업자	– 의료비 및 교육비 세액공제	– 해당액의 일정률

4. 자녀세액공제

(1) 기본세액공제

종합소득이 있는 거주자의 **기본공제대상자에 해당하는 자녀(입양자 및 위탁아동을 포함한다)** 및 손자녀(개정세법 24)에 대해서는 다음의 금액을 종합소득산출세액에서 공제한다. 다만 **아동수당**[1] **의 지급으로 인하여 8세 이상의 자녀에 한한다.**

1명	15만원
2명	**20만원(개정세법 24)**
2명 초과시	35만원+**30만원/초과인당**

*1. 만 8세미만 아동에게 월 10만원씩 지급함으로써 아동의 건강한 성장환경을 조성하여 아동의 기본적 권리와 복지증진에 기여하기 위하여 도입한 제도

(2) 출산입양세액공제 : **첫째 30만원 둘째 50만원 셋째이상 70만원**

5. 연금계좌세액공제: 대상액의 12%, 15%

종합소득이 있는 거주자가 연금계좌에 납입한 금액(이연퇴직소득, 다른 계좌에서 이체된 금액 제외) 중 12%, 15%을 해당 과세기간의 종합소득산출세액에서 공제한다.

해당액 =MIN[① MIN(연금저축, 600만원)+ 퇴직연금, ② 연 900만원]

6. 특별세액공제

(1) 표준세액공제: 특별소득공제와 특별세액공제 미신청

근로소득이 있는 자	**13만원**
근로소득이 없는 거주자	7만원(성실사업자 12만원)

☞ 조특법상 기부금공제(정치자금 등)을 신청한 경우 표준세액공제가 배제됨

(2) 특별세액공제 공통적용요건

〈공통 적용요건〉

구 분	보장성보험료		의료비	교육비		기부금
	일반	장애인		일반	장애인특수	
연령요건	○(충족)	×(미충족)	×	×	×	×
소득요건	○	○	×	○	×	○
세액공제액	12%	15%	15~30%	15%		15%, 30%

☞ 근로기간 지출한 비용만 세액공제대상이(예외 : 기부금세액공제은 1년 동안 지출한 금액이 대상이 된다.)되며, 일정사유발생(혼인, 이혼, 별거, 취업등)한 날 까지 지급 금액만 대상이다.

① 보장성보험료세액공제: 대상액의 12%, 15%

① 보장성보험료[*1]	기본공제대상자를 피보험자[*4]로 하는 보장성보험료와 **주택임차보증금(보증대상 3억이하) 반환 보증 보험료**[*3]	연100만원 한도	12%
② 장애인전용 보장성보험료[*2]	기본공제대상자 중 장애인을 피보험자 또는 수익자[*5]로 하는 보장성보험료	연100만원 한도	15%

[*1.] 만기에 환급되는 금액이 납입보험료를 초과하지 아니하는 보험(만기에 환급되는 금액이 납입보험료를 초과하는 보험을 저축성보험이라고 한다.)

[*2.] 장애인전용보장성보험의 계약자(장애인)에 대하여 보장성보험료와 장애인전용보장성보험보험료 규정이 동시에 적용되는 경우 그 중 하나만을 선택하여 적용한다.

[*3.] 임대인이 전세금을 반환하지 않는 경우 그 반환을 책임지는 보험

[*4.] 보험계약자 : 보험계약을 체결하고 보험자(보험회사)에게 보험료를 지급하는 자
   피보험자(생명보험) : 사람의 생(生)과 사(死)는 보험사고발생의 객체가 되는 사람
   피보험자(손해보험) : 보험사고의 대상이 되며 사고 발생시 보호를 받는 사람

[*5.] 수익자 : 보험사고 발생시 보험금을 받는 사람

예제 **3 - 4 보장성 보험료 세액공제**

다음 보험료 납부 자료에 대하여 세액공제대상여부를 판단하시오(생계를 같이하는 부양가족에 해당한다).

명　　　　세	대상여부
1. 소득이 없는 배우자를 피보험자로 하여 상해보험가입	
2. 사업소득금액(500만원)이 있는 직계존속을 피보험자로 하여 차량보험가입	
3. 본인의 저축성 보험 가입	
4. 본인의 현직장 근무 전에 납부한 암 보장보험료	
5. 장남(기타소득금액 : 350만원)의 장애인 전용 보장성보험료	
6. 본인 주택임차보증금 반환 보증보험료	

해답

공 제 이 유	대상여부
1. 보험료 공제는 연령요건과 소득요건을 충족해야 함.	○
2. 소득요건 불충족 : 사업소득금액 500만원	×
3. 저축성보험은 대상에서 제외하고 보장성보험만 대상임	×
4. 보험료는 근로소득이 발생한 기간에 불입한 보험료만 대상임.	×
5. 장애인 전용 보장성보험료는 연령요건을 충족하지 않아도 되나 소득요건은 충족하여야 한다.	×
6. 주택임차보증금 반환 보증 보험료(보증대상 임차보증금 3억원 이하)도 보험료세액공제 대상 추가	○

② 의료비세액공제: 대상액의 15%~30%

㉠ 의료비의 공제대상액 계산

		세액공제율
난임시술비	**임신을 위하여 지출하는 시술비용**	30%
미숙아 등	**미숙아 · 선천성 이상아에 대한 의료비**	20%
특정	㉠ **본인** ㉡ **(과세기간 개시일) 6세 이하(개정세법 24)** ㉢ **(과세기간 종료일) 65세 이상인 자** ㉣ 장애인 ㉤ 중증질환자, 희귀난치성질환자 또는 결핵환자 등	15%
일반	난임, 미숙아 등, 특정의료비 이외	

㉡ 세액공제 대상 의료비

세액공제대상 의료비	대상제외 의료비
㉠ 질병의 예방 및 치료에 지출한 의료비 ㉡ 치료, 요양을 위한 의약품(한약 포함) 구입비 ㉢ 장애인보장구 구입 · 임차비용 ㉣ 보청기 구입비용 ㉤ 의사 등의 처방에 따라 의료용구를 직접 구입 · 임차 비용 ㉥ **시력보정용안경 · 콘택트렌즈 구입비용(1인당 50만원 이내)** ㉦ **임신관련비용**(초음파검사, 인공수정을 위한 검사 · 시술비) ㉧ **출산관련분만비용**(의료법상 의료기관이어야 한다) ㉨ 보철비, 임플란트와 **스케일링비** ㉩ **예방접종비, 의료기관에 지출한 식대, 건강검진비** ㉪ 라식 수술비 및 근시교정시술비 ㉫ **산후조리원에 지출한 비용(출산 1회당 2백만원 한도)**	㉠ **국외의료기관에 지출한 의료비** ㉡ **건강증진을 위한 의약품 구입비** ㉢ **미용목적 성형수술비** ㉣ **간병인에 대한 간병비용** ㉤ **실손의료보험금으로 보전받은 금액**

예제 3-5 의료비세액공제

다음 의료비 자료에 대하여 세액공제대상여부를 판단하고 특정, 난임, 미숙아, 일반의료비로 구분하시오 (모두 생계를 같이하는 부양가족에 해당한다).

명 세	특정/일반/난임/미숙아
1. 부(만 67세, 사업소득금액 500만원)의 암 치료비 5백만원 (보험사로 부터 실손의료보험금 2백만원을 보전받음)	
2. 자(만 15세)의 스케일링 비용	
3. 처(장애인, 기타소득금액 1억원)의 보청기 구입비용	
4. 본인의 건강검진비	
5. 형(만 50세)의 신종플루 검사비	
6. 자(만 22세)의 콘텍트 렌즈구입비 100만원	
7. 배우자의 1회 출산시 산후조리비용 5,000,000원	
8. 부(만60세)의 미국 병원에서 대장암치료비	
9. 처(근로소득금액 5백만원)의 장애인 보장구 구입비용	
10. 배우자의 임신을 위하여 지출한 체외수정수술비	
11. 아버지(중증질환자)의 병원 치료비	
12. 자(0세)의 미숙아 의료비	
13. 자(과세기간 개시일, 6세)의 독감 예방접종비	

해답

공제이유	특정/일반/난임/미숙아
1. 의료비세액공제는 소득요건, 연령요건의 제한을 받지 아니하나, 실손보험금 보전금액(2백만원)은 제외됨.	특정(65세 이상)
2. 스케일링 비용 및 보철비용, 임플란트도 대상임	일반
3. 보청기 구입비용 세액공제대상이고, 장애인(특정) 의료비임. **＊ 의료비공제는 소득요건, 연령요건의 제한을 받지 아니함.**	특정(장애인)
4. 예방을 위한 건강검진비도 세액공제대상임.	특정(본인)
5. **의료비세액공제는 소득요건, 연령요건의 제한을 받지 아니함.**	일반
6. **시력보정용 지출비용은 연간 1인당 50만원 한도이다.**	일반(50만원)
7. 산후조리비용(한도 2,000,000원)	일반(200만원)
8. 국외 의료기관에 지출한 의료비는 세액대상에서 제외	×
9. **의료비세액공제는 소득요건, 연령요건의 제한을 받지 아니함.**	특정(장애인)
10. **난임부부가 임신을 위하여 지출하는 체외수정시술비는 전액공제 대상 의료비이고, 세액공제율은 30%임**	난임

공제이유	특정/일반/난임/미숙아
11. **중증질환자, 희귀난치성질환자, 결핵환자도 특정의료비에 해당한다.**	특정(중증질환자)
12. **미숙아와 선천성 이상아에 대한 의료비는 20% 세액공제율이 적용**된다.	미숙아
13. 예방접종비도 대상이고 <u>6세 이하의 의료비는 특정의료비임.</u>(개정세법 24)	특정(6세 이하)

③ 교육비세액공제 : 대상액의 15%

   ㉠ 원칙

1. 본인	1) **전액(대학원 교육비는 본인만 대상)** 2) 직무관련수강료 : 해당 거주자가 직업능력개발훈련시설에서 실시하는 직업능력개발훈련을 위하여 지급한 수강료 다만, 근로자수강지원을 받은 경우에는 이를 차감한 금액으로 한다.
2. 기본공제대상자 **(직계존속제외)**	학교, 보육시설 등에 지급한 교육비(대학원제외) 1) **대학생 : 900만원/인** 2) **취학전아동, 초 · 중 · 고등학생 : 300만원/인** ☞ 취학전 아동의 학원비도 공제대상
3. 장애인특수교육비	**한도없음(직계존속도 가능)**

   ㉡ 세액공제대상교육비

세액공제대상교육비	세액공제불능교육비

㉠ 수업료, 입학금, 보육비용, 수강료 및 그 밖의 공납금
㉡ 학교, 유치원, 어린이집, 유치원, 학원 및 체육시설(**취학전 아동의 경우만 해당**)에 지급한 급식비
㉢ 학교에서 구입한 교과서대금(초중고의 학생만 해당)
㉣ **중고등학생의 교복구입비용(연 50만원 한도)**
㉤ **방과후 학교나 방과후 과정 등의 수업료 및 특별활동비**
  (학교등에서 구입한 도서구입비와 학교 외에서 구입한 초중고의 방과후 학교 수업용 도서구입비)
㉥ **국외교육기관(유치원, 초중고, 대학교)에 지출한 교육**
㉦ **든든학자금 및 일반 상환학자금 대출의 원리금 상환액**
  ☞대출금 상환연체로 인하여 추가 지급하는 금액과 생활비대출금액은 제외
㉧ **초 · 중 · 고등학생 수련활동, 수학여행 등 현장체험학습비(한도 30만원)**
㉨ **대학입학 전형료, 수능응시료**
	㉠ **직계존속의 교육비 지출액**(장애인특수교육비 제외)
	㉡ **소득세 또는 증여세가 비과세되는 학자금(=장학금)**
	㉢ **학원수강료(취학전 아동은 제외)**
	㉣ **학자금 대출을 받아 지급하는 교육비**

예제 **3-6 교육비 세액공제**

다음 교육비 자료에 대하여 세액공제대상여부를 판단하시오(모두 생계를 같이하는 부양가족에 해당한다).

명　　　　　세	대상여부
1. 근로자 본인의 대학원 수업료	
2. 처(근로소득 총급여액 510만원)의 대학교 등록금	
3. 자(만 22세, 소득없음)의 대학원 교육비	
4. 자(만 10세)의 미술학원비	
5. 자(만 6세)의 태권도학원비	
6. 자(만 15세, 고등학생)의 학교급식비	
7. 부(만 55세)의 노인대학 등록금	
8. 부(만 55세, 장애인)의 특수교육비	
9. 자(만 18세)의 고등학교 기숙사비	
10. 동생(만 25세, 소득없음)의 대학교 등록금	
11. 자(만 15세)의 고등학교 수학여행 현장체험학습비 50만원	
12. 본인 든든학자금 원리금 상환액(대학 재학시 학자금 대출. 차입시 교육비 공제를 받지 않음)	
13. 자(만 18세)의 대학 입학전형료와 수능응시료	

해답

명　　　　　세	대상여부
1. 대학원수업료는 본인만 해당됨.	○
2. 총급여액이 5백만원 초과자이므로 세액공제 불가	×
3. **대학원수업료는 본인만 해당됨.**	×
4. 학원비는 공제불가임. 다만 취학전 아동은 예외임.	×
5. **취학전아동의 학원비는 공제대상임.**	○
6. 초,중,고등학생의 학교급식비도 공제대상임.	○
7. 직계존속의 교육비지출액은 공제불가임.	×
8. **직계존속의 장애인특수교육비는 공제대상임.**	○
9. 학교기숙사비, 학생회비, 학교버스이용료는 제외됨.	×

명　　　　　세	대상여부
10. **교육비는 연령요건을 충족하지 않아도 됨.**	○
11. 수련활동 등 현장체험학습비(**한도 30만원**)	○
12. 든든 학자금 및 일반 상환 학자금 대출의 원리금 상환액도 대상	○
13. **대학입학전형료와 수능응시료도 세액공제대상임.**	○

④ 기부금세액공제

기부금세액공제는 근로소득이 있는 거주자와 근로소득이 없는 종합소득자(사업소득자는 필요경비공제)로서 기부금지출액을 말한다. **부양가족의 경우 소득요건을 충족해야 하나, 나이요건을 충족하지 않아도 된다.**

1천만원 이하인 경우	대상액의 15%
1천만원 초과인 경우	대상액의 30%

☞고액기부(3천만원 초과)에 대한 공제율 : 40%(개정세법 24)

㉠ 기부금 종류 및 한도액

1. 특례기부금	1. 국가등에 무상으로 기증하는 금품 2. 국방헌금과 위문금품 3. 이재민구호금품(천재·지변) 4. 사립학교등에 지출하는 기부금 5. 사회복지공동모금회에 출연하는 금액 6. 특별재난지역을 복구하기 위하여 자원봉사한 경우 그 용역의 가액
2. 우리사주조합에 지출하는 기부금-우리사주조합원이 아닌 거주자에 한함	
3. 일반기부금	1. 종교단체 기부금 2. 종교단체외 　① **노동조합에 납부한 회비**, 사내근로복지기금에 지출기부금 　② 사회복지등 공익목적의 기부금 　③ **무료·실비 사회복지시설 기부금** 　④ 공공기관 등에 지출하는 기부금

㉡ 기부금이월공제

기부금이 한도액을 초과한 경우와 **기부금세액공제를 받지 못한 경우**(종합소득산출세액을 초과)에 10년간* 이월하여 기부금세액공제를 받을 수 있다.

예제 **3-7 기부금 세액공제**

다음 기부금자료에 대하여 세액공제대상여부를 판단하고, 기부금을 분류하시오.(모두 생계를 같이하는 부양가족에 해당한다).

명　　　　세	특례	일반
1. 본인 명의로 사회복지시설 기부		
2. 본인 재직 중인 회사의 노동조합 회비		
3. 어머니(59세, 소득 없음) 명의로 교회 건축헌금		
4. 부인(소득 없음) 명의로 특별재난지역을 위하여 자원봉사한 경우		
5. 부인(소득 없음) 명의로 종친회 기부금		
6. 아버지(65세, 복권당첨소득 3억원) 명의로 이재민 구호금품		
7. 아들(22세, 소득없음)명의로 국방헌금 지출액		
8. 본인 명의의 정당에 기부한 정치자금		
9. 본인 명의로 사회복지공동모금회 기부금		
10. 본인(천안 거주)의 고향인 충북 옥천에 기부(10만원)		

해답

명　　　　세	특례	일반
1. 사회복지시설에 대한 기부금은 일반기부금		○
2. 노동조합비는 일반기부금임.		○
3. 기부금은 연령요건을 충족하지 않아도 됨		○
4. 특별재난지역의 자원봉사 용역은 특례기부금임.	○	
5. 종친회 기부금은 비지정기부금임.	–	–
6. 복권당첨소득은 분리과세소득이므로 소득요건 충족	○	
7. 연령요건을 충족하지 않아도 되며, 국방헌금지출액은 특례기부금임.	○	
8. **본인 정치기부자금은 10만원이하 100/110 세액공제를 적용하고, 초과분은 15%세액공제 적용.**	조특법상 세액공제 (정치자금)	
9. 사회복지공동모금회는 특례기부금 단체임	○	
10. 고향사랑기부금 : **10만원이하는 100/110, 10만원 초과 5백만원 이하는 15% 세액공제대상이다.**	조특법상 세액공제 (고향사랑)	

〈특별세액공제와 신용카드공제 중복적용 여부〉

구 분			특별세액공제	신용카드 공제
보장성보험료			○	×
의료비	공제대상		○	○
	공제제외		×	○
교육비	학원비	취학전 아동	○	○
		이외	×	○
	(중·고등학생)교복구입비		△(한도 50만원)	○
기부금			○	×

〈근로소득자와 사업소득자〉

구 분		근로소득자	사업소득자
인적공제		○	○
물적소득 공제	공적연금보험료	○	○
	특별소득공제	○	×
	신용카드 소득공제	○	×
연금계좌납입세액공제		○	○
표준세액공제		13만원	7만원(성실사업자 : 12만원)
특별세액 공제	보장성보험료세액공제	○	×
	의료비세액공제	○	△[*1]
	교육비세액공제	○	△[*1]
	기부금세액공제	○	×[*2](필요경비 산입)
월세세액공제		○	△[*1]

*1. 성실사업자 등은 공제가 가능하다.
*2. 연말정산대상 사업소득자등은 기부금세액공제가능

 객관식

01. 다음 중 소득세법상 세액공제에 관한 설명으로 옳지 않은 것은?

① 근로자 본인의 1인당 연 50만원 이내의 시력보정용 안경과 콘텍트렌즈 구입비는 의료비 세액공제 대상금액이다.

② 사업자가 재해로 자산총액의 20% 이상을 상실하여 납세가 곤란한 경우 재해손실세액공제 대상이다.

③ 근로소득자 본인의 대학원 등록금은 교육비 세액공제 대상금액이다.

④ 간편장부대상자가 간편장부로 기장한 경우 기장세액공제 대상이다.

02. 다음 중 소득세법상 특별세액공제에 대한 설명으로 옳지 않은 것은?

① 직계존속의 대학등록금은 교육비 세액공제 대상이 아니다.

② 보험료 세액공제의 대상인 장애인전용보장성 보험료는 연간 100만원을 초과할 수 없다.

③ 본인의 대학원 등록금은 교육비 세액공제대상이 아니다.

④ 의료비 세액공제는 총급여액의 3%를 초과하는 의료비 지출액에 한하여 적용한다.

03. 다음 중 소득세법상 특별세액공제 대상에 해당하는 지출은?

① 사업소득자가 지출한 보장성 보험료 50만원

② 근로소득자가 지출한 외국병원 진찰료 100만원

③ 연금소득자가 지출한 대학원 교육비 200만원

④ 근로소득자가 지출한 종교단체 기부금 70만원

04. 다음 중 소득세법상 특별세액공제에 대한 설명으로 옳지 않은 것은?

① 본인의 의료비는 총급여액의 3%를 초과하지 않는 경우에도 의료비세액공제를 적용받을수 있다.

② 직계존속의 대학등록금은 교육비세액공제 대상이 아니다.

③ 장애인전용보장성보험료로 납입한 금액이 100만원을 초과하는 경우 100만원을 초과하는 금액은 세액공제대상이 아니다.

④ 초등학생의 교복구입비는 교육비세액공제 대상이 아니다.

05. 다음 중 소득세법상 소득공제 및 세액공제에 대한 설명으로 옳지 않은 것은?

① 국민주택 임차를 위한 차입금의 원리금 상환액의 경우 그 금액의 40%를 해당 과세기간의 근로소득금액에서 소득공제한다.

② 근로소득자 본인의 종교단체 기부금은 기부금세액공제 대상이다.

③ 종합소득이 있는 거주자가 공적연금보험료를 납입한 경우 전액 소득공제한다.

④ 의료비 지출액에 대해서는 신용카드소득공제와 의료비 세액공제를 중복하여 적용할 수 없다.

06. 다음 중 소득세법상 연말정산에 대한 설명으로 옳은 것은?

① 인적공제를 적용할 때 직계비속은 항상 생계를 같이 하는 부양가족으로 본다.

② 부녀자공제와 한부모공제는 중복하여 적용받을 수 있다.

③ 근로소득에 대한 연말정산은 해당 과세기간의 다음 연도 1월분의 근로소득을 지급할 때 수행하여야 한다.

④ 기본공제대상자인 직계비속을 위하여 지출한 대학원 등록금은 교육비 세액공제를 적용받을 수 있다.

07. 다음 중 소득세법상 특별세액공제에 관한 설명으로 옳은 것은?

① 근로소득이 있는 거주자가 항목별 특별세액공제, 항목별 특별소득공제, 월세세액공제를 신청하지 않은 경우 13만원의 표준세액공제를 받을 수 있다.

② 근로소득이 없는 거주자는 기부금 세액공제를 받을 수 없다.

③ 대학원생인 자녀(소득 없음)의 교육비는 1인당 연 900만원을 한도로 공제받을 수 있다.

④ 공제대상 의료비를 신용카드로 지출한 경우 신용카드 등 사용금액 소득공제와 의료비 세액공제를 중복하여 적용받을 수 없다.

08. 다음 중 소득세법상 종합소득 과세표준 확정신고에 대한 설명으로 옳은 것은?

① 비거주자는 종합소득이 있는 경우에도 확정신고의무가 없다.

② 사업소득만 있는 자가 해당 사업에서 결손이 발생한 경우 소득세법상 신고의무가 없다.

③ 근로소득과 퇴직소득만 있는 거주자는 확정신고를 하지 않을 수 있다.

④ 연말정산 대상 사업소득만 있는 거주자는 확정신고를 해야 한다.

09. 다음 중 소득세법상 근로소득이 있는 자만 적용받을 수 있는 세액공제끼리 짝지어진 것은? 단 사업소득일 경우 성실사업자가 아니라 가정한다.

① 연금계좌세액공제 - 보장성보험료 세액공제

② 정치자금기부금세액공제 - 외국납부세액공제

③ 보장성보험료 세액공제 - 월세액에 대한 세액공제

④ 교육비세액공제 - 표준세액공제

10. 다음 중 소득세법상 소득공제 및 세액공제에 대한 설명으로 옳지 않은 것은?

① 특별세액 공제대상 교육비에는 초·중등교육법에 따른 학교에서 실시하는 방과후 학교 수업료 및 교재구입비가 포함된다.

② 근로소득자 본인의 종교단체 기부금은 기부금세액공제 대상이다.

③ 종합소득이 있는 거주자가 공적연금보험료를 납입한 경우 전액 소득공제한다.

④ 의료비 지출액에 대해서는 신용카드소득공제와 의료비 세액공제를 중복하여 적용할 수 없다.

 주관식

01. 다음 자료를 이용하여 거주자 이국세 씨의 20x1년도 종합소득산출세액을 계산하면 얼마인가? 단, 제시된 금융소득은 적법하게 원천징수되었다.

가. 비영업대금의 이익	2,000,000원
나. 내국법인으로부터 받은 배당	3,000,000원
다. 근로소득금액	12,000,000원
라. 종합소득공제액	5,000,000원
※ 종합소득과세표준이 1,400만원 이하인 경우 세율은 6%이다.	

02. 다음 자료를 이용하여 거주자 김한공 씨의 20x1년도 종합소득산출세액을 계산 하면 얼마인가? 원천징수대상이 되는 소득은 세법에 따라 적절하게 원천징수되었다.

- 직장공제회 초과반환금 5,000,000원
- 사업소득금액 36,000,000원
- 기타소득금액 4,000,000원
- 종합소득공제 3,000,000원
- 종합소득세율은 다음과 같다고 가정한다.

종합소득과세표준	세율	누진공제액
1,200만원 이하	6%	–
4,600만원 이하	15%	1,080,000원

---

03. 다음 자료를 이용하여 거주자 김한공 씨의 20x1년도 종합소득산출세액을 계산하면 얼마인가?(원천징수대상이 되는 소득은 세법에 따라 적절하게 원천징수되었다.)

- 가. 이자소득금액(직장공제회 초과반환금임) 23,000,000원
- 나. 근로소득금액(일용근로자가 아님) 16,000,000원
- 다. 기타소득금액(일시적 강연에 대한 대가임) 4,000,000원
- 라. 종합소득공제 5,000,000원
- 마. 세율은 다음과 같다고 가정한다.

종합소득과세표준	기본세율	누진공제액
1,200만원 이하	과세표준 × 6%	–
4,600만원 이하	과세표준 × 15%	1,080,000원

---

04. 근로자 김한공 씨는 배우자를 위하여 다음과 같은 지출을 하였다. 이 중 의료비세액공제대상을 모두 고르시오.

가. 시력보정용 안경구입비(연 50만원)	나. 장애인 보장구 구입비
다. 외국대학병원에서의 치료비	라. 미용을 위한 성형수술비

---

05. 다음은 근로소득자인 김한공씨가 20x1년 중 지출한 교육비내역이다. 20x1년 교육비세액공제액은 얼마인가?

가. 본인 대학원 학비	10,000,000원
나. 배우자(소득없음)의 대학원 학비	5,000,000원
다. 장남(24세, 사업소득금액 200만원)의 대학교 학비	6,000,000원
라. 차남(17세)의 외국어 학원비	3,000,000원

06. 다음은 근로소득자인 김한공 씨가 20x1년에 지출한 자녀교육비내역이다. 연말정산시 교육비세액공제 대상금액은 얼마인가?(단, 자녀의 소득은 없는 것으로 가정한다.)

자녀명	나이(만)	지출내역	금액(원)
김진수(대학생)	25	대학교등록금	11,000,000
김영미(초등학생)	8	보습영어학원 수강료	1,500,000
김은정(유치원생)	6	미술학원 강습료	1,800,000

07. 다음 자료를 이용하여 (주)한공의 근로자인 이민기 씨(총급여액 50,000,000원)의 20x1년 종합소득세 특별세액공제액을 계산하면 얼마인가?

가. 이민기 씨는 소득이 없는 자녀 대학교등록금으로 5,000,000원을 지출하였다.
나. 본인 소유의 승용차에 대한 자동차보험료 1,200,000원을 지출하였다.
다. 소득이 없는 배우자(장애인)에 대한 의료비로 600,000원을 지출하였다.

08. 다음은 (주)한공에서 근무하는 김회계씨(총급여액 60,000,000원)의 연말정산자료의 일부이다. 20x1년 연말정산 시 적용하여야 할 의료비 세액공제액을 계산하면 얼마인가?

가. 시력보정용 안경구입비	600,000원
나. 국내 의료기관에서의 치료비	3,000,000원
다. 외국대학병원에서의 치료비	2,000,000원
라. 미용을 위한 성형수술비	1,000,000원

🔑 객관식

1	2	3	4	5	6	7	8	9	10					
④	③	④	①	④	①	①	③	③	④					

[풀이-객관식]

01 **간편장부대상자가 복식부기로 기장**한 경우 **기장세액공제 대상**이다.

02 교육비 세액공제의 경우 본인의 대학원 등록금은 세액공제대상이다.

03 ① 사업소득자가 지출한 보험료는 특별세액공제 대상이 아니다.

　② 근로소득자가 국내병원에서 지출한 의료비는 특별세액공제 대상이나 **외국병원에서 지출한 의료비는 특별세액공제 대상이 아니다.**

　③ 연금소득자가 지출한 교육비는 특별세액공제 대상이 아니다.

04 **의료비세액공제는 총급여액의 3%를 초과하는 의료비지출액에 한하여 적용**한다.

05 의료비 지출액에 대해서는 **신용카드소득공제와 의료비 세액공제를 중복**하여 적용할 수 있다.

06 ② **부녀자공제와 한부모공제는 중복하여 적용받을 수 없다.**

　③ 근로소득에 대한 연말정산은 해당 과세기간의 **다음 연도 2월분의 근로소득을 지급할 때 수행**한다.

　④ **대학원 등록금은 본인**을 위하여 지출한 것에 한하여 교육비 세액공제를 적용받을 수 있다.

07 ② **근로소득이 없는 거주자도 기부금 세액공제**는 받을 수 있다.

　③ **대학원생은 본인에 한해 교육비 공제**를 받을 수 있다.

　④ **신용카드 등 사용금액 소득공제와 의료비 세액공제를 중복**하여 적용받을 수 있다.

08 ① **종합소득이 있는 비거주자는 확정신고의무**가 있다.

　② 사업소득만 있는 자가 해당 사업에서 **결손이 발생한 경우에도 확정신고**를 해야 한다.

　④ 연말정산 대상 사업소득만 있는 거주자는 확정신고를 하지 않아도 된다.

09 보장성보험료 세액공제와 월세액에 대한 세액공제(성실사업자도 공제가능)는 근로소득이 있는 자만 적용 가능하다.

10 **의료비 지출액에 대해서는 신용카드소득공제와 의료비 세액공제를 중복하여 적용**할 수 있다.

⚷━ 주관식

01	420,000	02	4,470,000	03	1,170,000
04	가, 나	05	1,500,000	06	10,800,000
07	870,000	08	255,000		

[풀이-주관식]

… 소득은 분리과세한다.

… 대상 이자소득에 해당한다.

… = 40,000,000원

과세표준 40,000,000 … (소득공제) = 37,000,000원

산출세액: 37,000,000원 × 15% – 1,080,000원 = 4,470,000원

03 종합소득금액 = 근로소득(16,000,000) + 기타소득금액(4,000,000) = 20,000,000원

직장공제회 초과반환금은 무조건 분리과세 대상 이자소득에 해당한다.

종합소득과세표준 = 소득금액(20,000,000) – 소득공제(5,000,000) = 15,000,000원

종합소득산출세액: 15,000,000원 × 15% – 1,080,000원 = 1,170,000원

04 **외국대학병원**에서의 치료비와 **미용을 위한 성형수술비**는 의료비세액공제대상이 아니다.

05 본인의 대학원 학비는 교육비 공제대상이나 부양가족의 대학원 학비는 공제대상이 아님.
소득(소득금액 1백만원초과자)이 있는 자녀의 교육비는 공제대상 아니며, 취학전 아동이외의 학원비
는 공제대상 교육비에 해당하지 않음. 본인대학원학비(10,000,000) × 15% = 1,500,000원

06 9,000,000원(대학교 한도) + 1,800,000원(취학전 아동 학원비) = 10,800,000원

07 5,000,000원(교육비) × 15% + 1,000,000원(보험료) × 12% = 870,000원
보장성보험료는 100만원을 한도로 하며, **의료비는 총급여액의 3%에 미달하므로 세액 공제액은
없다.**

08 의료비세액공제 대상액 = 안경구입(500,000) + 국내치료비(3,000,000) = 3,500,000원
{세액공제대상액(3,500,000) – 총급여액(60,000,000) × 3%} × 15% = 255,000원
외국대학병원에서의 치료비와 미용을 위한 성형수술비는 의료비 세액공제대상이 아니다.

Chapter 04

납세절차등

제1절 원천징수

1. 원천징수의 개념

원천징수란 원천징수의무자가 소득 또는 수입금액을 지급할 때 납세의무자가 내야 할 세금을 미리 징수하여 정부에 납부하는 제도이다.

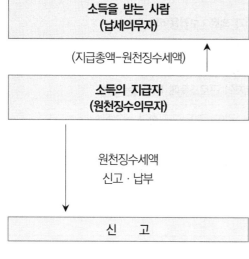

**소득을 받는 사람
(납세의무자)**

(지급총액−원천징수세액) ↑

- 원천징수 대상소득을 지급할 때 원천징수
- 납세의무자에게 원천징수영수증 교부

**소득의 지급자
(원천징수의무자)**

원천징수세액
신고 · 납부
↓

- **원천징수한 달의 다음달 10일까지 납부**
  - 원천징수이행상황신고서 제출
- **지급명세서제출(익년도 2월 말일까지)**
  - 근로소득, 사업소득(보험모집인, 방문판매원등),
    퇴직소득 익년도 3월 10일

신   고

2. 원천징수의 종류

원천징수는 **원천징수로 납세의무가 종결되는지 여부**에 따라 완납적 원천징수와 예납적 원천징수로 나눌 수 있다.

〈예납적 원천징수와 완납적 원천징수의 비교〉

구 분	예납적 원천징수	완납적 원천징수
납세의무 종결	원천징수로 종결되지 않음	원천징수로 납세의무종결
확정신고 의무	**확정신고의무 있음**	**확정신고 불필요**
조세부담	확정신고시 정산하고 원천징수 세액을 기납부세액으로 공제함	원천징수세액
대상소득	**분리과세 이외의 소득**	**분리과세소득**

3. 원천징수세율

구 분			원천징수 여부	비 고
종합소득	금융소득	이 자	○	- **지급액의 14%(비실명 45%)** - **비영업대금의 이익과 출자공동사업자의 배당소득은 25%**
		배 당		
	특정사업소득		○	- **인적용역과 의료·보건용역의 3%** - **봉사료의 5%**
	근 로 소 득		○	- 간이세액표에 의하여 원천징수 - **일용근로자의 근로소득에 대해서는 6%**
	연 금 소 득		○	- 공적연금 : 간이세액표에 의하여 원천징수 - 사적연금 : 3%~5%
	기 타 소 득		○	**기타소득금액의 20%(3억 초과 복권당첨소득 30%)**
퇴 직 소 득			○	기본세율
양 도 소 득			×	

4. 원천징수신고납부

원천징수의무자는 다음달 10일까지 원천징수이행상황신고를 제출하여야 한다.

구 분	원천징수신고납부기한
1. 원칙	징수일이 속하는 달의 다음달 10일
2. 예외	반기별납부사업자 : **상시고용인원이 20인 이하**인 소규모 업체로서 세무서장의 승인을 얻은 경우 ① 징수일이 1월 1일 ~ 6월 30일 : 7월 10일 ② 징수일이 7월 1일 ~12월 31일 : 다음연도 1월 10일

☞ 신규사업자는 신청일이 속하는 반기의 상시 고용인원이 **20명이하**인 경우에도 반기별 납부를 신청할 수 있다.

5. 지급시기의제

다음의 소득을 미지급시 지급한 것으로 의제하여 원천징수를 하여야 한다.

1. 이자소득	**총수입금액의 수입시기**
2. 배당소득	**잉여금처분에 의한 배당: 처분결의일부터 3월이 되는 날** 다만 11.1~12.31결의분은 다음연도 2월말 (예) 2월 28일 주주총회에서 현금 배당 100원 지급 결의 　　　5월 28일 결의일부터 3개월 내에 미지급 ⇒ 지급한 것으로 의제(원천징수 14원) 　　　6월 10일 원천징수이행상황신고서 신고 및 납부
3. 근로소득 및 퇴직소득	1. 1~11월분: 12/31 2. 12월분: 익년도 2월말 3. 잉여금처분상여 및 잉여금처분 퇴직소득: 결의일로부터 3월 　　다만 11.1~12.31 결의분은 다음연도 2월말

〈원천징수상황이행신고서-근로소득항목〉

간이세액	A01	매월 급여 지급액 및 원천징수한 내역을 기재
중도퇴사	A02	연도 중 중도퇴사자의 연말정산내역을 기재
일용근로	A03	일용근로자에게 지급한 일당 및 원천징수내역을 기재
연말정산	A04	계속근로자에게 대한 연말정산내역을 기재(익년도 3월 10일 신고)

❶ 원천징수 명세 및 납부세액 (단위 : 원)

소득자 소득구분			코드	원천징수명세					⑨ 당월 조정 환급 세액	납부 세액	
				소득지급 (과세 미달, 일부 비과세 포함)		징수세액				⑩ 소득세 등 (가산세포함)	⑪ 농어촌 특별세
				④인원	⑤총지급액	**⑥소득세등**	⑦농어촌 특별세	⑧가산세			
개인(거주자·비거주자)	근로소득	간이세액	A01								
		중도퇴사	A02								
		일용근로	A03								
		연말정산	A04	10	120,000,000	△2,000,000					
		가감계	A10	10	120,000,000	△2,000,000					
	퇴직소득		A20								
	사업소득	매월징수	A25								
		연말정산	A26								
		가감계	A30								
	기타소득		A40								
	연금소득	매월징수	A45								
		연말정산	A46								
		가감계	A47								
	이자소득		A50								
	배당소득		A60								
	저축해지 추징세액 등		A69								
	비거주자 양도소득		A70								
법인	내·외국법인원천		A80								
수정신고(세액)			A90								
총합계			A99								

소득세만 기재

❷ 환급세액 조정 (단위 : 원)

전월 미환급 세액의 계산			당월 발생 환급세액				⑱ 조정대상 환급세액 (⑭+⑮+⑯+⑰)	⑲ 당월조정 환급세액계	⑳ 차월이월 환급세액 (⑱-⑲)	㉑환급 신청액
⑫전월 미환급 세액	⑬기환급 신청세액	⑭차감잔액 (⑫-⑬)	⑮일반환급	⑯신탁재산 (금융 회사 등)	⑰그밖의 환급세액					
					금융 회사 등	합병 등				
			2,000,000				2,000,000		2,000,000	

차월이월환급세액은 다음달 전월환급세액으로 기재됨

4 - 1 원천징수이행상황신고서

다음 5월분 급여자료 및 퇴사자료를 보고 원천징수이행상황신고서를 작성하라.

1. 정규근로자 급여지급내역

김갑동외 3명	기본급여 및 제수당(원)			
	기본급	상여	식대	지급합계
	9,000,000	1,200,000	400,000	10,600,000
	공제액(원)			
	국민연금 등	근로소득세	지방소득세	공제합계
	620,000	72,000	7,200	699,200

• '식대'항목은 소득세법상 비과세요건을 충족한다.

2. 중도퇴사자 연말정산내역

김갑순	급여지급내역(1월~퇴사시)			
	기본급	상여	식대	지급합계
	10,000,000	2,700,000	500,000	13,200,000
	연말정산내역			
	근로소득세	지방소득세		합계
	△50,000	△5,000		△55,000

• 근속년수가 1년 미만자로 퇴직금은 없다.

3. 공장 일용근로자 급여지급내역

성명	급여내역(원)	공제액(원)		
		근로소득세	지방소득세	공제합계
이태백외2명	2,500,000	13,500	1,350	14,850

• 전월분 원천징수이행상황신고서상의 차월이월환급세액은 17,500원이었으며, 환급세액에 대하여는 일체의 환급신청을 하지 않았다.

[해답]

1. 총지급액에는 **비과세소득(식대)를 제외하고 입력**한다.
2. **소득세등에는 소득세만 입력**한다.(지방소득세는 지방자치단체에 신고납부)
3. 중도퇴사자의 연말정산은 중도퇴사(A02)에 기재한다.
4. 전월미환급세액⑫(당월조정환급세액⑲,⑨) 17,500원을 입력하고, 당월 납부세액은 징수세액(35,500원)에서 당월조정환급세액(17,500원)을 차감한 18,000원이 된다.

①신고구분						☑ 원천징수이행상황신고서 ☐ 원천징수세액환급신청서			②귀속연월	20×1년 05월
매월	반기	수정	연말	소득처분	환급신청				③지급연월	20×1년 05월

1. 원천징수 명세 및 납부세액(단위 : 원)

소득자 소득구분				코드	원천징수명세					⑨당월조정환급세액	납부 세액	
					소득지급(과세 미달, 일부 비과세 포함)		징수세액				⑩소득세 등(가산세 포함)	⑪농어촌특별세
					④인원	⑤총지급액	⑥소득세등	⑦농어촌특별세	⑧가산세			
개인(거주자·비거주자)	근로소득	간 이 세 액		A01	4	10,200,000	72,000					
		중 도 퇴 사		A02	1	12,700,000	△50,000					
		일 용 근 로		A03	3	2,500,000	13,500					
		연 말 정 산		A04								
		가 감 계		A10	8	25,400,000	35,500			17,500	18,000	
	퇴 직 소 득			A20								
	사업소득	매 월 징 수		A25								
		연 말 정 산		A26								
		가 감 계		A30								
	기 타 소 득			A40								
	연금소득	매 월 징 수		A45								
		연 말 정 산		A46								
		가 감 계		A47								
	이 자 소 득			A50								
	배 당 소 득			A60								
	저축해지 추징세액 등			A69								
	비 거 주 자 양 도 소 득			A70								
법인	내 · 외 국 법 인 원 천			A80								
수 정 신 고 (세 액)				A90								
총 합 계				A99	8	25,400,000	35,500			17,500	18,000	

2. 환급세액 조정(단위 : 원)

전월 미환급 세액의 계산			당월 발생 환급세액				⑱조정대상환급세액(⑭+⑮+⑯+⑰)	⑲당월조정환급세액계	⑳차월이월환급세액(⑱-⑲)	㉑환급신청액
⑫전월미환급세액	⑬기환급신청세액	⑭차감잔액(⑫-⑬)	⑮일반환급	⑯신탁재산(금융회사 등)	⑰그밖의 환급세액					
					금융회사 등	합병 등				
17,500		17,500						17,500	17,500	

제2절 연말정산(근로소득)

1. 의의

연말정산이란 근로소득을 지급하는 자가 다음해 2월분 급여를 지급하는 때에 지난 1년간의 총급여액에 대한 근로소득세액을 정확하게 계산한 후, 매월 급여지급시 간이세액표에 의하여 이미 원천징수납부한 세액과 비교하여 적게 징수한 경우에는 더 징수하고, 많이 징수한 세액은 돌려주는 절차를 말한다.

2. 연말정산의 시기

구 분	시 기	신고납부
(1) 일반	**다음해 2월분 급여 지급시**	**3월 10일까지**
(2) 중도퇴사	**퇴직한 달의 급여를 지급하는 때**	**다음달 10일까지**
(3) 반기별납부자	다음해 2월분 급여 지급시	신고 : 3월 10일까지 납부 : 7월 10일까지

예제 4 - 2 연말정산

다음 자료는 여성근로자인 김선미의 연말정산관련 자료이다. 공제받을 수 있는 공제는 모두 공제받도록 하고 세부담이 최소화되도록 한다.

〈부양가족사항(모두 생계를 같이하고 있음)〉

이름	연령	관계	참 고 사 항
김선미	43세	본 인	총급여액 4천만원
이기동	45세	배우자	당해연도 일용근로소득 3,500,000원 외에 타소득 없음. 청각장애인임.
김선규	71세	부 친	사업소득금액 900,000원 외에 타소득 없음
박명순	61세	모 친	은행이자소득 1,200,000원 외에 타소득 없음
이철민	21세	자	국내 고등학교 졸업 후 미국의 대학교에 입학허가 받아 재학중
이선영	18세	자	고등학생(시각장애인)

이름	연령	관계	참 고 사 항
이선미	5세	자	
이재식	38세	동 생	장애인으로서 근로소득(총급여액 5,200,000원) 외에 타소득 없음

〈연말정산 추가자료〉

항 목	내 용
보장성 보험료	• 본인 자동차보험료 : 800,000원 • 부친 보장성 상해보험료 : 400,000원 • 동생 장애인전용보험료 : 500,000원(소득자본인 신용카드 사용)
의 료 비	• 부친 보약구입비 : 600,000원(소득자본인 신용카드 사용) • 부친 관절염치료비 : 300,000원 • 모친 건강진단비 : 500,000원(소득자본인 신용카드 사용, 중증환자) • 본인 산후조리비용 : 3,000,000원(1회 출산) • 배우자 안과치료비 : 1,800,000원(배우자 신용카드 사용) • 아들(21)치과치료비 : 2,000,000원(미국에서 치료비) • 자(5) 라식수술비 : 1,000,000원 • 동생 성형수술비 : 3,000,000원(미용목적 성형수술)
교 육 비	• 배우자 대학원 등록금 : 7,500,000원 • 대학생 자녀 미국 대학교 등록금 : 8,200,000원 • 고등학생 자녀 등록금 : 1,300,000원* (* 방과후학교 수강료 200,000원, 도서구입비 80,000원 포함)
기 부 금	• 본인 명의 정치자금 기부금 : 900,000원 • 배우자명의 사찰기부금 : 3,000,000원 • 모친명의 국방헌금 : 700,000원
신용카드	• 본인명의 신용카드 사용액총액 : 30,000,000원 • 배우자명의 신용카드 사용액총액 : 10,000,000원 • 고등학생 자녀 현금영수증 사용액 : 1,000,000원 • 동생의 직불카드 시용액 : 5,000,000원
월세	• 월세지출액 7,000,000원(총급여액 40,000,000원-월세 세액공제 요건 충족)

1. 인적공제여부를 판단하고, 자녀세액공제를 판단하시오.

가족	이름	요 건		기본 공제	추가공제 (자녀)	판 단
		연령	소득			
본 인	김선미	–	–			
배우자	이기동	–				
부친(71)	김선규					
모친(61)	박명순					
자(21)	이철민					
자(18)	이선영					
자(5)	이선미					
동생(38)	이재식					

2. 연말정산대상금액을 입력하시오.

[소득공제]

1. 신용카드	① 신용카드 ② 현금영수증 ③ 직불카드 ④ 전통시장사용분 ⑤ 대중교통비사용액 ⑥ 도서 · 공연비, 박물관, 미술관, 영화관람료	

[특별세액공제]

1. 보장성보험료	① 일반 ② 장애인전용	
2. 의료비	① 특정의료비 ② 일반의료비	
3. 교육비	① 배우자 ② 대학생 ③ 취학전아동, 초중고 ④ 장애인특수교육비	
4. 기부금	① 정치자금 – 10만원 이하 – 10만원 초과 ② 특례기부금 ③ 일반기부금 ④ 종교단체 기부금	

[월세 세액 공제-조특법]

해답

1. 인적공제 및 세액공제판단

가족	이름	요 건		기본 공제	추가공제 (자녀)	판 단
		연령	소득			
본 인	김선미	–	–	○	부녀자공제	배우자가 있는 여성근로자
배우자	이기동	–	○	○	장애인	**일용근로소득은 분리과세소득임.**
부 친(71)	김선규	○	○	○	경로우대	
모 친(61)	박명순	○	○	○	–	**20백만원 이하의 은행이자소득은 분리과세소득임.**
자(21)	이철민	×	○	부	–	
자(18)	이선영	○	○	○	장애인, 자녀	
자(5)	이선미	○	○	○		자녀세액공제는 8세이상
동생(38)	이재식	×	×	부	–	장애인이나 총급여액 5백만원 초과자

2. 연말정산 추가자료 입력

<연말정산 대상 판단>

항목	요건		내 용	대 상
	연령	소득		
보장성 보험료	○	○	• 본인 자동차보험료 • 부친 보장성 상해보험료 • 동생 장애인전용보험료(소득요건 충족못함)	800,000원 400,000원 –
의료비	×	×	• 부친 보약구입비 : 보약은 대상에서 제외 • 부친 관절염치료비(65세이상) • 모친 건강진단비(중증환자) • 본인 산후조리비용(한도 2,000,000원) • 배우자 안과치료비(장애인) • 국외 치료비는 대상에서 제외 • **6세 이하 치료비는 특정의료비**(개정세법 24) • 성형목적 수술비는 대상에서 제외	– 300,000원(특정) 500,000원(특정) 2,000,000원(특정) 1,800,000원(특정) – 1,000,000원(특정) –
교육비	×	○	• 배우자 대학원 등록금 : 본인 대학원교육비만 가능 • 대학생 자녀 미국 대학교 등록금 : 국외교육기관에 지출한 교육비도 공제대상. • 고등학생 자녀 등록금 : 방과 후 학교 수강료와 방과 후 학교 도서구입비도 포함됨.	– 8,200,000원 1,300,000원

항목	요건		내 용	대 상
	연령	소득		
기부금	×	○	• 본인 명의 정치자금 기부금 • 배우자명의 사찰기부금 • 모친명의 국방헌금	900,000원(정치) 3,000,000원(종교) 700,000원(특례)
신용 카드	×	○	• 신용카드사용액 : 30,000,000원(본인) + 10,000,000원 (배우자) − 500,000원(보험료) = 39,500,000원 • 현금영수증 사용액 : 1,000,000원 • 형제자매의 신용카드 사용은 대상에서 제외	39,500,000원 1,000,000원 −
월세	무주택 세대주등		• **총급여액 8천만원(개정세법 24) 이하인 무주택 세대주**(기 본공제대상자도 가능) **전용면적 85㎡ 이하 또는 기준시 가 4억원 이하 임차**	7,000,000원

[연말정산대상금액]

[소득공제]

1. 신용카드	① 신용카드 ② 현금영수증	39,500,000 1,000,000

[특별세액공제]

1. 보장성 보험료	① 일반	800,000 + 400,000
2. 의료비	① 특정의료비(본인, 장애인, 65세 이상, 중증질환자, 6세 이하-개정세법 24)	300,000 + 500,000 + 1,800,000 +2,000,000+1,000,000
3. 교육비	② 대학생 ③ 취학전 아동, 초중고	8,200,000 1,300,000

4. 기부금	① 정치자금
	  − 10만원 이하
	  − 10만원 초과
	② 특례기부금
	④ 종교단체 기부금
		100,000
		800,000
		700,000
		3,000,000

[월세 세액 공제-조특법]		7,000,000

〈총급여액 4천만원일 경우 종합소득금액-스마트A 프로그램으로 확인가능함.〉

21. 총 급 여(16)		40,000,000
22. 근 로 소 득 공 제	＞	11,250,000
23. 근 로 소 득 금 액	＞	28,750,000

제3절 | 소득세 신고·납부절차

1. 소득세 신고절차

구 분	내 용	신고여부	납부기한
1. 중간예납	사업소득이 있는 거주자가 상반기 (1월~6월)의 소득세를 미리 납부하는 절차	고지납부	11월 30일
2. 사업장 현황신고	**면세사업자(개인)**의 총수입금액을 파악하기 위한 제도	자진신고	**다음연도 2월 10일까지**
3. 확정신고	소득세법상 소득이 있는자가 소득세를 확정 신고납부하는 것	자진신고	다음연도 5월말까지

2. 중간예납

(1) 중간예납대상자 : 사업소득이 있는 거주자는 중간예납 의무가 있다.

다만, 다음에 해당하는 사람은 중간예납 의무가 없다.

① 신규사업자
② 사업소득 중 수시 부과하는 소득
③ 보험모집인, 방문판매인 등 연말정산대상 사업소득으로서 원천징수의무자가 직전연도에 사업소득세의 연말정산을 한 경우
④ 납세조합이 소득세를 매월 원천징수하여 납부하는 경우

(2) 징수

고지납부가 원칙(**소액부징수 : 50만원미만인 때에는 징수하지 않는다.**)

(3) 신고납부 : 11월 1일부터 11월 30일까지

① 임의적 신고대상자 : 사업부진으로 **중간예납기준액의 30%에 미달시 중간예납추계액을 신고 납부할 수 있음**
② 강제적 신고대상자 : 중간예납기준액이 없는 거주자(복식부기의무자)가 당해 연도의 중간예납 기간 중 종합소득이 있는 경우에는 중간예납세액을 신고·납부하여야 함

☞ 중간예납기준액 : 직전년도 종합소득에 대한 소득세로서 납부하였거나 납부하여야 할 세액
중간예납추계액(세액) : 당해년도 1.1~6.30까지 종합소득에 대한 소득세 추계액

3. 사업장현황신고 : 개인면세사업자

개인면세사업자가 5월의 종합소득 확정신고를 하기 전에 1년간의 수입금액을 미리 신고하는 제도를 사업장현황 신고라고 한다.

다음연도 2월 10일까지 사업장 소재지 관할세무서장에게 신고하여야 한다.

4. 지급명세서 제출의무

(1) 제출의무자 : 소득세납세의무가 있는 개인에게 소득을 국내에서 지급하는 자

(2) 제출기한

① 원칙 : 익년도 2월말일
② 근로소득, 퇴직소득, 원천징수대상사업소득: 익년도 3월 10일
③ 휴업(폐업)의 경우 : 휴업(폐업)일이 속하는 달의 다음다음 달 말일

5. 근로소득 간이지급명세서 제출의무

(1) 제출의무자 : 상용근로소득, 원천징수대상 사업소득,
                  인적용역관련 기타소득을 지급하는 자(개정세법 24)
(2) 제출기한 : 상용근로소득(반기 단위제출, 반기말 다음달 말일)
              원천징수대상 사업소득 및 인적용역 관련 기타소득
              (매월단위 제출, 다음달 말일)(개정세법 24)

6. 확정신고와 납부

(1) 과세표준확정신고

당해 연도의 소득금액(종합소득·퇴직소득·양도소득)이 있는 거주자는 당해 소득의 과세표준을 당해 연도의 다음 연도 5월 1일부터 5월 31일까지 납세지 관할세무서장에게 신고하여야 한다.

이러한 과세표준 확정신고는 해당 과세기간의 과세표준이 없거나 결손금액이 있는 경우에도 하여야 한다.

〈확정신고 의무 제외자〉

① **근로소득만 있는 자**

② **퇴직소득만 있는 자**

③ **연말정산대상 연금소득만 있는 자**

④ **연말정산대상 사업소득만 있는 자**

⑤ 위 ① · ② 또는 ② · ③ 또는 ② · ④ 소득만 있는 자

⑥ 분리과세이자소득 · 분리과세배당소득 · 분리과세연금소득 및 분리과세기타소득만이 있는 자

⑦ 위 ① 내지 ⑤에 해당하는 자로서 분리과세이자소득 · 분리과세배당소득 · 분리과세연금소득 및 분리과세기타소득이 있는 자

(2) 자진납부 및 분납

거주자는 해당 연도의 과세표준에 대한 종합소득 · 퇴직소득 · 양도소득 산출세액에서 감면세액 · 공제세액 · 기납부세액을 공제한 금액을 과세표준확정신고기한까지 납세지 관할세무서에 납부하여야 한다.

또한 납부할 세액(가산세 및 감면분 추가납부세액은 제외)이 **1천만원을 초과하는 거주자는 다음의 세액을 납부기한 경과 후 2개월이내에 분납**할 수 있다.

① 납부할 세액이 2천만원 이하인 때에는 1천만원을 초과하는 금액
② 납부할 세액이 2천만원을 초과하는 때에는 그 세액의 50% 이하의 금액

7. 소액부징수

① **원천징수세액이 1천원 미만**인 경우(**이자소득과 인적용역 사업소득[*]으로서 계속적 · 반복적 활동을 통해 얻는 소득**은 제외)

　　[*] 2024.7.1. 이후 지급하는 분부터 적용(개정세법 24)

② 납세조합의 징수세액이 1천원 미만인 경우

③ **중간예납세액이 50만원** 미만인 경우

8. 소득세법상 주요가산세

종 류	적 용 대 상	가 산 세 액
1. 지급명세서 불성실가산세	지급명세서 기한내에 미제출 또는 제출된 지급명세서의 내용이 불분명한 경우	미제출·불분명 지급금액 × 1% **(기한후 3개월 이내에 제출시에는 0.5%)**
2. **계산서 등 또는 계산서 합계표불성실가산세**	– 계산서를 미교부 부실기재한 경우 또는 합계표를 제출하지 않거나 부실기재한 경우 – 가공 및 위장계산서 등(현금영수증 포함)를 수수한 경우	**– 미발급, 가공 및 위장수수 × 2%** **– 지연발급 × 1%** **– 계산서 합계표 미제출 × 0.5%(지연제출 0.3%)**
3. 원천징수불성실가산세	원천징수세액의 미납부·미달납부	MIN[①, ②] ① 미달납부세액 ×3%+미달납부세액 ×2.2/10,000×미납일수 ② 미달납부세액의 10%
4. **지출증빙 미수취가산세 (증빙불비 가산세)**	**사업자가 건당 3만원 초과분에 해당하는 경비 등을 지출하고 임의증빙서류를 수취한 경우**	**미수취금액 중 필요경비 인정액 × 2%** ☞ 소규모사업자 및 소득금액이 추계되는 자 제외
5. 영수증수취명세서제출불성실가산세	사업자가 영수증수취명세서(**3만원 초과분**)를 제출하지 아니하거나 불분명하게 제출한 경우	미제출·불분명금액 × 1% ☞ 소규모사업자 및 소득금액이 추계되는 자 제외
6. 무기장가산세	**사업자(소규모사업자* 제외)가 장부를 비치하지 않거나 허위로 기장하는 경우**	미기장/누락기장한 소득금액에 대한 산출세액 × 20%
7. 기타	사업용계좌미사용 가산세, 신용카드매출전표미발급가산세 현금영수증미발급가산세 등이 있다.	

* 소규모사업자 : ① 신규사업개시자

② 직전연도 사업소득의 수입금액합계액이 **4,800만원**에 미달하는 자

③ 연말정산되는 사업소득만 있는 자

 객관식

01. 다음 중 종합소득세 확정신고·납부와 관련된 내용으로 옳지 않은 것은?

① 과세표준이 없거나 결손시에는 신고의무가 면제된다.

② 일용근로소득만 있는 자는 과세표준 확정신고를 하지 않아도 된다.

③ 과세표준 확정신고 기한은 다음 연도 5월 1일에서 5월 31일(성실신고대상자는 6월 30일) 까지 이다.

④ 납부할 세액이 1천만원을 초과하는 경우에는 납부기한 경과 후 2개월 이내에 분납할 수 있다.

02. 종합소득 과세표준 확정신고에 대한 설명으로 옳지 않은 것은?

① 소득세는 납세의무자의 확정신고로 과세표준과 세액이 확정된다.

② 거주자가 사망한 경우 소득세 과세기간은 1월 1일부터 사망한 날까지로 한다.

③ 분리과세 이자소득만 있는 거주자는 과세표준 확정신고를 하지 아니할 수 있다.

④ 소득세의 모든 소득은 종합과세, 분리과세 중 어느 한 방법으로 과세된다.

03. 다음 중 소득세법상 연말정산에 대한 설명으로 옳지 않은 것은?

① 원천징수의무자는 매월 급여 지급시 간이세액표에 따른 소득세를 원천징수하고 다음 연도 2월분 급여 지급시 연말정산을 한다.

② 일용근로자의 근로소득은 연말정산에 의해 납세의무가 종결되므로 과세표준 확정신고를 할 필요가 없다.

③ 근로소득 이외에 종합과세 대상 기타소득이 있는 거주자는 근로소득과 기타소득을 합산하여 과세표준 확정신고를 하여야 한다.

④ 이미 원천징수하여 납부한 소득세의 과오납으로 인한 환급액은 납부할 소득세에서 조정하여 환급한다.

04. 다음 중 소득세 신고 및 납부에 대한 설명으로 옳지 않은 것은?

① 사업소득이 있는 거주자의 중간예납기간은 1월 1일부터 6월 30일까지이다.

② 퇴직소득과 양도소득에 대해서는 중간예납을 하지 않는다.

③ 납부할 세액이 500만원을 초과하는 경우 분납을 할 수 있다.

④ 연말정산한 근로소득만 있는 자는 과세표준확정신고를 하지 않아도 된다.

05. 다음 중 소득세법상 연말정산과 과세표준 확정신고에 대한 설명으로 옳지 않은 것은?

① 근로소득과 연말정산되는 사업소득이 있는 자는 과세표준 확정신고를 하여야 한다.

② 중도퇴직자는 다음 연도 2월 말일에 정산한다.

③ 소득세법에 따라 연말정산한 공적연금소득만이 있는 자가 다른 종합소득이 없는 경우에는 과세표준 확정신고를 하지 않아도 된다.

④ 일용근로소득만 있는 자는 연말정산을 하지 않는다.

06. 다음 중 종합소득세의 납세절차에 대한 설명으로 옳은 것은?

① 근로소득과 분리과세 이자소득만 있는 자도 과세표준 확정신고를 하여야 된다.

② 퇴직소득만 있는 자는 과세표준 확정신고를 하지 않아도 된다.

③ 근로소득과 공적연금소득이 있는 자는 과세표준 확정신고를 하지 않아도 된다.

④ 차감납부할 세액이 1천만원을 초과하는 경우 그 납부할 세액의 일부를 납부기한이 지난 후 1개월(중소기업은 2개월)이내에 분납할 수 있다.

주관식

01. 다음은 생산직사원인 김미순씨(총급여액 3천만원)와 생계를 같이하는 부양가족의 사항이다. 연말정산을 위한 인적공제(소득공제 및 자녀세액공제)를 판단하시오. 분리과세를 선택가능하면 분리과세를 선택한다.

성 명	관 계	연 령	비 고
홍길동	배우자	29세	주택임대소득(2채 보유) 수입금액 10,000,000원
김상수	부친	71세	일시적 강연료 수입인 기타소득금액 2,500,000원이 있다 (또한 분리과세 선택이 가능하다).
이금녀	모친	67세	소득없음
이덕만	장모	80세	소득없음. 장애인복지법에 따른 장애인
김한일	동생	32세	항시 치료를 요하는 중증환자
김한이	딸	10세	초등학생임
김한삼	아들	8세	올해 입양

〈인적공제 및 자녀세액공제 판단〉

관계	요 건 연령	요 건 소득	기본공제	추가공제 (자녀)	판 단
본인(여성)	–	–	○		
배우자	–				
부(71)					
모(67)					
장모(80)					
동생(32)					
자1(10)					
자2(8)					

02. 관리부 직원인 홍길동(총급여액 6천만원)에 대한 연말정산관련 자료이다. 주어진 자료를 이용하여 연말 정산을 하시오. 부양가족은 모두 기본공제 대상자에 해당한다,

과 목	명 세	금 액(원)
신용카드 사용액	본인 명의 신용카드 사용액(전통시장 1,000,000원 포함)	10,000,000
	학원비 현금영수증(태권도 학원비)	800,000
	부친 명의 직불카드영수증사용액(대중교통비 500,000원 포함)	2,000,000
	모친 명의 신용카드(도서공연비 2,000,000원 포함)	3,000,000
	홍일남 명의 신용카드(영화관람료) 2023년 7월 1일 이후 지출분	1,000,000
보 장 성 보 험 료	암보험료 납입증명서(본인 명의로 계약하고 피보험자는 배우자임)	1,200,000
	장애인전용보험료 (부친)	600,000
의 료 비	모친(68세)의 위염 수술비비	1,000,000
	배우자의 산후조리원 비용(1회)	4,000,000
교 육 비	홍삼남(자,5세)의 유치원 체험학습비	2,000,000
	홍일남(자,25세)의 대학원 교육비 납입영수증	9,000,000
	홍이남(초등학생,8세)의 교복구입비	1,000,000
	부친(70세)인 최규식의 장애인 특수교육비	2,000,000
기 부 금	배우자 정당 후원금	1,000,000
	부친 명의 이재민구호금품	2,000,000
연금저축	배우자 명의로 연금저축 불입	2,000,000
월세	본인(무주택 세대주) 명의로 전용면적120㎡, 기준시가 4억원인 아파트 임차(20x1.06.01.~20x3.05.31)	3,000,000

〈연말정산대상 금액〉

[소득공제]		
1. 신용카드	① 신용카드 ② 현금영수증 ③ 직불카드 ④ 전통시장 ⑤ 대중교통비 ⑥ 도서 · 공연비, 박물관 · 미술관, 영화관람료	
[특별세액공제]		
1. 보장성 보험료	① 일반 ② 장애인전용	
2. 의료비	① 특정(본인, 장애, 65세 이상, 중증환자 등)의료비 ② 일반의료비	
3. 교육비	① 본인 ② 대학생 ③ 취학전아동 ④ 장애인 특수교육비	
4. 기부금	① 정치기부금 ② 특례기부금	
[연금계좌세액공제]		
[월세세액공제]		

03. 다음은 공장의 생산직 직원인 이창민(총급여액 8천만원)에 대한 연말정산 관련 자료이다. 주어진 자료를 이용하여 연말정산을 하시오.

구 분	금 액(원)	참고사항
보장성 보험료	900,000	본인 생명보험료
	1,200,000	차남(22살, 장애인)전용보장성보험료
의료비	1,000,000	본인 질병 치료비
	2,000,000	배우자 성형수술비(치료목적)
	3,000,000	장녀 질병치료비(장애인)
교육비	5,300,000	배우자 대학원 수업료
	500,000	3녀(취학전 아동)의 학원비
기부금	2,000,000	본인 종교단체 기부금
	3,000,000	부친(58살, 소득없음)의 재난지역 자원봉사용역가액
신용카드 사용액	10,000,000	본인 신용카드 총사용액(대중교통비 2,000,000원 포함)
	1,000,000	본인 직불카드(도서공연사용분)
	7,000,000	배우자 현금영수증 총사용액 (3녀의 학원비 결제액 500,000원이 포함됨)

〈연말정산대상 금액〉

[소득공제]

1. 신용카드	① 신용카드 ② 현금영수증 ③ 직불카드 ④ 전통시장 ⑤ 대중교통비 ⑥ 도서 · 공연비, 박물관 · 미술관, 영화관람료	

[특별세액공제]

1. 보장성 보험료	① 일반 ② 장애인전용	
2. 의료비	① 특정(본인, 장애, 65세 이상, 중증환자 등)의료비 ② 일반의료비	
3. 교육비	① 본인 ② 대학생 ③ 취학전아동	
4. 기부금	① 특례기부금 ② 일반기부금 ③ 일반기부금(종교단체)	

🔑 **객관식**

1	2	3	4	5	6									
①	④	②	③	②	②									

[풀이-객관식]

01 **과세표준이 없거나 결손시에도 신고**해야한다.

02 소득세의 모든 소득은 종합과세, 분리과세, 분류과세 중 어느 한 방법으로 과세된다.

03 일용근로자의 근로소득은 분리과세되므로 연말정산 대상이 아니다.

04 납부할 세액이 **1,000만원을 초과하는 경우 분납**을 할 수 있다.

05 중도퇴직자는 **퇴직한 달의 급여를 지급하는 때에 정산**한다.

06 ① 근로소득과 분리과세이자소득만 있는 자는 과세표준 확정신고를 하지 않아도 된다.

③ 근로소득과 공적연금소득이 있는 자는 과세표준 확정신고를 하여야 한다.

④ 차감납부할 세액이 1천만원을 초과하는 경우 그 납부할 세액의 일부를 **납부기한이 지난 후 2개월 이내에 분납**할 수 있다.

주관식

01 김미순(부양가족 등록)

관계	요 건		기본 공제	추가공제 (자녀)	판 단
	연령	소득			
본인(여성)	–	–	○	부녀자	배우자가 있는 여성(맞벌이 여성)
배우자	–	○	○		**사업소득금액 1백만원 이하자**
부(71)	○	○	○	경로	분리과세 선택
모(67)	○	○	○		
장모(80)	○	○	○	경로, 장애	
동생(32)	×	○	○	장애	장애인은 연령요건을 따지지 않는다.
자1(10)	○	○	○	자녀	
자2(8)	○	○	○	자녀, 출산(2)	

02. 홍길동(총급여액 6천만원)

항 목	요건		내역 및 대상여부	입력
	연령	소득		
신용카드	×	○	• 본인 신용카드 • 학원비 현금영수증 • 부친 명의 직불카드영수증 • 모친 명의 직불카드영수증 • 홍일남 신용카드(영화관람료)	○(신용 10,000,000) ○(전통 1,000,000) ○(현금 800,000) ○(직불 1,500,000) ○(대중 500,000) ○(신용 1,000,000) ○(도서 2,000,000) ○(도서 1,000,000)
보장성 보험료	○ (×)	○	• 배우자 암보험료 • 장애인 전용보험료	○(보장성 1,200,000) ○(장애인 600,000)
의료비	×	×	• 모친(65세 이상) 위염수술비 • **산후조리원은 출산1회 2백만원 한도**	○(특정 1,000,000) ○(일반 2,000,000)
교육비	×	○	• **체험학습비는 초·중·고등학생만 대상** • **대학원은 본인만 대상** • **교복구입비는 중·고등학생만 대상** • **장애인 특수교육비는 직계존속도 가능**	× × × ○(2,000,000)
기부금	×	○	• **정치자금은 본인만 대상** • 부친 명의 이재민 구호금품	× ○(특례 2,000,000)
연금저축	본인만대상			×

항 목	요건		내역 및 대상여부	입력
	연령	소득		
월세	세대원		**국민주택(전용면적 85㎡ 이하) 또는 기준시가 4억원 이하인 주택임차만 대상**	×

		입력
[소득공제]		
1. 신용카드	① 신용카드	11,000,000
	② 현금영수증	800,000
	③ 직불카드	1,500,000
	④ 전통시장	1,000,000
	⑤ 대중교통비	500,000
	⑥ 도서 · 공연비, 박물관 · 미술관, 영화관람료	3,000,000
[특별세액공제]		
1. 보장성 보험료	① 일반	1,200,000
	② 장애인전용	600,000
2. 의료비	① 특정(본인, 장애, 65세 이상, 6세 이하, 중증환자 등)의료비	1,000,000
	② 일반의료비	2,000,000
3. 교육비	① 본인	
	② 대학생	
	③ 취학전아동	
	④ 장애인 특수교육비	2,000,000
4. 기부금	① 정치기부금	
	② 특례기부금	2,000,000
[연금계좌세액공제]		
[월세세액공제]		

03. 이창민(총급여액 8천만원)

구 분	대상 여부 판단	
보장성 보험료	• 본인 생명보험(900,000) • 차남 장애인 보험(1,200,000)-연령요건을 충족하지 않아도 됨.	보장(900,000) 장애(1,200,000)
의료비	• 본인 질병치료비 • 배우자 **성형수술비(치료목적은 가능)** • 장녀 질병치료비(장애인)	본인(1,000,000) 일반(2,000,000) 장애(3,000,000)
교육비	• 배우자 대학원 수업료-**대학원은 본인만 대상** • 취학전 아동의 학원비	× 취학전(500,000)
기부금	• 본인 종교단체 기부금 • 부친 재난지역 자원봉사가액-연령요건을 충족하지 않아도 됨.	종교(2,000,000) 특례(3,000,000)
신용 카드	• 본인 신용카드 • 직불카드: **총급여액 7천만원초과자인 경우 해당카드란에 입력** • 배우자 현금영수증(**교육비세액공제와 중복 허용**)	신용(8,000,000) 대중(2,000,000) **직불(1,000,000)** 현금(7,000,000)

〈연말정산대상 금액〉

[소득공제]		
1. 신용카드	① 신용카드	8,000,000
	② 현금영수증	7,000,000
	③ 직불카드	1,000,000
	④ 전통시장	–
	⑤ 대중교통비	2,000,000
	⑥ 도서 · 공연비, 박물관 · 미술관, 영화관람료	–
[특별세액공제]		
1. 보장성 보험료	① 일반	900,000
	② 장애인전용	1,200,000
2. 의료비	① 특정(본인, 장애, 65세 이상, 중증환자 등)의료비	4,000,000
	② 일반의료비	2,000,000
3. 교육비	① 본인	–
	② 대학생	–
	③ 취학전아동	500,000
4. 기부금	① 특례기부금	3,000,000
	② 일반기부금	–
	③ 일반기부금(종교단체)	2,000,000

Part IV
실무능력

Log-In
Log-In

TAT 2급 실무시험 출제내역

1. 거래자료입력	일반전표 및 매입매출전표 4문항
2. 부가가치세	**전자세금계산서 발급(매회 출제)** **수정전자세금계산서 발급(매회 출제)** 각종 부속 서류 작성 및 부가가치세 신고서 반영
3. 결산	수동결산 : 12월 31일 일반전표입력 **자동결산 : 재고자산, 대손충당금, 감가상각비, 퇴직급여, 법인세 등 입력**
4. 근로소득관리	**사원등록(인적공제)(매회 출제)** 급여자료입력 원천징수이행상황신고서 **연말정산(매회 출제)**

〈AT 실무시험〉

			문항수	방법	점수
실무 수행 과제	회계정보관리	1. 거래자료입력	3	*실무수행과제 입력 후 수행평기 답안 작성*	–
	부가가치세관리	2. 세금계산서	2		
		3. 부가가치세	2		
	회계정보관리	4. 결산	2		
	근로소득관리	5. 원천징수	2		
		6. 연말정산	1		
수행 평가	*부가가치세 관리*	1. 부가가치세 조회	10		70
	회계정보관리	2. 회계정보 조회	15		
	근로소득관리	3. 근로소득정보 조회	15		

Chapter 01

재무회계 실무능력

NCS회계 - 3 회계정보시스템 운용   **NCS세무 - 3** 세무정보시스템 운용

01 STEP 설치 및 실행

1. https://at.kicpa.or.kr/ (한국공인회계사회 AT자격시험 홈페이지)에서 설치파일을 다운로드하고 설치한다.

2. <u>프로그램을 처음 설치한 경우라면 기존 작업한 회사가 없으므로 화면 하단의</u>

   [회사등록] **키를 이용하여 임의의 회사를 등록**한 후 실습을 하여야 한다.

3. [최신버전확인] 을 클릭하여 최신버전의 프로그램으로 실습을 하기 바란다.

4. **백데이타 다운로드 및 설치**

   ① 도서출판 어울림 홈페이지(www.aubook.co.kr)에 접속한다.
   ② 홈페이지에 상단에 자료실 – 백데이타 자료실을 클릭한다.
   ③ 자료실 – 백데이터 자료실 – LOGIN TAT2급 백데이터를 선택하여 다운로드 한다.
   ④ **압축이 풀린 데이터는 "내컴퓨터\C드라이브\duzonbizon\백업 데이타 복구\login" 폴더 안에 풀리도록 되어 있습니다.**
   ⑤ 백업 데이타 복구
    ㉠ [데이타관리]→[백업데이타 복구]를 클릭한다.
    ㉡ 데이터 경로 **"내컴퓨터\C드라이브\duzonbizon\백업 데이타 복구\login"으로** 지정하고 회사를 선택한다.

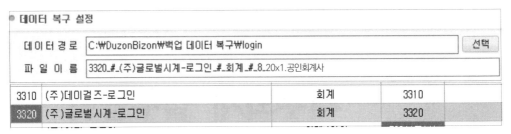

ⓒ 복구를 실행하면 작업결과에 성공이라는 메시지가 뜨면 정상적으로 복구가 된 것이다.

이해가 안되시면 도서출판 어울림 홈페이지에 공지사항(82번)
"더존 스마트에이 데이터 백업 및 복구 동영상"을 참고해주십시오.

02 STEP 기초정보관리

1. 환경설정

TAT 2급 시험의 경우 제조업이 시험범위이므로 404.제품매출/153.원재료로 설정되어 있다.

		도소매업(FAT2,1급)	제조업(TAT2급)
매출	**매출**	**상품매출(401)**	**제품매출(404)**
	매출채권	외상매출금(108)	**외상매출금(108)**
매입	**매입**	**상품(146)**	**원재료(153)**
	매입채무	외상매입금(251)	**외상매입금(251)**

2. 회사등록

회사등록은 작업할 회사의 사업자등록증을 토대로 작성하여 등록된 내용이 각종 출력물상의 회사 인적사항에 자동 표시됨은 물론 각종 계산에 영향을 주게 되므로 정확히 입력되어야 한다.

3. 거래처 등록

상품, 제품을 외상거래나 기타채권, 채무에 관한 거래가 발생했을 때 외상매출금계정이나 외상매입금계정 등의 보조장부로서 거래처별 장부를 만들게 되는데, 이렇게 각 거래처별 장부를 만들기 위해서는 장부를 만들고자 하는 거래처를 등록하여야 한다.

또한 기업은 여러 개의 통장을 소유하고 있다. 이럴 경우 **은행계좌별로 장부와 통장잔액을 일치시켜야 하므로 거래처(은행)를 등록하고 거래처 코드를** 입력한다.

〈반드시 거래처코드를 입력해야 하는 계정과목〉

보통예금, 당좌예금 등	
채권계정	채무계정
외상매출금	외상매입금
받 을 어 음	지 급 어 음
미 수 금	미 지 급 금
선 급 금	선 수 금
대여금(단기, 장기)	차입금(단기, 장기), 유동성장기부채
가 지 급 금	가수금(거래처를 알고 있을 경우 입력)
선급비용/미수수익	선수수익/미지급비용
임차보증금	임대보증금

4. 계정과목 및 적요등록

회사의 특성상 자주 사용하는 계정과목이나 적요가 필요한데, 계정과목이나 적요를 추가로 등록하거나 수정할 수 있다. **일반적으로 적색계정과목은 수정하지 않으나, 수정시에는 Ctrl+F1을 클릭한 후 수정한다.**

5. 전기분 재무제표

① **전기분 재무상태표 :** 손익계산서 및 제조원가명세서의 재고자산금액으로 자동 반영된다.

② **전기분 손익계산서 :** 기말제품은 재무상태표상의 금액이 자동 반영된다.

③ **전기분원가명세서 :** 제조기업이 작성하는 명세서

④ **전기분 잉여금(결손금)처분계산서**

6. 거래처별초기이월

거래처별관리가 필요한 재무상태표 항목에 대하여 [거래처원장]에 "전기이월"로 표기하면서 거래처별 전년도 데이터를 이월받기 위한 메뉴이다.

03 STEP 업무용 승용차

부가세법상 매입세액 불공제 대상 승용차에 대해서 발생한 비용에 대해서 한도가 있어서 일부 비용이 인정되지 않을 수 있다.

추가반영된 프로그램에 대해서 관리항목부터 비용집계까지 입력해보도록 하자.

1. 업무용 승용차 관리항목 등록

계정과목 및 적요등록에서 822.차량유지비에 설정해보도록 하자.

822.차량유지비 관리항목에 커서를 위치한 후 F2를 클릭한다.

32.업무용승용차의 사용 "0.○"을 선택한다.

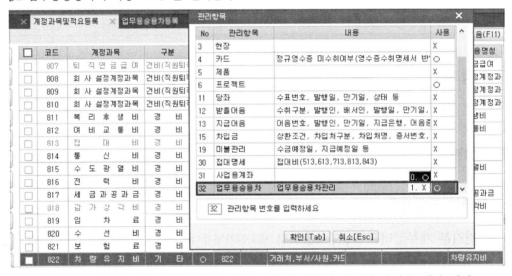

차량과 관련한 계정과목(예 : 감가상각비, 임차료 등)에 대해서 이러한 작업을 해야 한다.

430

2. 업무용승용차 등록

		코드	차량번호	차 종	명의구분	사용
1		0101	44고4444	SM7	회사	○
2						

기본사항

1. 고 정 자 산 계 정 과 목   208   ?   차량운반구
2. 고 정 자 산 코 드   ?
3. 고 정 자 산 명
4. 취 득 일 자   ----.--.--
5. 경 비 구 분   0   800번대
6. 명 의 구 분   0   회사차
7. 임 차 기 간   ----.--.-- ~ ----.--.--   ?
8. 기 초 주 행 누 적 거 리   0 km
9. 보 험 가 입 여 부   0   업무전용자동차보험(법인)   참고
10. 보 험 기 간   ----.--.-- ~ ----.--.--   ?
  ----.--.-- ~ ----.--.--   ?

코드, 차량번호, 차종, 명의구분 등을 등록한다.

3. 전표입력

1월1일 업무용승용차에 50,000원을 주유했다고 가정하고 전표를 입력해보자.

전료를 입력 후 해당계정위에 커서를 위치한 후 F3 클릭하고, 하단에 업무용 승용차 관리항목 창이 활성화되면 해당항목을 입력한다.

	일	번호	구분	코드	계정과목	코드	거래처	적요	차변	대변
	1	00001	차변	822	차량유지비			[0101]44고4444 SM7 (1.유류비)	50,000	
✓	1	00001	대변	101	현금					50,000

● 업무용 승용차 관리

승용차코드	차량번호	차 종	구 분	코 드	부서/사원	임차여부	임차기간	보험기간
0101	44고4444	SM7	1.유류비 ▼			0.회사차	----.--.--	----.--.--

※ 업무용승용차를 입력하면 「업무용승용차등록」에 등록된 사원이 전표에 반영됩니다.
「업무용승용차등록」에 등록된 사원과 전표의 사원이 다른 경우 업무용승용차관리창 밖의 전표의 부서에 해당사원을 입력하시기 바랍니다.

구분란에 1.유류비 등 해당항목을 선택한다.

4. 차량비용현황(업무용승용차)

기간과 차량번호를 입력하면 다음과 같은 업무용 승용차 비용현황이 나타난다.

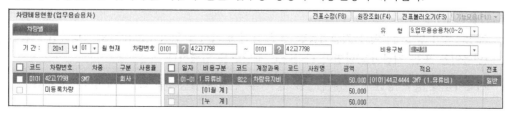

04 STEP 전표입력

1. 일반전표와 매입매출전표의 구분

세금계산서(계산서, 카드영수증, 현금영수증 등 포함) 등을 주고 받았으면 매입매출전표에, 그 이외의 모든 거래는 일반전표로 입력한다.

2. 경비계정의 계정코드 선택

경비는 판매비와관리비(800번대) 계정과 제조경비(500번대)를 구분하여 입력한다.

즉, 공장에서 발생되었으면 제조경비를 본사(관리 또는 영업)에서 발생되었으면 판매비와 관리비 계정을 선택한다.

3. 일반전표 입력

① 입력할 전표의 월/일을 선택 입력하고, 구분(1:출금/2:입금/3:차변/4:대변/5:결산차변/6:결산 대변)을 입력한다.

② 계정과목 코드란에 계정과목 1글자 이상(일반적으로 2글자)을 입력하고 엔터를 치면 계정코드도움 화면이 나타나고 해당계정과목을 선택한다.

③ 거래처코드에 거래처명 1글자 이상(일반적으로 2글자)을 입력하고 엔터를 치면 거래처코드도움 화면이 나타나고 해당거래처를 선택한다.

④ 전표의 적요사항을 입력한다.(등록된 내용을 선택하거나 등록된 내용을 수정하여 선택할 수 있다.) **적요입력을 생략하나, 특정거래(타계정대체 등)에 대해서는 적요번호를** 선택하여야 한다.

  ☞ **타계정대체거래란?**

  제조기업에서의 원가흐름은 원재료 → 재공품 → 제품 → 제품매출원가로 이루어져 있는데, 원재료를 **제조목적 이외로 사용하는 경우**(소모품비, 수선비 등)와 **제품을 판매 목적 이외**로 사용하는 경우(기업업무추진(접대)비, 복리후생비 등)를 **타계정대체액**이라 하고 해당 재고자산의 **적요란에 "8"(타계정으로 대체액)**을 반드시 선택하여야 한다.

⑤ 차변 또는 대변에 금액을 입력한다.(금액란에 "+"키를 입력하면 "000"이 입력된다)

⑥ **어음관리**

계정과목이 받을어음이나 지급어음일 경우 금액에 커서를 위치하고 [F3]을 클릭하면 어음관리 (받을어음 또는 지급어음)화면이 나타나고 해당란을 입력한다.

지급어음일 경우 상단의 어음등록 을 클릭 후 먼저 어음등록을 하고, 발행하여야 한다.

⑦ **경비등 송금명세서**

　[결산/재무제표Ⅰ]-[경비등의 송금명세서]를 클릭하여 작성한다.

　☞ 사업자(법인, 사업소득이 있는 거주자)가 건당 3만원 초과 거래인 경우 법정증명서류(세금계산서,계산서,현금영수증,신용카드매출전표 등)을 수취하여야 지출증명서류미수취가산세(2%)가 부과되지 않습니다. 그러나 정규증명서류를 수취하기 곤란한 경우에 거래금액을 금융기관을 통하여 지급하고 과세표준 신고시에 '경비등 송금명세서'를 제출한 경우에는 경비로 인정되며, 가산세도 부과되지 않습니다.

⑧ **영수증수취명세서**

　[결산/재무제표Ⅰ], [영수증수취명세서]를 클릭하여 작성한다.

　☞ 영수증수취명세서는 거래건당 3만원을 초과하고 적격증빙(계산서 · 세금계산서 · 신용카드매출전표 및 현금영수증)이 아닌 영수증을 수취한 경우 제출하여야 한다.

> ☞ FAT2급(일반전표입력-대체전표) 입력사항을 참고하십시오.

 거래자료입력(일반전표)

실무수행 유의사항	1. 부가가치세 관련거래는 [매입매출전표입력]메뉴에 입력하고, 부가가치세 관련없는 거래는 [일반전표입력]메뉴에 입력한다. 2. **타계정 대체 및 부가가치세와 관련된 적요는 반드시 코드를 입력하여야 한다.** 3. **채권 · 채무, 예금거래 등 관리대상 거래자료에 대하여는 거래처코드를 반드시 등록한다.** 4. 자금관리 등 추가 작업이 필요한 경우 지문에 따라 추가 작업하여야 한다. 5. **제조경비는 500번대 계정코드를 사용한다.** 6. 판매비와 관리비는 800번대 계정코드를 사용한다. 7. 등록된 계정과목 중 가장 적절한 계정과목을 선택한다.

(주)한강(2001)의 주어진 실무 프로세스에 대하여 거래 자료를 입력하고, 추가 평가문제도 입력하시오

1. 3만원초과 거래자료에 대한 경비등 송금명세서 작성

- 공급자 정보
- 상　　　　　호 : 두일공인중개사
- 사업자등록번호 : 107-26-31371
- 대　　표　　자 : 김기수
- 주　　　　　소 : 서울시 송파구 잠실로 24
- 은 행 정 보 : 외환은행 123-456-789
- 예　　금　　주 : 두일공인중개사

■ 보통예금(외환은행) 거래내역

번호	거래일	내용	찾으신금액	맡기신금액	잔액	거래점
			계좌번호 123-456-789 (주)한강			
1	20x1-1-5	두일공인중개사	500,000		********	역삼

자료설명	공장 건설용 부지를 매입하고 공인중개사에게 중개수수료 500,000원을 외환은행 보통예금 계좌에서 이체하여 지급하였다.
평가문제	1. 거래자료를 입력하시오. 2. 경비등의 송금명세서를 작성하시오.

2. 3만원초과 거래자료에 대한 영수증수취명세서 작성

영 수 증 (공급받는자용)

NO   (주)한강   귀하

공급자	사업자등록번호	203-28-33123		
	상 호	수라상	성명	유상호
	사업장소재지	서울 관악구 신림로 133		
	업 태	음식및숙박업	종목	한식점업

작성일자	공급대가총액	비고
20x1.1.05.	₩ 132,000	

공 급 내 역				
월/일	품명	수량	단가	금액
1.05.	식대			132,000

합 계	₩ **132,000**

위 금액을 **영수**(청구)함

자료설명	생산관리부 회식을 하고 현금 결제 후 수취한 영수증이다.
평가문제	1. 거래자료를 입력하시오. 2. 적격증빙 미수취에 따른 영수증수취명세서를 작성하시오.

3. 단기매매증권 구입 및 매각

자료. 유가증권 매매 정산 보고서

유가증권 매매 정산 보고서

종목명: (주)사성전자 보통주

일자	유형	수량	단가	매매대금	거래수수료	비고
20x1.1.02.	매수	1,000주	7,000원	7,000,000원	140,000원	
20x1.1.10.	매도	500주	7,500원	3,750,000원	75,000원	

자료설명	1. 단기매매차익 목적으로 취득한 상장주식에 대한 거래보고서이다. 2. 주식매각대금에서 거래수수료를 차감한 잔액은 국민은행 보통예금계좌에 입금하였다.
평가문제	유가증권 매도와 관련된 거래자료를 입력하시오.

4. 약속어음의 배서양도

전 자 어 음

(주)한강 귀하   00420140615123456781

금   오백오십만원정   **5,500,000원**

위의 금액을 귀하 또는 귀하의 지시인에게 지급하겠습니다.

지급기일 20x1년 2월 15일   **발행일** 20x0년 12월 31일
지 급 지 국민은행   **발행지**
지급장소 구로지점   **주 소** 서울 구로구 도림로 19
                          발행인 (주)설악

자료설명	[1월 10일] 제품매출처 (주)설악에서 받아 보관 중인 전자어음을 (주)유한의 외상대금 결제를 위하여 배서양도 하였다. (매각거래로 회계처리 할 것)
평가문제	1. 거래자료를 입력하시오. 2. 자금관련정보를 입력하여 받을어음 현황에 반영하시오.

5. 약속어음 할인(매각거래)

전 자 어 음

(주)한강 귀하   08820141129000001112

금   오백만원정   **5,000,000원**

위의 금액을 귀하 또는 귀하의 지시인에게 지급하겠습니다.

지급기일 20x1년 4월 15일   **발행일** 20x0년 12월 15일
지 급 지 국민은행   **발행지**
지급장소 역삼지점   **주 소** 서울 강남구 역삼로 23
                          발행인 (주)지리

자료설명	[1월 15일] 매출처 (주)지리에서 받아 보관 중인 전자어음을 국민은행(역삼지점)에서 할인하고, 할인료를 제외한 잔액은 국민은행 보통예금 계좌에 입금하였다. (단, 연이율은 10%, 월할계산, 매각거래로 처리한다.)
평가문제	1. 거래 자료를 입력하시오. 2. 자금관련정보를 입력하여 받을어음현황에 반영하시오.

6. 지급어음에 의한 자금관리

전 자 어 음

㈜덕유   귀하   2015123456789

금   사백오십만원정   4,500,000원

위의 금액을 귀하 또는 귀하의 지시인에게 지급하겠습니다.

지급기일 20x1년 4월 15일   **발행일** 20x1년 1월 15일
지 급 지 국민은행   **발행지**
지급장소 역삼지점   **주 소** 서울 강남구 강남대로 7
                           발행인 (주)한강   전자서명

자료설명	(주)덕유에 대한 외상매입금 결제를 위하여 위의 전자어음을 발급하다.

평가문제	1. 전자어음을 등록하시오.
	   - 수령일 : 20x1. 1. 10 - 금융기관 : 국민은행
	   - 어음번호 : 2015123456789
	2. 거래자료를 입력하시오.
	3. 자금관련정보를 입력하여 지급어음현황에 반영하시오.

7. 발행어음의 만기결제

전 자 어 음

㈜청계   귀하   001201412345679

금   일천만원정   10,000,000원

위의 금액을 귀하 또는 귀하의 지시인에게 지급하겠습니다.

지급기일 20x1년 1월 20일   **발행일** 20x0년 12월 31일
지 급 지 국민은행   **발행지**
지급장소 역삼지점   **주 소** 서울 강남구 강남대로 7
                           발행인 (주)한강   전자서명

자료설명	[1월 20일] ㈜청계에 발행하였던 전자어음이 만기가 되어 국민은행 당좌예금 계좌에서 결제하였다.
평가문제	1. 거래자료를 입력하시오. 2. 자금관련정보를 입력하여 지급어음 현황에 반영하시오.

8. 급여 및 퇴직금지급

자료 1. 1월분 급여지급내역

(1월분) 급 여 명 세 서

(단위: 원)

구분	수당항목				공제항목			
	기본급	직책수당	식대	급여총액	소득세	국민연금	고용보험	차인지급액
	차량보조금	가족수당	-		지방소득세	건강보험	공제계	
영업부(이주몽)	3,200,000	100,000	100,000	3,550,000	41,500	123,300	21,450	3,307,700
	100,000	50,000	-		4,150	51,900	242,300	

자료 2. 보통예금(신한은행) 거래내역

		내용	찾으신금액	맡기신금액	잔액	거래점
번호	거래일	계좌번호 123456-10-123456 (주)한강				
1	20x1-1-20	급여	3,307,700		***	구로
2	20x1-1-20	퇴직금	19,165,300		***	구로

자료설명	1. 영업부 이주몽 사원이 퇴직하여 1월분 급여와 퇴직금을 1월 20일 신한은행 보통예금 계좌에서 이체하였다. 2. 자료 1은 1월분 급여명세서이다. 3. 자료 2의 퇴직금 지급액은 퇴직금 20,000,000원에서 퇴직소득세 등을 공제한 금액이다. (퇴직급여충당부채는 조회하여 회계처리하시오.)
평가문제	급여 및 퇴직금 지급거래를 입력하시오.

9. 퇴직연금

거래내역	[1월 20일] (주)한강은 확정급여형퇴직연금(DB)제도를 운용하고 있으며, 퇴직연금에 대한 운용수익이 국민은행 퇴직연금계좌로 4,000,000원이 입금되었다.
평가문제	거래자료를 입력하시오. (923.퇴직연금운용수익 [계정구분 2.수입이자] 계정과목을 등록하여 입력할 것)

10. 외화부채상환

자료설명	1. 전기 12월 20일 AMS에서 차입한 단기차입금(US $10,000)을 20x1년 1월 20일 국민은행 보통예금계좌에서 상환하였다. (단, 회사는 단기차입금에 대하여 전기 12월 31일 적절하게 외화평가를 수행하였다.) 2. 적용환율

전기 12월 20일	전기 12월 31일	20x1년 1월 20일
₩1,050.20 / $	₩1,075.40 / $	₩1,087.30 / $

평가문제	거래자료를 입력하시오.

11. 자본거래

자료. 주식발행사항

이사회 의사록

회사의 유상증자와 관련하여 다음과 같이 주식발행 사항을 결정함.

– 다   음 –

1. 주식의 종류와 수 :
   - 보통주식 2,000주(액면금액 1주당 10,000원)
2. 주식의 발행가액 :
   - 1주의 금액 10,000원

20x1년 1월 5일

■ 보통예금(신한은행) 거래내역

번호	거래일	내용	찾으신금액	맡기신금액	잔액	거래점
		계좌번호 123456-10-123456 (주)한강				
1	20x1-1-25	주식납입금		20,000,000	***	구로
2	20x1-1-25	법무사수수료	1,200,000		***	구로

자료설명	1. 주식발행대금은 신한은행 보통예금에 입금되었다. (입금일에 증자등기가 완료되었음) 2. 주식발행과 관련된 법무사수수료 1,200,000원은 신한은행 보통예금에서 이체하여 지급하였다.
평가문제	거래자료를 입력하시오.

12. 이익잉여금처분

자료. 20x1년 2월28일 주주총회에 의한 이익처분내역

• 이익준비금	(상법규정에 의해 10% 적립)
• 현금배당금	30,000,000원
• 주식배당금	20,000,000원

자료설명	자료는 주주총회에서 결의된 이익처분내역이다.
평가문제	1. 처분확정일(2월 28일)에 대한 회계처리를 입력하시오. 2. 전기분이익잉여금처분계산서를 작성하시오.

13. 중간배당금 지급

자료. 이사회의사록

이 사 회 의 사 록

의안 : 중간(분기)배당 결정의 건

　의장은 중간(현금)배당의 취지 및 내용을 설명하고, 그 승인을 구한 바 참석한 이사 전원이 충분한 토의를 거친 후 만장일치로 다음과 같이 승인 가결하였다.

- 다　　음 -

1. 배당의 종류 : 현금배당
2. 배당구분 : 중간배당
3. 배당기준일 : 20x1년 6월 30일
4. 1주당 현금 배당금 : 주당 50원 (시가배당율 1.25%)
5. 배당총액 : 현금 배당액 10,000,000원
6. 배당금지급예정일 : 20x1년 7월 20일
7. 기타 : 기타 중간(현금)배당과 관련한 세부적인 절차는 대표이사에게 위임함.

이하 생략

20x1년 6월 30일

(주)한강

■ 보통예금(신한은행) 거래내역

번호	거래일	내용	찾으신금액	맡기신금액	잔액	거래점
		계좌번호 123456-10-123456 (주)한강				
1	20x1-07-20	김선아 외	8,460,000		*******	구로

자료설명	1. (주)한강의 중간배당과 관련된 이사회의사록이다. 2. 배당금 지급일에 원천징수세액 1,540,000원을 제외한 잔액을 신한은행 보통예금계좌에서 이체하여 지급하였다.
평가문제	배당지급일(7월 20일)에 거래자료를 입력하시오.

해답

1. (차) 토지   500,000   (대) 보통예금(외환은행)   500,000

[경비등 송금명세서]

번호	⑤거래일자	⑦법인명(상호)	⑧성명	⑨사업자(주민)등록번호	⑩거래내역	⑪거래금액	⑫송금일자	CD	⑬은행명	⑭계좌번호	계정코드
1	20X1-01-05	두일공인중개사	김기수	107-26-31371	중개수수료	500,000	20X1-01-05	05	외환은행	123-456-789	

2. (차) 복리후생비(제)   132,000   (대) 현금   132,000

[영수증수취명세서]

영수증수취명세서   불러오기(F4)   기능모음(F11) ▾

영수증수취명세서(2)   영수증수취명세서(1)   해당없음   입력순

	거래일자	상호	성명	사업장	사업자등록번호	거래금액	구분	계정코드	계정과목	적요
	20X1-01-05	수라상	유상호	서울 관악구 신림로 133	203-28-33123	132,000		511	복리후생비	식대

3. (차) 보통예금(국민은행)   3,675,000   (대) 단기매매증권   3,500,000
                                           단기매매증권처분이익   175,000

  ☞ 장부가액=7,000,000원/1,000주×500주=3,500,000원
        처분가액=500주×7,500원-75,000원=3,675,000원(처분가액은 수수료를 차감)

4. (차) 외상매입금((주)유한)   5,500,000   (대) 받을어음((주)설악)   5,500,000

[자금관리]

적요코드에서 F3를 클릭한 후, 화면 하단의 받을어음 관리내역을 입력한다.

  ☞ 어음번호에 커서를 위치하고 더블클릭하면 어음 등록화면이 나타나고, 어음을 선택하면 된다.

● 받을어음 관리										
어음상태	3 배서	어음번호	00420140615123456781		수취구분	1 자수	발행일	20X0-12-31	만기일	20X1-02-15
발행인	02101	(주)설악			지급은행	100 국민은행			지점	
배서인		할인기관			지점			할인율(%)		어음종류 6 전자
지급거래처	(주)유한							* 수령된 어음을 타거래처에 지급하는 경우에 입력합니다.		

5. (차) 보통예금(국민은행)   4,875,000   (대) 받을어음((주)지리)   5,000,000
      매출채권처분손실   125,000

  ☞ 할인료(매출채권처분손실) =어음의 만기가액×이자율×할인월수/12개월
      = 5,000,000원 × 10% × 3개월(2월~4월)/12개월 = 125,000원

440

[자금관리]

받을어음 관리									
어음상태	2 할인	어음번호	0882014112900001112	수취구분	1 자수	발행일	20X0-12-15	만기일	20X1-04-15
발행인	01101 (주)지리			지급은행	100 국민은행			지점 역삼	
배서인		할인기관	98001 국민은행	지점	역삼지점		할인율(%)	10	어음종류 6 전자
지급거래처							* 수령된 어음을 타거래처에 지급하는 경우에 입력합니다.			

6. [어음등록]

［차］ 외상매입금(㈜덕유)   4,500,000   ［대］ 지급어음(㈜덕유)   4,500,000

[자금관리]

지급어음 관리							
어음상태	2 발행	어음번호	2015123456789	어음종류	4 전자	발행일	20X1-01-15
만기일	20X1-04-15	지급은행	98001 국민은행	지점			

7. ［차］ 지급어음((주)청계)   10,000,000   ［대］ 당좌예금(국민은행)   10,000,000

[자금관리]

적요코드에서 F3를 클릭한 후, 화면 하단의 지급어음 관리내역을 입력한다.

지급어음 관리							
어음상태	3 결제	어음번호	0012014123456789	어음종류	4 전자	발행일	20X0-12-31
만기일	20X1-01-30	지급은행	98001 국민은행	지점			

8. ［차］ 급여(판)   3,550,000   ［대］ 예수금   242,300
                                     보통예금(신한은행)   3,307,700

☞ 합계잔액시산표(1월 20일)조회 퇴직급여충당부채 잔액 확인

［차］ 퇴직급여충당부채   12,000,000   ［대］ 예수금   834,700
     퇴직급여(판)   8,000,000   보통예금(신한은행   19,165,300

9. ［차］ 퇴직연금운용자산   4,000,000   ［대］ 퇴직연금운용수익   4,000,000
       (국민은행)

☞ 계정과목 신규 등록 후 전표입력

10. ［차］ 단기차입금(AMS)   10,754,000   ［대］ 보통예금(국민은행)   10,873,000
        외환차손   119,000

11. ［차］ 보통예금(신한은행)   18,800,000   ［대］ 자본금   20,000,000
        주식발행초과금   1,000,000
        주식할인발행차금   200,000

☞ 합계잔액시산표(1월 20일)조회 주식발행초과금 잔액 확인 후 먼저 상계

12. (차) 이월이익잉여금　　　　53,000,000　(대) 이익준비금　　　　3,000,000
　　　　　　　　　　　　　　　　　　　　　　　미지급배당금　　　30,000,000
　　　　　　　　　　　　　　　　　　　　　　　미교부주식배당금　20,000,000

[전기분이익잉여금처분계산서]처분확정일자: 20x1년 2월 28일

Ⅲ. 이익잉여금처분액				53,000,000
1. 이익준비금	351	이 익 준 비 금	3,000,000	
2. 기업합리화적립금	352	기 업 합 리 화 적 립 금		
3. 배당금				50,000,000
가. 현금배당	265	미 지 급 배 당 금	30,000,000	
나. 주식배당	387	미 교 부 주 식 배 당 금	20,000,000	

13. (차) 미지급배당금　　　　10,000,000　(대) 예수금　　　　　　　1,540,000
　　　　　　　　　　　　　　　　　　　　　　　보통예금(신한은행)　8,460,000

 참고　　**전표입력시 차액 자동 입력 기능**

(차) 복리후생비　　　　100　　　　(대) 현금　　　　　　100
전표입력시 차변 금액 100원을 입력하고 대변에도 100원을 입력해야 하는데,
환경설정에서 대변금액을 자동으로 입력시키는 기능이 있다.
〈환경설정〉⇒〈내컴퓨터〉⇒〈3.일반전표 엔터키 자동복사 기능〉▷〈**5.대체거래시 차액이 발생하면 금액 자동입력 : 사용함**〉으로 체크함.

5.대체거래입력 시 차액이 발생하면 금액 자동입력	사용함

차변(또는 대변)금액을 입력하면 자동으로 대변(또는 차변)금액이 입력되므로 전표입력시 매우 편리한 기능이다.

3. 매입매출전표입력

매입매출전표입력은 **부가가치세와 관련된 거래를 입력하는 것**을 말한다.

즉 회사가 **세금계산서(계산서, 신용카드, 현금영수증 등)을 수수한 경우 매입매출전표**에 입력한다.

(1) 상단부입력 : 부가가치세 신고서 반영

세금계산서, 계산서, 신용카드영수증, 현금영수증 등의 내용을 입력하는 곳이다

① 유형은 주고받은 증빙(세금계산서, 계산서, 신용카드영수증, 현금영수증 등)을 보고 판단해서 선택하여야 한다.

[매 출]

코드	유 형	내 용
11	**과세**	**세금계산서(세율10%)**를 교부한 경우 선택
12	**영세**	**영세율세금계산서(세율 0%)**를 교부한 경우 선택(내국신용장, 구매확인서 등에 의한 국내사업자간에 수출할 물품을 공급한 경우 영세율 세금계산서 발행)
13	**면세**	면세재화를 공급하고 **계산서**를 교부한 경우 선택
14	**건별(무증빙)**	1. 과세재화를 공급하고 **일반영수증 또는 미발행**한 경우 선택 2. **간주공급 시 선택**
16	**수출**	**직수출** 등의 국외거래시 선택
17	**카과(카드과세)**	**과세재화**를 공급하고 **신용카드**로 결제받은 경우 선택
18	**카면(카드면세)**	**면세재화**를 공급하고 **신용카드**로 결제받은 경우 선택
22	**현과(현금과세)**	**과세재화**를 공급하고 **현금영수증**을 발행한 경우 선택

19.카영(카드영세) 20.면건(면세건별-무증빙) 21.전자 **23.현면(현금면세)** 24.현영(현금영세율)이 있다.

[매 입]

코드	유 형	내 용
51	**과세**	**세금계산서(세율 10%)**를 교부받은 경우 선택하나, 불공제인 경우 54(불공)을 선택
52	**영세**	**영세율세금계산서(세율 0%)**를 교부받은 경우 선택
53	**면세**	**면세재화**를 공급받고 **계산서**를 교부받은 경우 선택
54	**불공**	**세금계산서(세율 10%)**를 교부받았지만, **매입세액이 불공제**되는 경우
55	**수입**	재화의 수입 시 세관장이 발행한 **수입세금계산서** 입력시 선택
57	**카과(카드과세)**	**매입세액이 공제가능한 신용카드매출전표**를 교부받은 경우선택
58	**카면(카드면세)**	**면세재화/용역을 구입하고 신용카드매출전표**를 교부받은 경우선택
61	**현과(현금과세)**	**매입세액이 공제가능한 현금영수증**을 교부받은 경우 선택

59.카영(카드영세) 60.면건(면세건별-무증빙), **62.현면(현금면세)**이 있다.

[공제받지 못할 매입세액의 종류-54불공-불공제사유를 선택한다.]

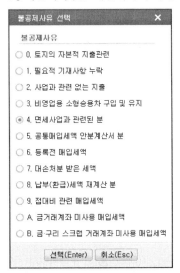

② 거래품목이 2개 이상인 경우에는 상단의 복수거래 을 클릭하면 하단에 복수거래내용을 입력할 수 있다.

③ 전자(세금)계산서여부를 입력한다. 1.전자입력을 선택하면 된다. Bill36524로 전자세금 계산서를 발급하는 경우 [입력안함]을 선택하여야 한다.
또한 법인사업자와 일정규모의 개인사업자도 전자계산서를 발급해야 하므로 전자계산서 발급 및 수령시 1.전자입력을 선택하도록 한다.

④ 적요의 입력은 생략하나 특정거래에 대해서 적요번호를 입력하여야 한다.

타계정대체(재고자산)	08.타계정으로 대체액
의제매입세액공제	06.의제매입세액 원재료차감(부가)
재활용폐자원매입세액공제	07.재활용폐자원매입세액(부가)

⑤ 예정신고 누락분 전표입력

상단의 기능모음(F11) ▼ 을 클릭하여, [예정누락]을 선택하고, 예정신고누락분 신고대상월을 입력한다. 3월 누락분에 대해서 확정신고시 포함시킬 경우 4월로 입력하면 된다.

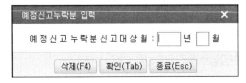

⑥ **전자세금계산서 발급방법(매회출제)**

　㉠ 매입매출전표에 유형 "11.과세", 전자세금 "입력안함"으로 하여 전표입력한다.

　㉡ [부가가치세Ⅱ]→[전자세금계산서 발행 및 내역관리]

　　ⓐ 기간을 주고 거래처 처음부터 끝까지 엔터를 치면 미전송된 내역이 표시된다.

　　ⓑ 미전송내역을 체크한 후 상단의 [전자발행 ▼]을 클릭한다. 이메일은 거래처등록시 담당
　　　자 이메일주소가 입력된다.

　㉢ 로그인 화면에서 [확인(Tab)]을 클릭한다.(아이디와 비번은 수정하지 않는다.)

　㉣ '전자세금계산서 발행'화면이 조회되면 [발행(F3)] 버튼을 클릭하여 발행한다.

⑦ **수정세금계산서 발급방법(매회출제)**

　㉠ 당초 매입매출전표를 선택하고 상단의 [수정세금계산서]를 클릭한다. 그러면 수정사유화면이
　　나타난다.

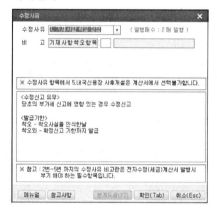

　㉡ 수정세금계산서 사유를 선택하고, 관련 항목을 입력한다.

　㉢ [수정세금계산서(매출)] 화면에서 수정분 [작성일], [공급가액],[부가세]를 입력하고 확인을
　　클릭한다.

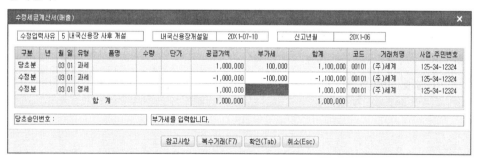

구분	년	월	일	유형	품명	수량	단가	공급가액	부가세	합계	코드	거래처명	사업.주민번호
당초분		03	01	과세				1,000,000	100,000	1,100,000	00101	(주)세계	125-34-12324
수정분		03	01	과세				-1,000,000	-100,000	-1,100,000	00101	(주)세계	125-34-12324
수정분		03	01	영세				1,000,000		1,000,000	00101	(주)세계	125-34-12324
				합 계				1,000,000		1,000,000			

　㉣ [매입매출전표입력] 해당일자에 수정분이 입력된다.

　㉤ 전자세금계산서 발급은 앞의 ⑥을 참조하여 발급한다.

(2) 하단부입력 : 재무제표에 반영

분개유형(1.현금, 2.외상, 3.혼합, 4.카드 등)을 선택하여 분개를 한다.

> ☞ FAT1급(매입매출전표입력-혼합거래) 입력사항을 참고하십시오.

[매입매출전표 입력시 부가가치세 신고서 반영]

〈매출전표〉

구 분		금 액	세 율	세 액
과 세	세 금 계 산 서 발 급 분	11(과세)	10/100	11
	매 입 자 발 행 세 금 계 산 서		10/100	
	신 용 카 드 · 현 금 영 수 증	17(카과),22(현과)	10/100	17,22
	기 타	14(건별)	10/100	14
영세율	세 금 계 산 서 교 부 분	12(영세)	0/100	
	기 타	16(수출)	0/100	

〈매입전표〉

구 분		금 액	세 율	세 액
세금계산서 수 취 분	일 반 매 입	51(과세), 52(영세), **54(불공)**, 55(수입)		51, **54**, 55
	고 정 자 산 매 입			
매 입 자 발 행 세 금 계 산 서				
그 밖 의 공 제 매 입 세 액		57(카과), 61(현과)		57, 61
합 계				
공 제 받 지 못 할 매 입 세 액		**54(불공)**		**54**
차 감 계				

* **54(불공)을 선택하면 세금계산서 수취분과 공제받지 못할 세액에 동시 반영된다.**

예제 **거래자료입력(매입매출전표)**

[주]한강[2001]의 부가가치세 신고 관련 거래 자료를 입력[매입매출전표입력]하여 부가가치세 신고서에 반영하시오.

1. 유형 자산 구입

(청 색)

전자세금계산서			(공급받는자 보관용)			승인번호			

공급자	등록번호	125-34-12324			공급받는자	등록번호	101-81-50103		
	상호	㈜세계	성명	이세계		상호	(주)한강	성명	김한강
	사업장주소	서울 구로구 도림로 19(구로동)				사업장주소	서울 서초구 강남대로 27		
	업태	제조업		종사업장번호		업태	제조업외		종사업장번호
	종목	기계제작				종목	자동차부품		
	E-Mail	leel@bill36524.com				E-Mail	kyc@bill36524.com		

작성일자			공란수	공급가액	세액
20x1	01	05	5	15,000,000	1,500,000

비고	

월	일	품목명	규격	수량	단가	공급가액	세액	비고
01	05	절단기				15,000,000	1,500,000	

합계금액	현금	수표	어음	외상미수금	이 금액을	○ 영수 함
16,500,000		1,500,000		15,000,000		● 청구

자료설명	제품생산용 기계장치(절단기)를 구입하고 수취한 전자세금계산서이다.
평가문제	1. 거래자료를 매입매출전표에 입력하시오. 2. [고정자산등록] 메뉴에 관련 기계장치를 등록하시오. (코드 100, 상각방법(정률법), 내용연수(5년), 업종코드(UU)이며 전자세금계산서 관련 입력은 "전자입력"으로 처리할 것)

2. 유/무형자산의 매각

(적 색)

전자세금계산서							승인번호		

공급자	등록번호	101-81-50103			공급받는자	등록번호	113-81-32864		
	상호	(주)한강	성 명 (대표자)	김한강		상호	㈜유한	성 명 (대표자)	정유한
	사업장 주소	서울 서초구 강남대로 27				사업장 주소	서울 서대문구 북아현로 1		
	업태	제조업외	종사업장번호			업태	도·소매업	종사업장번호	
	종목	자동차부품				종목	승용차		
	E-Mail	kyc@bill36524.com				E-Mail	wlstjsal@bill36524.com		

작성일자	20x1.1.10.	공급가액	7,000,000	세액	700,000

월	일	품목명	규격	수량	단가	공급가액	세액	비고
1	10	현대승용차				7,000,000	700,000	

합계금액	현금	수표	어음	외상미수금	이 금액을	○ 영수 ● 청구	함
7,700,000				7,700,000			

자료설명	업무용 승용차(현대승용차)를 매각하고 발급한 전자세금계산서이다. 당기 양도일까지의 감가상각비는 계상하지 않기로 한다.
평가문제	[고정자산등록]메뉴를 조회하여 양도일자를 입력하고, 거래자료를 매입매출전표에 입력하시오.

3. 정부보조금에 의한 유/무형자산의 구입

(청 색)

전자세금계산서			(공급받는자 보관용)			승인번호			

공급자	등록번호	112-81-60125			공급받는자	등록번호	101-81-50103		
	상호	(주)덕유	성명 (대표자)	김상우		상호	(주)한강	성명 (대표자)	김한강
	사업장 주소	서울 금천구 가산로 80				사업장 주소	서울 서초구 강남대로 27		
	업태	부동산업	종사업장번호			업태	제조업	종사업장번호	
	종목	부동산매매				종목	자동차부품		
	E-Mail	dong@bill36524.com				E-Mail	kyc@bill36524.com		

작성일자	20x1.1.10.	공급가액	80,000,000	세액	8,000,000

월	일	품목명	규격	수량	단가	공급가액	세액	비고
1	10	기숙사 건물				80,000,000	8,000,000	

합계금액	현금	수표	어음	외상미수금	이 금액을	● 영수 ○ 청구	함
88,000,000							

자료설명	1. 기숙사로 사용할 건물을 구입하고 관련 정부지원금 30,000,000원을 포함한 대금 전액을 신한은행 보통예금계좌에서 이체하여 지급하고 발급받은 전자세금계산서이다. 2. 당사는 1월 3일에 중소기업청에서 정부보조금 30,000,000원을 신한은행 보통예금으로 수취하였으며 일반전표에 반영되어 있다.
평가문제	1. 자산 구입내역을 매입매출전표에 입력하시오. 2. 정부보조금 관련내역을 일반전표 1월 10일에 입력하시오. (정부보조금과 관련된 계정과목은 등록된 자료를 이용한다)

4. 리스회계

(청 색)

전자계산서 (공급받는자 보관용) 승인번호

공급자	등록번호	122-56-12346			공급받는자	등록번호	101-81-50103		
	상호	(주)현대리스	성명 (대표자)	김현대		상호	(주)한강	성명 (대표자)	김한강
	사업장 주소	서울 구로구 오류로8길 6				사업장 주소	서울 서초구 강남대로 27		
	업태	금융서비스	종사업장번호			업태	제조업	종사업장번호	
	종목	대출 및 리스				종목	자동차부품		
	E-Mail	lee8984@bill36524.com				E-Mail	kyc@bill36524.com		

작성일자	20x1.1.10.	공급가액	4,000,000	비고	

월	일	품목명	규격	수량	단가	공급가액	비고
1	10	리스료				4,000,000	

합계금액	현금	수표	어음	외상미수금	이 금액을	● 영수 ○ 청구	함
4,000,000	4,000,000						

자료설명	(주)현대리스와 운용리스계약을 맺고 공장용 세척기계를 사용하고 있다. 리스료는 매월 10일에 지급하기로 약정하였다.
평가문제	매입매출전표에 입력하시오.

5. 어음수령 및 자금관리

(적 색)

전자세금계산서			(공급자 보관용)				승인번호		

공급자	등록번호	101-81-50103				공급받는자	등록번호	105-81-91237		
	상호	(주)한강	성 명 (대표자)	김한강			상호	(주)상선전자	성 명 (대표자)	이여수
	사업장 주소	서울 서초구 강남대로 27					사업장 주소	서울 서초 효령로 12길 5		
	업태	제조업		종사업장번호			업태	도 · 소매업		종사업장번호
	종목	자동차부품					종목	전자제품		
	E-Mail	kyc@bill36524.com					E-Mail	jk-kim@bill36524.com		

작성일자	20x1.1.15.	공급가액	2,000,000	세액	200,000

월	일	품목명	규격	수량	단가	공급가액	세액	비고
1	15	라이트	개	20	100,000	2,000,000	200,000	

합계금액	현금	수표	어음	외상미수금	이 금액을	○ 영수 ● 청구	함
2,200,000			2,200,000				

전 자 어 음

(주) 한강

2015123456789

금 2,200,000원 이백이십만원정

위의 금액을 귀하 또는 귀하의 지시인에게 지급하겠습니다.

지급기일 20x1년 04월 15일   발행일 20x1년 01월 15일
지 급 지 서울시   발행지
주 소 서울 서초구 효령로 12길5
지급장소 국민은행 구로지점   발행인 (주) 상선전자

전자서명

자료설명	제품을 공급하고 거래일에 전자세금계산서를 발급 · 전송하였다. 대금은 전액 (주)상선전자가 발행한 약속어음으로 수령하였다.
평가문제	1. 세금계산서에 의해 전표를 입력하시오. 2. 자금관련 정보를 입력하여 받을어음 현황에 반영하시오.

6. 과세매출자료의 전자세금계산서 발행-매회기출

1 월 거 래 명 세 서

공급자	등록번호	101-81-50103		공급받는자	등록번호	110-81-21223	
	상호(법인명)	(주)한강	성명 : 김한강		상호(법인명)	(주)우리	성명 : 김정양
	사업장주소	서울 서초구 강남대로 27			사업장주소	서울 구로구 구로동로 20	
	업태	제조업	종목 : 자동차부품		업태	제조업	종목 : 자동차부품
	E-Mail	kyc@bill36524.com			E-Mail	good@bill36524.com	

거래일자	공급가액	세액	비고	합계금액(VAT 포함)
20x1.1.31.	3,000,000	3000,000		3,300,000

년	월	일	품목	규격	수량	단가	금액
20x1	1	10	배터리 100		8	625,000	5,000,000
20x1	1	20	배터리 200		-4	500,000	-2,000,000
			계		4		3,000,000
특기사항							

자료설명	(주)우리에 제품을 공급하고 전자세금계산서를 발급 · 전송하였다. (전자세금계산서는 매월말일 월합계로 발급하고 대금은 해당 월의 다음달 10일 입금받기로 하였다.)
평가문제	1. 거래명세서에 의해 전표를 입력하시오.(복수거래 를 이용하여 입력하시오) 2. 전자세금계산서 발행 및 내역관리 를 통하여 발급 · 전송하시오. (전자세금계산서 발급 시 결제내역 및 전송일자는 고려하지 않는다.)

7. 수정전자세금계산서 발행(착오)

(적 색)

공급자		전자세금계산서		(공급자 보관용)		승인번호			
	등록번호	101-81-50103			등록번호	125-23-34671			
	상호	(주)한강	성 명 (대표자) 김한강	공급받는자	상호	(주)대마	성 명 (대표자) 김기호		
	사업장주소	서울 서초구 강남대로 27			사업장주소	서울 강서구 화곡로 217			
	업태	제조업	종사업장번호		업태	도 · 소매업	종사업장번호		
	종목	자동차부품			종목	컴퓨터 및 주변기기			
	E-Mail	kyc@bill36524.com			E-Mail	kim@bill36524.com			

작성일자	20x1.1.14.		공급가액		4,000,000	세액		400,000
월 일	품목명	규격	수량	단가	공급가액	세액	비고
1 14	제품-1		10	400,000	4,000,000	400,000	

합계금액	현금	수표	어음	외상미수금	이 금액을	○ 영수 함
4,400,000				4,400,000		● 청구

자료설명	1. 제품을 공급하고 발급한 전자세금계산서이다. 2. 담당자의 착오로 작성연월일 1월 15일이 1월 14일로 잘못 기재되었다.
평가문제	수정사유를 선택하여 수정전자세금계산서를 발급 · 전송하시오. ※ 전자세금계산서는 전자세금계산서 발행 및 내역관리 메뉴에서 발급 · 전송한다. (전자세금계산서 발급 시 결제내역 입력과 전송일자는 무시한다)

8. 수정전자세금계산서 발행(공급가액변동)

(적 색)

전자세금계산서			(공급자 보관용)				승인번호			

<table>
<tr><td rowspan="5">공급자</td><td>등록번호</td><td colspan="3">101-81-50103</td><td rowspan="5">공급받는자</td><td>등록번호</td><td colspan="3">120-81-33158</td></tr>
<tr><td>상호</td><td>(주)한강</td><td>성 명
(대표자)</td><td>김한강</td><td>상호</td><td>(주)영진</td><td>성 명
(대표자)</td><td>김영진</td></tr>
<tr><td>사업장주소</td><td colspan="3">서울 서초구 강남대로 27</td><td>사업장주소</td><td colspan="3">서울 서대문구 충정로 24</td></tr>
<tr><td>업태</td><td>제조업</td><td colspan="2">종사업장번호</td><td>업태</td><td>정보서비스업</td><td colspan="2">종사업장번호</td></tr>
<tr><td>종목</td><td colspan="3">자동차부품</td><td>종목</td><td colspan="3">신문</td></tr>
<tr><td>E-Mail</td><td colspan="3">kyc@bill36524.com</td><td>E-Mail</td><td colspan="3">han@bill36524.com</td></tr>
</table>

작성일자	20x1.1.11.		공급가액	1,000,000	세액	100,000

월	일	품목명	규격	수량	단가	공급가액	세액	비고
1	11	제품-2		20	50,000	1,000,000	100,000	

합계금액	현금	수표	어음	외상미수금	이 금액을	○ 영수 ● 청구	함
1,100,000				1,100,000			

자료설명	1. 1월 11일 (주)영진에 제품을 공급하고 전자세금계산서를 거래일에 발급·전송하였다. 2. 1월 15일 당초의 결제조건에 의하여 5% 할인된 금액만큼 차감하고 신한은행 보통예금 계좌에 입금되었다.
평가문제	수정사유를 선택하여 공급가액 변동에 따른 수정전자세금계산서를 입력하시오. (매출할인에 대해서만 회계처리하며, 외상대금 및 제품매출에서 음수(-)로 처리하고 수정전자세금계산서 발급 및 전송은 생략하시오.)

9. 수정전자세금계산서 발행(환입)

(적 색)

전자세금계산서				(공급자보관용)		승인번호			

<table>
<tr><td rowspan="5">공급자</td><td>등록번호</td><td colspan="3">101-81-50103</td><td rowspan="5">공급받는자</td><td>등록번호</td><td colspan="3">125-34-12324</td></tr>
<tr><td>상호</td><td>(주)한강</td><td>성 명
(대표자)</td><td>김한강</td><td>상호</td><td>(주)세계</td><td>성명</td><td>이세계</td></tr>
<tr><td>사업장주소</td><td colspan="3">서울 서초구 강남대로 27</td><td>사업장주소</td><td colspan="3">서울 금천구 독산로 324</td></tr>
<tr><td>업태</td><td>제조업</td><td colspan="2">종사업장번호</td><td>업태</td><td>도매업외</td><td colspan="2">종사업장번호</td></tr>
<tr><td>종목</td><td colspan="3">자동차부품</td><td>종목</td><td colspan="3">전자제품</td></tr>
<tr><td>E-Mail</td><td colspan="3">kyc@bill36524.com</td><td>E-Mail</td><td colspan="3">kyc@nate.com</td></tr>
</table>

작성일자				공란수	공급가액		세액	
20x1	1	18		6	3,000,000			300,000

비고								

월	일	품목명	규격	수량	단가	공급가액	세액	비고
1	18	제품-3		100	30,000	3,000,000	300,000	

합계금액	현금	수표	어음	외상미수금	이 금액을	○ 영수 ● 청구	함
3,300,000				3,300,000			

자료설명	1. 1월 18일 (주)세계에 제품을 공급하고 발급한 전자세금계산서이며, 매입매출전표에 입력되어 있다.
	2. 제품에 일부 하자가 발생하여 제품의 일부를 환입하기로 결정하였다.
	  - 환입일자 : 20x1년 1월 20일
	  - 환입수량 : 10개, 단가 : 30,000원

평가문제	수정사유를 선택하여 환입에 따른 수정전자세금계산서를 입력하시오. (회계처리는 외상대금 및 제품매출에서 (-)음수로 처리하고 수정전자세금계산서의 발급과 전송은 생략한다)

10. 수정전자세금계산서 발행(계약해제)

(적 색)

전자세금계산서   (공급자 보관용)   승인번호

	등록번호	101-81-50103				등록번호	113-81-32864		
공급자	상호	(주)한강	성 명(대표자)	김한강	공급받는자	상호	㈜유한	성 명(대표자)	정유한
	사업장주소	서울 서초구 강남대로 27				사업장주소	서울 서대문구 북아현로 1		
	업태	제조업	종사업장번호			업태	도소매업	종사업장번호	
	종목	자동차부품				종목	승용차		
	E-Mail	kyc@bill36524.com				E-Mail	wlstjsal@bill36524.com		

작성일자	20x1.1.19.		공급가액			5,000,000	세액		500,000
월	일	품목명	규격	수량	단가	공급가액	세액		비고
1	19	계약금				5,000,000	500,000		

합계금액	현금	수표	어음	외상미수금	이 금액을	◉ 영수 함
5,500,000	5,500,000					○ 청구

자료설명	1. 1월 19일에 발급된 전자세금계산서는 1월 30일 납품건에 대한 계약금 10% 수령한 후 발급한 전자세금계산서이다. 2. 납품일정이 지연되어 1월 25일 (주)유한과 계약을 해제한 후 수정전자세금계산서를 발급하였다.
평가문제	수정사유를 선택하여 계약해제에 따른 수정전자세금계산서를 입력하시오. (수정사유 : 4. 계약의 해제) 수령한 계약금은 해제일에 국민은행 보통예금 계좌에서 이체하여 지급하였다. (수정전자세금계산서의 발급과 전송은 생략한다)

11. 수정전자세금계산서 발행(이중발급)

(적 색)

전자세금계산서				(공급자 보관용)				승인번호			

공급자	등록번호	101-81-50103				공급받는자	등록번호	112-81-60125			
	상호	(주)한강	성 명 (대표자)	김한강			상호	㈜덕유	성 명 (대표자)	김상우	
	사업장 주소	서울 서초구 강남대로 27					사업장 주소	서울 금천구 가산로 80			
	업태	제조업		종사업장번호			업태	부동산업		종사업장번호	
	종목	자동차부품					종목	부동산매매			
	E-Mail	kyc@bill36524.com					E-Mail	dong@bill36524.com			

작성일자	20x1.1.21.		공급가액		10,000,000		세액		1,000,000	
월	일	품목명	규격	수량	단가	공급가액	세액	비고		
1	21	제품-4		20	500,000	10,000,000	1,000,000			

합계금액	현금	수표	어음	외상미수금	이 금액을	○ 영수 ● 청구	함
11,000,000				11,000,000			

자료설명	1. 1월 21일 ㈜덕유에 제품을 공급하고 발급한 전자세금계산서이며, 매입매출전표에 입력되어 있다. 2. 1월 25일에 동일 거래의 전자세금계산서가 이중으로 발급되어 있는 것을 확인하고 수정전자세금계산서를 발급하기로 하다.
평가문제	수정사유를 선택하여 이중발급에 따른 수정전자세금계산서를 입력하시오. (회계처리는 외상대금 및 제품매출에서 (-)음수로 처리하고 수정전자세금계산서의 발급과 전송은 생략한다.)

12. 수정전자세금계산서 발행(내국신용장등 사후개설)

전자세금계산서					(공급자보관용)	책번호		권		호	
						일련번호					

	등록번호	101-81-50103				등록번호	236-43-17937			
공급자	상호	(주)한강	성 명 (대표자)	김한강	공급받는자	상호	㈜청계	성명	이청계	
	사업장주소	서울 서초구 강남대로 27				사업장주소	서울 강남구 양재대로 340			
	업태	제조업	종사업장번호			업태	도소매업	종사업장번호		
	종목	자동차부품				종목	전자제품			
	E-Mail	kyc@bill36524.com				E-Mail	blue@bill36524.com			

작성일자			공란수	공급가액	세액
20x1	6	28	5	3,000,000	300,000

비고	

월	일	품목명	규격	수량	단가	공급가액	세액	비고
6	28	제품-5		10	300,000	3,000,000	300,000	

합계금액	현금	수표	어음	외상미수금	이 금액을	○ 영수 ◉ 청구	함
3,300,000				3,300,000			

자료설명	6월 28일 (주)청계에 제품을 공급하고 전자세금계산서를 발급하였다. 본 건에 대하여 내국신용장을 사후 개설하고 영세율을 적용하려고 한다. • 당초공급일자 : 20x1년 6월 28일 • 내국신용장 개설일자 : 20x1년 7월 20일 • 개설은행 : 국민은행 구로지점
평가문제	내국신용장 사후개설에 따른 수정전자세금계산서를 입력하시오. (대금은 거래은행에서 추후 NEGO를 통하여 수령할 예정이며 수정전자세금계산서의 발급과 전송은 생략한다.)

1. 유형자산구입

① 매입매출전표입력(01월 05일)

거래유형	품명	공급가액	부가세	거래처	전자세금
51. 과세	절단기	15,000,000	1,500,000	(주)세계	전자입력
분개유형	(차) 기 계 장 치	15,000,000원	(대) 현 금		1,500,000원
3.혼합	부 가 세 대 급 금	1,500,000원	미 지 급 금		15,000,000원

② 고정자산등록(100.절단기, 취득일: 20x1년 1월 5일, 정률법)

- 신규취득자산이므로 [4.신규 취득 및 증가]란에 취득원가를 입력한다.

- 추가등록사항에서 업종코드(UU)를 입력한다.

2. 유/무형자산의 매각

① 고정자산등록

- 차량운반구 자료 확인(전기말 상가누계액 10,000,000원)) 및 전체 양도일자(20x1.1.10) 입력

② 매입매출전표입력(1월 10일)

거래유형	품명	공급가액	부가세	거래처	전자세금
11.과세	현대승용차	7,000,000	700,000	(주)유한	전자입력
분개유형	(차) 감가상각누계액(차량)	10,000,000원	(대) 차 량 운 반 구		25,000,000원
	미 수 금	7,700,000원	부 가 세 예 수 금		700,000원
3.혼합	유 형 자 산 처 분 손 실	8,000,000원			

3. 정부보조금에 의한 유/무형자산의 구입

① 매입매출전표입력(1월 10일)

거래유형	품명	공급가액	부가세	거래처	전자세금
51.과세	기숙사 건물	80,000,000	8,000,000	(주)덕유	전자입력
분개유형	(차) 건　　　　물　 80,000,000원		(대) 보　통　예　금		88,000,000원
3.혼합	부 가 세 대 급 금　 8,000,000원		（ 신 한 은 행 ）		

② 일반전표입력(1월 10일)

(차)　정부보조금(예금차감)　30,000,000원　　　(대)　정부보조금(건물차감)　30,000,000원

4. 리스회계-매입매출전표입력(1월 10일)

거래유형	품명	공급가액	부가세	거래처	전자세금
53.면세	리스료	4,000,000		(주)현대리스	전자입력
분개유형	(차) 임 차 료 (제)	4,000,000원	(대) 현　　　금		4,000,000원
1.현금					

5. 어음수령 및 자금관리

① 매입매출전표입력(1월15일)

거래유형	품명	공급가액	부가세	거래처	전자세금
11. 과세	라이트	2,000,000	200,000	㈜상선전자	전자입력
분개유형	(차) 받 을 어 음　 2,20,000원		(대) 제 품 매 출		2,000,000원
3.혼합			부 가 세 예 수 금		200,000원

② 받을어음의 자금관리(F3을 클릭)

받을어음관리									
어음상태	1 보관	어음종류	6 전자	어음번호	2015123456789			수취구분	1 자수
발 행 인	00103 (주)상선전자		발 행 일	20X1-01-15	만 기 일	20X1-04-15	배 서 인	
지급은행	100 국민은행	지 점 구로		할 인 기 관		지 점	할 인 율(%)	
지급거래처				* 수령된 어음을 타거래처에 지급하는 경우에 입력합니다.					

6. 과세매출자료의 전자세금계산서(1월 31일) 발행

거래유형	품명	공급가액	부가세	거래처	전자세금
11.과세	배터리 100 외 (복수거래)	3,000,000	300,000	(주)우리	**전자발행**
분개유형	(차) 외 상 매 출 금　 3,300,000원		(대) 제 품 매 출		3,000,000원
2.외상			부 가 세 예 수 금		300,000원

〈전자세금계산서 발행 및 내역관리〉

　㉠ 미전송된 내역이 조회되면, 미전송내역을 체크한 후 전자발행을 클릭하여 표시되는 로그인
　　화면에서 ☐확인(Tab)☐ 클릭

ⓛ '전자세금계산서 발행' 화면이 조회되면 발행(F3) 버튼을 클릭한 다음 확인(Tab) 클릭

ⓒ 국세청란에 '발행대상'으로 표시되면 ACADEMY 전자세금계산서 를 클릭

ⓔ [Bill36524 교육용전자세금계산서] 화면에서 [로그인]을 클릭

ⓜ 좌측화면: [세금계산서 리스트]에서 [미전송]으로 체크 후 [매출조회]를 클릭
　　우측화면: [전자세금계산서]에서 [발행]을 클릭

ⓗ [발행완료되었습니다.] 메시지가 표시되면 확인(Tab) 클릭

7. 수정전자세금계산서 발행(착오)

① 매입매출전표입(1월 15일)

ⓐ 1월 14일 전표에서 상단 수정세금계산서 를 클릭하여 수정사유(1.기재사항 착오·정정)를 선택
하고 비고 란에 [2.작성년월일]을 선택하여 [확인]을 클릭한다.

ⓛ 수정세금계산서(매출)화면에서 1월 15일과 공급가액, 세액을 입력한 후 [확인]을 클릭한다.

구분	년	월	일	유형	품명	수량	단가	공급가액	부가세	합계	코드	거래처명	사업,주민번호
당초분	20X1	01	14	과세	제품-1	10	400,000	4,000,000	400,000	4,400,000	00110	(주)대마	120-23-34671
수정분	20X1	01	14	과세	제품-1	-10	400,000	-4,000,000	-400,000	-4,400,000	00110	(주)대마	120-23-34671
수정분	20X1	01	15	과세	제품-1	10	400,000	4,000,000	400,000	4,400,000	00110	(주)대마	120-23-34671
					합계			4,000,000	400,000	4,400,000			

수정입력사유 1 기재사항 착오·정정　기재사항착오항목 2. 작성년월일

ⓒ 수정세금계산서 2건에 대한 회계처리가 자동 반영된다.

→ 1월 14일 당초에 발급한 과세세금계산서의 (-)세금계산서 발급분에 대한 회계처리

거래유형	품명	공급가액	부가세	거래처	전자세금
11.과세	제품-1	-4,000,000	-400,000	(주)대마	전자발행
분개유형 2.외상	(차) 외 상 매 출 금　-4,400,000원 (대) 제 품 매 출　-4,000,000원 부 가 세 예 수 금　-400,000원				

→ 1월 15일 수정분 세금계산서 발급분에 대한 회계처리

거래유형	품명	공급가액	부가세	거래처	전자세금
11.과세	제품-1	4,000,000	400,000	(주)대마	전자발행
분개유형 2.외상	(차) 외 상 매 출 금　4,400,000원 (대) 제 품 매 출　4,000,000원 부 가 세 예 수 금　400,000원				

② 전자세금계산서 발행 및 내역관리

수정전표 2매가 미전송상태로 조회되면, 해당내역을 클릭하여 전자세금계산서 발급 및 국세청
전송을 한다.

8. 수정전자세금계산서 발행(공급가액변동)

① [매입매출전표 입력] 1월 11일 전표 선택 ➡ [수정세금계산서] 클릭 ➡ [수정사유] 화면에서 [2.공급가액 변동]을 선택하여 [확인(Tab)] 클릭

② [수정세금계산서(매출)] 화면에서 수정분 [작성일 8월 13일], [공급가액 −50,000원], [세액 −5,000원]을 입력한 후 [확인(Tab)] 클릭

수정입력사유	2	공급가액 변동			당초(세금)계산서작성일		20X1-01-11				
구분	년 월 일	유형	품명	수량	단가	공급가액	부가세	합계	코드	거래처명	사업.주민번호
당초분	20X1 01 11	과세	제품-2	20	50,000	1,000,000	100,000	1,100,000	00111	(주)영진	120-81-33158
수정분	20X1 01 15	과세	매출할인			−50,000	−5,000	−55,000	00111	(주)영진	120-81-33158
			합 계			950,000	95,000	1,045,000			

③ [매입매출전표입력] 1월 15일에 수정분이 입력된다.

거래유형	품명	공급가액	부가세	거래처	전자세금
11.과세	매출할인	−50,000	−5,000	(주)영진	
분개유형	(차) 외 상 매 출 금	−55,000원 (대) 제 품 매 출			−50,000원
2.외상		부 가 세 예 수 금			−5,000원

9. 수정전자세금계산서 발행(환입)

① [매입매출전표입력] ➡ [1월 18일] 전표 선택 ➡ [수정세금계산서] 클릭

② [수정사유] 화면에서 [3.환입]을 입력 ➡ [확인 (Tab)] 클릭

비고 : 당초세금계산서작성일 20x1년 1월 18일 자동반영

③ [수정세금계산서(매출)] 화면이 나타난다.

④ 수정분 [작성일 1월 20일], [수량 −10], [단가 30,000원], [공급가액 −300,000원], [세액 −30,000원]입력 ➡ 확인 [Tab]] 클릭

수정입력사유	3	환입			당초(세금)계산서작성		20X1-01-18				
구분	년 월 일	유형	품명	수량	단가	공급가액	부가세	합계	코드	거래처명	사업.주민번호
당초분	20X1 01 18	과세	제품-3	100	30,000	3,000,000	300,000	3,300,000	00101	(주)세계	125-34-12324
수정분	20X1 01 20	과세	제품-3	−10	30,000	−300,000	−30,000	−330,000	00101	(주)세계	125-34-12324
			합 계			2,700,000	270,000	2,970,000			

⑤ [매입매출전표입력] 화면에 수정분이 입력된다.

거래유형	품명	공급가액	부가세	거래처	전자세금
11. 과세	제품-3	−300,000	−30,000	(주)세계	
분개유형	(차) 외 상 매 출 금	−330,000원 (대) 제 품 매 출			−300,000원
2.외상		부 가 세 예 수 금			−30,000원

10. 수정전자세금계산서 발행(계약해제)

① [매입매출전표입력] ➔ [1월 19일] 전표 선택 ➔ 　수정세금계산서　 클릭
② [수정사유] 화면에서 [4.계약의 해제]를 입력 ➔ [확인 (Tab)] 클릭
　　비고 : 당초세금계산서작성일 20x1년 1월 19일 자동반영
③ [수정세금계산서(매출)] 화면이 나타난다.
④ 수정분 [작성일 1월 25일]입력, [공급가액 -5,000,000원], [세액 -500,000원] 자동반영 ➔ [확인 (Tab)] 클릭

수정입력사유	4	계약의 해제				당초(세금)계산서작성		20X1-01-19			
구분	년	월	일	유형	품명	수량	단가	공급가액	부가세	합계	코드	거래처명	사업.주민번호
당초분	20X1	01	19	과세	계약금			5,000,000	500,000	5,500,000	00102	(주)유한	113-81-32864
수정분	20X1	01	25	과세	계약금			-5,000,000	-500,000	-5,500,000	00102	(주)유한	113-81-32864

⑤ [매입매출전표입력] 화면에 수정분이 입력된다.

거래유형	품명	공급가액	부가세	거래처	전자세금
11. 과세	계약금	-5,000,000	-500,000	(주)유한	
분개유형	(차)		(대) 선　수　금		-5,000,000원
3.혼합			부 가 세 예 수 금		-500,000원
			보통예금(국민은행)		5,500,000원

또는	(차) 선　수　금	5,000,000원	(대) 부 가 세 예 수 금		-500,000원
			보 통 예 금 (국 민 은 행)		5,500,000원

11. 수정전자세금계산서 발행(이중발급)

① [매입매출전표입력] ➔ [1월 21일] 전표 선택 ➔ 　수정세금계산서　 클릭
② [수정사유] 화면에서 [6.착오에 의한 이중발급등]을 입력 ➔ [확인 (Tab)] 클릭
　　비고 : 당초세금계산서작성일 20x1년 1월 21일 자동반영
③ [수정세금계산서(매출)] 화면이 나타난다.
④ 수정분 [작성일 1월 21일], [수량 -20], [단가 500,000원], [공급가액 -10,000,000원], [세액 -1,000,000원]입력 ➔ [확인 (Tab)] 클릭

수정입력사유	6	착오에 의한 이중발급등				당초(세금)계산서작성		20X1-01-21			
구분	년	월	일	유형	품명	수량	단가	공급가액	부가세	합계	코드	거래처명	사업.주민번호
당초분	20X1	01	21	과세	제품-4	20	500,000	10,000,000	1,000,000	11,000,000	00104	(주)덕유	112-81-60125
수정분	20X1	01	21	과세	제품-4	-20	500,000	-10,000,000	-1,000,000	-11,000,000	00104	(주)덕유	112-81-60125
					합　계								

⑤ [매입매출전표입력] 화면에 수정분이 입력된다.

일	유형	품명	수량	단가	공급가액	부가세	합계	코드	거래처명	사업.주민번호	전자세금	분개
21	과세	제품-4	20	500,000	10,000,000	1,000,000	11,000,000	00104	(주)덕유	112-81-60125	전자발행	외상
21	과세	제품-4	20	500,000	10,000,000	1,000,000	11,000,000	00104	(주)덕유	112-81-60125	전자발행	외상
21	과세	제품-4	-20	500,000	-10,000,000	-1,000,000	-11,000,000	00104	(주)덕유	112-81-60125		외상

12. 수정전자세금계산서 발행(내국신용장등 사후개설)

① 매입매출전표입력(6월 28일)

   6월 28일 전표에서 상단 수정세금계산서 를 클릭하여 수정사유(5.내국신용장사후개설)를 선택한 다음 수정세금계산서(매출)화면에 내국신용장개설일(7월 20일)을 입력하고 [확인]을 클릭하면 수정세금계산서 입력탭이 활성화되면 해당란을 입력한다.

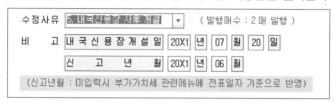

③ [매입매출전표입력] 화면에 수정분이 입력된다.

□	일	유형	품명	수량	단가	공급가액	부가세	합계	코드	거래처명	사업.주민번호	전자세금	분개
□	28	과세	제품-5	10	300,000	3,000,000	300,000	3,300,000	00107	(주)청계	236-43-17937	전자발행	외상
□	28	과세	제품-5	-10	300,000	-3,000,000	-300,000	-3,300,000	00107	(주)청계	236-43-17937		외상
■	28	영세	제품-5	10	300,000	3,000,000		3,000,000	00107	(주)청계	236-43-17937		외상

→ 당초에 발급한 과세세금계산서의 (–)세금계산서 발급분에 대한 회계처리

거래유형	품명	공급가액	부가세	거래처	전자세금
11. 과세	제품-5	-3,000,000원	-300,000원	(주)청계	
분개유형 2.외상	(차) 외 상 매 출 금 -3,300,000원		(대)	제 품 매 출 부가세예수금	-3,000,000원 -300,000원

→ 수정분 세금계산서 발급분에 대한 회계처리

거래유형	품명	공급가액	부가세	거래처	
12.영세	제품-5	3,000,000원		(주)청계	
분개유형 2.외상	(차) 외 상 매 출 금 3,000,000원		(대)	제 품 매 출	3,000,000원

05 STEP | 고정자산

1. 고정자산등록

　고정자산(유·무형자산)에 대한 감가상각비를 계산하고자 한다면 고정자산등록메뉴에서 고정자산을 등록하여야 한다.

주요등록사항	추가등록사항	자산변동사항		
1. 기 초 가 액		15. 전 기 말 부 인 누 계	
2. 전기말상각누계액		16. 전 기 말 자 본 지 출 계	
3. 전 기 말 장 부 가 액		17. 자 본 지 출 즉 시 상 각	
4. 신 규 취 득 및 증 가		18. 전 기 말 의 제 누 계	
5. 부 분 매 각 및 폐 기		19. 당 기 상 각 범 위 액	
6. 성 실 기 초 가 액		20. 회 사 계 상 상 각 비	
7. 성 실 상 각 누 계 액			사용자수정
8. 상 각 기 초 가 액		21. 특 별 상 각 률	
9. 상 각 방 법		22. 특 별 상 각 비	
10. 내 용 연 수(상각률)	?	23. 당 기 말 상 각 누 계 액	
11. 내 용 연 수 월 수		24. 당 기 말 장 부 가 액	
12. 상 각 상 태 완 료 년 도		25. 특 례 적 용	
13. 성 실 경 과/차 감 연 수	/	* 년 수	년
14. 성 실 장 부 가 액		26. 업 무 용 승 용 차 여 부	
1. 취 득 수 량		4. 최 저 한 세 부 인 액	
2. 경 비 구 분		5. 당 기 의 제 상 각 액	
3. 전 체 양 도 일 자	--- -- --	6. 전 체 폐 기 일 자	--- -- --

(1) 기본등록사항

고정자산계정과목, 자산코드, 자산명을 입력하고, 취득년월일을 입력한다.

(2) 주요등록사항

① 1.기초가액 : 자산의 **취득원가를 입력**한다. *당기에 신규 취득한 자산은 기초가액에 입력하지 않고 [4.당기중 취득 및 당기증가(+)]란에 입력*하여야 한다.

　기초가액은 말 그대로 전년도로 부터 이월된 금액을 입력하여야 한다.

　☞ *무형자산은 직접법으로 상각하므로 기초가액에 전기말 장부가액(취득가액-상각누계액)을 입력한다.*

② 2.전기말상각누계액 : 해당 자산의 전기말 감가상각누계액(**무형자산은 상각누계액**)을 입력한다.

③ 10.내용년수 : 해당내용년수를 입력하면 상각율은 자동반영된다.

④ 19.당기상각범위액과 20.회사계상상각비는 자동계산된다. **[사용자수정]을 클릭하면 회사계상 상각비를 수정할 수 있다.**

⑤ 2.경비구분은 제조경비는 500번대, 판관비는 800번대를 선택한다.

⑥ 해당 자산을 양도하였을 경우 3.전체양도일자에 입력한다.

06 STEP 결 산

1. 결산자료 입력하기

수동결산	12월 31일 일반전표입력 - **퇴직급여충당부채환입과 대손충당금 환입(판), 재고자산비정상감모손실, 기타채권에 대한 대손상각비(기타의대손상각비)**
자동결산	1. 재고자산의 기말재고액(상품, 제품, 원재료, 재공품) 2. 유무형자산의 상각비 3. 퇴직급여충당부채 당기 전입액 4. 채권에 대한 대손상각비(보충법) 5. 법인세계상 ☞ ② ③ ④ ⑤는 수동결산도 가능하다.
순서	**수동결산→ 자동결산**

(1) 자동결산입력방법([결산/재무제표Ⅰ]→[결산자료입력])

① 결산일자 입력 및 원가경비 선택

ㄱ [결산자료입력] 메뉴를 클릭하면 아래 그림이 나타나는데, 결산일자를 **1월부터 12월까지** 기간을 선택한다.

ㄴ TAT2급 시험에서는 제품매출원가가 나오므로 제품매출원가와 원가경비는 500번대를 선택한다.

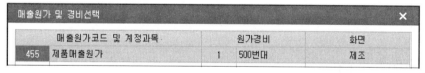

매출원가코드 및 계정과목		원가경비		화면
455	제품매출원가	1	500번대	제조

ㄷ 다음과 같은 메시지가 나오면 "아니오"를 선택하여 프로그램이 전표입력사항을 다시 불러오도록 한다.

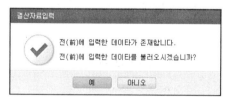

결산자료입력

전(前)에 입력한 데이타가 존재합니다.
전(前)에 입력한 데이타를 불러오시겠습니까?

예   아니오

② 기말재고자산 입력

2. 매출원가			381,707,599
제품매출원가		381,707,599	381,707,599
1)원재료비			257,407,599
원재료비		257,407,599	257,407,599
(1). 기초 원재료 재고액		16,841,510	
(2). 당기 원재료 매입액		240,566,089	
(10).기말 원재료 재고액			

③ 대손상각비 입력

㉠ 합계잔액 시산표(12월 31일)를 조회하여 보충법에 의하여 대손상각비를 산출한다.

㉡ 채권별로 대손상각비를 입력한다.

5). 대손상각		
외상매출금		
받을어음		
단기대여금		
선급금		

④ 퇴직급여, 감가상각비, 무형자산상각비 입력

2). 퇴직급여(전입액)		
3). 퇴직보험충당금전입액		
4). 감가상각비		
건물		
차량운반구		
비품		
5). 대손상각		
외상매출금		
받을어음		
단기대여금		
선급금		
6). 무형고정자산상각		
영업권		
특허권		

⑤ 법인세등 설정방법

㉠ 합계잔액 시산표(12월 31일)를 선납세금을 조회하여 결산 수정분개를 일반전표에 입력한다.

    (차) 법인세등   XX   (대) 선납세금   XX

㉡ 추가계상액을 입력한다.

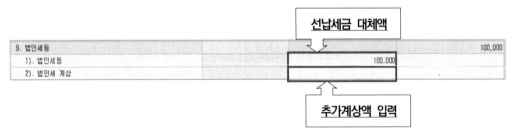

9. 법인세등			100,000
1). 법인세등		100,000	
2). 법인세 계상			

⑥ 결산완료 및 수정방법

　　㉠ 상단의 F3(전표추가)를 클릭하면 일반전표에 결산분개가 자동으로 반영됩니다.
　　그러면 12/31일 일반전표를 조회하면 결산분개가 반영된 것을 확인할 수 있습니다.

　　㉡ 수정은 결산전표를 체크하고 난 후 상단의 삭제아이콘을 눌러 전표를 삭제하고,
　　다시 결산자료를 입력 후 상단의 전표추가를 클릭한다.

2. 재무제표 확정

재무제표(제조기업)는 일정한 순서 즉 **제조원가명세서, 손익계산서, 이익잉여금 처분계산서(전표추가), 재무상태표 순**으로 작성해야 한다. 실무에서는 다음과 같이 재무제표를 확정한다.

(1) 제조원가명세서

[결산/재무제표], [제조원가명세서]를 조회한 후 Esc(종료)로 종료한 후 제조원가명세서를 확정한다.

(2) 손익계산서

[결산/재무제표], [손익계산서]를 조회한 후 Esc**(종료)**로 종료한 후 손익계산서를 확정한다.

(3) 이익잉여금처분계산서

[결산/재무제표], [이익잉여금처분계산서]를 조회한 후 Esc(종료)로 종료한 후 이익잉여금처분계산서를 확정한다. 손익계산서를 확정하면 이익잉여금처분계산서에 당기순이익이 자동반영된다. 이익잉여금처분계산서의 **당기/전기 처분확정일(주주총회일)을 입력**하고 이익잉여금 처분액(처분예정액)을 해당란에 입력한다.

그리고 상단의 전표추가(F3) **를 클릭하면 12월 31일 일반전표에 반영(손익대체분개)**한다.

(4) 재무상태표

[결산/재무제표], [재무상태표]를 조회한 후 Esc**(종료)**로 종료한 후 재무상태표를 확정한다.

예제 결산

(주)영산(2002)의 [결산자료]를 참고로 결산을 수행하고 재무제표를 완성하시오.

1. 손익의 예상과 이연

결산자료	회사는 거래처에 영업자금을 대여하고 이자는 6개월마다 회수하기로 하였다. 1. 대여기간 20x1. 10. 1. ~ 20x5. 9. 30.까지 2. 대여액 30,000,000원(이자율 연 5%)
평가문제	결산정리분개를 입력하시오. 대여일수는 월할계산할 것.

2. 손익의 예상과 이연

결산자료	한국화재보험(주)에 관리부 업무용 승용차에 대한 자동차보험을 가입하고 보험료를 납부하였다. 1. 보험료: 납부일 10월 1일 2. 납부보험료: 1,200,000원 3. 보험기간: 20x1. 10. 1. ~ 20x2. 9. 30.
평가문제	결산정리분개를 입력하시오. (본 문제에 한하여 월할 계산하기로 한다.)

3. 손익의 예상과 이연

자료. 장기차입금 거래내역

	거래일	거래유형	원금	이자	원금잔액
1	2019.6.30.	차입	100,000,000원	–	100,000,000원
2	2020.6.30.	이자		4,000,000원	
3	6.30.	원리금상환	50,000,000원	4,000,000원	50,000,000원

결산자료	회사운영자금으로 차입한 장기차입금 거래내역이다. – 은 행 명: 국민은행 – 차입원금: 100,000,000원 – 차입기간: 2019년 6월 30일 ~ 2024년 6월 30일 – 상환조건: 1년거치 2년 분할상환 – 이자지급조건: 매년 6월 30일 후불, 연 4% (본 문제에 한하여 월할 계산하기로 한다.)
평가문제	유동성 대체 및 미지급이자에 대한 결산정리분개를 입력하시오.

4. 매도가능증권평가

결산자료	회사가 보유하고 있는 매도가능증권(투자)을 기말결산시점에 평가한 금액은 4,500,000원이다.
평가문제	결산정리분개를 입력하시오.

5. 외화의 평가

결산자료	결산일 현재 보유한 외화부채는 다음과 같다.				
	계정과목	금액	거래처	발생일 적용환율	결산일 적용환율
	외화 장기차입금	US$10,000	국민은행	US$1 / 1,000원	US$1 / 1,150원
평가문제	결산정리분개를 입력하시오.				

6. 법인세 비용

결산자료	기말에 법인세가 3,000,000원으로 추산되다.
평가문제	선납세금을 조회하여 대체하는 분개(수동결산 입력)도 하시오.

7. 기말 재고자산 실사결과

결산자료	1. 재고자산 평가 후 재고자산명세를 활용하여 매출원가를 결산에 반영하고 있으며 재고자산 명세는 다음과 같다. 자료. 재고자산명세				
	계정과목	품목	재고수량	장부상금액	시가(순실현가능가액)
	원재료	A	250	25,000,000	25,000,000
	재공품	K	100	10,000,000	8,000,000
	제품	가	500	53,000,000	50,000,000
	2. 제품의 시가(순실현가능가액)는 일반기업회계기준의 저가법에 의한 평가를 실시한다. 3. 재공품의 차이는 감모에 의한 것으로 원가성이 없다.				
평가문제	결산자료입력에서 기말재고액과 재고자산평가에 대한 금액을 입력하고, 감모에 대한 회계처리를 하여 결산을 완료하시오.				

8. 퇴직금추계액

자료. 퇴직급여추계액 및 퇴직급여 지급내역

부 서	퇴직급여충당부채			퇴직급여 추계액(12.31)
	전기이월	기중지급액	잔액	
관리부	28,000,000원	18,000,000원	10,000,000원	60,000,000원
생산부	47,000,000원	23,000,000원	24,000,000원	50,000,000원
합 계	75,000,000원	41,000,000원	34,000,000원	

결산자료	기말 현재 퇴직급여추계액 명세서와 당해연도 퇴직급여 지급내역이다. (주)영산은 확정급여형퇴직연금(DB)제도를 운용하고 있다.
평가문제	자동결산메뉴를 이용하여 퇴직급여충당부채를 설정하고 결산을 완료하시오.

9. 유형자산등록 및 감가상각

자료1. 건물 내역

계정과목	코드	자산명	취득일	취득금액	전 기 말 상각누계액	상각 방법	내용 연수	사용 부서
건물	101	제품창고	2018.2.10.	120,000,000	3,000,000	정액법	30	영업부

※ 20x1.6.30. 창고증축(자본적지출)으로 설치비 20,000,000원을 지출하였으며, 회계처리는 적절하게 입력되었다.

자료2. 기계장치 내역

계정과목	코드	자산명	취득일	취득금액	전 기 말 상각누계액	상각 방법	내용 연수	사용 부서
기계장치	201	세정기계	20x1.6.5.	20,000,000	–	정률법	5	제조부

결산자료	제시된 자산에 대해서만 감가상각을 하기로 한다.
평가문제	[고정자산등록] 메뉴에 자료1, 자료2의 자산을 입력하여 유형자산에 대한 감가상각비를 계산하고, 결산에 반영하시오.

10. 채권에 대한 대손상각비

결산자료	기말에 외상매출금과 받을어음 잔액에 대하여 매년 1%의 대손충당금을 보충법으로 설정한다.
평가문제	대손설정액을 반영하여 결산을 완료하시오.

11. 이익잉여금 처분계산서

> 이익잉여금처분계산서에서 손익대체분개를 하시오. [단, 이익잉여금처분내역은 없는 것으로 하고 미처분이월이익잉여금 전액을 이월이익잉여금으로 이월하기로 한다. 당기 처분확정일(예정일) 20x2년 2월 28일, 전기 처분확정일 20x1년 2월 28일)

[해답]

1. 결산순서: 수동결산→자동결산
2. 수동결산:1~6   수동+자동: 7,10   자동결산: 8~9
3. 자동결산항목을 모두 입력 후 상단의 F3(전표추가)를 클릭하여 일반전표에 결산분개를 반영시킵니다.

[1] (차) 미수수익   375,000   (대) 이자수익   375,000

☞ 미수이자 : 30,000,000 × 5% × 3/12 =375,000원
☞ 결산전표에 대해서 결차, 결대로 입력해도 무방합니다.

[2] (차) 선급비용   900,000   (대) 보험료(판)   900,000

☞ 선급비용 1,200,000원 × 9개월 / 12개월 = 900,000원

[3] (차) 이자비용   1,000,000   (대) 미지급비용   1,000,000

☞ 이자비용: 50,000,000원(차입금잔액) × 4% × 6개월 / 12개월 = 1,000,000원

(차) 장기차입금(국민은행)   50,000,000   유동성장기부채(국민은행)   50,000,000

☞ 차입금잔액 50,000,000원은 내년도 상환예정이므로 유동성대체를 한다.

[4] (차) 매도가능증권평가익   300,000   (대) 매도가능증권(투자)   500,000
     매도가능증권평가손   200,000

☞ 합계잔액시산표 조회:매도가능증권(차) 5,000,000   매도가능증권평가이익(대) 300,000

[5] (차) 외화환산손실   1,500,000   (대) 외화장기차입금(국민은행)   1,500,000

☞ 손실: US$10,000 × (1,150원 – 1,000원) = 1,500,000원

[6] (차) 법인세등   3,000,000   (대) 선납세금   1,000,000
                                        미지급세금   2,000,000

☞ 합계잔액시산표 조회 : 선납세금 1,000,000원

[7] (수동결산-비정상감모손실)

(차) 재고자산감모손실   2,000,000   (대) 재공품(타계정대체)   2,000,000

(자동결산)

- 제품평가손실 : 3,000,000원   - 기말제품재고액 : 53,000,000원
- 기말원재료재고액 : 25,000,000원   - 기말재공품재고액 : 8,000,000원

[합계잔액시산표 확인]

차 변		계 정 과 목	대 변	
잔 액	합 계		합 계	잔 액
92,845,110	859,889,261	<재 고 자 산>	770,044,151	3,000,000
53,000,000	341,411,287	제 품	288,411,287	
		제 품 평 가 충 당 금	3,000,000	3,000,000
25,000,000	195,107,599	원 재 료	170,107,599	
8,000,000	316,525,265	재 공 품	308,525,265	

(8) [자동결산]

부서	퇴직급여추계액(A)	설정전 퇴직급여충당부채(B)	당기설정 퇴직급여(A-B)	비 고
관리부	60,000,000	10,000,000	50,000,000	판관비
생산부	50,000,000	24,000,000	26,000,000	제조경비

[합계잔액시산표 확인]

차 변		계 정 과 목	대 변	
잔 액	합 계		합 계	잔 액
	41,000,000	퇴 직 급 여 충 당 부 채	151,000,000	110,000,000

☞ 합계잔액시산표의 퇴직급여충당부채 잔액이 110,000,000원이 되어야 합니다.

(9) [자동결산]

　① 고정자산등록(건물) 101.제품창고, 취득일 2018.02.10., 정액법

　　-자본적지출비용은 4.신규취득 및 증가에 입력한다.

주요등록사항	추가등록사항	자산변동사항

1. 기 초 가 액	120,000,000	15. 전 기 말 부 인 누 계	
2. 전 기 말 상 각 누 계 액	3,000,000	16. 전 기 말 자 본 지 출 계	
3. 전 기 말 장 부 가 액	117,000,000	17. 자 본 지 출 즉 시 상 각	
4. 신 규 취 득 및 증 가	20,000,000	18. 전 기 말 의 제 누 계	
5. 부 분 매 각 및 폐 기	0	19. 당 기 상 각 범 위 액	4,760,000
6. 성 실 기 초 가 액		20. 회 사 계 상 상 각 비	4,760,000
7. 성 실 상 각 누 계 액			사용자수정
8. 상 각 기 초 가 액	137,000,000	21. 특 별 상 각 률	
9. 상 각 방 법	1 정액법	22. 특 별 상 각 비	0
10. 내 용 연 수 (상각률)	30 ? 0.034	23. 당 기 말 상 각 누 계 액	7,760,000
11. 내 용 연 수 월 수	미경과 12	24. 당 기 말 장 부 가 액	132,240,000
12. 상 각 상 태 완 료 년 도	진행	25. 특 례 적 용	0 부
13. 성 실 경 과 / 차 감 연 수	/	* 년 수	년
14. 성 실 장 부 가 액			

1. 취 득 수 량		4. 최 저 한 세 부 인 액	
2. 경 비 구 분	0 800번대	5. 당 기 의 제 상 각 액	
3. 전 체 양 도 일 자	----.--.--	6. 전 체 폐 기 일 자	----.--.--

② 고정자산등록(기계장치)   201.세정기계, 취득일 20x1.06.05, 정률법

주요등록사항	추가등록사항	자산변동사항

1. 기 초 가 액	0	15. 전 기 말 부 인 누 계	0
2. 전기말상각누계액	0	16. 전기말자본지출계	0
3. 전 기 말 장 부 가 액	0	17. 자본지출즉시상각	0
4. 신 규 취 득 및 증 가	20,000,000	18. 전 기 말 의 제 누 계	0
5. 부 분 매 각 및 폐 기	0	19. 당 기 상 각 범 위 액	5,261,666
6. 성 실 기 초 가 액		20. 회 사 계 상 상 각 비	5,261,666
7. 성 실 상 각 누 계 액	0		사용자수정
8. 상 각 기 초 가 액	20,000,000	21. 특 별 상 각 률	
9. 상 각 방 법	0 정률법	22. 특 별 상 각 비	0
10. 내 용 연 수(상각률)	5 ? 0.451	23. 당 기 말 상 각 누 계 액	5,261,666
11. 내 용 연 수 월 수	미경과 7	24. 당 기 말 장 부 가 액	14,738,334
12. 상 각 상 태 완 료 년 도	진행	25. 특 례 적 용	0 부
13. 성실경과/차감연수	/	* 년 수	년
14. 성 실 장 부 가 액	0		

1. 취 득 수 량		4. 최 저 한 세 부 인 액	0
2. 경 비 구 분	1 500 번대	5. 당 기 의 제 상 각 액	0
3. 전 체 양 도 일 자	----.--.--	6. 전 체 폐 기 일 자	----.--.--

③ 결산자료입력

제품매출원가 경비에 기계장치 5,261,666원, 판관비 건물에   4,760,000원을 입력한다.

[10] 대손상각비

계정과목	기말잔액(A)	대손추산액 (B=A×1%)	설정전 대손충당금(C)	당기대손상각비 (B-C)
외상매출금	418,175,186	4,181,751	400,000	3,781,751
받을어음	40,384,010	403,840	1,640,000	-1,236,160

〔수동결산:대손충당금 환입〕

　　〔차〕 대손충당금(받을)　　　　1,236,160　〔대〕 대손충당금환입(판)　　　1,236,160

〔자동결산〕 판매비와 일반관리비 〔대손상각〕란에 외상매출금 3,781,751원 입력

　　〔합계잔액시산표 확인〕

차　　변		계 정 과 목	대　　변	
잔　　액	합　　계		합　　계	잔　　액
418,175,186	426,475,186	외 상 매 출 금	8,300,000	
		대 손 충 당 금	4,181,751	4,181,751
40,384,010	40,384,010	받 을 어 음		
	1,236,160	대 손 충 당 금	1,640,000	403,840

☞ 합계잔액시산표의 대손충당금 잔액이 매출채권의 잔액에 1%가 되면 정답으로 인정합니다.

　　즉 결산전표를 입력하고 난 후 앞에서 매출채권과 대손충당금 금액을 수정하면 다시 계산해서 수정입력해야 합니다.

※ 자동결산항목을 모두 입력하고 상단의 전표추가하여 결산분개를 반영한다.

[11] 이익잉여금처분계산서

처분예정일 20x2-02-28을 입력한 후 상단의 '전표추가'를 클릭하여 손익대체분개를 생성한다.

| 이익잉여금처분계산서 | | | | | 참 고 | 전표추가(F3) | 기능모음(F11) ▾ |

| 제 8(당)기 처분 예정일 | 20x2-02-28 | ? | | 제 7(전)기 처분 확정일 | 20x1-02-28 | ? |

과목	계정과목및 과목명		제 8(당)기 [2022/01/01 ~ 2022/12/31]		제 7(전)기 [2021/01/01 ~ 2021/12/31]	
			금액	합계	금액	합계
Ⅰ. 미처분이익잉여금				328,151,611		169,199,096
1. 전기이월미처분이익잉여금			169,199,096		116,767,110	
2. 회계변경의 누적효과	369	회 계 변경익누적효과	0		0	
3. 전기오류 수정이익	370	전 기 오 류 수정이익	0		0	
4. 전기오류수정손실	371	전 기 오 류 수정손실	0		0	
5. 중간배당금	372	중 간 배 당 금	0		0	
6. 당기순이익			158,952,515		52,431,986	
Ⅱ. 임의적립금 등의 이입액				0		0
합 계				328,151,611		169,199,096

07 STEP 장부조회

전표입력→부가가치세→결산 입력 후 장부 및 재무제표 조회(실무수행평가-재무회계)를 통하여
약 15문항을 작성하여야 한다. 따라서 장부 및 재무제표 조회가 아주 중요한 부분이 되었다.

〈주요 장부조회 항목〉

조회문제는 하나의 장부에 답이 있는게 아니라, 여러 가지 장부를 조회하여 해답을 찾을 수 있습니다.

1. 현금거래액 또는 대체거래액	월계표/일계표
2. 채권/채무거래중 **거래처별** 잔액비교	거래처원장
3. 일정시점을 주고 계정과목별금액 (B/S계정 : 누계, I/S계정 : 1월~해당월) 비교	합계잔액시산표
4. 현금의 입출금내역	현금출납장
5. 계정과목별 **전기와 비교시**	재무상태표/손익계산서/잉여금처분계산서
6. 제조원가관련(제품제조원가)	제조원가명세서
7. 어음현황	받을어음/지급어음현황
8. 기타	영수증수취명세서,경비등 송금명세서 등

☞ FAT2,1급의 장부조회 등은 저자의 다음(Daum) 카페를 참고하십시오.

실무수행평가

㈜대동(2004)의 회계정보를 조회하여 다음의 답을 구하시오.

→ **1.거래자료입력 → 2.부가가치세 → 3.결산이 입력된 후의 계정과목 변동금액을 물어보는 문제임.**

번호	평가문제
1	1월에 발생한 복리후생비(제조) 총액은 얼마인가?
2	경비등송금명세서에 반영되는 거래 총액은 얼마인가?
3	영수증수취명세서에 반영되는 명세서제출 대상 금액은 얼마인가?
4	2월 중 약속어음을 배서양도한 금액은 얼마인가?
5	1/4사분기(1월~3월)에 발생한 보통예금(국민은행)의 입금액과 출금액은 각각 얼마인가? ① 보통예금(국민은행) 입금액: ② 보통예금(국민은행) 출금액:
6	당사가 1/4분기(1월~3월)에 상환예정인 지급어음 총액은 얼마인가?
7	6월 30일 현재 매도가능증권평가익과 매도가능증권평가손의 잔액은 각각 얼마인가? ① 매도가능증권평가익: ② 매도가능증권평가손:
8	12월 31일 현재 선급비용 및 미지급비용 잔액은 얼마인가? ① 선급비용: ② 미지급비용:
9	당기에 발생한 영업외비용 및 영업외수익 총액은 얼마인가? ① 영업외비용: ② 영업외수익:
10	12월 31일 현재 국민은행의 외화장기차입금 잔액은 얼마인가?
11	결산작업 후 확인되는 당기완성품제조원가와 제품매출원가의 금액은 각각 얼마인가? ① 당기완성품제조원가: ② 제품매출원가:
12	12월 31일 현재 미처분이익잉여금(이월이익잉여금) 잔액은 얼마인가?

1

〈제조원가명세서〉→〈과목별〉→〈01월〉　　[500,000원]/합계잔액시산표

III. 경　　　　　비		4,300,000	120,575,988
복 리 후 생 비	500,000	11,168,410	
여 비 교 통 비	300,000	0	

2

〈경비등의 송금명세서〉[600,000원]

번호	⑥거래일자	⑦법인명(상호)	⑧성명	⑨사업자(주민)등록번호	⑩거래내역	⑪거래금액	⑫송금일자	CD	⑬은행명	⑭계좌번호	계정코드
1	20×1-01-02	(주)극동사무	홍길동	224-81-21411	소모품대	600,000	20×1-01-02	003	기업은행	123-456-789	

3

〈영수증수취명세서〉→〈영수증수취명세서(1)〉→〈명세서(2)불러오기[F4]〉 [100,000원]

1. 세금계산서, 계산서, 신용카드 등 미사용내역			
9. 구분	3만원 초과 거래분		
	10. 총계	11. 명세서제출 제외대상	12. 명세서제출 대상(10-11)
13. 건수	2	1	1
14. 금액	150,000	50,000	100,000

4

〈받을어음현황〉→〈만기일별〉→〈거래일〉(2월 1일~2월 말일) [500,000원]

| 만기일(월)별 | 거래처별 | 어음조회 | 부분할인/분할배서조회 |

조회구분 1.일별 ▼ 2.거래일 ▼ 20×1 년 02 월 01 ~ 20×1 년 02 월 28 일 ? 거래처 처음 ? ~ 끝 ?

만기일	어음번호	코드	거래처	원금	보유금액(분할배서후금액)	미보유금액(분할배서금액)	거래일	구분	코드	금융기관	지점
20×1-08-15	00420150215123456781	02000	(주)전자월드	12,000,000	11,500,000	500,000	20×1-02-20	배서양도	300	우리은행	구로

5

〈거래처원장〉→〈잔액〉→〈1월1일~3월31일〉→〈보통예금〉→〈국민은행〉
① 입금액 17,958,061원　　② 출금액 5,000,000원

| 잔액 | 내용 | 총괄잔액 | 총괄내용 |

기 간 20×1 년 01 월 01 일 ~ 20×1 년 03 월 31 일 ? 계정과목 103 ? 보통예금 거래처분류 ? ~ ?
거래처 98001 ? 국민은행 ~ 99608 ? 삼성카드 부서/사원 ?
금 액 0.전체 ▼ ~

□	코드	거래처	전기(월)이월	차변	대변	잔액	사업자번호	코드	거래처분류명	은행명	계좌번
■	98001	국민은행	67,330,000	17,958,061	5,000,000	80,288,061					234-2323-1

6

〈지급어음현황〉→〈만기일별〉→〈거래일〉(1월 1일~3월 31일) [25,000,000원]

| 만기일(월)별 | 지급은행별 | 거래처별 |

조회구분 1.일별 ▼ 만 기 일 20×1 년 01 월 01 일 ~ 20×1 년 03 월 31 일 ?
어음구분 1.전체 ▼ 거 래 처 처음 ? ~ 끝 ?　　　　　　　만기일>거래처코드>발행일>어음

만기일	코드	거래처	어음번호	금액	발행일	구분	코드	지급은행
20×1-03-30	00106	여일전기(주)	00420140531234567801	25,000,000	2022-01-30	발행	98005	

7

〈합계잔액시산표〉→〈6월 30일〉/재무상태표
① 매도가능증권평가익 300,000원　　② 매도가능증권평가손 0원

차　변		계 정 과 목	대　변	
잔　액	합　계		합　계	잔　액
		◀기타포괄손익누계액▶	300,000	300,000
		매도가능증권평가익	300,000	300,000

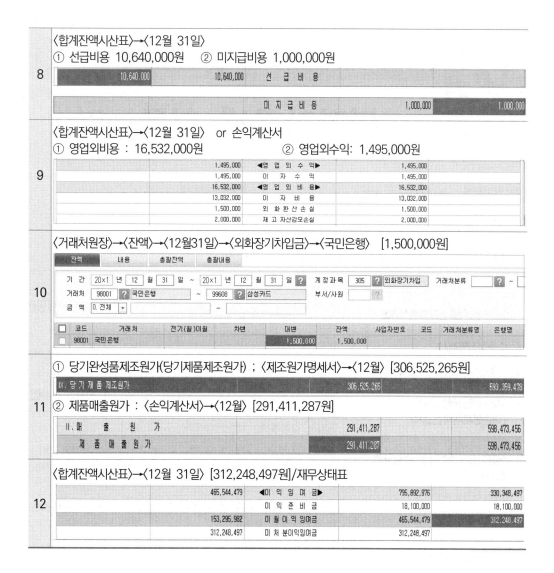

〈합계잔액시산표〉→〈12월 31일〉
① 선급비용 10,640,000원   ② 미지급비용 1,000,000원

8

10,640,000	10,640,000	선 급 비 용		

		미 지 급 비 용	1,000,000	1,000,000

〈합계잔액시산표〉→〈12월 31일〉   or 손익계산서
① 영업외비용 : 16,532,000원   ② 영업외수익: 1,495,000원

9

	1,495,000	◀영 업 외 수 익▶	1,495,000	
	1,495,000	이 자 수 익	1,495,000	
	16,532,000	◀영 업 외 비 용▶	16,532,000	
	13,032,000	이 자 비 용	13,032,000	
	1,500,000	외 화 환 산 손 실	1,500,000	
	2,000,000	재 고 자 산 감 모 손 실	2,000,000	

〈거래처원장〉→〈잔액〉→〈12월31일〉→〈외화장기차입금〉→〈국민은행〉 [1,500,000원]

10

잔액	내용	총괄잔액	총괄내용							

기 간 20×1 년 12 월 31 일 ~ 20×1 년 12 월 31 일 ? 계정과목 305 ? 외화장기차입 거래처분류 ? ~
거래처 98001 ? 국민은행 ~ 99608 ? 삼성카드 부서/사원 ?
금 액 0. 전체 ▼ ~

☐	코드	거래처	전기(월)이월	차변	대변	잔액	사업자번호	코드	거래처분류명	은행명
☐	98001	국민은행			1,500,000	1,500,000				

11

① 당기완성품제조원가(당기제품제조원가) ; 〈제조원가명세서〉→〈12월〉 [306,525,265원]

IX. 당 기 제 품 제 조 원 가				306,525,265		593,359,478

② 제품매출원가 : 〈손익계산서〉→〈12월〉 [291,411,287원]

II. 매 출 원 가			291,411,287		598,473,456
제 품 매 출 원 가			291,411,287		598,473,456

12

〈합계잔액시산표〉→〈12월 31일〉 [312,248,497원]/재무상태표

		465,544,479	◀이 익 잉 여 금▶	795,892,976	330,348,497
			이 익 준 비 금	18,100,000	18,100,000
		153,295,982	이 월 이 익 잉 여 금	465,544,479	312,248,497
		312,248,497	미 처 분 이 익 잉 여 금	312,248,497	

Chapter 02

부가가치세 실무능력

NCS세무 - 3 세무정보시스템 운용   NCS세무 - 3 부가가치세 신고

TAT 2급에서 출제되는 주요 서식을 보면 다음과 같다.

주요 서식	내 용
1. 신용카드매출전표발행집계표	개인사업자의 경우 신용카드매출전표 등을 발행시 **발행금액(공급대가)**의 일정율을 세액공제해 준다.
2. 수출실적명세서	외국으로 재화를 직접 수출하여 영세율 적용시 작성한다.
3. 부동산임대공급가액명세서	부동산임대업을 영위하는 사업자의 필수명세서
4. 대손세액공제신고서 (대손변제세액신고서)	대손세액공제신고서는 대손이 확정된 과세기간의 **확정신고시에만 공제**해 준다. 매입자 입장에서는 대손변제세액신고서라 한다.
5. 신용카드매출전표등 수령금액 합계표(갑)	일반과세자로부터 재화나 용역을 공급받고 부가가치세액이 별도로 구분 가능한 신용카드매출전표 등을 수령시 매입세액으로 공제해 준다.
6. 의제매입세액공제신고서	**면세농산물 등을 가공 후 과세재화로 공급시** 일정액을 매입세액으로 공제해주고 있다.
7. 매입세액불공제내역	일반적인 불공제 매입세액과 겸영사업자의 매입세액을 안분계산하여 매입세액불공제내역을 작성한다.
8. 실무수행평가	매입매출전표(전자세금계산서 발급)와 부속서류를 입력하고 그에 관계되는 **부가가치세 조회문제가 주어진다.**

실습예제는 ㈜낙동(2003)을 선택하여 부가가치세 부속서류 및 신고서를 작성하시기 바랍니다.

01 STEP 신용카드매출전표등 발행금액집계표

부가가치세가 과세되는 재화 등을 공급하고 세금계산서의 발급시기에 신용카드매출전표(현금영수증 포함) 등을 발급하거나, 대통령이 정하는 전자적 결제수단에 의하여 대금을 결제받는 경우 그 발행금액 또는 결제금액의 1.3%(음식·숙박업을 영위하는 간이과세자는 2.6%)에 상당하는 금액을 가산세를 제외한 납부세액을 한도로 공제한다(연간 10백만원 한도).

[매입매출전표]에서 17:카과 18:카면 22:현과등으로 입력된 내용이 자동으로 반영된다.

기간을 입력한 후 불러오기(F3) 를 클릭하면 매입매출전표에서 데이터를 읽어온다.

또한 양식에 직접 입력도 가능하다.

1. 신용카드매출전표 등 발행금액현황

과세매출분은 **공급대가로 입력**한다. 면세매출분은 공급가액을 입력한다.

2. 신용카드매출전표 등 발행금액 중 세금계산서(계산서) 교부내역

과세매출분 중 **세금계산서를 발행한 금액(공급대가)과 면세매출분 중 계산서를 발행한 금액**을 입력한다.

 신용카드매출전표 발행집계표

자료1-1.

(적 색)

전자세금계산서			(공급자 보관용)		승인번호			
공급자	등록번호	120-81-32159			공급받는자	등록번호	125-34-12324	
	상호	(주)낙동	성 명 (대표자)	이낙동		상호	㈜세계	성 명 (대표자) 이세계
	사업장 주소	서울 강남구 삼성로 237				사업장 주소	서울 금천구 독산로 324	
	업태	제조업외	종사업장번호			업태	도매업	종사업장번호
	종목	통조림식품				종목	식품	
	E-Mail	kyc@bill36524.com				E-Mail	kyc@nate.com	

작성일자	20x1.1.12.		공급가액	800,000	세액	80,000
월	일	품목명	규격	수량	단가	공급가액	세액	비고
1	12	통조림				800,000	80,000	

합계금액	현금	수표	어음	외상미수금	이 금액을	○ 영수 ○ 청구	함
880,000							

자료1-2.

신용카드매출전표

가 맹 점 명 ㈜낙동
사업자번호 120-81-32159
대 표 자 명 이낙동
주   소 서울 강남구 삼성로 237

삼성카드   신용승인
거래일시   20x1-01-12 오전 11:08:04
카드번호   9410-3256-****-6834
유효기간   **/**
가맹점번호   133501447
매입사 : 삼성카드사(전자서명전표)
 상품명   단가   수량   금액
 통조림   880,000
과세금액   **800,000원**
부가세액   **80,000원**
합   계   **880,000원**

자료2.

현금영수증
CASH RECEIPT

거래일시   20x1-01-22 14:38:04
식별번호   208341****
승인번호   150919105
판매금액   **100,000원**
부가가치세   **10,000원**
봉사료   **0원**
합계   **110,000원**

현금영수증가맹점명: (주)낙동
 사업자번호: 120-81-32159
 대표자명:이낙동   TEL: 02-3456-1135
 주소: 서울 강남구 삼성로 237
CATID:152647   전표No:
현금영수증 승인번호: 150119105
현금영수증 문의: Tel 126
http://현금영수증.kr
감사합니다.

자료 3.

신용카드매출전표

가 맹 점 명   (주)낙동
사업자번호   120-81-32159
대 표 자 명   이낙동
주   소   서울 강남구 삼성로 237

삼성카드   신용승인
거래일시   20x1-02-11 오전 08:08:04
카드번호   9010-3106-****-6004
유효기간   **/**
가맹점번호   120151447
매입사: 삼성카드사(전자서명전표)

과세금액   500,000원
부가세액   50,000원
합   계   550,000원

자료 4.

신용카드매출전표

가 맹 점 명   (주)낙동
사업자번호   120-81-32159
대 표 자 명   이낙동
주   소   서울 강남구 삼성로 237

삼성카드   신용승인
거래일시   20x1-03-11 오전 12:08:04
카드번호   2425-6906-****-7154
유효기간   **/**
가맹점번호   120151447
매입사: 삼성카드사(전자서명전표)

면세금액   20,000원
부가세액
합   계   20,000원

자료설명	1. 자료1 은 (주)세계에 제품(통조림)을 공급하고 거래일에 전자세금계산서를 발급·전송하였다.(전자세금계산서는 "전자입력"으로 처리할 것) 대금결제는 거래일에 카드로 결제 받았다. 2. 자료 2은 이주몽에게 과세제품(통조림)을 매출하고 발급한 현금영수증이다. 3. 자료 3은 (주)유한에게 과세제품(통조림)을 매출하고 발급한 신용카드매출전표이다. 4. 자료 4는 이길수에게 면세제품(고등어)을 매출하고 발급한 신용카드매출전표이다. 5. (주)낙동은 과세사업과 면세사업을 겸영하고 있다.
평가문제	1. 위의 거래를 매입매출전표에 입력하시오. 2. 신용카드매출전표발행집계표(1월 ~ 3월)를 작성하시오. 3. 제1기 부가가치세 예정신고서에 반영하시오.

해답

1. 매입매출전표입력

	거래유형	품명	공급가액	부가세	거래처	전자세금
1/1 2	11. 과세	통조림	800,000	80,000	㈜세계	전자입력
	분개유형	(차) 외 상 매 출 금	880,000원 (대) 제 품 매 출			800,000원
	4.카드	(삼 성 카 드)		부 가 세 예 수 금		80,000원

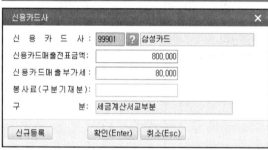

	거래유형	품명	공급가액	부가세	거래처	전자세금
1/22	22.현과	통조림	100,000	10,000	이주몽	
	분개유형	(차) 현 금	110,000원 (대) 제 품 매 출			100,000원
	1.현금			부 가 세 예 수 금		10,000원

	거래유형	품명	공급가액	부가세	거래처	전자세금
2/11	17. 카과	통조림	500,000	50,000	㈜유한	
	분개유형	(차) 외 상 매 출 금	550,000원 (대) 제 품 매 출			500,000원
	4.카드	(삼 성 카 드)		부 가 세 예 수 금		50,000원

	거래유형	품명	공급가액	부가세	거래처	전자세금
3/11	18. 카면	고등어	20,000		이길수	
	분개유형	(차) 외 상 매 출 금	20,000원 (대) 제 품 매 출			20,000원
	4.카드	(삼 성 카 드)				

2. 신용카드매출전표발행집계표(1월 ~ 3월)

- 상단의 '불러오기' 아이콘을 클릭하여 입력된 데이터를 자동반영한다.

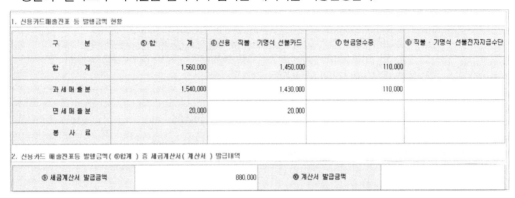

3. 부가가치세신고서

① 신고서(1~3월): 17.카과,22.현과 금액이 반영된다.

구 분			금액	세율	세액
과세표준	과세	세금계산서발급분 1	33,800,000	10/100	3,380,000
		매입자발행세금계산서 2		10/100	
		신용카드·현금영수증 3	600,000	10/100	60,000
		기타 4		10/100	

② 과세표준명세:18.카면은 면세수입금액에 반영된다.

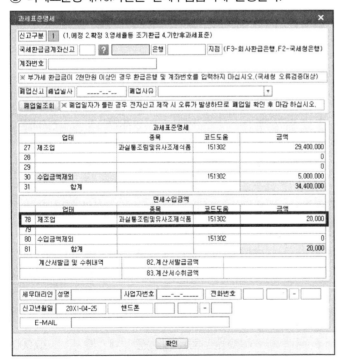

02 STEP 수출실적명세서

사업자가 외국으로 재화를 직접 수출하는 경우 작성한다.

1. 기타영세율적용

수출하는 재화 이외의 영세율적용분(국외제공용역 등)으로 세금계산서를 발급하지 않는 건에 대한 총건수, 외화금액 합계, 원화금액의 합계를 입력한다.

2. 수출신고번호: 수출신고서의 신고번호를 입력한다.

3. 환율

수출재화의 선적일자에 해당하는 기준환율 또는 재정환율을 입력한다.
다만, 선적일 전에 환가한 경우에는 환가한 날의 환율을 입력한다.

 수출실적명세서

수 출 신 고 필 증 (갑지)

※ 처리기간 : 즉시

제출번호 20426-02-6032785					
① 신 고 자 인천 관세법인 관세사 최고봉	⑤ 신고번호 071-10-09-0055857-4		⑥ 신고일자 20x1/06/14	⑦ 신고구분 H	⑧ C/S구분
② 수 출 대 행 자 (주)낙동 (통관고유부호) 낙동-1-74-1-12-4 수출자구분 A	⑨ 거래구분 11	⑩ 종류 A		⑪ 결제방법 TT	
수 출 화 주 (주)낙동 (통관고유부호) 낙동-1-74-1-12-4 (주소) 서울 서대문구 연희로 8(창전동) (대표자) 홍성아 (소재지) 214 (사업자등록번호) 110-81-11119	⑫ 목적국 US USA	⑬ 적재항 INC 인천항		⑭ 선박회사 (항공사) HJSC	
	⑮ 선박명(항공편명) HANJIN SAVANNAH	⑯ 출항예정일자 20x10618		⑰ 적재예정보세구역 03012202	
	⑱ 운송형태 10 BU			⑲ 검사희망일 20x1/06/10	
③ 제 조 자 (주)낙동 (통관고유부호) 낙동-1-74-1-12-4 제조장소 214 산업단지부호	⑳ 물품소재지 한진보세장치장 인천 중구 연안동 245-1				
	㉑ L/C번호 3722-A1522-08-2523			㉒ 물품상태 N	
④ 구 매 자 HANS Co.Ltd (구매자부호) CNTOSHIN12347	㉓ 사전임시개청통보여부 A			㉔ 반송 사유	
	㉕ 환급신청인 1 (1:수출대행자/수출화주, 2:제조자) 간이환급 NO				

• 품명 • 규격 (란번호/총란수: 999/999)

㉖ 품 명 CAR WHEEL SCX-7500DC ㉗ 거래품명 SCX-7500DC			㉘ 상표명 NO		
㉙ 모델 · 규격 ONE PRECE 18 "		㉚ 성분	㉛ 수량 25(EA)	㉜ 단가(US$) 2,000	㉝ 금액(US$) 50,000
㉞ 세번부호 1234.12-1234	㉟ 순중량	500KG	㊱ 수량 300(EA)	㊲ 신고가격 (FOB)	$50,000 ₩44,850,000
㊳ 송품장번호 AC-2014-00620	㊴ 수입신고번호		㊵ 원산지 Y	㊶ 포장갯수(종류)	30C/T
㊷ 수출요건확인(발급서류명)					
㊸ 총중량 550KG	㊹ 총포장갯수	30C/T	㊺ 총신고가격 (FOB)		$50,000 ₩44,850,000
㊻ 운임(₩)	㊼ 보험료(₩)		㊽ 결제금액	FOB-$50,000	
㊾ 수입화물관리번호			㊿ 컨테이너번호	CKLU2014013	Y
※ 신고인기재란 수출자 : 제조/무역, 전자제품			⑤ 세관기재란		
⑤ 운송(신고)인 한라통운(주) 박운송					
⑤ 기간 20x1/06/14 부터 20x1/07/01 까지		⑤ 적재의무기한 20x1/07/14	⑤ 담당자 140101 (김민호)	⑤ 신고수리일자	20x1/06/14

자료설명	품 목	SCX-7500DC(제품)
	거래처	SONY Co.,Ltd
	거래 구분	직수출
	결제 조건	T/T후불(결제기일 : 적재일로부터 35일 후)
	가격 조건	FOB
	환 율	6월 14일 기준환율 ₩920.00/USD 6월 15일 기준환율 ₩900.00/USD
	수출신고일	6월 14일
	선적일	6월 15일(선하증권)
평가문제	1. 거래자료를 매입매출전표에 입력하시오. 2. 수출실적명세서를 작성하시오. 3. 영세율에 대하여 제1기 부가가치세 확정신고서에 반영하시오.	

해답

1. 매입매출전표입력(6월 15일)

거래유형	품명	공급가액	부가세	거래처	전자세금
16.수출	SCX-7500DC	45,000,000		SONY Co. Ltd	
분개유형 2.외상	(차) 외 상 매 출 금	45,000,000원	(대) 제 품 매 출		45,000,000원

☞ 공급가액=수출신고필증의 ㊽결제금액×선(기)적일의 기준환율(외상)=$50,000× 900원 = 45,000,000원

2. 수출실적명세서(4월 ~ 6월)

구 분	건 수	외화금액	원화금액	비 고
⑨합 계	1	50,000.00	45,000,000	
⑩수 출 한 재 화	1	50,000.00	45,000,000	
⑪기타영세율적용				기타영세율은 하단상세내역에 입력

NO	☐	수출신고번호	기타영세율건수	(14)선(기)적일자	(15)통화코드	(16)환율	(17)외화	(18)원화
1	☐	07110-09-00558574		6-15	USD	900.0000	50,000.00	45,000,000

3. 부가가치세신고서(4월 1일 ~ 6월 30일)

영세율	세금계산서발급분	5		0/100
	기타	6	45,000,000	0/100

---

03 STEP 부동산임대공급가액명세서

사업자가 부동산임대용역을 공급하고 전세금 또는 임대보증금을 받는 경우에는 금전외의 대가를 받는 것으로 보아 간주임대료에 대하여 부가가치세를 부담하여야 한다.

간주임대료에 대한 부가가치세는 임대인과 임차인의 약정에 의하여 부담할 수 있으며, 이러한 **부가가치세는 부담하는 자의 세금과공과금(비용)으로 처리한다.**

1. 임대건물 현황

① 간주임대료에 적용할 이자율은 **상단의** **을 클릭하여 수정**할 수 있다.
② 상호(성명) : 임차인의 상호 또는 성명을 입력한다.
③ 층/호수/동 : 임대한 건물의 동, 층수(지상은 1, 2로 지하는 B1)와 호수를 입력한다.

2. 임대차계약내용

① 사업(주민)등록번호 : 임차인의 사업자등록번호 등을 입력한다.
② 용도 : 임차인이 사용하고 있는 용도를 입력한다.
③ 임대기간 : 임대한 전체 임대기간을 입력한다. **임대기간에 따라서 과세대상기간의 일수가 자동계산되므로 정확하게 입력하여야 한다.**
④ 계약내용 : 보증금, 월세, 관리비의 각 해당 금액을 입력한다.

부동산임대공급가액명세서

자료1. 부동산 임대계약서

(사무실)월세계약서				■ 임 대 인 용 □ 임 차 인 용 □ 사무소보관용		
부동산의 표시	소재지	서울 강남구 봉은사로 436(삼성동) 낙동빌딩 201호(2층)				
	구 조	철근콘크리트조	용도	사무실	면적	200㎡
월 세 보 증 금	금 100,000,000원정			월세 2,000,000원정		

제 1 조 위 부동산의 임대인과 임차인의 합의하에 아래와 같이 계약함.

제 2 조 위 부동산의 임대차에 있어 임차인은 보증금을 아래와 같이 지불키로 함.

계 약 금	10,000,000원정은 계약 시 지불하고
중 도 금	원정은 년 월 일 지불하며
잔 금	90,000,000원정은 20x1년 8월 31일 중개업자 입회하에 지불함.

제 3 조 위 부동산의 명도는 20x1년 9월 1일로 함.

제 4 조 임대차 기간은 20x1년 9월 1일로부터 (24)개월로 함.

제 5 조 **월세금액 및 간주임대료에 대한 부가가치세는 매월(30)일에 지불**키로 하되 만약 기일내에 지불치 못할 시에는 보증금액에서 공제키로 함.

제 6 조 임차인은 임대인의 승인하에 개축 또는 변조할 수 있으나 계약 대상물을 명도시에는 임차인이 일체 비용을 부담하여 원상복구 하여야 함.

제 7 조 임대인과 중개업자는 별첨 중개물건 확인설명서를 작성하여 서명 날인하고 임차인은 이를 확인 수령함. 다만, 임대인은 중개물건 확인설명에 필요한 자료를 중개업자에게 제공하거나 자료수집에 따른 법령에 규정한 실비를 지급하고 대행케 하여야 함.

제 8 조 본 계약을 임대인이 위약시는 계약금의 배액을 변상하며 임차인이 위약시는 계약금은 무효로 하고 반환을 청구 할 수 없음.

제 9 조 부동산 중개업법 제 20 조 규정에 의하여 중개료는 계약당시 쌍방에서 법정수수료를 중개인에게 지불하여야 함.

본 계약을 증명하기 위하여 계약 당사자가 이의 없음을 확인하고 각각 서명 · 날인 후 임대인, 임차인 및 중개업자는 매장마다 간인하여야 하며, 각 1통씩 보관한다.

20x1년 8월 25일

임 대 인	주 소	서울 강남구 삼성로 237				
	사업자등록번호	120-81-32159	전화번호	02-752-22**	성명	㈜낙 동㊞
임 차 인	주 소	서울 금천구 가산로 80				
	사업자등록번호	112-81-60125	전화번호	02-452-65**	성명	㈜덕 유 ㊞
중개업자	주 소	서울 강남구 역삼로 150 (역삼동)		허가번호		52240005-074
	상 호	덕방공인중개소	전화번호	02-751-21**	성명	이 진 수 ㊞

자료 2. 임대료에 대하여 발급한 전자세금계산서

(적 색)

전자세금계산서					(공급자 보관용)			승인번호			
공급자	등록번호	120-81-32159				공급받는자	등록번호	112-81-60125			
	상호	(주)낙동	성 명 (대표자)		이낙동		상호	(주)덕유	성 명 (대표자)		김상우
	사업장 주소	서울 강남구 삼성로 237					사업장 주소	서울 금천구 가산로 80			
	업태	제조업외		종사업장번호			업태	부동산업		종사업장번호	
	종목	통조림식품					종목	부동산매매			
	E-Mail	kyc@bill36524.com					E-Mail	dong@bill36524.com			

작성일자	20x1.9.30.		공급가액		2,000,000	세액		200,000
월	일	품목명	규격	수량	단가	공급가액	세액	비고
9	30	9월 임대료				2,000,000	200,000	

합계금액	현금	수표	어음	외상미수금	이 금액을	● 영수 ○ 청구	함
2,200,000							

자료설명	1. (주)낙동은 낙동빌딩에 대한 부동산임대 계약을 체결하였다. ㈜낙동은 부동산임대업을 겸영하고 있다 가정한다. 2. 9월 30일 월임대료가 신한은행 보통예금계좌에 입금되었음을 확인하고 전자세금계산서를 발급하였다. (전자세금계산서는 "전자입력"으로 처리한다) 3. **간주임대료에 대한 부가가치세는 임차인이 부담**하기로 하였다. 4. 9월 30일 신한은행 보통예금계좌로 간주임대료에 대한 부가가치세액이 입금되었다.
평가문제	1. 9월 임대료를 매입매출전표에 입력하시오. 수익은 임대료수입(411)로 회계처리한다. 2. 제2기 부가가치세 예정신고에 대한 부동산임대공급가액명세서를 작성하시오. (*적용이자율 2.0%로 가정*한다.) 3. 간주임대료에 대한 부가가치세액을 9월 30일자로 매입매출전표에 입력하고, 제2기 부가가치세 예정신고서에 반영하시오.

해답

1. 매입매출전표입력(9월 30일)

거래유형	품명	공급가액	부가세	거래처	전자세금
11.과세	9월 임대료	2,000,000	200,000	(주)덕유	전자입력
분개유형	(차) 보통예금(신한은행) 2,200,000원		(대) 임대료수입(411)		2,000,000원
3.혼합			부 가 세 예 수 금		200,000원

2. 부동산임대공급가액명세서 작성(7~9월, 이자율(F7) 2.0% 수정, 366일)

	상호(성명)	층	호수	동
☐	(주)덕유	2	201	서울 강남 삼성동
☐				

등록사항

사업자등록번호	112-81-60125	주 민 등 록 번 호	--------
면 적	200 m²용	도	사무실

계약내용

임 대 기 간	2024-09-01	~	2026-08-31	?

계약 내용(월)	보 증 금	100,000,000
	월 세	2,000,000
	관 리 비	

임대수입금액 ※ 계(과세표준)금액은 부가세신고서[과세표준]에 입력요망
수입금액(제외)에 입력하면 안됨(국세청 검증사항)

임 대 수 입 금 액 (30일)	보증금이자(간주임대료)	163,934
	월 세	2,000,000
	관 리 비	0
	계 (과 세 표 준)	2,163,934

3. 매입매출전표입력(9월 30일)

거래유형	품명	공급가액	부가세	거래처	전자세금
14.건별	간주임대료	163,934	16,393		
분개유형	(차) 보 통 예 금 16,393원		(대) 부 가 세 예 수 금		16,393원
3.혼합	(신 한 은 행)				

4. 부가가치세신고서(7~9월)

구 분				금액	세율	세액
과세표준	과세	세금계산서발급분	1	2,000,000	10/100	200,000
		매입자발행세금계산서	2		10/100	
		신용카드·현금영수증	3		10/100	
		기타	4	163,934	10/100	16,393

04 STEP 대손세액(변제대손세액)공제신고서

사업자가 부가가치세가 과세되는 재화 또는 용역을 공급한 후 공급받는자의 파산 등으로 인하여 부가가치세를 거래징수하지 못한 경우에는 그 대손세액을 매출세액에서 차감할 수 있다.

또한 공급받는 자는 매입세액공제를 받고 동 대손이 폐업 전에 확정되는 경우에는 그 확정된 날이 속하는 과세기간의 매입세액에서 대손세액을 차감한다.**(대손처분받은세액)** 그리고 대손세액을 매입세액에 차감한 후 대손금을 변제한 경우에는 변제일이 속하는 과세기간의 매입세액에 변제한 대손세액을 더한다.**(변제대손세액)** 이러한 대손세액공제신고서는 **확정신고시에만 공제된다.**

1. 대손발생(공급자) 또는 대손변제(공급받는자)를 클릭한다.

2. 대손확정일(변제확정일)

대손 확정일(부도어음과 수표는 부도확인일로부터 6개월 이상 경과일)과 변제확정일을 입력한다.

3. 대손금액(변제금액)을 입력한다.

대손금액은 공급가액과 세액을 포함한 공급대가를 입력한다.

대손세액공제를 받을 경우 "+"금액으로 입력하고, 대손세액공제를 받았던 외상매출금을 다시 회수한 경우에는 " – "금액으로 입력한다.

4. 대손사유를 선택하고, 변제사유는 직접 입력한다.

```
1. 파산
2. 강제집행
3. 사망,실종
4. 회사정리 인가
5. 부도[6월 되는날]
6. 채권시효 소멸
7. 6월경과 소액채권
8. 기타입력
```

대손세액공제신고서

(적 색)

전자세금계산서		(공급자 보관용)			승인번호			

공급자	등록번호	120-81-32159			공급받는자	등록번호	125-34-12324		
	상호	(주)낙동	성 명 (대표자)	이낙동		상호	㈜세계	성 명 (대표자)	이세계
	사업장주소	서울 강남구 삼성로 237				사업장주소	서울 금천구 독산로 324		
	업태	제조업외	종사업장번호			업태	도매업	종사업장번호	
	종목	통조림식품				종목	식품		
	E-Mail	kyc@bill36524.com				E-Mail	kyc@nate.com		

작성일자	20x0.12.30.		공급가액			800,000	세액		80,000
월	일	품목명	규격	수량	단가	공급가액	세액	비고	
12	30	통조림				800,000	80,000		

합계금액	현금	수표	어음	외상미수금	이 금액을	○ 영수	함
880,000			880,000			○ 청구	

자료설명	위 자료(세금계산서)와 관련하여 (주)세계에서 수취한 어음이 20x1년 6월 29일 금융기관으로부터 부도확인을 받았다. 이에 (주)낙동은 제2기 부가가치세 확정신고시 대손세액공제 신청을 하고자 한다.
평가문제	1. [대손세액공제신고서]를 작성하시오. 2. 대손세액을 20x1년도 제 2기 부가가치세 확정신고서에 추가 반영하시오. 3. 대손세액공제액 및 대손채권(받을어음)에 대한 회계처리를 12월 30일자로 입력하시오. (비망계정 1,000원은 고려하지 않는다)

【 해답 】

1. 대손세액공제신고서 작성(10~12월)
   - 대손사유를 입력하고 대손기준일을 입력하면 대손확정일이 자동 반영된다.

	대손사유	대손기준일	대손확정일	대손금액	대손세액	코드	거래상대방 상호	사업자등록번호	주민등록번호	성명
1	부도[6월 되는날]	20x1-06-29	20x1-12-30	880,000	80,000	00101	(주)세계	125-34-12324		이세계

2. 부가가치세신고서 작성(10~12월) 자동 반영되고, 금액을 확인 후 신고서를 저장한다.

3. 대손처리에 대한 회계처리(일반전표 12월30일)

매출세액	기타	6	0/100	
	예정신고누락분	7		
	대손세액가감	8		-80,000

   - 합계잔액시산표 조회(대손충당금 잔액 확인)

   (차) 대손충당금(받을)   740,000원   (대) 받을어음   880,000원
        대손상각비(판)   60,000원   [(주)세계]
        부가세예수금   80,000원

05 STEP 건물 등 감가상각 자산취득명세서

사업자가 사업설비를 신설·취득·확장 또는 증축함으로써 조기환급을 받고자 하는 경우에는 건물 등 감가상각자산취득명세서를 첨부하여야 한다.

1. 전표불러오기

불러오기(F3) 버튼을 클릭하면 아래와 같은 새로 불러오기 보조화면이 나타난다.

구 분	코 드	계정과목명
(1) 건물·구축물	202	건 물
(2) 기계장치	206	기 계 장 치
(3) 차량운반구	208	차 량 운 반 구
(4) 기타 감가상각자산	210	공 구 와 기 구

여기에서 각 계정별 코드와 계정과목을 추가 입력 후 확인 버튼을 클릭하면 [매입매출전표]에 입력된 데이터가 자동으로 불러온다.

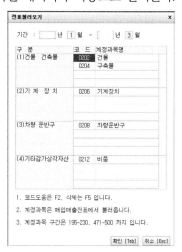

예제
따라하기

건물 등 감가상각자산 취득명세서

자료1. 기계장치 구입관련 자료

(청 색)

전자세금계산서			(공급받는자 보관용)			승인번호		

공급자	등록번호	104-81-23639			공급받는자	등록번호	120-81-32159		
	상호	㈜지리	성 명(대표자)	이한라		상호	(주)낙동	성 명(대표자)	이낙동
	사업장주소	서울 마포구 마포대로 8				사업장주소	서울 강남구 삼성로 237		
	업태	제조업	종사업장번호			업태	제조업외	종사업장번호	
	종목	기계				종목	통조림식품		
	E-Mail	sin@bill36524.com				E-Mail	kyc@bill36524.com		

작성일자	20x1.5.12.		공급가액	50,000,000		세액	5,000,000	
월	일	품목명	규격	수량	단가	공급가액	세액	비고
5	12	조립기				50,000,000	5,000,000	

합계금액	현금	수표	어음	외상미수금	이 금액을	○ 영수 함
55,000,000				55,000,000		● 청구

자료2. 승용차 구입관련 자료

(청 색)

전자세금계산서			(공급받는자 보관용)			승인번호		

공급자	등록번호	206-81-45981			공급받는자	등록번호	120-81-32159		
	상호	㈜현대자동차	성 명(대표자)	현대성		상호	(주)낙동	성 명(대표자)	이낙동
	사업장주소	서울 강남구 강남대로 272				사업장주소	서울 강남구 삼성로 237		
	업태	도소매	종사업장번호			업태	제조업외	종사업장번호	
	종목	자동차				종목	통조림식품		
	E-Mail	car@bill36524.com				E-Mail	kyc@bill36524.com		

작성일자	20x1.5.20.		공급가액	20,000,000		세액	2,000,000	
월	일	품목명	규격	수량	단가	공급가액	세액	비고
5	20	승용차(2,000cc)				20,000,000	2,000,000	

합계금액	현금	수표	어음	외상미수금	이 금액을	○ 영수 함
22,000,000				22,000,000		● 청구

자료3. 에어컨 구입관련 자료

매출전표

카드종류	거래일자			
국민카드	**20x1.5.26.15:03:16**			
카드번호(CARD NO)				
9410-5114-**-8512**				
승인번호	금액	백	천	원
923899052	AMOUNT	**2 5 0 0 0 0 0**		
일반 할부	부가세			
일시불	V.AT	**2 5 0 0 0 0**		
	봉사료			
거래유형	CASHBACK			
신용승인	합계			
	TOTAL	**2 7 5 0 0 0 0**		
가맹점명				
㈜주성전자				
대표자명	사업자번호			
김주성	**120-23-33158**			
전화번호	가맹점번호			
02-523-4722	**978758752**			
주소				
서울 영등포구 신길로 229				

상기의 거래 내역를 확인합니다. 서명 **(주)우리산업**

자료설명	자료1. 생산부에서 사용할 기계장치(조립기)를 구입하였다. 자료2. 관리부에서 사용할 승용차(2,000cc)를 구입하였다. 자료3. 사무실에서 사용할 에어컨을 구입하였다.
평가문제	1. 자료1번~자료3번의 거래를 매입매출전표에 입력하시오. (전자세금계산서와 관련된 거래는 '전자입력'으로 처리할 것) 2. 제1기 확정신고기간의 건물등감가상각자산취득명세서를 작성하고 부가가치세 확정신고서에 반영하시오.

해답

1. 매입매출전표입력(5월 12일)

거래유형	품명	공급가액	부가세	거래처	전자세금
51.과세	조립기	50,000,000	5,000,000	㈜지리	전자입력
분개유형	(차) 기 계 장 치 50,000,000원 (대) 미 지 급 금 55,000,000원				
3.혼합	부 가 세 대 급 금 5,000,000원				

매입매출전표입력(5월 20일)

거래유형	품명	공급가액	부가세	거래처	전자세금
54.불공	승용차	20,000,000	2,000,000	㈜현대자동차	전자입력
불공제사유	3.비영업용 소형승용차 구입 및 유지				
분개유형 3.혼합	(차) 차 량 운 반 구 22,000,000원 (대) 미 지 급 금 22,000,000원				

※ 비영업용 승용 자동차의 구입, 임차 및 유지와 관련된 매입세액은 공제되지 않는다.

매입매출전표입력(5월 26일)

거래유형	품명	공급가액	부가세	거래처	전자세금
57.카과	에어컨	2,500,000	250,000	㈜주성전자	
분개유형	(차) 비 품 2,500,000원 (대) 미 지 급 금				2,750,000원
4.카드	부 가 세 대 급 금 250,000원 (국 민 카 드)				

2. 건물등감가상각자산취득명세서(4~6월)

- (4) 기타 감가상각자산에 212.비품을 추가 입력

	감가상각자산 종류	건 수	공 급 가 액	세 액	비 고
취 득 내 역	합 계	3	72,500,000	7,250,000	
	(1) 건 물 · 구 축 물				
	(2) 기 계 장 치	1	50,000,000	5,000,000	
	(3) 차 량 운 반 구	1	20,000,000	2,000,000	
	(4) 기타감가상각자산	1	2,500,000	250,000	

일련 번호	취득일자 월	일	상 호	사업자등록번호	자산 구분	공 급 가 액	세 액	건 수	유 형
1	05	26	(주)주성전자	120-23-33158	4 기타감가상각자산	2,500,000	250,000	1	신용카드 등
2	05	12	(주)지리	104-81-23639	2 기 계 장 치	50,000,000	5,000,000	1	세금계산서
3	05	20	(주)현대자동차	206-81-45981	3 차 량 운 반 구	20,000,000	2,000,000	1	세금계산서

3. 부가가치세신고서(4월1일 ~ 6월30일)

	세금계산 일반매입	10	124,900,000	12,490,000
매 입 세 액	수취부분 고정자산매입	11	70,000,000	7,000,000
	예정신고누락분	12		
	매입자발행세금계산서	13		
	그밖의공제매입세액	14	9,500,000	950,000

① 건물 차량운반구

	세금계산 일반매입	10		
	수취부분 고정자산매입	11	70,000,000	7,000,000
매	예정신고누락분	12		

② 비품

세 액	그밖의공제매입세액	14	2,500,000	250,000

☞상세 조회시 해당 사항란에 커서를 위치하고 TAB키를 누른다.

구분		금액	세율	세액
신용매출전표수취/일반	41			
신용매출전표수취/고정	42	2,500,000		250,000

③ 불공제 매입세액(차량운반구)

	구분		금액	세액
16 공제받지 못할매입 세액명세	공제받지못할매입세액	50	20,000,000	2,000,000
	공통매입세액면세사업	51		
	대손처분받은세액	52		
	합계	53	20,000,000	2,000,000

06 STEP 신용카드매출전표등 수령금액 합계표(갑)

사업자가 일반과세자로부터 재화 또는 용역을 공급받고 부가가치세액이 별도로 구분 가능한 신용카드매출전표 등을 발급받은 경우 신용카드매출전표 등 수령금액 합계표(갑)를 제출하고, 해당 신용카드매출전표 등을 보관하면 그 부가가치세액은 공제할 수 있는 매입세액으로 본다. 다음사항을 제외하고는 신용카드매출전표 수령시 매입세액공제가 된다.

1. 세금계산서 발급불가사업자	면세사업자
2. 영수증발급 대상 간이과세자	직전연도 공급대가 합계액이 4,800만원 미만 등
3. 세금계산발급불가업종	① 목욕 · 이발 · 미용업 ② 여객운송업(전세버스운용사업은 제외) ③ 입장권을 발급하여 경영하는 사업
4. 불공제매입세액	기업업무추진(접대)비관련 매입세액 등

매입매출전표입력에서 <u>57.카</u>과 <u>61.현과</u>로 입력된 모든 거래내용을 불러온다.

1. 유형

```
0. 기타
1. 복지
2. 사업용
3. 현금
```

☞ 사업용신용카드 : 사업자가 사업용물품을 구입하는데 사용하는 신용카드를 국세청 현금영수증홈페이지에 등록한 신용카드

2. 신용카드 매출전표(현금영수증) 수령시 전표입력

매입세액 공제대상	매입매출전표 입력	부가가치세 신고서 반영
매입세액 불공제대상	일반전표 입력	–

신용카드매출전표등 수령금액합계표(갑)

자료1.

매출전표

카드종류	거래일자			
비씨카드	20x1.7.14.13:25:53			
카드번호(CARD NO)				
9410-5114-****-8512				
승인번호	금액	백	천	원
30010947	AMOUNT	7 5 0 0 0 0		
일반 할부	부가세			
일시불	V.AT	7 5 0 0 0		
컴퓨터	봉사료 CASHBACK			
거래유형				
신용승인	합계 TOTAL	8 2 5 0 0 0		
가맹점명				
드림마트				
대표자명	사업자번호			
황수민	105-23-6687			
전화번호	가맹점번호			
02-882-2456	001234123			
주소				
서울 마포구 상개로7				

상기의 거래 내역을 확인합니다.   서명 (주)한신산업

자료2.

신용카드매출전표

가 맹 점 명 천안주유소
사업자번호 128-65-35524
대 표 자 명 허태평
주   소 경기도 부천시 오정구 부천로12

삼성카드   신용승인
거래일시   20x1-07-16 오전 11:08:04
카드번호   9410-5114-****-8512
유효기간   **/**
가맹점번호   133501447
매입사 : 비씨카드사(전자서명전표)

상품명(주유기) 단가   수량   금액
휘발유(06)   1,678 × 71.513   120,000

과세금액   109,091원
부가세액   10,909원
합 계   120,000원

자료3.

신용카드매출전표

카드종류 : 국민카드
회원번호 : 9410-5114-****-8512
거래일시 : 20x1.7.21. 19:05:16
거래유형 : 신용승인
매   출 : 150,000원
부 가 세 :
합   계 : 150,000원
결제방법 : 일시불
승인번호 : 85110501
은행확인 : 국민은행

가맹점명 : 수라상
주   소 : 서울 관악구 신림로 133
대 표 자 : 유상호
사업자NO: 203-28-33123
      - 이 하 생 략 -

자료4.

** 현금영수증 **

(지출증빙용)

사업자등록번호   : 301-33-16515 이동주
사업자명   : 종로문구
단말기ID   : 73453259(tel:02-345-4546)
가맹점주소   : 서울 서대문구 북아현로 1

현금영수증 회원번호
  120-81-32159   (주)낙동
승인번호   : 83746302   (PK)
거래일시   : 20x1년 7월 30일 16시28분21초

공급금액   136,364원
부가세금액   13,636원
총합계   150,000원

휴대전화, 카드번호 등록
http://현금영수증.kr
국세청문의(126)
38036925-GCA10106-3870-U490
《《《《《이용해 주셔서 감사합니다.》》》》》

자료설명	자료1. 관리부에서 사용할 컴퓨터를 드림마트에서 구입하고 법인카드로 결제하였다. (자산으로 처리)
	자료2. 영업부 김상무의 승용차(2000CC)에 주유를 하고 법인카드로 결제하였다.
	자료3. 수라상에서 영업부 회식을 하고 법인카드로 결제하였다. (수라상은 영수증 발급 대상 간이과세자에 해당한다.)
	자료4. 관리부에서 사용할 복사용지 및 사무용품을 종로문구에서 구입하고 현금영수증(지출증빙용)을 수취하였다.(소모품비로 처리)
평가문제	1. 자료1 ~ 자료4를 일반전표 및 매입매출전표에 입력하시오.
	2. 신용카드매출전표등 수령금액합계표를 작성하고 제2기 부가가치세예정신고서에 반영하시오.

해답

1. 매입매출전표

자료1. [매입매출전표입력 7월 14일]

거래유형	품명	공급가액	부가세	거래처	전자세금
57.카과	컴퓨터	750,000	75,000	드림마트	
분개유형	(차) 비 품	750,000원	(대) 미 지 급 금		825,000원
4.카드	부 가 세 대 급 금	75,000원	(비 씨 카 드)		

자료2. [일반전표입력 7월 16일]

〔차〕 차량유지비(판)		120,000원	〔대〕 미지급금(비씨카드)	120,000

☞ 비영업용소형승용차는 매입세액공제가 되지 않으므로 일반전표에 입력한다.

자료3. [일반전표입력 7월 21일]

〔차〕 복리후생비(판)		150,000원	〔대〕 미지급금(국민카드)	150,000

☞ 영수증 발급 대상 간이과세자에 해당하여 매입세액공제가 되지 않으므로 일반전표에 입력한다.

자료4. [매입매출전표입력 7월 30일]

거래유형	품명	공급가액	부가세	거래처	전자세금
61.현과	복사용지외	136,364	13,636	종로문구	
분개유형	(차) 소 모 품 비 (판)	136,364원	(대) 현 금		150,000원
1.현금	부 가 세 대 급 금	13,636원			

2. 신용카드매출전표등 수령금액합계표(7~9월)

신용카드 등 매입내역 합계				
구 분		거 래 건 수	공 급 가 액	세 액
합 계		2	886,364	88,636
현 금 영 수 증		1	136,364	13,636
화물 운전자 복지카드				
사 업 용 신 용 카 드		1	750,000	75,000
기 타 신 용 카 드				

신용카드 등 매입내역 및 기타 신용카드 매출전표 수령금액										크게
	유형	거래내역				가맹점 (공급자)			회원 인적사항	
		거래일자	공급가액	세액	건수	상 호	사업자등록번호	성명(법인명)	카드회원번호	승인번호
1	사업용	20X1-07-14	750,000	75,000	1	드림마트	105-23-66873	비씨카드	9410-5114-1111-0512	
2	현금	20X1-07-30	136,364	13,636	1	종로문구	301-33-16515			

3. 부가가치세 신고서(7~9월) 그밖의공제매입세액

구분		금액	세율	세액
신용매출전표수취/일반	41	136,364		13,636
신용매출전표수취/고정	42	750,000		75,000

14

---

07 STEP 의제매입세액공제신고서

과세사업자가 면세 농산물 등을 구입 후 과세재화로 제조 · 가공하거나 용역을 창출하는 경우에는 일정한 금액을 매입세액으로 의제하여 매출세액에서 공제한다.

1. 전표데이터 새로 불러오기

[일반전표입력], [매입매출전표](53.면세, 58.카면, 60.면건, 62.현면)에서 원재료 등 계정의 **적요번호 6번 "의제매입세액 원재료 차감"**으로 입력된 자료가 있으면 자동으로 불러온다.

2. 신고내용

(1) 예정신고 및 확정신고

① 구분 : **1.계산서, 2.신용카드등, 3.농 · 어민매입** 중 해당 유형을 선택한다.
② 공제율

업 종			공제율
음식점업	과세유흥장소		2/102
	위 외 음식점업자	법인	*6/106*
		개인사업자	8/108
제조업	**일반**		2/102
	중소기업 및 개인사업자		*4/104*
위 외의 사업			2/102

(2) 확정신고시 한도 계산(매입세액정산)

① 과세기간 과세표준 및 공제가능한 금액 등
  ㉠ 과세표준 : 과세기간별 면세농산물 등과 관련하여 공급한 과세표준을 예정분과세표준과 확정분과세표준을 각각 입력한다.
  ㉡ 한도율 : **법인사업자는 50%**
  ㉢ 당기매입액은 예정신고와 확정신고 의제매입세액 해당 매입가액의 합계액을 적습니다.
② 과세기간 공제할 세액
  이미 공제받은 세액(예정신고분과 월별조기분)을 입력하면, 확정신고시 공제(납부)할 세액이 계산이 된다.

  의제매입세액공제신고서

자료1. 농산물 구입관련 자료(계산서 수취)

(청 색)

전 자 계 산 서			(공급받는자 보관용)			승인번호		
공급자	등록번호	108-91-31256			**공급받는자**	등록번호	120-81-32159	
	상호	서울수협	성명(대표자)	박수혁		상호	(주)낙동	성 명(대표자)	이낙동
	사업장주소	서울 서대문구 가좌로 19				사업장주소	서울 강남구 삼성로 237	
	업태	도·소매업	종사업장번호			업태	제조업외	종사업장번호
	종목	농/축/수/임산물				종목	통조림식품	

작성일자	20x1.6.15.			공급가액			4,000,000	
월	일	품목명	규격	수량	단가	공급가액	비고	
6	15	복숭아		50	80,000	4,000,000		

합계금액	현금	수표	어음	외상미수금	이 금액을	○ 영수 함
4,000,000				4,000,000		◉ 청구

자료2. 농산물 구입 관련 자료

[현금영수증 수취]

```
** 현금영수증 **
(지출증빙용)

사업자등록번호  : 105-23-66873 황수민
사업자명       : 드림마트
단말기ID       : 73453259(tel:02-345-4546)
가맹점주소      : 서울 마포구 상계로 7

현금영수증 회원번호
120-81-32159              (주)낙동
승인번호       : 83746302     (PK)
거래일시       : 20x1년 6월 24일 16시28분21초

품    명                        사과
공 급 금 액                  900,000원
부 가 세 금 액
총  합  계                   900,000원

휴대전화, 카드번호 등록
http://현금영수증.kr
국세청문의(126)
38036925-GCA10106-3870-U490
   〈〈〈〈〈〈이용해 주셔서 감사합니다.〉〉〉〉〉〉
```

자료3. 농산물 구입관련 자료

[영수증 수취]

NO.	영 수 증 (공급받는자용)			
			(주)낙동	귀하
공급자	사업자 등록번호	119-81-24756		
	상 호	식자재마트	성명	한복주
	사업장 소재지	서울 금천구 가산로 80		
	업 태	도·소매업	종목	농·축·수산물
작성일지	공급대가총액		비고	
20x1.6.28.	₩ 800,000			
공 급 내 역				

월/일	품명	수량	단가	금액
6.28	토마토	40		800,000
합 계			₩ 800,000	

위 금액을 **영수**(청구)함

자료4. 농산물 구입 관련 자료[농민으로부터 구입]

농산물 공급 계약서

■ 공급자 인적사항

성 명	주 민 등 록 번 호
김농사	810101-1032548

■ 계약내역

농산물 품목	공급량	납품일자	금 액
사과	50상자	20x1.06.29	1,500,000원
합계금액			1,500,000원

■ 대금지급조건 : 공급시기 해당월의 다음달 10일까지 지급

자료5. 의제매입세액 정산 관련 자료

- 20x1년 1기(1.1.~06.30.)의 통조림 제조와 관련한 과세표준은 50,000,000원 (1기 예정: 30,000,000원, 1기 확정: 20,000,000원)이다.
- 예정신고 시 면세매입금액: 2,600,000원
- 예정신고 시 의제매입세액공제액: 100,000원

자료설명	농산물을 구입하여 통조림을 제조하는 중소기업인 (주)낙동의 원재료 매입내역이다. 자료1. 복숭아 50상자를 외상으로 구입하고 계산서 수취 자료2. 사과 20상자를 현금으로 구입하고 현금영수증 수취 자료3. 토마토 40상자를 현금으로 구입하고 영수증 수취 자료4. 사과 50상자를 구입한 계약서 내용 자료5. 제1기 의제매입세액 정산에 필요한 부가가치세 자료이다.
평가문제	1. 자료1 ~ 자료4의 거래를 검토하여 의제매입세액공제 요건을 갖춘 거래는 매입매출전표에, 그 이외의 거래는 전표입력을 생략하시오.(의제매입세액공제신고서에 자동반영되도록 적요를 선택할 것) 2. 제1기 부가가치세 확정 신고기간의 의제매입세액공제신고서를 작성하시오. (의제매입세액 정산 시 기존 데이터는 무시하고, 자료 5를 반영할 것.) 3. 제1기 부가가치세 확정신고서에 반영하시오. 4. 의제매입세액과 관련된 회계처리를 일반전표입력에 6월 30일자로 입력하시오.

해답

1. 매입매출전표입력

거래유형	품명	수량	공급가액	부가세	거래처	전자세금
53. 면세	복숭아	50	4,000,000		서울수협	전자입력
6/15 분개유형	(차) 원 재 료		4,000,000원	(대)	외 상 매 입 금	4,000,000원
2.외상	(6.의제매입세액원재료차감)					

거래유형	품명	수량	공급가액	부가세	거래처	전자세금
62. 현면	사과	20	900,000		드림마트	
6/24 분개유형	(차) 원 재 료		900,000원	(대)	현 금	900,000원
1.현금	(6.의제매입세액원재료차감)					

6월 28일 : 의제매입세액공제를 받고자 하는 경우 의제매입세액공제신고서와 사업자로부터 면세 농수산물 등을 공급받은 사실을 증명하는 매입처별계산서합계표, 신용카드매출전표 등 수령명세서를 납세지 관할세무서장에게 제출하여야 한다. 사업자로부터 영수증을 수취한 경우 의제매입세액 공제대상이 아니다.

거래유형	품명	수량	공급가액	부가세	거래처	전자세금
60. 면건	사과	50	1,500,000원		김농사	
6/29 분개유형	(차) 원 재 료		1,500,000원	(대)	외 상 매 입 금	1,500,000원
2.외상	(적요:6.의제매입세액원재료차감)					

☞ 제조업의 경우 농어민으로부터 직접 구매 후 일반영수증 수취에도 의제매입세액공제가 가능하다.

2. 의제매입세액공제신고서(4~6월, 공제율: 4/104)

공급자								
1	김농사							
2	드림마트							
3	서울수협							
4								

		매입처 명세	매입세액정산(의제)			
주민등록번호	--------			사업자등록번호	108-91-31256	

취득일자	구분	품명	수량	매입가액	공제 율	의제매입세액	건수	전표
06-15	사업자(계산서	복숭아	50	4,000,000	4/104	153,846	1	매입

	매입가액 계	의제매입세액 계
사업자매입분(계 산 서)	4,000,000	153,846
사업자매입분(신용카드)	900,000	34,615
농.어민 매입분	1,500,000	57,692
계	6,400,000	246,153

3. 한도계산

3.면세농산물등 의제매입세액	4.매입시기 집중제조업 면세농산물등 ※ 확정(폐업)신고시 3번을 작성하셔야 합니다.				

가. 과세기간 과세표준 및 공제가능한 금액 등   한도율편집(확정신고)

과세표준			대상액한도계산	
14.합계	15.예정분	16.확정분	17.한도율	18.한도액
50,000,000	30,000,000	20,000,000	50%	25,000,000

가. 과세기간 과세표준 및 공제가능한 금액 등

19. 당기 매입액				20.공제대상금액 (=18과 19의 금액 중 적은금액)
합계	월별 조기분	예정분	확정분	
9,000,000		2,600,000	6,400,000	9,000,000

나. 과세기간 공제할 세액

공제대상세액		이미 공제받은 세액			26.공제 (납부)할 세액(=22-23)
21.공제율	22.공제대상액	23.합계	24.예정신고분	25.월별조기분	
4/104	346,153	100,000	100,000		246,153

4. 부가가치세 신고서(4~6월)

세 액	매입자발행세금계산서	13		
	그밖의공제 매입세액	14	8,900,000	496,153

그밖의공제매입세액명세 ✕

	구분		금액	세율	세액
14 그 밖의	신용매출전표수취/일반	41			
	신용매출전표수취/고정	42	2,500,000		250,000
	의제매입세액/평창 광주	43	6,400,000	뒤쪽참조	246,153
	재활용폐자원등매입세	44		뒤쪽참조	

5. 일반전표입력(6월 30일)

(차) 부가세대급금	246,153원	(대) 원재료(타계정대체)	246,153원

매입세액불공제내역

1. 공제받지 못할 매입세액

사업자가 자기의 사업을 위하여 사용되었거나 사용될 재화 또는 용역의 공급 및 재화의 수입에 대한 매입세액은 매출세액에서 공제되지만, 일정한 거래의 경우에는 매입세액을 공제해주지 않는다.

[2. 공제받지못할매입세액]

[매입매출전표]에 입력된 불공제 내역을 불러올 수도 있고, 직접입력도 가능하다.

2. 공통매입세액 안분계산

해당과세기간		이후
예정신고	확정신고	확정신고
안분계산 원칙 : 공급가액 비율		
예정신고기간 면세비율 (1월~3월, 7월~9월)	확정신고기간 면세비율 (1월~6월, 7월~12월)	면세비율의 5% 이상 변동
1. 공통매입세액의 **안분** 　- 일　반 　- 고정자산	2. 공통매입세액의 **정산** 　- 일　반 　- 고정자산	3. 납부환급세액의 **재계산** 　- 안　함 　- 고정자산

[3. 공통매입세액의 안분계산-예정신고(1~3월, 7~9월)]

① 계산식 선택

② 예정신고기간의 공통매입가액과 총공급가액, 면세공급가액을 입력하면 자동적으로 불공제 매입세액이 계산된다.

[4. 공통매입세액의 정산 내역-확정신고(4~6월, 10월~12월)]

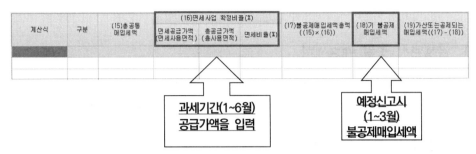

① 계산식을 선택한다.

시험문제의 대부분은 공급가액기준으로(1번.예정신고시 적용한 안분계산기준)로 정산한다.

② 총공급가액(1~6월, 7~12월)과 면세공급가액(1~6월, 7~12월)을 입력하고, 기불공제매입세액은 예정신고시 안분계산해서 불공제된 매입세액이 자동불러오거나 직접 입력한다.

[5. 납부(환급)세액 재계산(4~6월, 10~12월)]

① 계산식: 1.건물,구축물 2.기타감가상각자산을 선택한다.
② 해당감가상각자산의 매입세액을 입력한다.
③ 해당 자산의 체감률(건축물:5/100, 기타감가상각자산:25/100)을 선택한다.
④ 경과된 과세기간의 수를 입력한다. 초기산입 말기불산입(취득시점 산입, 계산시점 미산입)
⑤ 증가된 면세비율일 경우 +로 감소된 면세비율일 경우 (-)로 입력한다.

매입세액불공제내역(공제받지 못할 매입세액내역)

자료. 매입자료

일자	거래처	품목	공급가액	세 액	비 고
10월 7일	리베가구	책상	2,000,000원	200,000원	대표이사(이길수)의 개인적 사용 (가지급금으로 회계처리)
10월 8일	(주)현대자동차	승용차	30,000,000원	3,000,000원	관리부 업무용 승용차(2,000cc)
10월11일	천안주유소 (국민카드)	주유비	100,000원	10,000원	관리부 업무용승용차(1,500cc, 5인승)에 주유하고 발급받은 신용카드영수증
10월12일	(주)계룡	철거비용	4,000,000원	400,000원	자재창고 신축을 위하여 취득한 건물의 철거비용
10월18일	드림마트	홍삼	1,000,000원	100,000원	창립기념일을 맞이하여 매출거래처에 증정할 선물을 구입하였다.

자료설명	전자세금계산서 및 신용카드(국민카드 : 천안주유소) 매출전표 수취내역이다. (전자세금계산서는 "전자입력"으로 처리하고 모든 거래는 외상이다)
평가문제	1. 일반전표 및 매입매출전표에 거래자료를 입력하시오. 2. [매입세액불공제내역]을 작성하시오. 3. 20x1년도 제2기 부가가치세 확정신고서에 반영하시오.

해답

1. 전표입력

① 매입매출전표[10월 7일]

거래유형	품명	공급가액	부가세	거래처	전자세금
54.불공	책상	2,000,000	200,000	리베가구	전자입력
불공제사유	2.사업과 관련 없는 지출				
분개유형 3.혼합	(차) 가 지 급 금 (이 길 수)	2,200,000원	(대) 미 지 급 금		2,200,000원

※ 대표이사의 개인적 사용은 매입세액이 공제되지 않으며 가지급금으로 처리한다.

② 매입매출전표[10월 8일]

거래유형	품명	공급가액	부가세	거래처	전자세금
54.불공	승용차	30,000,000	3,000,000	(주)현대자동차	전자입력
불공제사유	3.비영업용 소형승용차 구입 및 유지				
분개유형 3.혼합	(차) 차 량 운 반 구	33,000,000원	(대) 미 지 급 금		33,000,000원

※ 비영업용 승용 자동차의 구입, 임차 및 유지와 관련된 매입세액은 공제되지 않는다.

③ 일반전표(10월 11일)

| (차) 차량유지비(판) | 110,000원 | (대) 미지급금(국민카드) | 110,000원 |

☞ 개별소비세 과세대상 자동차의 구입, 임차 및 유지와 관련된 매입세액은 공제되지 않는다. 다만, 신용카드로 결제한 경우에는 일반전표에 입력한다.

④ 매입매출전표(10월12일)

거래유형	품명	공급가액	부가세	거래처	전자세금
54.불공	철거비용	4,000,000	400,000	(주)계룡	전자입력
불공제사유	0.토지의 자본적 지출관련				
분개유형	(차) 토 지 4,400,000원 (대) 미 지 급 금 4,400,000원				
3.혼합					

⑤ 매입매출전표(10월18일)

거래유형	품명	공급가액	부가세	거래처	전자세금
54. 불공	홍삼	1,000,000	100,000	드림마트	전자입력
불공제사유	9.기업업무추진(접대)비 및 이와 유사한 비용관련				
분개유형	(차) 접 대 비 (판) 1,100,000원 (대) 미 지 급 금 1,100,000원				
3.혼합					

2. 공제받지 못할 매입세액(10월~12월)

2.공제받지 못할 매입세액 내역	3.공통매입세액 안분계산 내역	4.공통매입세액의 정산내역	5.납부세액 또는 환급세액 재계산 내역		
공제받지 못할 매입세액 내역					
불공제 사유	세금계산서				
	매수	공급가액		매입세액	
①필요한 기재사항 누락					
②사업과 직접 관련 없는 지출	1	2,000,000		200,000	
③비영업용 소형 승용 자동차구입 및 유지	1	30,000,000		3,000,000	
④접대비 및 이와 유사한 비용 관련	1	1,000,000		100,000	
⑤면세사업 관련					
⑥토지의 자본적 지출 관련	1	4,000,000		400,000	
⑦사업자등록 전 매입세액					
⑧금.구리 스크랩 거래계좌 미사용 관련 매입세액					
⑨ 합 계	4	37,000,000		3,700,000	

3. 부가가치세신고서(10~12월)

16 공제받지 못할매입 세액명세	구분		금액	세액
	공제받지못할매입세액	50	37,000,000	3,700,000
	공통매입세액면세사업	51		
	대손처분받은세액	52		
	합계	53	37,000,000	3,700,000

매입세액불공제내역(공통매입세액의 안분계산 내역)

자료1. 과세기간의 제품매출(공급가액) 내역(기장된 내역과 무관하다.)

구분	20x1.1.1. ~ 20x1.3.31.
과세매출(전자세금계산서)	600,000,000원
면세매출(계산서)	200,000,000원
합계	800,000,000원

자료2. 공통매입내역

일자	품목	공급가액	세액	거래처	유형
1월 14일	원재료	60,000,000원	6,000,000원	(주)덕유	과세매입
1월 22일	조립기(기계장치)	40,000,000원	4,000,000원	(주)계룡	과세매입

자료설명	(주)낙동은 과세사업과 면세사업을 겸영하고 있다고 가정한다. 자료1은 1기 부가가치세 예정신고기간의 공급가액이다. 자료2는 공통매입에 대한 내역이며 회계처리는 입력되어 있다고 가정한다.
평가문제	1. [매입세액불공제내역]의 공통매입세액안분명세를 작성하시오. 2. 제1기 부가가치세 예정신고서에 공통매입세액 안분 결과를 반영하시오. 3. 공통매입세액안분에 따른 회계처리를 3월 31일자로 입력하시오. (원재료와 기계장치를 구분하여 회계처리 할 것)

해답

1. 공통매입세액안분계산(1월 ~ 3월)

			2.공제받 못할 매입세액 내역	**3.공통매입세액 안분계산 내역**	4.공통매입세액의 정산내역	5.납부세액 또는 환급세액 재계산 내역	

	계산식	구분	과세·면세 사업 공통매입		(12)총공급가액 등 (총예정사용면적)	(13)면세공급가액 등 (면세예정 사용면적)	(14)불공제 매입세액 (⑪×⑬÷⑫)
			(10)공급가액	(11)세액			
1	1.공급가액기준		100,000,000	10,000,000	800,000,000	200,000,000	2,500,000

공통매입세액	10,000,000	×	면세공급가액	200,000,000	=	불공제매입세액	2,500,000
			총공급가액	800,000,000			

2. 부가가치세신고서(1 ~ 3월)

	구분		금액	세액
16 공제받지 못할매입 세액명세	공제받지못할매입세액	50		
	공통매입세액면세사업	51	25,000,000	2,500,000
	대손처분받은세액	52		
	합계	53	25,000,000	2,500,000

3. 일반전표입력(3월 31일)

- 공제받지못할 매입세액

원재료: 6,000,000원 × (200,000,000원/800,000,000원) = 1,500,000원

기계장치: 4,000,000원 × (200,000,000원/800,000,000원) = 1,000,000원

| (차) 원재료 | 1,500,000원 | (대) 부가세대급금 | 1,500,000원 |
| (차) 기계장치 | 1,000,000원 | (대) 부가세대급금 | 1,000,000원 |

 예제 매입세액불공제내역(공통매입세액의 정산 내역)

자료 1. 공급가액(제품) 내역(기장된 내역과 무관하며, 앞의 예제와 별개의 문제라 가정한다.)

구 분	1기 예정(01.01~03.31)	1기 확정(4.01~06.30)
과세분(전자세금계산서)	60,000,000원	80,000,000원
면세분(계산서)	60,000,000원	120,000,000원
합 계	120,000,000원	200,000,000원

자료 2. 자동세척기 매입내역

거래내역	거래처
3월 2일 과세사업(통조림)과 면세사업(복숭아판매)에 공통으로 사용되는 과일세척기를 외상으로 구입하고 전자세금계산서 수령하였다 - 공급가액 50,000,000원, 세액 5,000,000원	(주)대마

자료 3. 1기 예정 공통매입세액 안분계산내역

불공제세액	$5,000,000원 \times \dfrac{60,000,0000원}{120,000,0000원} = 2,500,000원$
자료설명	(주)낙동은 과세사업(통조림)과 면세사업(과일판매)을 겸영하고 있다. 1. 자료1은 1기 부가가치세 예정과 확정 신고기간의 공급가액이다. 2. 자료2는 공통매입자료에 대한 내용이다. 3. 자료3은 1기 예정신고시 공통매입세액안분명세에 의한 불공제처리내역이다.
평가문제	1. [매입세액불공제내역]의 공통매입세액정산명세를 작성하시오. 2. 1기 확정 부가가치세 신고서에 반영하시오. 3. 공통매입세액정산명세에 의한 회계처리를 6월 30일자로 입력하시오.

해답

1. 공통매입세액정산명세(4월~6월)

2.공제받지 못할 매입세액 내역	3.공통매입세액 안분계산 내역	4. 공통매입세액의 정산내역	5.납부세액 또는 환급세액 재계산 내역

	계산식	구분	(15)총공통 매입세액	(16)면세 사업 확정비율(%)			(17)불공제매입세액총액 ((15)×(16))	(18)기 불공제 매입세액	(19)가산또는공제되는 매입세액((17)-(18))
				면세공급가액 (면세사용면적)	총공급가액 (총사용면적)	면세비율(%)			
1	1.면세공급가액기준		5,000,000	180,000,000	320,000,000	56.2500	2,812,500	2,500,000	312,500

공통매입세액 5,000,000 × $\dfrac{\text{면세.과세 사업의 공급가액이}}{\text{확정되는 과세기간의 총공급가}}$ 확정되는 과세기간의 면세공급가 180,000,000 / 320,000,000 (면세비율%) 56.25 - 기 불공제 매입 2,500,000 = 불공제매입세액 312,500

2. 부가가치세신고서(4월~6월)

	공제받지못할매입세액	16	23,125,000		2,312,500

공제받지못할매입세액명세 ✕

	구분		금액	세액
16 공제받지 못할매입 세액명세	공제받지못할매입세액	50	20,000,000	2,000,000
	공통매입세액면세사업	51	3,125,000	312,500
	대손처분받은세액	52		
	합계	53	23,125,000	2,312,500

3. 일반전표입력(06월 30일)

〔차〕 기계장치　　　　　　　　　312,500원　〔대〕 부가세대급금　　　　　　　312,500원

매입세액불공제내역(납부세액 또는 환급세액의 재계산)

자료 1. 제1기 공통매입내역

일자	품목	공급가액	세액	거래처	비고
20x1.1.13.	건 물	160,000,000원	16,000,000원	(주)지리	
20x1.4.23.	세척기(기계장치)	40,000,000원	4,000,000원	(주)설악	

자료 2. 과세기간별 제품매출(공급가액)내역

구 분	제1기(20x1.1.1. ~ 20x1.6.30.)	비율	제2기(20x1.7.1. ~ 20x1.12.31.)	비율
과세공급	560,000,000원	70%	520,000,000원	65%
면세공급	240,000,000원	30%	280,000,000원	35%
총공급가액	800,000,000원	100%	800,000,000원	100%

자료설명	1. 과세사업과 면세사업을 겸영하고 있는 (주)낙동은 제2기 면세공급가액의 증가로 공통매입세액을 재계산하기로 하였다. 2. 자료 1은 공통매입내역으로 제1기 과세기간에 정상적으로 안분계산되었다. 3. 자료 2는 과세기간별 공급가액의 내역이다.(기장된 내역과 무관하다.)
평가문제	1. 공통매입세액 재계산을 하여 매입세액불공제내역서(10월 ~ 12월)를 작성하시오. 2. 공통매입세액 재계산관련 회계처리를 일반전표입력에 12월 31일자로 입력하시오. 3. 제2기 부가가치세 확정신고서에 반영하시오.

해답

1. 공통매입세액의 재계산(10~12월)

	2.공제받지 못할 매입세액 내역		3.공통매입세액 안분계산 내역	4.공통매입세액의 정산내역		5.납부세액 또는 환급세액 재계산 내역		
	계산식	구분	(20)해당재화의 매입세액	(21)경감률(%) (1- 체감률 x 과세기간수)			(22)증가또는감소된면세 공급가액(사용면적)비율(%)	(23)가산또는공제되는 매입세액(20 x 21 x 22)
				체감률	경과된과세기간수	경감률		
1	1.건축.구축물		16,000,000	5/100	1	95	5	760,000
2	2.기타 감가상각		4,000,000	25/100	1	75	5	150,000
3								
	합 계		20,000,000					910,000

※ 면세증가비율: 제2기 면세공급비율 35% - 제1기 면세공급비율 30% = 5%

2. 일반전표입력(12월 31일)

〔차〕 건물　　　　　　760,000원　〔대〕 부가세대급금　　　　760,000원
〔차〕 기계장치　　　　150,000원　〔대〕 부가세대급금　　　　150,000원

3. 부가가치세신고서 조회(10월~12월)

	구분		금액	세액
16 공제받지 못할매입 세액명세	공제받지못할매입세액	50	37,000,000	3,700,000
	공통매입세액면세사업	51	9,100,000	910,000
	대손처분받은세액	52		
	합계	53	46,100,000	4,610,000

09 STEP 영세율첨부서류제출명세서(영세율첨부 서류입력)

사업자는 영세율이 적용되는 경우 수출실적명세서 또는 수출계약서사본, 내국신용장이나 구매확인서사본, 외화입금증명서 등을 첨부하여 제출하여야 한다.

	구분	서류명	발급자	발급일자	선적일자	L/C번호	비고	통화코드	환율
1									

당기 제출 금액		당기 신고 해당분		당기 신고 미도래 금액	
외 화	원 화	외 화	원 화	외 화	원 화
원화(합계)		원화(합계)		원화(합계)	

① 서류명, 발급자, 발급일자를 입력한다.
② 선적일자를 입력한다.
③ 통화코드는 F2를 이용하여 입력한다.
④ 환율은 기준환율 또는 재정환율을 입력한다.
⑤ 당기제출금액은 수출재화의 인도조건에 따라 지급받기로 한 전체 수출금액을 적습니다.
⑥ 당기신고해당분은 영세율신고와 관련된 것을 적습니다.

10 STEP 재활용폐자원공제신청서

재활용폐자원 및 중고자동차를 수집하는 사업자(일반과세자)가 국가 등 또는 부가가치세 과세사업을 영위하지 아니하는 자와 간이과세자로부터 재활용폐자원 및 중고자동차를 취득하여 제조 또는 가공하거나 이를 공급시 일정한 금액을 매입세액으로 공제받을 수 있다.

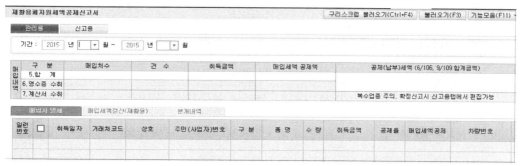

매입매출전표입력시 적요번호 7번 재활용폐자원매입세액(부가)가 있으면 자동 반영된다.
① 취득일자, 취득금액과 공제율(폐자원 3/103, 중고자동차 10/110)을 입력한다.
② 상단과 하단에 공제세액이 자동계산된다.

11 STEP 실무수행평가(부가가치세)

매입매출전표 중 (수정)전자세금계산서 발급 및 전송과 각종 부가가치세 부속서류를 작성후 그에 관계되는 조회문제가 약 10문항이 나온다.

 실무수행평가(부가가치세)

㈜대동(2004)의 부가가치세 관련 정보(약 10문항출제)를 조회하여 다음의 답을 구하시오.

번호	평가문제
1	㈜대동의 회사등록 정보이다. 다음 중 올바르지 않은 것은? ① ㈜대동은 내국법인이며, 사업장 종류별 구분은 "중소기업"에 해당한다. ② ㈜대동의 국세환급사유 발생시 국민은행으로 입금된다. ③ ㈜대동의 지방세납부 법정동은 "서초구청"이다. ④ 전자세금계산서 관리를 위한 담당자 E-mail은 kyc0102271@naver.com 이다.
2	㈜대동의 환경설정 정보이다. 다음 중 올바르지 않은 것은? ① 계정과목코드체계는 세목미사용(3자리) 이다. ② 소수점관리는 수량 1.버림, 단가 1.버림, 금액 3.반올림 으로 설정되어있다. ③ 일반전표 입력시 엔터키 입력으로 거래처코드가 자동으로 복사된다. ④ 거래유형이 카드거래의 매입매출 전표 입력시 카드거래처는 자동으로 복사되지 않는다.
3	8월 03일자 전자세금계산서 승인번호를 입력하시오.
4	5월 03일자 수정후 재발행된 세금계산서의 승인번호를 입력하고 수정사유를 선택하시오. ① 승인번호: ② 수정사유:
5	제1기 예정신고기간의 건물등감가상각취득명세서에서 조회되는 감가상각자산별 공급가액은 얼마인가? ① 건물·구축물: ② 기계장치: ③ 차량운반구: ④ 기타감가상각자산:
6	제1기 예정 신고기간의 부가가치세 신고시에 작성되는 부가가치세 첨부서류에 해당하지 않는 것은? ① 세금계산서합계표 ② 신용카드매출전표등 수령금액합계표(갑) ③ 수출실적명세서 ④ 건물등 감가상각자산 취득명세서
7	제1기 예정 신고기간의 부가가치세신고서에 반영되는 부가율은 얼마인가? (단, 국세청 부가율적용은 "여"를 선택한다.)
8	제1기 예정신고기간의 부가가치세신고서의 과세_세금계산서발급분(1란) 금액은 얼마인가?
9	제1기 예정신고기간의 고정자산매입액은 얼마인가?

번호	평가문제
10	제1기 확정신고기간의 공통매입세액 정산내역에 반영되는 면세비율은 몇 %인가? (저장된 데이터를 불러오세요)
11	제1기 확정신고기간 부가가치세신고서에 반영되는 수입금액제외 총액은 얼마인가?
12	제1기 확정신고기간 부가가치세 납부세액은 얼마인가?

해답

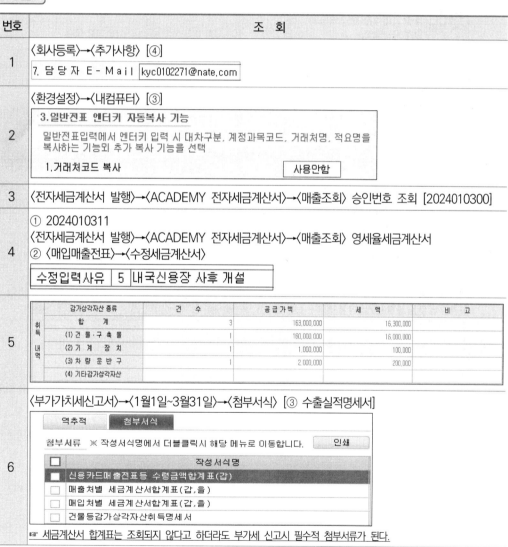

번호	조 회
1	〈회사등록〉→〈추가사항〉[④] 7. 담 당 자 E - M a i l kyc0102271@nate.com
2	〈환경설정〉→〈내컴퓨터〉[③] **3. 일반전표 엔터키 자동복사 기능** 일반전표입력에서 엔터키 입력 시 대차구분, 계정과목코드, 거래처명, 적요명을 복사하는 기능외 추가 복사 기능을 선택 1. 거래처코드 복사 사용안함
3	〈전자세금계산서 발행〉→〈ACADEMY 전자세금계산서〉→〈매출조회〉 승인번호 조회 [2024010300]
4	① 2024010311 〈전자세금계산서 발행〉→〈ACADEMY 전자세금계산서〉→〈매출조회〉 영세율세금계산서 ② 〈매입매출전표〉→〈수정세금계산서〉 수정입력사유	5	내국신용장 사후 개설
5	(table below)
6	〈부가가치세신고서〉→〈1월1일~3월31일〉→〈첨부서식〉[③ 수출실적명세서] (form below) ☞ 세금계산서 합계표는 조회되지 않는다고 하더라도 부가세 신고시 필수적 첨부서류가 된다.

번호 5 표:

취득내역	감가상각자산 종류	건 수	공급가액	세 액	비 고
	합 계	3	163,000,000	16,300,000	
	(1) 건 물·구 축 물	1	160,000,000	16,000,000	
	(2) 기 계 장 치	1	1,000,000	100,000	
	(3) 차 량 운 반 구	1	2,000,000	200,000	
	(4) 기타감가상각자산				

번호 6 첨부서식:

역추적   첨부서식

첨부서류 ※ 작성서식명에서 더블클릭시 해당 메뉴로 이동합니다.   인쇄

	작성서식명
■	신용카드매출전표등 수령금액합계표(갑)
□	매출처별 세금계산서합계표(갑,을)
□	매입처별 세금계산서합계표(갑,을)
□	건물등감가상각자산취득명세서

번호	조 회
7	〈부가가치세신고서〉→〈1월1일~3월31일〉 [63.31%] 부가율 63.31
8	〈부가가치세신고서〉→〈1월1일~3월31일〉 [246,861,160원]
9	〈부가가치세신고서〉→〈1월1일~3월31일〉 [164,600,000원] 1. 세금계산서 수취분 2.신용카드수취분
10	〈매입세액 불공제내역〉→〈4월~6월〉→〈공통매입세액의 정산내역〉 [70%]
11	〈부가가치세신고서〉→〈4월1일~6월30일〉→〈과표〉 [5,000,000원]
12	〈부가가치세신고서〉→〈4월1일~6월30일〉 [2,578,946원]

8

구 분		금액	세율	세액
세금계산서 발급분	1	246,861,160	10/100	24,686,116
매입자발행 세금계산서	2		10/100	

과세 ... 기세

9 - 1. 세금계산서 수취분

세금계산 수취부분	으로 매입	...	62,515,5..		6,251,5..
	수출기업수입분납부유예	10-1			
	고정자산매입	11	163,000,000		16,300,000

9 - 2.신용카드수취분

구분		금액	세율	세액
신용매출전표수취/일반	41			
신용매출전표수취/고정	42	1,600,000		160,000

10

	계산식	구분	(15)총공통 매입세액	(16)면세 사업 확정비율(%)			(17)불공제매입세액 총액 ((15)×(16))	(18)기 불공제 매입세액	(19)가산또는공제되는 매입세액((17) - (18))
				면세공급가액 (면세사용면적)	총공급가액 (총사용면적)	면세비율(%)			
1	1.면세공급가액 기준		1,000,000	70,000,000	100,000,000	70.000000	700,000	200,000	500,000

11

구 분		금액	세율	세액
세금계산서 발급분	1	246,861,160	10/100	24,686,116
매입자발행 세금계산서	2		10/100	

과세 ... 기세

12

가산세액계	26		㉮	
차가감납부할세액(환급받을세액) (⑭-㉯-⑭-⑭-㉯-⑭-㉯-㉯+㉮)	27			2,578,946

Chapter 03

원천징수실무

NCS세무 - 3 세무정보시스템 운용   NCS세무 - 3 원천징수   NCS세무 - 4 종합소득세 신고

주요 서식	내 용
1. 사원등록	사원의 기본사항 및 **인적공제사항**(매회출제)
2. 급여자료입력	– 수당 및 공제등록 – 매월 급여자료 입력 및 공제금액 자동계산/ 일용근로소득
3. 연말정산 근로소득 원천징수영수증	**계속근무자(중도퇴사자)의 연말정산**(매회출제)
4. 원천징수이행상황신고서	소득을 지급하고 다음달 10일까지 소득집계내역을 제출
5. **실무수행평가**	1.~4.를 입력 후 그에 관계되는 조회문제가 주어진다.

※ *원천징수실무 수행평가는 프로그램이 자동 계산되어 지는 항목이 많으므로 시점(세법개정, 프로그램 업데이트)마다 달라질 수가 있습니다.*

 사원등록

기초사항	관리사항		구 분: 0.전체	정 렬: 1. 코 드

1. 입 사 년 월 일   년   월   일 ?   국적   ?   체류자격   ?
2. 내 / 외국인 구분   3. 거 주 지 국   ?
4. ▼ 번호   5. 단일세율 적용여부
6. 거 주 구 분   7. 급 여 구 분 ▼ 임금   0 원
8. 산재보험적용여부   9. 국민연금보수월액
10. 건강보험보수월액   11. 건강보험료경감여부   경감율   %
12. 고용보험보수월액   13. 고용보험적용여부   (대표자   )
14. 장기요양보험적용여부   경감율   %   15. 건강보험증번호
16. 국외근로적용여부   17. 선원여부   18. 생산직 등 여부   연장근로비과세
19. 주   소   ?
(상 세 주 소)
20. 퇴 사 년 월 일   년   월   일 ?   20. 이 월 여 부

● 부양가족명세   (20X1 12. 31 기준)

연말정산관계	기본	세대	부녀	장애	경로70세	출산입양	자녀	한부모	성명	주민 (외국인)번호	가족

1. 기초자료등록

① 5. 단일세율적용(0.부, 1.여)

외국인근로자가 국내에서 근무함으로써 받는 근로소득에 대해 19%의 단일세율을 적용한 세액으로 할 수 있다.

② 9.국민연금 보수월액 10.건강보험보수월액 12.고용보험보수월액

기준소득월액(보수월액)등을 입력하면 국민연금 등이 자동 계산된다.

③ 16.국외근로소득유무

일반적인 근로소득일 경우 1. 100만원 비과세를 원양어선, 해외건설근로자인 경우 2. 500만원(개정세법 24) 비과세를 선택한다.

④ 18.생산직여부, 연장근로비과세

생산직일 경우 연장근로 비과세적용(직전연도 총급여액이 3,000만원 이하인 경우)시 반드시 구분표시한다.

⑤ 20.퇴사년월일

사원이 퇴사한 경우 해당 연·월·일을 입력한다.

중도퇴사자인 경우 반드시 퇴사일을 입력하고 연말정산을 하여야 한다.

2. 부양가족명세

① 연말정산관계

F2 로 조회하여 소득자 본인과의 관계를 선택한다.

② 기본

0.부는 부양가족 중 기본공제대상자가 아닌 자를 선택한다.

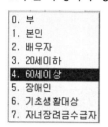

③ 세대주, 부녀자공제, 한부모소득공제 : 본인에 대해서 해당 여부를 선택한다.

④ 장애인공제, 경로우대공제

기본공제대상자중 추가공제 또는 세액공제 대상이 되면 "1"을 입력하고, 하단에 추가공제 또는 세액공제가 항목별로 집계된다. **장애인 공제대상일 경우 1.장애인복지법에 따른 장애인 2.국가유공자등 근로능력 없는 자 3.항시 치료를 요하는 중증환자중 하나**를 선택한다. 직계비속이면서 위탁자관계가 자녀이면 자녀세액공제가 자동으로 반영된다.

⑤ 자녀세액공제 : 8세이상 자녀에 대해서 자녀세액공제를 선택한다.

⑥ **출산입양세액공제**

첫째 30만원 둘째 50만원 셋째이상 70만원 세액공제가 되므로 출산입양세액공제 적용시 선택한다.

⑦ 연말정산관계를 선택하면 가족 관계는 자동 입력되나, 수정할 사항이 있으면 F2를 이용해서 본인과의 관계를 입력한다.

가족관계 코드도움	
코드	가족관계
02	처
03	부
04	모
05	자
06	자부
07	남편
08	사위
10	시부

사원등록(인적공제)

㈜낙동〔2003〕을 선택하여 다음 자료에 의하여 사원등록을 하시오.

문서확인번호   1/1

주민등록표
(등 본)

이 등본은 세대별 주민등록표의 원본내용과 틀림없음을 증명합니다.
담당자: 전화:
신청인: (   )
용도 및 목적:
년 월 일

세대주 성명(한자)	윤도현 (尹 道 顯)	세 대 구 성 사 유 및 일자	전입 2010-10-24

현주소: 서울특별시 구로구 도림로107 115동203호(구로동,럭키아파트)

번호	세대주 관 계	성 명 주민등록번호	전입일 / 변동일	변동사유
1	본인	윤도현 770521-1026818		
2	배우자	이진숙 780516-2000164	2000-11-11	전입
3	모	김기숙 401112-2075529	2000-11-15	전입
4	자	윤지훈 070203-3023180	2007-02-03	
5	자	윤지은 150123-4070787	2015-01-23	
6	고모	윤미화 481121-2031622	2010-11-11	

자료설명	사무직 사원 윤도현의 주민등록표이다. 1. 부양가족은 윤도현(언어장애인으로 장애 2급 등록증 소지)과 생계를 같이 한다. 2. 배우자(이진숙)은 20x1년 1월에 퇴직하면서 급여 3,000,000원과 퇴직금 12,000,000 원을 받았고, 이후 가사에 전념하고 있다. 3. 모(김기숙)은 일시적인 문예창작 소득 2,000,000원이 있다. 4. 자(윤지훈)은 항시 치료를 요하는 중증환자이다. 5. 생계를 같이하던 부친 윤호국씨(주민등록번호 350817-1967031)가 5월 31일 사망하 였다. 6. 고모(윤미화)는 사업소득금액 5,000,000원이 있다.
평가문제	사원등록메뉴에서 윤도현(사원코드 101번)의 부양가족명세를 작성하시오.

516

해답

1. 인적공제 판단

세법상연령=연말정산연도-출생연도

가족	요 건 연령	요 건 소득	기본공제	추가공제/세액공제	판 단
본인(윤도현)	–	–	○	장애(1)	
처(이진숙)	–	×	부		**종합소득+양도소득+퇴직소득 합계 1백만원 초과자**
부(윤호국)(89)	○	○	○	경로	사망시 사망일 전일 상황에 따름
모(김기숙)(84)	○	○	○	경로	일시문예창작소득은 60%추정 기타소득이므로 소득금액 1백만원 이하자
자(윤지훈)(17)	○	○	○	장애(3), 자녀	
자(윤지은)(9)	○	○	○	자녀	
고모(윤미화)		–			고모는 직계존속이 아니므로 기본공제대상자가 될 수 없음

2. 사원등록(부양가족 명세)

	연말정산관계	기본	세대	부녀	장애	경로70세	출산입양	자녀	한부모	성명	주민(외국인)번호	가족관계
1	0.본인	본인	○		1					윤도현	내 770521-1026818	
2	3.배우자	부								이진숙	내 780516-2000164	02.처
3	1.(소)직계존속	60세이상				○				김기숙	내 401112-2075529	04.모
4	1.(소)직계존속	60세이상				○				윤호국	내 350817-1967031	03.부
5	4.직계비속(자녀	20세이하			3			○		윤지훈	내 070203-3023180	05.자
6	4.직계비속(자녀	20세이하						○		윤지은	내 150123-4070787	05.자

[실무수행평가]

평가문제

[윤도현 근로소득원천징수영수증 조회]
1. 기본공제 대상 인원수(본인포함)는 총 몇 명인가?
2. 배우자 공제대상액은 얼마인가?
3. 부양가족 공제대상액은 얼마인가?
4. 경로우대 공제대상액은 얼마인가?
5. 장애인 공제대상액은 얼마인가?
6. 부녀자 공제대상액은 얼마인가?
7. 자녀세액공제 대상액은 얼마인가?

해답

〈 연말정산 근로소득원천징수영수증 〉→F2〈 사원코드도움 〉→〈 윤도현 〉

1	2	3	4	5	6	7
5	0	6,000,000	2,000,000	4,000,000	0	350,000 (개정세법 24)

〈 소득공제 내역 〉

구	분		공제대상액
21.총 급 여(16)			60,000,000
22.근 로 소 득 공 제		〉	12,750,000
23.근 로 소 득 금 액		〉	47,250,000
기본공제	24.본 인		1,500,000
	25.배 우 자		
	26.부 양 가 족	4_명	6,000,000
추가공제	27.경 로 우 대	2_명	2,000,000
	28.장 애 인	2_명	4,000,000
	29.부 녀 자		
	30.한부모가족		

〈 세액공제 내역 〉

세 액 공 제 구 분		세액공제액
55.근 로 소 득	〉	660,000
56 자녀세액	공제대상자녀 2_명	350,000
	출산입양 __명	

> 자녀세액공제 금액은 2명이므로 이론적으로 350,000원입니다. 그러나 산출세액이 적은 경우 350,000원
> 보다 작은 경우가 있으므로 조회문제는 반드시 프로그램으로 확인하셔서 답을 적으시기 바랍니다.

---

02 STEP 급여자료입력

급여자료 입력은 상용근로자의 급여 등을 입력하는 메뉴이다. 그리고 급여자료를 입력하기 전에는 반드시 수당등록과 공제등록을 하여야 한다.

1. 수당 및 공제등록

(1) 수당등록

수당등록은 급여자료를 입력하기 전에 먼저 수행해야 할 작업으로 최초 월 급여 지급 전에 등록하고 수시로 변경할 수 있다. 화면 상단의 클릭하면 다음과 같은 수당등록 박스가 나타난다.

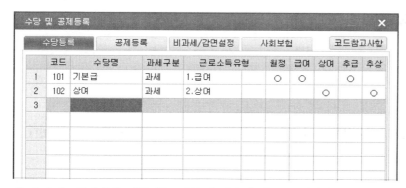

① 수당명 : 회사에서 지급하는 각종 수당들의 항목을 입력한다. 등록되어 있다.

② 과세구분 : 지급과목명이 소득세법상 근로소득에 해당하면 "1"을, 비과세 근로소득에 해당하면 "2"를, 감면소득일 경우 "3"을 선택한다.

2.비과세를 선택한 경우에는 비과세코드도움을 보고 항목을 선택한다.

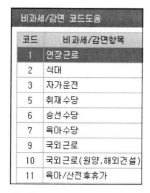

과세구분에서 1.과세를 선택한 경우에는 해당코드를 선택한다.

③ 월정액은 정기적으로 지급되면 1.정기를 선택하고, 부정기적으로 지급하면 2.부정기를 선택하면 된다. 그리고 사용여부를 체크한다.

(2) 공제등록

① 공제항목명을 입력한다.

② 공제소득유형은 공통코드도움을 받아 선택하거나 직접 입력한다.

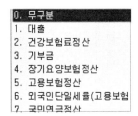

③ 노동조합비는 공제소득유형을 3.기부금으로 설정하여야 기부금 명세서에 자동반영된다.

2. 급여자료 입력

[급여자료입력]은 상용 근로자의 각 월별 급여자료 및 상여금 입력 메뉴이다. 입력한 데이터는 [원천징수이행상황신고서]에 반영된다.

(1) 귀속년월

지급하는 급여 및 상여의 귀속 월을 입력한다. 만일 3월급여가 4월에 지급받은 경우 귀속연월은 실제 근로를 제공한 달인 3월이 되는 것이다. 그리고 지급연월은 4월로 입력해야 한다.

(2) 지급연월일 : 지급하는 급여의 지급연월일을 입력한다.

급여자료입력

㈜낙동(2003)을 선택하여 요구사항에 답하시오.

자료1. 1월 급여자료

(단위 : 원)

사원	기본급	자가운전보조금	시간외수당	식대보조금	보육수당	국외근로수당	자격수당	직책수당
김기리 (사무직)	3,000,000	200,000	100,000	200,000	100,000	1,500,000	200,000	300,000
송영길 (생산직)	800,000	200,000	300,000	200,000	100,000	–	–	–

자료2. 수당 및 공제내역

구분	코드	수당 및 공제명	내 용
수당등록	101	기본급	설정된 그대로 사용한다.
	102	상여	
	200	자가운전보조금	종업원의 소유 차량을 회사업무에 사용시 매월 고정비로 지급하고 있으며 시내출장과 관련하여 별도의 차량유류대를 지급하지 않는다. (실비변상적 급여임)
	201	시간외근무수당	정상적인 근로시간을 초과하여 근무할 경우 시간외근로수당을 지급하고 있으며, 사무직은 과세, 생산직은 비과세를 적용하고 있다.
	202	식대보조금	매월 고정적으로 지급하고 있으며 중식을 구내식당에서 식사를 제공하고 있다.
	203	보육수당	6세 이하의 자녀가 있는 경우 자녀보육비로 매월 고정비를 지급하고 있다.
	204	국외근로수당	해외지사에 근무하는 사원에 대하여 지급하고 있다.
	205	자격수당	업무관련 자격증을 취득자에 지급하고 있다.
	206	직책수당	직책에 따라 차등으로 지급하고 있다.

자료설명	1. 수당등록을 설정하여 급여 입력시 반영하고자 한다. 2. 수당등록시 비과세소득은 소득세법에 기준하여 설정한다.(자료에 제시된 수당 및 공제명으로 등록할 것) 3. 송영길의 직전연도 총급여액은 20,000,000원이다. 4. 사회보험은 자동 계산된 금액으로 공제한다.
평가문제	1. [급여자료입력] 메뉴에서 수당등록을 설정하시오. 2. 1월 급여자료를 등록하시오. 급여지급일은 매월 말일이다.

해답

1. 수당의 과세판단 및 수당등록

		판 단	과세여부
200	자가운전 보조금	본인소유차량+업무+실제여비를 지급받지 않는 경우 월 20만원이내 비과세임	비과세
201	시간외 근무수당	전년도 총급여액 3,000만원/월정액급여가 210만원 이하인 생산직 사원은 비과세임. **송영길의 기초자료등록 탭에서 연장근로비과세적용을 "1.여"로 변경한다.**	비과세
202	식대보조금	**현물식사를 제공하므로 비과세요건 미충족**	과세
203	보육수당	**6세 이하 자녀보육비(월 20만원-개정세법 24)이므로 비과세 요건 충족**	비과세
204	국외 근로수당	국외근로수당에 대하여 100만원 한도 비과세소득 **김기리의 기초자료 등록탭에서 16.국외근로적용 여부 "1.여"(100만원비과세)로 변경한다.**	비과세
205	자격수당	과세소득	과세
206	직책수당		과세

	수당등록	공제등록	비과세/감면설정	사회보험		코드참고사항				
	코드	수당명	과세구분	근로소득유형		월정	급여	상여	추급	추상
1	101	기본급	과세	1.급여		○	○		○	
2	102	상여	과세	2.상여				○		○
3	200	자가운전보조금	비과세	3.자가운전	H03		○		○	
4	201	시간외근무수당	비과세	1.연장근로	001		○		○	
5	202	식대 보조금	과세	1.급여		○	○		○	
6	203	보육 수당	비과세	7.육아수당	Q01		○		○	
7	204	국외근로수당	비과세	9.국외등근로(건설지원	M01		○		○	
8	205	자격 수당	과세	1.급여		○	○		○	
9	206	직책 수당	과세	1.급여		○	○		○	

2. 급여자료 입력(귀속년월:1월, 구분:1.급여, 지급일:1월 31일)

① 김기리

급여항목	지급액	공제항목	공제액
기본급	3,000,000	국민연금	135,000
자가운전보조금	200,000	건강보험	104,850
시간외근무수당	100,000	고용보험	34,400
식대보조금	200,000	장기요양보험료	12,860
보육수당	100,000	소득세	251,100
국외근로수당	1,500,000	지방소득세	25,100
자격수당	200,000	농특세	
직책수당	300,000		
과 세	4,300,000		
비 과 세	1,300,000		
감면 소득		공제액 계	563,220
지급액 계	5,600,000	차인지급액	5,036,780

-비과세: 자가운전보조금(200,000)+보육수당(100,000)+국외근로소득(1,000,000)=1,300,000원

② 송영길

급여항목	지급액	공제항목	공제액
기본급	800,000	국민연금	36,000
자가운전보조금	200,000	건강보험	27,960
시간외근무수당	300,000	고용보험	8,000
식대보조금	200,000	장기요양보험료	3,430
보육수당	100,000	소득세	
자격수당		지방소득세	
직책수당		농특세	
과 세	1,000,000		
비 과 세	600,000		
감면 소득		공제액 계	75,390
지급액 계	1,600,000	차인지급액	1,524,610

-비과세: 자가운전보조금(200,000)+보육수당(100,000)+시간외근무수당(300,000)=600,000원

☞ 자동 계산되는 소득세등이 다르더라도 무시하시면 됩니다.

[실무수행평가]

평가문제

[김기리 1월 급여자료 조회]
1. 수당항목중 식대의 과세 해당 금액은 얼마인가?
2. 수당항목중 국외근로수당의 비과세 해당 금액은 얼마인가?
3. 수당항목중 국외근로수당의 과세 해당 금액은 얼마인가?
4. 수당항목중 육아(보육)수당의 비과세 해당 금액은 얼마인가?
5. 1월분 급여에 대한 차인지급액은 얼마인가?

해답

〈 급여자료입력 〉→〈 귀속년월 1월 〉→〈 1월 31일 〉→〈 김기리 〉→〈 1.현재사원_당월 〉

1	2	3	4	5
200,000	1,000,000	500,000	100,000	5,036,780

지급/공제 조회구분 : 1.현재사원_당월

항 목	TX	금 액
시간외근무수당	과세	100,000
식대보조금	과세	200,000
보육수당	비과	100,000
국외근로수당	과세	500,000
국외근로수당	비과	1,000,000
과 세		4,300,000
비 과 세		1,300,000
감면 소득		0
지급액 계		5,600,000

공제항목	지급액
국민연금	135,000
건강보험	104,850
고용보험	34,400
장기요양보험료	12,860
소득세	251,010
지방소득세	25,100
농특세	
공제액 계	563,220
차인지급액	5,036,780

☞ 소득세등, 4대건강보험료, 급여에 대한 차인지급액은 시점(프로그램 업데이트)에 따라 차이가 발생할 수 있습니다.

03 STEP 일용근로소득

　일용근로자란 근로를 제공한 날 또는 시간에 따라 근로대가를 계산하거나 근로성과에 따라 급여에 계산하여 지급받는 것을 말한다.

1. 일용직 사원등록

① 급여지급방법: 0.매일지급, 1.일정기간지급 중 선택한다.

② 정상급여: 일당을 입력하면 된다.

③ 급여유형: 0.일급직.1.시급직 중 선택한다.

④ 계정과목 설정: 일용근로자의 급여는 잡급으로 입력한다.

2. 일용직 급여입력

① 해당일자 근무란에 커서를 위치하고 마우스를 클릭하면

근무란에 "○"으로 표시되고 지급액에 금액(사원등록시 정상급여를 등록시)이 표시된다.

② 근무시간에 맞추어 시간을 수정하면 된다.

일용근로소득

㈜낙동(2003)을 선택하여 요구사항에 답하시오.

입사년월일	주민번호	주소	직종
2018.01.01	600521-1052515	서울 은평구 가좌로 162	생산직

급여지급방법		1월 근무일자(총 6일)	
일정기간단위지급(1일 200,000원)		6일~10일(1일 8시간 근무)	

자료설명	일용직사원 이소길의 기본자료와 임금에 관한 자료이다.
평가문제	1. 일용직사원 이소길(사원코드 : 1001)의 관리사항과 급여사항을 등록하시오. 2. 이소길의 1월 급여를 입력하시오

[해답]

1. 일용직사원등록

관리 사항등록

1. 입 사 년 월 일   2018 년 01 월 01 일 ?
2. 퇴 사 년 월 일   년   월   일 ?
3. 주 민 등 록 번 호   내외국인 0 내국인   600521-1052515
4. 주   소   03470 ? 서울특별시 은평구 가좌로 162
                     (응암동)
5. 전 화 번 호   [   ]) [   ] - [   ]   6. 핸 드 폰 번 호   [   ]) [   ] - [   ]
7. E m a i l 등 록   [   ] @ [   ]   직접입력 ▼
8. 은행/계좌번호/예금주   [   ] ? [   ]   [   ]   이소길
9. 직종/부서/직급   현   장 [   ] ? [   ]   직   종 0101 ? 생산직
                    부   서 [   ] ? [   ]   직   급 [   ] ? [   ]
                    프 로 젝 트 [   ] ? [   ]
10. 국적/체류자격   국   적 100 ? 한국   체 류 자 격 [   ] ? [   ]
11. 거주구분/거주지국   거 주 구 분 0 거주자   거 주 지 국 KR ? 대한민국
12. 퇴직금적용   0 부

급여 사항등록

13. 급 여 지 급 방 법   1 일정기간지급
14. 정 상 급 여   200,000 원 급 여 유 형 0 일급직
15. 연 장 급 여   0 원 연장급여방식 0 일급직
16. 국 민 연 금   0 일당   [   ] 0 원 지급방식 0 일지급
17. 건 강 보 험   0 일당   [   ] 0 원 지급방식 0 일지급
18. 요 양 보 험   0 부   0
19. 고 용 보 험 율   1 여   0.8 % 지급방식 0 일지급
20. 계 정 과 목 설 정   507 ? 잡급   21. 산재보험적용여부 1 여

2. 일용직급여입력(귀속년월:1월, 지급년월:1월)
   - 근무란에 커서를 위치하고 마우스를 클릭하면 지급액(정상)에 200,000원이 자동반영된다.
     6~10일 클릭하면 자동으로 원천징수세액이 계산된다.

   원천징수세액(소득세) = [일급여액 — 150,000원] × 6% × 45% = 1,350원

일자	요일	근무	근무시간 정상	근무시간 연장	지급액 정상	지급액 연장	기타비과세	고용보험	국민연금	건강보험	요양보험	소득세	지방소득세	임금총액	공제총액	차인지급액
06	목	O			200,000			1,600				1,350	130	200,000	3,080	196,920
07	금	O			200,000			1,600				1,350	130	200,000	3,080	196,920
08	토	O			200,000			1,600				1,350	130	200,000	3,080	196,920
09	일	O			200,000			1,600				1,350	130	200,000	3,080	196,920
10	월	O			200,000			1,600				1,350	130	200,000	3,080	196,920
		5			1,000,000			8,000				6,750	650	1,000,000	15,400	984,600

[실무수행평가]

평가문제

[일용직 이소길 1월 일용직급여입력 조회]
1. 공제항목 중 고용보험의 총액은 얼마인가?
2. 원천징수대상 소득세금액 합계는 얼마인가?
3. 원전징수대상 지방소득세 합계는 얼마인가?
4. 1월 급여의 차인지급액 합계는 얼마인가?

해답

〈 급여자료입력 〉→〈 귀속년월 1월 〉→〈 지급년월 1월 〉→〈 이소길 〉

1	2	3	4
8,000	6,750	650	964,600

☞ **고용보험과 차인지급액은 자동계산되므로 시점(프로그램 업데이트)에 따라 차이가 발생할 수 있습니다.**

04 STEP 원천징수이행상황신고서

원천징수이행상황신고서는 원천징수의무자가 원천징수대상소득을 지급하면서 소득세를 원천징수한 날의 다음달 10일까지 관할세무서에 제출하여야 한다.

1. 원천징수내역 및 납부세액

① 귀속기간 및 지급기간을 입력하고 정기신고를 선택한다.

② 각종 소득에 대한 원천징수 내역을 확인할 수 있다.

③ 징수세액은 당월 중 원천징수의무자가 소득자로부터 원천징수한 세액이 자동 반영되며 환급세액의 경우 해당란에 "(-)"로 표시된다.

당월조정환급세액은 환급세액조정란의 당월조정조정환급액의 금액이 자동 반영된다.

④ 10.소득세등이 자동 계산된다.

2. 환급세액조정

① **12.전월미환급세액 : 전월에 미환급세액이 있는 경우 입력하거나 직전월의 ⑳차월이월환급세액란의 금액이 자동반영된다.**

② 13.기환급신청한 세액 : 원천징수 환급세액이 발생한 경우 다음 달 이후에 납부할 세액에서 조정환급하는 것이나, 다음달 이후에도 원천징수할 세액이 없거나 원천징수하여 납부할 소득세가 환급할 금액에 미달하여 세무서에 직접 환급 신청한 금액을 입력한다.

③ 15.일반환급

[원천징수내역]의 징수세액 란의 금액이 (-)인 경우에 자동 반영된다.

④ 19.당월조정환급세액 계

[원천징수내역]의 당월조정환급세액 항목에 자동반영된다.

⑤ 20.차월이월환급세액 : 다음달 12.전월미환급세액에 자동반영된다.

⑥ 21.환급신청액 : 당월에 환급신청할 금액을 입력한다.

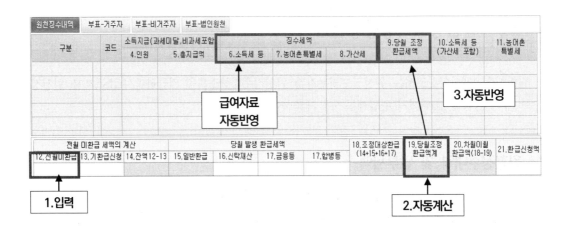

  원천징수상황이행신고서

㈜낙동(2003)을 선택하여 앞 예제에서 입력한 것을 포함하여 1월 귀속분에 대한 원천징수이행상
황신고서를 작성하시오. 또한 전년도 12월에 미환급세액이 100,000원이 있다고 가정한다.

해답

1. 귀속기간:1월~1월   지급기간:1월~1월   신고구분:0.정기신고
2. 환급세액조정 및 납부세액

전년도 12월 미환급세액 100,000원을 12.전월미환급세액에 입력하면, 9.당월조정환급세액이 과
10.소득세등 납부세액이 자동계산된다.

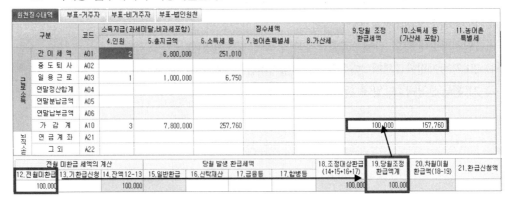

[실무수행평가]

평가문제

[1월 원천징수이행상황신고서 조회]
1. 근로소득에 대한 원천징수대상 인원은 총 몇 명인가?
2. '6.소득세 등'에서 일용근로 대상 원천징수 세액은 얼마인가?
3. 근로소득에 대한 10.소득세 등 금액은 얼마인가?
4. 1월분 원천징수이행상황신고서에서 확인되는 18.조정대상환급액은 얼마인가?

해답

←귀속기간:1월~1월   지급기간:1월~1월   신고구분:0.정기신고→

1	2	3	4
3	6,750	157,760	100,000

☞ 소득세등은 자동계산되므로 시점(프로그램 업데이트)에 따라 차이가 발생할 수 있습니다.

05 STEP 연말정산 관리

1. 중도퇴사자의 연말정산

1. 퇴사 처리(사원등록)
2. 급여자료 입력(최종월)-중도퇴사자 정산
3. 연말정산근로소득원천징수영수증(중도퇴사자)
4. 원천징수상황이행신고서

  연말정산1(중도퇴사자)

㈜영산(2002)을 선택하여 요구사항에 답하시오.

자료. 김기욱 3월 급여자료

(단위: 원)

기본급	공 제 항 목			
	국민연금	건강보험	고용보험	장기요양보험
5,000,000	183,600	151,750	32,500	9,930

자료설명	사무직사원 김기욱의 급여자료이다. 1. 급여지급일은 매월 말일이다. 2. 김기욱은 3월 31일에 퇴직하였다. 중도퇴사자 정산시 기 등록되어 있는 자료 이외의 공제는 없는 것으로 한다.
평가문제	1. 3월분 급여자료를 입력하고 중도정산내역을 반영하시오. 2. 3월 귀속분 [원천징수이행상황신고서]를 작성하시오.(조정대상 환급액은 다음달로 이월 하기로 한다.)

해답

1. 사원등록

퇴사연월일/지급일자에 20x1년 3월 31일 입력

2. 급여자료입력(귀속년월:3월, 1.급여, 지급일:3월 31일)

□	코드	사원명	직급		급여항목	지급금액		공제항목	지급금액	지급 등록 대출	2.전체사원_현재 ▼
■	101	김기욱(중도퇴			기본급	5,000,000		국민연금	195,300		항 목 TX 금 액
□	102	김우리						건강보험	153,000	기본급 과세 5,000,000
□								고용보험	32,500	
								장기요양보험료	10,020	
								소득세		
								지방소득세		과 세 5,000,000
								농특세		비 과 세 0
										감 면 소 득 0
										지 급 액 계 5,000,000

3. 중도퇴사자 정산(총급여액 15,000,000원)

상단의 중도퇴사자정산 을 클릭하여 연말정산 지출금액이 있으면 직접 입력하고, 입력할 수 없는
항목은 [연말정산 근로소득 원천징수영수증]/[중도]/[소득공제] 및 [세액공제]에 입력하고, [중도
퇴사자 정산]의 하단의 반영(Tab) 을 클릭한다.

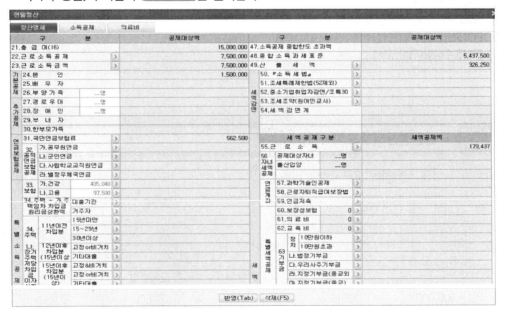

4. 중도퇴사자 정산 후 급여 자료 : 소득세등이 자동계산되어 환급세액이 계산된다.

	코드	사원명	직급	감면율		급여항목	지급액		공제항목	공제액
	101	김기욱(중도인)				기본급	5,000,000		국민연금	183,600
	102	김우리(연말)							건강보험	151,750
									고용보험	32,500
									장기요양보험료	9,930
									소득세	-691,000
									지방소득세	-69,090
									농특세	

☞ 소득세 등은 자동 계산되어 집니다.

5. 원천징수이행상황신고서 : 귀속 3월, 지급 3월, 0.정기신고

원천징수내역	부표-거주자	부표-비거주자	부표-법인원천							
구분		코드	소득지급(과세미달,비과세포함)		징수세액				9.당월 조정 환급세액	10.소득세 등 (가산세 포함)	11.농어촌 특별세
			4.인원	5.총지급액	6.소득세 등	7.농어촌특별세	8.가산세			
간 이 세 액		A01	1	5,000,000						
중 도 퇴 사		A02	1	15,000,000	-691,000					
일 용 근 로		A03								

2. 계속근무자의 연말정산(연말정산 근로소득 원천징수영수증)

① 상단의 전사원(F7) 계속근무자를 불러와서 연말정산대상 사원을 선택한다.

② [중도]는 중도퇴사자를 [연말]은 계속근무자의 연말정산을 할 경우 클릭한다.

③ **[정산명세]에 의료비, 교육비, 보험료 항목등 직접 입력이 불가한 항목은 다른 탭에서 입력한다.**
  [의료비][신용카드][기부금]를 입력하면 [소득공제]에 반영되고, 최종 [정산명세]에 반영된다. 보장성보험료, 교육비는 [소득공제]에 입력하여야 [정산명세]에 반영되어 연말정산이 완료된다.

④ 정산연월 및 귀속기간
  계속근무자의 연말정산은 다음해 2월 급여지급일이다. **중도퇴사자의 경우에는 퇴직한 달의 급여를 지급한 월이 표시**된다.
  귀속기간은 해당연도에 입사하거나 퇴사한 경우 [사원등록]에서 입력한 입사연월과 퇴사 연월이 자동 반영된다. 계속근로자의 경우 매년 1월 1일부터 12월 31일까지이고 영수일자는 다음연도 2월 말일이다.

(1) 소득명세입력

현 근무지 소득은 급여자료에서 자동 반영되어 집계된다.

정산명세	소득명세	소득공제	의료비	기부금	신용카드	연금/저축	월세액공제
구분/항목		계		1월	2월	3월	4월
근무처명							
사업자등록번호(숫자10자리입력)							

전근무지 소득을 입력하기 위해서는 상단의 [종전근무지입력]를 클릭하여 원천징수내역을 입력한다.

정산명세	소득명세	소득공제	의료비	기부금	신용카드	연금/저축	월세액공제
구분/항목		계	기말	종전1	종전2	종전3
근무처명						
사업자등록번호(숫자10자리입력)						
13. 급여		48,000,000				
14. 상여		1,000,000				

종전 근무지 세액명세에는 종전 근무지 원천징수영수증의 결정세액을 입력해야 한다.

(2) 소득공제명세

사원등록에서 등록된 부양가족이 자동적으로 반영되고, 직접 입력(보험료, 교육비)도 가능하나, **[의료비], [기부금], [신용카드] 별도 탭에서 입력하여야 한다.**

부양가족에 대한 소득공제 및 세액공제항목등은 국세청신고분과 기타분을 구분하여 입력한다.

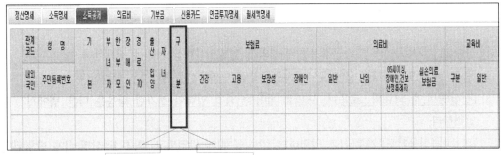

(3) 의료비명세

① 공제대상자는 F2(코드도움)을 받아 입력한다.

② 특정의료비(본인, 장애, 65세 이상, **6세 이하–개정세법 24**, 중증환자등)일 경우 본인등 해당여부에 1.○을 입력한다.

③ 지급처 및 지급내역을 입력한다.(생략도 가능)

④ 의료비증빙코드를 선택한다.

⑤ 난임시술비, 미숙아 등, 중증질환자, 산후조리원 해당여부를 선택한다.

⑥ 의료비 지급총액과 실손의료보험금을 입력하면 실손의료보험금이 차감되어 의료비 공제액이 계산된다.(최종적으로 의료비세액 공제금액 확인)

(4) 기부금명세

① 해당연도 기부명세

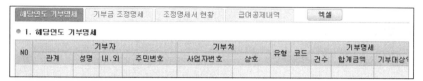

ⓐ 기부자는 F2(코드도움)을 받아 입력한다.

ⓑ 지급처 및 기부명세를 입력한다.(생략가능)

코드는 10.특례, 20.정치, 40.일반, 41.종교를 선택한다.

ⓒ 기부명세의 장려금신청 금액을 입력한다.

기부장려금 신청이란 세액공제신청을 대신하여 세액공제 상당액을 기부단체에 다시 기부하는 제도를 말하는데 신청대상은 거주자(개인)에 한한다.

ⓓ 국세청 자료이면 구분란에 1.국세청을 선택한다.

② 기부금조정명세

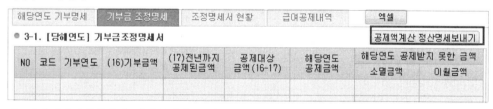

ⓐ 상단의 [공제액계산 정산명세서 보내기]을 클릭한다.

ⓑ **[공제액계산후 정산명세보내기] 화면이 나오면 하단의 [공제금액+정산명세 반영]을 클릭하여야 정산명세에 자동반영된다.**

불러오기 | 공제금액+정산명세 반영 | 일괄삭제 | 종료(ESC)

(5) 신용카드명세

① 공제대상자는 F2(코드도움)을 받아 입력한다.

② 국세청자료와 그밖의 자료를 구분하여 신용카드, 현금영수증, 직불카드, 도서공연사용, 전통시장, 대중교통이용 금액을 입력한다.

(6) 연금투자명세, 월세액명세(정산명세)

연금저축등과 월세세액공제는 활성화되어 있지 않아서 입력이 불가하므로, 정산명세에서 직접 입력하면 된다.

(7) 정산명세 입력

구 분			공제대상액	구 분			공제대상액
21.총 급 여(16)				47.소득공제 종합한도 초과액			
22.근 로 소 득 공 제		>		48.종 합 소 득 과 세 표 준			
23.근 로 소 득 금 액		>		49.산 출 세 액		>	
인적공제	24.본 인			세액감면	50.『소 득 세 법』	>	
	25.배 우 자				51.조세특례제한법(52제외)	>	
	26.부 양 가 족	__명			52.중소기업취업자감면/조특30		
추가공제	27.경 로 우 대	__명			53.조세조약(원어민교사)	>	
	28.장 애 인	__명			54.세 액 감 면 계		
	29.부 녀 자						
	30.한부모가족			세액공제 구분			세액공제액
연금보험공제	31.국민연금보험료	>		55.근 로 소 득		>	
	32.공적연금보험공제	가.공무원연금	>		56.자녀세액공제	공제대상자녀 __명		
		나.군인연금	>			출산입양		
		다.사립학교교직원연금	>		연금계좌	57.과학기술인공제	>	
		라.별정우체국연금	>			58.근로자퇴직급여보장법	>	
특별소득공제	33.보험	가.건강	>			59.연금저축	>	
		나.고용	0		특별세액공제	60.보장성보험 0	>	
	34.주택 - 가.주택임차 차입금 원리금상환액	대출기관	>			61.의 료 비 0	>	
		거주자	>			62.교 육 비 0	>	
	34.주택	11년이전 차입분	15년미만			63기부금	정치	10만원이하	>	
			15~29년					10만원초과	>	
			30년이상				나.법정기부금	>	
	나.장기주택저당차입금이자상환액	12년이후 차입분 (15년이상)	고정or비거치	>			다.우리사주기부금	>	
			기타대출	>			라.지정기부금(종교외)	>	
		15년이후 차입분 (15년이상)	고정&비거치	>			마.지정기부금(종교)	>	
			고정or비거치	>			64.계		
			기타대출	>			65.표준세액공제	>	
		15년이후 차입분 (10~15년)	고정or비거치	>					
	35.기부금(이월분)		>					
	36.계							
37.차 감 소 득 금 액				66.납 세 조 합 공 제		>	
그밖의	38.개인연금저축		>		67.주 택 차 입 금		>	
	39.소기업·소상공인공제부금		>		68.외 국 납 부		>	
	40.주택마련	가.청약저축	>		69.월세액		>	
		나.주택청약종합저축	>					

▷을 클릭하여 입력할 수 없는 항목 :

신용카드, 보험료, 의료비, 교육비, 기부금세액공제(소득공제 및 별도 탭에 입력해야 함)

▷을 클릭 입력할 수 있는 항목 : 상기이외 항목

① 총급여, 기본공제, 추가공제, 국민연금, 건강보험료, 고용보험료는 자동반영된다.

② 주택자금

주택임차차입원리금상환액, 장기주택차입이자상환액등을 입력한다.

내 역		불입 / 상환액	공제대상금액
㉮청약저축(연 납입 240만원 한도)			
㉯주택청약종합저축(무주택확인서 제출후 연 납입 240만원 한도)			
㉰근로자 주택마련 저축(월 납입 15만원 한도), 연 180만원 한도)			
40.주택마련저축(㉮~㉰) 연 300만원 한도			
주택임차 차입금 원리금상환액	①대출기관		
	②거주자(총급여액 5천만원 이하)		
34㉮.주택임차차입금원리금상환액(①+②) 40+34㉮ <= 연 300만			
장기주택 저당차입금 이자상환액	2011년 이전 차입분	상환 15년미만(한도600)	
		상환 15년~29년(한도1,000)	
		상환 30년이상(한도1,500)	
	2012년 이후(15년 이상상환)	고정금리 or 비거치 (1,500)	
		기타상환(한도500)	
	2015년 이후 차입분	15년 이상 상환	고정 and비거치 (한도1,800)	
			고정 or비거치 (한도1,500)	
			기타상환 (한도500)	
		10~15년미만	고정금리 or비거치(한도300)	
34㉯.장기주택저당차입금 이자 상환액계			
합 계 (40+34㉮+34㉯)			

③ 개인연금저축소득공제: 2000.12.31. 이전 가입분을 입력한다.

④ 주택마련저축

구분	금융회사등	계좌번호	불입금액
	1. 청약저축		
	2. 주택청약종합저축		
	3. 근로자주택마련저축		

⑤ 신용카드등 소득공제 : 별도 탭에서 입력해야 한다.

⑥ 연금계좌세액공제

구분	금융회사등	계좌번호	불입금액
	1. 근로자퇴직급여		
	2. 과학기술인공제회		
	3. 연금저축		

연금저축, 근로자퇴직연금납입분에 대해서 총액으로 입력한다.

⑦ 보장성보험료/의료비/교육비 세액공제는 정산명세에서 입력되지 않는다.

[소득공제]에서 입력하여야 반영되므로 최종 확인한다.

⑧ 기부정치자금세액공제

내 역	공제대상액	공제율	세액공제액
정치자금 (지출액)			
10만원이하 정치자금		100/110	
10만원초과 정치자금		15(25)%	

※ 기부정치자금세액공제 지출액 전액를 입력합니다.

⑨ 기부금세액공제

근로소득금액		기부금지출액	공제대상기부금	세액(소득)공제금액	한도초과 이월금액	세액공제한도액		해당년도 공제금액
코드	구분					조정된 세액공제액	
20	정치자금						
10	법정당기기부금						
10	법정이월(14년 이후)						
10	법정이월(16년 이후)						
42	우리사주 기부금						
40	종교외이월(13년 이전)						
41	종교이월(13년 이전)						
40	종교외 당기기부금						
40	종교외이월(14년 이후)						
40	종교외이월(16년 이후)						
41	종교 지정 당기기부금						
41	종교이월(14년 이후)						
41	종교이월(16년 이후)						
20	정치자금(10만원이하)						

☞ 기부금탭에서 입력된 사항이 반영되므로 올바르게 입력되었는지 확인한다.

⑩ 월세세액공제

2. 월세액 세액공제 명세								
임대인성명 (상호)	주민(사업자)등록번호	주택유형	주택계약 면적(㎡)	임대차계약서상 주소지	임대차계약기간		월세액
					시작	종료	

해당 과세기간 **총급여액이 8천만원 이하인 근로자**와 기본공제대상자 (종합소득금액이 6천만원 초과자는 제외)의 월세액을 입력한다.

⑪ 근로소득영수일자 : 상단의 영수일자에 근로소득을 수령한 일자를 입력한다.

계속근무자의 경우 입력할 필요가 없으나(자동적으로 다음연도 2월 말일),

중도퇴사자의 경우 입력하도록 한다.(퇴사시 원천징수세액의 영수 또는 지급일)

연말정산2(계속근로자)

(주)영산(2002)를 선택하여 요구사항에 답하시오.

자료 설명	관리직 사원 김우리의 연말정산을 위한 국세청 제공자료 및 기타증빙자료이다. 1. 사원의 부양가족 현황은 사전에 입력되어 있으며, 부양가족은 생계를 같이 한다. 2. 부 김기수는 당해연도 12월 21일 사망하였다. 3. 부양가족은 제시된 자료이외에는 소득이 없다.
평가 문제	1. [사원등록] 메뉴에 부양가족명세를 수정하시오. (세부담을 최소화 하는 방법으로 선택한다.) 2. [연말정산 근로소득원천징수영수증] 메뉴에서 **소득명세**를 작성하시오. 3. **[의료비]/[기부금]/[신용카드] 명세서**를 작성하시오. (입력할 수 있는 자료만 입력한다.) 4. **[소득공제]명세서**를 작성하시오. 3. **[정산명세]에 반영하여 연말정산을 완료**하시오.

자료1. 김우리의 부양가족등록 현황

연말정산관계	성명	주민등록번호	비고
0.본인	김우리	610102-1095338	무주택 세대주
3.배우자	장지희	620508-2087120	일시적인 강사료 16,000,000원
4.직계비속	김공주	961225-2111111	시각 장애인, 소득없음
1.직계존속	김기수	360202-1111119	복권당첨소득 5억

☞ 주민등록번호는 정당한 것으로 가정한다.

자료2. 김우리 사원의 전 근무지 근로소득원천징수영수증

■ 소득세법 시행규칙 [별지 제24호서식(1)]   (8쪽 중 제1쪽)

		거주구분	거주자1/비거주자2

[√]근로소득 원천징수영수증
[ ]근로소득 지 급 명 세 서

([√]소득자 보관용 [ ]발행자 보관용 [ ]발행자 보고용)

관리번호	

	거주구분	거주자1/비거주자2
	거주지국 한국	거주지국코드 kr
	내·외국인	내국인1/외국인9
	외국인단일세율적용	여 1 / 부 2
	국적	국적코드
	세대주 여부	세대주1, 세대원2
	연말정산 구분	계속근로1, 중도퇴사2

징 수 의무자	① 법인명(상 호) ㈜로그인	② 대 표 재(성 명) 로그인
	③ 사업자등록번호 127-81-34653	④ 주 민 등 록 번 호
	⑤ 소 재 지(주소) 충남 천안 봉정로 365	
소득자	⑥ 성 명 김 우 리	⑦ 주 민 등 록 번 호 610102-1095338
	⑧ 주 소 서울 강남 압구정로 102	

	구 분		주(현)	종(전)	종(전)	⑩ 1 납세조합	합 계
I 근무처별소득명세	⑨ 근 무 처 명		㈜로그인				
	⑩ 사업자등록번호		127-81-34653				
	⑪ 근무기간		01.01~04.30	~	~	~	~
	⑫ 감면기간		~	~	~	~	~
	⑬ 급 여		20,000,000				
	⑭ 상 여		10,000,000				
	⑮ 인 정 상 여						
	⑯-1 주식매수선택권 행사이익						
	⑯-2 우리사주조합인출금						
	⑯-3 임원 퇴직소득금액 한도초과액						
	⑯-4						
	⑯ 계		30,000,000				
II 비과세및감면소득명세	⑱ 국외근로	MOX					
	⑱-1 야간근로수당	OOX	1,000,000				
	⑱-2 출산·보육수당	QOX	400,000				
	⑱-4 연구보조비	HOX					
	⑱-5						
	⑱-6						
	~						
	⑱-25						
	⑲ 수련보조수당	Y22					
	⑳ 비과세소득 계		1,400,000				
	⑳-1 감면소득 계						

	구 분			㉚ 소 득 세	㉛ 지방소득세	㉜ 농어촌특별세
III 세액명세	㉔ 결 정 세 액			1,000,000	100,000	
	기납부세 액	㉕ 종(전)근무지 (결정세액란의 세액을 적습니다)	사업자등록번호			
		㉖ 주(현)근무지		1,200,000	120,000	
	㉗ 납부특례세액					
	㉘ 차 감 징 수 세 액 (㉔-㉕-㉖-㉗)			-200,000	-20,000	

건강보험료: 250,000원   고용보험료: 60,000원   위의 원천징수액(근로소득)을 정히 영수(지급)합니다.
장기요양보험료: 6,000원   국민연금보험료:350,000원
                        징수(보고)의무자   20x1년   4 월 30 일
                                                         ㈜ 로그인 (서명 또는 인)

세 무 서 장   귀하

210mm×297mm[백산지 80g/㎡(재활용품)]

자료3. 김우리 사원의 국세청간소화 자료

20x1년 귀속 세액공제증명서류: 기본(지출처별)내역
[보장성 보험, 장애인전용보장성보험]

■ 계약자 인적사항

성 명	주 민 등 록 번 호
김우리	610102-1******

■ 보장성보험(장애인전용보장성보험) 납입내역

종류	상 호	보험종류	주피보험자		납입금액계
	사업자번호	증권번호	종피보험자		
보장성	삼성생명보험(주)	스타종합보험	610102-1******	김우리	700,000
	104-81-30***	000005523***			
장애인	삼성생명보험(주)	휴먼건강보험	961225-2******	김공주	900,000
	104-81-30***	F2057200***			
인별합계금액			1,600,000		

• 본 증명서류는 『소득세법』 제165조 제1항에 따라 영수증 발급기관으로부터 수집한 서류로 소득·세액공제 충족 여부는 근로자가 직접 확인하여야 합니다.
• 본 증명서류에서 조회되지 않는 내역은 영수증 발급기관에서 직접 발급받으시기 바랍니다.

20x1년 귀속 세액공제증명서류: 기본(지출처별)내역 [의료비]

■ 환자 인적사항

성 명	주 민 등 록 번 호
김우리	610102-1******

■ 의료비 지출내역

사업자번호	상 호	종류	납입금액 계
0-2*-55*	미***	일반	5,200,000
의료비 인별합계금액			5,200,000
안경구입비 인별합계금액			800,000
산후조리원 인별합계금액			0
인별합계금액			6,000,000

• 본 증명서류는 『소득세법』 제165조 제1항에 따라 영수증 발급기관으로부터 수집한 서류로 소득·세액공제 충족 여부는 근로자가 직접 확인하여야 합니다.
• 본 증명서류에서 조회되지 않는 내역은 영수증 발급기관에서 직접 발급받으시기 바랍니다.

20x1년 귀속 세액공제증명서류: 기본(지출처별)내역 [교육비]

■ 학생 인적사항

성 명	주 민 등 록 번 호
김공주	961225-2******

■ 교육비 지출내역

교육비구분	학교명	사업자번호	납입금액 계
대학교	***대학교	**7-83-25***	8,000,000
인별합계금액			8,000,000

- 본 증명서류는 『소득세법』 제165조 제1항에 따라 영수증 발급기관으로부터 수집한 서류로 소득·세액공제 충족 여부는 근로자가 직접 확인하여야 합니다.
- 본 증명서류에서 조회되지 않는 내역은 영수증 발급기관에서 직접 발급받으시기 바랍니다.

20x1년 귀속 소득공제증명서류 : 기본(사용처별)내역 [신용카드]

■ 사용자 인적사항

성 명	주 민 등 록 번 호
김우리	610102-1******

■ 신용카드등 사용금액 집계

일반	전통시장	대중교통	도서공연등	합계금액
15,000,000	1,500,000	2,000,000	0	18,500,000

■ 신용카드 사용내역

(단위 : 원)

사업자번호	상 호	종류	공제대상금액
213-86-15***	비씨카드주식회사	일반	18,500,000

- 본 증명서류는 『소득세법』 제165조 제1항에 따라 영수증 발급기관으로부터 수집한 서류로 소득·세액공제 충족 여부는 근로자가 직접 확인하여야 합니다.
- 본 증명서류에서 조회되지 않는 내역은 영수증 발급기관에서 직접 발급받으시기 바랍니다.

20x1년 귀속 세액공제증명서류: 기본내역[퇴직연금]

■ 불입자 인적사항

성 명	주 민 등 록 번 호
김우리	610102-1******

■ 퇴직연금 불입내역

(단위: 원)

상 호	사업자번호	연금구분	통장/증권번호	납입금액 계
(주)신한은행	202-81-00***	확정기여형퇴직연금	123-456-789	2,400,000

 국 세 청 National Tax Service

- 본 증명서류는 「소득세법」 제165조 제1항에 따라 영수증 발급기관으로부터 수집한 서류로 소득·세액공제 충족 여부는 근로자가 직접 확인하여야 합니다.
- 본 증명서류에서 조회되지 않는 내역은 영수증 발급기관에서 직접 발급받으시기 바랍니다.

자료 4. 기타 참고자료

내 용	금 액	참 고 사 항
정치자금기부금	400,000원	본인의 정당 후원기부금

월 세 납 입 영 수 증

■ 임 대 인

성명(법인명)	김종민	주민등록본번호 (사업자등록번호)	460901-2122786
소재지(임대차)	충남 천안시 봉정로 366		

■ 임 차 인

성명(법인명)	김우리	주민등록본번호 (사업자등록번호)	610102-1******
주소(소재지)	서울시 강남구 압구정로 102		

■ 세부내용
- 기　　간: 20x1년 4월 1일 ~ 20x3년 3월 31일
- 월세금액: 400,000원(20x1년 3,600,000원)
- 주택유형: 아파트, 계약면적 85㎡, 기준시가 2억

해답

1. 부양가족명세-사원등록

관계	요 건		기본 공제	추가 (자녀)	판 단
	연령	소득			
본 인	–	–	○		세법상 연령=연말정산연도-출생연도
배우자	–	×	부	–	일시적인 강사료는 기타소득으로서 60%필요경비 인정됨. 기타소득금액 6,400,000원은 무조건 종합과세소득임.
자1(28)	×	○	○	장애(1), 자녀	장애인은 연령요건을 따지지 않음.
부(88)	○	○	○	경로	복권당첨소득은 분리과세소득이고, 사망시 사망일 전일로 판단

	연말정산관계	기본	세대	부녀	장애	경로 70세	출산 입양	자녀	한부모	성명	주민(외국인)번호	가족관계
1	0.본인	본인	○							김우리	내 610102-1095338	
2	3.배우자	부								장지희	내 620508-2087120	02.처
3	1.(소)직계존속	60세이상			○					김기수	내 360202-1111119	03.부
4	4.직계비속(자녀 장애인				1		○			김공주	내 961225-2111111	05.자

2. 소득명세

① 급여 및 상여 입력

- 상단의 [종전근무지 입력] 클릭 후 입력

정산명세	소득명세	소득공제	의료비	기부금	신용카드	연금/저축	월세액공제	
구분/항목	계	10월	11월	12월	연말	종전1		
근무처명						(주)로그인		
사업자등록번호(숫자10자리입력)						127-81-34653		
13.급여	50,000,000			30,000,000		20,000,000		
14.상여	15,000,000			5,000,000		10,000,000		
16.급여계	65,000,000			35,000,000		30,000,000		

② 비과세소득 입력

- 상단의 [전체 비과세]를 클릭하여 입력

18.국외근로 100만원(M01)					
18.국외근로 300만원(M02)					
18.국외근로 (M03)					
18-1.생산직등야간근로수당	1,000,000				1,000,000
18-2.출산,6세이하보육수당	400,000				400,000

③ 건강보험료등/소득세,지방소득세/근무기간 입력

 - 소득세 및 지방소득세에 결정세액을 입력해야 한다.

구분/항목	계	10월	11월	12월	연말	종전1
건강보험료	403,000			153,000		250,000
건강보험료(국세청간소화)						
장기요양보험료	16,020			10,020		6,000
장기요양보험료(국세청간소화)						
국민연금보험료	545,300			195,300		350,000
국민연금보험료(국세청간소화)						
고용보험료	287,500			227,500		60,000
공무원연금						
군인공제						
사립학교교직원						
별정우체국연금						
소득세	3,093,200			2,093,200		1,000,000
지방소득세	309,320			209,320		100,000
농특세						
근무기간(시작일)						-01-01
근무기간(종료일)						-04-30

3. 소득공제 및 세액공제 대상여부

구 분	특별세액공제						소득공제
	보험료		의료비	교육비		기부금	신용 카드
	보장성	장애인		일반	특수		
연령요건	○	×	×	×	×	×	×
소득요건	○	○	×	○	×	○	○

항 목	요건		내역 및 대상여부	입력
	연령	소득		
보 험 료	○ (×)	○	• 본인 보장성보험료 • 자1의 장애인전용보험료	○(보장성 700,000) ○(장애인 900,000)
의 료 비	×	×	• 본인의료비(**안경구입비는 500,000원 한도**)	○(본인 5,700,000)
교 육 비	×	○	• 자1의 대학교 등록금	○(대학 8,000,000)
퇴직연금	-		• 본인 퇴직연금	○(2,400,000)
신용카드	×	○	• 본인 신용카드	○(신용: 15,000,000) ○(전통: 1,500,000) ○(대중: 2,000,000)
기부금	×	○	• 본인 정치자금기부금	○(정치: 400,000)
월세 세액공제	-		• **무주택 세대주 및 국민주택(85㎡) 월세 (총급여액 8천만원 이하)**	○(3,600,000)

[소득공제]

1. 신용카드	① 신용카드 ② 현금영수증 ③ 직불카드 ④ 전통시장 ⑤ 대중교통비 ⑥ 도서·공연비, 미술관·박물관	15,000,000 - - 1,500,000 2,000,000

[연금계좌세액공제] 퇴직연금 — 2,400,000

[연금계좌세액공제]	퇴직연금	2,400,000

[특별세액공제]

1. 보험료	① 보장성 ② 장애인전용	700,000 900,000
2. 의료비	① 특정(본인)	5,700,000
3. 교육비	① 대학생	8,000,000

4. 기부금	① 정치자금
	  - 10만원 이하
	  - 10만원 초과
		100,000
		300,000

[월세세액공제]		3,600,000

4. 의료비 명세

- 특정(본인, 장애, 6세 이하, 65세 이상, 중증환자)의료비 본인등 해당여부에 1을 입력한다.

	공제대상자					지급처			지급명세			난임시술비 해당 여부	중증질환 결핵환자등	산후조리원 해당여부 (7천만원이 하)
	부양가 족…	성명	내 외	주민등록번호	본인등 해당여부	상호	사업자 번호	의료증빙 코 드	건수	지급액	실손의료 보험금			
1	본인	김우리	내	610102-1095338	○			국세청	1	5,700,000		X	X	X

5. 기부금명세

1. 해당연도 기부명세

NO	기부자				기부처		유형	코드	기부명세				구분	내용	비고
	관계	성명	내.외	주민번호	사업자번호	상호			건수	합계금액	기부대상액	장려금신청			
1	1.본인	김우리	내	610102-1095338			정치	20	1	400,000	400,000		기타	금전	

- 기부금 조정명세의 **상단 공제액계산 정산명세보내기**를 클릭하고, 공제액 계산후 정산보내기 화면에서 하단의 공제금액+정산명세 반영 클릭하여야 정산명세에 반영된다.

3-1. [당해연도] 기부금조정명세서   공제액계산 정산명세보내기

NO	코드	기부연도	(16)기부금액	(17)전년까지 공제된금액	공제대상 금액(16-17)	해당연도 공제금액	해당연도 공제받지 못한 금액	
							소멸금액	이월금액
1	20	20×1	400,000		400,000	400,000		

6. 신용카드 명세

공제대상자		구분	신용카드 등 공제대상금액						⑩도서공연박물관미술관사용분 (총급여7천만원이하자만)			⑩전통시장 사용분	⑪대중교통 이용분
내·외	성 명		⑤소계(⑥+ ⑦+⑧+⑨+ ⑩+⑪)	⑥신용카드	⑦직불선불 카드	⑧현금 영수증			신용카드	직불선…	현금…		
관 계	생년월일												
내	김우리	국세청자료	18,500,000	15,000,000								1,500,000	2,000,000
본인	1961-01-02	그밖의자료											

7. 소득공제 명세

- 본인 보장성 보험료(700,000) 입력
- 자1(김공주)의 장애인전용보험료(900,000)와 교육비(대학생 8,000,000)입력

| 정산명세 | 소득명세 | **소득공제** | 의료비 | 기부금 | 신용카드 | 연금투자명세 | 월세액명세 |

관계 코드	성 명	기	보험료		의료비				교육비			신용카드 (전통시장 대중교통비 도서공연 제외)	직불 카드 (전통 시장· 대중…	현금영수 증 (전통시장 ·대중교통 ·도서공연 비…	도서공 연 사용액	전통시장 사용액	대중교통 이용액	가부금
내외 국어	주민등록번호	본	보장성	장애인	일반	난임	65세이 상, 장애…	실손의 료…	구분	일반	장애인 특수교육							
1 0	김우리	본인/세대주	700,000		5,700,000				본인			15,000,000				1,500,000	2,000,000	
1	610102-1095338																	400,000
2 3	장지회	부																
1	620508-2087120																	
3 1	김기수	60세이상																
1	360202-1111119																	
4 4	김공주	장애인		900,000					대학생	8,000,000								
1	961225-2111111																	

8. 정산명세 확인 및 퇴직연금, 월세 입력

소득공제 명세서에서 작성된 것이 반영되었는지 해당항목의 ▷을 클릭하여 최종확인하고, 퇴직
연금등, 월세 세액공제는 직접 입력한다.

① 신용카드 확인

■ 신용카드 등 사용금액 공제액

구 분	대상금액		공제율계산
㉮신용카드 사용금액	15,000,000	15%	2,250,000
㉯현금영수증			
㉰직불카드·선불카드		30%	
㉱도서·공연·박물관·미술관사용분			
㉲전통시장사용액 (신용/직불/선불카드,현금영수증)	1,500,000	40%	600,000
㉳대중교통이용액 (신용/직불/선불카드,현금영수증)	2,000,000		800,000
신용카드 사용액(㉮~㉳)	18,500,000		3,650,000

② 보장성보험 확인

내역	지출액	공제대상금액
보장성보험	700,000	700,000
장애인 전용 보장성보험	900,000	900,000

③ 의료비 확인

내 역	지 출 액	실손의료보험금	공제대상금액	세액공제액
본인·장애인·65세이상·중증질환,결핵환자 등	5,700,000		3,750,000	562,500
난 임 시 술 자				
그 밖의 공제대상자 의료비				
합 계	5,700,000		3,750,000	562,500

④ 교육비 확인

내역		지출액	공제대상금액	세액공제액
소득자 본인				
배우자	부			
취학전 아동	-명			
초·중·고등학교	-명			
대학생(대학원 불포함)	1명	8,000,000	8,000,000	1,200,000
장애인	-명			
합 계		8,000,000	8,000,000	1,200,000

⑤ 기부금 확인

⊙ 기부정치자금

내 역	공제대상액	공제율	세액공제액
정 치 자 금 (지출액)	400,000		
10만원이하 정치자금	100,000	100/110	90,909
10만원초과 정치자금	300,000	15(25)%	45,000

⊙ 당기 기부금 확인

코드	구분	기부금지출액	공제대상기부금
20	정치자금	300,000	300,000
10	법정이월(13년)		
10	법정이월(14년 이후)		
	법정이월(16년 이후)		
	법정당기기부금		
42	우리사주 기부금		
40	종교외이월(13년)		
41	종교이월(13년)		
40	종교외이월(14년 이후)		
	종교외이월(16년 이후)		
	종교외 당기기부금		
41	종교이월(14년 이후)		
	종교이월(16년 이후)		
	종교 지정 당기기부금		
20	정치자금(10만원이하)	100,000	100,000
	합계	400,000	400,000

⑥ 퇴직연금 및 월세세액공제입력(정산명세)

구분	금융회사등	계좌번호	불입금액
1.퇴직연금	308 (주)신한은행	123-456-789	2,400,000

2. 월세액 세액공제 명세								
임대인성명 (상호)	주민(사업자)등록번호	주택유형	주택계약면적(㎡)	임대차계약서상 주소지	임대차계약기간		월세액
					시작	종료	
김종민	460901-2122786	아파트	85.00	충남 천안시 봉정로 366	20×1 -04-01	20×3 -03-31	3,600,000

[실무수행평가]

평가문제

[김우리 근로소득원천징수영수증 조회]
 1. 차감소득금액은 얼마인가?
 2. 신용카드 공제 대상액은 얼마인가?
 3. 보장성보험의 공제대상 지출 총액은 얼마인가?
 4. 보장성 보험의 세액공제액은 얼마인가?
 5. 의료비의 공제대상금액은 얼마인가?
 6. 의료비 세액공제액은 얼마인가?
 7. 교육비의 세액공제액은 얼마인가?
 8. 월세액 세액공제액은 얼마인가?
 9. 차감징수세액(소득세)은 얼마인가?
 10. 실효세율은 얼마인가?

근로소득 소계

해답

1	2	3	4	5
42,348,180	18,500,000	1,600,000	219,000	5,700,000

6	7	8	9	10
562,500	1,200,000	540,000[*1]	−1,396,380	2.6%

*1. **총급여액의 55백만원초과 70백만원이하일 경우 15%**

☞ 차감소득금액과 차감징수세액, 실효세율은 프로그램이 자동계산되므로 시점(프로그램 업데이트)에 따라 차이가 발생합니다.

1. 정산명세

구　　분		공제대상액	구　　분		공제대상액
21.총 급 여(16)		65,000,000	47.소득공제 종합한도 초과액		
22.근 로 소 득 공 제	>	13,000,000	48.종 합 소 득 과 세 표 준		42,348,180
23.근 로 소 득 금 액	>	52,000,000	49.산　　출　　세　　액	>	5,272,227
기본공제 24.본　　인		1,500,000	세액감면 50.『소 득 세 법』	>	
25.배　우　자			51.조세특례제한법(52제외)	>	
26.부 양 가 족　　2_명		3,000,000	52.중소기업취업자감면/조특30	>	
추가공제 27.경 로 우 대　　1_명		1,000,000	53.조세조약(원어민교사)	>	
28.장 애 인　　1_명		2,000,000	54.세 액 감 면 계		
29.부 녀 자			세액공제 구 분		세액공제액
30.한부모가족			55.근　로　소　득	>	660,000
연금보험공제 31.국민연금보험료	>	545,300	56 자녀세액공제　공제대상자녀　1_명	>	150,000
32.공적연금보험공제 가.공무원연금	>		출산입양　__명		
나.군인연금	>		57.과학기술인공제	>	
다.사립학교교직원연금	>		58.근로자퇴직급여보장법	>	288,000
라.별정우체국연금	>		연금계좌 59.연금저축	>	
33.보험 가.건강　419,020	>	419,020	59-1. ISA만기시연금계좌	>	
나.고용　287,500	>	287,500	60.보장성보험　1,600,000	>	219,000
특별소득공제 34.주택 가.주택임차 차입금 원리금상환액　대출기관			61.의 료 비　5,700,000	>	562,500
거주자	>		62.교 육 비　8,000,000	>	1,200,000
34.주택 나.장기주택저당차입금이자상환액 11년이전 차입분　15년미만	>		특별세액공제 63 기부금 가.정치 10만원이하	>	90,909
15~29년	>		10만원초과	>	45,000
30년이상	>		나.법정기부금	>	
12년이후 차입분 (15년이상)　고정or비거치	>		다.우리사주기부금	>	
기타대출	>		라.지정기부금(종교외)	>	
15년이후 차입분 (15년이 상)　고정&비거치	>		마.지정기부금(종교)	>	
고정or비거치	>		64.계		2,117,409
기타대출	>		65.표준세액공제	>	
15년이후 차입분 (10~15년　고정or비거치	>				
35.기부금(이월분)	>		66.납 세 조 합 공 제	>	
36.계		706,520	67.주 택 차 입 금	>	
37.차 감 소 득 금 액		43,248,180	68.외 국 납 부	>	
그밖의소득공제 38.개인연금저축	>		69.월세액	>	540,000
39.소기업·소상공인공제부금	>				
40.주택마련저축 가.청약저축	>				
나.주택청약종합저축	>				
다.근로자주택마련저축	>				
41.투자조합출자 등	>				
42.신용카드등　18,500,000	>	900,000			
43.우리사주조합 출연금	>				
44.고용유지중소기업근로자	>		70.세 액 공 제 계		3,575,409
45.장기집합투자증권저축	>		71.결 정 세 액(49-54-70)		1,696,818
46.그 밖의 소득 공제 계		900,000	81.실 효 세 율(%) (71/21)×100%		2,6%

		소득세	지방소득세	농어촌특별세	계
72.결정세액		1,696,818	169,681	0	1,866,499
기납부 세액	73.종(전) 근무지	1,000,000	100,000	0	1,100,000
	74.주(현) 근무지	2,093,200	209,320	0	2,302,520
75. 납부특례세액		0	0	0	0
76. 차감징수세액(72-73-74-75)		-1,396,380	-139,630	0	-1,536,010

72.결정세액과 76.차감징수세액 등은 프로그램이 자동계산되어지므로 시점 (세법변경, 프로그램 업데이트 등)마다 달라질 수가 있습니다.

2. 의료비

내 역	지 출 액	실손의료보험금	공제대상금액	세액공제액
본인 · 장애인 · 65세이상 · 중증질환,결핵환자 등	5,700,000		3,750,000	562,500
난 임 시 술 자				
그 밖의 공제대상자 의료비				
합 계	5,700,000		3,750,000	562,500

➡참고 **세액공제 총급여액 65,000,000원**

※ 시험시 프로그램이 자동계산되어진 것으로 답을 입력하시고 시간이 남으시면 체크해 보시기 바랍니다.

		한도	공제율	대상금액	세액공제
1. 보험료	일반	1백만원	12%	700,000	84,000
	장애인	1백만원	15%	900,000	135,000
계				1,600,000	219,000
2. 의료비	특정	–	15%	5,700,000	562,500
	☞의료비세액공제=[5,700,000-총급여액(65,000,000)×3%]×15%=562,500				
3. 교육비	대학생	9백만원	15%	8,000,000	1,200,000
4. 연금계좌	퇴직연금	9백만원	12%[*1]	2,400,000	288,000
5. 정치자금	10만원이하	10만원	10/110	100,000	90,909
	10만원초과	–	15%	300,000	45,000
6. 월세		1,000만원	15%[*2]	3,600,000	540,000

*1. 총급여액의 55백만원 이하일 경우 15%

*2. 총급여액의 55백만원 이하일 경우 17%, 55백만원 초과 70백만원 이하 15%

Part V
기출문제

〈TAT 2급 시험〉

			문항수	방법	배점
이론	재무회계	재무회계의 기초	5	객관식 4지선다형	30
	세무회계	부가가치세	2		
		소득세 원천징수	3		
실무 수행 과제	회계정보관리	1. 거래자료입력	3	실무수행과제 입력 후 수행평가 답안 작성	–
	부가가치세관리	2. 세금계산서	2		
		3. 부가가치세	2		
	회계정보관리	4. 결산	2		
	근로소득관리	5. 원천징수	2		
		6. 연말정산	1		
수행 평가	부가가치세 관리	1. 부가가치세 조회	10		22
	회계정보관리	2. 회계정보 조회	15		23
	근로소득관리	3. 근로소득정보 조회	15		25
계					100

2024년 주요 개정세법 (TAT2급 관련)

I. 부가가치세법

1. 매입자 발행세금계산서 발행 신청기한 확대

   | 현행 | 과세기간 종료일부터 6개월 이내 | 개정 | **1년 이내** |

2. 간이과세포기 후 포기신고의 철회가 가능(2024.07.01. 이후 포기분부터)

   | 현행 | 포기 후 3년간 간이과세 적용 불가능 | 개정 | **포기신고의 철회가 가능** |

II. 소득세법

1. 배당소득 이중과세 조정을 위한 배당가산율 조정

   | 현행 | 11% | 개정 | **10%** |

2. **출산·보육수당 비과세 한도 상향**

   | 현행 | 월 10만원 이하 | 개정 | **월 20만원 이하** |

3. 국외근로소득(외항선 선원 및 해외 건설근로자 등)기준 비과세 한도 확대

   | 현행 | 월 300만원 | 개정 | **월 500만원** |

4. 직무발명보상금 비과세 한도 상향

   | 현행 | 연 5백만원 이하 | 개정 | **연 700만원 이하** |

5. 자녀세액공제 대상 추가 및 금액 상향

   | | 추가 | | **손자녀** |
   | 현행 | 1명 : 15만원
2명 : 30만원 | 개정 | **1명 : 15만원**
2명 : 35만원 |

6. 산후조리비용의 **총급여액 요건(7천만원 이하자) 폐지**

7. 특정의료비 대상 추가

   | 현행 | 추가 | 개정 | **(과세기간 개시일 현재) 6세 이하 부양가족** |

8. 월세 세액공제 소득기준 및 한도 상향(조특법)

   | 현행 | – 총급여액 7천만원(종합소득금액 6천만원) 이하
– (공제한도) 750만원 | 개정 | **– 총급여액 8천만원(종합소득금액 7천만원) 이하**
– 1,000만원 |

회계가 바로 서야 경제가 바로 섭니다.

제○○회 AT(Accounting Technician)자격시험

TAT 2급

Tax Accounting Technician

■ **시험시간 : 90분**

■ **이론배점 : 문항당 3점**

■ **실무배점 : 문항별 배점 참조**

※ <u>더존 Smart A 프로그램을 최신버전으로 시험에 응시하여야 합니다.</u>

※ <u>실무는 실무수행을 입력 후 실무수행평가를 수행하셔야 합니다.</u>

<u>일부 항목은 프로그램이 자동계산되어지므로 시점(세법개정, 프로그램 업데이트)마다 달라질 수가 있습니다.</u>

- 세법·회계처리기준 등을 적용하여 정답을 구하여야 하는 문제는 **시험시행 공고일 현재(20＊＊.＊.＊＊.) 시행 중인 법률·기준 등을 적용**하여 그 정답을 구하여야 합니다.
- 이번 시험에서는 타계정 대체와 관련된 적요만 채점하며 그 외의 적요는 채점에 반영되지 않습니다.

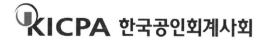

KICPA 한국공인회계사회

합격율	시험년월
56%	2023.12

■■■■ 실무이론평가

아래 문제에서 특별한 언급이 없으면 기업의 보고기간(회계기간)은 매년 1월 1일부터 12월 31일까 지입니다. 또한 기업은 일반기업회계기준 및 관련 세법을 계속적으로 적용하고 있다고 가정하고 물음에 가장 합당한 답을 고르시기 바랍니다.

[1] 다음은 제조업을 영위하고 있는 (주)한공의 박전무와 김대리의 대화내용이다.
(가)와 (나)에 들어갈 항목으로 옳은 것은?

> 박전무 : 회사가 보유하고 있는 건물은 재무상태표에 어떻게 표시되고 있나요?
> 김대리 : 타인에게 임대하거나 자체적으로 사용하고 있는 건물은 (가)으로, 시세차익을 얻기 위하여 보유하고 있는 건물은 (나)으로 분류하고 있습니다.

※ 1차 저작권자의 저작권 침해 소지가 있어 삽화 삽입은 어려우니 양해바랍니다.

	(가)	(나)
①	유형자산	재고자산
②	투자자산	재고자산
③	유형자산	투자자산
④	재고자산	유형자산

[2] 다음 자료를 토대로 (주)한공의 매출원가를 계산하면 얼마인가?

• 매출액	15,500,000원	• 영업이익	1,000,000원
• 판매비와관리비	4,500,000원	• 당기순이익	900,000원

① 11,100,000원

② 10,100,000원

③ 10,000,000원

④ 9,800,000원

[3] (주)한공은 전기에 대손처리한 외상매출금 1,000,000원 중 500,000원을 현금으로 회수하였다. 이에 대한 회계처리로 옳은 것은?

① (차) 현금 1,000,000원 (대) 대손상각비 1,000,000원
② (차) 현금 1,000,000원 (대) 대손충당금 1,000,000원
③ (차) 현금 500,000원 (대) 대손충당금 500,000원
④ (차) 대손충당금 500,000원 (대) 현금 500,000원

[4] 다음은 (주)한공의 보험료 관련 자료이다. 결산수정분개를 누락한 결과가 재무제표에 미치는 영향으로 옳은 것은?(월할계산 가정)

> 8월 1일 업무용 건물에 대한 1년분 화재 보험료 720,000원을 현금으로 지급하고, 전액 선급비용(자산)으로 처리하였다.
> 12월 31일 결산 시 보험료에 대한 결산수정분개를 누락하였다.

① 손익계산서에 보험료 420,000원이 과소계상된다.
② 손익계산서의 영업이익이 300,000원이 과대계상된다.
③ 재무상태표에 유동부채 300,000원이 과소계상된다.
④ 재무상태표에 유동자산 420,000원이 과대계상된다.

[5] 다음 중 사채의 시장이자율과 액면이자율의 관계를 바르게 설명한 것은?
① 사채할인발행차금은 시장이자율보다 액면이자율이 낮을 경우 발생한다.
② 사채할인발행차금은 시장이자율보다 액면이자율이 높을 경우 발생한다.
③ 사채할증발행차금은 시장이자율과 액면이자율이 같을 경우 발생한다.
④ 사채할증발행차금은 시장이자율에 의해 영향을 받지 않는다.

[6] 다음은 (주)한공이 당기에 취득하여 보유중인 유가증권(시장성 있음) 내역이다. 기말 결산 시 유가증권의 평가결과로 옳은 것은?

보유목적	종류	주식수	액면단가	취득단가	기말공정가치
단기매매	A주식	1,000주	5,000원	@6,000원	@7,000원
단기매매	B주식	3,000주	5,000원	@8,000원	@5,000원
장기보유	C주식	2,000주	5,000원	@7,000원	@9,000원

① 당기순이익이 4,000,000원 감소한다.
② 당기순이익이 4,000,000원 증가한다.
③ 당기순이익이 8,000,000원 감소한다.
④ 당기순이익이 8,000,000원 증가한다.

[7] 다음 중 부가가치세법상 면세와 관련한 설명으로 옳지 않은 것은?

① 면세사업자는 부가가치세법에 따른 사업자등록의무가 없다.

② 면세사업자는 면세포기를 하여야만 영세율을 적용받을 수 있다.

③ 면세는 수출산업을 지원하기 위한 목적으로 도입되었다.

④ 국가에 무상으로 공급하는 재화 또는 용역에 대해서는 면세가 적용된다.

[8] 다음 자료를 토대로 (주)한공의 20x1년 제2기 부가가치세 확정신고 시 과세표준을 계산하면 얼마인가?(단, 주어진 자료에는 부가가치세가 포함되지 아니하였다.)

> • 제품 매출액: 100,000,000원
> • 국가에 무상으로 기증한 제품: 30,000,000원(시가)
> • 화재로 인하여 소실된 제품: 12,000,000원(시가)
> • 중고 기계장치 처분액: 10,000,000원

① 100,000,000원   ② 110,000,000원

③ 122,000,000원   ④ 140,000,000원

[9] 다음 중 소득세법상 사업소득에 대한 설명으로 옳은 것은?

① 논·밭을 작물생산에 이용하게 함으로써 발생하는 소득은 비과세된다.

② 대표자 본인에 대한 급여는 필요경비로 인정된다.

③ 원천징수대상 사업소득은 분리과세되어 원천징수로써 납세의무가 종결된다.

④ 사업용 고정자산에 해당하는 토지를 양도함으로써 발생하는 차익은 사업소득금액 계산 시 총수입금액에 산입한다.

[10] 다음 자료를 토대로 (주)한공에 근무하는 김회계 씨의 20x1년도 총급여액을 계산하면 얼마인가?

> 가. 기본급: 56,000,000원
> 나. 직책수당: 6,000,000원
> 다. 식대보조금: 2,400,000원(월 20만원, 별도의 식사를 제공받았음.)
> 라. 자가운전보조금: 1,200,000원(월 10만원, 실제 여비를 받지 않았음.)

① 58,400,000원   ② 62,000,000원

③ 64,400,000원   ④ 65,600,000원

▨▨▨▨▨ 실무수행평가

(주)리빙산업(2680)은 식기세척기 제조업을 영위하는 법인기업으로 회계기간은 제7기(20x1.1.1. ~ 20x1.12.31.)이다. 제시된 자료와 자료설명을 참고하여, [수행과제]를 완료하고 [평가문제]의 물음에 답하시오.

실무수행 유의사항	1. 부가가치세 관련거래는 [매입매출전표입력]메뉴에 입력하고, 부가가치세 관련없는 거래는 [일반전표입력]메뉴에 입력한다. 2. 타계정 대체와 관련된 적요는 반드시 코드를 입력하여야 한다. 3. 채권·채무, 예금거래 등 관리대상 거래자료에 대하여는 반드시 거래처코드를 입력한다. 4. 자금관리 등 추가 작업이 필요한 경우 문제의 요구에 따라 추가 작업하여야 한다. 5. 제조경비는 500번대 계정코드를 사용한다. 6. 판매비와관리비는 800번대 계정코드를 사용한다. 7. 등록된 계정과목 중 가장 적절한 계정과목을 선택한다.

▌실무수행1 ┃ 거래자료 입력

실무프로세스 자료이다. [자료설명]을 참고하여 [수행과제]를 수행하시오.

① 3만원초과 거래자료에 대한 경비등송금명세서 작성

자료 1.

납 품 확 인 증

(주)리빙산업 귀하

품 명	배추
금 액	300,000 원

위와 같이 납품하였음을 확인함.

20x1년 1월 10일

성   명: 이복길

주민등록번호: 540320-2178111

주   소: 경기 가평군 수목원로 101

계 좌 번 호: 우리은행 110154-21-210

자료 2.

이체확인증			
			출력일자 : 20x1-01-10
이 체 일 시	20x1-01-10 15:20:15	입 금 은 행	우리은행
입금계좌번호	110154-21-210	예 금 주	이복길
이 체 금 액	300,000원	수 수 료	
C M S 코 드		출 금 계 좌	
송 금 인	(주)리빙산업		
메 모			

상기내용과 같이 이체가 완료되었음을 확인합니다.
20x1년 1월 10일 (주)하나은행

💲 KEB 하나은행

| 이체일 |
| 20x1/01/1 |
| 하나은행 |

¶ 본 명세는 고객의 편의를 위해 제공되는 것으로, 거래의 참고용으로만 사용하실 수 있습니다.

자료설명	1. 자료 1은 본사 관리부 직원 구내식당에서 사용할 배추를 농민에게 직접 구입하고 받은 납품확인증이다. 2. 자료 2는 구입대금을 당사 하나은행 보통예금계좌에서 송금한 이체확인증이다.
수행과제	1. 거래자료를 입력하시오. 2. 경비등송금명세서를 작성하시오.(단, 영수증수취명세서 작성은 생략할 것.)

② 약속어음 수취거래

전 자 어 음

(주)리빙산업 귀하   00420230330123456789

금 일천만원정   10,000,000원

위의 금액을 귀하 또는 귀하의 지시인에게 지급하겠습니다.

지급기일 20x1년 6월 30일   발행일 20x1년 3월 30일
지 급 지 국민은행   발행지
지급장소 서대문지점   주 소 서울 송파구 송파대로 170
                                 발행인 (주)중앙산업

자료설명	[3월 30일] (주)중앙산업의 외상매출금 잔액과 제품매출에 대한 계약금을 전자어음으로 수취하였다.
수행과제	1. 거래처원장을 조회하여 거래자료를 입력하시오. 2. 자금관련정보를 입력하여 받을어음현황에 반영하시오.

3 기타 일반거래

자료. 배당금 지급안내문

배정내역	주주번호	000050000020005*****		주주명	(주)리빙산업

주주 구분	주식 종류	배당 일수	소유 주식수	배당(정)률		배당금	배정 주식수	단수주	단주 기준가	단주 대금 지급액
				현금 배당율	주식 배정율					
실물 소유분 (명부)	보통주									
증권회사 위탁분 (실질)	보통주	365	1,000	0.154		1,240,000				

자료설명	1. 투자목적으로 보유하고 있는 (주)삼성전자 주식에 대한 연차배당이 3월 31일 주주총회에서 결의되어 배당금 지급안내문을 받았다. 해당 배당금은 4월 20일 입금될 예정이다. 2. (주)삼성전자 주식은 단기매매증권으로 분류되어 있다.
수행과제	3월 31일 결의일자에 거래자료를 입력하시오.

실무수행2 **부가가치세관리**

부가가치세 신고 관련 자료이다. [자료설명]을 참고하여 [수행과제]를 수행하시오.

① 전자세금계산서 발급

거 래 명 세 서 (공급자 보관용)

공급자	등록번호	221-81-55552			공급받는자	등록번호	134-81-45560		
	상호	(주)리빙산업	성명	백종원		상호	삼일전자(주)	성명	강민철
	사업장주소	서울 서대문구 충정로7길 12				사업장주소	서울 금천구 시흥대로 106		
	업태	제조업	종사업장번호			업태	도소매업	종사업장번호	
	종목	식기세척기				종목	전자제품외		

거래일자	미수금액	공급가액	세액	총 합계금액
20x1.4.5.		12,000,000원	1,200,000원	13,200,000원

NO	월	일	품목명	규격	수량	단가	공급가액	세액	합계
1	4	5	자외선 식기세척기		15	800,000	12,000,000	1,200,000	13,200,000

자료설명	1. 제품을 공급하고 전자세금계산서를 발급하였다. 2. 전자세금계산서를 발급하고 대금은 전액 신한카드로 결제받았다. (카드결제 대금은 외상매출금으로 처리할 것.)
수행과제	1. 거래자료를 입력하시오. 2. 전자세금계산서 발행 및 내역관리 를 통하여 발급·전송하시오. (전자세금계산서 발급 시 결제내역 및 전송일자는 무시할 것.)

2 수정전자세금계산서의 발급

전자세금계산서				(공급자 보관용)		승인번호			

<table>
<tr><td rowspan="7">공급자</td><td colspan="2">등록번호</td><td colspan="4">221-81-55552</td><td rowspan="7">공급받는자</td><td colspan="2">등록번호</td><td colspan="3">506-81-45111</td></tr>
<tr><td colspan="2">상호</td><td colspan="2">(주)리빙산업</td><td>성명
(대표자)</td><td>백종원</td><td colspan="2">상호</td><td>(주)한성전자</td><td>성명
(대표자)</td><td>이한성</td></tr>
<tr><td colspan="2">사업장
주소</td><td colspan="4">서울 서대문구 충정로7길 12</td><td colspan="2">사업장
주소</td><td colspan="3">경북 구미시 산동면 첨단기업4로
49-29</td></tr>
<tr><td colspan="2">업태</td><td colspan="2">제조업</td><td>종사업장번호</td><td></td><td colspan="2">업태</td><td>제조.도소매업</td><td>종사업장번호</td><td></td></tr>
<tr><td colspan="2">종목</td><td colspan="4">식기세척기</td><td colspan="2">종목</td><td colspan="3">가전제품</td></tr>
<tr><td colspan="2">E-Mail</td><td colspan="4">living@bill36524.com</td><td colspan="2">E-Mail</td><td colspan="3">hansung@bill36524.com</td></tr>
</table>

작성일자	20x1.6.5.	공급가액	25,000,000	세 액	2,500,000
비고					

월	일	품목명	규격	수량	단가	공급가액	세액	비고
6	5	3인용 식기세척기		100	250,000	25,000,000	2,500,000	

합계금액	현금	수표	어음	외상미수금	이 금액을	○ 영수	함
27,500,000				27,500,000		◉ 청구	

자료설명	1. 6월 5일 제품을 공급하고 발급한 전자세금계산서이며 매입매출전표에 입력되어 있다. 2. 담당자의 착오로 동일 건을 이중 발급한 사실을 확인하였다.
수행과제	수정사유를 선택하여 수정전자세금계산서를 발급·전송하시오.(외상대금 및 제품 매출에서 음수(-)로 처리하고 전자세금계산서 발급 시 결제내역 및 전송일자는 고려하지 않을 것.)

③ 수출실적명세서 작성자의 부가가치세 신고서 작성

자료 1. 수출신고필증(갑지)

수 출 신 고 필 증 (갑지)

※ 처리기간 : 즉시

제출번호 32245-69-11110001		⑤신고번호		⑥세관.과	⑦신고일자	⑧신고구분	⑨C/S구분
①신 고 자 인천 관세법인 관세사 최고봉		23176-23-067395-X		130-82	20x1/7/15	H	

②수 출 자 (주)리빙산업	⑩거래구분 11	⑪종류 A	⑫결제방법 TT
(통관고유부호) (주)리빙산업-1-74-1-12-4 수출자구분 A	⑬목적국 DE GERMANY	⑭적재항 INC 인천항	⑮선박회사 (항공사) HJSC
수 출 화 주 (주)리빙산업 (통관고유부호) (주)리빙산업-1-74-1-12-4	⑯선박(항공편명) HANJIN SAVANNAH	⑰출항예정일자 20x10724	⑱적재예정보세구역 03012202
(주소) 서울 서대문구 충정로7길 12 (대표자) 백종원	⑲운송형태 10 BU		⑳검사희망일 20x1/7/20
(소재지) 101 (사업자등록번호) 221-81-55552	㉑물품소재지 한진보세장치장 인천 중구 연안동 245-1		

③제 조 자 (주)리빙산업	㉒L/C번호 868EA-10-55554		㉓물품상태 N
(통관고유부호)(주)리빙산업-1-74-1-12-4 제조장소 214 산업단지부호	㉔사전임시개청통보여부 A		㉕반송 사유

④구 매 자 쉰들러(주)	㉖환급신청인 1 (1:수출대행자/수출화주, 2:제조자)
Schindler Co., Ltd (구매자부호) CNTOSHIN12347	간이환급 NO

· 품명 · 규격 (란번호/총란수: 999/999)

㉗품 명 식기서척기	㉙상표명 NO
㉘거래품명 식기세척기	

㉚모델 · 규격 ABC-1 250		㉛성분		㉜수량 30(EA)	㉝단가(EUR) 400	㉞금액(EUR) 12,000
㉟세번부호	1234.12-1234	㊱순중량	500KG	㊲수량 30(EA)	㊳신고가격 (FOB)	12,000 EUR ₩17,120,000
㊴송품장번호	AC-2013-00620	㊵수입신고번호		㊶원산지 Y	㊷포장갯수(종류)	30BOX

㊸수출요건확인(발급서류명)			
㊹총중량	950KG	㊺총포장갯수	5,000C/T	㊻총신고가격 (FOB)	12,000 EUR ₩17,120,000
㊼운임(₩)		㊽보험료(₩)		㊾결제금액	12,000 EUR
㊿수입화물관리번호				⑤컨테이너번호	CKLU2005013	Y

※신고인기재란 수출자 : 제조/무역, 전자제품		㊼세관기재란	
㊼운송(신고)인 한라통운(주) 박운송 ㊼기간 20x1/7/15 부터 20x1/7/25 까지	㊼적재의무 기한 20x1/7/25	㊼담당자 990101 (김태호)	㊼신고수리 일자 20x1/7/15

자료 2. 기준(재정)환율 내역

외화금액	수출신고일	선적일	7월 15일 기준환율	7월 20일 기준환율
EUR 12,000	7월 15일	7월 20일	1,425.0원/EUR	1,420.0원/EUR

자료설명	1. 자료 1은 독일의 쉰들러(주)에 제품을 직수출하고 신고한 수출신고필증이다. 대금 12,000유로(EUR)는 다음 달 말일에 거래은행을 통하여 송금받기로 하였다. 2. 자료 2는 기준(재정)환율 내역이다.

수행과제	1. 거래자료를 입력하시오.
	2. 제2기 예정 신고기간의 수출실적명세서를 작성하시오.
	3. 제2기 부가가치세 예정신고서에 반영하시오.

④ 신용카드매출전표등 수령금액합계표 작성자의 부가가치세신고서 작성

자료 1.

매출전표

카드종류		거래일자	
롯데카드		20x1.10.10.13:12:08	
카드번호(CARD NO)			
1234-1234-****-1234			
승인번호		금액	백 천 원
30010947		AMOUNT	1 0 0,0 0 0
일반	할부	부가세 V.AT	1 0,0 0 0
일시불			
	휘발유	봉사료 CASHBACK	
거래유형			
신용승인		합계 TOTAL	1 1 0,0 0 0
가맹점명			
(주)우진에너지			
대표자명		사업자번호	
윤승현		125-81-28548	
전화번호		가맹점번호	
02-457-8004		312110073	
주소			
서울 구로구 구로3동			

상기의 거래 내역을 확인합니다.   서명 (주)리빙산업

자료 2.

신용카드매출전표

가 맹 점 명 블루핸즈 북가좌점
사업자번호 106-81-85951
대 표 자 명 정몽구
주   소 서울 서대문구 수색로 14

롯 데 카 드   신용승인
거 래 일 시 20x1-11-15 오후 13:10:25
카 드 번 호 5678-1980-****-1724
유 효 기 간 **/**
가맹점번호   123460001
매 입 사   우리카드(전자서명전표)

상 품 명 수리비   금액 330,000

공 급 금 액   300,000원
부가세금액   30,000원
합   계   330,000원

자료 3.

```
** 현금영수증 **
(지출증빙용)

사업자등록번호    : 120-88-00767
사업자명          : 쿠팡(주)
단말기ID          : 73453259(tel:02-257-1004)
가맹점주소        : 서울 송파구 송파대로 570

현금영수증 회원번호
 221-81-55552              (주)리빙산업
승인번호          : 57231010
거래일시          : 20x1년 12월 8일 9시25분21초

공 급 금 액                        900,000원
부가세금액                          90,000원
총 합 계                          990,000원

휴대전화, 카드번호 등록
http://현금영수증.kr
국세청문의(126)
38036925-GCA10106-3870-U490
    <<<<<이용해 주셔서 감사합니다.>>>>>
```

자료설명	1. 자료 1은 대표이사 출퇴근용 법인승용자동차(개별소비세 과세대상, 배기량 3,000cc)에 주유하고 결제한 법인 신용카드매출전표이다.
	2. 자료 2는 공장 화물차 수리비를 결제한 법인 신용카드매출전표이다. ('차량유지비'로 처리할 것.)
	3. 자료 3은 경리부에서 사용할 복합기를 쿠팡(주)에서 구입하고 수취한 현금영수증이다. 대금은 하나은행 보통예금계좌에서 이체지급하였다.(자산으로 처리할 것.) 단, 제시된 자료의 거래처는 모두 일반과세자이다.
수행과제	1. 자료 1 ~ 자료 3의 거래자료를 입력하시오.
	2. 제2기 확정 신용카드매출전표등 수령금액 합계표를 작성하시오.
	3. 신용카드매입 및 전자신고세액공제를 반영하여 제2기 부가가치세 확정신고서를 작성하시오. – 제2기 부가가치세 확정신고서를 홈택스에서 전자신고하여 전자신고세액공제 10,000원을 공제받기로 한다.

평가문제 입력자료 및 회계정보를 조회하여 [평가문제]의 답안을 입력하시오.(70점)

〈평가문제 답안입력 유의사항〉

① 답안은 **지정된 단위의 숫자로만 입력**해 주십시오.
  * 한글 등 문자 금지

	정답	오답(예)
(1) **금액은 원 단위로 숫자를 입력**하되, 천 단위 콤마(,)는 생략 가능합니다.	**1,245,000** **1245000**	1.245.000 1,245,000원 1,245,0000 12,45,000 1,245천원
(1-1) 답이 0원인 경우 반드시 "0" 입력 (1-2) 답이 음수(-)인 경우 숫자 앞에 " - "입력 (1-3) 답이 소수인 경우 반드시 " . " 입력		
(2) 질문에 대한 **답안은 숫자로만 입력**하세요.	**4**	04 4건, 4매, 4명 04건, 04매, 04명
(3) **거래처 코드번호는 5자리 숫자로 입력**하세요.	**00101**	101 00101번

② 답안에 **천원단위(000) 입력시 더존 프로그램 숫자 입력 방법과 다르게 숫자키패드 '+' 기능은 지원되지 않습니다.**
③ **더존 프로그램에서 조회되는 자료를 복사하여 붙여넣기가 가능**합니다.
④ **수행과제를 올바르게 입력하지 않고 작성한 답과 모범답안이 다른 경우 오답처리**됩니다.

번호	평가문제	배점
11	**평가문제 [회사등록 조회]** (주)리빙산업의 회사등록 정보이다. 다음 중 올바르지 않은 것은? ① (주)리빙산업은 내국법인이며, 사업장 종류별 구분은 "중소기업"에 해당한다. ② (주)리빙산업의 표준산업코드는 'C28'로 제조업에 해당한다. ③ (주)리빙산업의 국세환급사유 발생시 '하나은행'으로 입금된다. ④ (주)리빙산업의 사업장관할세무서는 '역삼세무서'이다	2
12	**평가문제 [매입매출전표입력 조회]** 6월 5일자 수정세금계산서의 수정입력사유 코드번호를 입력하시오.	2
13	**평가문제 [세금계산서합계표 조회]** 제1기 확정 신고기간의 거래처 '삼일전자(주)'에 전자발행된 세금계산서 총공급가액은 얼마인가?	2
14	**평가문제 [세금계산서합계표 조회]** 제1기 확정 신고기간의 매출전자세금계산서 발급매수는 총 몇 매인가?	2
15	**평가문제 [수출실적명세서 조회]** 제2기 예정 신고기간의 수출실적명세서 '⑩수출한재화'의 원화금액은 얼마인가?	2
16	**평가문제 [부가가치세신고서 조회]** 제2기 예정 신고기간의 부가가치세신고서에 반영되는 영세율 과세표준 총금액은 얼마인가?	2
17	**평가문제 [부가가치세신고서 조회]** 제2기 예정 신고기간의 부가가치세 신고시에 작성되는 부가가치세 첨부서류에 해당하지 않는 것은? ① (면세)계산서합계표　　　　② 수출실적명세서 ③ 건물등감가상각자산취득명세서　　④ 공제받지못할매입세액명세서	3
18	**평가문제 [신용카드매출전표등 수령금액 합계표(갑) 조회]** 제2기 확정 신고기간의 신용카드매출전표등 수령금액 합계표(갑)에 반영되는 '신용카드 등 매입명세 합계'의 공급가액은 얼마인가?	3
19	**평가문제 [부가가치세신고서 조회]** 제2기 확정 신고기간 부가가치세신고서의 「그밖의공제매입세액(14란)_신용매출전표수취/고정(42란)」의 금액은 얼마인가?	2
20	**평가문제 [부가가치세신고서 조회]** 제2기 확정 신고기간의 부가가치세 차가감납부할세액(27란)은 얼마인가?	2
	부가가치세 소계	22

실무수행3 결산

[결산자료]를 참고로 결산을 수행하시오.(단, 제시된 자료 이외의 자료는 없다고 가정함.)

① 수동결산

자료설명	장부상 20x1년말 현재 가수금 10,170,000원은 (주)현동기기의 외상매출금 입금액 5,170,000원과 (주)제도전기의 단기대여금 일부 회수금액 5,000,000원으로 밝혀졌다.
수행과제	가수금에 대한 결산정리분개를 일반전표에 입력하시오.

② 결산자료입력에 의한 자동결산

자료설명	1. 기말 현재 퇴직급여추계액 전액을 퇴직급여충당부채로 설정하고자 한다. 기말 현재 퇴직급여추계액 및 당기 퇴직급여충당부채 설정 전의 퇴직급여 충당부채 잔액은 다음과 같다. <table><tr><td>부 서</td><td>퇴직급여추계액</td><td>퇴직급여충당부채 잔액</td></tr><tr><td>생산부</td><td>52,400,000원</td><td>35,000,000원</td></tr><tr><td>영업부</td><td>24,600,000원</td><td>17,000,000원</td></tr></table> 2. 기말재고자산 현황 <table><tr><td rowspan="2">구 분</td><td colspan="3">실사내역</td></tr><tr><td>단위당원가</td><td>수량</td><td>평가액</td></tr><tr><td>원재료</td><td>100,000원</td><td>300</td><td>30,000,000원</td></tr><tr><td>제 품</td><td>350,000원</td><td>500</td><td>175,000,000원</td></tr></table> ※ 기말원재료 평가액에는 선적지 인도조건의 운송중인 재고매입액 3,000,000원이 포함되어 있다. 3. 이익잉여금처분계산서 처분 예정(확정)일 - 당기: 20x2년 3월 31일 - 전기: 20x1년 3월 31일
수행과제	결산을 완료하고 이익잉여금처분계산서에서 손익대체분개를 하시오. (단, 이익잉여금처분내역은 없는 것으로 하고 미처분이익잉여금 전액을 이월이익잉여금으로 이월하기로 할 것.)

[실무수행평가] - 재무회계

번호	평가문제	배점
21	**평가문제 [경비등송금명세서 조회]** 경비등송금명세서에 반영되는 우리은행의 은행코드번호(CD) 3자리를 입력하시오.	1
22	**평가문제 [받을어음현황 조회]** 6월에 만기가 도래하는 받을어음 총액은 얼마인가?	1
23	**평가문제 [거래처원장 조회]** 4월말 신한카드(코드 99601)의 외상매출금 잔액은 얼마인가?	2
24	**평가문제 [거래처원장 조회]** 6월말 거래처별 외상매출금 잔액으로 옳지 않은 것은? ① 04003.(주)엘지전자 15,510,000원 ② 04004.(주)한성전자 55,000,000원 ③ 04005.(주)하이전자 4,400,000원 ④ 04006.(주)이지전자 14,300,000원	1
25	**평가문제 [일/월계표 조회]** 1/4분기(1월~3월)에 발생한 영업외수익은 얼마인가?	2
26	**평가문제 [일/월계표 조회]** 1/4분기(1월~3월) 발생한 복리후생비(판매관리비)는 얼마인가?	2
27	**평가문제 [일/월계표 조회]** 3/4분기(7월~9월)에 발생한 제품매출은 얼마인가?	2
28	**평가문제 [일/월계표 조회]** 4/4분기(10월~12월)에 발생한 차량유지비(제조)는 얼마인가?	1
29	**평가문제 [재무상태표 조회]** 3월 말 미수금 잔액은 얼마인가?	1
30	**평가문제 [재무상태표 조회]** 3월말 선수금 잔액은 얼마인가?	2
31	**평가문제 [재무상태표 조회]** 12월 말 단기대여금의 장부금액(대손충당금 차감 후)은 얼마인가?	2
32	**평가문제 [재무상태표 조회]** 12월 말 비품의 장부금액(취득원가 - 감가상각누계액)은 얼마인가?	1
33	**평가문제 [재무상태표 조회]** 12월 말 퇴직급여충당부채 잔액은 얼마인가?	2
34	**평가문제 [재무상태표 조회]** 12월 말 기말 원재료 금액은 얼마인가?	2
35	**평가문제 [재무상태표 조회]** 12월 말 이월이익잉여금(미처분이익잉여금) 잔액으로 옳은 것은? ① 612,510,185원　　② 622,125,182원 ③ 635,648,914원　　④ 643,284,312원	1
	재무회계 소계	10

실무수행4 | 근로소득관리

인사급여 관련 자료이다. [자료설명]을 참고하여 [수행과제]를 수행하시오.

① 가족관계증명서에 의한 사원등록

자료. 김대영의 가족관계증명서

[별지 제1호 서식] <개정 2010.6.3>

가 족 관 계 증 명 서

등록기준지	서울특별시 강남구 영동대로 521

구분	성 명	출생연월일	주민등록번호	성별	본
본인	김 대 영	1980년 03월 21일	800321-1216511	남	光山

가족사항					
구분	성 명	출생연월일	주민등록번호	성별	본
부	김 종 덕	1944년 04월 05일	440405-1649478	남	光山
배우자	안 영 희	1981년 09월 05일	810905-2027511	여	公州
자녀	김 한 별	2004년 11월 23일	041123-3070791	남	光山
자녀	김 한 솔	2006년 03월 05일	060305-3111116	남	光山

자료설명	20x1년 2월 1일에 재무팀에 입사한 김대영이 제출한 가족관계증명서이다. 1. 김대영은 세대주이다. 2. 부 김종덕은 항시 치료를 요하는 중증환자로서, 현재 타지역의 요양병원에서 생활하고 있으며 소득이 없다. 3. 배우자 안영희는 복권당첨소득 25,000,000원이 있다. 4. 자녀 김한별, 김한솔은 별도의 소득이 없다. 5. 세부담을 최소화하는 방법을 선택한다.
수행과제	사원등록메뉴에서 부양가족명세를 작성하시오.

[실무수행평가] - 근로소득관리 1

번호	평가문제	배점
36	**평가문제 [김대영 근로소득원천징수영수증 조회]** '25.배우자' 기본공제액은 얼마인가?	2
37	**평가문제 [김대영 근로소득원천징수영수증 조회]** '26.부양가족' 공제대상 인원은 몇 명인가?	1
38	**평가문제 [김대영 근로소득원천징수영수증 조회]** '27.경로우대' 추가공제액은 얼마인가?	2
39	**평가문제 [김대영 근로소득원천징수영수증 조회]** '28.장애인' 추가공제액은 얼마인가?	1
40	**평가문제 [김대영 근로소득원천징수영수증 조회]** '57.자녀세액공제' 세액공제액은 얼마인가?	2

② 급여명세에 의한 급여자료

자료 1. 5월 급여자료

(단위: 원)

사원	기본급	직책수당	차량 보조금	식대	야간근로 수당	국민연금	건강보험	고용보험	장기요양 보험
김상훈	3,000,000	150,000	300,000	300,000		프로그램에서 자동 계산된 금액으로 공제한다.			
정수진	2,000,000			300,000	1,000,000				

자료 2. 수당 및 공제요건

구분	코드	수당 및 공제명	내 용
수당등록	101	기본급	설정된 그대로 사용한다.
	200	직책수당	직급별로 차등 지급한다.
	201	차량보조금	본인 소유 차량으로 회사 업무를 수행하는 직원들에게 지급하며, 출장시에는 별도의 교통비를 지급하고 있지 않다.
	202	식대	매월 지급하고 있으며, 별도의 음식물은 제공하고 있지 않다.
	203	야간근로수당	생산직 사원에게 연장근로시간에 대해 수당을 지급하고 있다.

자료설명	1. 자료 1에서 김상훈은 구매부 과장이다. 2. 자료 1에서 정수진은 생산부 사원이며, 직전연도 총급여액은 35,000,000원이다. 3. 5월 귀속분 급여지급일은 당월 25일이다. 4. 사회보험료는 자동 계산된 금액으로 공제한다.

수행과제	1. 사원등록에서 생산직여부와 야간근로수당의 비과세여부를 반영하시오. 2. 급여자료입력 메뉴에 수당등록을 하시오. 3. 5월분 급여자료를 입력하시오.(단, 구분 '1.급여'로 선택할 것.) 4. 5월 귀속분 [원천징수이행상황신고서]를 작성하시오.

[실무수행평가] - 근로소득관리 2

번호	평가문제	배점
41	**평가문제 [5월 급여자료입력 조회]** 급여항목 중 차량보조금 과세 금액은 총 얼마인가?	2
42	**평가문제 [5월 급여자료입력 조회]** 급여항목 중 식대 과세 금액은 총 얼마인가?	2
43	**평가문제 [5월 급여자료입력 조회]** 급여항목 중 야간근로수당 과세 금액은 총 얼마인가?	2
44	**평가문제 [정수진 5월 급여자료입력 조회]** 정수진의 5월 분 급여에 대한 차인지급액은 얼마인가?	1
45	**평가문제 [5월 원천징수이행상황신고서 조회]** 근로소득에 대한 '10.소득세 등' 금액은 얼마인가?	1

③ 국세청연말정산간소화 및 이외의 자료를 기준으로 연말정산

자료설명	사무직 최정훈(1400)의 연말정산을 위한 자료이다. 1. 사원등록의 부양가족현황은 사전에 입력되어 있다. 2. 부양가족은 최정훈과 생계를 같이 한다. 3. 최정훈은 20x1년 7월 31일까지 (주)광성물산에서 근무하고 퇴직하였다.
수행과제	[연말정산 근로소득원천징수영수증] 메뉴에서 연말정산을 완료하시오. 1. 종전근무지 관련서류는 [소득명세] 탭에서 입력한다. 2. 의료비는 [의료비] 탭에서 입력하며, 국세청자료는 공제대상 합계금액을 1건으로 집계하여 입력한다. 3. 보험료는 [소득공제] 탭에서 입력한다. 4. 연금계좌는 [정산명세] 탭에서 입력한다.

자료 1. 최정훈 사원의 부양가족등록 현황

연말정산관계	성명	주민번호	기타사항
0.본인	최정훈	770521-1229103	
1.소득자 직계존속	최진수	421110-1919012	부동산임대 소득금액 20,000,000원
1.소득자 직계존속	이정희	500102-2111119	소득없음

자료 2. 최정훈 사원의 전근무지 정산내역

(8쪽 중 제1쪽)

거주구분		거주자1 / 비거주자2	
거주지국	대한민국	거주지국코드	kr
내·외국인		내국인1 / 외국인9	
외국인단일세율적용		여 1 / 부 2	
외국법인소속파견근로자여부		여 1 / 부 2	
국적	대한민국	국적코드	kr
세대주 여부		세대주1 / 세대원2	
연말정산 구분		계속근로1, 중도퇴사2	

[√]근로소득 원천징수영수증
[ ]근로소득 지 급 명 세 서

([√]소득자 보관용 [ ]발행자 보관용 [ ]발행자 보고용)

관리
번호

징 수 의무자	① 법인명(상 호) (주)광성물산		② 대 표 자(성 명) 김민영	
	③ 사업자등록번호 134-81-21118		④ 주 민 등 록 번 호	
	③-1 사업자단위과세자여부 여 1 / 부 2			
	⑤ 소 재 지(주소) 서울시 서대문구 충정로 7길 28-22(충정로3가)			
소득자	⑥ 성 명 최정훈		⑦ 주 민 등 록 번 호 770521-1229103	
	⑧ 주 소 서울특별시 구로구 도림로7 105동 805호			

	구 분	주(현)	종(전)	종(전)	⑯-1 납세조합	합 계
I 근무처별 소득명세	⑨ 근 무 처 명	(주)광성물산				
	⑩ 사업자등록번호	134-81-21118				
	⑪ 근무기간	20x1.1.1.~ 20x1.7.31.	~	~	~	~
	⑫ 감면기간	~	~	~	~	~
	⑬ 급 여	30,000,000				30,000,000
	⑭ 상 여	5,000,000				5,000,000
	⑮ 인 정 상 여					
	⑮-1 주식매수선택권 행사이익					
	⑮-2 우리사주조합인출금					
	⑮-3 임원 퇴직소득금액 한도초과액					
	⑮-4					
	⑯ 계	35,000,000				35,000,000
II 비과세 및 감면소득 명세	⑱ 국외근로	M0X				
	⑱-1 야간근로수당	O0X				
	⑱-2 출산·보육수당	Q0X				
	⑱-4 연구보조비	H0X				
	~					
	⑲ 수련보조수당	Y22				
	⑳ 비과세소득 계					
	⑳-1 감면소득 계					

	구 분			⑳ 소 득 세	㉛ 지방소득세	㉜ 농어촌특별세
III 세액명세	⑬ 결 정 세 액			380,200	38,020	
	기납부 세 액	⑭ 종(전)근무지 (결정세액란의 세액 기재)	사업자 등록 번호			
		⑮ 주(현)근무지		300,180	30,018	
	⑯납부특례세액					
	⑰ 차 감 징 수 세 액 (⑬-⑭-⑮-⑯)			80,020	8,002	

국민연금보험료 : 960,000원	위의 원천징수액(근로소득)을 정히 영수(지급)합니다.	
건강보험료 : 733,750원		
장기요양보험료 : 86,040원		20x1년 월 일
고용보험료 : 170,000원	징수(보고)의무자 (주)광성물산 (서명 또는 인)	
	서 대 문 세 무 서 장 귀하	

210mm×297mm[백상지 80g/㎡(재활용품)]

자료 3. 국세청간소화서비스 및 기타증빙자료

20x1년 귀속 소득 · 세액공제증명서류 : 기본(지출처별)내역 [의료비]

■ 환자 인적사항

성 명	주 민 등 록 번 호
최진수	421110-1******

■ 의료비 지출내역

(단위: 원)

사업자번호	상 호	종류	지출금액 계
101-15-16***	튼튼**병원	일반	1,900,000
129-17-32***	***내과	일반	800,000
의료비 인별합계금액			2,700,000
안경구입비 인별합계금액			0
산후조리원 인별합계금액			0
인별합계금액			**2,700,000**

 국 세 청 National Tax Service
- 본 증명서류는 『소득세법』 제165조 제1항에 따라 영수증 발급기관으로부터 수집한 서류로 소득·세액공제 충족 여부는 근로자가 직접 확인하여야 합니다.
- 본 증명서류에서 조회되지 않는 내역은 영수증 발급기관에서 직접 발급받으시기 바랍니다.

20x1년 귀속 소득 · 세액공제증명서류 : 기본(지출처별)내역
[보장성 보험, 장애인전용보장성보험]

■ 계약자 인적사항

성 명	주 민 등 록 번 호
최정훈	770521-1******

■ 보장성보험(장애인전용보장성보험) 납입내역

(단위: 원)

종류	상 호	보험종류		납입금액 계
	사업자번호	증권번호	주피보험자	
	종피보험자1	종피보험자2	종피보험자3	
보장성	삼성생명보험(주)	(무)실손의료보험	770521-1****** 최정훈	1,200,000
	108-81-15***			
보장성	(주)KB손해보험	실버암보험	500102-2****** 이정희	1,800,000
	104-81-28***			
인별합계금액				3,000,000

 국 세 청 National Tax Service
- 본 증명서류는 『소득세법』 제165조 제1항에 따라 영수증 발급기관으로부터 수집한 서류로 소득·세액공제 충족 여부는 근로자가 직접 확인하여야 합니다.
- 본 증명서류에서 조회되지 않는 내역은 영수증 발급기관에서 직접 발급받으시기 바랍니다.

20x1년 귀속 소득·세액공제증명서류: 기본내역[연금저축]

■ 가입자 인적사항

성 명	주 민 등 록 번 호
최정훈	770521-1******

■ 연금저축 납입내역

(단위: 원)

상호	사업자번호	당해연도 납입금액	당해연도 납입액 중 인출금액	순납입금액
계좌번호				
흥국생명보험(주)	108-81-26***	6,000,000		6,000,000
013458888				
순납입금액 합계				6,000,000

 국 세 청 National Tax Service

- 본 증명서류는 『소득세법』 제165조 제1항에 따라 영수증 발급기관으로부터 수집한 서류로 소득·세액공제 충족 여부는 근로자가 직접 확인하여야 합니다.
- 본 증명서류에서 조회되지 않는 내역은 영수증 발급기관에서 직접 발급받으시기 바랍니다.

[실무수행평가] – 근로소득관리 3

번호	평가문제	배점
46	**평가문제 [최정훈 근로소득원천징수영수증 조회]** '37.차감소득금액'은 얼마인가?	2
47	**평가문제 [최정훈 근로소득원천징수영수증 조회]** '60.연금저축' 세액공제액은 얼마인가?	2
48	**평가문제 [최정훈 근로소득원천징수영수증 조회]** '61.보장성보험' 세액공제액은 얼마인가?	2
49	**평가문제 [최정훈 근로소득원천징수영수증 조회]** '62.의료비' 세액공제액은 얼마인가?	2
50	**평가문제 [최정훈 근로소득원천징수영수증 조회]** '82.실효세율'은 몇%인가? ① 2.8% ② 3.9% ③ 4.2% ④ 5.4%	1
	근로소득 소계	25

실무이론평가

1	2	3	4	5	6	7	8	9	10
③	③	③	②	①	③	③	②	①	③

01 타인에게 임대하거나 자체적으로 사용하기 위하여 보유하고 있는 부동산은 유형자산으로 분류하고 <u>시세차익을 얻기 위하여 보유하고 있는 부동산은 투자자산으로 분류</u>한다.

02 영업이익(1,000,000) = 매출액(15,500,000) − 매출원가(??) − 판관비(4,500,000)

∴ 매출원가 = 10,000,000원

03 대손처리하였던 외상매출금을 회수하는 경우 대변에 대손충당금으로 회계처리한다.

04 누락된 결산수정분개: (차) 보험료   300,000원   (대) 선급비용   300,000원

보험료(판매비와관리비) 300,000원이 과소계상되어 영업이익이 300,000원 과대계상되고, 선급비용(유동자산) 300,000원이 과대계상된다.

05 <u>사채할인발행차금은 시장이자율보다 액면이자율이 낮을 경우에 발생</u>한다.

06 당기순이익에의 영향은 단기매매 목적으로 보유한 A, B주식의 평가손익이다.

A주식의 평가 = 1,000주 × (@7,000원 − @6,000원) = 1,000,000원(평가이익)

B주식의 평가 = 3,000주 × (@5,000원 − @8,000원) = △9,000,000원(평가손실)

→ 당기순이익 8,000,000원 감소

C주식은 <u>매도가능증권으로서 관련 평가손익은 자본(기타포괄손익누계액)으로 분류</u>된다.

07 면세는 <u>부가가치세의 역진성을 완화하기 위한 목적으로 도입</u>되었다.

08 부가가치세 과세표준 = 제품매출(100,000,000) + 기계처분(10,000,000) = 110,000,000원

<u>국가 무상 기증은 면세 대상에 해당</u>하고, 화재로 인한 손실은 재화의 공급에 해당하지 않는다.

09 ② 대표자 본인에 대한 급여는 필요경비로 인정되지 않는다.

③ 분리과세되는 사업소득은 없다.

④ 사업용 고정자산에 해당하는 토지를 양도함으로써 발생하는 차익은 사업소득금액 계산 시 총수입금액에 산입하지 않는다.(<u>양도소득세로 과세</u>된다.)

10 총급여액 = 기본급(56,000,000) + 직책수당(6,000,000) + 식대(2,400,000) = 64,400,000원

<u>식대보조금은 별도의 식사를 제공받았으므로 전액 과세</u>임.

자가운전보조금은 전액 비과세임.

▨▨▨▨ 실무수행평가

실무수행 1. 거래자료 입력

① 3만원초과 거래자료에 대한 경비등송금명세서 작성

1. [일반전표입력] 1월 10일

　(차) 복리후생비(판)　　　　　　　　300,000원　　　　(대) 보통예금(하나은행(보통))　300,000원

2. [경비등송금명세서]

② 약속어음 수취거래

1. [거래처원장] 잔액조회(1.1~3.30, 108.외상매출금)

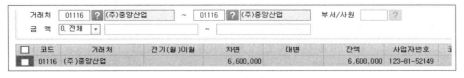

　- (주)중앙산업의 외상매출금 잔액 6,600,000원 확인

2. [일반전표입력] 3월 30일

　(차) 받을어음((주)중앙산업)　　　10,000,000원　　　(대) 외상매출금((주)중앙산업)6,600,000원
　　　　　　　　　　　　　　　　　　　　　　　　　　　　선수금((주)중앙산업)　　3,400,000원

③ 기타 일반거래 [일반전표입력] 3월 31일

　(차) 미수금((주)삼성전자)　　　1,240,000원　　　(대) 배당금수익　　　　　　　1,240,000원

실무수행 2. 부가가치세관리

① 전자세금계산서 발급

1. [매입매출전표입력] 4월 5일

거래유형	품명	공급가액	부가세	거래처	전자세금
11.과세	자외선 식기세척기	12,000,000	1,200,000	삼일전자(주)	전자발행
분개유형	(차) 외상매출금	13,200,000원	(대)	제품매출	12,000,000원
3.혼합(카드)	(신한카드)			부가세예수금	1,200,000원

2. [전자세금계산서 발행 및 내역관리]

① 미전송된 내역이 조회되면, 미전송내역을 체크한 후 [전자발행 ▾]을 클릭하여 표시되는 로그인 화면에서 [확인(Tab)] 클릭

② '전자세금계산서 발행'화면이 조회되면 [발행(F3)] 버튼을 클릭한 다음 확인클릭

③ 국세청란에 '발행대상'으로 표시되면 [ACADEMY 전자세금계산서]를 클릭

④ [Bill36524 교육용전자세금계산서] 화면에서 [로그인]을 클릭

⑤ 좌측화면: [세금계산서 리스트]에서 [미전송]으로 체크 후 [매출조회]를 클릭
우측화면: [전자세금계산서]에서 [발행]을 클릭

⑥ [발행완료되었습니다.] 메시지가 표시되면 [확인(Tab)] 클릭

② 수정전자세금계산서의 발급

1. [수정전자세금계산서 발급]

① [매입매출전표입력]에서 6월 5일 전표 1건 선택 ➡ 툴바의 [수정세금계산서]를 클릭
➡ 수정사유(6.착오에 의한 이중발급 등)선택 ➡ [확인(Tab)]을 클릭

수정사유	6. 착오에 의한 이중발급등 ▾	(발행매수 : 1 매 발행)
비 고	당초(세금)계산서작성일	2023 년 06 월 05 일

② 수정세금계산서(매출)화면에서 수정분 [작성일 6월 5일], [공급가액 -25,000,000원], [세액 -2,500,000원]을 입력한 후 [확인(Tab)] 클릭

구분	년	월	일	유형	품명	수량	단가	공급가액	부가세	합계	코드	거래처명	사업.주민번호
당초분	220×	106	05	과세	3인용 식기세척	100	250,000	25,000,000	2,500,000	27,500,000	04004	㈜한성전자	506-81-45111
수정분	220×	106	05	과세	3인용 식기세척	-100	250,000	-25,000,000	-2,500,000	-27,500,000	04004	㈜한성전자	506-81-45111

수정입력사유 6 착오에 의한 이중발급등   당초(세금)계산서작성 220×106-05

③ [매입매출전표입력] 6월 5일

거래유형	품명	공급가액	부가세	거래처	전자세금
11.과세	3인용 식기세척기	-25,000,000	-2,500,000	(주)한성전자	전자발행
분개유형	(차) 외상매출금	-27,500,000원	(대) 제품매출		-25,000,000원
2.외상			부가세예수금		-2,500,000원

2. [전자세금계산서 발행 및 내역관리]
  ① 전자세금계산서 발행 및 내역관리 를 클릭하면 수정 전표 1매가 '미전송' 상태로 조회된다.
  ② 해당내역을 클릭하여 전자세금계산서 발급(발행) 및 국세청 전송을 한다.

③ 수출실적명세서 작성자의 부가가치세 신고서 작성

1. [매입매출전표입력] 7월 20일

거래유형	품명	공급가액	부가세	거래처	전자세금
16.수출	식기세척기	17,040,000		쉰들러(주)	
분개유형	(차) 외상매출금	17,040,000원	(대) 제품매출		17,040,000원
2.외상	(쉰들러(주))				

과세표준 = 수출신고필증의 ㊾결제금액(12,000EUR) × 선적일의 기준환율(1,420) = 17,040,000원

2. [수출실적명세서] 7월 ~ 9월

구 분		건 수	외화금액	원화금액	비 고
⑨합 계		1	12,000.00	17,040,000	
⑩수 출 한 재 화		1	12,000.00	17,040,000	
⑪기타영세율적용					기타영세율은 하단상세내역에 입력

NO		수출신고번호	기타영세율건수	(14)선(기)적일자	(15)통화코드	(16)환율	(17)외화	(18)원화
1		23176-23-067395-X		20×1-07-20	EUR	1,420.0000	12,000.00	17,040,000

3. [부가가치세신고서] 7월 1일 ~ 9월 30일

영세	세금계산서발급분	5	5,000,000	0/100	
	기타	6	17,040,000	0/100	

④ 신용카드매출전표등 수령금액합계표 작성자의 부가가치세신고서 작성

1. 거래자료 입력
  ① [일반전표입력] 10월 10일

  (차) 차량유지비(판)   110,000원   (대) 미지급금(롯데카드)   110,000원

② [매입매출전표 입력] 11월 15일

거래유형	품명	공급가액	부가세	거래처	전자세금
57.카과	수리비	300,000	30,000	블루핸즈 북가좌점	
분개유형	(차) 차량유지비(제)	300,000원	(대) 미지급금		330,000원
4.카드	부가세대급금	30,000원	(우리카드)		

③ [매입매출전표 입력] 12월 8일

거래유형	품명	공급가액	부가세	거래처	전자세금
61.현과	복합기	900,000	90,000	쿠팡(주)	
분개유형	(차) 비품	900,000원	(대) 보통예금		990,000원
3.혼합	부가세대급금	90,000원	(하나은행(보통))		

2. [신용카드매출전표등 수령금액 합계표] 10월 ~ 12월
   - 상단의 '불러오기' 아이콘을 클릭하여 입력 데이터를 자동반영한다.

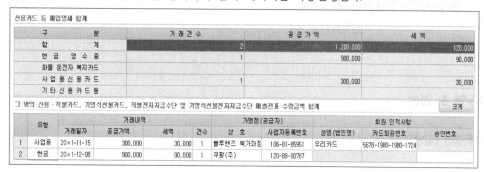

3. [부가가치세신고서] 10월 1일 ~ 12월 31일

[실무수행평가] - 부가가치세관리

번호	평가문제	배점	답
11	**평가문제 [회사등록 조회]**	2	④
12	**평가문제 [매입매출전표입력 조회]**	2	(6)
13	**평가문제 [세금계산서합계표 조회]**	2	(23,000,000)원
14	**평가문제 [세금계산서합계표 조회]**	2	(34)매
15	**평가문제 [수출실적명세서 조회]**	2	(17,040,000)원
16	**평가문제 [부가가치세신고서 조회]**	2	(22,040,000)원
17	**평가문제 [부가가치세신고서 조회]**	3	④
18	**평가문제 [신용카드매출전표등 수령금액 합계표(갑) 조회]**	3	(1,200,000)원
19	**평가문제 [부가가치세신고서 조회]**	2	(900,000)원
20	**평가문제 [부가가치세신고서 조회]**	2	(23,613,200)원
부가가치세 소계		22	

실무수행 3. 결산

① 수동결산 [일반전표입력]

　(차) 가수금　　　　　　　　　　　　10,170,000원　　　(대) 외상매출금((주)현동기기)5,170,000원

　　　　　　　　　　　　　　　　　　　　　　　　　　　　단기대여금((주)제도전기)5,000,000원

② 결산자료입력에 의한 자동결산

　[결산자료입력 1]

　- 퇴직급여(전입액)란에 제조: 17,400,000원, 판매관리비: 7,600,000원을 입력한다.

　　※ 생산부: 퇴직급여추계액(52,400,000)－퇴직급여충당부채 잔액(35,000,000)＝17,400,000원

　　※ 영업부: 퇴직급여추계액(24,600,000)－퇴직급여충당부채 잔액(17,000,000)＝7,600,000원

　[결산자료입력 2]

　- 결산자료입력에서 기말 원재료 30,000,000원, 제품 175,000,000원을 입력하고 전표추가(F3) 를
　　클릭하여 결산분개를 생성한다.

　[이익잉여금처분계산서] 메뉴

　- 이익잉여금처분계산서에서 처분일을 입력한 후, 전표추가(F3) 를 클릭하여 손익대체 분개를 생성
　　한다.

[실무수행평가] - 재무회계

번호	평가문제	배점	답
21	평가문제 [경비등송금명세서 조회]	1	(020)
22	평가문제 [받을어음현황 조회]	1	(15,500,000)원
23	평가문제 [거래처원장 조회]	2	(19,030,000)원
24	평가문제 [거래처원장 조회]	1	②
25	평가문제 [일/월계표 조회]	2	(1,360,000)원
26	평가문제 [일/월계표 조회]	2	(2,100,000)원
27	평가문제 [일/월계표 조회]	2	(359,040,000)원
28	평가문제 [일/월계표 조회]	1	(2,400,000)원
29	평가문제 [재무상태표 조회]	1	(34,840,000)원
30	평가문제 [재무상태표 조회]	2	(8,640,000)원
31	평가문제 [재무상태표 조회]	2	(59,000,000)원
32	평가문제 [재무상태표 조회]	1	(4,900,000)원
33	평가문제 [재무상태표 조회]	2	(77,000,000)원
34	평가문제 [재무상태표 조회]	2	(30,000,000)원
35	평가문제 [재무상태표 조회]	1	④
재무회계 소계		23	

실무수행 4. 근로소득관리

① 가족관계증명서에 의한 사원등록(김대영)

관계	요 건		기본공제	추가(자녀)	판 단
	연령	소득			
본인(세대주)	-	-	○		
부(80)	○	○	○	경로, 장애(3)	
배우자	-	○	○		복권당첨소득은 분리과세소득
자1(20)	○	○	○	자녀	
자2(18)	○	○	○	자녀	

[사원등록] 메뉴의 부양가족명세

	연말정산관계	기본	세대	부녀	장애	경로 70세	출산입양	자녀	한부모	성명	주민(외국인)번호	가족관계
1	0.본인	본인	○							김대영	내 800321-1216511	
2	1.(소)직계존속	60세이상			3	○				김종덕	내 440405-164947E	03.부
3	3.배우자	배우자								안영희	내 810905-2027511	02.배우자
4	4.직계비속(자녀 20세이하)							○		김한별	내 041123-3070791	05.자녀
5	4.직계비속(자녀 20세이하)							○		김한솔	내 060305-311111E	05.자녀

[실무수행평가] - 근로소득관리 1

번호	평가문제 [김대영 근로소득 원천징수영수증 조회]	배점	답
36	**25. 배우자 기본공제액**	2	(1,500,000)원
37	**26.부양가족 공제 대상 인원(부, 자 2명)**	1	(3)명
38	27. 경로우대 추가공제액	2	(1,000,000)원
39	28. 장애인 추가공제액	1	(2,000,000)원
40	**57. 자녀세액공제액[1명(150,000)+1명(200,000, 개정세법 24)]**	2	(350,000)원

② 급여명세에 의한 급여자료

1. [사원등록]

- 생산부 정수진 사원의 생산직 여부 수정

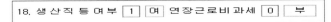

18. 생 산 직 등 여 부 [1] [여] 연장근로비과세 [0] [부]

- 직전연도 총급여액이 30,000,000원을 초과하므로 연장근로비과세에 해당 안됨.

2. [수당등록]

		코드	수당명	과세구분	근로소득유형		구분
수당등록	공제등록	비과세/감면설정	사회보험				
1		101	기본급	과세	1.급여		매월
2		102	상여	과세	2.상여		부정기
3		200	직책수당	과세	1.급여		매월
4		201	차량보조금	비과세	3.자가운전	H03	매월
5		202	식대	비과세	2.식대	P01	매월
6		203	야간근로수당	비과세	1.연장근로	001	매월

3. [급여자료입력]

[김상훈]

급여항목	지급액	공제항목	공제액
기본급	3,000,000	국민연금	135,000
직책수당	150,000	건강보험	106,350
차량보조금	300,000	고용보험	30,150
식대	300,000	장기요양보험료	13,620
야간근로수당		소득세	107,660
		지방소득세	10,760

[정수진]

급여항목	지급액	공제항목	공제액
기본급	2,000,000	국민연금	90,000
직책수당		건강보험	70,900
차량보조금		고용보험	27,900
식대	300,000	장기요양보험료	9,080
야간근로수당	1,000,000	소득세	82,900
		지방소득세	8,290

☞ 소득세 등은 자동계산되어집니다.

4. [원천징수이행상황신고서]귀속기간 5월, 지급기간 5월, 0.정기신고

원천징수내역	부표-거주자	부표-비거주자	부표-법인원천						
구분	코드	소득지급 (과세미달,비과세포함)		징수세액				9.당월 조정 환급세액	10.소득세 등 (가산세 포함)
		4.인원	5.총지급액	6.소득세 등	7.농어촌특별세	8.가산세			
간 이 세 액	A01	2	6,850,000	190,560					
중 도 퇴 사	A02								

[실무수행평가] – 근로소득관리 2

번호	평가문제	배점	답
41	차량보조금 과세금액	2	(100,000)원
42	식대과세금액(식대의 비과세 한도 20만원/인)	2	(200,000)원
43	야간근로수당 과세금액	2	(1,000,000)원
44	차인지급액	1	(3,010,930)원
45	10.소득세 등	1	(190,560)원

※ 44,45은 프로그램이 자동계산하므로 시점(세법개정, 프로그램 업데이트)마다 달라질 수가 있습니다.

③ 국세청연말정산간소화 및 이외의 자료를 기준으로 연말정산(최정훈)

〈연말정산 대상여부 판단〉

항 목	요건		내역 및 대상여부	입력
	연령	소득		
의 료 비	×	×	• 부친(82) 의료비	○(65세 이상 2,700,000)
보 험 료	○ (×)	○	• 본인 실손의료보험 • 모친(74) 실버암보험	○(일반 1,200,000) ○(일반 1,800,000)
연금저축	본인		• 본인 연금저축	○(6,000,000)

[연말정산 근로소득원천징수영수증]

1. 종전근무지 입력

정산명세	소득명세	소득공제	의료비	기부금	신용카드	연금투자명세	월세액명세

구분/항목	계	11월	12월	연말	종전1
근무처명					(주)광성물산
사업자등록번호(숫자10자리입력)					134-81-21118
13.급여	47,500,000	3,500,000	3,500,000		30,000,000
14.상여	5,000,000				5,000,000
15.인정상여					
15-1.주식매수선택권행사이익					
15-2.우리사주조합인출금					
15-3.임원퇴직소득한도초과액					
15-4.직무발명보상금					
16.급여계	52,500,000	3,500,000	3,500,000		35,000,000
미제출비과세					
건강보험료	1,354,100	124,070	124,070		733,750
장기요양보험료	165,490	15,890	15,890		86,040
국민연금보험료	1,747,500	157,500	157,500		960,000
고용보험료	327,500	31,500	31,500		170,000
소득세	891,300	102,220	102,220		380,200
지방소득세	89,120	10,220	10,220		38,020

2. 의료비 세액공제

	공제대상자					지급처			지급명세		
	부양가족 관계코드	성명	내외	주민등록번호	본인등 해당여부	상호	사업자번호	의료증빙 코드	건수	지급액	실손의료보험금
1	소득자의 직계존	최진수	내	421110-1919012	○			국세청	1	2,700,000	

3. 보험료 세액공제

	관계코드	성 명	기	보험료	
	내외국인	주민등록번호	본	보장성	장애인
1	0	최정훈	본인/세대주	1,200,000	
	1	770521-1229103			
2	1	최진수	부		
	1	421110-1919012			
3	1	이정희	60세 이상	1,800,000	
	1	500102-2111119			

4. 연금계좌 세액공제

구분	금융회사등		계좌번호	불입금액
3.연금저축	404	흥국생명보험(주)	013458888	6,000,000

5. 정산명세 조회

특별소득공제	34.주택-가.주택임차 차입금 원리금상환액	대출기관 >		계좌	60.연금저축 >		600,000
		거주자 >			60-1. ISA만기시연금계좌 >		
	34.주택 11년이전 차입분	15년미만 >		특별세액공제	61.보장성보험 3,000,000 >		120,000
		15~29년 >			62.의료비 2,700,000 >		168,750
		30년이상 >			63.교육비 0 >		
	나.장기주택저당차입금이자상환액	12년이후 차입분 (15년이상)	고정or비거치 >		64기부금	정치 10만원이하 >	
			기타대출 >			10만원초과 >	
		15년이후 차입분 (15년이상)	고정&비거치 >			나.법정기부금 >	
			고정or비거치 >			다.우리사주기부금 >	
			기타대출 >			라.지정기부금(종교외) >	
		15년이후 차입분 (10~15년)	고정or비거치 >			마.지정기부금(종교) >	
	35.기부금(이월분) >				65.계		288,750
	36.계		1,847,090		66.표준세액공제 >		
37.차감소득금액			32,530,410		67.납세조합공제 >		
그밖의소득공제	38.개인연금저축 >				68.주택차입금 >		
	39.소기업·소상공인공제부금 >				69.외국납부 >		
	40.주택마련저축	가.청약저축 >			70.월세액 >		
		나.주택청약종합저축 >					
		다.근로자주택마련저축 >					
	41.투자조합출자 등 >						
	42.신용카드등 0 >						
	43.우리사주조합 출연금 >						
	44.고용유지중소기업근로자 >						
	45.장기집합투자증권저축 >				71.세액공제계		1,548,750
	46.청년형장기집합투자증권저축 >				72.결정세액(50-55-71)		2,070,811
	47.그 밖의 소득 공제 계				82.실효세율(%) (72/21)×100%		3.9%

[실무수행평가] - 근로소득관리 3

번호	평가문제[최정훈 근로소득원천징수영수증 조회]	배점	답
46	37. 차감소득금액	2	**(32,530,410)원**
47	60. 연금저축 세액공제액	2	**(600,000)원**
48	61. 보장성 보험 세액공제액	2	**(120,000)원**
49	62. 의료비세액공제액	2	**(168,750)원**
50	82. 실효세율	1	②
	근로소득 소계	**25**	

※ 37,82는 프로그램이 자동계산하므로 시점(세법개정, 프로그램 업데이트)마다 달라질 수가 있습니다.

←참고사항 : 총급여액 52,500,000원→

※ 시험시 프로그램이 자동계산되어진 것으로 답을 입력하시고 시간이 남으시면 체크해 보시기 바랍니다.

		한도	공제율	대상금액	세액공제
1. 보험료	일반	1백만원	12%	3,000,000	120,000
2. 의료비	특정	–	15%	2,700,000	168,750
	☞의료비세액공제 = [2,700,000 - 총급여액(52,500,000)×3%]×15% = 168,750				
3. 연금계좌	연금저축	4백만원 (47세)	15%	6,000,000	600,000

합격율	시험년월
52%	2023.11

▨▨▨▨ 실무이론평가

[1] 회계정보의 질적 특성 중 목적적합성에 대한 설명으로 옳지 않은 것은?

① 회계정보가 정보이용자의 의사결정에 반영될 수 있도록 적시에 제공되어야 한다.

② 회계정보는 그 정보가 나타내고자 하는 대상을 충실히 표현하고 있어야 한다.

③ 회계정보는 정보이용자의 당초 기대치를 확인 또는 수정할 수 있게 함으로써 의사결정에 차이를 가져올 수 있다.

④ 회계정보는 정보이용자가 기업실체의 과거, 현재 또는 미래 사건의 결과에 대한 예측을 하는 데 도움이 된다.

[2] 다음 중 주식배당으로 인한 영향으로 옳지 않은 것은?

① 미교부주식배당금만큼 부채가 증가한다.

② 순자산의 유출없이 배당효과를 얻을 수 있다.

③ 자본금은 증가하지만 이익잉여금은 감소한다.

④ 자본 총액은 변동이 없으나 주식수는 증가한다.

[3] 다음은 (주)한공의 12월 중 상품 매매 자료이다. 재고자산의 평가방법을 선입선출법으로 적용할 경우 매출원가와 기말재고자산은 각각 얼마인가?

일자	구분	수량	단가
12월 1일	기초재고	100개	1,000원
12월 5일	외상매입	100개	1,200원
12월 9일	상품매출	150개	4,000원
12월 15일	외상매입	100개	1,400원

	매출원가	기말재고자산
①	180,000원	200,000원
②	160,000원	180,000원
③	180,000원	180,000원
④	160,000원	200,000원

[4] 다음의 거래에 대한 회계처리로 옳은 것은?

> 기계장치를 1,000,000원에 취득하고 대금은 보통예금으로 수령했던 정부보조금 1,000,000원(상환의무 없음)으로 이체하여 지급하다.
>
> 회계처리:
> 가. (차) 기계장치　　　1,000,000원　　(대) 정부보조금　　1,000,000원
> 　　　　　　　　　　　　　　　　　　　　　　　(보통예금 차감)
> 나. (차) 보통예금　　　1,000,000원　　(대) 정부보조금　　1,000,000원
> 　　　　　　　　　　　　　　　　　　　　　　　(기계장치 차감)
> 다. (차) 기계장치　　　1,000,000원　　(대) 보통예금　　　1,000,000원
> 　　　 정부보조금　　1,000,000원　　　　 정부보조금　　1,000,000원
> 　　　 (보통예금 차감)　　　　　　　　　　　(기계장치 차감)
> 라. (차) 기계장치　　　1,000,000원　　(대) 보통예금　　　1,000,000원
> 　　　 정부보조금　　1,000,000원　　　　 정부보조금　　1,000,000원
> 　　　 (기계장치 차감)　　　　　　　　　　　(보통예금 차감)

① 가　　　　　　　　　　　　　　　　② 나
③ 다　　　　　　　　　　　　　　　　④ 라

[5] 다음 자료를 토대로 퇴직금추계액을 계산하면 얼마인가?

퇴직급여충당부채					
4/5	보통예금	2,000,000	1/1	전기이월	6,000,000

〈결산정리사항〉
12월 31일 (차) 퇴직급여 3,000,000원   (대) 퇴직급여충당부채 3,000,000원

① 1,000,000원   ② 4,000,000원   ③ 7,000,000원   ④ 9,000,000원

[6] 다음은 (주)한공의 기계장치 관련 거래 내용이다. 20x1년 손익계산서에 반영되는 기계장치의 감
가상각비(월할계산)는 얼마인가?

- 20x1년 1월 1일 기계장치 20,000,000원 취득(내용연수 5년, 잔존가치 0원, 정액법 상각)
- 20x1년 7월 1일 기계장치에 대하여 5,400,000원의 자본적지출이 발생하였으며, 이로 인한 내용연수 증가는 없다.

① 4,000,000원   ② 4,600,000원   ③ 5,080,000원   ④ 5,200,000원

[7] 다음 중 부가가치세 과세대상 용역의 공급이 아닌 것은?
① 의료보건용역 중 의약품의 조제용역을 제공하는 경우
② 특수관계인에게 사업용 부동산을 무상으로 임대하는 경우
③ 산업재산권을 대여하는 경우
④ 건설업자가 건설용역을 제공하면서 건설자재의 일부를 부담하는 경우

[8] 다음은 제조업을 영위하는 (주)한공의 거래내용이다. 20x1년 제2기 부가가치세 매출세액에서 공제받을 수 없는 매입세액은 모두 얼마인가? 단, 필요한 세금계산서는 적법하게 수취하였다.

일 자	거 래 내 용	매입세액
8월 18일	기계장치 매입	80,000,000원
10월 26일	기업업무추진비(접대비) 지출	15,000,000원
11월 19일	공장부지의 조성관련 지출	70,000,000원
12월 27일	종업원 식대	3,000,000원

① 70,000,000원   ② 73,000,000원
③ 85,000,000원   ④ 88,000,000원

[9] 다음 중 소득세 과세대상 근로소득인 것은?

① 사회통념상 타당한 범위의 경조금

② 비출자임원이 사택을 제공받아 얻은 이익

③ 근로자가 사내급식으로 제공받는 식사

④ 근로자가 연 1회 지급받은 휴가비

[10] 다음은 (주)공인에 근무하는 거주자 김한공(남성, 52세) 씨의 20x1년말 현재 부양가족 현황이다. 김한공 씨가 적용받을 수 있는 기본공제와 추가공제의 합계액은 얼마인가?

> 가. 김한공 씨의 종합소득금액: 60,000,000원
> 나. 부양가족 현황(모두 생계를 같이 함)

구분	나이	소득	비고
배우자	50세	없음	
자녀	15세	없음	장애인임
부친	79세	사업소득금액 500만원	
모친	73세	없음	

① 6,000,000원

② 7,000,000원

③ 8,000,000원

④ 9,000,000원

■■■■■■■ 실무수행평가

(주)바비산업(2670)은 장난감 제조업을 영위하는 법인기업으로 회계기간은 제6기(20x1.1.1. ~ 20x1.12.31.)이다. 제시된 자료와 [자료설명]을 참고하여 [수행과제]를 완료하고 [평가문제]의 물음에 답하시오.

실무수행1 │ 거래자료 입력

실무프로세스 자료이다. [자료설명]을 참고하여 [수행과제]를 수행하시오.

① 3만원 초과 거래자료에 대한 영수증수취명세서 작성

일련번호	087

기부금 영수증

1. 기부자

성명(법인명)	(주)바비산업	주민등록번호 (사업자등록번호)	120-81-32144
주소(소재지)	서울특별시 서대문구 충정로7길 12		

2. 기부금 단체

단 체 명	(재)서울대학교발전재단	사업자등록번호 (고유번호)	112-82-00240
소 재 지	서울특별시 관악구 관악로 1	기부금공제대상 기부금단체 근거법령	법인세법 제24조 2항

4. 기부내용

유 형	코드	구분	연월일	내 용	기 부 금 액			
					합계	공제대상 기부금액	공제제외 기부금	
							기부장려금 신청금액	기타
특례기부금	10	금전	20x1.1.10	발전기금	5,000,000	5,000,000		

자료설명	1. 비영리법인인 '(재)서울대학교발전재단'에 발전기금을 현금으로 기부하고 수취한 기부금영수증이다. 2. 이 거래가 지출증명서류 미수취가산세 대상인지를 검토하려고 한다.
수행과제	1. 거래자료를 입력하시오. 2. 영수증수취명세서(2)와 (1)서식을 작성하시오.

② 약속어음 수취거래, 만기결제, 할인 및 배서양도

전 자 어 음

(주)바비산업 귀하 00420230125123456780

금 이천이백만원정 22,000,000원

위의 금액을 귀하 또는 귀하의 지시인에게 지급하겠습니다.

지급기일	20x1년 5월 25일	발행일	20x1년 1월 25일
지 급 지	국민은행	발행지 주 소	서울 강남구 강남대로 399-20
지급장소	서대문지점	발행인	(주)아이나라

자료설명	(주)아이나라 제품매출시 보관 중이던 전자어음을 2월 25일에 국민은행에서 할인하고, 할인료를 차감한 잔액은 국민은행 보통예금계좌에 입금받았다. (단, 할인율은 연 12%, 월할계산, 매각거래로 처리할 것.)
수행과제	1. 어음의 할인과 관련된 거래자료를 입력하시오. 2. 자금관련정보를 입력하여 받을어음현황에 반영하시오.

③ 리스회계

전자계산서 (공급받는자 보관용) 승인번호

공급자	등록번호	306-81-18407			공급받는자	등록번호	120-81-32144	
	상호	(주)우리캐피탈	성명 (대표자)	정연기		상호	(주)바비산업	성명 (대표자)	박세리
	사업장 주소	대전광역시 서구 대덕대로 239				사업장 주소	서울 서대문구 충정로7길 12	
	업태	금융서비스업	종사업장번호			업태	제조업외	종사업장번호
	종목	대출및리스				종목	장난감외	
	E-Mail	woori@bill36524.com				E-Mail	barbie@bill36524.com	

작성일자	20x1.3.20.	공급가액	880,000	비 고	

월	일	품목명	규격	수량	단가	공급가액	비고
3	20	기계장비리스				880,000	

합계금액	현금	수표	어음	외상미수금	이 금액을	○ 영수 ● 청구	함
880,000				880,000			

자료설명	(주)우리캐피탈과 운용리스계약을 맺고 공장 기계설비를 사용하고 있으며, 3월분 리스료에 대하여 발급받은 전자계산서이다.
수행과제	거래자료를 입력하시오. (임차료로 처리하며, 전자계산서와 관련된 거래는 '전자입력'으로 처리할 것.)

실무수행2 | 부가가치세관리

부가가치세 신고 관련 자료이다. [자료설명]을 참고하여 [수행과제]를 수행하시오.

☐ 전자세금계산서 발급

거래명세서 (공급자 보관용)

공급자	등록번호	120-81-32144			공급받는자	등록번호	220-81-15085		
	상호	(주)바비산업	성명	박세리		상호	(주)아이토이	성명	박상진
	사업장주소	서울 서대문구 충정로7길 12				사업장주소	서울 서초구 강남대로 156-4		
	업태	제조업외	종사업장번호			업태	도소매업	종사업장번호	
	종목	장난감외				종목	장난감		

거래일자	미수금액	공급가액	세액	총 합계금액
20x1.4.28.		12,000,000	1,200,000	13,200,000

NO	월	일	품목명	규격	수량	단가	공급가액	세액	합계
1	4	28	미니카 장난감		400	30,000	12,000,000	1,200,000	13,200,000

자료설명	(주)아이토이에 제품을 공급하고 전자세금계산서를 발급·전송하였다. 대금은 다음달 10일까지 국민은행 보통예금계좌로 입금받기로 하였다.
수행과제	1. 거래명세서에 의해 매입매출자료를 입력하시오 2. 전자세금계산서 발행 및 내역관리 를 통하여 발급·전송하시오. 　(전자세금계산서 발급 시 결제내역 및 전송일자는 고려하지 않을 것.)

2 수정전자세금계산서 발급

전자세금계산서			(공급자 보관용)		승인번호			

공급자	등록번호	120-81-32144			공급받는자	등록번호	120-81-32159	
	상호	(주)바비산업	성명(대표자)	박세리		상호	(주)가가랜드	성명(대표자) 이유진
	사업장주소	서울 서대문구 충정로7길 12				사업장주소	인천 남동구 정각로 16(구월동)	
	업태	제조업외	종사업장번호			업태	도소매업	종사업장번호
	종목	장난감외				종목	장난감	
	E-Mail	barbie@bill36524.com				E-Mail	gaga@bill36524.com	

작성일자	20x1.5.23.	공급가액	20,000,000	세 액	2,000,000
비고					

월	일	품목명	규격	수량	단가	공급가액	세액	비고
5	23	장난감인형		400	50,000	20,000,000	2,000,000	

합계금액	현금	수표	어음	외상미수금	이 금액을	○ 영수	함
22,000,000				22,000,000		◉ 청구	

자료설명	1. 5월 23일 (주)가가랜드에 제품을 공급하고 전자세금계산서를 거래일에 발급 · 전송하였다. 2. 5월 31일 대금지급기한에 대한 협의에 따라 이미 납품한 품목의 공급가액을 2% 할인하기로 결정하였다.
수행과제	수정사유를 선택하여 공급가액 변동에 따른 수정전자세금계산서를 발급 · 전송하시오.(매출할인에 대해서만 회계처리하며, 외상대금 및 제품매출에서 음수(-)로 처리하고 전자세금계산서 발급 시 결제내역 및 전송일자는 무시할 것.)

③ 건물등감가상각자산취득명세서 작성자의 부가가치세신고서 작성

자료 1. 기계장치 수선비 자료

전자세금계산서				(공급받는자 보관용)		승인번호		

<table>
<tr><td rowspan="6">공급자</td><td>등록번호</td><td colspan="4">106-81-57571</td><td rowspan="6">공급받는자</td><td>등록번호</td><td colspan="3">120-81-32144</td></tr>
<tr><td>상호</td><td>(주)코스모산업</td><td>성명
(대표자)</td><td colspan="2">이은종</td><td>상호</td><td>(주)바비산업</td><td>성명
(대표자)</td><td>박세리</td></tr>
<tr><td>사업장
주소</td><td colspan="4">서울 서대문구 충정로 7길 28-22
(충정로3가)</td><td>사업장
주소</td><td colspan="3">서울 서대문구 충정로7길 12</td></tr>
<tr><td>업태</td><td>제조업</td><td colspan="3">종사업장번호</td><td>업태</td><td>제조업외</td><td colspan="2">종사업장번호</td></tr>
<tr><td>종목</td><td>전자기기</td><td colspan="3"></td><td>종목</td><td>장난감외</td><td colspan="2"></td></tr>
<tr><td>E-Mail</td><td colspan="4">cosmo@bill36524.com</td><td>E-Mail</td><td colspan="3">barbie@bill36524.com</td></tr>
</table>

작성일자	20x1.7.5.	공급가액	8,000,000	세 액	800,000
비고					

월	일	품목명	규격	수량	단가	공급가액	세액	비고
7	5	프레스기계 수리비				8,000,000	800,000	

합계금액	현금	수표	어음	외상미수금	이 금액을	○ 영수 ◉ 청구	함
8,800,000				8,800,000			

자료 2. 건물신축공사 계약금 자료

전자세금계산서				(공급받는자 보관용)		승인번호		

<table>
<tr><td rowspan="6">공급자</td><td>등록번호</td><td colspan="4">108-81-21220</td><td rowspan="6">공급받는자</td><td>등록번호</td><td colspan="3">120-81-32144</td></tr>
<tr><td>상호</td><td>(주)성신산업</td><td>성명
(대표자)</td><td colspan="2">이재용</td><td>상호</td><td>(주)바비산업</td><td>성명
(대표자)</td><td>박세리</td></tr>
<tr><td>사업장
주소</td><td colspan="4">서울 서대문구 충정로7길 12
(충정로2가)</td><td>사업장
주소</td><td colspan="3">서울 서대문구 충정로7길 12</td></tr>
<tr><td>업태</td><td>건설업</td><td colspan="3">종사업장번호</td><td>업태</td><td>제조업외</td><td colspan="2">종사업장번호</td></tr>
<tr><td>종목</td><td>건축공사</td><td colspan="3"></td><td>종목</td><td>장난감외</td><td colspan="2"></td></tr>
<tr><td>E-Mail</td><td colspan="4">sungsin@bill36524.com</td><td>E-Mail</td><td colspan="3">barbie@bill36524.com</td></tr>
</table>

작성일자	20x1.8.20.	공급가액	150,000,000	세 액	15,000,000
비고					

월	일	품목명	규격	수량	단가	공급가액	세액	비고
8	20	공장신축공사계약금				150,000,000	15,000,000	

합계금액	현금	수표	어음	외상미수금	이 금액을	◉ 영수 ○ 청구	함
165,000,000							

자료 3. 태블릿PC 구입

```
          신용카드매출전표
------------------------------------
카드종류: 삼성카드
회원번호: 5680-6017-****-40**
거래일시: 20x1.9.30. 10:01:23
거래유형: 신용승인
매    출:          900,000원
부 가 세:           90,000원
합    계:          990,000원
품    명: 아이패드
결제방법: 일시불
승인번호: 98776544
------------------------------------
------------------------------------
가맹점명: 쿠팡(주)
        - 이 하 생 략 -
```

자료설명	자료 1. 생산부에서 사용중인 기계장치 수선비에 대해 발급받은 전자세금계산서이다.(자본적지출로 처리할 것.)
	자료 2. 제2공장 건물 신축공사 계약금을 국민은행 보통예금 계좌에서 이체하여 지급하고 발급받은 전자세금계산서이다.
	자료 3. 쿠팡(주)로부터 대표이사 박세리의 자녀가 개인적으로 사용할 태블릿PC(아이패드)를 구입하고 수취한 신용카드매출전표이다.
	('가지급금'계정으로 처리하며, 거래처 코드: 03090.박세리 사용할 것.)
수행과제	1. 자료 1 ~ 자료 3에 대한 거래자료를 매입매출전표 및 일반전표에 입력 하시오.
	(전자세금계산서와 관련된 거래는 '전자입력'으로 처리할 것.)
	2. 제2기 예정 신고기간의 건물등감가상각자산취득명세서를 작성하시오.
	3. 제2기 예정 부가가치세 신고서에 반영하시오.

4 대손세액공제신고서 작성자의 부가가치세신고서 작성

자료.

전자세금계산서		(공급자 보관용)			승인번호			

<table>
<tr><td rowspan="7">공급자</td><td>등록번호</td><td colspan="3">120-81-32144</td><td rowspan="7">공급받는자</td><td>등록번호</td><td colspan="3">109-81-25501</td></tr>
<tr><td>상호</td><td>(주)바비산업</td><td>성명
(대표자)</td><td>박세리</td><td>상호</td><td>(주)카오물산</td><td>성명
(대표자)</td><td>안성문</td></tr>
<tr><td>사업장
주소</td><td colspan="3">서울 서대문구 충정로7길 12</td><td>사업장
주소</td><td colspan="3">서울 서대문구 충정로7길 115</td></tr>
<tr><td>업태</td><td>제조업외</td><td colspan="2">종사업장번호</td><td>업태</td><td>도소매업</td><td colspan="2">종사업장번호</td></tr>
<tr><td>종목</td><td colspan="3">장난감외</td><td>종목</td><td colspan="3">전자제품외</td></tr>
<tr><td>E-Mail</td><td colspan="3">barbie@bill36524.com</td><td>E-Mail</td><td colspan="3">cao@bill36524.com</td></tr>
</table>

작성일자	2021.10.10.	공급가액	2,000,000	세 액	200,000
비고					

월	일	품목명	규격	수량	단가	공급가액	세액	비고
10	10	광선검 장난감		100	20,000	2,000,000	200,000	

합계금액	현금	수표	어음	외상미수금	이 금액을	○ 영수 ◉ 청구	함
2,200,000				2,200,000			

자료설명	1. 자료는 (주)카오물산과의 매출거래 시에 발급한 전자세금계산서이다. 2. (주)카오물산의 외상매출금 2,200,000원은 「채무자 회생 및 파산에 관한 법률」에 따른 회수불능파산채권으로 20x1년 12월 20일에 확정되었다.(단, 대손사유는 '1.파산'으로 입력할 것.)
수행과제	1. 자료에 대한 대손요건을 판단하여 제2기 부가가치세 확정 신고기간의 대손세액공제신고서를 작성하시오. 2. 대손세액 및 전자신고세액공제를 반영하여 제2기 부가가치세 확정신고서를 작성하시오. - 제2기 부가가치세 확정신고서를 홈택스에서 전자신고하여 전자신고세액공제 10,000원을 공제받기로 한다. 3. 대손확정일(12월 20일)의 대손세액공제 및 대손채권(외상매출금)에 대한 회계처리를 입력하시오.

| 평가문제 | 입력자료 및 회계정보를 조회하여 [평가문제]의 답안을 입력하시오.(70점) |

번호	평가문제	배점
11	**평가문제 [계산서합계표 조회]** 제1기 예정 신고기간의 면세계산서 수취금액은 얼마인가?	1
12	**평가문제 [세금계산서합계표 조회]** 제1기 확정 신고기간의 거래처 '(주)가가랜드'에 전자발급된 세금계산서 공급가액은 얼마인가?	2
13	**평가문제 [세금계산서합계표 조회]** 제1기 확정 신고기간의 매출전자세금계산서 발급매수는 총 몇매인가?	2
14	**평가문제 [매입매출전표입력 조회]** 5월 23일자 수정세금계산서의 수정입력사유 코드번호를 입력하시오.	2
15	**평가문제 [건물등감가상각자산취득명세서 조회]** 제2기 예정 신고기간의 건물등감가상각취득명세서에서 조회되는 기계장치(자산구분코드 2) 공급가액은 얼마인가?	3
16	**평가문제 [부가가치세신고서 조회]** 제2기 예정 신고기간 부가가치세신고서의 세금계산서수취부분_고정자산매입(11란) 금액은 얼마인가?	2
17	**평가문제 [부가가치세신고서 조회]** 제2기 예정 신고기간의 부가가치세 신고시에 작성되는 부가가치세 첨부서류에 해당하지 않는 것은? ① 세금계산서합계표 ② 신용카드매출전표수령금액합계표 ③ 건물등감가상각자산취득명세서 ④ 공제받지못할매입세액명세서	2
18	**평가문제 [대손세액공제신고서 조회]** 제2기 확정 신고기간 대손세액공제신고서에 관한 설명으로 옳지 않은 것은? ① 당초공급일은 2021년 10월 10일이다 ② 대손확정일은 과세기간종료일인 20x1년 12월 31일이다 ③ 대손금액으로 입력할 금액은 2,200,000원이다 ④ 대손세액공제는 부가가치세 확정 신고기간에만 적용가능하다	3
19	**평가문제 [부가가치세신고서 조회]** 제2기 확정 신고기간 부가가치세신고서의 대손세액가감(8란) 세액은 얼마인가?	3
20	**평가문제 [부가가치세신고서 조회]** 제2기 확정 신고기간의 부가가치세 차가감납부할세액(27란)은 얼마인가?	2
	부가가치세 소계	22

실무수행3 | 결산

[결산자료]를 참고하여 결산을 수행하시오.(단, 제시된 자료 이외의 자료는 없다고 가정함.)

① 수동결산

자료설명	결산일 현재 보유한 외화 부채는 다음과 같다.					
	계정과목	발생일자	거래처	금액	발생시 환율	결산시 환율
	외화 장기차입금	20x1.11.10.	원캐피탈	$30,000	1,350원/$	1,200원/$
수행과제	결산정리분개를 입력하시오.					

② 결산자료입력에 의한 자동결산

자료설명	1. 기말 단기대여금 잔액에 대하여 1%의 대손충당금을 보충법으로 설정한다. 2. 기말재고자산 현황	
	구 분	평가액
	원재료	5,250,000원
	재공품	8,300,000원
	제 품	26,400,000원
	3. 이익잉여금처분계산서 처분 예정(확정)일 – 당기: 20x2년 2월 28일　　　 – 전기: 20x1년 2월 28일	
수행과제	결산을 완료하고 이익잉여금처분계산서에서 손익대체분개를 하시오. (단, 이익잉여금처분내역은 없는 것으로 하고 미처분이월이익잉여금 전액을 이월이익잉여금으로 이월하기로 할 것.)	

[실무수행평가] – 재무회계

번호	평가문제	배점
21	**평가문제 [영수증수취명세서 조회]** 영수증수취명세서(1)에 반영되는 '11.명세서제출 제외대상' 금액은 얼마인가?	2
22	**평가문제 [받을어음현황 조회]** 1/4분기(1월~3월)에 할인받은 받을어음의 총액은 얼마인가?	2

번호	평가문제	배점
23	**평가문제 [일/월계표 조회]** 1월에 발생한 영업외비용 금액은 얼마인가?	2
24	**평가문제 [일/월계표 조회]** 2월에 발생한 영업외비용 금액은 얼마인가?	1
25	**평가문제 [일/월계표 조회]** 1/4분기(1월~3월)에 발생한 임차료(제조)는 얼마인가?	1
26	**평가문제 [일/월계표 조회]** 4/4분기(10월~12월)에 발생한 영업외수익 금액은 얼마인가?	1
27	**평가문제 [거래처원장 조회]** 4월 말 거래처별 외상매출금 잔액으로 옳지 않은 것은? ① 03010.(주)코코토이 4,400,000원 　② 03020.(주)진영토이 15,000,000원 ③ 03030.(주)보령산업 9,900,000원 　④ 03040.(주)아이토이 29,200,000원	2
28	**평가문제 [거래처원장 조회]** 6월 말 (주)가가랜드(코드 03050)의 외상매출금 잔액은 얼마인가?	1
29	**평가문제 [손익계산서 조회]** 당기 손익계산서의 대손상각비(판매관리비)는 얼마인가?	1
30	**평가문제 [재무상태표 조회]** 3월 말 미지급금 잔액은 얼마인가?	2
31	**평가문제 [재무상태표 조회]** 9월 말 가지급금 잔액은 얼마인가?	1
32	**평가문제 [재무상태표 조회]** 9월 말 유형자산 금액은 얼마인가?	2
33	**평가문제 [재무상태표 조회]** 12월 말 외화장기차입금 잔액은 얼마인가?	2
34	**평가문제 [재무상태표 조회]** 기말 재고자산 잔액은 얼마인가?	2
35	**평가문제 [재무상태표 조회]** 12월 말 이월이익잉여금(미처분이익잉여금) 잔액으로 옳은 것은? ① 432,442,126원 　　　② 448,900,518원 ③ 469,821,541원 　　　④ 487,852,916원	1
	재무회계 소계	23

실무수행4 | 근로소득관리

인사급여 관련 자료이다. [자료설명]을 참고하여 [수행과제]를 수행하시오.

① 주민등록등본에 의한 사원등록
자료. 김태현의 주민등록등본

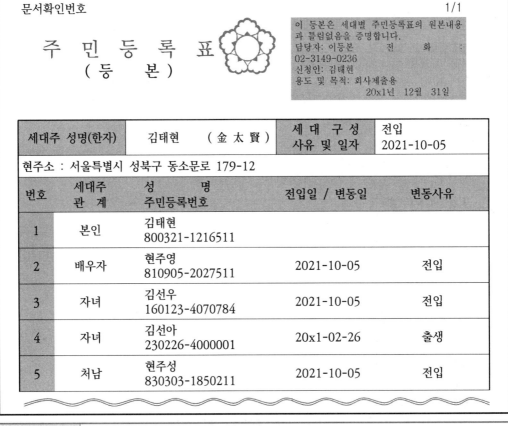

		사무직 사원 김태현(1004)의 사원등록을 위한 자료이다.
자료설명		1. 부양가족은 김태현과 생계를 같이 한다. 2. 배우자 현주영은 고용보험으로부터 지급받는 육아휴직급여 12,000,000원이 있다. 3. 자녀인 김선우와 김선아는 소득이 없다. 4. 처남 현주성은 장애인복지법에 의한 청각장애인에 해당하며, 별도 소득이 없다. 5. 세부담을 최소화하는 방법으로 선택한다.
수행과제		[사원등록] 메뉴에서 부양가족명세를 작성하시오.

[실무수행평가] - 근로소득관리 1

번호	평가문제	배점
36	**평가문제 [김태현 근로소득원천징수영수증 조회]** '25.배우자' 공제대상액은 얼마인가?	2
37	**평가문제 [김태현 근로소득원천징수영수증 조회]** '26.부양가족' 공제대상 인원은 몇 명인가?	2
38	**평가문제 [김태현 근로소득원천징수영수증 조회]** '28.장애인' 공제대상액은 얼마인가?	2
39	**평가문제 [김태현 근로소득원천징수영수증 조회]** '37.차감소득금액' 은 얼마인가?	1
40	**평가문제 [김태현 근로소득원천징수영수증 조회]** '57.자녀세액공제' 세액공제액은 얼마인가?	2

② 일용직사원의 원천징수

자료 1. 일용직사원 관련정보

성 명	선우진(코드 2001)
거주구분(내국인 / 외국인)	거주자 / 내국인
주민등록번호	980305 - 1111119
입사일자	20x1년 9월 20일

자료 2. 일용직급여내역

성 명	계산내역	9월의 근무일
선우진	1일 250,000원 × 총 5일 = 1,250,000원	20, 21, 22, 25, 26

자료설명	1. 자료 1, 2는 일용직 사원의 관련정보 및 급여지급내역이다. 2. 일용직 급여는 매일 지급하는 방식으로 한다. 3. 사회보험료 중 고용보험만 징수하기로 한다. 4. 제시된 사항 이외의 자료는 없는 것으로 한다.
수행과제	1. [일용직사원등록] 메뉴에 사원등록을 하시오. 2. [일용직급여입력] 메뉴에 급여내역을 입력하시오. 3. 9월 귀속분 원천징수이행상황신고서를 작성하시오.

[실무수행평가] - 근로소득관리 2

번호	평가문제	배점
41	**평가문제 [일용직(선우진) 9월 일용직급여입력 조회]** 공제항목 중 고용보험의 합계액은 얼마인가?	2
42	**평가문제 [일용직(선우진) 9월 일용직급여입력 조회]** 9월 급여의 공제총액 합계액은 얼마인가?	1
43	**평가문제 [9월 원천징수이행상황신고서 조회]** 근로소득 일용근로(A03) '5.총지급액'은 얼마인가?	1
44	**평가문제 [9월 원천징수이행상황신고서 조회]** 근로소득 일용근로(A03) '6.소득세 등' 금액은 얼마인가?	1
45	**평가문제 [9월 원천징수이행상황신고서 조회]** 근로소득 가감계(A10)의 '4.인원'은 몇 명인가?	1

③ 국세청연말정산간소화 및 이외의 자료를 기준으로 연말정산

자료설명	사무직 문지훈(1005)의 연말정산을 위한 자료이다. 1. 사원등록의 부양가족현황은 사전에 입력되어 있다. 2. 부양가족은 문지훈과 생계를 같이 한다.
수행과제	[연말정산 근로소득원천징수영수증] 메뉴에서 연말정산을 완료하시오. 1. 사원등록의 부양가족명세를 수정하시오. 　(세부담을 최소화하는 방법으로 선택한다.) 2. 의료비는 [의료비] 탭에서 입력하며, 국세청자료는 공제대상 합계금액을 1건으로 집계 　하여 입력한다. 3. 신용카드는 [신용카드] 탭에서 입력한다. 4. 보험료와 교육비는 [소득공제] 탭에서 입력한다.

자료 1. 문지훈 사원의 부양가족등록 현황

연말정산관계	성명	주민번호	기타사항
0.본인	문지훈	741011-1111113	
1.소득자 직계존속	정진향	510102-2111116	일용근로소득 3,500,000원이 있다.
3.배우자	김은희	790502-2222221	총급여 5,000,000원과 기타소득 2,800,000원 (분리과세 선택)이 있다.
4.직계비속	문소리	091215-3094119	**비인가 대안학교에 다니고 있다.**

자료 2. 국세청간소화서비스 및 기타증빙자료

20x1년 귀속 소득·세액공제증명서류 : 기본(지출처별)내역 [의료비]

■ 환자 인적사항

성 명	주 민 등 록 번 호
정진향	510102-2******

■ 의료비 지출내역

(단위: 원)

사업자번호	상 호	종류	지출금액 계
109-04-16***	관절튼튼**병원	일반	3,700,000
106-05-81***	***안경원	일반	550,000
의료비 인별합계금액			3,700,000
안경구입비 인별합계금액			550,000
산후조리원 인별합계금액			0
인별합계금액			**4,250,000**

- 본 증명서류는 『소득세법』 제165조 제1항에 따라 영수증 발급기관으로부터 수집한 서류로 소득·세액공제 충족 여부는 근로자가 직접 확인하여야 합니다.
- 본 증명서류에서 조회되지 않는 내역은 영수증 발급기관에서 직접 발급받으시기 바랍니다.

20x1년 귀속 소득·세액공제증명서류: 기본(사용처별)내역 [신용카드]

■ 사용자 인적사항

성 명	주 민 등 록 번 호
김은희	790502-2222***

■ 신용카드 등 사용금액 집계

일반	전통시장	대중교통	도서공연등	합계금액
12,500,000	5,500,000	0	0	18,000,000

- 본 증명서류는 『소득세법』 제165조 제1항에 따라 영수증 발급기관으로부터 수집한 서류로 소득·세액공제 충족 여부는 근로자가 직접 확인하여야 합니다.
- 본 증명서류에서 조회되지 않는 내역은 영수증 발급기관에서 직접 발급받으시기 바랍니다.

20x1년 귀속 소득·세액공제증명서류: 기본(지출처별)내역 [보험료]

■ 계약자 인적사항

성 명	주 민 등 록 번 호
문지훈	741011-1111***

■ 보장성보험(장애인전용보장성보험) 납입내역

(단위: 원)

종류	상 호	보험종류	주피보험자		납입금액 계
	사업자번호	증권번호	종피보험자		
보장성	MIG손해보험(주)	**실손보험	741011-1111***	문지훈	480,000
	106-81-41***	100540651**			
보장성	신한생명보험(주)	(무)든든암보험	510102-2111***	정진향	960,000
	108-81-32***				
인별합계금액					**1,440,000**

- 본 증명서류는 『소득세법』 제165조 제1항에 따라 영수증 발급기관으로부터 수집한 서류로 소득·세액공제 충족 여부는 근로자가 직접 확인하여야 합니다.
- 본 증명서류에서 조회되지 않는 내역은 영수증 발급기관에서 직접 발급받으시기 바랍니다.

20x1년 귀속 소득·세액공제증명서류: 기본(지출처별)내역 [교육비]

■ 학생 인적사항

성 명	주 민 등 록 번 호
문지훈	741011-1111***

■ 교육비 지출내역

교육비종류	학교명	사업자번호	납입금액 계
대학교	***대학교	**3-83-21***	4,500,000
인별합계금액			**4,500,000**

- 본 증명서류는 『소득세법』 제165조 제1항에 따라 영수증 발급기관으로부터 수집한 서류로 소득·세액공제 충족 여부는 근로자가 직접 확인하여야 합니다.
- 본 증명서류에서 조회되지 않는 내역은 영수증 발급기관에서 직접 발급받으시기 바랍니다.

■ 소득세법 시행규칙 [별지 제44호서식]　　　　　　　　　　　　　　　　　(앞쪽)

교 육 비 납 입 증 명 서

① 상 호	별무리학교(대안학교)	② 사업자등록번호　111-90-11114
③ 대표자	박윤숙	④ 전 화 번 호
⑤ 주 소	충청남도 금산군 남일면 별무리1길 3	

신청인	⑥ 성명　문지훈	⑦ 주민등록번호　741011-1111113
	⑧ 주소　서울특별시 강남구 강남대로 302-2	
대상자	⑨ 성명　문소리	⑩ 신청인과의 관계　　　자

Ⅰ. 교육비 부담 명세(20x1년도)

⑪ 납부연월	⑫ 구 분	⑬ 총교육비(A)	⑭ 교육비 부담금액
20x1. 3.	수업료	2,350,000	2,350,000
20x1. 9.	수업료	2,350,000	2,350,000
계		4,700,000	4,700,000

이하 생략

[실무수행평가] - 근로소득관리 3

번호	평가문제	배점
46	**평가문제 [문지훈 근로소득원천징수영수증 조회]** '42.신용카드' 소득공제 공제대상액은 얼마인가?	2
47	**평가문제 [문지훈 근로소득원천징수영수증 조회]** '61.보장성보험' 세액공제액은 얼마인가?	3
48	**평가문제 [문지훈 근로소득원천징수영수증 조회]** '62.의료비' 세액공제액은 얼마인가?	2
49	**평가문제 [문지훈 근로소득원천징수영수증 조회]** '63.교육비' 세액공제액은 얼마인가?	2
50	**평가문제 [문지훈 근로소득원천징수영수증 조회]** '82.실효세율'은 몇 %인가? ① 1.4%　　　　　　　　　　② 2.2% ③ 2.6%　　　　　　　　　　④ 2.8%	1
	근로소득 소계	25

실무이론평가

1	2	3	4	5	6	7	8	9	10
②	①	④	③	③	②	①	③	④	④

01 표현의 충실성을 설명한 것으로서 신뢰성의 속성에 해당한다.

02 <u>미교부주식배당금은 자본조정항목으로 자본</u>에 해당한다.

　(차) 이익잉여금(자본)　　　　　　xxx　　　(대) 자본금(자본)　　　　　　　　xxx

03 기말재고수량 = 기초(100) + 매입(100) - 매출(150) + 매입(100) = 150개

　선입선출법이므로 매출원가는 <u>먼저 구입한 것이 매출원가를 구성</u>한다.

상　품

기초	100개	@1,000	100,000	매출원가	100개	@1,000	*160,000*
매입	100개	@1,200	120,000		50개	@1,200	
	100개	@1,400	140,000	기말	150개		*200,000*
계(판매가능재고)			360,000	계			360,000

04 상환의무가 없는 정부보조금 1,000,000원으로 기계장치를 1,000,000원에 취득할 경우의 회계처리

　(차) 기계장치　　　　　　1,000,000원　　(대) 보통예금　　　　　　　　1,000,000원

　　정부보조금(보통예금 차감)　1,000,000원　　　　정부보조금(기계장치 차감) 1,000,000원

05 퇴직금추계액이란 당기말 현재 전 임직원이 퇴사할 때 소요될 것으로 예상되는 퇴직급여액으로서,

　재무상태표에 계상되는 퇴직급여충당부채 기말잔액이다.

퇴직급여충당부채

퇴사	2,000,000	기초	6,000,000
기말(퇴직급여추계액)	*7,000,000*	설정	3,000,000
계	9,000,000	계	9,000,000

06 감가상각비(상반기) = 취득가액(20,000,000) ÷ 내용연수(5년) × 6개월/12개월 = 2,000,000원

　7월 1일 장부가액 = 취득가액(20,000,000) - 감가상각누계액(2,000,000)

　　　　　　　　　+ 자본적 지출액(5,400,000) = 23,400,000원

　잔여내용연수 = 5년 × 12개월 - 6개월 = 54개월

　감가상각비(하반기) = 장부가액(23,400,000) ÷ 54개월 × 6개월 = 2,600,000원

　20x1년 감가상각비 = 상반기(2,000,000) + 하반기(2,600,000) = 4,600,000원

07 약사법에 따른 <u>약사가 제공하는 의약품의 조제용역은 면세대상 용역의 공급</u>에 해당한다.

08 불공제 매입세액 = 기업업무추진비(15,000,000) + 부지조성(70,000,000) = 85,000,000원

09 휴가비는 과세대상 근로소득이다. 그러나 사회통념상 타당한 범위의 경조금, 비출자임원이 사택을 제공
받아 얻은 이익, 근로자가 제공받은 식사는 소득세 과세대상이 아니다.

10.

관계	요 건		기본 공제	추가 공제	판 단
	연령	소득			
본인	–	–	○		
배우자	–	○	○		
자녀(15)	○	○	○	장애	
부(79)	○	×	부		사업소득금액 1백만원 초과자
모(73)	○	○	○	경로	

• 기본공제(4명) = 1,500,000 × 4 = 6,000,000원
• 장애인공제(1명) = 2,000,000원   • 경로우대공제(1명) = 1,000,000원

▮▮▮ 실무수행평가

실무수행 1. 거래자료 입력

① 3만원 초과 거래자료에 대한 영수증수취명세서 작성

[일반전표입력] 1월 10일

   (차) 기부금   5,000,000원   (대) .현금   5,000,000원

[영수증수취명세서(2)]

[영수증수취명세서(1)] 비영리법인과의 거래

영수증수취명세서(2)	영수증수취명세서(1)	해당없음

1. 세금계산서, 계산서, 신용카드 등 미사용내역			
		3만원 초과 거래분	
9. 구분	10. 총계	11. 명세서제출 제외대상	12. 명세서제출 대상(10-11)
13. 건수	3	2	1
14. 금액	6,035,000	5,835,000	200,000

2. 3만원 초과 거래분 명세서제출 제외대상 내역					
구분	건수	금액	구분	건수	금액
15. 읍, 면 지역 소재			26. 부동산 구입		
16. 금융, 보험 용역	1	835,000	27. 주택임대용역		
17. 비거주자와의 거래			28. 택시운송용역		
18. 농어민과의 거래			29. 전산발매통합관리시스템가입자와의		
19. 국가 등과의 거래			30. 항공기항행용역		
20. 비영리법인과의 거래	1	5,000,000	31. 간주임대료		
21. 원천징수 대상사업소			32. 연체이자지급분		
22. 사업의 양도			33. 송금명세서제출분		
23. 전기통신, 방송용역			34. 접대비필요경비부인분		
24. 국외에서의 공급			35. 유료도로 통행료		
25. 공매, 경매, 수용			36. 합계	2	5,835,000

② 약속어음 수취거래, 만기결제, 할인 및 배서양도

1. [일반전표입력] 2월 25일

(차) 매출채권처분손실	660,000원	(대) 받을어음	22,000,000원
보통예금(국민은행(보통))	21,340,000원	((주)아이나라)	

※ 할인료(매출채권처분손실): **22,000,000원×12%×3개월/12개월＝660,000원**

2. [자금관리]

◎ 받을어음 관리										삭제(F5)
어음상태	2	할인(전액)	**어음번호**	00420230125123456780	수취구분	1 자수	발행일	20×1-01-25	만기일	20×1-05-25
발행인	01500	(주)아이나라			지급은행	100 국민은행			지점	역삼
배서인			할인기관	98000 국민은행(보통)	지점			할인율(%)	12	어음종류 6 전자
지급거래처								* 수령된 어음을 타거래처에 지급하는 경우에 입력합니다.		

③ 리스회계 [매입매출전표입력] 3월 20일

거래유형	품명	공급가액	부가세	거래처	전자세금
53.면세	기계장비리스	880,000		(주)우리캐피탈	전자입력
분개유형	(차) 임차료(제)		880,000원	(대) 미지급금	880,000원
3.혼합					

실무수행 2. 부가가치세관리

① 전자세금계산서 발급

1. [매입매출전표입력] 4월 28일

거래유형	품명	공급가액	부가세	거래처	전자세금
11.과세	미니카 장난감	12,000,000	1,200,000	(주)아이토이	전자발행
분개유형	(차) 외상매출금	13,200,000원	(대)	제품매출	12,000,000원
2.외상				부가세예수금	1,200,000원

2. [전자세금계산서 발행 및 내역관리] 기출문제 68회 참고

② 수정전자세금계산서 발급

1. [수정전자세금계산서 발급]

① [매입매출전표입력] 5월 23일 전표선택 ➡ 수정세금계산서 클릭 ➡ 수정사유(2.공급가액변동)를 선택 ➡ 확인(Tab) 을 클릭

② [수정세금계산서(매출)] 화면에서 수정분 [작성일 5월 31일], [공급가액 -400,000원], [세액 -40,000원]을 입력한 후 확인(Tab) 을 클릭

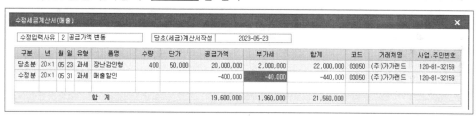

③ [매입매출전표입력] 5월 31일

거래유형	품명	공급가액	부가세	거래처	전자세금
11. 과세	매출할인	-400,000	-40,000	(주)가가랜드	전자발행
분개유형	(차) 외상매출금	-440,000원	(대)	제품매출	-400,000원
2. 외상				부가세예수금	-40,000원

2. [전자세금계산서 발행 및 내역관리] 기출문제 68회 참고

③ 건물등감가상각자산취득명세서 작성자의 부가가치세신고서 작성

1. [거래자료입력]
   - [매입매출전표입력] 7월 5일

거래유형	품명	공급가액	부가세	거래처	전자세금
51.과세	프레스기계 수선비	8,000,000	800,000	(주)코스모산업	전자입력
분개유형 3.혼합	(차) 기계장치 부가세대급금	8,000,000원 800,000원	(대) 미지급금		8,800,000원

   - [매입매출전표입력] 8월 20일

거래유형	품명	공급가액	부가세	거래처	전자세금
51.과세	공장신축공사계약금	150,000,000	15,000,000	(주)성신산업	전자입력
분개유형 3.혼합	(차) 건설중인자산 부가세대급금	150,000,000원 15,000,000원	(대) 보통예금 (국민은행(보통))		165,000,000원

   - [일반전표입력] 9월 30일

   (차) 가지급금(박세리)　　990,000원　　(대) 미지급금(삼성카드)　　990,000원

   ※ 대표이사의 개인적인 물품구입은 매입세액 공제대상이 아니며, 세금계산서를 수취하지 않고 신용카드매출전표를 수취하였으므로 일반전표입력에 매입부가세를 포함한 금액으로 입력하여야 한다.

2. [건물등감가상각자산취득명세서] 7월 ~ 9월

	감가상각자산 종류	건 수	공 급 가 액	세 액	비 고
취득내역	합 계	2	153,000,000	15,800,000	
	(1) 건 물 · 구 축 물	1	150,000,000	15,000,000	
	(2) 기 계 장 치	1	3,000,000	800,000	
	(3) 차 량 운 반 구				
	(4) 기타감가상각자산				

일련번호	취득일자 월 일	상 호	사업자등록번호	자 산 구 분	공 급 가 액	세 액	건 수	유 형
1	07 05	(주)코스모산업	106-81-57571	2 기 계 장 치	8,000,000	800,000	1	세금계산서
2	08 20	(주)성신산업	108-81-21220	1 건 물 / 구 축 물	150,000,000	15,000,000	1	세금계산서

3. [부가가치세신고서] 7월 1일 ~ 9월 30일

매입세액					
세금계산서 수취부분	일반매입	10	78,100,000		7,810,000
	수출기업수입분납부유예	10-1			
	고정자산매입	11	158,000,000		15,800,000
예정신고누락분		12			
매입자발행세금계산서		13			
그밖의공제매입세액		14	1,600,000		160,000
합계 (10-(10-1)+11+12+13+14)		15	237,700,000		23,770,000
공제받지못할매입세액		16			
차감계 (15-16)		17	237,700,000	⑭	23,770,000

④ 대손세액공제신고서 작성자의 부가가치세신고서 작성

1. [대손세액공제신고서] 작성(10~12월)

	당초공급일	대손사유	대손기준일	대손확정일	대손금액	대손세액	코드	거래상대방 상호	사업자등록번호	주민등록번호	성명
1	2021-10-10	파산	2021-10-10	20×1-12-20	2,200,000	200,000	00114	(주)카오물산	109-81-25501		안성문

2. [부가가치세신고서] 10월 1일 ~ 12월 31일

		구 분		금액	세율	세액
과세표준및매출세액	과세	세금계산서발급분	1	40,860,000	10/100	4,086,000
		매입자발행세금계산서	2		10/100	
		신용카드·현금영수증	3		10/100	
		기타	4		10/100	
	영세	세금계산서발급분	5		0/100	
		기타	6		0/100	
	예정신고누락분		7			
	대손세액가감		8			-200,000

구분		금액	세율	세액
전자신고및전자고지	54			10,000

3. [일반전표입력] 12월 20일

(차) 대손충당금(109)   900,000원   (대) 외상매출금   2,200,000원
대손상각비(판)   1,100,000원   ((주)카오물산)
부가세예수금   200,000원

[실무수행평가] - 부가가치세관리

번호	평가문제	배점	답
11	**평가문제 [계산서합계표 조회]**	1	(1,880,000)원
12	**평가문제 [세금계산서합계표 조회]**	2	(19,600,000)원
13	**평가문제 [세금계산서합계표 조회]**	2	(29)매
14	**평가문제 [매입매출전표입력 조회]**	2	(2)
15	**평가문제 [건물등감가상각자산취득명세서 조회]**	3	(8,000,000)원
16	**평가문제 [부가가치세신고서 조회]**	2	(158,000,000)원
17	**평가문제 [부가가치세신고서 조회]**	2	④
18	**평가문제 [대손세액공제신고서 조회]**	3	②
19	**평가문제 [부가가치세신고서 조회]**	3	(-200,000)원
20	**평가문제 [부가가치세신고서 조회]**	2	(759,200)원
부가가치세 소계		22	

실무수행 3. 결산

① 수동결산 [일반전표입력] 12월 31일

    (차) 외화장기차입금(원캐피탈)   4,500,000원   (대) 외화환산이익   4,500,000원

    ☞ 외화환산손익 = (1,350원 − 1,200원)×$30,000 = 4,500,000원(이익)

② 결산자료입력에 의한 자동결산

  [결산자료입력 1]

  – 단기대여금 대손상각비 설정액 = 12,000,000원×1% = 120,000원

  ① 방법 1.

    결산자료입력(기타의 대손상각비)란에 단기대여금 120,000원 입력

  ② 방법 2. [일반전표입력] 12월 31일

    (차) 기타의대손상각비   120,000원   (대) 대손충당금(115)   120,000원

  [결산자료입력 2]

  – 결산자료입력에서 기말 원재료 5,250,000원, 재공품 8,300,000원, 제품 26,400,000원을 입력하고 전표추가(F3) 를 클릭하여 결산분개를 생성한다.

  [이익잉여금처분계산서] 메뉴

  – 이익잉여금처분계산서에서 처분일을 입력한 후, 전표추가(F3) 를 클릭하여 손익대체 분개를 생성한다.

[실무수행평가] – 재무회계

번호	평가문제	배점	답
21	**평가문제 [영수증수취명세서 조회]**	2	(5,835,000)원
22	**평가문제 [받을어음현황 조회]**	2	(34,000,000)원
23	**평가문제 [일/월계표 조회]**	2	(7,200,000)원
24	**평가문제 [일/월계표 조회]**	1	(791,000)원
25	**평가문제 [일/월계표 조회]**	1	(1,080,000)원
26	**평가문제 [일/월계표 조회]**	1	(6,060,000)원
27	**평가문제 [거래처원장 조회]**	2	③
28	**평가문제 [거래처원장 조회]**	1	(21,560,000)원
29	**평가문제 [손익계산서 조회]**	1	(1,100,000)원
30	**평가문제 [재무상태표 조회]**	2	(30,060,900)원

번호	평가문제	배점	답
31	**평가문제 [재무상태표 조회]**	1	(1,990,000)원
32	**평가문제 [재무상태표 조회]**	2	(602,700,000)원
33	**평가문제 [재무상태표 조회]**	2	(36,000,000)원
34	**평가문제 [재무상태표 조회]**	2	(41,550,000)원
35	**평가문제 [재무상태표 조회]**	1	②
	재무회계 소계	23	

실무수행 4. 근로소득관리

① 주민등록등본에 의한 사원등록

관계	요 건		기본공제	추가(자녀)	판 단
	연령	소득			
본인(세대주)	–	–	○		
배우자	–	○	○		육아휴직급여(고용보험)는 비과세
자1(8)	○	○	○	자녀	
자2(1)	○	○	○		
처남(41)	×	○	○	장애(1)	장애인은 연령을 따지지 않는다.

[실무수행평가] – 근로소득관리 1

번호	평가문제[김태현 근로소득원천징수영수증 조회]	배점	답
36	25. 배우자 공제대상액	2	(1,500,000)원
37	26. 부양가족 공제대상인원(자녀 2명, 처남)	2	(3)명
38	28. 장애인 공제대상액(처남)	2	(2,000,000)원
39	31. 차감소득금액	1	(21,838,480)원
40	57. 자녀세액공제액(자1)	2	(150,000)원

※ 31은 프로그램이 자동계산하므로 시점(세법개정, 프로그램 업데이트)마다 달라질 수가 있습니다.

② 일용직사원의 원천징수

1. [일용직사원등록](2001. 선우진)

2. [일용직급여입력] 귀속년월 9월, 지급년월, 9월 근무일(20,21,22,25,26)

3. [원천징수이행상황신고서] 귀속기간 9월, 지급기간 9월, 0.정기신고

구분		코드	소득지급(과세미달,비과세포함)		징수세액			9.당월 조정 환급세액	10.소득세 등 (가산세 포함)
			4.인원	5.총지급액	6.소득세 등	7.농어촌특별세	8.가산세		
근로소득	간 이 세 액	A01	3	12,300,000	431,960				
	중 도 퇴 사	A02							
	일 용 근 로	A03	1	1,250,000	13,500				
	연말정산합계	A04							
	연말분납금액	A05							
	연말납부금액	A06							
	가 감 계	A10	4	13,550,000	445,460				445,460

[실무수행평가] - 근로소득관리 2

번호	평가문제	배점	답
41	[일용직(선우진) 9월 일용직급여입력 조회] 고용보험합계액	2	(11,250)원
42	[일용직(선우진) 9월 일용직급여입력 조회] 급여의 공제 총액	1	(26,100)원
43	[9월 원천징수이행상황신고서 조회] 5. 총지급액	1	(1,250,000)원
44	[9월 원천징수이행상황신고서 조회] 6. 소득세 등 금액	1	(13,500)원
45	[9월 원천징수이행상황신고서 조회] A10의 4.인원	1	(4)명

③ 국세청연말정산간소화 및 이외의 자료를 기준으로 연말정산(문지훈)

[연말정산 근로소득원천징수영수증]

1. 부양가족 등록수정

관계	요 건		기본공제	추가(자녀)	판 단
	연령	소득			
본인(세대주)	-	-	○		
모(73)	○	○	○	경로	일용근로소득은 분리과세소득
배우자	-	○	○		총급여액 5백만원 이하이고, 기타소득은 분리과세 선택
자1(15)	○	○	○	자녀	

2. 연말정산 대상여부 판단

항 목	요건		내역 및 대상여부	입력
	연령	소득		
의 료 비	×	×	• 모친의료비(안경은 500,000 한도)	○(65세 4,200,000)
신용카드	×	○	• 배우자 신용카드	○(신용 12,500,000 전통 5,500,000)
보 험 료	○	○	• 본인 실손보험 • 배우자 암보험	○(일반 480,000) ○(일반 960,000)
교 육 비	×	○	• 본인 대학교 등록금 • 자 비인가 대안학교 교육비 세액공제대상이 아님	○(본인 4,500,000) ×

2. 의료비 세액공제

	공제대상자					지급처			지급명세		
	부양가족 관계코드	성명	내 외	주민등록번호	본인등 해당여부	상호	사업자번호	의료증빙 코 드	건수	지급액	실손의료보험금
1	소득자의 직계존	정진향	내	510102-2111116	○			국세청	1	4,200,000	

3. 신용카드 소득공제(배우자)

공제대상자			구분	⑩소계(⑤+ ⑦+⑧+ ⑨+⑩)	⑤신용카드	⑥직불선불카드	⑦현금영수증	신용카드 등 공제대상금액			⑩전통시장 사용분
내.외 관 계	성 명 생년월일							⑧도서공연박물관미술관사용분 (총급여7천만원이하자만)			
								신용카드	직불선불카드	현금영수증	
내 본인	문지훈 1974-10-11		국세청자료 그밖의자료								
내 3	김은희 1979-05-02		국세청자료 그밖의자료	18,000,000	12,500,000						5,500,000

4. 보험료 세액공제

	관계 코드	성 명	기	보험료	
	내외 국인	주민등록번호	본	보장성	장애인
1	0 1	문지훈 741011-1111113	본인/세대주	480,000	
2	3 1	김은희 790502-2222221	배우자		
3	1 1	정진향 510102-2111116	60세 이상	960,000	
4	4 1	문소리 091215-3094119	20세 이하		

5. 교육비 세액공제

정산명세	소득명세	소득공제	의료비	기부금	신

	관계 코드	성 명	기	교육비		
	내외 국인	주민등록번호	본	구분	일반	장애인 특수교육
1	0 1	문지훈 741011-1111113	본인/세대주	본인	4,500,000	

6. 정산명세 조회

특별소득공제	34.주택	11년이전차입분	15년미만	>			특별세액공제	61.보장성보험	1,440,000	>	120,000
			15~29년	>				62.의 료 비	4,200,000	>	376,200
			30년이상	>				63.교 육 비	4,500,000	>	675,000
	나.장기주택저당차입금이자상환액	12년이후차입분(15년이상)	고정 or비거치	>				64.기부금	정치	10만원이하	>	
			기타대출	>						10만원초과	>	
		15년이후차입분(15년이상)	고정&비거치	>					나.법정기부금	>	
			고정 or비거치	>					다.우리사주기부금	>	
			기타대출	>					라.지정기부금(종교외)	>	
		15년이후차입분(10~15년)	고정 or비거치	>					마.지정기부금(종교)	>	
	35.기부금(이월분)			>				65.계			1,171,200
	36.계				2,763,000			66.표준세액공제		>	
37.차 감 소 득 금 액					31,529,000		세액공제	67.납 세 조 합 공 제			
그 밖의 소득공제	38.개인연금저축			>				68.주 택 차 입 금			
	39.소기업·소상공인공제부금			>				69.외 국 납 부			
	40.주택마련저축	가.청약저축		>				70.월세액			
		나.주택청약종합저축		>							
		다.근로자주택마련저축		>							
	41.투자조합출자 등			>							
	42.신용카드등		18,000,000	>	1,560,000						
	43.우리사주조합 출연금			>							
	44.고용유지중소기업근로자			>							
	45.장기집합투자증권저축			>			71.세 액 공 제 계				1,981,200
	46.청년형장기집합투자증권저축			>			72.결 정 세 액(50-55-71)				1,254,150
47.그 밖의 소득공제 계					1,560,000	82.실 효 세 율(%)(72/21)×100%					2.2%

[실무수행평가] - 근로소득관리 3

번호	평가문제 [문지훈 근로소득원천징수영수증 조회]	배점	답
46	42. 신용카드 소득공제 대상액	2	(1,560,000)원
47	61. 보장성 보험 세액공제액	3	(120,000)원
48	62. 의료비 세액공제액	2	(376,200)원
49	63. 교육비 세액공제액	2	(675,000)원
50	82. 실효세율(2.2%)	1	②
	근로소득 소계	25	

←참고사항 : 총급여액 56,400,000원→

※ 시험시 프로그램이 자동계산되어진 것으로 답을 입력하시고 시간이 남으시면 체크해 보시기 바랍니다.

		한도	공제율	대상금액	세액공제
1. 보험료	일반	1백만원	12%	1,440,000	120,000
2. 의료비	특정	-	15%	4,200,000	376,200
	☞의료비세액공제 = [4,200,000-총급여액(56,400,000)×3%]×15% = 376,200				
3. 교육비	본인	-	15%	4,500,000	675,000

합격율	시험년월
67%	2023.10

실무이론평가

[1] 다음 설명과 관련된 회계정보의 질적 특성은?

> • 상장법인인 (주)한공은 1분기 손익계산서를 기한 내에 공시하지 않았다. 이로 인해 기업의 투자자들은 투자의사결정 시점에 필요한 정보를 제공받지 못하였다.

① 표현의 충실성
② 중립성
③ 검증가능성
④ 적시성

[2] 다음 중 재고자산과 관련하여 잘못 설명하고 있는 사람은 누구인가?

> 호영 : 컴퓨터를 판매하는 회사의 재무팀에서 사용하는 컴퓨터는 재고자산이 아니야.
> 준희 : 재고자산의 판매비용이 상승하면 재고자산평가손실 금액이 증가할 수 있어.
> 준수 : 비정상적으로 발생한 재고감모손실은 영업외비용에 해당해.
> 민경 : 선적지 인도조건으로 매입한 운송중인 재고는 기말재고에서 제외시켜야 해.

※ 1차 저작권자의 저작권 침해 소지가 있어 삽화 삽입은 어려우니 양해바랍니다.

① 호영
② 준희
③ 준수
④ 민경

[3] 다음은 (주)한공의 20x1년 12월 31일 현재 보유중인 상품에 대한 자료이다. 20x1년 손익계산서에 인식할 재고자산평가손실은 얼마인가?

수 량	장부상 단가	단위당 예상 판매가격	단위당 예상 판매비용
1,000개	100원	120원	30원

① 재고자산평가손실 30,000원
② 재고자산평가손실은 없다.
③ 재고자산평가손실 10,000원
④ 재고자산평가손실 20,000원

[4] 다음 중 무형자산으로 회계처리해야 하는 거래는?

① 조직 개편으로 인한 부서별 명패 교환비용을 지출하였다.

② 프로젝트 초기의 연구단계에서 연구비를 지출하였다.

③ 다른 회사와 합병하면서 영업권을 취득하였다.

④ 재경팀 직원에게 세무교육을 실시하고 강사료를 지급하였다.

[5] (주)한공의 오류 수정 전 당기순이익은 5,000,000원이다. 다음 회계처리 오류사항을 수정한 후의 당기순이익은 얼마인가?

> • 지급 당시 전액 비용처리한 보험료 기간 미경과분 300,000원을 계상 누락하다.
> • 차입금에 대한 발생이자 미지급분 200,000원을 계상 누락하다.

① 4,900,000원   ② 5,000,000원

③ 5,100,000원   ④ 5,300,000원

[6] 다음은 (주)한공의 20x1년 상품거래 내역이다. 매출원가를 계산하면 얼마인가?(단, 선입선출법을 적용한다.)

> 1월 1일 기초상품 재고 300개의 금액은 300,000원이다.
> 7월 1일 400개를 단위당 1,500원에 외상 매입하였다.
> 10월 1일 550개를 1,375,000원에 외상 매출하였다.

① 675,000원   ② 900,000원

③ 1,000,000원   ④ 1,375,000원

[7] 다음 중 부가가치세법상 재화와 용역의 공급시기로 옳지 않은 것은?

① 수출재화: 수출재화의 선(기)적일

② 폐업시 잔존재화: 폐업하는 때

③ 단기할부판매: 대가의 각 부분을 받기로 한 때

④ 위탁판매: 수탁자의 공급일

[8] 다음은 신발제조업을 영위하는 (주)한공의 20x1년 2기 확정신고기간의 거래내역이다. 부가가치세법상 매출세액은 얼마인가?(단, 주어진 자료의 금액에는 부가가치세가 포함되어 있지 않다.)

• 국내 매출액	70,000,000원
• 하치장 반출액	10,000,000원
• 국외(수출) 매출액	50,000,000원
• 거래처에 무상으로 제공한 견본품의 시가	8,000,000원

① 7,000,000원   ② 10,000,000원

③ 12,000,000원   ④ 15,000,000원

[9] 다음 자료는 (주)한공에서 근무하는 거주자 김회계 씨가 20x1년에 근로를 제공하고 받은 대가이다. 이를 토대로 김회계 씨의 20x1년 총급여액을 계산하면 얼마인가?

• 월정액 급여	50,000,000원
• 상여금	6,000,000원
• 자녀학자금	5,000,000원
• 차량보조금(월 100,000원, 회사 지급규정에 의한 실비변상적 금액)	1,200,000원
• 식대(월 200,000원, 현물식사 제공받음.)	2,400,000원

① 56,000,000원   ② 58,400,000원

③ 63,400,000원   ④ 64,600,000원

[10] 다음 중 소득세법상 인적공제에 대한 설명으로 옳지 않은 것은?

① 기본공제 대상자 1인당 150만원을 소득공제 한다.

② 과세기간 종료일 전에 사망한 경우 해당연도에는 인적공제 적용 대상에서 제외한다.

③ 인적공제 대상자 판정 시 장애인은 나이의 적용을 받지 않는다.

④ 직계비속은 생계를 같이하는 부양가족으로 본다.

■■■■ 실무수행평가

(주)바람바람(2660)은 선풍기 제조업 및 부동산임대업을 영위하는 법인기업으로 회계기간은 제7기 (20x1.1.1. ~ 20x1.12.31.)이다. 제시된 자료와 자료설명을 참고하여, [수행과제]를 완료하고 [평가문제]의 물음에 답하시오.

실무수행1 | 거래자료 입력

실무프로세스 자료이다. [자료설명]을 참고하여 [수행과제]를 수행하시오.

① 3만원 초과 거래자료에 대한 영수증수취명세서 작성

영수증(고객용)		
결제기번호: 1180000985(2132) 상 호: 상록운수(주) 사업자번호: 210-81-08059 대 표 자: 김택영 차 량 번호: 서울33자7311 주 소: 서울 서대문구 홍은동 346-3 전 화 번호: 023068403 거 래 일시: 20x1-01-25 14:10 승하차시간: 13:10 - 14:10 / 10.25km 승 차 요금: 35,000원 기 타 요금: 0원 할 인 요금: 0원 합 계: 35,000원 이용해 주셔서 감사합니다.	자료설명	영업부 직원 전현무가 출장 시 택시요금 35,000원을 현금으로 지급하고 받은 영수증이다.
	수행과제	1. 거래자료를 입력하시오. 2. 영수증수취명세서(2)와 (1)서식을 작성하시오.

② 약속어음의 만기결제, 할인 및 배서양도

전 자 어 음

(주)바람바람 귀하   00420230115123456789

금 일천만원정   <u>10,000,000원</u>

위의 금액을 귀하 또는 귀하의 지시인에게 지급하겠습니다.

지급기일 20x1년 7월 15일	발행일 20x1년 1월 15일
지 급 지 우리은행	발행지 서울 강남구 강남대로 119(도곡동)
지급장소 삼성지점	주 소
	발행인 (주)서원산업

자료설명	[2월 15일] (주)서원산업에서 수취하였던 전자어음을 우리은행에서 할인하고, 할인료 200,000원을 차감한 잔액은 우리은행 당좌예금 계좌로 입금받았다.
수행과제	1. 거래자료를 입력하시오.(매각거래로 처리할 것.) 2. 자금관련 정보를 입력하여 받을어음현황에 반영하시오.

③ 계약금 입금

자료 1. 견적서 내역

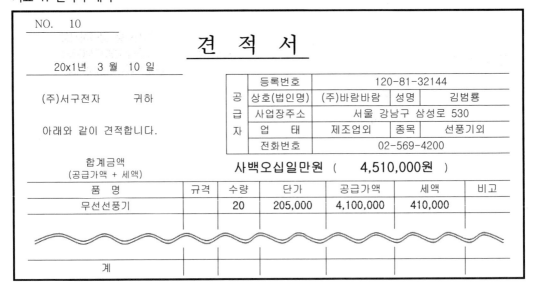

NO. 10						

견 적 서

20x1년 3 월 10 일

(주)서구전자   귀하

아래와 같이 견적합니다.

공급자	등록번호	120-81-32144	
	상호(법인명)	(주)바람바람	성명 김범룡
	사업장주소	서울 강남구 삼성로 530	
	업 태	제조업외	종목 선풍기외
	전화번호	02-569-4200	

합계금액
(공급가액 + 세액)   사백오십일만원 (4,510,000원   )

품 명	규격	수량	단가	공급가액	세액	비고
무선선풍기		20	205,000	4,100,000	410,000	
계						

자료 2. 보통예금(국민은행) 거래내역

번호	거래일	내용	찾으신금액	맡기신금액	잔액	거래점
		계좌번호 719-119-123123 (주)바람바람				
1	20x1-3-10	계약금		451,000	***	***

자료설명	1. 자료 1은 제품 판매주문에 대하여 발급한 견적서이다. 2. 자료 2는 제품 판매주문에 대한 계약금(공급대가의 10%)을 국민은행 보통예금 계좌로 입금받은 내역이다.
수행과제	거래자료를 입력하시오.

실무수행2 부가가치세관리

부가가치세 신고 관련 자료이다. [자료설명]을 참고하여 [수행과제]를 수행하시오.

1 전자세금계산서 발급

거 래 명 세 서 (공급자 보관용)

공급자	등록번호	120-81-32144			공급받는자	등록번호	102-81-17053		
	상호	(주)바람바람	성명	김범룡		상호	(주)세방기업	성명	이용수
	사업장주소	서울 강남구 삼성로 530				사업장주소	서울 서대문구 간호대로 10		
	업태	제조업외	종사업장번호			업태	도소매업	종사업장번호	
	종목	선풍기외				종목	전자제품		

거래일자	미수금액	공급가액	세액	총 합계금액
20x1.4.5.		20,500,000	2,050,000	22,550,000

NO	월	일	품목명	규격	수량	단가	공급가액	세액	합계
1	4	5	무선 선풍기		100	205,000	20,500,000	2,050,000	22,550,000

비 고	전미수액	당일거래총액	입금액	미수액	인수자
		22,550,000	2,550,000	20,000,000	

자료설명	1. 제품을 공급하고 발행한 거래명세서이다. 2. 전자세금계산서를 발급하고 대금 중 2,550,000원은 자기앞수표로 받고, 나머지는 다음달 10일까지 보통예금계좌로 입금받기로 하였다.

수행과제	1. 거래자료를 입력하시오.
	2. 전자세금계산서 발행 및 내역관리 를 통하여 발급·전송하시오.
	(전자세금계산서 발급 시 결제내역 및 전송일자는 고려하지 않을 것.)

② 수정전자세금계산서의 발급

전자세금계산서			(공급자 보관용)			승인번호		

공급자	등록번호	120-81-32144			공급받는자	등록번호	220-87-12697		
	상호	(주)바람바람	성명(대표자)	김범룡		상호	(주)가영산업	성명(대표자)	이가영
	사업장주소	서울 강남구 삼성로 530				사업장주소	서울 강남구 테헤란로114길 38		
	업태	제조업외	종사업장번호			업태	도매업	종사업장번호	
	종목	선풍기외				종목	전자제품		
	E-Mail	baram@bill36524.com				E-Mail	gayoung@bill36524.com		

작성일자	20x1.4.10.	공급가액	2,000,000	세 액	200,000

비고								

월	일	품목명	규격	수량	단가	공급가액	세액	비고
4	10	계약금				2,000,000	200,000	

합계금액	현금	수표	어음	외상미수금	이 금액을	● 영수	함
2,200,000	2,200,000					○ 청구	

자료설명	1. 4월 10일 제품을 공급하기로 하고 계약금을 수령한 후 전자세금계산서를 발급하였다.
	2. 본 거래에 대하여 노조파업으로 인한 일정 지연으로 물량 납품계약을 이행할 수 없어 계약이 해제되었다.(계약해제일: 20x1.5.10.)
	3. 계약금은 해제일에 전액 현금으로 지급하였다.
수행과제	계약해제에 따른 수정전자세금계산서를 발급·전송하시오.
	(전자세금계산서 발급시 결제내역 입력 및 전송일자는 무시할 것.)

③ 부동산임대사업자의 부가가치세신고서 작성

자료 1. 부동산임대계약서

(사 무 실) 월 세 계 약 서

■ 임 대 인 용
□ 임 차 인 용
□ 사무소보관용

부동산의 표시	소재지	서울 강남구 삼성로 530, 2층 201호				
	구 조	철근콘크리트조	용도	사무실	면적	95㎡
월 세 보 증 금	금	100,000,000원정		월세 2,000,000원정(부가가치세 별도)		

제 1 조 위 부동산의 임대인과 임차인 합의하에 아래와 같이 계약함.

제 2 조 위 부동산의 임대차에 있어 임차인은 보증금을 아래와 같이 지불키로 함.

계 약 금	10,000,000원정은 계약시 지불하고
중 도 금	원정은 년 월 일 지불하며
잔 금	90,000,000원정은 20x1년 9월 1일 중개업자 입회하에 지불함.

제 3 조 위 부동산의 명도는 20x1년 9월 1일로 함.

제 4 조 임대차 기간은 20x1년 9월 1일로부터 (24)개월로 함.

제 5 조 **월세금액은 매월(1)일에 지불키로** 하되 만약 기일내에 지불치 못할 시에는 보증금액에서
공제키로 함.(신한은행, 계좌번호: 112-58-252158, 예금주: (주)바람바람)

〜〜〜〜〜〜〜〜〜〜〜〜〜 **중 략** 〜〜〜〜〜〜〜〜〜〜〜〜〜

임 대 인	주소	서울 강남구 삼성로 530				
	사업자등록번호	120-81-32144	전화번호	02-569-4200	성명	(주)바람바람

자료 2. 임대료 전자세금계산서 발급

전자세금계산서

(공급자 보관용)   승인번호

공급자	등록번호	120-81-32144			공급받는자	등록번호	314-81-38777		
	상호	(주)바람바람	성명(대표자)	김범룡		상호	(주)해신전자	성명(대표자)	박상태
	사업장주소	서울 강남구 삼성로 530				사업장주소	서울 강남구 삼성로 530, 2층 201호		
	업태	제조업외	종사업장번호			업태	도매,무역업	종사업장번호	
	종목	선풍기외				종목	전자제품외		
	E-Mail	baram@bill36524.com				E-Mail	haesin@bill36524.com		

작성일자	20x1.9.1.	공급가액	2,000,000	세 액	200,000
비고					

월	일	품목명	규격	수량	단가	공급가액	세액	비고
9	1	9월 임대료				2,000,000	200,000	

합계금액	현금	수표	어음	외상미수금	이 금액을	● 영수	함
2,200,000						○ 청구	

자료설명	1. 자료 1은 부동산임대계약 체결관련 서류이다. 2. 자료 2는 9월분 임대료에 대한 전자세금계산서이며, 임대료는 9월 1일 신한은행 보통예금계좌에 입금된 것을 확인하였다. 3. 간주임대료에 대한 부가가치세는 임대인이 부담하기로 하였다.
수행과제	1. 9월 1일 임대료에 대한 거래를 매입매출전표에 입력하시오.(전자세금계산서는 '전자입력'으로 처리할 것.) 2. 제2기 예정신고에 대한 부동산임대공급가액명세서를 작성하시오.(간주임대료 적용 이자율은 2.9%로 할 것.) 3. 간주임대료에 대한 회계처리를 9월 30일자로 매입매출전표에 입력하시오. 4. 9월 임대료 및 간주임대료에 대한 내용을 제2기 부가가치세 예정신고서에 반영하시오.

④ 신용카드매출전표발행집계표 작성자의 부가가치세신고서 작성

자료 1. 과세매출분에 대한 전자세금계산서 및 신용카드매출전표

전자세금계산서				(공급자 보관용)		승인번호		
공급자	등록번호	120-81-32144			공급받는자	등록번호	113-81-43454	
	상호	(주)바람바람	성명 (대표자)	김범룡		상호	하남전자(주)	성명 (대표자) 장철환
	사업장 주소	서울 강남구 삼성로 530				사업장 주소	서울 강남구 강남대로 242-22	
	업태	제조업외	종사업장번호			업태	도매업	종사업장번호
	종목	선풍기외				종목	전자제품	
	E-Mail	baram@bill36524.com				E-Mail	hanam@bill36524.com	
작성일자	20x1.10.5.		공급가액	3,000,000		세 액	300,000	

비고						
월	일	품목명	규격	수량	단가	공급가액	세액	비고

월	일	품목명	규격	수량	단가	공급가액	세액	비고
10	5	인공지능선풍기		10	300,000	3,000,000	300,000	

합계금액	현금	수표	어음	외상미수금	이 금액을	○ 영수 ○ 청구	함
3,300,000							

신용카드매출전표

가 맹 점 명 : (주)바람바람
사업자번호 : 120-81-32144
대 표 자 명 : 김범룡
주   소 : 서울 강남구 삼성로 530

신 한 카 드 : 신용승인
거 래 일 시 : 20x1.10.5. 14:02:12
카 드 번 호 : 5310-7070-****-0787
유 효 기 간 : **/**
가맹점번호 : 96942515
매 입 사 : 신한카드사(전자서명전표)

판매금액   3,000,000원
부가세액   300,000원
합   계   3,300,000원

자료 2. 과세카드매출 자료

신용카드매출전표

가 맹 점 명 : (주)바람바람
사업자번호 : 120-81-32144
대 표 자 명 : 김범룡
주   소 : 서울 강남구 삼성로 530

신 한 카 드 : 신용승인
거 래 일 시 : 20x1.11.20. 14:12:08
카 드 번 호 : 5310-7070-****-0787
유 효 기 간 : **/**
가맹점번호 : 96942515
매 입 사 : 신한카드사(전자서명전표)

판매금액   500,000원
부가세액   50,000원
합   계   550,000원

자료 3. 과세현금매출 자료

현금영수증
CASH RECEIPT

거래일시   20x1-12-15   13:20:02
품명   제품
식별번호   208341****
승인번호   191224105
판매금액   300,000원
부가가치세   30,000원
봉사료   0원

합계   330,000원

현금영수증가맹점명   (주)바람바람
사업자번호   120-81-32144
대표자명 : 김범룡   TEL : 025694200
주소 : 서울 강남구 삼성로 530
CATID:1123973   전표No:

현금영수증 문의 : Tel 126
http://현금영수증.kr
감사합니다.

자료설명	자료 1. 하남전자(주)에 제품을 판매하고 발급한 전자세금계산서와 위 대금을 결제받으면서 발급한 신용카드매출전표이다. 자료 2. 개인 박수민에게 과세제품을 판매하고 발급한 신용카드매출전표이다. 자료 3. 개인 김수철에게 과세제품을 판매하고 발급한 현금영수증이다.
수행과제	1. 자료 1 ~ 자료 3의 거래를 매입매출전표에 입력하시오. 　(전자세금계산서와 관련된 거래는 '전자입력'으로 처리할 것.) 2. 제2기 부가가치세 확정 신고기간의 신용카드매출전표발행집계표를 작성하시오. 3. 전자신고세액공제를 반영하여 제2기 부가가치세 확정신고서를 작성하시오. 　– 제2기 부가가치세 확정신고서를 홈택스로 전자신고하여 전자신고세액공제 　　10,000원을 공제받기로 한다.

평가문제 　입력자료 및 회계정보를 조회하여 [평가문제]의 답안을 입력하시오.(70점)

[실무수행평가] – 부가가치세관리

번호	평가문제	배점
11	**평가문제 [매입매출전표입력 조회]** 5월 10일자 수정세금계산서의 수정입력사유 코드번호를 입력하시오.	2
12	**평가문제 [세금계산서합계표 조회]** 제1기 확정 신고기간의 거래처 '(주)세방기업'에 전자발행된 세금계산서 공급가액은 얼마인가?	2
13	**평가문제 [세금계산서합계표 조회]** 제1기 확정 신고기간의 매출전자세금계산서 발급매수는 총 몇매인가?	2
14	**평가문제 [부동산임대공급가액명세서 조회]** 제2기 예정 신고기간의 부동산임대공급가액명세서의 보증금 이자(간주임대료) 금액은 얼마인가?	2
15	**평가문제 [부가가치세신고서 조회]** 제2기 예정 신고기간 부가가치세신고서의 과세_세금계산서발급분(1란) 금액은 얼마인가?	2
16	**평가문제 [부가가치세신고서 조회]** 제2기 예정 신고기간 부가가치세신고서의 그 밖의 공제매입세액(14란)의 세액은 얼마인가?	2
17	**평가문제 [부가가치세신고서 조회]** 제2기 예정 신고기간의 부가가치세 신고시에 작성되는 부가가치세 첨부서류에 해당하지 않는 것은? ① (면세)계산서합계표　　　　　　　② 부동산임대공급가액명세서 ③ 공제받지못할매입세액명세서　　　④ 신용카드매출전표등수령금액합계표	2

번호	평가문제	배점
18	**평가문제 [신용카드매출전표발행집계표 조회]** 제2기 확정 신고기간의 신용카드매출전표발행집계표의 「과세매출분-⑤합계」 금액은 얼마인가?	3
19	**평가문제 [부가가치세신고서 조회]** 제2기 확정 신고기간 부가가치세신고서의 과세_세금계산서발급분(1란) 금액은 얼마인가?	3
20	**평가문제 [부가가치세신고서 조회]** 제2기 확정 신고기간의 부가가치세 차가감납부할세액(27번란)은 얼마인가?	2
	부가가치세 소계	22

실무수행3 결산

[결산자료]를 참고하여 결산을 수행하시오.(단, 제시된 자료 이외의 자료는 없다고 가정함.)

① 수동결산

자료설명	12월 31일 현재 합계잔액시산표에서 확인되는 선급비용은 전액 공장 화재 보험료이다. 당사는 11월 1일 공장화재보험에 가입하였고 1년분 보험료 1,200,000원을 선납하고 자산처리하였다.
수행과제	보험료의 기간경과액을 계산하여 결산정리분개를 입력하시오.(월할계산할 것.)

② 결산자료입력에 의한 자동결산

자료설명	1. 당기 법인세등 28,000,000원을 계상하려고 한다.(법인세 중간예납세액이 선납세금계정에 계상되어 있다.)
	2. 기말재고자산 현황
	
	구분 / 금액
	원재료 / 25,000,000원
	제 품 / 31,000,000원
	
	3. 이익잉여금처분계산서 처분 예정(확정)일
	  - 당기: 20x2년 2월 28일
	  - 전기: 20x1년 2월 28일

수행과제	결산을 완료하고 이익잉여금처분계산서에서 손익대체분개를 하시오. (단, 이익잉여금처분내역은 없는 것으로 하고 미처분이월이익잉여금 전액을 이월이익잉여금으로 이월하기로 할 것.)

[실무수행평가] – 재무회계

번호	평가문제	배점
21	**평가문제 [영수증수취명세서 조회]** 영수증수취명세서(1)에 반영되는 '11.명세서제출 제외대상' 금액은 얼마인가?	2
22	**평가문제 [받을어음현황 조회]** 1/4분기(1월~3월)에 할인받은 받을어음의 총액은 얼마인가?	2
23	**평가문제 [거래처원장 조회]** 2월 말 우리은행(코드 98005)의 당좌예금 잔액은 얼마인가?	1
24	**평가문제 [거래처원장 조회]** 3월 말 국민은행(코드 98000)의 보통예금 잔액은 얼마인가?	2
25	**평가문제 [거래처원장 조회]** 4월 말 (주)세방기업(코드 02040)의 외상매출금 잔액은 얼마인가?	1
26	**평가문제 [거래처원장 조회]** 9월 말 보통예금 거래처별 잔액으로 옳지 않은 것은? ① 98000.국민은행 198,475,000원 ② 98001.신한은행 470,055,000원 ③ 98500.외환은행 104,000,000원 ④ 99500.하나은행 32,411,000원	1
27	**평가문제 [일/월계표 조회]** 1월에 발생한 여비교통비(판매관리비) 금액은 얼마인가?	1
28	**평가문제 [일/월계표 조회]** 3/4분기(7월~9월)에 발생한 세금과공과금(판매관리비)은 얼마인가?	1
29	**평가문제 [일/월계표 조회]** 4/4분기(10월~12월)에 발생한 제품매출 금액은 얼마인가?	2
30	**평가문제 [재무상태표 조회]** 3월 말 계정별 잔액으로 옳지 않은 것은? ① 지급어음 24,200,000원 ② 예수금 4,385,000원 ③ 가수금 15,000,000원 ④ 선수금 5,651,000원	1
31	**평가문제 [재무상태표 조회]** 5월 말 선수금 잔액은 얼마인가?	1
32	**평가문제 [재무상태표 조회]** 12월 말 선급비용 잔액은 얼마인가?	3
33	**평가문제 [재무상태표 조회]** 기말 제품 잔액은 얼마인가?	2
34	**평가문제 [재무상태표 조회]** 12월 말 미지급세금 잔액은 얼마인가?	2

번호	평가문제	배점
35	**평가문제 [재무상태표 조회]** 12월 말 이월이익잉여금(미처분이익잉여금) 잔액으로 옳은 것은? ① 323,524,110원 ② 327,344,271원 ③ 329,253,205원 ④ 411,459,714원	1
	재무회계 소계	23

실무수행4 근로소득관리

인사급여 관련 자료이다. [자료설명]을 참고하여 [수행과제]를 수행하시오.

① 중도퇴사자의 원천징수
자료. 김승우 11월 급여자료

(단위: 원)

수당항목			공제항목					
기본급	직책수당	특별수당	국민 연금	건강 보험	고용 보험	장기 요양보험	건강 보험료정산	장기요양 보험료정산
4,000,000	800,000	2,000,000	180,000	141,800	61,200	18,160	18,210	1,200

자료설명	11월분 급여대장이다. 1. ESG 경영관리팀 김승우 팀장은 20x1년 11월 25일 퇴사하였다. 중도퇴사자 정산은 기등록되어 있는 자료 이외의 공제는 없는 것으로 한다. 2. 급여지급일은 당월 25일이다.
수행과제	1. [사원등록] 메뉴에 퇴사일자를 입력하시오. 2. [급여자료입력] 메뉴에 수당, 공제등록을 하시오. 3. 11월분 김승우 급여자료를 추가 입력하고 [중도퇴사자정산]버튼을 이용하여 중도퇴사자 정산내역을 급여자료에 반영하시오.(단, 구분 1.급여로 선택할 것.) 4. 11월 귀속분 [원천징수이행상황신고서]를 작성하시오.

[실무수행평가] - 근로소득관리 1

번호	평가문제	배점
36	**평가문제 [김승우 11월 급여자료입력 조회]** 김승우의 급여항목 중 과세대상 지급액은 얼마인가?	2
37	**평가문제 [김승우 11월 급여자료입력 조회]** 김승우의 공제액 합계액은 얼마인가?	2
38	**평가문제 [11월 원천징수이행상황신고서 조회]** 근로소득 가감계(A10) '5.총지급액'은 얼마인가?	1
39	**평가문제 [김승우 근로소득원천징수영수증 [중도]탭 조회]** '33.보험_가.건강' 공제대상액은 얼마인가?	1
40	**평가문제 [김승우 근로소득원천징수영수증 [중도]탭 조회]** 기납부세액 '75.주(현)근무지' 소득세 금액(지방소득세 제외)은 얼마인가?	1

② 주민등록등본에 의한 사원등록

자료 1. 김도경의 주민등록등본

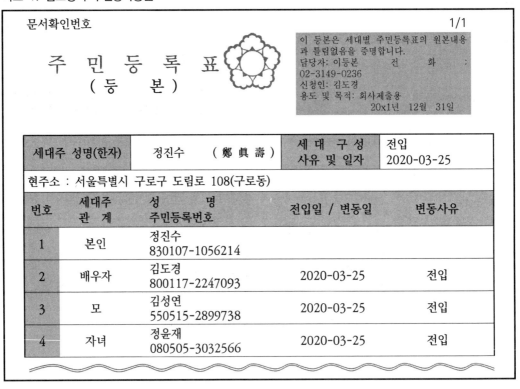

자료설명	사무직 사원 김도경(1002)의 사원등록을 위한 자료이다. 1. 부양가족은 김도경과 생계를 같이 한다. 2. 김도경은 근로소득금액 30,000,000원 이하로 이외의 소득은 없다. 3. 남편 정진수는 암환자로서 항시 치료를 요하는 중증환자이며, 별도의 소득이 없다. 4. 모 김성연은 노인일자리사업에 참여하여 총급여 4,000,000원이 있다. 5. 자녀 정윤재는 과학기술정보통신부에서 주관하는 국제과학기술경진대회에 참가하여 상금 2,000,000원을 수령하였다. 6. 세부담을 최소화하는 방법을 선택한다.
수행과제	[사원등록] 메뉴에서 부양가족명세를 작성하시오.

[실무수행평가] – 근로소득관리 2

번호	평가문제	배점
41	**평가문제 [김도경 근로소득원천징수영수증 조회]** '25.배우자' 공제대상액은 얼마인가?	2
42	**평가문제 [김도경 근로소득원천징수영수증 조회]** '26.부양가족' 공제대상액은 얼마인가?	1
43	**평가문제 [김도경 근로소득원천징수영수증 조회]** '28.장애인' 공제대상액은 얼마인가?	2
44	**평가문제 [김도경 근로소득원천징수영수증 조회]** '29.부녀자' 공제대상액은 얼마인가?	2
45	**평가문제 [김도경 근로소득원천징수영수증 조회]** '57.자녀세액공제' 세액공제액은 얼마인가?	2

③ 국세청연말정산간소화 및 이외의 자료를 기준으로 연말정산

자료설명	사무직 한준경(1001)의 연말정산을 위한 자료이다. 1. 사원등록의 부양가족현황은 사전에 입력되어 있다. 2. 부양가족은 한준경과 생계를 같이 한다. 3. 한준경은 무주택 세대주이며, 총급여는 7천만원 이하이다.
수행과제	[연말정산 근로소득원천징수영수증] 메뉴에서 연말정산을 완료하시오. 1. 의료비는 [의료비] 탭에서 입력하며, 국세청자료는 공제대상 합계금액을 1건으로 집계하여 입력한다. 2. 보험료와 교육비는 [소득공제] 탭에서 입력한다. 3. 연금계좌는 [정산명세] 탭에서 입력한다. 4. 월세는 [정산명세] 탭에서 입력한다.

자료 1. 한준경 사원의 부양가족등록 현황

연말정산관계	성명	주민번호	기타사항
0.본인	한준경	721010-1774918	세대주
3.배우자	서나리	730501-2775018	사업소득금액 30,000,000원이 있음.
1.소득자 직계존속	오영선	460901-2122786	소득 없음
4.직계비속	한준희	970927-1241853	장애인복지법에 따른 시각장애인

자료 2. 국세청간소화서비스 및 기타증빙자료

20x1년 귀속 소득 · 세액공제증명서류 : 기본(지출처별)내역 [의료비]

■ 환자 인적사항

성 명	주 민 등 록 번 호
오영선	460901-2******

■ 의료비 지출내역

(단위: 원)

사업자번호	상 호	종류	지출금액 계
109-04-16***	서울365**병원	일반	6,900,000
106-05-81***	***안경원	일반	400,000
의료비 인별합계금액			6,900,000
안경구입비 인별합계금액			400,000
산후조리원 인별합계금액			0
인별합계금액			**7,300,000**

국 세 청
National Tax Service

• 본 증명서류는 「소득세법」 제165조 제1항에 따라 영수증 발급기관으로부터 수집한 서류로 소득·세액공제 충족 여부는 근로자가 직접 확인하여야 합니다.
• 본 증명서류에서 조회되지 않는 내역은 영수증 발급기관에서 직접 발급받으시기 바랍니다.

20x1년 귀속 소득·세액공제증명서류 : 기본내역 [실손의료보험금]

■ 피보험자 인적사항

성 명	주 민 등 록 번 호
오영선	460901-2******

■ 의료비 지출내역

(단위: 원)

상호	상품명	보험계약자		수령금액 계
사업자번호	계약(증권)번호	수익자		
(주)현대해상	(무)안심실손보험	460901-2******	오영선	900,000
201-81-81***	5022***	460901-2******	오영선	
인별합계금액				**900,000**

 국 세 청 National Tax Service

- 본 증명서류는 『소득세법』 제165조 제1항에 따라 영수증 발급기관으로부터 수집한 서류로 소득·세액공제 충족 여부는 근로자가 직접 확인하여야 합니다.
- 본 증명서류에서 조회되지 않는 내역은 영수증 발급기관에서 직접 발급받으시기 바랍니다.

20x1년 귀속 소득·세액공제증명서류: 기본(지출처별)내역
[보장성 보험, 장애인전용보장성보험]

■ 계약자 인적사항

성 명	주 민 등 록 번 호
한준경	721010-1******

■ 보장성보험(장애인전용보장성보험) 납입내역

(단위: 원)

종류	상 호	보험종류	주피보험자		납입금액 계
	사업자번호	증권번호			
	종피보험자1	종피보험자2	종피보험자3		
보장성	(주)현대해상	(무)안심실손보험	460901-2******	오영선	960,000
	201-81-81***	5022***			
장애인 보장성	AIG생명보험(주)	디딤돌보험	970927-1******	한준희	1,440,000
	106-81-41***	100540651**			
저축성	한화생명	e재테크저축보험	970927-1******	한준희	1,200,000
	104-81-28***				
인별합계금액					**3,600,000**

 국 세 청 National Tax Service

- 본 증명서류는 『소득세법』 제165조 제1항에 따라 영수증 발급기관으로부터 수집한 서류로 소득·세액공제 충족 여부는 근로자가 직접 확인하여야 합니다.
- 본 증명서류에서 조회되지 않는 내역은 영수증 발급기관에서 직접 발급받으시기 바랍니다.

20x1년 귀속 소득·세액공제증명서류: 기본(지출처별)내역 [교육비]

■ 학생 인적사항

성 명	주 민 등 록 번 호
한준경	721010-1******

■ 교육비 지출내역

교육비종류	학교명	사업자번호	납입금액 계
대학원	***대학원	**3-83-21***	6,500,000
인별합계금액			**6,500,000**

- 본 증명서류는 「소득세법」 제165조 제1항에 따라 영수증 발급기관으로부터 수집한 서류로 소득·세액공제 충족 여부는 근로자가 직접 확인하여야 합니다.
- 본 증명서류에서 조회되지 않는 내역은 영수증 발급기관에서 직접 발급받으시기 바랍니다.

20x1년 귀속 소득·세액공제증명서류: 기본내역[연금저축]

■ 가입자 인적사항

성 명	주 민 등 록 번 호
서나리	730501-2******

■ 연금저축 납입내역

(단위: 원)

상호	사업자번호	당해연도 납입금액	당해연도 납입액 중 인출금액	순납입금액
계좌번호				
삼성생명보험(주)	108-81-26***	4,000,000		4,000,000
013478008				
순납입금액 합계				**4,000,000**

- 본 증명서류는 「소득세법」 제165조 제1항에 따라 영수증 발급기관으로부터 수집한 서류로 소득·세액공제 충족 여부는 근로자가 직접 확인하여야 합니다.
- 본 증명서류에서 조회되지 않는 내역은 영수증 발급기관에서 직접 발급받으시기 바랍니다.

월 세 납 입 영 수 증			
■ 임대인			
성명(법인명)	주성훈	주민등록번호(사업자번호)	860512-1875655
주소	서울특별시 용산구 서빙고로 36		
■ 임차인			
성명	한준경	주민등록번호	721010-1774918
주소	서울특별시 구로구 도림로 33길 27		
■ 세부내용 　– 임대차 기간: 20x1년 3월 1일 ~ 20x3년 2월 28일 　– 임대차계약서상 주소지: 서울특별시 구로구 도림로 33길 27 　– 월세금액: 700,000원 (20x1년 총액 7,000,000원) 　– 주택유형: 단독주택, 주택계약면적 85㎡			

[실무수행평개 – 근로소득관리 3

번호	평가문제	배점
46	**평가문제 [한준경 근로소득원천징수영수증 조회]** '60.연금저축' 세액공제액은 얼마인가? ① 　 0원　　　　　　　② 300,000원 ③ 400,000원　　　　　④ 600,000원	2
47	**평가문제 [한준경 근로소득원천징수영수증 조회]** '61.보장성보험' 세액공제액은 얼마인가?	2
48	**평가문제 [한준경 근로소득원천징수영수증 조회]** '62.의료비' 세액공제액은 얼마인가?	2
49	**평가문제 [한준경 근로소득원천징수영수증 조회]** '63.교육비' 세액공제액은 얼마인가?	2
50	**평가문제 [한준경 근로소득원천징수영수증 조회]** '70.월세액' 세액공제액은 얼마인가?	1
근로소득 소계		25

■■■■■ 실무이론평가

1	2	3	4	5	6	7	8	9	10
④	④	③	③	③	①	③	①	③	②

01 회계정보가 정보이용자에게 유용하기 위해서는 그 정보가 <u>의사결정에 반영될 수 있도록 적시에 제공되어야 한다.</u>

02 선적지 인도조건으로 매입한 경우 <u>선적시점에 재고자산을 인식</u>하므로 기말재고액에 포함되어야 한다.

03

수 량	장부상 단가 (가)	단위당 예상 판매가격 ①	단위당 예상 판매비용 ②	단위당 예상 순실현가능가치 (나) = ① - ②	단위당 평가손실 (가) - (나)
1,000개	100원	120원	30원	90원	10원

재고자산평가손실 = 1,000개 × 10원 = 10,000원

04 <u>합병으로 취득한 영업권은 무형자산</u>이다. 나머지는 당기비용으로 인식한다.

05 수정후 당기순이익 = 수정전 당기순이익(5,000,000) + 보험료 선급분(300,000)
　　　　　　　　　　 - 이자 미지급분(200,000) = 5,100,000원

06 매출원가(선입선출) = 기초상품(300개 × 1,000) + 7월 1일 매입분(250개 × 1,500) = 675,000원

07 <u>단기할부판매시에는 인도기준</u>을 적용한다.

08 과세표준 = 국내매출액(70,000,000) + 수출(50,000,000) = 120,000,000원

　 매출세액 = 국내과세표준(70,000,000) × 10% = 7,000,000원

　 국외매출액은 영세율 과세 대상이므로 매출세액이 없으며, <u>하치장반출액과 무상으로 제공한 견본품은 과세표준에 해당하지 아니한다.</u>

09 총급여액 = 급여(50,000,000) + 상여(6,000,000) + 자녀학자금(5,000,000) + 식대(2,400,000)
　　　　　　 = 63,400,000원

　 월 차량보조금은 비과세이고, <u>현물식사를 제공받으므로 식대는 과세</u>된다.

10 과세기간 종료일 전에 <u>사망한 경우 사망일 전일의 상황에 따라 공제 여부를 판정</u>한다.

■■■■ 실무수행평가

실무수행 1. 거래자료 입력

① 3만원 초과 거래자료에 대한 영수증수취명세서 작성 [일반전표입력] 1월 25일

(차) 여비교통비(판)　　　　　　　35,000원　　　(대) 현금　　　　　　　　　　35,000원

[영수증수취명세서(2)]

	거래일자	상 호	성 명	사업장	사업자등록번호	거래금액	구분	계정코드	계정과목
□	20x1-02-20	(주)삼성화재				1,000,000	16	521	보험료
□	20x1-01-27	다모아마트(주	권다정	서울 서대문구 연희로 3	110-81-45128	200,000		811	복리후생비
□	20x1-01-25	상록운수(주	김백명	서울 서대문구 홍은동 346-	210-81-08059	35,000	28	812	여비교통비

[영수증수취명세서(1)]

1. 세금계산서, 계산서, 신용카드 등 미사용내역			
9. 구분	3만원 초과 거래분		
	10. 총계	11. 명세서제출 제외대상	12. 명세서제출 대상(10-11)
13. 건수	3	2	1
14. 금액	1,235,000	1,035,000	200,000

2. 3만원 초과 거래분 명세서제출 제외대상 내역					
구분	건수	금액	구분	건수	금액
15. 읍, 면 지역 소재			26. 부동산 구입		
16. 금융, 보험 용역	1	1,000,000	27. 주택임대용역		
17. 비거주자와의 거래			28. 택시운송용역	1	35,000
18. 농어민과의 거래			29. 전산발매통합관리시스템가입자와의		
19. 국가 등과의 거래			30. 항공기항행용역		
20. 비영리법인과의 거래			31. 간주임대료		
21. 원천징수 대상사업소			32. 연체이자지급분		
22. 사업의 양도			33. 송금명세서제출분		
23. 전기통신, 방송용역			34. 접대비필요경비부인분		
24. 국외에서의 공급			35. 유료도로 통행료		
25. 공매, 경매, 수용			36. 합계	2	1,035,000

② 약속어음의 만기결제, 할인 및 배서양도 [일반전표입력] 2월 15일

(차) 당좌예금(우리은행(당좌))　　9,800,000원　　(대) 받을어음　　　　　　10,000,000원
　　매출채권처분손실　　　　　　 200,000원　　　　((주)서원산업)

[받을어음 관리]

어음상태	2 할인(전액)	어음번호	00420230115123456789	수취구분	1 자수	발행일	20x1-01-15	만기일	20x1-07-15
발행인	02020	(주)서원산업		지급은행	100 국민은행			지 점	삼성
배서인			할인기관	98005 우리은행(당좌)	지 점	삼성	할인율 (%)		어음종류	6 전자
지급거래처						* 수령된 어음을 타거래처에 지급하는 경우에 입력합니다.			

3 계약금 입금 [일반전표입력] 3월 10일

    (차) 보통예금(국민은행(보통))   451,000원   (대) 선수금((주)서구전자)   451,000원

실무수행 2. 부가가치세관리

1 전자세금계산서 발급

1. [매입매출전표] 4월 5일

거래유형	품명	공급가액	부가세	거래처	전자세금
11.과세	무선 선풍기	20,500,000	2,050,000	(주)세방기업	전자발행
분개유형	(차) 현금	2,550,000원	(대)	제품매출	20,500,000원
3.혼합	외상매출금	20,000,000원		부가세예수금	2,050,000원

2. [전자세금계산서 발행 및 내역관리] 기출문제 68회 참고

2 수정전자세금계산서의 발급

1. [수정전자세금계산서 발급]

    ① [매입매출전표입력] 4월 10일 전표선택 ➔ 수정세금계산서 클릭 ➔ 수정사유(4.계약의 해제)를 선택 ➔ 확인(Tab)을 클릭

    ② [수정세금계산서(매출)] 화면에서 수정분 [작성일 5월 10일], [공급가액 -2,000,000원], [세액 -200,000원] 자동반영 후 [확인(Tab)] 클릭

    ③ [매입매출전표입력] 5월 10일

거래유형	품명	공급가액	부가세	거래처	전자세금
11. 과세	계약금	-2,000,000	-200,000	(주)가영산업	전자발행
분개유형	(차) 현금	-2,200,000원	(대)	선수금	-2,000,000원
1.현금(혼합)				부가세예수금	-200,000원

2. [전자세금계산서 발행 및 내역관리] 기출문제 68회 참고

③ 부동산임대사업자의 부가가치세신고서 작성

1. [매입매출전표입력] 9월 1일

거래유형	품명	공급가액	부가세	거래처	전자세금
11.과세	9월 임대료	2,000,000	200,000	(주)해신전자	전자입력
분개유형	(차) 보통예금	2,200,000원	(대)	임대료수입(411)	2,000,000원
3.혼합	(신한은행(보통))			부가세예수금	200,000원

2. 부동산임대공급가액명세서(7~9월, 이자율 2.9%, ㈜해신전자, 2층,201호)

등록 사항		
사업자등록번호	314-81-38777	주민등록번호 _____-_____
면 적	95 m²	용 도 사무실

계약내용		
임 대 기 간	2024-09-01 ~ 2026-08-31	?
계약내용(월)	보 증 금	100,000,000
	월 세	2,000,000
	관 리 비	

임대수입금액	※ 계(과세표준)금액은 부가세신고서[과세표준]에 입력요망 수입금액(제외)에 입력하면 안됨(국세청 검증사항)	
임 대 수 입 금 액 (30일)	보증금이자(간주임대료)	237,704
	월 세	2,000,000
	관 리 비	0
	계 (과 세 표 준)	2,237,704
갱 신 일	____-__-__ ?	비 고

3. [매입매출전표입력] 9월 30일

거래유형	품명	공급가액	부가세	거래처	전자세금
14.건별	간주 임대료	237,704	23,770		
분개유형	(차) 세금과공과금(판)	23,770원	(대) 부가세예수금		23,770원
3.혼합					

4. [부가가치세신고서] 7월 1일 ~ 9월 30일

구 분			금액	세율	세액
과세표준	과세	세금계산서발급분 1	250,000,000	10/100	25,000,000
		매입자발행세금계산서 2		10/100	
		신용카드·현금영수증 3		10/100	
		기타 4	237,704	10/100	23,770

④ 신용카드매출전표발행집계표 작성자의 부가가치세신고서 작성

1. [매입매출전표입력]

   - 10월 5일

거래유형	품명	공급가액	부가세	거래처	전자세금
11.과세	인공지능선풍기	3,000,000	300,000	하남전자(주)	전자입력
분개유형	(차) 외상매출금	3,300,000원	(대)	제품매출	3,000,000원
4.카드	(신한카드)			부가세예수금	300,000원

   - 11월 20일

거래유형	품명	공급가액	부가세	거래처	전자세금
17.카과	제품	500,000	50,000	박수민	
분개유형	(차) 외상매출금	550,000원	(대)	제품매출	500,000원
4.카드(외상)	(신한카드)			부가세예수금	50,000원

   - 12월 15일

거래유형	품명	공급가액	부가세	거래처	전자세금
22.현과	제품	300,000	30,000	김수철	
분개유형	(차) 현금	330,000원	(대)	제품매출	300,000원
1.현금				부가세예수금	30,000원

2. [신용카드매출전표발행집계표] 10월 ~ 12월

1. 신용카드매출전표 등 발행금액 현황				
구 분	⑤ 합 계	⑥ 신용 · 직불 · 기명식 선불카드	⑦ 현금영수증	⑧ 직불 · 기명식 선불전자지급수단
합 계	4,180,000	3,850,000	330,000	
과세매출분	4,180,000	3,850,000	330,000	
면세매출분				
봉 사 료				

2. 신용카드 매출전표등 발행금액((⑤합계) 중 세금계산서(계산서) 발급내역		
⑨ 세금계산서 발급금액	3,300,000	⑩ 계산서 발급금액

3. [부가가치세신고서] 10월 1일 ~ 12월 31일

구 분				금액	세율	세액
과세표준및매출	과세	세금계산서발급분	1	273,000,000	10/100	27,300,000
		매입자발행세금계산서	2		10/100	
		신용카드.현금영수증	3	800,000	10/100	80,000
		기타	4		10/100	
	영세	세금계산서발급분	5		0/100	
		기타	6		0/100	

   - 전자신고세액공제 : 10,000원

[실무수행평가] - 부가가치세관리

번호	평가문제	배점	답
11	평가문제 [매입매출전표입력 조회]	2	(4)
12	평가문제 [세금계산서합계표 조회]	2	(20,500,000)원
13	평가문제 [세금계산서합계표 조회]	2	(31)매
14	평가문제 [부동산임대공급가액명세서 조회] 2024년 366일	2	(237,704)원
15	평가문제 [부가가치세신고서 조회]	2	(252,000,000)원
16	평가문제 [부가가치세신고서 조회]	2	(13,000)원
17	평가문제 [부가가치세신고서 조회]	2	③
18	평가문제 [신용카드매출전표발행집계표 조회]	3	(4,180,000)원
19	평가문제 [부가가치세신고서 조회]	3	(273,000,000)원
20	평가문제 [부가가치세신고서 조회]	2	(24,313,200)원
	부가가치세 소계	22	

실무수행 3. 결산

1 수동결산 [일반전표입력] 12월 31일

(차) 보험료(제)　　　　　　　　　　200,000원　　　　(대) 선급비용　　　　　　　200,000원

※ 경과된 보험료 **1,200,000원×2개월/12개월＝200,000원**

2 결산자료입력에 의한 자동결산

[결산자료입력 1]

[일반전표입력] 12월 31일

(차) 법인세등　　　　　　　　　　28,000,000원　　　　(대) 선납세금　　　　　16,200,000원

　　　　　　　　　　　　　　　　　　　　　　　　　　　　　미지급세금　　　　11,800,000원

[결산자료입력 2]

- 결산자료입력에서 기말 원재료 25,000,000원, 제품 31,000,000원을 입력하고 전표추가(F3) 를 클릭하여 결산분개를 생성한다.

[이익잉여금처분계산서] 메뉴

- 이익잉여금처분계산서에서 처분일을 입력한 후, 전표추가(F3) 를 클릭하여 손익대체 분개를 생성한다.

[실무수행평가] - 재무회계

번호	평가문제	배점	답
21	평가문제 [영수증수취명세서 조회]	2	(1,035,000)원
22	평가문제 [받을어음현황 조회]	2	(22,000,000)원
23	평가문제 [거래처원장 조회]	1	(33,300,000)원
24	평가문제 [거래처원장 조회]	2	(349,720,000)원
25	평가문제 [거래처원장 조회]	1	(20,000,000)원
26	평가문제 [거래처원장 조회]	1	①
27	평가문제 [일/월계표 조회]	1	(181,000)원
28	평가문제 [일/월계표 조회]	1	(1,803,770)원
29	평가문제 [일/월계표 조회]	2	(503,800,000)원
30	평가문제 [재무상태표 조회]	1	②
31	평가문제 [재무상태표 조회]	1	(13,651,000)원
32	평가문제 [재무상태표 조회]	3	(1,000,000)원
33	평가문제 [재무상태표 조회]	2	(31,000,000)원
34	평가문제 [재무상태표 조회]	2	(11,800,000)원
35	평가문제 [재무상태표 조회]	1	②
	재무회계 소계	23	

실무수행 4. 근로소득관리

1 중도퇴사자의 원천징수

1. [사원등록]

사원등록에서 퇴사년월일(20x1년 11월 25일) 입력

2. [수당/공제등록]

3. [급여자료입력] 귀속년월 11월, 1.급여, 지급일 11월 25일

　　급여자료를 입력한 후, [중도퇴사자 정산]을 클릭하여 연말정산 결과를 반영한다.

	코드	사원명	직급	감면율		급여항목	지급액		공제항목	공제액
☐	1001	한준경				기본급	4,000,000		국민연금	180,000
☐	1002	김도경				직책수당	800,000		건강보험	141,800
■	1003	김승우(중도인				특별수당	2,000,000		고용보험	61,200
☐									장기요양보험료	18,160
									건강보험료정산	18,210
									장기요양보험료정산	1,200
									소득세	474,870
									지방소득세	47,540

4. [원천징수이행상황신고서](귀속기간 11월, 지급기간 11월, 0.정기신고)

	구분	코드	소득지급(과세미달,비과세포함)		징수세액				9.당월 조정 환급세액	10.소득세 등 (가산세 포함)
			4.인원	5.총지급액	6.소득세 등	7.농어촌특별세	8.가산세			
근로소득	간이세액	A01	3	15,300,000	365,070					
	중도퇴사	A02	1	46,800,000	474,870					
	일용근로	A03								
	연말정산합계	A04								
	연말분납금액	A05								
	연말납부금액	A06								
	가감계	A10	4	62,100,000	839,940				839,940

[실무수행평가] – 근로소득관리 1

번호	평가문제	배점	답
36	[김승우 11월 급여자료입력 조회] 과세대상 지급액	2	(6,800,000)원
37	[김승우 11월 급여자료입력 조회] 공제액 합계액	2	(942,980)원
38	[11월 원천징수이행상황신고서 조회] 5.총지급액	1	(62,100,000)원
39	[김승우 근로소득원천징수영수증 [중도]탭 조회]	1	(1,778,970)원
40	[김승우 근로소득원천징수영수증 [중도]탭 조회]	1	(1,959,600)원

※ 36~40은 프로그램이 자동계산하므로 시점(세법개정, 프로그램 업데이트)마다 달라질 수가 있습니다.

② 주민등록등본에 의한 사원등록(김도경)

관계	요 건		기본 공제	추가 (자녀)	판 단
	연령	소득			
본인(여성)	–	–	○	부녀자	종합소득금액 3천만원 이하자
배우자	–	○	○	장애(3)	
모(69)	○	○	○		총급여액 5백만원 이하자
자(16)	○	○	○	자녀	기타소득금액=상금(2,000,000)×(1-80%) =400,000원

[실무수행평가] - 근로소득관리 2

번호	평가문제 [김도경 근로소득원천징수영수증 조회]	배점	답
41	25. 배우자공제 대상액	2	(1,500,000)원
42	26. 부양가족 공제 대상액(모친, 자녀)	1	(3,000,000)원
43	28. 장애인 공제 대상액	2	(2,000,000)원
44	29. 부녀자 공제대상액	2	(500,000)원
45	30. 자녀세액공제(1명)	2	(150,000)원

③ 국세청연말정산간소화 및 이외의 자료를 기준으로 연말정산(한준경)

〈연말정산 대상여부 판단〉

항 목	요건		내역 및 대상여부	입력
	연령	소득		
의 료 비	×	×	• 모친의료비(실손의료보험금 900,000 차감)	○(65세 6,400,000)
보 험 료	○ (×)	○	• 모친 실손보험 • 자의 장애인보장성 보험 • 자의 저축성보험은 대상에서 제외	○(일반 960,000) ○(장애인 1,440,000) ×
교 육 비	×	○	• 본인 대학원 등록금	○(본인 6,500,000)
연금저축	본인		• 배우자 연금저축	×
월세	본인외		• 무주택자이며 총급여액 8천만원(개정세법 24) 이하자의 월세액(85㎡ 이하)	○(월세 7,000,000)

1. 의료비 세액공제

지급내역

	공제대상자				지급처			지급명세		
	부양가족 관계코드	성명	내 외	주민등록번호	본인등 해당여부	상호	사업자번호	의료증빙 코 드	건수	지급액	실손의료보험금
1	소득자의 직계존	오영선	내	460901-2122786	○			국세청	1	7,300,000	900,000

2. 보험료 세액공제

정산명세	소득명세	**소득공제**	의료비	기부금

	관계 코드	성 명	기	보험료	
	내외 국인	주민등록번호	본	보장성	장애인
1	0 1	한준경 721010-1774918	본인/세대주		
2	3 1	서나리 730501-2775018	부		
3	1 1	오영선 460901-2122786	60세 이상	960,000	
4	4 1	한준회 970927-1241853	장애인		1,440,000

3. 교육비 세액공제

정산명세	소득명세	**소득공제**	의료비	기부금	신용ㅋ

	관계 코드	성 명	기	의 료	교육비		
	내외 국인	주민등록번호	본		구분	일반	장애인 특수교육
1	0 1	한준경 721010-1774918	본인/세대주		본인	6,500,000	

4. 월세 세액공제

			월세액						×
2. 월세액 세액공제 명세						무주택자해당여부	◉ 여	○ 부	
임대인성명 (상호)	주민(사업자)등 록번호	주택유형	주택계약 면적(㎡)	임대차계약서상 주소지	임대차계약기간		월세액		
					시작	종료			
주성훈	860512-1875655	단독주택	85.00	서울특별시 구로구 도림로 33길 2'	2024-03-01	2026-02-28	7,000,000		

6. 정산명세 조회

특별소득공제	34.주택	11년이전 차입분	15년미만	>			특별세액공제	61.보장성보험	2,400,000	>	265,200
			15~29년	>				62.의 료 비	7,300,000	>	690,000
			30년이상	>				63.교 육 비	6,500,000	>	975,000
	나.장기주택저당차입금이자상환액	12년이후 차입분 (15년이상)	고정or비거치	>				64 기부금	정치	10만원이하	>	
			기타대출	>						10만원초과	>	
		15년이후 차입분 (15년이상)	고정&비거치	>					나.법정기부금		>	
			고정or비거치	>					다.우리사주기부금		>	
			기타대출	>					라.지정기부금(종교외)		>	
		15년이후 차입분 (10~15년)	고정or비거치	>					마.지정기부금(종교)		>	
	35.기부금(이월분)			>				65.계			1,930,200
	36.계				2,939,400			66.표준세액공제		>	
37.차 감 소 득 금 액					34,110,600			67.납 세 조 합 공 제		>	
그 주택마련저축	38.개인연금저축			>				68.주 택 차 입 금		>	
	39.소기업·소상공인공제부금			>				69.외 국 납 부		>	
	40.	가.청약저축		>				70.월세액		>	1,050,000
		나.주택청약종합저축		>							

[실무수행평가] - 근로소득관리 3

번호	평가문제 [한준경 근로소득원천징수영수증 조회]	배점	답
46	60. 연금저축세액공제액	2	①
47	61. 보장성보험 세액공제액	2	(265,200)원
48	62. 의료비 세액공제액	2	(690,000)원
49	63 교육비 세액공제액	2	(975,000)원
50	70. 월세액 세액공제액	1	(1,050,000)원
	근로소득 소계	25	

←참고사항 : 총급여액 60,000,000원→

※ 시험시 프로그램이 자동계산되어진 것으로 답을 입력하시고 시간이 남으시면 체크해 보시기 바랍니다.

		한도	공제율	대상금액	세액공제
1. 보험료	일반	1백만원	12%	960,000	115,200
	장애인	1백만원	15%	1,440,000	150,000
	계			2,400,000	265,200
2. 의료비	특정	–	15%	6,400,000	690,000
	☞의료비세액공제 = [6,400,000−총급여액(60,000,000)×3%]×15% = 562,500				
3. 교육비	본인	–	15%	6,500,000	975,000
4. 월세	본인외	1,000만원	15%[*1]	7,000,000	1,050,000

*1.총급여액의 55백만원 초과일 경우 15%

기출문제

Financial Accounting Technician

세무정보처리 자격시험 2급

65회

합격율	시험년월
48%	2023.8

실무이론평가

[1] 다음 중 (ㄱ), (ㄴ)에 들어갈 회계정보의 질적특성으로 옳은 것은?

> • 유형자산을 역사적원가로 평가하면 일반적으로 측정의 (ㄱ) 은(는) 높아지나 (ㄴ) 이(가) 낮아질 수 있다.
>
> | | (ㄱ) | (ㄴ) |
> |---|---|---|
> | 가. | 목적적합성 | 신뢰성 |
> | 나. | 목적적합성 | 검증가능성 |
> | 다. | 신뢰성 | 목적적합성 |
> | 라. | 신뢰성 | 검증가능성 |

① 가　　　　　　　　　　　　　　② 나

③ 다　　　　　　　　　　　　　　④ 라

[2] 다음은 (주)한공의 무형자산 관련 자료이다. 이에 대한 설명으로 옳지 않은 것은?

> • (주)한공은 신제품 개발에 성공하여 20x1년 9월 1일부터 신제품 생산·판매를 시작하였다.
> • 신제품 개발에 소요된 금액은 30,000,000원이며, 자산요건을 충족하여 개발비로 계상하려고 한다.

① 개발비의 20x1년 9월 1일 장부금액은 30,000,000원이다.

② 개발비의 상각은 생산·판매를 시작한 20x1년 9월 1일부터 시작한다.

③ 차후에 개발비의 공정가치가 증가한 경우 공정가치를 장부금액으로 할 수 있다.

④ 개발비 손상을 시사하는 징후가 있다면 회수가능액을 추정한다.

[3] 다음은 (주)한공의 주식 관련 자료이다. 20x1년 당기순이익에 미치는 영향으로 옳은 것은?

> • 20x0년 5월 7일 장기투자목적으로 (주)서울의 주식 100주를 주당 1,000원에 취득하였다.
> • 20x0년 말 이 주식의 공정가치는 주당 1,200원이었다.
> • 20x1년 9월 30일 이를 주당 1,300원에 전량 매도하였다.

① 10,000원 증가　　　　　　　　② 20,000원 증가

③ 30,000원 증가　　　　　　　　④ 40,000원 증가

[4] 장부마감전 발견된 다음 오류 사항 중 당기순이익에 영향을 미치지 않는 것은?

① 대손상각비 미계상

② 감가상각비 미계상

③ 재고자산에 대한 평가손실 미계상

④ 매도가능증권에 대한 평가손실 미계상

[5] 다음 결산 정리사항을 반영한 후 당기순이익의 변동으로 옳은 것은?

> • 소모품 미사용액: 30,000원 (구입 시 80,000원 전액 비용처리됨)
> • 이자수익 기간경과분 발생액: 20,000원

① 50,000원 감소　　　　　　　　② 30,000원 감소

③ 20,000원 증가　　　　　　　　④ 50,000원 증가

[6] 다음 중 무형자산에 대한 설명으로 옳지 않은 것은?

① 연구단계에서 발생한 지출은 무형자산으로 인식하지 않는다.

② 전기에 비용으로 인식한 개발단계의 지출은 당기에 무형자산으로 인식할 수 없다.

③ 무형자산의 잔존가치는 없는 것을 원칙으로 한다.

④ 무형자산은 합리적인 상각방법을 정할 수 없는 경우에는 정률법으로 상각한다.

[7] 다음 중 부가가치세법상 신고·납부에 대한 설명으로 옳지 않은 것은?

① 법인사업자는 예정신고기간의 과세표준과 납부세액을 예정신고기간 종료일부터 25일 이내 신고
·납부하는 것이 원칙이다.

② 조기환급신고를 할 때 이미 신고한 과세표준은 확정신고 시 포함하지 않는다.

③ 개인사업자의 부가가치세 예정고지세액이 50만원 미만인 경우 이를 징수하지 아니한다.

④ 주사업장 총괄납부를 하는 경우에 세금계산서는 주사업장에서 총괄하여 발급하여야 한다.

[8] 다음 자료를 토대로 의류제조업을 영위하는 (주)한공의 공제받을 수 있는 매입세액을 계산하면 얼마인가?(단, 세금계산서는 적법하게 수령하였다.)

• 거래처 방문용 소형승용차(2,000cc)의 매입세액	3,000,000원
• 공장부지의 조성과 관련된 매입세액	14,000,000원
• 해당 과세기간에 매입하였으나 과세기간 말 현재	
사용하지 않은 원재료의 매입세액	8,000,000원
• 거래처 기업 업무추진(접대)와 관련된 매입세액	5,000,000원

① 8,000,000원   ② 11,000,000원

③ 19,000,000원   ④ 22,000,000원

[9] 다음의 자료를 토대로 사업자 김한공 씨의 20x1년 종합소득 산출세액을 계산하면 얼마인가?

가. 복식부기에 따라 계산한 사업소득금액   30,000,000원
나. 근로소득금액   50,000,000원
다. 종합소득공제와 그 밖의 소득공제 합계액   24,000,000원
라. 세율

종합소득과세표준	기본세율
1,400만원 이하	과세표준의 6%
1,400만원 초과 5,000만원 이하	84만원 + 1,400만원 초과금액의 15%
5,000만원 초과 8,800만원 이하	624만원 + 5,000만원 초과금액의 24%

① 7,680,000원   ② 10,500,000원

③ 10,620,000원   ④ 12,500,000원

[10] 다음 중 소득세법상 비과세 근로소득에 해당하지 않는 것은?

① 의료 취약지역의 의료인이 받는 벽지수당 월 20만원

② 국민건강보험법에 따라 사용자가 부담하는 건강보험료

③ 고용보험법에 의한 육아휴직수당

④ 출장 여비 등의 실제 비용을 별도로 받는 직원에 대한 자가운전보조금 월 20만원

실무수행평가

(주)아모레산업(2650)은 화장품 제조업을 영위하는 법인기업으로 회계기간은 제6기(20x1.1.1. ~ 20x1.12.31.)이다. 제시된 자료와 [자료설명]을 참고하여 [평가문제]의 물음에 답하시오.

실무수행1 | 거래자료 입력

실무프로세스 자료이다. [자료설명]을 참고하여 [수행과제]를 수행하시오.

① 3만원 초과 거래자료에 대한 영수증수취명세서 작성
자료. 공급자 정보

영 수 증 (공급받는자용)			
(주)아모레산업			귀하

공급자	사 업 자 등 록 번 호	120-21-12348		
	상 호	원명상회	성명	최시현
	사 업 장 소 재 지	서울시 서대문구 충정로7길 29-8		
	업 태	도소매업외	종목	전기제품외

작성년월일	공급대가총액	비고
20x1.1.15.	₩ 200,000	

위 금액을 영수(청구)함.

월/일	품명	수량	단가	공급대가(금액)
1/15	형광등교체			200,000

위 금액을 **영수**(청구)함

자료설명

공장 형광등을 교체하고, 대금은 국민은행 보통예금계좌에서 이체하여 지급하였다.(원명상회는 일반과세사업자이다.)

수행과제

1. 거래자료를 입력하시오. ('수익적 지출'로 처리할 것.)
2. 영수증수취명세서(2)와 (1)서식을 작성하시오.

② 정부보조금에 의한 유/무형자산의 구입
■ 보통예금(국민은행) 거래내역

번호	거래일자	내용	찾으신금액	맡기신금액	잔액	거래점
		계좌번호 100-23-951241 (주)아모레산업				
1	20x1-2-11	중소벤처기업진흥공단		100,000,000	***	***
2	20x1-2-15	산업자원부		200,000,000	***	***

자료설명	1. 중소벤처기업진흥공단의 보조금은 운영자금충당목적으로 상환의무가 있다. (상환예정일: 20x3년 3월 10일, 장기차입금 처리할 것.) 2. 산업자원부의 보조금은 추후 생산설비 취득예정목적으로 상환의무가 없다.
수행과제	정부보조금 입금과 관련된 2월 11일 및 2월 15일의 거래자료를 각각 입력하시오.

③ 기타 일반거래

자료 1. 국민연금보험료 결정내역 통보서

서식기호 E8901	국민연금보험료 결정내역 통보서		

사업장관리번호	12481123440	사업장명칭	(주)아모레산업
해 당 년 월	20x1-02		

20x1년 2월분 개인별 보험료 내역

(단위: 원)

일련 번호	성 명	주민(외국인) 등록번호	기준소득월액	월보험료(계)	(사용자부담금)	(근로자기여금)
1	김태영	911109-1******	2,000,000	180,000	90,000	90,000
2	윤서연	850321-2******	3,800,000	342,000	171,000	171,000
대상자수		2명		522,000	261,000	261,000

이하생략

※ 당월에 납부할 연금보험료는 당월분 금액과 소급분 금액의 합산으로 결정됩니다.
※ 개인사업장 사용자의 국민연금보험료는 사용자부담금과 근로자기여금으로 구분하여 표기하였습니다.

자료 2. 보통예금(국민은행) 거래내역

번호	거래일	내용	찾으신금액	맡기신금액	잔액	거래점
		계좌번호 100-23-951241 (주)아모레산업				
1	20x1-3-10	국민연금관리공단	522,000		***	***

자료설명	1. 자료 1은 공장에 근무중인 김태영과 본사 관리부에 근무중인 윤서연의 2월분 국민연금 결정내역 통보서이다. 2. 자료 2는 2월분 국민연금을 국민은행 보통예금 통장에서 이체하여 납부한 내역이다.
수행과제	국민연금 납부일의 거래자료를 입력하시오. (단, 국민연금회사부담금은 '세금과공과금'으로 회계처리할 것.)

실무수행2 부가가치세관리

부가가치세 신고 관련 자료이다. [자료설명]을 참고하여 [수행과제]를 수행하시오.

1 전자세금계산서 발급

자료 1. 보통예금(국민은행) 거래내역

번호	거래일	내용	찾으신금액	맡기신금액	잔액	거래점
		계좌번호 100-23-951241 (주)아모레산업				
1	20x1-04-20	(주)수려한		5,000,000	***	***

자료 2. 거래명세서

거래명세서   (공급자 보관용)

공급자	등록번호	124-81-12344			공급받는자	등록번호	514-81-35782	
	상호	(주)아모레산업	성명	정지현		상호	(주)수려한	성명	김혜수
	사업장주소	경기도 수원시 팔달구 매산로 10 (매산로1가), 301호				사업장주소	서울특별시 광진구 광나루로 355	
	업태	제조업	종사업장번호			업태	도소매업	종사업장번호
	종목	화장품				종목	화장품	

거래일자	미수금액	공급가액	세액	총 합계금액
20x1-05-10		20,000,000	2,000,000	22,000,000

NO	월	일	품목명	규격	수량	단가	공급가액	세액	합계
1	5	10	주름개선 크림		100	200,000	20,000,000	2,000,000	22,000,000

자료설명	1. 자료 1은 제품공급 전 (주)수려한으로부터 계약금으로 입금된 국민은행 보통예금 거래내역이다. 2. 자료 2는 (주)수려한에 제품을 공급하고 발급한 거래명세서이다. 계약금을 제외한 잔액은 6월 30일에 받기로 하였다.
수행과제	1. 5월 10일의 거래자료를 입력하시오. 2. 전자세금계산서 발행 및 내역관리 를 통하여 발급·전송하시오. (전자세금계산서 발급 시 결제내역 및 전송일자는 무시할 것.)

② 수정전자세금계산서의 발급

전자세금계산서			(공급자 보관용)		승인번호			

공급자	등록번호	124-81-12344			공급받는자	등록번호	123-81-95134		
	상호	(주)아모레산업	성명(대표자)	정지현		상호	(주)올리브영	성명(대표자)	이수지
	사업장주소	경기도 수원시 팔달구 매산로 10 (매산로1가), 301호				사업장주소	서울 강남구 영동대로 521		
	업태	제조업	종사업장번호			업태	도소매업	종사업장번호	
	종목	화장품				종목	화장품		
	E-Mail	amore@bill36524.com				E-Mail	olive@bill36524.com		

작성일자	20x1.6.3.	공급가액	9,000,000	세 액	900,000
비고					

월	일	품목명	규격	수량	단가	공급가액	세액	비고
6	3	미백개선 크림		30	300,000	9,000,000	900,000	

합계금액	현금	수표	어음	외상미수금	이 금액을	○ 영수	함
9,900,000				9,900,000		◉ 청구	

자료설명	1. (주)올리브영에 제품을 공급하고 발급한 전자세금계산서이다. 2. 전자세금계산서의 공급단가를 320,000원으로 기재했어야 하나, 담당자의 실수로 공급단가를 300,000원으로 기재하여 발급하였음을 확인하였다.
수행과제	수정사유에 따른 수정전자세금계산서를 발급 전송하시오. (외상대금 및 제품매출에서 음수(−)로 처리하고 전자세금계산서 발급 시 결제내역 입력 및 전송일자는 고려하지 말 것.)

③ 매입세액불공제내역 작성자의 부가가치세신고서 작성

자료 1. 공급가액(제품)내역 (7월 1일 ~ 9월 30일)

구 분	금 액	비 고
과세분(전자세금계산서)	240,000,000원	
면세분(전자계산서)	60,000,000원	
합 계	300,000,000원	

자료 2. 기계장치 매입금액 중 안분대상내역

전자세금계산서	(공급받는자 보관용)	승인번호	2023010123

공급자	등록번호	206-81-45981			공급받는자	등록번호	124-81-12344		
	상호	(주)대주기계	성명(대표자)	황재원		상호	(주)아모레산업	성명(대표자)	정지현
	사업장 주소	서울시 강남구 강남대로 272				사업장 주소	경기도 수원시 팔달구 매산로 10 (매산로1가), 301호		
	업태	제조업	종사업장번호			업태	제조업	종사업장번호	
	종목	포장기계				종목	화장품		
	E-Mail	daeju@bill36524.com				E-Mail	amore@bill36524.com		

작성일자	20x1.8.7.	공급가액	20,000,000	세 액	2,000,000
비고					

월	일	품목명	규격	수량	단가	공급가액	세액	비고
8	7	고속분쇄기계				20,000,000	2,000,000	

합계금액	현금	수표	어음	외상미수금	이 금액을	○ 영수 함
22,000,000				22,000,000		● 청구

자료설명	본 문제에 한하여 (주)아모레산업은 과세사업과 면세사업을 겸영하고 있다고 가정한다. 1. 자료 1은 제2기 부가가치세 예정신고기간의 공급가액 내역이다. 2. 자료 2는 제2기 부가가치세 예정신고기간의 과세사업과 면세사업에 공통으로 사용할 기계장치 매입자료이다.
수행과제	1. 자료 2의 거래자료를 입력하시오.(유형에서 '51.과세매입'으로 선택하고, '전자입력'으로 처리할 것.) 2. 제2기 부가가치세 예정신고기간의 매입세액불공제내역(공통매입세액 안분계산 내역)을 작성하고 제2기 예정 부가가치세 신고서에 반영하시오. (단, 자료 1과 자료 2에서 주어진 공급가액으로 계산하기로 할 것.) 3. 공통매입세액 안분계산에 대한 회계처리를 9월 30일자로 일반전표에 입력하시오.

④ 매입세액불공제내역 작성자의 부가가치세 신고서 작성

자료 1.

전자세금계산서					(공급받는자 보관용)		승인번호		2023010124	
공급자	등록번호		108-81-51419			공급받는자	등록번호		124-81-12344	
	상호	(주)수원중고 자동차	성명 (대표자)	이수원			상호	(주)아모레산업	성명 (대표자)	정지현
	사업장 주소	경기도 수원시 팔달구 매산로 1-10 (매산로1가)					사업장 주소	경기도 수원시 팔달구 매산로 10 (매산로1가), 301호		
	업태	도소매업		종사업장번호			업태	제조업		종사업장번호
	종목	자동차					종목	화장품		
	E-Mail	soo1@bill36524.com					E-Mail	amore@bill36524.com		
작성일자		20x1.10.15.	공급가액		25,000,000		세 액		2,500,000	
비고										

월	일	품목명	규격	수량	단가	공급가액	세액	비고
10	15	그랜저IG				25,000,000	2,500,000	

합계금액	현금	수표	어음	외상미수금	이 금액을	○ 영수 ● 청구	함
27,500,000				27,500,000			

자료 2.

전자세금계산서					(공급받는자 보관용)		승인번호		2023010125	
공급자	등록번호		101-81-21118			공급받는자	등록번호		124-81-12344	
	상호	(주)하모니마트	성명 (대표자)	이하늘			상호	(주)아모레산업	성명 (대표자)	정지현
	사업장 주소	서울특별시 서대문구 충정로7길 29-11 (충정로3가)					사업장 주소	경기도 수원시 팔달구 매산로 10 (매산로1가), 301호		
	업태	도소매업		종사업장번호			업태	제조업		종사업장번호
	종목	생활잡화					종목	화장품		
	E-Mail	hamo@bill36524.com					E-Mail	amore@bill36524.com		
작성일자		20x1.10.21.	공급가액		520,000		세 액		52,000	
비고										

월	일	품목명	규격	수량	단가	공급가액	세액	비고
10	21	스팸세트		10	52,000	520,000	52,000	

합계금액	현금	수표	어음	외상미수금	이 금액을	○ 영수 ● 청구	함
572,000				572,000			

자료 3.

매 출 전 표

카드종류	거래일자
비씨카드	20x1.11.10.10:13:42

카드번호(CARD NO)
5000-1234-****-11**

승인번호	금액 AMOUNT		백			천			원
20231110000231			1	2	0	0	0	0	0

일반	할부	부가세 V.A.T				1	2	0	0	0	0
일시불											
	아이패드	봉사료 CASHBACK									
거래유형											
		합계 TOTAL		1	3	2	0	0	0	0

가맹점명
전자마트

대표자명	사업자번호
이정원	603-13-34065

전화번호	가맹점번호
02-439-9846	84561114

주소
서울 구로구 구로동로 8

상기의 거래 내역을 확인합니다.   서명 (주)아모레산업

자료설명	자료 1. 관리부 업무용으로 승용차(배기량 2,700cc)를 구입하고 발급받은 전자세금계산서이다. 자료 2. 매출거래처에 증정할 선물을 구입하고 발급받은 전자세금계산서이다. 자료 3. 대표이사(정지현)가 자녀에게 선물할 아이패드를 구입하고 발급받은 법인 신용카드매출전표이다. ('가지급금'으로 회계처리할 것.)

수행과제	1. 자료 1 ~ 3의 거래를 매입매출전표 및 일반전표에 입력하시오.
	  (전자세금계산서와 관련된 거래는 '전자입력'으로 처리할 것.)
	2. 제2기 부가가치세 확정신고기간의 매입세액불공제내역을 작성하시오.
	3. 매입세액불공제내역 및 전자신고세액공제를 반영하여 제2기 부가가치세 확정신고서를 작성하시오.
	  - 제2기 부가가치세 확정신고서를 홈택스로 전자신고하여 전자신고세액공제 10,000원을 공제받기로 한다.

평가문제 | **입력자료 및 회계정보를 조회하여 [평가문제]의 답안을 입력하시오.(70점)**

[실무수행평가] - 부가가치세관리

번호	평가문제	배점
11	**평가문제 [매입매출전표입력 조회]** 6월 3일자 수정세금계산서의 수정입력사유 코드번호를 입력하시오.	2
12	**평가문제 [세금계산서합계표 조회]** 제1기 확정 신고기간의 거래처'(주)수려한'에 전자발급된 세금계산서 공급가액은 얼마인가?	2
13	**평가문제 [세금계산서합계표 조회]** 제1기 확정 신고기간의 매출전자세금계산서 발급매수는 총 몇 매인가?	2
14	**평가문제 [매입세액불공제내역 조회]** 제2기 예정신고기간 매입세액불공제내역_3.공통매입세액 안분계산 내역의 불공제 매입세액은 얼마인가?	3
15	**평가문제 [부가가치세신고서 조회]** 제2기 예정신고기간 부가가치세신고서의 과세_세금계산서발급분(1란) 금액은 얼마인가?	2
16	**평가문제 [부가가치세신고서 조회]** 제2기 예정신고기간의 부가가치세 차가감납부할세액(27번란)은 얼마인가?	2
17	**평가문제 [부가가치세신고서 조회]** 제2기 예정 신고기간의 부가가치세 신고시에 작성되는 부가가치세 첨부서류에 해당하지 않는 것은? ① 계산서합계표 ② 신용카드매출전표등수령금액합계표 ③ 건물등감가상각자산취득명세서 ④ 공제받지못할매입세액명세서	2
18	**평가문제 [매입세액불공제내역 조회]** 제2기 확정신고기간 매입세액불공내역의 2.공제받지 못할 매입세액 내역의 내용으로 옳지 않은 것은? ① 사업과 직접 관련 없는 지출 관련 건수는 1건이다. ② 비영업용 소형 승용 자동차구입 및 유지관련 건수는 1건이다. ③ 접대비 및 이와 유사한 비용 관련 건수는 1건이다. ④ 공제받지 못할 매입세액은 총 2,552,000원이다.	3
19	**평가문제 [부가가치세신고서 조회]** 제2기 확정신고기간 부가가치세신고서의 세금계산서수취부분_고정자산매입(11란) 금액은 얼마인가?	2
20	**평가문제 [부가가치세신고서 조회]** 제2기 확정 신고기간의 부가가치세신고서의 차가감납부할세액(27번란)은 얼마인가?	2
	부가가치세 소계	22

실무수행3 | 결산

[결산자료]를 참고로 결산을 수행하시오.(단, 제시된 자료 이외의 자료는 없다고 가정함.)

① 수동결산
자료. 장기차입금 내역

은행	차입금액	차입일	상환일	비고
우리은행(차입)	20,000,000원	20x0년 6월 1일	20x2년 6월 1일	만기 원금일시상환
국민은행(차입)	40,000,000원	20x0년 6월 1일	20x3년 6월 1일	만기 원금일시상환
신한은행(차입)	30,000,000원	20x0년 1월 1일	20x4년 2월 28일	만기 원금일시상환

자료설명	20x1년 기말 현재 장기차입금 은행별 잔액내역이다.
수행과제	장기차입금에 대한 결산정리분개를 일반전표에 입력하시오.

② 결산자료입력에 의한 자동결산

자료설명	1. 당기 법인세등 15,000,000원을 계상하려고 한다.(법인세 중간예납세액 및 원천징수세액이 선납세금계정에 계상되어 있다.) 2. 기말재고자산 현황

구분	장부상내역			실사내역		
	단위당원가	수량	평가액	단위당원가	수량	평가액
원재료	23,000원	800개	18,400,000원	23,000원	800개	18,400,000원
제 품	50,000원	350개	17,500,000원	50,000원	200개	10,000,000원

※ 제품의 수량차이는 위탁판매제품으로 현재 수탁자의 창고에 보관중이다.

3. 이익잉여금처분계산서 처분확정(예정)일
 - 당기: 20x2년 3월 31일
 - 전기: 20x1년 3월 31일

수행과제	결산을 완료하고 이익잉여금처분계산서에서 손익대체분개를 하시오. (단, 이익잉여금처분내역은 없는 것으로 하고 미처분이익잉여금 전액을 이월이익잉여금으로 이월하기로 할 것.)

[실무수행평가] – 재무회계

번호	평가문제	배점
21	**평가문제 [영수증수취명세서 조회]** 영수증수취명세서(1)에 반영되는 '12.명세서제출 대상' 금액은 얼마인가?	1
22	**평가문제 [거래처원장 조회]** 5월 말 거래처별 외상매출금 잔액으로 옳지 않은 것은? ① 00101.(주)진성화장품 5,170,000원 ② 00102.(주)서린뷰티 24,125,000원 ③ 03170.(주)수려한 28,000,000원 ④ 05107.(주)필립뷰티플 15,900,000원	1
23	**평가문제 [일/월계표 조회]** 1/4분기(1~3월)에 발생한 수선비(제조경비) 금액은 얼마인가?	2
24	**평가문제 [일/월계표 조회]** 1/4분기(1~3월)에 발생한 세금과공과금(제조경비) 금액은 얼마인가?	2
25	**평가문제 [일/월계표 조회]** 2/4분기(4~6월)에 발생한 제품매출 금액은 얼마인가?	1
26	**평가문제 [일/월계표 조회]** 4/4분기(10월~12월)에 발생한 접대비(판매관리비) 금액은 얼마인가?	1
27	**평가문제 [재무상태표 조회]** 3월 말 보통예금 장부금액(보통예금총액-정부보조금)은 얼마인가?	2
28	**평가문제 [재무상태표 조회]** 3월 말 예수금 잔액은 얼마인가?	2
29	**평가문제 [재무상태표 조회]** 12월 말 가지급금 잔액은 얼마인가?	1
30	**평가문제 [재무상태표 조회]** 12월 말 기계장치 장부금액은 얼마인가?	2
31	**평가문제 [재무상태표 조회]** 12월 말 차량운반구 장부금액은 얼마인가?	2
32	**평가문제 [재무상태표 조회]** 12월 말 미지급세금 잔액은 얼마인가?	1
33	**평가문제 [재무상태표 조회]** 12월 말 비유동부채 금액은 얼마인가?	2
34	**평가문제 [재무상태표 조회]** 기말 제품 잔액은 얼마인가?	2
35	**평가문제 [재무상태표 조회]** 12월 말 이월이익잉여금(미처분이익잉여금) 잔액으로 옳은 것은? ① 282,692,140원 ② 394,125,400원 ③ 437,513,440원 ④ 509,164,850원	1
	재무회계 소계	23

실무수행4 | 근로소득관리

인사급여 관련 자료이다. [자료설명]을 참고하여 [수행과제]를 수행하시오.

① 가족관계증명서에 의한 사원등록

자료. 홍유찬의 가족관계증명서

[별지 제1호서식] <개정 2010.6.3>

가 족 관 계 증 명 서

등록기준지	서울특별시 강남구 강남대로 238-13				

구분	성 명	출생연월일	주민등록번호	성별	본
본인	홍 유 찬	1964년 10월 11일	641011-1899772	남	南陽

가족사항

구분	성 명	출생연월일	주민등록번호	성별	본
자	홍 승 혁	1990년 08월 03일	900803-1785417	남	南陽
며느리	손 지 영	1988년 12월 12일	881212-2075525	여	一直
손녀	홍 아 름	2020년 12월 24일	201224-4023187	여	南陽

자료설명	20x1년 7월 1일에 입사한 부장 홍유찬(세대주)이 제출한 가족관계증명서이다. 1. 본인 홍유찬은 20x0년 배우자와 이혼하였다. 2. 자녀 홍승혁은 국가유공자이며, 별도의 소득은 없다. 3. 며느리 손지영은 장애인이 아니며 별도의 소득이 없다. 4. 손녀 홍아름은 별도의 소득이 없다. 5. 세부담을 최소화하는 방법을 선택한다.
수행과제	사원등록메뉴에서 부양가족명세를 작성하시오.

[실무수행평가] - 근로소득관리 1

번호	평가문제	배점
36	**평가문제 [홍유찬 근로소득원천징수영수증 조회]** '21.총급여'는 얼마인가?	2
37	**평가문제 [홍유찬 근로소득원천징수영수증 조회]** 기본공제 합계액은 얼마인가?	1
38	**평가문제 [홍유찬 근로소득원천징수영수증 조회]** '28.장애인' 추가공제액은 얼마인가?	2
39	**평가문제 [홍유찬 근로소득원천징수영수증 조회]** '30.한부모' 추가공제액은 얼마인가?	2
40	**평가문제 [홍유찬 근로소득원천징수영수증 조회]** 37.차감소득금액'은 얼마인가?	1

② 일용직사원의 원천징수

자료 1. 일용직사원 관련정보

성 명	허성태(코드 5001)
거주구분(내국인 / 외국인)	거주자 / 내국인
주민등록번호	900909 - 1182817
입사일자	20x1년 11월 10일

자료 2. 일용직급여내역

성 명	계산내역	11월의 근무일
허성태	1일 170,000원×총 5일=850,000원	15, 17, 21, 23, 25

자료설명	1. 자료 1, 2는 일용직 사원의 관련정보 및 급여지급내역이다. 2. 일용직 급여는 매일 지급하는 방식으로 한다. 3. 사회보험료 중 고용보험만 징수하기로 한다. 4. 제시된 사항 이외의 자료는 없는 것으로 한다.
수행과제	1. [일용직사원등록] 메뉴에 사원등록을 하시오. 2. [일용직급여입력] 메뉴에 급여내역을 입력하시오. 3. 11월 귀속분 원천징수이행상황신고서를 작성하시오.

[실무수행평가] - 근로소득관리 2

번호	평가문제	배점
41	**평가문제 [일용직(허성태) 11월 일용직급여입력 조회]** 공제항목 중 고용보험의 합계액은 얼마인가?	2
42	**평가문제 [일용직(허성태) 11월 일용직급여입력 조회]** 11월 급여의 차인지급액 합계는 얼마인가?	1
43	**평가문제 [11월 원천징수이행상황신고서 조회]** 근로소득에 대한 원천징수대상 인원은 총 몇 명인가?	2
44	**평가문제 [11월 원천징수이행상황신고서 조회]** 근로소득 일용근로(A03) '6.소득세 등' 금액은 얼마인가?	1
45	**평가문제 [11월 원천징수이행상황신고서 조회]** 근로소득 가감계(A10)의 '6.소득세 등' 금액은 얼마인가?	1

③ 국세청연말정산간소화 및 이외의 자료를 기준으로 연말정산

자료설명	사무직 정성화(1400)의 연말정산을 위한 자료이다. 1. 사원등록의 부양가족현황은 사전에 입력되어 있다. 2. 부양가족은 정성화와 함께 생계를 같이 한다.
수행과제	[연말정산 근로소득원천징수영수증] 메뉴에서 연말정산을 완료하시오. 1. 신용카드는 [신용카드] 탭에서 입력한다. 　(신용카드 일반사용 금액에는 아파트관리비 2,000,000원이 포함되어 있다.) 2. 보험료와 교육비는 [소득공제] 탭에서 입력한다. 　(김고은은 20x2년 출산예정으로 조은손해보험(주)에 납입한 태아보험료 내역이 　있다.) 3. 연금계좌세액공제는 [정산명세] 탭에서 입력한다.

자료 1. 정성화 사원의 부양가족등록 현황

연말정산관계	성명	주민번호	기타사항
0.본인	정성화	741011-1111113	
1.배우자	김고은	790502-2222221	복권당첨소득 50,000,000원
1.소득자 직계존속	나문희	510102-2111116	배당소득 4,000,000원
4.직계비속	정진주	091215-3094119	

자료 2. 국세청간소화서비스 및 기타증빙자료

20x1년 귀속 소득 · 세액공제증명서류: 기본(사용처별)내역 [신용카드]

■ 사용자 인적사항

성 명	주 민 등 록 번 호
정성화	741011-1111***

■ 신용카드 등 사용금액 집계

일반	전통시장	대중교통	도서공연등	합계금액
9,500,000	3,500,000	0	0	13,000,000

 국 세 청 National Tax Service

- 본 증명서류는 『소득세법』 제165조 제1항에 따라 영수증 발급기관으로부터 수집한 서류로 소득·세액공제 충족 여부는 근로자가 직접 확인하여야 합니다.
- 본 증명서류에서 조회되지 않는 내역은 영수증 발급기관에서 직접 발급받으시기 바랍니다.

20x1년 귀속 소득 · 세액공제증명서류: 기본(지출처별)내역 [보험료]

■ 계약자 인적사항

성 명	주 민 등 록 번 호
정성화	741011-1111***

■ 보장성보험(장애인전용보장성보험) 납입내역

(단위: 원)

종류	상 호	보험종류	주피보험자		납입금액 계
	사업자번호	증권번호	종피보험자		
보장성	조은손해보험(주)	**태아보험	790502-2222***	김고은	600,000
	106-81-41***	100540651**			
보장성	삼성생명보험(주)	든든실비보험	790502-2222***	김고은	450,000
	108-81-32***	004545217**			
인별합계금액					1,050,000

 국 세 청 National Tax Service

- 본 증명서류는 『소득세법』 제165조 제1항에 따라 영수증 발급기관으로부터 수집한 서류로 소득·세액공제 충족 여부는 근로자가 직접 확인하여야 합니다.
- 본 증명서류에서 조회되지 않는 내역은 영수증 발급기관에서 직접 발급받으시기 바랍니다.

20x1년 귀속 소득·세액공제증명서류: 기본(지출처별)내역 [교육비]

■ 학생 인적사항

성 명	주 민 등 록 번 호
나문희	510102-2111***

■ 교육비 지출내역

(단위: 원)

교육비종류	학교명	사업자번호	납입금액 계
고등학교등록금	방송통신고등학교	108-90-15***	1,250,000
인별합계금액			1,250,000

- 본 증명서류는 『소득세법』 제165조 제1항에 따라 영수증 발급기관으로부터 수집한 서류로 소득·세액공제 충족 여부는 근로자가 직접 확인하여야 합니다.
- 본 증명서류에서 조회되지 않는 내역은 영수증 발급기관에서 직접 발급받으시기 바랍니다.

20x1년 귀속 세액공제증명서류: 기본내역[연금저축]

■ 가입자 인적사항

성 명	주 민 등 록 번 호
정성화	741011-1******

■ 연금저축 납입내역

(단위: 원)

상호	사업자번호	당해연도 납입금액	당해연도 납입액 중 인출금액	순납입금액
계좌번호				
(주)신한은행	134-81-54***	1,200,000		1,200,000
013479999				
순납입금액 합계				1,200,000

- 본 증명서류는 『소득세법』 제165조 제1항에 따라 영수증 발급기관으로부터 수집한 서류로 소득·세액공제 충족 여부는 근로자가 직접 확인하여야 합니다.
- 본 증명서류에서 조회되지 않는 내역은 영수증 발급기관에서 직접 발급받으시기 바랍니다.

[실무수행평개] - 근로소득관리 3

번호	평가문제	배점
46	**평가문제 [정성화 근로소득원천징수영수증 조회]** '42.신용카드' 최종공제액은 얼마인가?	2
47	**평가문제 [정성화 근로소득원천징수영수증 조회]** '61.보장성보험' 세액공제액은 얼마인가?	2
48	**평가문제 [정성화 근로소득원천징수영수증 조회]** '63.교육비' 세액공제액은 얼마인가?	2
49	**평가문제 [정성화 근로소득원천징수영수증 조회]** '60.연금저축' 세액공제액은 얼마인가?	2
50	**평가문제 [정성화 근로소득원천징수영수증 조회]** '77.차감징수세액(소득세)'은 얼마인가?	2
	근로소득 소계	25

실무이론평가

1	2	3	4	5	6	7	8	9	10
③	③	③	④	④	④	④	①	①	④

01 <u>유형자산을 역사적원가로 평가</u>하면 일반적으로 <u>검증가능성이 높으므로 측정의 신뢰성은 높아지나</u> 목적적합성은 낮아질 수 있다.

02 <u>무형자산은 재평가모형이 인정되지 않는다.</u>

03 매도가능증권처분이익 = [처분금액(1,300) - 취득원가(1,000)] × 100주 = 30,000원

04 <u>매도가능증권 평가손실은 기타포괄손익누계액</u>으로 당기손익에 영향을 주지 않는다.

05 순이익 변동금액 = 소모품(30,000) + 미수수익(20,000) = 50,000원(증가)

   소모품의 미사용분 계상: (차) 소모품 30,000원   (대) 소모품비   30,000원

   이자수익 미수분 계상: (차) 미수수익 20,000원   (대) 이자수익   20,000원

06 무형자산은 경제적 효익이 소비되는 행태를 반영하여 합리적인 방법으로 상각하며, <u>합리적인 상각방법을 정할 수 없는 경우에는 정액법으로 상각</u>한다.

07 주사업장 총괄납부를 하는 경우에도 <u>세금계산서는 각 사업장별로 작성·발급</u>하여야 한다.

08 해당 과세기간에 매입한 경우에는 <u>과세기간 말 현재 사용하지 않아도 원재료의 매입세액을 공제받을 수 있다</u>(나머지 금액들은 매입세액 불공제 대상이다).

09 종합소득금액 = 사업소득금액(30,000,000) + 근로소득금액(50,000,000) = 80,000,000원

   과세표준 = 종합소득금액(80,000,000) - 소득공제(24,000,000) = 56,000,000원

   산출세액 = 6,240,000원 + (56,000,000 - 50,000,000) × 24% = 7,680,000원

10 자가운전 보조금의 경우 <u>출장 여비 등을 받는 대신에 지급받는 금액 중 월 20만원까지 비과세</u> 적용됨.

▨▨▨▨▨ **실무수행평가**

실무수행 1. 거래자료 입력

1 3만원 초과 거래자료에 대한 영수증수취명세서 작성

1. [일반전표입력] 1월 15일

(차) 수선비(제)　　　　　　　　200,000원　　　(대) 보통예금(국민은행(보통))　200,000원

2. [영수증수취명세서(2)]

	거래일자	상 호	성 명	사업장	사업자등록번호	거래금액	구분	계정코드	계정과목
☐	20x1-01-29	(주)해피뷰티	한시준	서울특별시 강남구 강남대	144-81-12955	35,000		172	소모품
☐	20x1-03-28	기업은행	한명준	서울특별시 강동구 천호대■	104-85-12616	125,000	16	931	이자비용
☐	20x1-01-15	원명상회	최시현	서울시 서대문구 충정로7길	120-21-12348	200,000		520	수선비

3. [영수증수취명세서(1)]

1. 세금계산서, 계산서, 신용카드 등 미사용내역			
9. 구분	3만원 초과 거래분		
	10. 총계	11. 명세서제출 제외대상	12. 명세서제출 대상(10-11)
13. 건수	3	1	2
14. 금액	360,000	125,000	235,000

2. 3만원 초과 거래분 명세서제출 제외대상 내역					
구분	건수	금액	구분	건수	금액
15. 읍, 면 지역 소재			26. 부동산 구입		
16. 금융, 보험 용역	1	125,000	27. 주택임대용역		
17. 비거주자와의 거래			28. 택시운송용역		

2 정부보조금에 의한 유/무형자산의 구입

1. [일반전표입력] 2월 11일

(차) 보통예금(국민은행(보통))　100,000,000원　　(대) 장기차입금　　　　　　100,000,000원
　　　　　　　　　　　　　　　　　　　　　　　　　　(중소벤처기업진흥공단)

2. [일반전표입력] 2월 15일

(차) 보통예금(국민은행(보통))　200,000,000원　　(대) 정부보조금(104)　　　200,000,000원

3 기타 일반거래 [일반전표입력] 3월 10일

(차) 예수금　　　　　　　　　　261,000원　　　(대) 보통예금　　　　　　　522,000원
　　세금과공과금(제)　　　　　　90,000원　　　　　(국민은행(보통))
　　세금과공과금(판)　　　　　 171,000원

실무수행 2. 부가가치세관리

① 전자세금계산서 발급

1. [매입매출전표입력] 5월 10일

거래유형	품명	공급가액	부가세	거래처	전자세금
11.과세	주름개선 크림	20,000,000원	2,000,000원	(주)수려한	전자발행
분개유형	(차) 외상매출금	17,000,000원	(대) 제품매출		20,000,000원
3.혼합	선수금	5,000,000원	부가세예수금		2,000,000원

2. [전자세금계산서 발행 및 내역관리] 기출문제 68회 참고

② 수정전자세금계산서의 발급

1. [수정세금계산서 발급]기출문제 68회 참고

① [매입매출전표 입력] 6월 3일 전표 선택 ➡ [수정세금계산서] 클릭 ➡ [수정사유] 화면에서 [1.기재
사항 착오·정정, 착오항목: 1.공급가액 및 세액] 선택 후 [확인(Tab)]을 클릭

② [수정세금계산서(매출)] 화면에서 수정분 [단가 320,000원] 입력을 통해 공급가액과 세액을 반영
한 후 [확인(Tab)]을 클릭

수정입력사유	1	기재사항 착오 정정		기재사항착오항목		1. 공급가액 및 세액					
구분	년 월 일	유형	품명	수량	단가	공급가액	부가세	합계	코드	거래처명	사업.주민번호
당초분	20×1 06 03	과세	미백개선 크림	30	300,000	9,000,000	900,000	9,900,000	03180	(주)올리브영	123-81-95134
수정분	20×1 06 03	과세	미백개선 크림	-30	300,000	-9,000,000	-900,000	-9,900,000	03180	(주)올리브영	123-81-95134
수정분	20×1 06 03	과세	미백개선 크림	30	320,000	9,600,000	960,000	10,560,000	03180	(주)올리브영	123-81-95134
		합 계				9,600,000	960,000	10,560,000			

③ [매입매출전표입력] 6월 3일에 수정분이 2건 입력된다.

거래유형	품명	공급가액	부가세	거래처	전자세금
11.과세	미백개선 크림	-9,000,000	-900,000	(주)올리브영	전자발행
분개유형	(차) 외상매출금	-9,900,000원	(대) 제품매출		-9,000,000원
2.외상(혼합)			부가세예수금		-900,000원

거래유형	품명	공급가액	부가세	거래처	전자세금
11.과세	미백개선 크림	9,600,000	960,000	(주)올리브영	전자발행
분개유형	(차) 외상매출금	10,560,000원	(대) 제품매출		9,600,000원
2.외상(혼합)			부가세예수금		960,000원

2. [전자세금계산서 발행 및 내역관리] 기출문제 68회 참고

③ 매입세액불공제내역 작성자의 부가가치세신고서 작성

1. [매입매출전표입력] 8월 7일

거래유형	품명	공급가액	부가세	거래처	전자세금
51.과세	고속분쇄기계	20,000,000	2,000,000	(주)대주기계	전자입력
분개유형	(차) 기계장치	20,000,000원	(대) 미지급금		22,000,000원
3.혼합	부가세대급금	2,000,000원			

2. [매입세액불공제내역] 7월 ~ 9월

		2.공제받지 못할 매입세액 내역	3.공통매입세액 안분계산 내역	4.공통매입세액의 정산내역	5.납부세액 또는 환급세액 재계산 내역	
	계산식	구분	과세,면세 사업 공통매입	(12)총공급가액 등 (총예정사용면적)	(13)면세공급가액 등 (총예정사용면적)	(14)불공제 매입세액 (⑪×⑬÷⑫)
			(10)공급가액	(11)세액		
1	1.공급가액기준		20,000,000	2,000,000	300,000,000	60,000,000	400,000

3. [부가가치세신고서] 7월 1일 ~ 9월 30일

	공제받지못할매입세액명세		금액	세액
16 공제받지 못할매입	공제받지못할매입세액	50		
	공통매입세액면세사업	51	4,000,000	400,000
	대손처분받은세액	52		

4. [일반전표입력] 9월 30일

(차) 기계장치　　　　　　　　　　400,000원　　　　(대) 부가세대급금　　　　　　400,000원

④ 매입세액불공제내역 작성자의 부가가치세 신고서 작성

1. [거래자료입력]

① [매입매출전표입력] 10월 15일

거래유형	품명	공급가액	부가세	거래처	전자세금
54.불공	그랜저IG	25,000,000	2,500,000	(주)수원중고자동차	전자입력
불공사유	3.비영업용 소형승용차 구입 및 유지				
분개유형	(차) 차량운반구	27,500,000원	(대) 미지급금		27,500,000원
3.혼합					

② [매입매출전표입력] 10월 21일

거래유형	품명	공급가액	부가세	거래처	전자세금
54.불공	스팸세트	520,000	52,000	(주)하모니마트	전자입력
불공사유	9.기업업무추진비(접대비) 관련 매입세액				
분개유형	(차) 접대비(판)	572,000원	(대) 미지급금		572,000원
3.혼합					

③ [일반전표입력] 11월 10일

(차) 가지급금(정지현)　　　　1,320,000원　　　(대) 미지급금(비씨카드)　　　1,320,000원

2. [매입세액불공제내역] 10월 ~ 12월

2.공제받지 못할 매입세액 내역	3.공통매입세액 안분계산 내역	4.공통매입세액의 정산내역	5.납부세액 또는 환급세액 재계산 내역

불공제 사유	공제받지 못할 매입세액 내역 세금계산서		
	매수	공급가액	매입세액
①필요한 기재사항 누락			
②사업과 직접 관련 없는 지출			
③비영업용 소형 승용 자동차구입 및 유지	1	25,000,000	2,500,000
④접대비 및 이와 유사한 비용 관련	1	520,000	52,000
⑤면세사업 관련			
⑥토지의 자본적 지출 관련			
⑦사업자등록 전 매입세액			
⑧금.구리 스크랩 거래계좌 미사용 관련 매입세액			
⑨ 합　　　계	2	25,520,000	2,552,000

3. [부가가치세신고서] 10월 1일 ~ 12월 31일

매입세액	세금계산 수취부분	일반매입	10	31,688,000		3,168,800
		수출 기업수입분납부유예	10-1			
		고정 자산매입	11	25,000,000		2,500,000
	예정 신고누락분		12			
	매입 자발행 세금계산서		13			
	그밖의 공제 매입세액		14			
	합계 (10-(10-1)+11+12+13+14)		15	56,688,000		5,668,800
	공제 받지못할매입세액		16	25,520,000		2,552,000
	차감계 (15-16)		17	31,168,000	⑭	3,116,800

- 전자신고세액공제 10,000원

[실무수행평가] - 부가가치세관리

번호	평가문제	배점	답
11	**평가문제 [매입매출전표입력 조회]**	2	(1)
12	**평가문제 [세금계산서합계표 조회]**	2	(30,000,000)원
13	**평가문제 [세금계산서합계표 조회]**	2	(34)매
14	**평가문제 [매입세액불공제내역 조회]**	3	(400,000)원
15	**평가문제 [부가가치세신고서 조회]**	2	(240,000,000)원
16	**평가문제 [부가가치세신고서 조회]**	2	(8,620,000)원
17	**평가문제 [부가가치세신고서 조회]**	2	②
18	**평가문제 [매입세액불공제내역 조회]**	3	①
19	**평가문제 [부가가치세신고서 조회]**	2	(25,000,000)원
20	**평가문제 [부가가치세신고서 조회]**	2	(20,552,700)원
부가가치세 소계		22	

실무수행 3. 결산

① 수동결산 [일반전표입력] 12월 31일

(차) 장기차입금(우리은행(차입금)) 20,000,000원   (대) 유동성장기부채   20,000,000원
                                                        (우리은행(차입금))

☞우리은행 차입금만 상환일이 1년 이내(내년도 상환)에 도래하므로 유동성대체 분개를 입력

② 결산자료입력에 의한 자동결산

[결산자료입력 1]

(차) 법인세등   15,000,000원   (대) 선납세금   9,308,000원
                                                      미지급세금   5,692,000원

[결산자료입력2]

- 결산자료입력에서 기말 원재료 18,400,000원, 제품 17,500,000원을 입력하고 전표추가(F3) 를 클릭하여 결산분개를 생성한다.

  ➜ 합계잔액시산표 재고자산금액과 일치

[이익잉여금처분계산서] 메뉴

- 이익잉여금처분계산서에서 처분일을 입력한 후, 전표추가(F3) 를 클릭하여 손익대체분개를 생성한다.

[실무수행평가] - 재무회계

번호	평가문제	배점	답
21	평가문제 [영수증수취명세서 조회]	1	(235,000)원
22	평가문제 [거래처원장 조회]	1	④
23	평가문제 [일/월계표 조회]	2	(1,000,000)원
24	평가문제 [일/월계표 조회]	2	(4,290,000)원
25	평가문제 [일/월계표 조회]	1	(325,270,000)원
26	평가문제 [일/월계표 조회]	1	(1,272,000)원
27	평가문제 [재무상태표 조회]	2	(772,366,000)원
28	평가문제 [재무상태표 조회]	2	(1,465,000)원
29	평가문제 [재무상태표 조회]	2	(3,320,000)원
30	평가문제 [재무상태표 조회]	2	(221,400,000)원
31	평가문제 [재무상태표 조회]	2	(62,500,000)원
32	평가문제 [재무상태표 조회]	1	(5,692,000)원
33	평가문제 [재무상태표 조회]	2	(210,000,000)원

번호	평가문제	배점	답
34	**평가문제 [재무상태표 조회]**	2	(17,500,000)원
35	**평가문제 [재무상태표 조회]**	1	④
	재무회계 소계	23	

실무수행 4. 근로소득관리

① 가족관계증명서에 의한 사원등록(홍유찬)

관계	요 건		기본 공제	추가 (자녀)	판 단
	연령	소득			
본인(세대주)	–	–	○	한부모	기본공제대상자인 직계비속이 있으므로 한부모 공제대상임.
자(34)	×	○	○	장애(2)	국가유공자로서 근로능력이 없는 자는 장애인에 해당함.
며느리(36)	–		부		장애인일 경우 기본공제가 가능
손녀(4)	○	○	○		

	연말정산관계	기본	세대	부녀	장애	경로 70세	출산 입양	자녀	한부모	성명	주민(외국인)번호	가족관계
1	0.본인	본인	○						○	홍유찬	내 641011-1899772	
2	4.직계비속(자녀	장애인			2					홍승혁	내 900803-1785417	05.자녀
3	5.직계비속(4제9	부								손지영	내 881212-2075525	06.며느리
4	5.직계비속(4제9	20세이하								홍아름	내 201224-4023187	40.손

[실무수행평가] - 근로소득관리 1

번호	평가문제 [홍유찬 근로소득원천징수영수증 조회]	배점	답
36	21. 총급여	2	(35,000,000)원
37	기본공제 합계액(본인,자녀,손녀)	1	(4,500,000)원
38	28. 장애인 추가공제액	2	(2,000,000)원
39	30. 한부모추가공제액	2	(1,000,000)원
40	37. 차감소득금액	1	(16,775,000)원

※ 40은 프로그램이 자동계산하므로 시점(세법개정, 프로그램 업데이트)마다 달라질 수가 있습니다.

② 일용직사원의 원천징수

1. [일용직사원등록](5001.허성태)

관련 사항 등록

1. 입 사 년 월 일	20x1 년 11 월 10 일	?
2. 퇴 사 년 월 일	년 월 일	?
3. 주 민 등 록 번 호	내외국인 0 내국인	900909-1182817
4. 주 소	?	
5. 전 화 번 호	) -	6. 핸 드 폰 번 호) -
7. E m a i l 등 록	@ 직접입력 ▼	
8. 은 행/계 좌 번 호/예 금 주	?	허성태
9. 직 종/부 서/직 급	현 장 ? 직 종 ?	
	부 서 ? 직 급 ?	
	프 로 젝 트	
10. 국 적/체 류 자 격	국 적 100 ? 한국 체 류 자 격 ?	
11. 거 주 구 분/거 주 지 국	거 주 구 분 0 거주자 거 주 지 국 KR ? 대한민국	
12. 퇴 직 금 적 용	0 부	
13. 단 기 예 술 인 여 부	0 부 단 기 예 술 인 사 업 장 ?	

급여 사항 등록

13. 급 여 지 급 방 법	0 매일지급	
14. 정 상 급 여	170,000 원 급 여 유 형 0 일급직	
15. 연 장 급 여	0 원 연장급여방식 0 일급직	
16. 국 민 연 금	0 일당 0 원 지급방식 0 일지급	
17. 건 강 보 험	0 일당 0 원 지급방식 0 일지급	
18. 요 양 보 험	0 부 0	
19. 고 용 보 험 율	1 여 0.9 % 지급방식 0 일지급	

2. [일용직급여입력] 귀속년월 11월, 지급년월 11월, 근무일 : 15, 17, 21, 23, 25일

코드	현장 현장명	일자	요일	근무	근무시간 정상	연장	지급액 정상	연장	기타비과세	고용보험	국민연금	건강보험	요양보험	소득세	지방소득세	임금총액	공제총액
		06	월	X													
		07	화	X													
		08	수	X													
		09	목	X													
		10	금	X													
		11	토	X													
		12	일	X													
		13	월	X													
		14	화	X													
		15	수	○			170,000			1,530						170,000	1,530
		16	목	X													
		17	금	○			170,000			1,530						170,000	1,530
		18	토	X													
		19	일	X													
		20	월	X													
		21	화	○			170,000			1,530						170,000	1,530
		22	수	X													
		23	목	○			170,000			1,530						170,000	1,530
		24	금	X													
		25	토	○			170,000			1,530						170,000	1,530
		26	일	X													
		27	월	X													
		28	화	X													
		29	수	X													
		30	목	X													
합계				5			850,000			7,650					0	0	850,000	7,650

3. [원천징수이행상황신고서] 귀속기간 11월, 지급기간 11월, 0.정기신고

원천징수내역	부표-거주자	부표-비거주자	부표-법인원천								

	구분	코드	소득지급(과세미달,비과세포함)		징수세액				9.당월 조정 환급세액	10.소득세 등 (가산세 포함)	11.농어촌 특별세
			4.인원	5.총지급액	6.소득세 등	7.농어촌특별세	8.가산세				
근로소득	간 이 세 액	A01	2	9,200,000	326,890						
	중 도 퇴 사	A02									
	일 용 근 로	A03	1	850,000							
	연말정산합계	A04									
	연말분납금액	A05									
	연말납부금액	A06									
	가 감 계	A10	3	10,050,000	326,890					326,890	

[실무수행평가] – 근로소득관리 2

번호	평가문제	배점	답
41	[일용직(허성태) 11월 일용직급여입력 조회] 고용보험	2	(7,650)원
42	[일용직(허성태) 11월 일용직급여입력 조회] 차인지급액	1	(842,350)원
43	[11월 원천징수이행상황신고서 조회] 원천징수대상 인원	2	(3)명
44	[11월 원천징수이행상황신고서 조회] 일용근로 6.소득세 등	1	(0)원
	☞일용근로 원천징수세액＝(170,000－150,000)×6%×(1-55%)＝540원→1,000원 미만인 경우 소액부징수		
45	[11월 원천징수이행상황신고서 조회] 가감계 6.소득세 등	1	(326,890)원

※ 41,42은 프로그램이 자동계산하므로 시점(세법개정, 프로그램 업데이트)마다 달라질 수가 있습니다.

③ 국세청연말정산간소화 및 이외의 자료를 기준으로 연말정산

〈연말정산 대상여부 판단〉

항 목	요건		내역 및 대상여부	입력
	연령	소득		
신용카드	×	○	• 본인 신용카드(아파트 관리비는 제외)	○(신용 7,500,000 전통 3,500,000)
보 험 료	○	○	• 배우자 태아보험(태아는 기본공제 대상자가 아니기 때문에 대상이 안됨) • 배우자 실비보험	× ○(일반 450,000)
교 육 비	×	○	• 직계존속의 교육비는 공제대상이 아님	×
연금계좌	본인		• 본인 납입	○(1,200,000)

1. 신용카드 소득공제

정산명세	소득명세	소득공제	의료비	기부금	신용카드	연금투자세	월세액명세

● 1. 공제대상자및대상금액

공제대상자			신용카드 등 공제대상금액								
내.외 관 계	성 명 생년월일	구분	⑤소계(⑥· ⑦·⑧·⑨· ⑩·⑪)	⑥신용카드	⑦직불선불카드	⑧현금영수증	⑨도서공연박물관미술관사용분 (총급여7천만원이하자만)			⑩전통시장 사용분	⑪ 대중교통 이용분
							신용카드	직불선불…	현금영수증		
내 본인	정성화 1974-10-11	국세청자료 그밖의자료	11,000,000	7,500,000						3,500,000	

2. 보험료 세액공제

정산명세	소득명세	소득공제	의료비	기부금

관계 코드 내외 국인	성 명 주민등록번호	기 본	보험료	
			보장성	장애인
1 0 1	정성화 741011-1111113	본인/세대주		
2 3 1	김고은 790502-2222221	배우자	450,000	

676

3. 연금계좌세액공제

연금계좌				✕
구분		금융회사등	계좌번호	불입금액
3.연금저축	308	(주)신한은행	013479999	1,200,000

4. 정산명세 조회

			소득세	지방소득세	농어촌특별세	계
73.결정세액			583,360	58,336	0	641,696
기납부 세액	74.종(전) 근무지		0	0	0	0
	75.주(현) 근무지		1,115,400	111,500	0	1,226,900
76. 납부특례세액			0	0	0	0
77. 차감징수세액(73-74-75-76)			-532,040	-53,160	0	-585,200

[실무수행평가] - 근로소득관리 3

번호	평가문제 [정성화 근로소득원천징수영수증 조회]	배점	답
46	42. 신용카드 최종공제액	2	(200,000)원
47	61. 보장성보험 세액공제액	2	(54,000)원
48	63. 교육비 세액공제액	2	(0)원
49	60. 연금저축 세액공제액	2	(180,000)원
50	77. 차감징수세액(소득세)	2	(-532,040)원
근로소득 소계		25	

※ 46,50은 프로그램이 자동계산하므로 시점(세법개정, 프로그램 업데이트)마다 달라질 수가 있습니다.

←참고사항 : 총급여액 42,000,000원→

※ 시험시 프로그램이 자동계산되어진 것으로 답을 입력하시고 시간이 남으시면 체크해 보시기 바랍니다.

		한도	공제율	대상금액	세액공제
1. 보험료	일반	1백만원	12%	450,000	54,000
2. 연금계좌	연금저축	6백만원	15%[*1]	1,200,000	180,000

*1.총급여액의 55백만원 이하일 경우 15%

저자약력

■ **김영철** 세무사

· 고려대학교 공과대학 산업공학과
· 한국방송통신대학 경영대학원 회계 · 세무전공
· (전)POSCO 광양제철소 생산관리부
· (전)삼성 SDI 천안(사) 경리/관리과장
· (전)강원랜드 회계팀장
· (전)코스닥상장법인CFO(ERP. ISO추진팀장)
· (전)농업진흥청/농어촌공사/소상공인지원센타 세법 · 회계강사
· (전)두목넷 전산회계/전산세무/세무회계 강사
· (현)천안시 청소년재단 비상임감사

2024 로그인 TAT 2급
세무정보처리(Tax Accounting Technician)

9 판 발 행 : 2024년 2월 27일
저   자 : 김 영 철
발 행 인 : 허 병 관
발 행 처 : 도서출판 어울림
주   소 : 서울시 영등포구 양산로 57-5, 1301호(양평동3가)
전   화 : 02-2232-8607, 8602
팩   스 : 02-2232-8608
등   록 : 제2-4071호
Homepage : http://www.aubook.co.kr

저자와의
협의하에
인지생략

ISBN   978-89-6239-925-7   13320

정 가 : 28,000원